台資銀行中國大陸
債權確保實務
法院判例 51-80

台資銀行大陸從業人員交流協會◎著

富蘭德林證券股份有限公司◎編

導讀

　　繼出版前兩本與台資銀行大陸業務有關的法院判例後,「台資銀行大陸從業人員交流協會」再次針對借款合同、擔保合同、票據糾紛、保函糾紛、信用證糾紛、保理合同、跨境擔保、破產撤銷糾紛、債權轉讓糾紛、侵權糾紛、訴訟程序、執行程序及其他糾紛等,共計十三大類法院判例進行系統整理與分析,期盼能進一步協助台資銀行深入大陸業務,降低大陸業務開發過程中的可能風險,並感謝上海對外經貿大學對本書所給予的協助。

富蘭德林證券董事長

目次

第一篇

借款合同

【案例51】 金融借款合同中夫妻共同債務的認定

平安銀行南京分行與朱智斌等
金融借款合同糾紛案評析

案號：江蘇省南京市中級人民法院（2016）蘇01民終409號

【摘要】

確認婚姻關係存續期間的債務是否為夫妻共同債務，要滿足兩個標準：一是夫妻是否有共同舉債的合意，二是夫妻是否分享了債務帶來的利益。因此，銀行與自然人簽訂借款合同時，應核查借款人的婚姻狀況、財產約定情況、資金使用，以便確定夫妻雙方對共同舉債的合意和家庭共同生活的用途，確保夫妻雙方共同承擔還款義務。

【基本案情】

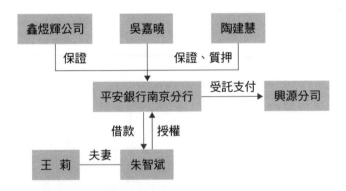

2014年1月20日，平安銀行股份有限公司南京分行（以下簡稱「平安銀行南京分行」）與朱智斌簽訂《綜合授信額度合同》一份，約定平安銀行南京分行向朱智斌提供398萬元的授信額度，授信期限自2014年1月20日起至2017年1月20日止。同日，雙方簽訂《貸款合

同》一份，約定朱智斌向平安銀行南京分行借款398萬元，借款用途為採購原材料。平安銀行南京分行與南京鑫煜輝進出口貿易有限公司（以下簡稱「鑫煜輝公司」）、吳嘉曉、陶建慧簽訂《最高額保證擔保合同》，鑫煜輝公司、吳嘉曉、陶建慧為上述債務向平安銀行南京分行提供最高額連帶責任保證擔保。同時，平安銀行南京分行與吳嘉曉、陶建慧分別簽訂《南京市房地產抵押合同》，分別以其名下的房屋分別在192萬元、206萬元份額內提供擔保，並辦理了抵押權登記。

2014年2月27日，平安銀行南京分行按約發放貸款398萬元，朱智斌授權平安銀行南京分行將款項直接匯給江蘇興源貿易有限責任公司（以下簡稱「興源公司」），貸款到期後，朱智斌未按約還款，鑫煜輝公司、吳嘉曉、陶建慧亦未承擔擔保責任。

朱智斌與王莉原是夫妻關係，兩人於2007年10月19日登記結婚，後於2014年3月14日協議離婚。

【法院判決】

南京市鼓樓區人民法院一審認為，平安銀行南京分行與朱智斌、鑫煜輝公司、吳嘉曉、陶建慧分別簽訂的綜合授信額度合同、貸款合同、保證合同、抵押合同，是各方當事人真實意思表示，且抵押房產已辦理抵押權登記，均合法有效。本案中，平安銀行南京分行按約履行了放款義務，而朱智斌在貸款到期後未按約還款，其行為已構成違約，應承擔違約責任。根據《物權法》的有關規定，第三人提供物的擔保時，債權人可以就物的擔保實現債權，也可以要求保證人承擔保證責任；提供擔保的第三人承擔擔保責任後，有權向債務人追償。本案中，吳嘉曉、陶建慧分別將其名下的房產抵押給平安銀行南京分行，為上述借款在192萬元、206萬元的份額內提供擔保，同時吳嘉曉、陶建慧表明與鑫煜輝公司共同對朱智斌上述債務承擔連帶保

證責任。故平安銀行南京分行有權主張在朱智斌不履行上述債務時，對本案抵押房產分別在192萬元和206萬元的範圍內享有優先受償權。鑫煜輝公司、吳嘉曉、陶建慧對朱智斌上述債務承擔連帶清償責任，且三者在實際清償後有權向朱智斌追償，或者要求其他保證人清償其應當承擔的份額；有約定者，按約定的比例分擔，沒有約定者，平均分擔。

　　一審法院認為，雖然朱智斌、王莉在貸款發放後辦理了離婚登記，但根據《最高人民法院關於適用〈中華人民共和國婚姻法〉若干問題的解釋（二）》第二十五條第一款、第二十四條以及《中華人民共和國婚姻法》第十九條第三款的規定，朱智斌上述債務產生於朱智斌和王莉婚姻關係存續期間，且平安銀行南京分行在本案中舉證了朱智斌和王莉的身分證、戶口名簿及結婚證明，表明平安銀行南京分行在審查貸款時已盡到審慎的注意義務。朱智斌所欠平安銀行南京分行的債務，應屬朱智斌和王莉夫妻存續期間的共同債務，對此王莉應承擔共同還款義務。

　　宣判後，王莉不服一審判決，提起上訴，認為其不應當承擔共同還款義務，一是自己沒有與朱智斌共同舉債的合意，二是其並未實際分享案涉債務所帶來的利益。南京市中級人民法院經審理認為，確認婚姻關係存續期間的債務是否為夫妻共同債務，有兩個標準：一是夫妻是否有共同舉債的合意，二是夫妻是否分享了債務帶來的利益。王莉主張，平安銀行南京分行的貸款資料中，內容為配偶方王莉明知並同意承擔案涉債務，且署名為王莉的《聲明書》，並非本人所簽。平安銀行南京分行未能提交該《聲明書》，並說明簽字情況，所提供的證據不能證明王莉參與了案涉借款。根據《最高人民法院關於民事訴訟證據的若干規定》第七十五條之規定，二審法院認定《聲明書》中的署名並非王莉本人所簽，王莉關於其與朱智斌無舉債合意的上訴主張，法院予以支持。其次，《最高人民法院關於適用〈中華人民共

和國婚姻法〉若干問題的解釋（二）》第二十四條的規定，比較是從夫妻日常家事代理權的角度出發，是維護交易安全所做的利益衡量。二審法院認為，當非舉債的夫妻一方舉證證明該債務並非用於家庭共同生活時，人民法院應當排除非舉債的夫妻一方的共同還款責任。具體呈現在本案時，《聲明書》中的署名並非王莉本人所簽，其與朱智斌無舉債之合意，而398萬元的貸款數額超出家事代理的範疇，不能斷然認定借款用於夫妻共同生活；再從案涉借款的用途和流向來看，《貸款合同》中約定的用途為購買原材料，貸款發放後實際匯入案外人興源公司，案涉借款發生於朱智斌與王莉離婚前一個多月的時間內，難以與二人的家庭生活所需建立起關聯，故王莉已經完成了關於案涉借款並非夫妻共同債務的舉證義務。二審法院沒有採納平安銀行南京分行關於案涉借款用於經營可減少王莉的資金壓力，指其可從中獲益的推定。綜上，二審法院認為，一審判決認定案涉借款是朱智斌、王莉的夫妻共同債務存在錯誤，應予以糾正。

【法律評析】

本案的主要爭議焦點，為案涉貸款是否為朱智斌與王莉的夫妻共同債務。

夫妻共同債務的判定

夫妻共同債務是以夫妻特殊的人際關係和財產關係為基礎，夫妻為了共同利益需要，在經營、管理共同生活的過程中形成，依照法律規定或約定，應由夫妻共同償還的債務。

《最高人民法院關於適用〈中華人民共和國婚姻法〉若干問題的解釋（二）》（以下簡稱《婚姻法司法解釋二》）第二十四條規定：「債權人就婚姻關係存續期間夫妻一方以個人名義所負債務主張權利的，應當按夫妻共同債務處理。但夫妻一方能夠證明債權人與債

務人明確約定為個人債務,或者能夠證明屬於婚姻法第十九條第三款規定情形的除外。夫妻一方與第三人串通,虛構債務,第三人主張權利的,人民法院不予支持。夫妻一方在從事賭博、吸毒等違法犯罪活動中所負債務,第三人主張權利的,人民法院不予支持。」《中華人民共和國婚姻法》(以下簡稱《婚姻法》)第十九條第三款規定:「夫妻對婚姻關係存續期間所得的財產約定歸各自所有的,夫或妻一方對外所負的債務,第三人知道該約定的,以夫或妻一方所有的財產清償。」以上規定,是判斷夫妻關係存續期間是否為夫妻共同債務的核心條款,但是在此基礎上,要決定是否屬於夫妻共同債務,必須從兩個方面來判斷:

(一)夫妻之間是否有共同舉債的合意

在婚姻關係存續期間,若夫妻之間有共同舉債的合意,那麼該債務理應由夫妻共同承擔。在只有一方名義所負債務時,可根據是否屬於家事代理再進一步判斷。家事代理制度,是夫妻因家庭日常事務與第三人交往時,所為法律行為應視為夫妻共同意思,並由配偶方承擔共同責任的制度。根據《婚姻法》第十七條第二款規定,夫妻對共同所有的財產,有平等的處理權。《最高人民法院關於適用〈中華人民共和國婚姻法〉若干問題的解釋(一)》(以下簡稱《婚姻法司法解釋一》)第十七條規定:「婚姻法第十七條關於『夫或妻對夫妻共同所有的財產,有平等的處理權』的規定,應當理解為:(一)夫或妻在處理夫妻共同財產上的權利是平等的,因日常生活需要而處理夫妻共同財產的,任何一方均有權決定。(二)夫或妻非因日常生活需要對夫妻共同財產做重要處理決定,夫妻雙方應當平等協商,取得一致意見,他人有理由相信其為夫妻雙方共同意思表示的,另一方不得以不同意或不知道為由對抗善意第三人。」由此分析,因日常生活需要以一方名義所負債務,通常被認為屬於夫妻共同債務,因此要夫妻共同承擔。但是在處理非日常生活需要時所做出的重要決定,必須夫

妻雙方一致同意，除非他人有理由相信其為夫妻雙方共同的意思表示。

　　本案中，朱智斌向平安銀行南京分行借款398萬元，是大額借款，超出因日常生活需要而進行家事代理的範圍，不能認定屬於家事代理事務而由夫妻雙方共同承擔。且王莉主張其並未與朱智斌有共同舉債之合意，並提出，平安銀行南京分行所認可的載有配偶方王莉明知並同意承擔案涉債務的《聲明書》中，簽字並非本人所簽。而平安銀行南京分行不能提交該《聲明書》並說明簽字情況，故根據證據舉證規則：「有證據一方當事人持有證據無正當理由拒不提供，如果對方當事人主張該證據的內容不利於證據持有人，可以推定該主張成立。」因此平安銀行南京分行要承擔不利的後果，認定該舉債並非王莉與朱智斌共同的意思表示。

　　（二）所借債務是否用於夫妻共同生活

　　《婚姻法司法解釋二》規定，夫妻關係存續期間所舉債務，原則上應當按夫妻共同債務處理，債務性質的證明責任由夫妻一方承擔。該規定比較是從夫妻日常家事代理權的角度出發，為維護交易安全所做的利益衡量。但任何權利的保護均有法律限度，如簡單、機械地將夫妻關係存續期間形成的債務一概認定為共同債務，不僅可能損害非舉債的夫妻一方的利益，亦不符合婚姻法關於夫妻共同債務規定的主旨。為平等保護債權人和非舉債的夫妻一方的合法權益，實現利益衡平，當非舉債的夫妻一方舉證證明該債務並非用於家庭共同生活時，人民法院應當排除非舉債的夫妻一方的共同還款責任。《最高人民法院印發〈關於人民法院審理離婚案件處理財產分割問題的若干具體意見〉的通知》第十七條第二款也規定：「下列債務不能認定為夫妻共同債務，應由一方以個人財產清償：（1）夫妻雙方約定由個人負擔的債務，但以逃避債務為目的的除外。（2）一方未經對方同意，擅自資助與其沒有撫養義務的親朋所負的債務。（3）一方未

經對方同意，獨自籌資從事經營活動，其收入確未用於共同生活所負的債務。（4）其他應由個人承擔的債務。」《最高人民法院民一庭關於婚姻關係存續期間夫妻一方以個人名義所負債務性質如何認定的答覆》（2014）民一他字第10號文件中認為：「在不涉及他人的離婚案件中，由以個人名義舉債的配偶一方負責舉證證明所借債務用於夫妻共同生活，如證據不足，則其配偶一方不承擔償還責任。在債權人以夫妻一方為被告起訴的債務糾紛中，對於案涉債務是否屬於夫妻共同債務，應當按照《最高人民法院關於適用〈中華人民共和國婚姻法〉若干問題的解釋（二）》第二十四條規定認定。如果舉債人的配偶舉證證明所借債務並非用於夫妻共同生活，則其不承擔償還責任。」所以，要證明是否屬於夫妻共同債務，要判斷該債務所得利益是否用於夫妻共同生活。

本案中，朱智斌所借貸款數額巨大，且為其一方經營所舉債務，不屬於日常家庭生活的範疇，做為出借人的銀行不能僅憑夫妻一方的簽字，進而確認借款是夫妻雙方的共同意思表示。另《貸款合同》中約定的用途為購買原材料，貸款發放後實際匯入案外人興源公司，案涉借款發生於朱智斌與王莉離婚前一個多月的時間內，案涉借款與二人的家庭生活所需難以建立起關聯，故王莉已經完成了案涉借款並非夫妻共同債務的舉證義務。

對銀行的啟示

銀行在根據以上規定進行判斷是否為夫妻共同債務的同時，也應當注意以下規定：

2017年2月28日，最高人民法院發布了《最高人民法院關於適用〈中華人民共和國婚姻法〉若干問題的解釋（二）的補充規定》（法釋〔2017〕6號）和《最高人民法院關於依法妥善審理涉及夫妻債務案件有關問題的通知》（法〔2017〕48號），明確規定夫妻一方與

他人串通虛構債務、因賭博吸毒等違法犯罪活動所負的非法債務，均不受法律保護，並且統一針對人民法院審理涉及夫妻債務案件時加以細密的規定，要求對婚姻關係存續期間以夫或妻一方名義所負的債務，嚴格審查該債務是否真實發生並且區分債務是否合法，結合借貸關係當事人之間的關係、到庭情況、借貸金額、債權憑證、款項交付、當事人的經濟能力以及當事人陳述、證人證言等事實和因素，綜合判斷債務是否發生，對以個人名義舉債後用於個人賭博、吸毒等違法犯罪活動的非法債務，若債權人就該債務主張按夫妻共同債務處理，則不予支持。

銀行在與借款企業簽訂金融借款合同時，應當全面、嚴格地審查借款人的基本情況，了解借款企業的經營狀況和還款能力；對個人部分，不僅必須了解個人的經濟實力，對其婚姻狀況、家庭財產制度有無特別規定、是否為分別財產制度，也必須予以審查，必要時可要求提交相關證明文件。而且，考慮到社會中出現大量為逃避債務而虛假離婚的問題，銀行更應加注意對舉債人的審核，以防舉債人最後通過「假離婚、真逃債」的虛假訴訟方式轉移財產，逃避債務。

此外，在審核程序中，銀行應當盡到審慎義務，審核借款人、文件簽署人的身分資料，並要求在銀行工作人員在場的情況下簽署相關文件，以保障文件簽字、蓋章的真實性，增加實現債權的可能，減少銀行損失。對於夫妻債務的認定，銀行應把握兩個判斷標準，一是共同舉債的合意，二是用於夫妻共同生活。對金融借款資金的流向和用途要適當審查監督，因為倘若銀行明知舉債人借款用於賭博、吸毒等違法犯罪活動卻仍出借款項，法律將不予保護；而且對夫妻一方以個人名義舉債後用於個人違法犯罪活動，舉債人就該債務主張按夫妻共同債務處理時，法院也不予支持。銀行在放貸時應留存相關證據，用以證明其借款為合法使用且用於夫妻共同生活，以提高主張夫妻共同還款的勝訴率。

附：法律文書

平安銀行股份有限公司南京分行與朱智斌、鑫煜輝進出口貿易有限公司、吳嘉曉、陶建慧等金融借款合同糾紛二審民事判決書

江蘇省南京市中級人民法院民事判決書蘇01民終409號

上訴人（原審被告）：王莉，女，漢族。

委託代理人：孫凱，江蘇法德永衡（來安）律師事務所律師。

委託代理人：李晨，江蘇法德永衡律師事務所律師。

被上訴人（原審原告）：平安銀行股份有限公司南京分行。

　　住所地：南京市鼓樓區山西路128號。

負責人：冷培棟，該分行行長。

委託代理人：施瑾君，該分行員工。

委託代理人：單俊，江蘇和忠律師事務所律師。

被上訴人（原審被告）：朱智斌。

被上訴人（原審被告）：南京鑫煜輝進出口貿易有限公司。

　　住所地：南京市玄武區長江路109號316室。

法定代表人：朱智斌，該公司總經理。

被上訴人（原審被告）：吳嘉曉，女，漢族。

委託代理人：丁勇，江蘇共盈律師事務所律師。

被上訴人（原審被告）：陶建慧，女，漢族。

　　上訴人王莉因與被上訴人平安銀行股份有限公司南京分行（以下簡稱平安銀行南京分行）、朱智斌、南京鑫煜輝進出口貿易有限公司（以下簡稱鑫煜輝公司）、吳嘉曉、陶建慧金融借款合同糾紛一案，不服南京市鼓樓區人民法院（2015）鼓商初字第382號民事判決，向本院提起上訴。本院於2016年1月12日立案受理後，依法組成合議庭審理了本案。本案現已審理終結。

　　平安銀行南京分行一審訴稱：2014年1月20日，平安銀行南京分行與朱智斌簽訂《綜合授信額度合同》、《貸款合同》，約定平安銀行南京分行向

朱智斌出借398萬元，期限為12個月，自2014年2月27日至2015年2月27日，貸款利率為人民銀行同期貸款基準利率上浮30%，年利率7.8%，按月付息，到期還本。當日，鑫煜輝公司、吳嘉曉、陶建慧與平安銀行南京分行簽訂《最高額保證擔保合同》，約定對上述《貸款合同》項下朱智斌的全部債務承擔連帶責任擔保。吳嘉曉、陶建慧分別以其所有的位於南京市玄武區傅厚崗11號104室、鼓樓區漢中路8號1206室房屋做為抵押物，與平安銀行南京分行簽訂了《南京市房地產抵押合同》並辦理了抵押登記。朱智斌與王莉係夫妻關係，且該筆貸款發生在婚姻關係存續期間，應當承擔共同還款責任。現因朱智斌、王莉逾期還款，平安銀行南京分行多次催要無果，遂訴至法院，請求判令朱智斌立即償還平安銀行南京分行貸款本金398萬元，並支付貸款利息276,808.99元，罰息9,487.90元（截止至2015年6月23日），並繼續支付自2015年6月25日起至本息全部清償之日止的利息及罰息；判令鑫煜輝公司、吳嘉曉、陶建慧對訴請一的款項承擔連帶保證責任；判令王莉對訴請一的款項承擔共同還款責任；判令平安銀行南京分行對抵押物南京市玄武區傅厚崗11號104室、南京市鼓樓區漢中路8號1206室房屋享有優先受償權；判令朱智斌、王莉、鑫煜輝公司、吳嘉曉、陶建慧承擔本案訴訟費用。

　　朱智斌、鑫煜輝公司一審共同辯稱：對平安銀行南京分行起訴的借款數額沒有異議。但朱智斌只是鑫煜輝公司名義上的法定代表人，這筆借款朱智斌沒有拿到，公司後面還有別的人控制。關於平安銀行南京分行起訴王莉，朱智斌在貸款前就與王莉鬧離婚，在貸款發放後不久與王莉辦理離婚手續，王莉對公司及朱智斌工作的事情均不知情，對朱智斌貸款的事情也不知情。同時在離婚協議上朱智斌與王莉約定案涉借款為朱智斌的個人債務，與王莉無關。且平安銀行南京分行給朱智斌辦理貸款時，夫妻雙方是一定要到場簽字的，朱智斌當時與王莉感情不好，故陶建慧就安排了其他人代替王莉簽字，此筆貸款與王莉無關。

　　吳嘉曉一審辯稱：吳嘉曉就本案糾紛已去報過案，這筆貸款確實不是朱智斌所有，應該是陶建慧或者張越所有。本案陶建慧所涉的金額已高達1個億，應該按照先刑後民的原則，等鼓樓經偵大隊處理後再審理本案。在本案中貸款用途是用於購買原材料，而按照平安銀行南京分行提供的證據，該款項用做他用，這是平安銀行南京分行與朱智斌主合同的重大變更，該變更未

經過擔保人的同意，加大擔保風險，根據擔保法的相關規定，合同經過重大變更必須擔保人的同意，吳嘉曉並不知道合同的變更，故吳嘉曉不應當承擔擔保責任。

王莉一審辯稱：《中華人民共和國婚姻法》第四十一條規定：離婚時，原為夫妻共同生活所負的債務，應當共同償還。因此，夫妻共同生活是形成夫妻共同債務的內在本質，是夫妻共同債務與夫妻個人債務的根本區別，也是認定夫妻共同債務的實質標準。認定婚姻關係存續期間的債務屬於夫妻個人債務還是夫妻共同債務，有以下兩個實質性標準：一是夫妻有無共同舉債的合意；二是夫妻是否分享了債務所帶來的利益。具體到本案：一、王莉並沒有和平安銀行南京分行、朱智斌有共同舉債的合意；二、王莉並未實際分享該筆債務帶來的利益。夫妻一方未經對方同意，獨自籌資從事生產或者經營活動所負債務，且其收入確未用於夫妻共同生活所負債務的，本案符合該情形，該筆貸款並不是夫妻共同債務。平安銀行南京分行以夫妻共同債務主張王莉對朱智斌的貸款承擔共同還款責任於法無據，與事實不符。請求依法駁回平安銀行南京分行對王莉的訴請，以維護王莉之合法權益。

陶建慧一審未答辯，亦未提供證據。

一審法院查明，2014年1月20日，平安銀行南京分行與朱智斌簽訂《綜合授信額度合同》一份，約定：平安銀行南京分行向朱智斌提供398萬元的授信額度，授信期限自2014年1月20日起至2017年1月20日止。同日，平安銀行南京分行與朱智斌簽訂《貸款合同》一份，約定：朱智斌向平安南京分行借款398萬元，借款用途為採購原材料；貸款期限為12個月，自2014年1月20日起至2015年1月20日止；貸款利率為人民銀行同期貸款基準利率上浮30%，年利率為7.8%；還款方式為按淨息還款法，按月付息，到期一次性還本；如朱智斌未能按約定償還貸款本息，平安銀行南京分行有權提前收回貸款本息，並有權根據實際逾期天數自逾期之日起對貸款本金按合同約定的利率加50%計收罰息。

同日，平安銀行南京分行分別與鑫煜輝公司、吳嘉曉、陶建慧簽訂《最高額保證擔保合同》，約定鑫煜輝公司、吳嘉曉、陶建慧為朱智斌上述債務向平安銀行南京分行提供最高額連帶責任保證擔保，保證期間為主合同生效之日起至主合同項下的債務履行期限屆滿之日後兩年；保證範圍為本金、利

息、複利、罰息、平安銀行南京分行實現債權的費用；無論是否有擔保人提供物的擔保，平安銀行南京分行均有權直接要求鑫煜輝公司、吳嘉曉、陶建慧承擔保證責任，而非先行處分擔保物。同時，平安銀行南京分行與吳嘉曉、陶建慧分別簽訂《南京市房地產抵押合同》，約定：吳嘉曉將其名下的位於南京市玄武區傅厚崗11號104室房產抵押給平安銀行南京分行，陶建慧將其名下的位於南京市鼓樓區漢中路8號1206室房產抵押給平安銀行南京分行，做為上述借款還款之擔保，抵押擔保範圍為本金、利息、違約金、賠償金、實現抵押權的費用。抵押房產已辦理了抵押登記，平安南京分行已領取了他項權證，債權登記數額分別為192萬元、206萬元。

上述合同簽訂後，2014年2月27日，平安銀行南京分行按約發放貸款398萬元，朱智斌授權平安銀行南京分行將貸款直接匯給江蘇興源貿易有限責任公司（以下簡稱興源公司）。貸款到期後，朱智斌未按約還款，截至2015年6月23日，欠平安南京分行貸款本金398萬元、利息276,808.99元、罰息9,487.9元；鑫煜輝公司、吳嘉曉、陶建慧亦未承擔擔保責任。

一審另查明，朱智斌與王莉原係夫妻關係，兩人於2007年10月19日登記結婚，後於2014年3月14日協議離婚。

一審法院認為，平安南京分行與朱智斌、鑫煜輝公司、吳嘉曉、陶建慧分別簽訂的綜合授信額度合同、貸款合同、保證合同、抵押合同係各方當事人真實意思表示，且抵押房產已辦理抵押登記，均合法有效。本案中，平安銀行南京分行按約履行了放款義務，而朱智斌在貸款到期後未按約還款，其行為已構成違約，應承擔違約責任，故平安銀行南京分行有權主張朱智斌償還借款本金398萬元、利息276,808.99元、罰息9,487.9元，並繼續支付2015年6月24日以後至本金還清之日前所產生的利息及罰息（按上述合同約定的利率標準支付）的訴訟請求，具有事實依據，一審法院予以支持。關於朱智斌、鑫煜輝公司、吳嘉曉、王莉的上述抗辯意見，因無事實依據，一審法院不予採納。根據《物權法》的有關規定，第三人提供物的擔保的，債權人可以就物的擔保實現債權，也可以要求保證人承擔保證責任；提供擔保的第三人承擔擔保責任後，有權向債務人追償。本案中，吳嘉曉將其名下的位於南京市玄武區傅厚崗11號104室房產抵押給平安銀行南京分行，為上述借款在192萬元的份額內提供擔保，陶建慧將其名下的位於南京市鼓樓區漢中路8號

1206室房產抵押給平安銀行南京分行，為上述借款在206萬元的份額內提供擔保，同時吳嘉曉、陶建慧表明與鑫煜輝公司共同對朱智斌上述債務承擔連帶保證責任。故平安銀行南京分行主張在朱智斌不履行上述債務時，對本案抵押房產南京市鼓樓區漢中路8號1206室和南京市玄武區傅厚崗11號104室分別在206萬和192萬元的範圍內享有優先受償權；主張鑫煜輝公司、吳嘉曉、陶建慧對朱智斌上述債務承擔連帶清償責任的訴訟請求，一審法院均予以支持。鑫煜輝公司、吳嘉曉、陶建慧在實際清償後有權向朱智斌追償，或者要求其他保證人清償其應當承擔的份額，有約定的，按約定的比例分擔，沒有約定的，平均分擔。

關於王莉的抗辯意見，本案所涉債務產生於朱智斌、王莉夫妻關係存續期間，雖然朱智斌、王莉在貸款發放後辦理了離婚登記，但根據《最高人民法院關於適用〈中華人民共和國婚姻法〉若干問題的解釋（二）》第二十五條第一款之規定，當事人的離婚協議或者人民法院的判決書、裁定書、調解書已經對夫妻財產分割問題做出處理的，債權人仍有權就夫妻共同債務向男女雙方主張權利。根據《中華人民共和國婚姻法》第十九條第三款的規定，「夫妻對婚姻存續期間所得的財產約定歸各自所有的，夫或妻一方對外所負的債務，第三人知道該約定的，以夫或妻一方所有的財產清償」。根據《最高人民法院關於適用〈中華人民共和國婚姻法〉若干問題的解釋（二）》第二十四條的規定，「債權人就婚姻關係存續期間夫妻一方以個人名義所負債務主張權利的，應當按夫妻共同債務處理。但夫妻一方能夠證明債權人與債務人明確約定為個人債務，或者能夠證明屬於婚姻法第十九條第三款規定的情形的除外」。一審法院認為，朱智斌上述債務產生於朱智斌和王莉婚姻關係存續期間，且平安銀行南京分行在本案中舉證了朱智斌和王莉的身分證、戶口本及結婚證明，表明平安銀行南京分行在審查貸款時已盡到審慎的注意義務。朱智斌所欠平安銀行南京分行的債務應屬朱智斌和王莉夫妻存續期間的共同債務，對此應承擔共同還款義務，對王莉上述辯稱意見，因無事實和法律依據，一審法院不予採納。

據此，依照《中華人民共和國合同法》第一百零七條、第二百零五條、第二百零六條、第二百零七條，《中華人民共和國物權法》第一百七十六條、第一百七十九條，《中華人民共和國擔保法》第十二條、第十八條、

第二十一條第一款，《最高人民法院關於適用〈中華人民共和國婚姻法〉若干問題的解釋（二）》第二十四條，《中華人民共和國民事訴訟法》第一百四十四條之規定，一審法院判決：一、朱智斌、王莉自判決生效之日起十日內償還平安銀行南京分行貸款本金398萬元，利息276,808.99元，罰息9,487.90元，並繼續支付自2015年6月24日起至實際給付之日止的利息及罰息（按上述合同約定的利率標準支付）；二、如朱智斌、王莉未履行上述第一項債務，平安銀行南京分行有權對吳嘉曉所有的南京市玄武區傅厚崗11號104室房產的房屋及陶建慧所有的南京市鼓樓區漢中路8號1206室房屋進行折價或以拍賣、變賣所得價款分別在192萬元、206萬元的範圍內優先受償；三、鑫煜輝公司、吳嘉曉、陶建慧對朱智斌、王莉上述第一項債務承擔連帶清償責任；四、鑫煜輝公司、吳嘉曉、陶建慧在承擔擔保責任後，有權就其實際清償部分向朱智斌、王莉追償。如未按判決指定的期間履行金錢給付義務，根據《中華人民共和國民事訴訟法》第二百五十三條的規定，應加倍支付遲延履行期間的債務利息。一審案件受理費39,498元，公告費600元，保全費5,000元，合計45,098元，由朱智斌、王莉共同負擔。

宣判後，王莉不服一審判決，向本院提起上訴，請求依法撤銷一審判決將本案發回重審，或改判駁回平安銀行南京分行對其的訴訟請求，本案訴訟費用由平安銀行南京分行承擔。事實與理由如下：1. 王莉在本案中沒有與朱智斌共同舉債的合意。首先，平安銀行南京分行提供的貸款資料中，署名為王莉的《聲明書》係偽造。一審庭審質證過程中平安銀行南京分行提供了全套貸款資料，其中有一份署名為王莉的《聲明書》，用以說明對於王莉做為配偶明知並同意承擔案涉債務。但該《聲明書》的簽名係偽造，王莉不知道也從未至平安銀行南京分行簽署過任何關於本次貸款的手續。由此可知，平安銀行南京分行明知王莉沒有簽署《聲明書》，但為了完善手續並確定王莉同意承擔案涉債務，找他人代簽，主觀故意明顯，未盡到審慎的義務。其次，朱智斌亦陳述，王莉的簽字係他人代簽。王莉在一審期間提供的離婚協議、證人證言等證據可以證明，王莉、朱智斌的夫妻感情於案涉借款發生時已經破裂，僅是為了雙方家長能夠順利過好春節才將離婚手續的辦理延遲至春節後。2. 王莉並未實際分享案涉債務所帶來的利益。首先，從借款的走向來看，該筆借款並未用於夫妻共同生活。《貸款合同》中載明的貸款用途為

「採購原材料」，朱智斌所貸的398萬元是直接進入興源公司的帳戶，並未匯入朱智斌、鑫煜輝公司的帳戶。其次，該筆借款並未用於鑫煜輝公司的生產經營活動。案涉借款是根據陶建慧的要求匯入了興源公司帳戶，平安銀行南京分行未提供做為受託支付依據的合同，且興源公司的經營範圍未包括生產或銷售某類產品的內容，而所有貸款手續均明確表述借用途為「採購原材料」，這不符合常理。再次，根據朱智斌與王莉離婚協議書的簽訂時間、內容以及離婚時間，朱智斌不可能將該筆貸款用於夫妻共同生活。朱智斌與王莉的離婚時間為2014年3月14日，案涉《貸款合同》簽訂的時間為2014年1月20日，在朱智斌與王莉婚姻關係存續期間的最後短短一個多月內，顯然感情已經處於破裂狀態，朱智斌不可能也沒有必要將案涉借款用於即將結束的夫妻共同生活。故離婚協議書中載明「平安銀行個人經營性貸款398萬元用於男方公司經營，未用於家庭日常開銷，也未用於購買任何夫妻雙方的共同財產」。3. 夫妻一方未經對方同意，獨資籌資從事生產或者經營活動所負債務，且其收入確未用於夫妻共同生活所負債務的，應當視為一方的個人債務。案涉借款符合上述情形，不應當視為夫妻共同債務。

被上訴人平安銀行南京分行答辯稱：1. 平安銀行南京分行放貸時已經履行了相應的審批手續，王莉上訴主張其未簽字確認，對案涉貸款不知情，該項上訴主張與本案的實體處理沒有必然的關聯性。2. 案涉貸款屬於受託支付，由銀行將貸款直接打入貸款申請人交易相對方的帳戶，這是目前大多數銀行通常採取的做法，也是為了防範貸款申請人可能存在的騙貸行為。3. 案涉貸款應係朱智斌與王莉的夫妻共同債務。首先，該筆貸款資金注入經營必然會減輕王莉的資金壓力，可以將計畫用於投資的資金節省下來，實際上給王莉帶來了收益。其次，貸款審批、發放時，朱智斌和王莉處於婚姻關係存續期間，並沒有離婚。還貸逾期後平安銀行南京分行訴至一審法院，此時才知道朱智斌與王莉離婚的相關情況。因此，平安銀行南京分行在放貸款時對王莉的婚姻情況不甚清楚，也沒有能力去獲知王莉與朱智斌的實際婚姻情況。4. 一審法院適用法律正確，程序並無不當，請求駁回王莉的上訴請求，維持原判。

被上訴人吳嘉曉辯稱：1. 案涉貸款是夫妻共同之債，王莉應當承擔還款義務。2. 平安銀行南京分行未經嚴格審查義務，沒有仔細審核朱智斌的貸款

實際用途。平安銀行南京分行和朱智斌私自變更貸款合同，貸款用途實質上亦發生了變更，上述變更未取得吳嘉曉的同意，做為保證人的吳嘉曉不應當承擔保證責任。

被上訴人朱智斌、鑫煜輝公司、陶建慧未發表答辯意見。

本院經審理查明，一審判決查明的案件事實屬實，本院予以確認。

二審期間，平安銀行南京分行陳述：其一審期間未將《聲明書》做為證據提交，該《聲明書》與本案沒有關聯性；銀行在貸款流程中存在配偶方簽字確認的要求，該《聲明書》並非在銀行工作人員處面簽，認可王莉的相關陳述，不要求對王莉簽字進行鑒定。本院要求平安銀行南京分行提交該《聲明書》，平安銀行南京分行以檔案庫未能找到為由不予提交。

經各方當事人一致確認，本案二審的爭議焦點歸納為：案涉貸款是否為朱智斌與王莉的夫妻共同債務。

本院認為，夫妻共同債務是以夫妻特殊的人身關係和財產關係為基礎，夫妻為了共同利益需要，在對共同生活經營、管理過程中形成的，依照法律規定或約定應由夫妻共同償還的債務。確認婚姻關係存續期間的債務是否為夫妻共同債務，有兩個標準：一是夫妻是否有共同舉債的合意，二是夫妻是否分享了債務帶來的利益。

首先，本案中王莉並無與朱智斌的舉債合意。王莉上訴認為平安銀行南京分行的貸款資料中有署名為王莉的《聲明書》一份，內容為配偶方王莉明知並同意承擔案涉債務，但《聲明書》並非本人所簽。就此，本院要求平安銀行南京分行提交該《聲明書》，並說明簽字情況。平安銀行南京分行認可貸款資料中包括署名為王莉的《聲明書》，但未按本院要求予以提交。根據《最高人民法院關於民事訴訟證據的若干規定》第七十五條之規定，有證據證明一方當事人持有證據無正當理由拒不提供，如果對方當事人主張該證據的內容不利於證據持有人，可以推定該主張成立。本院對王莉關於《聲明書》具體內容的陳述予以采信。同時，平安銀行南京分行認可王莉關於《聲明書》簽字情況的陳述，故本院認定《聲明書》中的署名並非王莉本人所簽。鑒於平安銀行南京分行在本案中所提供的證據不能證明王莉參與了案涉借款，且署名為王莉的《聲明書》係他人代簽，對王莉關於其與朱智斌無舉債合意的上訴主張，本院予以支持。

其次，案涉貸款不能認定為用於夫妻共同生活。根據《最高人民法院關於適用〈中華人民共和國婚姻法〉若干問題的解釋（二）》第二十四條之規定，夫妻關係存續期間所舉債務，原則上應當按夫妻共同債務處理，債務性質的證明責任由夫妻一方承擔。該規定更多的是從夫妻日常家事代理權的角度出發，為維護交易安全所做的利益衡量。但任何權利的保護均有法律限度，如簡單、機械地將夫妻關係存續期間形成的債務一概認定為共同債務，不僅可能損害非舉債的夫妻一方的利益，亦不符合婚姻法關於夫妻共同債務規定的主旨。為平等保護債權人和非舉債的夫妻一方的合法權益，實現利益衡平，當非舉債的夫妻一方舉證證明該債務並非用於家庭共同生活時，人民法院應當排除非舉債的夫妻一方的共同還款責任。具體到本案而言：1. 日常家事代理制度是夫妻因家庭日常事務與第三人交往時所為法律行為，應視為夫妻共同意思，並由配偶方承擔共同責任的制度。案涉的398萬元借款係大額款項，性質上不能認定為家庭日常事務的範疇。做為出借人的銀行並不能當然地基於夫妻一方的簽字確認，即有理由相信該項借款係夫妻雙方的共同意思表示。在銀行的貸款審批流程中本身就存在要求配偶方簽字確認的要求，平安銀行南京分行未能按照流程要求操作，導致《聲明書》的配偶簽字處由他人代簽，故平安銀行南京分行存在故意或重大過失，在本案中並非善意第三人。2. 從案涉借款的用途和流向來看，《貸款合同》中約定的用途為購買原材料，貸款發放後實際匯入案外人興源公司，王莉基於上述事實主張案涉借款並非用於家庭生活具有合理性。同時案涉借款發生於朱智斌與王莉離婚前一個多月的時間內，案涉借款與二人的家庭生活所需難以建立起關聯，故王莉已經完成了關於案涉借款並非夫妻共同債務的舉證義務。平安銀行南京分行認可案涉借款用於經營，但認為王莉因貸款注入、資金壓力減少而從中獲益，上述主張實際上是基於該項經營為夫妻共同生活所需的推定，綜合本案證據，平安銀行南京分行的該項推定事實依據不足，本院不予採納。

綜上，一審判決認定案涉借款係朱智斌、王莉的夫妻共同債務存在錯誤，本院予以糾正。據此，依照《最高人民法院關於適用〈中華人民共和國婚姻法〉若干問題的解釋（一）》第十七條、《最高人民法院關於民事訴訟證據的若干規定》第七十五條、《中華人民共和國民事訴訟法》第一百七十

條第一款第（二）項之規定，判決如下：

一、變更南京市鼓樓區人民法院（2015）鼓商初字第382號民事判決第一項為：朱智斌自本判決生效之日起十日內償還平安銀行股份有限公司南京分行貸款本金398萬元，利息276,808.99元，罰息9,487.90元，並繼續支付自2015年6月24日起至實際給付之日止的利息及罰息（按上述合同約定的利率標準支付）；

二、變更南京市鼓樓區人民法院（2015）鼓商初字第382號民事判決第二項為：如朱智斌未履行上述債務，平安銀行股份有限公司南京分行有權對吳嘉曉所有的南京市玄武區傅厚崗11號104室房產的房屋和陶建慧所有的南京市鼓樓區漢中路8號1206室房屋進行折價或以拍賣、變賣所得價款分別在192萬元、206萬元的範圍內優先受償；

三、變更南京市鼓樓區人民法院（2015）鼓商初字第382號民事判決第三項為：南京鑫煜輝進出口貿易有限公司、吳嘉曉、陶建慧對朱智斌上述債務承擔連帶清償責任；

四、變更南京市鼓樓區人民法院（2015）鼓商初字第382號民事判決第四項為：南京鑫煜輝進出口貿易有限公司、吳嘉曉、陶建慧在承擔擔保責任後，有權就其實際清償部分向朱智斌追償；

五、駁回平安銀行股份有限公司南京分行的其他訴訟請求。

如未按本判決指定的期間履行金錢給付義務，根據《中華人民共和國民事訴訟法》第二百五十三條的規定，應加倍支付遲延履行期間的債務利息。

一審案件受理費39,498元，公告費600元，保全費5,000元，合計45,098元，由朱智斌、鑫煜輝公司、吳嘉曉、陶建慧負擔；二審案件受理費39,498元，由平安銀行股份有限公司南京分行負擔。

本判決為終審判決。

審判長　吳勁松

代理審判員　夏奇海

代理審判員　陳　戎

二〇一六年三月二十五日

書記員　李麗玲

【案例52】 債權公告催收及擔保物權行使期限的法律分析

金璐公司、竺孟飛訴農業銀行金融借款合同糾紛案評析

案號：浙江省高級人民法院（2016）浙民再139號

【摘要】

債權公告催收的法定條件為，必須同時滿足義務人下落不明且權利人採用其他方式無法直接向義務人主張權利這兩個條件，其例外情形是，農業銀行受託處置國有銀行股改剝離不良資產債權時，採用債權公告催收方式，無須滿足前述條件；擔保物權的行使期限應為主債務的訴訟時效期間，在上述期限內若未行使，除擔保人明確願意繼續承擔擔保責任外，債權人對擔保物不再享有優先受償權。

【基本案情】

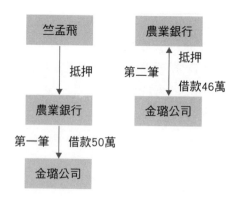

2004年6月17日，農業銀行奉化市支行（以下簡稱「農業銀

行」）與浙江省奉化市金璐石油機械有限公司（以下簡稱「金璐公司」）簽訂《借款合同》，約定金璐公司向農業銀行借款50萬元，由竺孟飛自願以其名下的房屋提供最高額抵押，並依法辦理了抵押登記。2004年8月4日，農業銀行又與金璐公司簽訂《借款合同》，約定金璐公司向農業銀行借款46萬元，金璐公司自願以其所有的生產設備提供最高額抵押，並辦理了抵押物登記證。

上述兩筆借款到期後，金璐公司未按約還款，兩筆借款均屬於財政部委託農業銀行管理和處置的股改剝離不良資產。農業銀行於2007年12月30日向金璐公司送達《債務逾期催收通知書》（以下簡稱《債務通知書》），金璐公司和竺孟飛在該催收通知書上蓋章、簽字確認。2013年3月1日，農業銀行又向金璐公司送達《債務通知書》，金璐公司和竺孟飛在該通知書上亦蓋章、簽字確認。金璐公司在《債務通知書》上蓋章確認後，並未履行還款義務。2013年8月27日，農業銀行對案涉債權在《錢江晚報》上刊登了催收公告。農業銀行經多次催討未果，於2015年6月2日訴至法院，請求判令金璐公司償還借款本金及利息、罰息；確認農業銀行對案涉抵押財產享有優先受償權。

【法院判決】

浙江省奉化市人民法院經審理認為，案涉兩筆借款的到期日分別為2005年6月10日、2005年7月25日。在兩筆借款均超過訴訟時效後，農業銀行於2007年12月30日、2013年3月1日兩次送達《債務通知書》，金璐公司均予以簽收，視為對原債務的重新確認。重新確認後的債權債務關係，超過兩年訴訟時效期限後，將不再受法律保護。金璐公司最後一次簽收《債務通知書》是2013年3月1日，故自2015年3月1日起，其與農業銀行的債務關係因超過訴訟時效，不再受法律保護。農業銀行於2013年8月27日在《錢江晚報》上刊登了債權催

收公告，因其未能證明該公告是在金璐公司、竺孟飛去向不明、無法取得聯繫的情況下刊登的，故不產生訴訟時效中斷的法律效力。農業銀行與金璐公司的債權債務關係已過訴訟時效，其要求金璐公司歸還欠款及相應利息的訴求不予支持。擔保物權的行使期限應適用《中華人民共和國物權法》（以下簡稱《物權法》）第二百零二條，即應在主債權訴訟時效期間內行使。在主債權已過訴訟時效的情況下，農業銀行享有的抵押權亦已過行使期限，其對案涉抵押財產享有優先受償權的訴求亦不予支援。故判決駁回農業銀行的全部訴訟請求。

宣判後，農業銀行不服一審判決，提起上訴。浙江省寧波市中級人民法院經審理認為，本案的爭議焦點是，農業銀行於2013年8月27日在《錢江晚報》上刊登的債權催收公告，是否產生訴訟時效中斷的法律效力。根據《最高人民法院關於審理涉及金融資產管理公司收購、管理、處置國有銀行不良貸款形成的資產的案件適用法律若干問題的規定》（以下簡稱《金融資產管理公司處置國有銀行不良貸款適用法律規定》）第十條的規定，農業銀行於2013年8月27日在《錢江晚報》上刊登其受財政部委託對金璐公司逾期債務進行催收的公告，產生訴訟時效中斷的法律效力，故訴訟時效從2013年8月27日起重新計算。農業銀行於2015年6月2日向一審法院提起訴訟，並未超過兩年訴訟時效期間。所以改判金璐公司償還農業銀行借款本金及利息和罰息，農業銀行有權對金璐公司和竺孟飛的抵押財產享有優先受償權。

宣判後，金璐公司和竺孟飛不服二審判決，提出再審申請。浙江省高級人民法院經審理認為，本案的爭議焦點為案涉主債務的訴訟時效是否超過、擔保物權的行使期間是否超過。二審法院認定農業銀行於2015年6月2日提起訴訟並未超過兩年訴訟時效，具有事實和法律依據。在案涉主債務訴訟時效屆滿後，農業銀行兩次送出的《債務通知書》，均為「致金璐公司」，未涉及抵押擔保的任何內容，於2013年8月27日在《錢江晚報》上刊登的催收公告也僅載明向借款人

金璐公司催收。金璐公司在《債務通知書》上確認蓋章，應認定為重新確認後形成新的債權債務關係。農業銀行未提供證據證明其根據當時的法律規定《最高人民法院關於適用〈中華人民共和國擔保法〉若干問題的解釋》（以下簡稱《擔保法解釋》），在主債權訴訟時效期間屆滿後兩年內行使了抵押權，也未證明其與抵押人就抵押擔保事項重新達成合意，應當認定抵押擔保期間已超過，故改判農業銀行對案涉抵押財產不享有優先受償權。

【法律評析】

本案的爭議焦點為，權利人採取債權公告催收的方式應該具備何種法定條件，以及擔保物權人應在何種期限內行使其擔保權利。

一、債權公告催收的法定條件及其例外

《最高人民法院關於審理民事案件適用訴訟時效制度若干問題的規定》第十條規定：「具有下列情形之一的，應當認定為民法通則第一百四十條規定的『當事人一方提出要求』，產生訴訟時效中斷的效力：……（四）當事人一方下落不明，對方當事人在國家級或者下落不明的當事人一方住所地的省級有影響的媒體上刊登具有主張權利內容的公告的，但法律和司法解釋另有特別規定的，適用其規定。」

分析可知，中國大陸現行法律法規及司法解釋中，並未明文規定權利人採取債權公告催收方式的條件。但從上述有關訴訟時效中斷的法律條款中可知，債權公告催收的法定條件應當包括：第一，義務人下落不明；第二，權利人採用其他方式無法直接向義務人主張權利。這應當理解為權利人必須先行採取上門、郵寄、公證和律師見證等方式，向義務人催收債權，在仍然無法向義務人送達催收文書的情況下，權利人應取得並保留派出所、社區、公證機關和律師事務所等協力單位提供的、能夠證明義務人下落不明且權利人無法向義務人主

張權利的書面證據。在同時符合上述兩個條件的情況下，權利人才有權採取債權公告催收的方式，在國家級或者下落不明的義務人住所地省級有影響的媒體上，刊登具有主張債權內容的公告。但是，採取債權公告催收方式也有例外情形。

《最高人民法院〈關於審理涉及中國農業銀行股份有限公司處置股改剝離不良資產案件適用相關司法解釋和司法政策的通知〉》規定：「人民法院在審理涉及農業銀行處置上述不良資產案件時，可以適用最高人民法院就審理涉及金融資產管理公司處置不良資產案件所發布的相關司法解釋、司法政策及有關答覆、通知的規定。」《金融資產公司處置國有銀行不良貸款適用法律規定》第十條規定：「債務人在債權轉讓協議、債權轉讓通知上簽章或者簽收債務催收通知的，訴訟時效中斷。原債權銀行在全國或者省級有影響的報紙上發布的債權轉讓公告或通知中，有催收債務內容的，該公告或通知可以做為訴訟時效中斷證據。」

分析上述條款可知，農業銀行處置國有銀行股改剝離不良資產時，可以採取在全國或者省級有影響的報紙上發布具有債務催收內容的債權轉讓公告或通知，具有訴訟時效中斷的效果。也就是說，農業銀行處置國有銀行不良資產時，無須同時滿足義務人下落不明和權利人採用其他方式無法直接向義務人主張權利的法定條件，屬於債權公告催收方式的例外情形。綜合證據分析可知，本案屬於農業銀行受財政部委託處置國有銀行不良資產的情形，農業銀行在案涉債務訴訟時效期間內，於2013年8月27日在浙江省級報紙《錢江晚報》上發布具有債務催收內容的債權轉讓公告，無須屬於債務人下落不明且通過其他方式無法向債務人主張權利的情形，即可發生訴訟時效中斷的法律效果。因此，農業銀行於2015年6月2日提起本案訴訟時，重新計算的債權兩年訴訟時效期間尚未屆滿，故二審法院糾正了一審「農業銀行債權已過訴訟時效」的錯誤認定和判決，改判金璐公司償還農業銀

行貸款本金和相應利息。

　　必須注意的是，《中華人民共和國民法通則》第一百三十五條對訴訟時效的規定為：「向人民法院請求保護民事權利的訴訟時效期間為兩年，法律另有規定的除外。」通常，引起訴訟時效中斷的方式是提起訴訟、當事人一方提出要求或者同意履行義務。債權催收公告是否產生訴訟時效中斷的法律效力，則應根據相關法律規定進而確定。本案的特殊性在於，最高人民法院的司法解釋賦予了特定條件下的公告催收具有中斷時效的作用。

二、擔保物權的行使期限

　　《擔保法司法解釋》第十二條第二款規定：「擔保物權所擔保的債權的訴訟時效結束後，擔保權人在訴訟時效結束後的兩年內行使擔保物權的，人民法院應當予以支持。」《物權法》第二百零二條規定：「抵押權人應當在主債權訴訟時效期間內行使抵押權，未行使的，人民法院不予保護。」

　　分析上述法條可知，關於擔保物權的行使期限，先施行的下位法《擔保法司法解釋》規定為主債權訴訟時效期間屆滿兩年內，後施行的上位法《物權法》則規定為主債權訴訟時效期間內，兩種規定明顯衝突。依據「上位法優於下位法」和「新法優於舊法」的法律適用原則，擔保物權的行使期限應該適用《物權法》，即擔保物權應在主債權訴訟時效期間內行使。結合本案，在案涉主債權訴訟時效屆滿後，農業銀行向債務人金璐公司發出的兩份《債務通知書》均未涉及擔保內容，亦未在主債權訴訟時效期間內向擔保人主張行使擔保物權。雖然金璐公司在《債務通知書》上確認蓋章重新形成了新的債權債務關係，農業銀行的主債權訴訟時效未超過，但農業銀行在《錢江晚報》上刊登的催收公告也僅載明向金璐公司催收債權，未能舉證證明其與擔保人就擔保事項重新達成合意、擔保人願意繼續承擔擔保責

任。因此，應認定農業銀行的擔保物權行使期限已超過。故再審法院糾正了二審「農業銀行擔保物權的行使期限未超過」的錯誤認定和判決，改判農業銀行對案涉抵押財產不享有優先受償權。

三、銀行風險啟示

綜上可知，對銀行業務的風險啟示如下：

第一，通常來說，銀行採取債權公告催收方式主張債權的法定條件是，必須同時滿足義務人下落不明且權利人採用其他方式無法直接向義務人主張權利，進而引起債權訴訟時效中斷的法律效果。

第二，訴訟時效期間屆滿即引起義務人抗辯權產生、嚴重損害債權人合法權益的法律效果，銀行在辦理相關業務時應充分重視訴訟時效屆滿日期，在法定訴訟時效期間內，按照法定方式積極向債務人和擔保人主張和行使權利，切實維護其合法權益。

第三，銀行應確保其擔保物權在主債權訴訟時效期間內行使，在上述期限內未行使的，除與擔保人重新達成擔保合意、擔保人願意繼續承擔擔保責任外，銀行對擔保物不再享有優先受償權。

第四，若借款訴訟時效已經超過，銀行可通過向債務人、擔保人發送催款通知書、還款告知書的形式，獲得債務人、擔保人對債務的再次承認，該行為視為對原債務和原擔保的重新確認，產生訴訟時效中斷、重新計算的效果，進而減少銀行損失。

附：法律文書

浙江省高級人民法院

民事判決書

（2016）浙民再139號

再審申請人（一審被告、二審被上訴人）：奉化市金璐石油機械有限公

司。住所地：奉化市大堰鎮大茗路23號。

法定代表人：竺孟飛，該公司執行董事。

再審申請人（一審被告、反訴原告，二審被上訴人）：竺孟飛，男，漢族。

兩再審申請人共同委託訴訟代理人：沈英，浙江省寧波市惠政法律服務所法律工作者。

被申請人（一審原告、反訴被告，二審上訴人）：中國農業銀行股份有限公司奉化市支行。住所地：奉化市錦屏街道體育場路14號。

訴訟代表人：餘秀位，該支行負責人。

委託訴訟代理人：李頌，浙江頌陽律師事務所律師。

委託訴訟代理人：胡騰龍，浙江頌陽律師事務所律師。

　　再審申請人奉化市金璐石油機械有限公司（以下簡稱金璐公司）、竺孟飛因與被申請人中國農業銀行股份有限公司奉化市支行（以下簡稱農行奉化支行）金融借款合同糾紛一案，不服寧波市中級人民法院（2015）浙甬商終字第1032號民事判決，向本院申請再審。本院於2016年4月11日做出（2016）浙民申171號民事裁定，提審本案。本院依法組成由審判員湯玲麗擔任審判長、代理審判員錢曉紅、樊清正參加評議的合議庭，開庭審理了本案。再審申請人金璐公司和竺孟飛的委託訴訟代理人沈英、被申請人農行奉化支行的委託訴訟代理人胡騰龍到庭參加訴訟。本案現已審理終結。

　　金璐公司與竺孟飛申請再審稱：一、二審判決認定事實有誤。1. 2004年6月17日《借款合同》約定的還款日期為2006年6月10日，按照民法通則第一百三十五條規定，訴訟時效期間至2007年6月10日止。2004年6月9日的《最高額抵押合同》約定的抵押擔保期限自2004年6月9日至2006年6月8日止。按照擔保法第二十六條第二款規定，竺孟飛於2006年6月9日起免除保證責任。2. 2004年8月4日《借款合同》約定的還款日期為2005年7月25日，按照民法通則第一百三十五條規定，訴訟時效期間至2007年7月25日止。2003年7月25日《最高額抵押合同》約定的抵押擔保期限自2003年7月25日起至2005年7月24日止。按照擔保法第二十六條第二款規定，金璐公司於2005年7月25日起免除保證責任。3.《債務逾期催收通知書》簽發時間為2007年12

月30日，兩份《借款合同》均已超過了訴訟時效期間。金璐公司的法定代表人在催收通知書上簽字，可以認定為對債務的重新確認，訴訟時效期間重新計算。之後，農行奉化支行在七年多時間內未主張權利，已經超過了訴訟時效期間。竺孟飛在《債務逾期催收通知書》上簽字，是以公司法定代表人名義簽字。農行奉化支行未要求擔保人在《債務逾期催收通知書》上簽字，也未要求續簽擔保合同。保證人的保證責任免除。4. 農行奉化支行在《錢江晚報》的公告中僅載明了借款人金璐公司，沒有載明擔保人。這證明農行奉化支行在公告時已經確認擔保人脫保。二、二審法院適用法律錯誤。1. 按照擔保法第二十六條，因雙方未曾續簽《最高額抵押合同》，擔保人也未在兩份《債務逾期催收通知書》上以擔保人名義簽字，應當認定擔保責任終止。2. 按照2008年9月最高人民法院《關於審理民事案件適用訴訟時效制度若干問題的規定》第十條第四款，只有在當事人一方下落不明時，通過在當地省級有影響的媒體上刊登主張權利的公告，才能產生訴訟時效中斷的效力。本案金璐公司和竺孟飛始終在當地生產經營和生活，錢江晚報也不屬於本省有影響的報刊。按照「上位法優於下位法」、「新法優於舊法」的適用原則，二審法院適用2001年4月施行的最高人民法院《關於審理涉及金融資產管理公司收購、管理、處置國有銀行不良貸款形成的資產的案件適用法律若干問題的規定》是錯誤的。綜上，兩筆借款均超過兩年的訴訟時效，擔保合同已超過法律規定的時間。再審請求：撤銷二審判決，依法駁回農行奉化支行的一審全部訴訟請求，一、二審訴訟費用均由農行奉化支行承擔。

農行奉化支行再審答辯稱：一、案涉債權未過訴訟時效。1. 兩申請人已經在一審庭審中自認其於2007年12月30日簽收《債務逾期催收通知書》的行為是對原債務的重新確認。對於2013年3月1日的《債務逾期催收通知書》，金璐公司與竺孟飛予以簽收的事實在一、二審中也得到了確認。二審時，金璐公司與竺孟飛對於一審法院認定的該節事實無異議。2. 案涉借款係財政部委託農行奉化支行管理和處置的股改剝離不良資產，農行奉化支行於2013年8月27日在《錢江晚報》上刊登債權催收公告，產生訴訟時效中斷的法律效力。按照最高人民法院《關於審理涉及中國農業銀行股份有限公司處置股改剝離不良資產案件適用相關司法解釋和司法政策的通知》及最高人民法院《關於審理涉及金融資產管理公司收購、管理、處置國有銀行不良貸款

形成的資產的案件適用法律若干問題的規定》相關規定，案涉債權的訴訟時效自2013年8月27日重新計算。二、二審判決適用法律正確。1. 案涉抵押權在起訴時尚在存續期間。2. 金璐公司與竺孟飛在申請書中屢次採用「保證期間」，並援用擔保法有關保證期間的規定，屬張冠李戴。請求維持二審判決。

　　2015年6月2日，農行奉化支行起訴至奉化市人民法院稱，2004年6月17日，農行奉化支行（原中國農業銀行奉化市支行）與金璐公司簽訂一份《借款合同》。該合同約定，金璐公司向中國農業銀行奉化市支行借款50萬元；借款期限自2004年6月17日至2005年6月10日；借款利率確定為年利率6.372%；按月結息，每月20日為結息日。該合同還約定，若金璐公司未按合同約定的期限歸還借款本金或未準時支付利息的，中國農業銀行奉化市支行有權加收罰息、計收複利；因金璐公司違約致使中國農業銀行奉化市支行採取訴訟方式實現債權的，金璐公司應承擔中國農業銀行奉化市支行為此支付的律師費、差旅費及其他實現債權的費用。此外，合同中還明確約定該筆借款由（奉化04）農銀高抵字（2004）第103號最高額抵押合同提供擔保，即竺孟飛自願以其名下所有的位於奉化市大堰鎮夾水祠堂邊的房屋（房權證號為奉房權證堰字第709號及奉房權證堰字第××號）為該筆借款提供抵押擔保，並依法辦理了抵押登記。2004年8月4日，中國農業銀行奉化市支行又與金璐公司簽訂一份《借款合同》。該合同約定，金璐公司向中國農業銀行奉化市支行借款46萬元；借款期限自2004年8月4日至2005年7月25日；借款利率確定為年利率7.1685%；按月結息，每月20日為結息日。該合同還約定，若金璐公司未按合同約定的期限歸還借款本金或未準時支付利息的，中國農業銀行奉化市支行有權加收罰息、計收複利；因金璐公司違約致使中國農業銀行奉化市支行採取訴訟方式實現債權的，金璐公司應承擔中國農業銀行奉化市支行為此支付的律師費、差旅費及其他實現債權的費用。此外，合同中還明確約定該筆借款由（奉化04）農銀高抵字（2003）第088號最高額抵押合同提供擔保，即金璐公司自願以其所有的生產設備（詳見抵押清單）為該筆借款提供抵押擔保。上述兩筆借款到期後，雖經農行奉化支行多次催討，但金璐公司至今仍未還本付息。農行奉化支行認為，案涉借款合同合法有效，金璐公司拒不償付的行為，損害了農行奉化支行合法權益。故農行奉化

公司請求判令：一、金璐公司償還借款本金959,800元，支付截止至2015年5月14日的利息2,308,453.75元，以959,800元為本金按借款合同約定的利息計算方式支付自2015年5月15日起至款清日止的利息（含罰息、複利），並承擔案件訴訟費用；二、確認農行奉化支行第一項訴訟請求項下的債權，對金璐公司所有的抵押設備（詳見抵押清單）拍賣、變賣或其他處置所得價款在借款本金46萬元及相應利息、罰息、複利範圍內享有優先受償的權利；三、確認農行奉化支行第一項訴訟請求項下的債權，對登記為竺孟飛所有的位於奉化市大堰鎮夾水祠堂邊的房屋（房屋他項權證號為房奉化市他字第2004-5972號及房奉化市他字第2004-5973號）拍賣、變賣或其他處置所得價款在借款本金50萬元及相應利息、罰息、複利範圍內享有優先受償的權利。

　　金璐公司、竺孟飛一審答辯：一、對農行奉化支行主體是否適格提出異議，農行奉化支行應提供其名稱予以變更的相關證據。二、案件已過訴訟時效。1. 農行奉化支行提供的2004年6月17日的借款合同顯示，金璐公司借款50萬元，還款日期為2005年6月10日。按民法通則第一百三十五條之規定，該筆借款的訴訟時效期至2007年6月10日止。2. 農行奉化支行提供的2004年6月9日的最高額抵押合同顯示，竺孟飛以登記在其名下的位於奉化市大堰鎮夾水祠堂邊的房屋為2004年6月17日的借款合同項下的債務提供抵押擔保，擔保期限自2004年6月9日起至2006年6月8日止，擔保人自2006年6月9日起就已免除擔保責任。3. 農行奉化支行提供的2004年8月4日的借款合同顯示，金璐公司借款46萬元，還款日期為2005年7月25日。按民法通則第一百三十五條之規定，該筆借款的訴訟時效期至2007年7月25日止。4. 農行奉化支行提供的2003年7月25日的最高額抵押合同顯示，金璐公司以其設備為2004年8月4日的借款合同項下的債務提供抵押擔保，擔保期限自2003年7月25日起至2005年7月24日止，擔保人自2005年7月25日起就已免除擔保責任。5. 農行奉化支行提供的逾期債務催收通知書被告的簽收時間為2007年12月30日，此時兩份借款合同均已過訴訟時效。其在該催收通知書上簽字，依照相關司法解釋，可視為對該債務的重新確認，訴訟時效重新開始計算。此後，農行奉化支行在七年時間內未再向其主張過權利，訴訟時效早已過期。綜上，請求法院駁回農行奉化支行的訴訟請求。

　　奉化市人民法院一審審理查明：2004年6月17日，中國農業銀行奉化市

支行與金璐公司簽訂一份《借款合同》。該合同約定，金璐公司向中國農業銀行奉化市支行借款人民幣50萬元；借款期限自2004年6月17日起至2005年6月10日止；借款利率為執行年利率6.372%；在借款到期日歸還本金，按月結息，每月20日為結息日；借款人不按本合同約定的期限歸還貸款本金的，貸款人有權對逾期貸款自逾期之日起在貸款執行利率水準上加收50%罰息，直至清償本息為止；對應付未付利息，按中國人民銀行規定計收複利；合同項下借款的擔保方式為最高額抵押，由（奉化04）農銀高抵字（2004）第103號《最高額抵押合同》中的抵押財產提供抵押擔保。

2004年6月9日，金璐公司、竺孟飛與中國農業銀行奉化市支行簽訂一份《最高額抵押合同》〔（奉化04）農銀高抵字（2004）第103號〕。該合同約定，抵押人竺孟飛自願為金璐公司自2004年6月9日起至2006年6月8日止，在中國農業銀行奉化市支行處辦理的各類業務，實際形成的債務最高餘額50萬元提供擔保。在合同約定的期限內發生的業務，其到期日不得超過2008年6月8日。抵押財產為登記在竺孟飛名下的位於奉化市大堰鎮夾水祠堂邊的房產（房屋所有權證號為：03-709、03-710）。合同簽訂後，雙方辦理了抵押登記手續（房奉化市他字第2004-5972號、房奉化市他字第2004-5973號權利價值各25萬元）。

2004年8月4日，中國農業銀行奉化市支行與金璐公司又簽訂一份《借款合同》。該合同約定，金璐公司向中國農業銀行奉化市支行借款人民幣46萬元；借款期限自2004年8月4日起至2005年7月25日止；借款利率為執行年利率7.1685%；在借款到期日歸還本金，按月結息，每月20日為結息日；借款人不按本合同約定的期限歸還貸款本金的，貸款人有權對逾期貸款自逾期之日起在貸款執行利率水準上加收50%罰息，直至清償本息為止；對應付未付利息，按中國人民銀行規定計收複利；本合同項下借款的擔保方式為最高額抵押，由（奉化04）農銀高抵字（2003）第088號《最高額抵押合同》中的抵押財產提供抵押擔保。

2003年9月25日，金璐公司與中國農業銀行奉化市支行簽訂一份《最高額抵押合同》〔（奉化04）農銀高抵字（2003）第088號〕。該合同約定，抵押人金璐公司為其自2003年9月25日起至2005年9月24日止，在中國農業銀行奉化市支行處辦理的各類業務，實際形成的債務最高餘額46萬元提供擔

保。在合同約定的期限內發生的業務，其到期日不得超過2006年7月24日。抵押財產為金璐公司所有的登記在財產抵押物清單中的生產設備。合同簽訂後，雙方還在工商行政部門辦理了抵押物登記證。

借款到期後，金璐公司未按約還款。中國農業銀行奉化市支行於2007年12月30日向金璐公司送達《債務逾期催收通知書》，金璐公司、竺孟飛在該催收通知書上蓋章、簽字確認。

2009年5月26日，中國農業銀行奉化市支行名稱變更為中國農業銀行股份有限公司奉化市支行。

2013年3月1日，農行奉化支行又向金璐公司送達《債務逾期催收通知書》，金璐公司、竺孟飛在該通知書上亦蓋章、簽字確認。

金璐公司在催收通知書上蓋章確認後並未履行還款義務，農行奉化支行現訴至法院，要求金璐公司立即歸還尚欠借款本金959,800元並支付相應的利息、罰息、複利，同時要求確認對抵押財產拍賣、變賣或其他處置所得價款享有優先受償的權利。

奉化市人民法院一審審理認為，原中國農業銀行奉化市支行與金璐公司、竺孟飛間的借貸、擔保關係，有《借款合同》、借款憑證、《最高額抵押合同》、房屋他項權證及抵押物登記證等為據，事實清楚，予以認定。2009年5月，中國農業銀行奉化市支行經核准將名稱變更為中國農業銀行股份有限公司奉化市支行，故農行奉化支行訴訟主體適格。涉案兩筆借款的借款到期日分別為2005年6月10日、2005年7月25日。在兩筆借款均超過訴訟時效後，農行奉化支行於2007年12月30日、2013年3月1日兩次向金璐公司送達《債務逾期催收通知書》，金璐公司均予以簽收，視為對原債務的重新確認。至於重新確認後的債務的訴訟時效期限，《最高人民法院關於超過訴訟時效期間借款人在催款通知單上簽字或者蓋章的法律效力問題的批覆》法釋〔1999〕7號中未予說明，一審法院認為，應適用民事訴訟中的普通訴訟時效，即兩年的時效期限，超過兩年時效期限確認後的債權債務關係將不再受法律保護。在本案中，金璐公司最後一次簽收《債務逾期催收通知書》是在2013年3月1日，所以自2015年3月1日起其與農行奉化支行的債務關係因超過訴訟時效就不再受到法律保護。至於農行奉化支行2013年8月27日在《錢江晚報》上刊登的催收公告，因農行奉化支行未能證明該公告係在金璐公司、

竺孟飛去向不明、無法取得聯繫的情況下刊登的，故該催收公告並不產生訴訟時效中斷的法律效力。據此，農行奉化支行與金璐公司間的債權債務關係已過訴訟時效，農行奉化支行已喪失勝訴權，其要求金璐公司歸還欠款並支付相應利息的訴求，不予支援。至於抵押權的行使期限，《中華人民共和國物權法》第二百零二條規定：「抵押權人應當在主債權訴訟時效期間內行使抵押權，未行使的，人民法院不予保護。」此外，《最高人民法院關於適用〈中華人民共和國擔保法〉若干問題的解釋》第十二條規定：「當事人約定的或者登記部門要求登記的擔保期間，對擔保物權的存續不具有法律約束力。擔保物權所擔保的債權的訴訟時效結束後，擔保權人在訴訟時效結束後的兩年內行使擔保物權的，人民法院應當予以支持。」在上述兩處規定對擔保權的行使期限存在明顯不一致的情況下，一審法院認為，依據「上位法優於下位法」、「新法優於舊法」的適用原則，應適用《物權法》中對抵押權行使期限的規定，即應在主債權訴訟時效期間內行使。本案中，在主債權已過訴訟時效的情況下，抵押權人即農行奉化支行享有的抵押權亦已過行使期限，故農行奉化支行確認對抵押財產拍賣、變賣或其他處置所得價款享有優先受償權的訴求，亦不予支援。據此，依照《中華人民共和國民法通則》第一百三十五條、第一百三十七條、《最高人民法院〈關於審理民事案件適用訴訟時效制度若干問題的規定〉》第十條第（四）款、《中華人民共和國物權法》第二百零二條、《中華人民共和國民事訴訟法》第六十四條、《最高人民法院關於民事訴訟證據的若干規定》第二條之規定，奉化市人民法院於2015年7月24日做出（2015）甬奉化商初字第727號民事判決，判決駁回農行奉化支行的訴訟請求。本訴案件受理費32,946元，減半收取16,473元，由農行奉化支行負擔，反訴案件受理費80元，減半收取40元，由竺孟飛負擔。

農行奉化支行不服一審判決，向寧波市中級人民法院提起上訴稱：一審判決認定事實不清，適用法律錯誤。案件所涉債務係農行奉化支行剝離給財政部的不良債權，剝離後又受財政部委託，代為進行管理和催收。對此，農行奉化支行在《錢江晚報》公告上已予明確。《最高人民法院〈關於審理涉及中國農業銀行股份有限公司處置股改剝離不良資產案件適用相關司法解釋和司法政策的通知〉》規定，人民法院在審理涉及農業銀行處置上述不良資產案件時，可以適用最高人民法院就審理涉及金融資產管理公司處置不良資

產案件所發布的相關司法解釋、司法政策及有關答覆、通知的規定。《最高人民法院〈關於審理涉及金融資產管理公司收購、管理、處置國有銀行不良貸款形成的資產的案件適用法律若干問題的規定〉》第十條規定：「債務人在債權轉讓協議、債權轉讓通知上簽章或者簽收債務催收通知的，訴訟時效中斷。原債權銀行在全國或者省級有影響的報紙上發布的債權轉讓公告或通知中，有催收債務內容的，該公告或通知可以做為訴訟時效中斷證據。」農行奉化支行在案涉債務的訴訟時效期間內，在《錢江晚報》上發布有催收內容的債權轉讓公告就構成訴訟時效中斷，而無須註明當事人屬於下落不明或無法取得聯繫的情況。因此，案件訴訟時效從2013年8月27日起重新計算，至本案起訴時農行奉化支行所主張的債權尚在訴訟時效期間，一審判決以「已過訴訟時效」駁回農行奉化支行的訴訟請求錯誤。請求撤銷原判，發回重審或依法改判支持農行奉化支行在一審中的全部訴訟請求。

金璐公司、竺孟飛二審答辯稱：一審判決認定事實清楚，適用法律正確，請求駁回上訴，維持原判。

二審經審理認定的事實除與一審判決認定的事實一致外，另認定：涉案借貸屬於財政部委託中國農業銀行股份有限公司管理和處置的股改剝離不良資產，農行奉化支行於2013年8月27日對該債權在《錢江晚報》上刊登了催收公告。

二審法院認為：根據訴辯雙方的陳述，案件爭議的焦點是農行奉化支行於2013年8月27日在《錢江晚報》上刊登的債權催收公告是否產生訴訟時效中斷的法律效力。對此，從農行奉化支行二審提供的由財政部駐寧波市財政監察專員辦事處出具的審核證明及涉訟項目清單，再結合農行奉化支行在《錢江晚報》上刊登的債權催收公告的內容，可以證明涉案債權為財政部委託農行奉化支行管理和處置的股改剝離不良資產。根據《最高人民法院〈關於審理涉及中國農業銀行股份有限公司處置股改剝離不良資產案件適用相關司法解釋和司法政策的通知〉》規定：「一、人民法院在審理涉及農業銀行處置上述不良資產案件時，可以適用最高人民法院就審理涉及金融資產管理公司處置不良資產案件所發布的相關司法解釋、司法政策及有關答覆、通知的規定。二、財政部駐各省、自治區、直轄市、計畫單列市財政監察專員辦事處出具的委託處置資產證明文件，可以做為人民法院確認農業銀行處置的

不良資產屬於受財政部委託處置資產的依據。」再根據《最高人民法院〈關於審理涉及金融資產管理公司收購、管理、處置國有銀行不良貸款形成的資產的案件適用法律若干問題的規定〉》第十條規定：「原債權銀行在全國或者省級有影響的報紙上發布的債權轉讓公告或通知中，有催收債務內容的，該公告或通知可以做為訴訟時效中斷證據。」農行奉化支行於2013年8月27日在《錢江晚報》上刊登其受財政部委託對金璐公司逾期債務進行催收的公告具有產生訴訟時效中斷的法律效力，故涉案債權的訴訟時效從2013年8月27日起重新計算，農行奉化支行於2015年6月2日向一審法院提起訴訟，並未超過兩年訴訟時效期間。農行奉化支行的上訴理由成立，予以採納。

　　農行奉化支行已依約放款，金璐公司應償還借款本金及相應利息。關於農行奉化支行訴請的第二、三項即對涉案抵押物「在借款本金460,000元（500,000元）及相應利息、罰息、複利範圍內享有優先受償的權利」，二審經審查認為，編號為（奉化04）農銀高抵字（2003）第088號《最高額抵押合同》約定金璐公司為其自2003年9月25日起至2005年9月24日止，在中國農業銀行奉化市支行辦理的各類業務，實際形成的債務最高餘額460,000元提供擔保。編號為（奉化04）農銀高抵字（2004）第103號《最高額抵押合同》約定竺孟飛自願為金璐公司自2004年6月9日起至2006年6月8日止，在農行奉化支行辦理的各類業務，實際形成的債務最高餘額500,000元提供擔保。該兩份《最高額抵押合同》對抵押擔保範圍均約定為：主合同項下的債務本金、利息、逾期利息、複利、罰息、違約金、損害賠償金及訴訟費、律師費、抵押物處置費、過戶費等抵押權人實現債權的一切費用。故金璐公司、竺孟飛分別應對上述抵押擔保範圍內的債務餘額在460,000元、500,000元內承擔抵押擔保責任。因此，上述抵押擔保範圍內的債務餘額如分別超出460,000元、500,000元，則超出部分不能從抵押物中優先受償。二審除對農行奉化支行訴訟請求中超出最高餘額部分不予支援外，對農行奉化支行的其餘訴請予以支持。一審判決認定事實有誤，適用法律不當，應予糾正。依照《中華人民共和國合同法》第二百零五條、第二百零六條、第二百零七條，《中華人民共和國擔保法》第三十三條、第四十六條、第五十三條、第五十九條，《中華人民共和國民事訴訟法》第一百七十條第一款第（二）項之規定，寧波市中級人民法院於2015年11月18日做出（2015）浙

甬商終字第1032號民事判決，判決：一、撤銷一審判決；二、金璐公司於判決生效後三十日內償還農行奉化支行借款本金959,800元，支付截至2015年5月14日的利息2,308,453.75元（算至2015年5月14日止），2015年5月14日後的利息、罰息、複利按合同約定計算至判決確定的履行之日止；三、如金璐公司未按判決確定的履行期限償付前述第二項的債務，則農行奉化支行有權以金璐公司所有的抵押設備（詳見抵押清單）折價或拍賣、變賣所得的價款在460,000元的限額內享有優先受償權；四、如金璐公司未按判決確定的履行期限償付前述第二項的債務，則農行奉化支行有權以登記在竺孟飛名下的位於奉化市大堰鎮夾水祠堂邊的房屋（房屋他項權證號為房奉化市他字第2004-5972號及房奉化市他字第2004-5973號）折價或拍賣、變賣所得的價款在500,000元的限額內享有優先受償權；五、駁回農行奉化支行的其他訴訟請求。一審本訴案件受理費32,946元，減半收取16,473元，由金璐公司、竺孟飛負擔，一審反訴案件受理費80元，減半收取40元，由被上訴人竺孟飛負擔；二審案件受理費32,946元，由金璐公司、竺孟飛負擔。

本院再審期間雙方當事人均未提交新證據資料。

本院再審審理查明：2007年12月30日，中國農業銀行奉化市支行向金璐公司送達《債務逾期催收通知書》，通知書載明：「到2007年12月30日止，您（單位）仍欠我行債務本金人民幣96萬元整及利息若干。上述債務均已逾期，您（單位）已構成違約，請立即履行還款義務。」

2013年3月1日，農行奉化支行又向金璐公司送達《債務逾期催收通知書》，通知書載明：「到2013年3月1日止，您（單位）仍欠我行債務本金959,800整及利息1,534,493.47整。上述債務均已逾期，您（單位）已構成違約，請立即履行還款義務。」

2013年8月27日，農行奉化支行在《錢江晚報》上刊登了向借款人金璐公司催收債權的催收公告。

其他事實與二審法院認定的事實一致。

本院再審認為，農行奉化支行在名稱變更之前與金璐公司簽訂了兩份借款合同，並與抵押人竺孟飛和金璐公司分別簽訂了兩份最高額抵押合同。當事人亦按照抵押合同辦理了抵押登記手續。案涉借貸、抵押擔保關係合法有效。農行奉化支行起訴要求金璐公司歸還借款本息，並要求抵押人金璐公

司、竺孟飛承擔擔保責任等。結合農行奉化支行的一審訴請，以及金璐公司、竺孟飛申請再審的具體事實和理由，本案爭議焦點有二：一是主債務訴訟時效是否超過；二是擔保物權期間是否超過。

關於主債務訴訟時效的問題。經審查，2013年3月1日，債務人金璐公司在農行奉化支行送達的《債務逾期催收通知書》上蓋章。根據《最高人民法院關於超過訴訟時效期間借款人在催款通知單上簽字或者蓋章的法律效力問題的批覆》，金璐公司在訴訟時效期間超出後在《債務逾期催收通知書》上蓋章的行為，在沒有證據證明「金璐公司無同意履行義務」的情形下，應當視為對原債務的重新確認。農行奉化支行的債權經重新確認後，訴訟時效期間以兩年為限。按照二審法院查明事實，案涉債權屬於財政部委託中國農業銀行股份有限公司管理和處置的股改剝離不良資產，農行奉化支行於2013年8月27日就案涉債權等在《錢江晚報》刊登了債權催收公告。根據《最高人民法院關於審理涉及中國農業銀行股份有限公司處置股改剝離不良資產案件適用相關司法解釋和司法政策的通知》第一條，人民法院在審理涉及農業銀行處置上述不良資產案件時，可以適用最高人民法院就審理涉及金融資產管理公司處置不良資產案件所發布的相關司法解釋、司法政策及有關答覆、通知的規定。同時根據《最高人民法院關於審理涉及金融資產管理公司收購、管理、處置國有銀行不良貸款形成的資產的案件適用法律若干問題的規定》第十條，債務人在債權轉讓協議、債權轉讓通知上簽章或者簽收債務催收通知的，訴訟時效中斷。原債權銀行在全國或者省級有影響的報紙上發布的債權轉讓公告或通知中，有催收債務內容的，該公告或通知可以做為訴訟時效中斷證據。上述司法文件均是最高人民法院為統一審理標準，針對某一類特定案件，就如何理解和執行法律規定而做出的統一解釋，並不存在竺孟飛、金璐公司申請再審所稱的「不符合法律適用原則」的問題。二審法院認定農行奉化支行於2015年6月2日提起訴訟，並未超過兩年訴訟時效期間，有相應事實和法律依據。

關於抵押擔保的擔保期間。本案中，就金璐公司向農行奉化支行所負債務，金璐公司與竺孟飛分別提供了抵押擔保。在主債務訴訟時效屆滿之後，農行奉化支行兩次發放的《債務逾期催收通知書》均為「致金璐公司」，其催收內容均為「到何日期止，您（單位）仍欠我行債務本金及利息多少數

額」，未涉及抵押擔保的任何內容。農行奉化支行於2013年8月27日在《錢江晚報》上刊登的催收公告，也僅載明向借款人金璐公司催收。雖然金璐公司在《債務逾期催收通知書》上蓋章的行為，應當視為對原債務的重新確認。但是，這種在原借款訴訟時效已經超過後，債務人在《債務逾期催收通知書》上蓋章的行為，應認定為重新確認後形成的新的債權債務關係，這與最初借款合同的債權債務關係是相互區別的。本案中，農行奉化支行既未提供證據證明其按照當時的法律規定在主債權訴訟時效期間結束後兩年內行使抵押權，也未提供證據證明其與抵押人就抵押擔保事項重新達成合意。在沒有充分證據顯示竺孟飛與金璐公司願意繼續承擔抵押擔保責任的情況下，應當認定抵押擔保的擔保期間已經超過。

綜上，金璐公司與竺孟飛提出的擔保物權期間已超出的理由成立，予以支持。其他申請再審理由無事實和法律依據，不予支持。二審判決認定事實基本清楚，但適用法律有誤，應予糾正。依照《中華人民共和國民事訴訟法》第一百七十條第一款第（二）項、第二百零七條第一款之規定，判決如下：

一、維持寧波市中級人民法院（2015）浙甬商終字第1032號民事判決第一、二、五項判項；

二、撤銷寧波市中級人民法院（2015）浙甬商終字第1032號民事判決第三、四項判項。

一審本訴案件受理費32,946元，減半收取16,473元，由金璐公司負擔，一審反訴案件受理費80元，減半收取40元，由竺孟飛負擔；二審案件受理費32,946元，由金璐公司負擔。

本判決為終審判決。

審判長　湯玲麗
代理審判員　錢曉紅
代理審判員　樊清正
二〇一六年十月二十八日
書記員　陳小青

【案例53】銀行宣布提前收回貸款的效力分析

上海浦東發展銀行股份有限公司龍陽支行與
上海德威五金製品有限公司金融借款合同糾紛案評析

案號：上海市高級人民法院（2015）滬高民五（商）
終字第50號

【摘要】

銀行宣布提前收回貸款的依據，是貸款合同中已明確約定了發生債務人違反約定情形時，貸款期限視為提前屆滿的加速到期條款；貸款提前到期日，應以銀行發出貸款提前到期通知到達債務人的日期為準，否則應為銀行提起訴訟的相關法律文書送達債務人之日。

【基本案情】

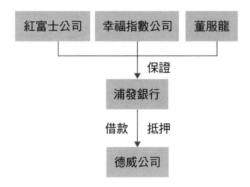

2013年11月15日，上海浦發銀行龍陽支行（以下簡稱「浦發銀行」）與上海德威五金製品有限公司（以下簡稱「德威公司」）簽訂《中小企業中期房地產抵押貸款合同》，約定德威公司向浦發銀行

借款18,500萬元，浦發銀行有權在德威公司違反合同約定時，宣布全部借款立即到期。同日，浦發銀行與德威公司簽訂《最高額抵押合同》，約定德威公司以其所有的房產為其上述債務提供最高額20,556萬元的抵押擔保，並辦理了抵押登記。2014年5月9日，浦發銀行與德威公司簽訂《應收帳款最高額質押合同》，約定德威公司以其應收帳款為其上述債務提供最高額18,500萬元的質押擔保，該應收帳款未辦理質押登記。

浦發銀行與上海紅富士家紡有限公司（以下簡稱「紅富士公司」）、上海幸福紡織科技有限公司（以下簡稱「幸福紡織公司」）、上海幸福指數居家用品有限公司（以下簡稱「幸福指數公司」）、董服龍和蘇玲，分別於2013年11月15日、2014年3月3日、2014年3月3日、2013年11月15日、2014年5月9日簽訂《最高額保證合同》，均約定紅富士公司等為德威公司上述債務提供最高額18,500萬元的連帶責任保證，無論債權人是否擁有其他擔保權利（包括但不限於保證、抵押、質押等擔保方式），債權人均有權先要求保證人承擔保證責任。上述合同訂立後，德威公司已償還浦發銀行部分貸款本金600萬元及部分利息，其餘本息未予償付，遂涉訟。

【法院判決】

上海市第一中級人民法院經審理認為，浦發銀行已依約發放貸款，德威公司未支付2014年9月的應付利息構成違約。浦發銀行依約有權宣布貸款提前到期，但其未能證明在起訴前已將提前到期通知送達德威公司，故應認定德威公司在收取本案訴狀和證據副本後方才知曉，以上述訴訟文件實際送達日的2014年9月25日做為案涉貸款提前到期日。德威公司提供的抵押房產已依法辦理了最高額抵押權登記，故浦發銀行有權行使相應抵押權。紅富士公司、幸福紡織公司、幸福指數公司、董服龍和蘇玲自願為浦發銀行提供最高額保證合同，故浦

發銀行有權要求紅富士公司等保證人承擔保證責任。案涉應收帳款質押並未依法辦理質押登記，質權未能有效設立，故浦發銀行對案涉應收帳款不享有質押權。綜上，判決德威公司歸還浦發銀行未償還的本金及相應利息和罰息；浦發銀行對德威公司提供的案涉抵押房產在最高額20,556萬元範圍內優先受償；紅富士公司、幸福紡織公司、幸福指數公司、董服龍和蘇玲對德威公司的應負債務，分別在最高額18,500萬元範圍內承擔連帶清償責任。

宣判後，德威公司、紅富士公司、幸福紡織公司、幸福指數公司和董服龍不服一審判決，提起上訴。上海市高級人民法院經審理認為，本案二審主要爭議焦點在於德威公司2014年9月20日未支付利息的行為是否構成違約、浦發銀行是否可以提前收回貸款。德威公司未能按約支付利息而構成違約，理應承擔相應責任。德威公司雖然為案涉貸款提供了多種擔保方式，但並不妨礙浦發銀行依據《中小企業中期房地產抵押貸款合同》的約定行使相應解約權，浦發銀行宣布貸款提前到期有相應的事實和法律依據。綜上，判決駁回上訴、維持原判。

【法律評析】

本案的爭議焦點在於，銀行宣布提前收回貸款的依據和貸款提前到期日的具體認定。

一、銀行宣布提前收回貸款的依據

銀行在貸款合同中對借款人的違約責任，通常會約定為因借款人有未按期償還利息、未經同意改變貸款用途等違約行為，銀行有權採取「宣布提前收回已發放的貸款本息」和「停止剩餘授信額度的使用」等保障債權的措施。銀行宣布提前收回貸款本息的條款，通常被稱為「貸款加速到期條款」。銀行宣布提前收回貸款的依據，即是貸款合同中雙方當事人已經明確約定了貸款的加速到期條款：如果債務

人發生某些違反合同約定的情形，即產生貸款期限提前屆滿的法律效果，債權人有權宣布提前收回貸款。

因此，債務人的違約情形，對於認定銀行是否具有宣布提前收回貸款的依據，具有重要影響。根據違約程度的不同，違約行為分為一般性違約和根本性違約，兩者的主要區別在於該違約行為是否導致合同目的根本不能實現。從法律後果角度來講，非違約方可以根據合同約定向一般性違約行為一方主張違約金責任或者損害賠償責任，對根本性違約行為一方，還可以行使《中華人民共和國合同法》第九十四條規定的法定解除權。債務人的違約行為是否導致借款合同目的根本不能實現，必須綜合案件的具體情況予以認定。通常來說，只要債務人發生了貸款加速到期條款中明確約定的違約行為，不區分該行為屬於一般性違約或者根本性違約，銀行即具有宣布提前收回貸款的合同依據。

本案中，浦發銀行與德威公司在《中小企業中期房地產抵押貸款合同》明確約定，如果德威公司違反按期還款付息等約定事項，浦發銀行即有權宣布全部借款立即到期，要求德威公司立即歸還全部借款本息，並對逾期貸款計收罰息。德威公司未支付2014年9月的到期應付利息，即出現了未能按期給付借款利息的違約行為，依據《中小企業中期房地產抵押貸款合同》第十四條的約定，浦發銀行有權宣布提前收回案涉全部貸款本息。因此，本案的一審和二審法院根據貸款加速到期條款關於違約行為的明確約定，認定浦發銀行有宣布案涉貸款提前到期的合同依據，並未對德威公司逾期支付利息的行為是否構成根本性違約具體定性。

綜上所述，為了有效降低貸款風險、順利收回貸款資金，銀行應當在簽訂貸款合同時與債務人明確約定貸款加速到期條款，以及債務人可能出現的各種違約情形。當貸款加速到期條款中約定的違約條件成就時，銀行即有權單方面宣布貸款期限提前屆滿，產生貸款實際

到期的法律效果，借款人負有立即清償全部貸款本息的義務，有利於切實保障銀行的合法債權權益。

二、貸款提前到期日的認定

根據上文所述，銀行具有宣布提前收回貸款的合同依據。那麼，如何確定貸款的提前到期日，對於計算債務人應該支付的貸款利息和罰息的具體數額，具有重要意義。

通常來說，銀行宣布提前收回貸款，應向債務人發出貸款提前到期、債務人應立即償還全部貸款本息的通知。由於中國大陸《合同法》採用大陸法系「到達生效主義」原則的基本精神，貸款的提前到期日，應該以銀行向債務人發出貸款提前到期的通知到達債務人之日為準。如果銀行並未向債務人實際發出貸款已經提前到期的通知，或者不能舉證證明貸款提前到期的通知已經到達債務人，而是以向人民法院提起訴訟的方式向債務人主張債權，則應以銀行提起訴訟的相關法律文書送達債務人之日為貸款的提前到期日，具體確定債務人應向銀行支付貸款利息的利率和數額。

本案中，浦發銀行具有宣布提前收回貸款、要求德威公司清償本息金額的合同依據，但未能舉證證明其在向法院提起訴訟之前，已將貸款提前到期的通知送達了德威公司，應認定德威公司在收到本案訴狀和證據副本等相關法律文件後，才知曉浦發銀行提前收回貸款的意思表示。因此，案涉貸款的提前到期日，應依本案的相關訴訟法律文書實際送達債務人德威公司的日期，即以2014年9月25日為準，該日之前應按照合同約定的正常利率計算利息數額，該日之後應按照逾期罰息利率計算罰息數額，最終確定德威公司應向浦發銀行償還的貸款本息總額。

綜上可知，當債務人出現違反合同約定情形時，銀行應積極向債務人主張權利，及時向債務人發出貸款提前到期、立即歸還全部貸款本息的債權催收通知，藉以在最大限度下保障債權及相應利息收入。

附：法律文書

上海德威五金製品有限公司、上海紅富士家紡有限公司等與上海浦東發展銀行股份有限公司龍陽支行金融借款合同糾紛二審民事判決書

上海市高級人民法院

民事判決書

（2015）滬高民五（商）終字第50號

上訴人（原審被告）：上海德威五金製品有限公司。

法定代表人：董服龍，總經理。

委託代理人：徐佳卿，上海合勤律師事務所律師。

委託代理人：錢麗萍，上海市君和律師事務所律師。

上訴人（原審被告）：上海紅富士家紡有限公司。

法定代表人：董服龍，總經理。

上訴人（原審被告）：上海幸福紡織科技有限公司。

法定代表人：董服龍，總經理。

上訴人（原審被告）：上海幸福指數居家用品有限公司。

法定代表人：董服龍，總經理。

上訴人（原審被告）：董服龍。

上述四位上訴人的共同委託代理人：周文婕，上海市君和律師事務所律師。

上述四位上訴人的共同委託代理人：潘雄，上海市君和律師事務所律師。

被上訴人（原審原告）：上海浦東發展銀行股份有限公司龍陽支行。

負責人：馬文良，行長。

委託代理人：劉廣磊，上海浦東發展銀行股份有限公司上海分行員工。

委託代理人：許建添，上海申駿律師事務所律師。

原審被告：蘇玲。

上訴人上海德威五金製品有限公司（以下簡稱德威公司）、上海紅富士家紡有限公司（以下簡稱紅富士公司）、上海幸福紡織科技有限公司（以下簡稱幸福紡織公司）、上海幸福指數居家用品有限公司（以下簡稱幸福指數公司）、董服龍因與被上訴人上海浦東發展銀行股份有限公司龍陽支行（以下簡稱浦發銀行龍陽支行）、原審被告蘇玲金融借款合同糾紛一案，不服上海市第一中級人民法院（2014）滬一中民六（商）初字第123號民事判決，向本院提出上訴。本院受理後，依法組成合議庭公開開庭進行了審理。上訴人德威公司的委託代理人徐佳卿、錢麗萍，被上訴人紅富士公司、幸福紡織公司、幸福指數公司、董服龍的共同委託代理人周文婕、潘雄以及被上訴人董服龍，浦發銀行龍陽支行的委託代理人劉廣磊、許建添，到庭參加訴訟。原審被告蘇玲經本院合法傳喚，未到庭參加應訴，本院依法進行缺席審理。本案現已審理終結。

原審法院經審理查明，2013年11月15日，浦發銀行龍陽支行與德威公司簽訂編號為97522013280094的《中小企業中期房地產抵押貸款合同》，約定德威公司向浦發銀行龍陽支行借款18,500萬元，貸款期限為2013年11月18日至2023年11月17日，貸款利率為年利率7.205%，結息方式為按季結息，結息日為每季末月的20日。逾期罰息利率為逾期當日的貸款利率基礎上加收30%。提款方式為2013年11月18日提款14,350萬元，次日再提款4,150萬元等。該合同第二部分第九條第2款約定，德威公司應按約償還貸款本息，第十四條約定，德威公司違反第二部分第九條中任一約定事項的，浦發銀行龍陽支行有權宣布全部借款立即到期，要求德威公司立即歸還全部借款、結清利息，並對逾期貸款計收罰息。德威公司未按時足額還本付息的，還應當承擔浦發銀行龍陽支行為實現債權和擔保權利而支付的全部費用，包括催收費用、訴訟費用、律師費、差旅費以及各種其他應付費用。合同簽訂後，浦發銀行龍陽支行按約定的提款日期和數額，分兩次向德威公司共計發放貸款18,500萬元。

2013年11月15日，浦發銀行龍陽支行與德威公司簽訂編號為ZD9752201300000006的《最高額抵押合同》，約定德威公司以其所有的上海市閔行區景聯路439號1-7幢房產為2013年11月18日至2023年11月17日期

間浦發銀行龍陽支行與德威公司辦理各類融資業務所發生的債權，以最高額20,556萬元為限，提供抵押擔保。擔保範圍為主債權以及由此產生的利息（包括利息、罰息和複利）、違約金、損害賠償金、手續費及其他為簽訂或履行本合同而發生的費用，以及抵押權人實現擔保權利和債權所產生的費用（包括但不限於訴訟費、律師費、差旅費等）。2013年11月17日，上海市閔行區房地產登記處出具編號為閔201312054734的上海市房地產登記證明，確認上述房產已辦理抵押登記，抵押權人為浦發銀行龍陽支行，最高債權限額為20,556萬元。

2014年5月9日，浦發銀行龍陽支行與德威公司簽訂編號為9752201328009403的《應收帳款最高額質押合同》，約定德威公司以其2013年11月18日至2023年11月17日期間內的所有應收帳款為2013年11月18日至2023年11月17日期間浦發銀行龍陽支行與德威公司辦理各類融資業務所發生的債權，以最高額18,500萬元為限，提供質押擔保。擔保範圍為主債權以及由此產生的利息（包括利息、罰息和複利）、違約金、損害賠償金、手續費及其他為簽訂或履行本合同而發生的費用，以及質權人實現擔保權利和債權所產生的費用（包括但不限於訴訟費、律師費、差旅費等）。出質人應及時協助質權人向中國人民銀行徵信中心辦理質押登記及相關手續。但該應收帳款質權未實際辦理登記。

浦發銀行龍陽支行與紅富士公司、幸福紡織公司、幸福指數公司、董服龍、蘇玲分別於2013年11月15日、2014年3月3日、2014年3月3日、2013年11月15日、2014年5月9日簽訂《最高額保證合同》，保證合同均約定：紅富士公司等做為保證人，為2013年11月18日至2023年11月17日期間浦發銀行龍陽支行與德威公司辦理各類融資業務所發生的債權，以最高額18,500萬元為限，提供連帶責任保證。保證期間為：每筆債權合同債務履行期屆滿之日起至該債權合同約定的債務履行期屆滿之日後兩年。保證範圍為：主債權以及由此產生的利息（包括利息、罰息和複利）、違約金、損害賠償金、手續費及其他為簽訂或履行本合同而發生的費用，以及債權人實現擔保權利和債權所產生的費用（包括但不限於訴訟費、律師費、差旅費等），以及根據主合同經債權人要求債務人需補足的保證金。並約定：無論債權人是否擁有其他擔保權利（包括但不限於保證、抵押、質押等擔保方式），債權人均有權先

要求保證人承擔保證責任。上述合同訂立後，德威公司已經償還浦發銀行龍陽支行貸款本金600萬元，並支付了截至2014年6月20日的貸款利息，其餘本息未予償付，遂涉訟。

原審法院受理本案後，向德威公司送達訴狀和證據副本，德威公司於2014年9月25日簽收。

原審法院認為，本案所涉《中小企業中期房地產抵押貸款合同》、《最高額抵押合同》、《最高額保證合同》係各方當事人真實意思表示，合法有效，各方均應恪守。浦發銀行龍陽支行已依約向德威公司發放貸款，而德威公司應於2014年9月支付的利息未予支付，構成違約，德威公司辯稱2014年9月20日是週末，但是其亦未在其所主張的週末後第一個工作日償付該筆利息，故相關答辯意見法院不予採信。浦發銀行龍陽支行依照《中小企業中期房地產抵押貸款合同》第十四條的約定，有權宣布貸款提前到期，要求德威公司立即清償所有本息。但浦發銀行龍陽支行未能舉證證明其在起訴前已將提前到期通知送達德威公司，據此應認定德威公司在收取本案訴狀和證據副本後方知曉浦發銀行龍陽支行的相關意思表示，故應以上述訴訟文件的實際送達日，即2014年9月25日做為本案系爭貸款提前到期之日，該日以前的利息應按合同約定的期內息利率計算，該日之後的利息按逾期息利率計算。浦發銀行龍陽支行主張的期內息利率7.205%，以及逾期息利率9.3665%（7.205%×130%=9.3665%）與合同約定相符，法院予以支持。德威公司以其所有的上海市閔行區景聯路439號1-7幢房產為浦發銀行龍陽支行提供最高額抵押擔保，該抵押權業經登記設立，而且本案系爭債權屬於《最高額抵押合同》約定的擔保範圍，故浦發銀行龍陽支行有權在最高額20,556萬元範圍內行使相應抵押權。紅富士公司、幸福紡織公司、幸福指數公司、董服龍、蘇玲分別與浦發銀行龍陽支行簽訂《最高額保證合同》，本案系爭債權屬於各該保證合同約定的擔保範圍，故浦發銀行龍陽支行有權在最高額18,500萬元範圍內要求紅富士公司等保證人承擔保證責任。而且根據保證合同的約定，無論浦發銀行龍陽支行是否享有其他擔保權利，均有權先要求保證人承擔保證責任，故浦發銀行龍陽支行訴請各該保證人承擔連帶清償責任依約有據。浦發銀行龍陽支行另主張行使應收帳款質押權利，但是《中華人民共和國物權法》第二百二十八條規定，以應收帳款出質的，當事人應當訂立書面

合同。質權自信貸徵信機構辦理出質登記時設立。而本案中浦發銀行龍陽支行主張的質押權未經登記，故原審法院認定浦發銀行龍陽支行質押權未能有效設立，其相關訴請不予支持。蘇玲經法院依法傳喚，無正當理由未到庭應訴，視為其放棄應訴抗辯的權利，原審法院依法缺席判決。綜上，原審法院判決：一、德威公司應於本判決生效之日起十日內歸還浦發銀行龍陽支行貸款本金人民幣17,900萬元；二、德威公司應於本判決生效之日起十日內支付浦發銀行龍陽支行以人民幣17,900萬元為基數，自2014年6月21日起至同年9月25日止按年利率7.205%計算的貸款利息，以及以人民幣17,900萬元為基數，自2014年9月26日起至實際清償日止按年利率9.3665%計算的逾期利息；三、如果德威公司不履行本判決第一、第二項義務的，浦發銀行龍陽支行可以與德威公司協議，以其所有的上海市閔行區景聯路439號1-7幢房產折價，或者申請以拍賣、變賣該抵押物所得價款在最高債權限額人民幣20,556萬元範圍內優先受償，抵押物折價或者拍賣、變賣後，其價款超過債權數額的部分歸德威公司所有，不足部分由德威公司繼續清償；四、紅富士公司、幸福紡織公司、幸福指數公司、董服龍、蘇玲對本判決第一、第二項確定的德威公司應負義務，分別在最高額18,500萬元範圍內承擔連帶清償責任，並在清償後有權就其清償部分向德威公司追償；五、駁回浦發銀行龍陽支行的其餘訴訟請求。

德威公司、紅富士公司、幸福紡織公司、幸福指數公司、董服龍不服原審判決，向本院提起上訴稱：一、原審判決認定事實錯誤，德威公司2014年9月20日雖未支付利息，但並不構成違約，理由如下：1. 德威公司法定代表人董服龍與浦發銀行龍陽支行負責人多次協商，浦發銀行龍陽支行同意當期付息時間延遲至2014年9月22日。2. 系爭《中小企業中期房地產抵押貸款合同》第十五條約定：本合同項下所稱「銀行營業日」，是指貸款人住所地的貸款人對公業務的通常開門營業日，不包括星期六、星期日（因節假日調整而對外營業的除外）或者其他法定節假日。因2014年9月20日是星期六，非銀行營業日，故系爭借款的當期付息日應順延至2014年9月22日。3. 浦發銀行龍陽支行在2014年9月22日當日宣布解除合同並提起訴訟，致使德威公司無還款時機。二、上訴人德威公司為系爭借款提供了逾6億元的物保、人保及協力廠商保險，貸款是安全的，浦發銀行龍陽支行可以選擇其他救濟途

徑，卻仍執意起訴並查封抵押財產，致使德威公司資金鏈斷裂，造成其巨大經濟損失。綜上，請求二審法院依法撤銷原審判決，改判駁回浦發銀行龍陽支行的訴訟請求或者發回重審。

浦發銀行龍陽支行答辯稱：一、根據《中小企業中期房地產抵押貸款合同》約定，2014年9月20日是系爭借款的結息日，德威公司未按時支付利息，已構成違約。二、上訴人稱浦發銀行龍陽支行同意其延期還款，但並無充足的證據予以證明；結息日與銀行營業日係不同的概念，上訴人以此做為延期支付利息的依據屬於理解錯誤。原審判決認定事實清楚，適用法律正確，請求二審法院駁回上訴，維持原判。

本案二審審理期間，上訴人德威公司、紅富士公司、幸福紡織公司、幸福指數公司、董服龍向本院提交以下證據：

第一組證據：上海市君和律師事務所錢麗萍、潘雄於2016年2月19日對原浦發銀行龍陽支行職員時俊所做的談話筆錄、2014年9月20日至9月22日上訴人各公司帳戶的資金餘額表、2014年3月31日紅富士公司的質押業務憑證回單、德威公司被訴前按期支付銀行本息的紀錄、德威公司在浦發銀行龍陽支行的貸款本金明細帳，以此證明浦發銀行龍陽支行同意其延期支付利息，2014年9月22日係法定及約定的利息還款日，德威公司不存在違約行為；而且德威公司主觀上願意、客觀上有能力支付當期利息。

第二組證據：《房地產市場價值預估函》、《財產基本險保單明細表》以及擔保企業紅富士公司、幸福紡織公司、幸福指數公司的工商公示信息，以此證明德威公司為貸款提供了總價值逾6億元的物保、人保、協力廠商保險等多種擔保方式，浦發銀行龍陽支行的貸款是安全的，即便德威公司存在違約，浦發銀行龍陽支行亦有多種救濟管道。浦發銀行龍陽支行以德威公司逾期一天支付利息為由，擅自提前解約、提起訴訟，係違法強制收貸。

第三組證據：2008年-2015年紅富士公司的榮譽資料清單、《上海電子物聯產業園項目報告》、《上海電子物聯產業園租戶表》、《撤出門店目錄》、《辭退工人名單匯總》、幸福紡織公司《特種設備報廢註銷證明》、紅富士家紡廣州分公司的註銷登記通知書、幸福紡織公司企業停產情況說明，以此證明上訴人紅富士公司等是成立多年的優質企業，處於上升趨勢且發展潛力巨大。浦發銀行龍陽支行強制收貸行為致使上訴人資金鏈斷裂，造

成其巨大經濟損失。

被上訴人浦發銀行龍陽支行經質證認為：對於第一組證據中的談話筆錄的真實性無法確定，且筆錄內容並不能反映浦發銀行龍陽支行同意德威公司延期支付利息，其餘證據與本案爭議焦點不具關聯性。

被上訴人浦發銀行龍陽支行無新的證據向本院提交。

本院經審理查明，原審法院查明的事實屬實，本院予以確認。

本案二審主要爭議焦點在於：1. 德威公司2014年9月20日未支付利息的行為是否構成違約？2. 浦發銀行龍陽支行是否可以提前收回貸款？

本院認為：系爭《中小企業中期房地產抵押貸款合同》、《最高額抵押合同》、《最高額保證合同》均為各方當事人的真實意思表示，應為合法有效，各方均應恪守。浦發銀行龍陽支行按約放款，德威公司未能按約支付利息，構成違約，理應承擔相應的責任。上訴人主張浦發銀行龍陽支行同意其延期支付利息，並提交了對原浦發銀行龍陽支行職員時俊的談話筆錄，鑒於時俊未到庭做證，且筆錄內容並不能證明上訴人主張的待證事實，本院無法採信。根據《中小企業中期房地產抵押貸款合同》的約定，結息日為每季末月的20日，結息日與銀行營業日係不同的概念，即使2014年9月20日為非銀行營業日，但這並不影響德威公司用網上轉帳等多種方式歸還系爭借款的利息，上訴人以此做為延期支付利息的理由依據不足，本院不予支持。德威公司雖然為系爭貸款提供了多種擔保方式，但並不妨礙浦發銀行龍陽支行依據《中小企業中期房地產抵押貸款合同》的約定行使相應的解約權。上訴人主張浦發銀行龍陽支行強制收貸造成其巨大經濟損失，但其提供的證據並不足以證明，本院不予採信。浦發銀行龍陽支行宣布貸款提前到期有相應的事實和法律依據，本院予以支持。

綜上，原審判決認定事實清楚，適用法律正確。上訴人德威公司、紅富士公司、幸福紡織公司、幸福指數公司、董服龍的上訴理由不能成立。依照《中華人民共和國民事訴訟法》第一百四十四條、第一百七十條第一款第（一）項、第一百七十五條之規定，判決如下：

駁回上訴，維持原判。

二審案件受理費人民幣936,800元，由上海德威五金製品有限公司、上海紅富士家紡有限公司、上海幸福紡織科技有限公司、上海幸福指數居家用

品有限公司、董服龍共同負擔。

　　本判決為終審判決。

　　審判長　高　瓊

　　審判員　王曉娟

　　審判員　範雯霞

　　二〇一六年四月一日

　　書記員　魏　蓉

【案例54】 銀行委託貸款的法律重點

薔廣公司等訴銘明公司和民生銀行
金融借款合同糾紛案評析

案號：上海市高級人民法院（2016）滬民終338號

【摘要】

在銀行委託貸款的借款人到期不償還貸款本息、受託人堅持不起訴時，委託人有權以受託人銀行為被告、借款人為第三人，提起訴訟；銀行委託貸款的罰息利率適用《民間借貸司法解釋》的上限規定，不得超過年利率24%；人民法院支持當事人對貸款罰息按照逾期罰息利率計收複利的明確約定。

【基本案情】

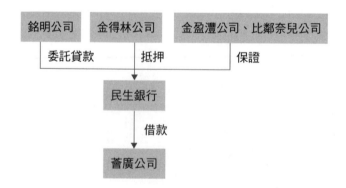

2015年2月28日，委託人成都銘明管理諮詢有限公司（以下簡稱「銘明公司」）、受託人民生銀行上海分行（以下簡稱「民生銀行」）與借款人上海薔廣貿易有限公司（以下簡稱「薔廣公司」）簽

訂《公司委託貸款合同》，約定銘明公司委託民生銀行以銘明公司自有資金向薈廣公司發放委託貸款，貸款金額為6,000萬元，年利率為17.5%，借款人自貸款逾期之日起按貸款年利率上浮50%的逾期罰息利率支付罰息。對借款人未能按時支付的利息，受託人有權按照逾期罰息利率計收複利。

同日，金得林（上海）企業管理諮詢有限公司（以下簡稱「金得林公司」）做為抵押人，與民生銀行簽訂《委託貸款抵押合同》，約定金得林公司以其所有的房產為上述債務提供抵押擔保，並辦理了抵押權登記。同日，金得林公司、成都金盈灃物業管理有限公司（以下簡稱「金盈灃公司」）、深圳比鄰奈兒鄉村聚樂部文化傳播有限公司（以下簡稱「比鄰奈兒公司」）、成都泰逸置業有限公司（以下簡稱「泰逸公司」）、上海執鄰耐實業有限公司（以下簡稱「執鄰耐公司」）、上海固禦實業有限公司（以下簡稱「固禦公司」），與銘明公司、薈廣公司簽訂《保證合同》，約定金得林公司等為《公司委託貸款合同》項下6,000萬元主債權提供連帶責任保證。

貸款發放後，薈廣公司從2016年1月21日起未能按期支付利息。2016年2月14日，銘明公司分別向民生銀行、薈廣公司和各擔保人發出《通知函》，宣布已發放的貸款立即到期，並要求薈廣公司立即償還本金及相應利息，金得林公司承擔抵押擔保責任、各保證人承擔連帶保證責任。同日，民生銀行向薈廣公司發出《委託貸款提前到期通知函》，宣布委託貸款合同項下貸款立即到期，並要求薈廣公司立即償還已發放貸款本金、利息及其他應付款項。因薈廣公司和各擔保人均未支付相應款項，銘明公司遂訴至法院，請求判決薈廣公司返還本金及相應利息，並支付按年利率26.25%計算的罰息；銘明公司對金得林公司提供的抵押房產享有優先受償權；金得林公司等保證人承擔連帶保證責任。

【法院判決】

上海市第一中級人民法院經審理認為，薈廣公司未依約支付利息已構成違約，銘明公司和民生銀行有權據此宣布貸款立即到期，並要求薈廣公司支付貸款本息。由於委託貸款協議的借款人不按期歸還貸款而發生糾紛、貸款人堅持不起訴時，委託人可以受託人為被告、借款人為第三人而提起訴訟，故銘明公司有權以原告身分提起本案訴訟，亦有權以自己名義向抵押人及保證人主張權利。根據合同約定，薈廣公司應按照貸款年利率17.5%上浮50%，即26.25%做為逾期罰息利率支付相應罰息。民間借貸做為銀行委託貸款的補充借貸方式，最高人民法院已對民間借貸逾期利率上限做出明確規定，根據「舉重以明輕」的法律解釋原則，本案逾期罰息利率亦不應超過年利率24%，高於24%部分不予保護。故罰息應至薈廣公司實際清償之日止，按照年利率24%計算。金得林公司以自有財產提供抵押擔保，金得林公司等保證人自願提供連帶保證，銘明公司有權要求各擔保人承擔抵押及保證責任。綜上，判決薈廣公司支付銘明公司貸款本金、利息，以及至薈廣公司實際清償之日止按照年利率24%計算的罰息；銘明公司對金得林公司的抵押房產優先受償；金得林公司等保證人承擔連帶保證責任。

宣判後，金得林公司、金盈灃公司、比鄰奈兒公司、泰逸公司、執鄰耐公司和固禦公司不服一審判決，提起上訴。上海市高級人民法院經審理認為，一審判決將罰息年利率調整為24%，符合法律規定。《公司委託貸款合同》明確約定受託人有權按逾期罰息利率計收複利，且中國大陸法律、司法解釋並未規定計收複利須以結算前期借款本息及重新出具債權憑證為前提，故銘明公司有權主張複利。綜上，判決駁回起訴、維持原判。

【法律評析】

本案的爭議焦點在於，銀行委託貸款合同爭議中的訴訟主體如何確定、罰息利率是否具有最高限額，以及對逾期罰息計收複利是否會得到法院支持。

一、銀行委託貸款合同爭議中的訴訟主體

《最高人民法院關於如何確定委託貸款協議糾紛訴訟主體資格的批覆》規定：「在履行委託貸款協議的過程中，由於借款人不按期歸還貸款而發生糾紛的，貸款人（受託人）可以借款合同糾紛為由向人民法院提起訴訟；貸款人堅持不起訴的，委託人可以委託貸款協議的受託人為被告、以借款人為第三人向人民法院提起訴訟。」分析上述法條可知，在銀行委託貸款合同中因借款人不按期還款發生爭議時，有權向人民法院提起訴訟的訴訟主體主要有以下情形：

銀行委託貸款爭議	原告	被告	第三人
一般情況	銀行（貸款人、受託人）	借款人	N/A
貸款人堅持不起訴	委託人	銀行（貸款人、受託人）	借款人、擔保人

因此，在貸款人銀行對不按期歸還貸款的借款人堅持不起訴時，委託人有權以受託人（即貸款人銀行）為被告、以借款人和相應擔保人為第三人，向人民法院提起訴訟。本案中，銀行委託貸款協議中的借款人薈廣公司未依約支付貸款利息已構成違約，而貸款人民生銀行堅持不起訴薈廣公司，則委託人銘明公司有權以受託人民生銀行為被告、借款人薈廣公司和擔保人金得林公司等為第三人，提起訴訟。因此，銘明公司有權以原告身分提起本案訴訟，以自己的名義向

貸款人銀行、借款人和相關擔保人主張權利。

二、銀行委託貸款合同中的罰息利率是否具有最高限額

《最高人民法院關於審理民間借貸案件適用法律若干問題的規定》第二十六條規定：「借貸雙方約定的利率未超過年利率24%，出借人請求借款人按照約定的利率支付利息的，人民法院應予支持。借貸雙方約定的利率超過年利率36%，超過部分的利息約定無效。借款人請求出借人返還已支付的超過年利率36%部分的利息的，人民法院應予支持。」第二十九條規定：「借貸雙方對逾期利率有約定的，從其約定，但以不超過年利率24%為限。」根據上述法條和司法實務分析可知，民間借貸的年利率以當事人的明確約定優先，但是該約定的最高限額為24%、超過36%的部分無效，出借人無權請求借款人支付超過約定利率最高限額24%的利息部分。

為了彌補銀行普通貸款和銀行委託貸款的不足，擴大資金需求者的借貸資金來源，中國大陸的相關法律法規明確允許民間借貸做為補充借貸方式，其借款利率及罰息利率可以適當高於銀行貸款利率，但應受到比銀行貸款更為嚴格的監管和限制。最高人民法院的上述司法解釋，已經對民間借貸逾期利率的最高限額做出了明確規定，根據「舉重以明輕」的法律解釋原則，銀行委託貸款合同的逾期罰息利率，亦應適用有關民間借貸年利率約定不得超過24%的上限規定。同時，約定逾期罰息利率的主要目的，在於賠償因借款人違約給貸款方造成的經濟損失而非懲罰借款人，故超出最高限額24%的部分，法律不予保護。案涉銀行委託貸款合同約定的逾期罰息利率為26.25%，超出了最高限額，故一審和二審法院均認定應調整至最高限額24%。因此，銀行在簽訂委託貸款合同時應特別注意，有關逾期利率的約定不得超過年利率24%的最高限額，否則超出部分的訴訟請求將被法院判決駁回。

三、對逾期罰息計收複利的依據

對逾期罰息是否可以計收複利，根據目前已知的司法判例結果，主要分為以下三種情況：（1）借款合同中明確約定對逾期罰息計收複利，基於雙方當事人的真實合意，且未違反法律和行政法規的強制性規定，法院判決支持出借人的訴請；（2）借款合同僅僅約定對未支付的利息計收複利，基於借款人對逾期罰息計收複利沒有異議，法院判決同樣支持出借人；（3）借款合同僅僅約定對未支付的利息計收複利，借款人對逾期罰息計收複利提出異議，法院會以約定不符合公平原則判決駁回出借人的訴請。

由此可知，對逾期罰息計收複利的依據，僅僅包括借款合同明確對逾期罰息計收複利和雖未明確約定但借款人對此無異議兩種情形。同時，中國大陸的相關法律法規和司法解釋，並沒有規定對逾期罰息計收複利必須以雙方當事人結算前期借款的本息並且重新出具相應的債權憑證為前提。因此，在上述兩種情形下，人民法院會支持出借方對貸款罰息按照逾期罰息利率計收複利的訴訟請求，並且該複利計收不以結算前期借款本息及重新出具債權憑證為前提。

總而言之，為了切實保障債權的實現，銀行等債權人在簽訂借款合同時應明確約定對逾期罰息計收複利的條款，比如：「借款人未按期支付利息的，銀行有權按照約定的利率對借款到期日前的未支付利息計收複利，按照約定的逾期罰息利率對借款到期日後的罰息計收複利。」並且，銀行應以合理的方式提請借款人注意對逾期罰息計收複利的格式條款（台灣稱「定型化條款」），以防借款人以格式條款提供方加重對方主要責任為由，提出條款無效的訴訟抗辯。

附：法律文書

上海薈廣貿易有限公司等與成都銘明管理諮詢有限公司、中國民生銀行股份有限公司上海分行金融借款合同糾紛二審民事判決書

上海市高級人民法院

民事判決書

（2016）滬民終338號

上訴人（原審第三人）：上海薈廣貿易有限公司。

法定代表人：金翠華，董事長。

上訴人（原審第三人）：金得林（上海）企業管理諮詢有限公司。

法定代表人：顧志暘，董事長。

上訴人（原審第三人）：成都金盈灃物業管理有限公司。

法定代表人：劉學軍，董事長。

上訴人（原審第三人）：深圳比鄰奈兒鄉村聚樂部文化傳播有限公司。

法定代表人：顧志暘，董事長。

上訴人（原審第三人）：成都泰逸置業有限公司。

法定代表人：王冬，董事長。

上訴人（原審第三人）：上海執鄰耐實業有限公司。

法定代表人：顧志暘，董事長。

上訴人（原審第三人）：上海固禦實業有限公司。

法定代表人：周彥發，董事長。

上述七名上訴人共同的委託訴訟代理人：鄭漪波，上海市建緯律師事務所律師。

上述七名上訴人共同的委託訴訟代理人：宋仲春，上海市建緯律師事務所律師。

被上訴人（原審原告）：成都銘明管理諮詢有限公司。

法定代表人：黃興章，執行董事兼總經理。

委託訴訟代理人：馬晨光，上海市協力律師事務所律師。

委託訴訟代理人：黃曉舒，上海市協力律師事務所律師。

原審被告：中國民生銀行股份有限公司上海分行。

負責人：胡慶華，行長。

委託訴訟代理人：韋劍，上海邦信陽中建中匯律師事務所律師。

　　上訴人上海薈廣貿易有限公司（以下簡稱薈廣公司）、金得林（上海）企業管理諮詢有限公司（以下簡稱金得林公司）、成都金盈灃物業管理有限公司（以下簡稱金盈灃公司）、深圳比鄰奈兒鄉村聚樂部文化傳播有限公司（以下簡稱比鄰奈兒公司）、成都泰逸置業有限公司（以下簡稱泰逸公司）、上海執鄰耐實業有限公司（以下簡稱執鄰耐公司）、上海固禦實業有限公司（以下簡稱固禦公司）因與被上訴人成都銘明管理諮詢有限公司（以下簡稱銘明公司）、原審被告中國民生銀行股份有限公司上海分行（以下簡稱民生銀行）金融借款合同糾紛一案，不服上海市第一中級人民法院（2016）滬01民初46號民事判決，向本院提起上訴。本院於2016年8月17日立案後，依法組成合議庭，於同年9月21日公開開庭進行了審理。上訴人薈廣公司、金得林公司、金盈灃公司、比鄰奈兒公司、泰逸公司、執鄰耐公司、固禦公司共同的委託訴訟代理人鄭漪波，被上訴人銘明公司的委託訴訟代理人黃曉舒，原審被告民生銀行的委託訴訟代理人韋劍到庭參加訴訟。本案現已審理終結。

　　薈廣公司、金得林公司、金盈灃公司、比鄰奈兒公司、泰逸公司、執鄰耐公司、固禦公司上訴請求：撤銷一審判決第一項，改判薈廣公司支付銘明公司本金人民幣（以下幣種同）6,000萬元（即撤銷關於律師費的判決）；撤銷一審判決第二項，改判薈廣公司支付銘明公司利息1,582,191.78元，及以6,000萬元為基數，自2016年2月15日起至薈廣公司實際清償之日止按照年利率17.5%計算的利息。事實和理由：1.《公司委託貸款合同》未約定應由薈廣公司承擔銘明公司支付的律師費，故一審判令上訴人向銘明公司支付律師費沒有事實和法律依據。2. 薈廣公司與銘明公司未就前期借款本息進行結算，也未重新出具債權憑證，不符合《最高人民法院關於審理民間借貸案件適用法律若干問題的規定》第二十八條的規定，故對1,582,191.78元利息不應計算複利。3.《公司委託貸款合同》並未規定銘明公司有宣布已發放貸

款立即到期的權利，且銘明公司也未提交證據證明薔廣公司收到了其所發的《通知函》。民生銀行的《委託貸款提前到期通知函》係於2016年2月24日送達薔廣公司，故貸款到期日應為2016年2月24日。

銘明公司辯稱：1. 其主張律師費的依據是《公司委託貸款合同》中關於違約責任的相關規定。而且，《委託貸款抵押合同》和《保證合同》明確約定擔保範圍包括律師費，薔廣公司在《保證合同》上也加蓋了公章。銘明公司為實現債權已經實際支付律師費，符合上海市律師收費標準，故有權向各上訴人主張。2. 根據《公司委託貸款合同》的規定，逾期罰息利率是貸款利率上浮50%；如借款人逾期支付利息，則銘明公司有權按約定收取複利。3. 銘明公司同意貸款到期日為2016年2月24日，也同意從2016年2月25日起計收罰息，但罰息年利率應按24%計算。

民生銀行述稱：各上訴人的上訴請求與民生銀行無關，故不發表意見。

銘明公司向一審法院起訴請求：1. 薔廣公司返還借款本金6,000萬元、利息904,166.67元（暫計至2016年1月21日），並支付自2016年1月22日起至實際清償之日止以60,904,166.67元為基數，按年利率26.25%計算的罰息；2. 薔廣公司支付律師費753,451元、財產保全擔保費121,808元、差旅費5,014元；3. 金得林公司以其名下位於北京市東城區南竹杆胡同2號1幢9層11001、11002、11003、11005、11006、11007、11008房產對上述第一項、第二項訴訟請求承擔抵押擔保責任；4. 金得林公司、金盈灃公司、比鄰奈兒公司、泰逸公司、執鄰耐公司、固璺公司對上述第一項、第二項訴訟請求承擔連帶保證責任。

一審法院認定事實：2015年2月28日，銘明公司（委託人）、民生銀行（受託人）與薔廣公司簽訂《公司委託貸款合同》（合同編號：02062015200300號），約定：銘明公司委託民生銀行以銘明公司自有資金向薔廣公司發放委託貸款，貸款金額為6,000萬元，年利率為17.5%，貸款期限自2015年3月2日起至2016年3月1日止，貸款實際發放日以實際放款時的借據上載明的日期為準。還款方式為每月付息，到期結清本息，利息支付日為每月21日。如果借款人未按合同約定償還貸款本金，借款人須自該筆貸款逾期之日起按逾期罰息利率支付罰息，直至借款人清償全部本息為止，逾期罰息利率為貸款年利率上浮50%。對借款人未能按時支付的利息，受託人有權

按照逾期罰息利率計收複利。任何一方不履行或不完全履行合同所約定之義務，應當承擔相應的違約責任，並賠償由此給對方造成的損失。下述任一事件，均構成借款人在本合同項下的違約：1. 借款人未按合同規定期限支付利息或歸還本金；……。發生上述任何借款人違約事件後，受託人根據委託人的申請有權採取以下任何一項或多項措施：1. 根據本合同第4.3條規定向借款人收取逾期罰息；……5. 宣布所有已發放的貸款立即到期，並要求借款人立即償還全部已發放的貸款本息、利息或其他應付款項。

　　同日，金得林公司做為抵押人與民生銀行簽訂《委託貸款抵押合同》一份（合同編號：公委抵字第02062015200301號），約定：金得林公司以北京市東城區南竹杆胡同2號1幢9層11001、11002、11003、11005、11006、11007、11008房產（房地產權證號：X京房權證東字第096599號、第096596號、096597號、096628號、096640號、096642號、096697號）為《公司委託貸款合同》項下6,000萬元主債權提供抵押擔保，擔保範圍為被擔保之主債權本金及其利息、罰息、複利、違約金、損害賠償金、實現債權和擔保權利的費用（包括但不限於處分抵押財產的費用、訴訟費、律師費、差旅費等）和所有其他應付合理費用。上述抵押物於2015年3月4日辦理了抵押權登記（登記證明號：X京房他證東字第039459號、039463號、039458號、039462號、039461號、039465號、039454號）。

　　2015年2月28日，金得林公司、金盈灃公司、比鄰奈兒公司、泰逸公司、執鄰耐公司與銘明公司、薔廣公司簽訂《保證合同》一份（合同編號B-G2015-5-1），固禦公司與銘明公司、薔廣公司簽訂《保證合同》一份（合同編號B-G2015-5-2），約定：金得林公司、金盈灃公司、比鄰奈兒公司、泰逸公司、執鄰耐公司、固禦公司為《公司委託貸款合同》項下6,000萬元主債權提供連帶責任保證，保證期間為主債權期限屆滿之次日起兩年。如銘明公司或民生銀行根據主合同之約定宣布提前到期或提前收回的，則保證期間為自銘明公司或民生銀行向借款人通知的還款日之次日起兩年。擔保範圍為委託貸款的本金、利息、罰息、違約金、損害賠償金、手續費（包括但不限於公證費、鑒定費、評估費、保險費、律師費、倉儲費、保管費、維修費、保養費等）和債權實現費用（包括但不限於催收費用、訴訟費用、擔保物處置費、過戶費、保全費、公告費、拍賣費、執行費、律師費、差旅費

等）以及可能產生的銘明公司或民生銀行代墊費用和其他費用。

簽約後，銘明公司於2015年3月13日向其在民生銀行處帳戶存入6,000萬元。同日，民生銀行向薔廣公司發放貸款6,000萬元，入帳回單中摘要註明「委託貸款9915000000030913放款」字樣。貸款發放後，薔廣公司支付至2015年12月21日利息，2016年1月21日起未能按期支付利息904,166.67元。2016年2月14日，銘明公司向民生銀行發出《通知函》，稱鑒於2016年1月21日薔廣公司未按時支付委託貸款利息，現銘明公司宣布已經發放的貸款立即到期，並要求薔廣公司立即償還上述委託貸款的本金及相應利息。同日，銘明公司向薔廣公司發出《通知函》，宣布已經發放的貸款立即到期，並要求薔廣公司償還委託貸款的本金及相應利息。同日，銘明公司向各擔保人發出《通知函》，宣布委託貸款合同項下貸款立即到期，並要求其承擔連帶保證責任，要求金得林公司承擔抵押擔保責任。同日，民生銀行向薔廣公司發出《委託貸款提前到期通知函》，宣布委託貸款合同項下貸款立即到期，並要求薔廣公司立即償還已發放貸款本金、利息及其他應付款項。之後，因薔廣公司和各擔保人均未支付相應款項，遂涉訴。

一審法院另查明，銘明公司為本案訴訟，與上海市協力律師事務所簽訂《專項法律服務合同》。銘明公司於2016年2月2日支付律師費100,000元，於同年4月25日支付律師費653,451元。銘明公司為本案訴訟另與案外人簽訂《訴訟保全委託擔保合同》，並為之支付財產保全擔保費121,808元。銘明公司在辦理本案訴訟過程中支付了差旅費5,014元。

一審法院認為：本案系爭《公司委託貸款合同》、《委託貸款抵押合同》及《保證合同》係當事人真實意思表示，依法有效，各方當事人均應恪守。現銘明公司已經依照《公司委託貸款合同》的約定，向薔廣公司發放了貸款6,000萬元，薔廣公司應按照合同約定支付利息。因薔廣公司未按照合同約定支付利息，已構成《公司委託貸款合同》約定的違約情形。銘明公司、民生銀行據此宣布貸款立即到期，並要求薔廣公司支付貸款本息，依約有據，對此予以支持。根據《最高人民法院關於如何確定委託貸款協議糾紛訴訟主體資格的批覆》的規定，在履行委託貸款協議的過程中，由於借款人不按期歸還貸款而發生糾紛的，貸款人（受託人）可以借款合同糾紛為由向人民法院提起訴訟；貸款人堅持不起訴的，委託人可以委託貸款協議的受託人

為被告、以借款人為第三人向人民法院提起訴訟。故銘明公司以原告身分提起本案訴訟，依法有據。銘明公司亦有權以自己的名義向抵押人及保證人主張權利。

關於銘明公司主張的各項金額，確定如下：1. 關於貸款本金部分。因銘明公司已經向薔廣公司發放貸款6,000萬元，且薔廣公司尚未清償本金，故薔廣公司應返還銘明公司本金6,000萬元。2. 關於利息及罰息。銘明公司及民生銀行均於2016年2月14日向薔廣公司發出通知函，宣布貸款立即到期，故貸款提前到期日應為2016年2月14日。銘明公司主張貸款提前到期日為2016年1月21日有誤，對此予以調整。因貸款實際發放日為2015年3月13日，故期內貸款利息應以6,000萬元為基數，自2015年12月22日起至2016年2月14日止按年利率17.5%計算，即6,000萬元×0.175÷365×55日＝1,582,191.78元。同時，根據《公司委託貸款合同》的約定，薔廣公司應當支付相應罰息。銘明公司主張根據貸款年利率上浮50%，即17.5%×1.5＝26.25%，做為逾期罰息利率。根據《最高人民法院關於審理民間借貸案件適用法律若干問題的規定》第二十九條，借貸雙方對逾期利率有約定的，從其約定，但以不超過年利率24%為限。民間借貸做為銀行委託貸款的補充借貸方式，允許其借款利率及相應的罰息利率高於普通銀行委託貸款的利率。最高人民法院已對民間借貸逾期利率上限做出明確規定，根據「舉重以明輕」的法律解釋原則，本案逾期罰息利率亦不應超過年利率24%；同時，逾期利率的約定係以賠償貸款方的損失為主，以懲罰借款人為輔，高於24%的部分體現了懲罰性，應不予保護。故罰息應以61,582,191.78元為基數，自2016年2月15日起至薔廣公司實際清償之日止，按照年利率24%計算。3. 關於律師費、財產保全擔保費及差旅費。銘明公司主張律師費753,451元，該主張有銘明公司提交的《專項法律服務合同》及律師費發票、銀行交易憑證佐證，能夠證明銘明公司已經實際支出了上述律師費，故可予支持。財產保全擔保費及差旅費均非解決本案糾紛必須發生的費用，且《公司委託貸款合同》中沒有關於財產保全擔保費及差旅費的約定，因此，銘明公司主張財產保全擔保費及差旅費缺乏合同依據，不予支持。

金得林公司以自有財產為薔廣公司上述債務提供抵押擔保，金得林公司及金盈灃公司、比鄰奈兒公司、泰逸公司、執鄰耐公司、固禦公司自願為

薔廣公司上述債務提供連帶保證責任，現上述當事人均未能履行相應擔保義務，亦有不當，銘明公司要求各擔保人承擔抵押及保證責任的訴訟請求依約有據，故予以支持。綜上，依照《中華人民共和國合同法》第六十條、第一百零七條、《中華人民共和國物權法》第一百七十九條、第一百九十五條、第一百九十八條、《中華人民共和國擔保法》第六條、第十八條、第三十三條、第五十三條、《最高人民法院關於適用〈中華人民共和國擔保法〉若干問題的解釋》第七十三條及《最高人民法院關於審理民間借貸案件適用法律若干問題的規定》第二十九條之規定，判決如下：一、薔廣公司應於判決生效之日起十日內支付銘明公司貸款本金6,000萬元、律師費753,451元；二、薔廣公司應於判決生效之日起十日內向銘明公司支付利息1,582,191.78元，及以61,582,191.78元為基數自2016年2月15日起至薔廣公司實際清償之日止按照年利率24%計算的罰息；三、如薔廣公司未能履行上述第一項、第二項判決義務，銘明公司可以依法與金得林公司協議，將房地產權證號為X京房權證東字第096599號、096596號、096597號、096628號、096640號、096642號、096697號的北京市東城區南竹杆胡同2號1幢9層11001、11002、11003、11005、11006、11007、11008房產，折價或者以拍賣、變賣該抵押物所得的價款優先受償；上述抵押物折價或者拍賣、變賣後，其價款超過債權數額的部分歸金得林公司所有，不足部分由薔廣公司繼續清償；四、金得林公司、金盈灃公司、比鄰奈兒公司、泰逸公司、執鄰耐公司、固禦公司對上述第一項、第二項判決承擔連帶擔保責任。金得林公司、金盈灃公司、比鄰奈兒公司、泰逸公司、執鄰耐公司、固禦公司在履行上述義務後，有權向薔廣公司追償；五、駁回銘明公司其餘訴訟請求。

二審中，各方當事人均沒有提交新證據。

本院經審理查明，2016年2月23日，民生銀行向薔廣公司發出《委託貸款提前到期通知函》，薔廣公司於同年2月24日簽收。一審法院查明的其他事實屬實，本院予以確認。本院認為，涉案《公司委託貸款合同》、《委託貸款抵押合同》及《保證合同》均係各方當事人的真實意思表示，合法有效，各方當事人均應恪守。《公司委託貸款合同》約定，任何一方不履行或不完全履行本合同所約定之義務，應當承擔相應的違約責任，並賠償由此給對方造成的損失；《委託貸款抵押合同》及《保證合同》明確約定擔保範圍

包括律師費等實現債權的費用，且薔廣公司做為借款人亦在《保證合同》上加蓋公章，可見薔廣公司對於違約之後其應賠償銘明公司為實現債權而支付的律師費是知曉並認可的，各擔保人也同意對律師費提供擔保。現薔廣公司未按約還本付息構成違約，銘明公司有權要求薔廣公司支付律師費，並要求各擔保人就律師費承擔擔保責任。各上訴人關於一審法院判令其支付律師費並無依據的上訴理由，本院不予支持。薔廣公司在2016年1月21日未能按約支付當期利息，之後銘明公司、民生銀行均向薔廣公司發函宣布《公司委託貸款合同》項下貸款立即到期。對於貸款到期日，因二審中銘明公司同意以薔廣公司主張的2016年2月24日為準，民生銀行對此亦無異議，故本院予以確認。銘明公司二審中提出同意自2016年2月25日起計收罰息，該主張係其對自身權利的處分，不違反法律規定，本院予以認可。因薔廣公司支付期內利息至2015年12月21日，故其仍須支付的期內利息應以6,000萬元為基數，自2015年12月22日起至2016年2月24日止，按年利率17.5%計算，即6,000萬元×0.175÷365×65日＝1,869,863.01元。根據涉案《公司委託貸款合同》的約定，借款人須自貸款逾期之日起按逾期罰息利率支付罰息，罰息利率為貸款年利率上浮50%。現原判已將罰息年利率調整為24%，符合法律規定，各上訴人關於貸款逾期後仍應按年利率17.5%計算利息的訴訟請求並無依據，本院不予支援。《公司委託貸款合同》明確約定受託人有權按逾期罰息利率計收複利，且我國法律、司法解釋並未規定計收複利以結算前期借款本息及重新出具債權憑證為前提，故銘明公司有權主張複利。各上訴人關於不應計算複利的上訴理由缺乏依據，本院亦不予支持。綜上所述，由於二審中銘明公司同意自2016年2月25日起計收罰息，本院對原審判決的內容做相應變更。依照《中華人民共和國民事訴訟法》第十三條第二款、第一百七十條第一款第（二）項、第一百七十五條之規定，判決如下：一、維持上海市第一中級人民法院（2016）滬01民初46號民事判決第一項、第三項、第四項、第五項；二、變更上海市第一中級人民法院（2016）滬01民初46號民事判決第二項為：上海薔廣貿易有限公司應於本判決生效之日起十日內向成都銘明管理諮詢有限公司支付利息人民幣1,869,863.01元，及以人民幣61,869,863.01元為基數，自2016年2月25日起至上海薔廣貿易有限公司實際清償之日止，按照年利率24%計算的罰息。

　　二審案件受理費人民幣11,334.51元，由上訴人上海薔廣貿易有限公司、金得林（上海）企業管理諮詢有限公司、成都金盈灃物業管理有限公司、深圳比鄰奈兒鄉村聚樂部文化傳播有限公司、成都泰逸置業有限公司、上海執鄰耐實業有限公司、上海固禦實業有限公司共同負擔。

　　本判決為終審判決。

　　審判長　高　瓊

　　審判員　範雯霞

　　代理審判員　許曉驍

　　二〇一六年十一月八日

　　書記員　魏　蓉

第二篇

擔保合同

【案例55】 公司人格混同及其損害賠償責任

寧波銀行股份有限公司江北支行與寧波金剛機器人有限公司、寧波市鄞州托米海倫服飾有限公司等金融借款合同糾紛案評析

案號：寧波市中級人民法院（2016）浙02民終322號

【摘要】

銀行須注意借款方或擔保人存在人格混同之情形。在借款方或擔保人以人格混同方式逃避債務或擔保責任時，銀行可以相關公司在人員、財務、業務等方面存在交叉或混同情形，且相關公司的人格混同情形損害銀行的債權人利益為由，訴請要求混同公司對債務或擔保責任承擔連帶責任，以保護自身利益。

【基本案情】

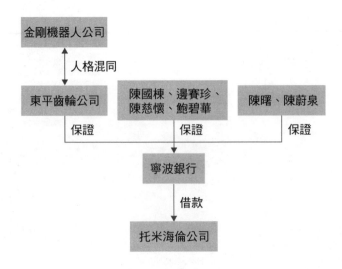

　　2013年5月21日和2014年6月4日，東平齒輪公司、陳國棟、邊賽珍、陳慈懷、鮑碧華、陳曙、陳蔚泉為擔保托米海倫公司與寧波銀行江北支行的債務，分別與寧波銀行江北支行簽訂了《最高額保證合同》，約定了擔保期間、最高額以及擔保方式。2014年8月26日，寧波銀行江北支行與托米海倫公司簽訂《流動資金貸款合同》，合同約定貸款期限、貸款金額、年利率、結息付息方式以及逾期後的罰息、複利。當日，寧波銀行江北支行向托米海倫公司發放貸款124萬元。

　　2014年6月20日，金剛機器人公司設立，其經營場地與原東平齒輪公司相同，並使用原東平齒輪公司的機器設備進行生產，接收了原東平齒輪公司的員工，並與原東平齒輪公司大多數客戶保持業務關係。

　　因托米海倫公司在寧波銀行江北支行處的另一筆貸款逾期未還，構成違約，寧波銀行江北支行遂於2015年4月10日向法院起訴，請求法院判令托米海倫公司立即償還貸款本金以及合同約定的利息、罰息和複利；請求以上擔保人承擔連帶保證責任；並認為金剛機器人公司與東平齒輪公司存在人格混同，請求金剛機器人公司對東平齒輪公司的連帶保證責任承擔連帶清償責任。

【法院判決】

　　寧波市江北區人民法院經審理認為，涉案《流動資金貸款合同》、《最高額保證合同》是當事人真實意思表示，內容不違反法律、行政法規的強制性規定，應為合法有效。現托米海倫公司未按約支付本息，已構成違約，應當承擔違約責任，向寧波銀行江北支行歸還借款本金124萬元，並支付利息、罰息、複息，其相應的擔保人也應承擔連帶清償責任。經認定，金剛機器人有限公司與東平齒輪存在人格混同，故判決其對東平齒輪製造有限公司的上述連帶清償責任承擔連帶責任。

　　宣判後，金剛機器人公司不服一審判決，提起上訴，認為金剛機器人公司與東平齒輪公司之間不構成人格混同，其正常經營活動未嚴重損害或不必然損害寧波銀行江北支行的利益，要求認定金剛機器人公司和東平齒輪公司不存在任何法律關係，為獨立的法人，金剛機器人公司不應對東平齒輪公司的擔保責任承擔連帶責任。寧波市中級人民法院經審理認為，金剛機器人公司與東平齒輪公司在人員、財產和業務上存在混同的可能性，且經法院要求無正當理由拒不提供兩家公司的會計憑證和財務帳簿，故認為兩公司存在寧波銀行江北支行所主張的公司平移、人格混同、利益轉移，濫用公司法人獨立地位的現象，不支持金剛機器人公司的上訴主張；並且，東平齒輪公司在把自身優質資源轉移給金剛機器人公司後，其盈利能力大幅下降，向寧波銀行江北支行承擔擔保責任的能力也隨之下降，必然造成寧波銀行江北支行利益受損。故二審駁回上訴，維持原判。

【法律評析】

　　本案的焦點，是公司人格混同的認定條件，及人格混同的法律後果。

一、公司人格混同的含義及種類

　　《中華人民共和國民法通則》和《中華人民共和國公司法》對法人應具備條件的規定為：（1）依法設立；（2）有自己的名稱、組織機構和場所；（3）有必要的財產；（4）能夠獨立承擔民事責任。

　　因此，人員、財產和業務，是公司獨立人格最重要的基礎。當公司的人員、財產和業務方面與其他公司構成混同，公司即失去其獨立性，發生公司人格混同，公司的人格獨立性將遭否定，股東也將失去有限責任保護。

現行法律法規對於公司人格混同制度，僅在《中華人民共和國公司法》第二十條第三款：「公司股東濫用公司法人獨立地位和股東有限責任，逃避債務，嚴重損害公司債權人利益的，應當對公司債務承擔連帶責任。」及第六十三條：「一人有限責任公司的股東不能證明公司財產獨立於股東自己的財產的，應當對公司債務承擔連帶責任。」中有較為細部的規定。

學理上，往往將公司人格混同分為「縱向人格混同」（母子公司型人格混同）和「橫向人格混同」（兄弟公司型人格混同）。「縱向人格混同」，指公司與股東之間、一人公司、母子公司之間人格混同等，關係到《中華人民共和國公司法》第二十條第三款所規定的股東應對公司債務承擔連帶責任的情形，和第六十三條規定的一人公司股東不能證明公司財產獨立的情形，即屬於「縱向人格混同」。「橫向人格混同」則指公司與其他公司之間、關聯公司之間等的人格混同，本案中東平齒輪公司和金剛機器人公司之間的關係，即被法院認定屬於「橫向人格混同」。

二、公司人格混同的認定條件

公司人格混同的認定條件，必須包括兩方面：第一，其人員、財務、業務等混同；第二，公司的人格混同嚴重損害債權人利益。如果公司的人格混同未引起侵害後果，則無須對其獨立公司人格進行否定。

（一）人員混同

人員混同包括公司的股東、董事、管理人員、員工等公司成員與其他公司的人員相混同，即傳統意義上的「一套人馬，兩塊牌子」。實務中，往往出現股東相同、管理層相同等情況。本案中，雖兩家公司的註冊股東不同，但員工基本完全混同，且員工在公司運營中認定的老闆為同一人，可見兩家公司遵循同一人意志經營，難分彼

此，存在混同可能。

（二）財務混同

財產混同是指公司的財產不能與其他公司的財產相互區分。最主要的表現，就是公司與其他公司之間財務帳簿不分或合一，以致出現財務混亂，具體包括盈虧混同、成本攤銷、業務轉移等，即所謂的「一本帳」。財務混同實質上就是兩方公司財產混同、業務混同。公司對外承擔責任以公司的財產為限，財務混同將造成公司財產混亂，進而達到公司實際控制人逃避債務等相關目的。

（三）業務混同

業務混同是指不同公司之間的經營模式、經營範圍、業務類型、上下游客戶等混同。兩方公司在人員混同的經營下，即可能存在交易類型一致、交易對象一致、生產一致等情形，對於公司交易對象等來說，也存在風險。而且通過業務的轉移，形成財產轉移，將可能影響債權人利益。業務混同還表現為營業場所混同、聯繫方式混同、生產設備混同、原料產品混同等。

在審判實務中，對公司人格混同的認定依據嚴格認定原則，應證明全面具備各方面混同特徵，以此來保護公司的有限責任特點。

（四）嚴重侵害債權人權益

除了上述公司人格混同的外部特徵外，人格混同的認定條件還應包括嚴重侵害債權人權益。

在審判實務中，對於嚴重侵害債權人權益以結果論，即存在債權人無法實現其債權的情形，則可認定具備混同特徵的債務人人格混同成立。但是，依據法理分析，債權人遭受的損害後果理應與債務人的人格混同行為具有因果關係，即因債務人人格混同行為而導致債權人的債權受到損害。典型的因果關係，包括債務人的人格混同行為導致債務人的清償能力喪失、財產不足以償還債務等。本案中，法院認定擔保人的業務轉移造成盈利能力下降，必然影響其承擔擔保責任的

能力，將造成債權人的利益受損，屬於具備因果關係的情形。

三、公司人格混同的法律後果

依據《中華人民共和國公司法》第二十條第三款和第六十三條的規定，「縱向人格混同」的法律後果明確，即股東應對公司債務承擔連帶責任。

而「橫向人格混同」則無法直接適用現行的法律法規以確定法律後果，所以必須對現行法律法規做出解釋，以調整此種法律關係。

本案中，一審法院認為，該案例中的「橫向人格混同」情形與「縱向人格混同」情形，在事實構成上具有高度相似性，故類推適用《中華人民共和國公司法》第二十條第三款予以判決。實際上也是參照最高人民法院在2013年發布的指導案例15號「徐工集團工程機械股份有限公司訴成都川交工貿有限責任公司等買賣合同糾紛案」（以下簡稱「15號案例」），進行審判。在15號案例中，最高人民法院認為涉案公司之間的人格混同，嚴重損害了債權人的利益，違背法人制度設立的宗旨及誠實信用原則，其行為本質和危害結果與《中華人民共和國公司法》第二十條第三款規定的情形相當，故參照適用《中華人民共和國公司法》第二十條第三款的規定。

由此可見，最高人民法院對《中華人民共和國公司法》第二十條第三款做出了擴大解釋，「橫向人格混同」情形應類推適用該款法條。

綜上所述，公司人格混同的法律後果應包括：股東濫用公司法人獨立地位和股東有限責任，逃避債務，嚴重損害公司債權人利益時，應當對公司債務承擔連帶責任；公司之間界線模糊、人格混同，逃避債務，嚴重損害了債權人的利益時，與債務人發生人格混同的公司應對債務人的債務承擔連帶責任。

四、對銀行的啟示

當債務人或擔保人不能履行債務或擔保責任時，銀行做為債權人，應注意債務人或擔保人的密切相關方與債務人或擔保人是否構成人格混同逃避債務的情形。人格混同情形應包括「縱向人格混同」和「橫向人格混同」，即密切相關方包括股東、母子公司、關聯公司及其他與債務人或擔保人有密切關係的自然人或法人等。「橫向人格混同」同樣受《中華人民共和國公司法》第二十條第三款規定的調整，具有人格混同情形的公司對債務和擔保責任應承擔連帶責任。

銀行可從相關公司的人員、財務、業務等方面，收集證據，對人格混同情形加以證明。人員混同方面，包括但不限於人員組成、實際控制人、實際股東等；財務混同方面，包括但不限於公司帳簿、公司帳戶、會計人員、發票及稅務等；業務方面，包括但不限於上下游客戶、經營場所、生產設備、原料產品等；公司經營活動中違反常理、違背理性，可能造成公司損失的經營活動，例如該案中不顧新公司利益返還舊公司股東借款的行為、高額租賃舊公司設備等行為，以及各混同公司之間的其餘關聯或混同行為。

同時，應注意針對債務人或擔保人的公司人格混同行為對債權人造成的危害結果，及對其行為與危害結果的因果關係進行舉證，主要包括混同行為對債務人清償債務能力的影響、對債務人資產的轉移情形等，以此要求人格混同的公司承擔連帶責任，以確保債權的實現。

附：法律文書

寧波銀行股份有限公司江北支行與寧波金剛機器人有限公司、寧波市鄞州托米海倫服飾有限公司等金融借款合同糾紛二審民事判決書

寧波市中級人民法院

（2016）浙02民終322號

上訴人（原審被告）：寧波金剛機器人有限公司。

　住所地：寧波市鄞州區東吳鎮平塘村。

法定代表人：李琪，該公司總經理。

原審被告：陳蔚泉，原審被告陳曙之妻、原審被告陳慈懷之女。

被上訴人（原審原告）：寧波銀行股份有限公司江北支行。

　住所地：寧波市江北區人民路270號。

代表人：胡微瑋，該支行行長。

委託代理人：秦豔，該支行員工。

委託代理人：葛豫仙，該支行員工。

原審被告：寧波市鄞州托米海倫服飾有限公司。

　住所地：寧波市鄞州區石矸街道雅源北路158-164號。

法定代表人：陳慈懷。

原審被告：寧波東平齒輪製造有限公司。

　住所地：寧波市鄞州區東吳鎮平塘村。

法定代表人：陳國棟。

原審被告：陳慈懷，原審被告寧波市鄞州托米海倫服飾有限公司法定代表人。

原審被告：陳國棟，原審被告寧波東平齒輪製造有限公司法定代表人。

原審被告：邊賽珍，原審被告陳國棟之妻。

原審被告：鮑碧華，原審被告陳慈懷之妻。

原審被告：陳曙，原審被告陳國棟之子。

　　上訴人寧波金剛機器人有限公司（以下簡稱金剛機器人公司）為與被上訴人寧波銀行股份有限公司江北支行（以下簡稱寧波銀行江北支行）、原審被告寧波市鄞州托米海倫服飾有限公司（以下簡稱托米海倫公司）、寧波東平齒輪製造有限公司（以下簡稱東平齒輪公司）、陳國棟、邊賽珍、陳慈懷、鮑碧華、陳曙、陳蔚泉金融借款合同糾紛一案，不服寧波市江北區人民法院（2015）甬北商初字第293號民事判決，向本院提起上訴。本院於2016

年1月29日立案受理後，依法組成合議庭進行了審理。本案現已審理終結。

原審法院審理認定：2013年5月21日，寧波銀行江北支行與東平齒輪公司簽訂了《最高額保證合同》（合同編號為04001BY20130817），約定東平齒輪公司為托米海倫公司在寧波銀行江北支行處自2013年5月21日至2020年12月31日期間和債權本金不超過250萬元限額內形成的債務提供連帶保證擔保；同日，寧波銀行江北支行與陳國棟、邊賽珍，與陳慈懷、鮑碧華分別簽訂了《最高額保證合同》（合同編號分別為04001BY20130820、04001BY20130819），約定陳國棟、邊賽珍，陳慈懷、鮑碧華分別為托米海倫公司在寧波銀行江北支行處自2013年5月21日至2020年12月31日期間和債權本金不超過1,000萬元限額內形成的債務提供連帶保證擔保；2014年6月4日，寧波銀行江北支行與陳曙、陳蔚泉簽訂了一份《最高額保證合同》（合同編號為04001BY20148079），約定陳曙、陳蔚泉分別為托米海倫公司在寧波銀行江北支行處自2014年6月4日至2024年12月31日期間和債權本金不超過1,000萬元限額內形成的債務提供連帶保證擔保。以上合同均約定保證擔保的範圍包括主債權及因利息、逾期利息、複利、罰息、違約金、損害賠償金和訴訟費、保全費、執行費、律師費、差旅費等實現債權費用及所有其他應付一切費用增加而實際超出最高債權限額的部分。

2014年8月26日，寧波銀行江北支行與托米海倫公司簽訂一份《流動資金貸款合同》（合同編號為04001LK20148183），合同約定：貸款期限為自2014年8月29日至2014年12月22日，貸款金額為124萬元，年利率7.84%，按季結息，結息日為每季末月的20日，付息日為結息日下一日曆日，且貸款到期，利隨本清；貸款到期（含被宣布提前到期），借款人未按約償還貸款本金的，自逾期之日起，貸款人將按實際逾期天數對逾期貸款按照本合同約定的貸款利率水準上加收50%的罰息；對借款人應付未付利息，貸款人有權向借款人計收複利，對借款人在貸款期內應付未付利息按照本合同約定的利率和結息方式計收複利；對借款人貸款逾期的，其應付未付利息按本合同約定的相應罰息利率計收複利；借款人未按照本合同及相應借款借據約定歸還貸款本息的（包括被宣布提前到期，包括貸款逾期後已歸還的情形），貸款人有權認定該借款人在貸款人處的所有授信，包括但不限於貸款、貼現、銀行承兌匯票承兌等均提前到期，並有權採取停止繼續發放新貸款，並宣布本合

同項下貸款均提前到期，提前收回全部貸款本息及費用。當日，寧波銀行江北支行向托米海倫公司發放貸款124萬元。之後，托米海倫公司在寧波銀行江北支行處的另一筆貸款逾期未還〔已另案向寧波市江北區人民法院起訴，案號為（2015）甬北商初字第294號〕，已構成違約，尚欠本金124萬元及截止2015年11月24日之利息、罰息、複利共計113,958.74元。

2014年6月20日，金剛機器人公司設立，註冊資金150萬元，經營範圍為工業機器人及其零部件，齒輪加工設備及齒輪、齒輪箱、機械零部件的製造、加工，其登記股東為寧波東湖液壓傳動有限公司（以下簡稱東湖液壓公司）會計李琪、屠世明（原東平齒輪公司的員工），分別持股70%、30%，其經營場地與原東平齒輪公司相同，並使用原東平齒輪公司的機器設備進行生產，接受了原東平齒輪公司的員工，並與原東平齒輪公司大多數客戶保持業務關係。目前，其未開展工業機器人及其零部件方面的經營。

東平齒輪公司的經營範圍為齒輪、機械設備及零部件、汽車零部件的製造、加工：齒輪的熱處理加工。

寧波銀行江北支行於2015年4月10日向原審法院起訴稱：2013年5月21日，寧波銀行江北支行與東平齒輪公司簽訂了《最高額保證合同》（合同編號為04001BY20130817），約定東平齒輪公司為托米海倫公司在寧波銀行江北支行處自2013年5月21日至2020年12月31日期間和債權本金不超過250萬元限額內形成的債務提供連帶保證擔保；同日，寧波銀行江北支行與陳國棟、邊賽珍，與被告陳慈懷、鮑碧華分別簽訂了《最高額保證合同》（合同編號分別為04001BY20130820、04001BY20130819），約定陳國棟、邊賽珍，陳慈懷、鮑碧華分別為托米海倫公司在寧波銀行江北支行處自2013年5月21日至2020年12月31日期間和債權本金不超過1,000萬元限額內形成的債務提供連帶保證擔保；2014年6月4日，寧波銀行江北支行與陳曙、陳蔚泉簽訂了一份《最高額保證合同》（合同編號為04001BY20148079），約定陳曙、陳蔚泉分別為托米海倫公司在寧波銀行江北支行處自2014年6月4日至2024年12月31日期間和債權本金不超過1,000萬元限額內形成的債務提供連帶保證擔保。以上合同均約定保證擔保的範圍包括主債權及因利息、逾期利息、複利、罰息、違約金、損害賠償金和訴訟費、保全費、執行費、律師費、差旅費等實現債權費用及所有其他應付一切費用增加而實際超出最高債權限額的

部分。2014年8月26日，寧波銀行江北支行與托米海倫公司簽訂一份《流動資金貸款合同》（合同編號為04001LK20148183），合同約定貸款期限為自2014年8月29日至2014年12月22日，貸款金額為124萬元，具體發放貸款的幣種、金額、期限、利率和還款方式等以相應的借款借據為準，上述合同簽訂當日發放貸款124萬元，年利率7.84%，按季結息，利隨本清。自2014年11月21日起托米海倫公司在寧波銀行江北支行處另一筆貸款逾期未還，根據貸款合同約定已構成違約。金剛機器人公司成立時間為2014年6月20日，與東平齒輪公司在同一地點從事生產經營，且兩公司均涉及齒輪、齒輪箱、機械零部件的製造、加工等業務，經營範圍混同；陳國棟為東平齒輪公司、被告金剛機器人公司的實際控制人，兩公司人員混同。貸款出現風險後，東平齒輪公司毫無承擔保證責任意願，而是用金剛機器人公司的名義在同一地點、使用同一資產設備繼續從事相同業務，實為轉移資產、逃避債務，兩家公司人格混同。故請求法院判令：一、托米海倫公司立即償還貸款本金124萬元及自2014年8月29日算至2015年11月24日止之利息、罰息、複利113,958.74元，2015年11月25日之後的複息、罰息等按《流動資金貸款合同》約定計算；二、東平齒輪公司、陳國棟、邊賽珍、陳慈懷、鮑碧華、陳曙、陳蔚泉、金剛機器人公司對托米海倫公司的上述債務承擔連帶保證責任。庭審中，寧波銀行江北支行明確要求金剛機器人公司對東平齒輪公司的連帶保證責任承擔連帶清償責任。

東平齒輪公司、陳國棟在原審中答辯稱：對寧波銀行江北支行訴請的承擔保證責任無異議，因托米海倫公司係其親家公陳慈懷經營，故東平齒輪公司、陳慈懷夫妻、陳國棟夫妻及其兒子陳曙、兒媳陳蔚泉均為托米海倫公司提供擔保，以上當事人對承擔責任均無異議。東平齒輪公司因為托米海倫公司提供擔保而於2014年9、10月份出現經營危機，但業務上還是具有一定的競爭力，如果放棄較為可惜。同時，也為解決拖欠工資款及經濟補償金、工齡等問題，故誰願意幫東平齒輪公司承擔責任，其就將東平齒輪公司好的資源給誰。先後洽談的是其侄子陳涉經營的東湖液壓公司及金剛機器人公司。最終，要求金剛機器人公司將員工接收去、工齡繼續計算，而東平齒輪公司將好的資源給金剛機器人公司，可能包括業務、關係、機器設備，員工大概在2014年10月陸續到了金剛機器人公司。金剛機器人公司與東平齒輪公司不

存在人格混同。

　　金剛機器人公司在原審中答辯稱：其與東平齒輪公司經營場所相同、其接收了東平齒輪公司的員工、租賃東平齒輪公司的機器開展生產均屬實，但其與東平齒輪公司均係獨立法人，不存在人格混同。公司成立之初經營方向是工業機器人。其成立不久，東平齒輪公司就陷入擔保危機，對外稱誰把員工接收走，就把機器折價轉賣，要求接收的人幫其還貸。金剛機器人公司起初不同意，在寧波市鄞州區東吳鎮政府的協同工作下，最後同意租賃東平齒輪公司機器設備，並代為償還貸款、接收員工。在本案中，寧波銀行江北支行根據《中華人民共和國公司法》第三條第一款、第二十條第三款規定，把金剛機器人公司列為被告是對法條的曲解，金剛機器人公司並非東平齒輪公司的股東，東平齒輪公司的股東也未在金剛機器人公司參股，讓金剛機器人公司承擔連帶清償責任毫無法律根據。綜上，請求駁回對金剛機器人公司的訴訟請求。

　　托米海倫公司、陳慈懷、邊賽珍、鮑碧華、陳曙、陳蔚泉在原審中未做答辯。

　　原審法院審理認為：本案的爭議焦點為：一、金剛機器人公司與東平齒輪公司在同一場地經營，使用東平齒輪公司的機器設備，接收了東平齒輪公司的員工，經營範圍部分重合，與原東平齒輪公司大多數客戶仍保持業務關係，究竟是存在公司的平移、人格混同，還是正常的租賃關係、員工新工作單位的選擇、客戶業務關係的新建；二、如果兩者存在公司平移、人格混同，是否損害了原告的利益。

　　關於爭議焦點一：（一）單從兩家公司登記的股東身分來看，雖然屠世明原先為東平齒輪公司員工，也不足以證明兩者組織機構存在混同，但法院基於以下理由認為兩者在組織機構上係混同：

　　（1）金剛機器人公司無法說明其具體接受東平齒輪公司員工的原委、過程，與通常的員工聘用特點不符。2015年3月，金剛機器人公司工資發放人數為137人，2015年5月金剛機器人公司參保人員達100人，而原東平齒輪公司參保對象中僅不足10人未在金剛機器人公司發放工資或參保人員之列，可見胡薦傑所述的金剛機器人公司員工為60人左右並非事實，而其做為負責行政管理的副總，不可能連公司人員數量也不清楚，故其在調查筆錄中的相

關內容不實。結合金剛機器人公司提供的代發工資明細表，2014年7月部分東平齒輪公司員工的工資已經由金剛機器人公司發放，2014年9月發放對象44人，2014年10月至2015年5月發放對象96人至137人不等。故原東平齒輪公司的員工在2014年7月份開始就陸續到了金剛機器人公司，而不是9月份。根據寧波市鄞州區東吳鎮勞動監察中隊出具的《證明》，2015年3月陸續接到東平齒輪公司員工的投訴，要求該公司支付工資及經濟補償金。經該中隊協調，東平齒輪公司的所有職工由金剛機器人公司接收，包括職工工齡、工資及社保繳納。金剛機器人公司對此解釋登記投訴的最早時間是2015年3月，但之前已經有員工投訴。該院認為，東平齒輪公司絕大部分員工的工資在2015年3月已經由金剛機器人公司在支付，如果是正常的員工調換工作單位，員工在離職東平齒輪公司時就應該談好未付工資及經濟補償金的問題，而不會先與新單位簽訂合同、到新的單位上班，再由政府相關部門協調由新單位接收、工齡延續等。如果金剛機器人公司陳述的原東平齒輪公司員工是在2014年9月開始陸續到了金剛機器人公司，並簽訂了勞動合同屬實，那麼員工再向勞動監察部門投訴就不會再發生。為查明員工與東平齒輪公司解除勞動合同關係、與金剛機器人公司建立勞動關係的過程，法院要求金剛機器人公司對此進行陳述並提供員工的勞動合同，但金剛機器人公司並未對此進行明確陳述，而勞動合同也僅僅提供了兩份。從其提供的兩份合同和工資發放紀錄來看，朱江森、唐德閔簽訂合同的時間為2015年3月1日，合同履行起點為2015年1月1日，但其二人的工資分別於2014年9月、2014年10月開始就已由金剛機器人公司發放。可見，金剛機器人公司所述的員工從東平齒輪公司到了金剛機器人公司，便與金剛機器人公司簽訂勞動合同並非事實。而金剛機器人公司也無法解釋為何在未見政府部門協調好員工工資、工齡等問題，甚至未簽訂勞動合同的情況下，員工會在短時間內從東平齒輪公司的員工變更為金剛機器人公司的員工，又在數月後向勞動部門反映。綜合上述情況，該院認為，當時兩家公司及員工對員工究竟與哪家公司建立勞動關係並不明確，這顯然與通常獨立人格的企業聘用員工的行為特徵不符。

（2）金剛機器人公司的真正股東是否為李琪、屠世明存疑。從法院調查的情況來看，廠區門衛稱金剛機器人公司的老闆為陳國棟，陳國棟自己也陳述金剛機器人公司的員工有困難會去找其解決，並將其做為老闆。既然員

工認為陳國棟是金剛機器人公司的老闆，那麼金剛機器人公司登記的股東李琪、屠世明是否為真正的股東？為查明案件事實，原審法院要求金剛機器人公司法定代表人李琪及股東屠世明到庭陳述、接受質詢，但李琪與屠世明無正當理由未到庭接受質詢。同時，根據胡薦傑的陳述，金剛機器人公司的營業額每年高達2,000萬元，而其註冊資金才150萬元，金剛機器人公司解釋是通過其法定代表人、公司大股東李琪向公司提供借款滿足公司資金需求的，但對於法院要求其提供李琪借款帳戶的流水，金剛機器人公司卻不按期提交。從金剛機器人公司工資發放情況來看，大股東李琪並未在工資發放清單之列，那麼其做為東湖液壓公司的會計是否參與了金剛機器人公司的經營管理存疑。同時，另一股東屠世明並未在金剛機器人公司設立之初就從東平齒輪公司到了金剛機器人公司，而是從2014年10月始由金剛機器人公司發放工資；並且從工資額度來看，應是普通員工，而非公司高管。在存在上述種種不合理跡象的情況下，因金剛機器人公司相關人員不到庭陳述、持有證據不提供，應承擔不利後果，故難以認定李琪、屠世明為金剛機器人公司實際股東。

（3）兩家公司簽訂租賃協議屬實，但租賃協議約定租期八年，每年1月份支付當年租金 6 萬元，金剛機器人公司卻在其註冊資金僅150萬元、需要大量資金運營的情況下，於2014年10月14日、11月26日分兩次將48萬元六年租金全額支付給東平齒輪公司，有違理性商事主體的行為模式，兩者是否為正常的租賃關係存疑。

（二）金剛機器人公司使用東平齒輪公司的機器設備進行生產，並非正常的租賃關係，兩者存在財產混同。根據《抵押設備租用及代償債務協議書》及《補充協議》的約定來看，陳慈懷、陳國棟分別向寧波東錢湖旅遊度假區東錢湖小額貸款有限公司（以下簡稱東錢湖小貸公司）借款200萬元、180萬元，東平齒輪公司用其機器設備提供抵押擔保，金剛機器人公司、東平齒輪公司及東錢湖小貸公司約定，金剛機器人公司租賃抵押機器設備，租期為六年，從2014年8月1日至2020年7月31日，年租金2,000元，共計1,2000元，押金30萬元，應在合同簽訂後半年內一次性付清（其中押金在金剛機器人公司為東平齒輪公司支付的每月利息中支付），相應款項優先償還東錢湖小貸公司的利息。金剛機器人公司每月支付按年利率8%計算的利息，東錢

湖小貸公司保證不押貸，從2015年10月開始，金剛機器人公司每月償還本金16萬元，直至還清，金剛機器人公司承擔連帶保證責任。協議期限滿後，機器設備歸金剛機器人公司所有。該協議的簽訂時間是2014年11月。但根據金剛機器人公司及東平齒輪公司在庭審中的陳述，是租賃協議簽訂好後金剛機器人公司才使用東平齒輪公司的機器設備，之前是金剛機器人公司在使用自己購買的機器設備。但是，金剛機器人公司並不能提供其自有機器設備的憑證，而且《抵押設備租用及代償債務協議書》約定的租期始於2014年8月1日，結合2014年9月、10月金剛機器人公司發放工資的人數，可以認定在協議簽訂前金剛機器人公司已經在使用東平齒輪公司的機器設備了。再從租金來看，每年2,000元的金額顯然是過低的，金剛機器人公司低價使用機器設備，對陳慈懷、陳國棟的債務承擔連帶清償責任，但法律上仍享有對主債務人的追償權，當然確實也要承擔可能追償不到的風險，但如果其按期履行，則根據其與東平齒輪公司的約定，其享有票面價值1,000多萬元的機器設備的六年的使用權並在六年之後享有機器的所有權的對價是分期償還380萬元借款本金及利息。從上述情況分析，本案兩公司之間租賃合同有違正常的租賃合同。

（三）金剛機器人公司與東平齒輪公司大部分客戶建立客戶關係並非正常的業務關係新建，兩者存在業務的混合。做為理性的商事主體，業務關係的建立並非朝夕，對企業而言，穩定的業務關係是企業重要的隱形資產。雖然不排除金剛機器人公司自行開發客戶的可能，但在極短的時間裡，東平齒輪公司原先70%以上的客戶與金剛機器人公司建立了業務關係，絕非金剛機器人公司短時間通過其自身業務拓展能夠完成，因為客戶也會對這個公司剛剛設立、註冊資金僅150萬元、場地、機器均係「租賃」的企業的資信進行考查衡量。

關於爭議焦點二：根據東平齒輪公司的陳述，其年利潤在10%左右，那麼每年預估有二、三百萬元的利潤。雖然寧波銀行江北支行發放涉案貸款的時間（2014年8月26日）晚於金剛機器人公司設立的時間（2014年6月20日），但寧波銀行江北支行與東平齒輪公司簽訂《最高額保證合同》的時間是2013年5月21日，也是對東平齒輪公司承擔保證責任能力的信賴，一旦東平齒輪公司將其優質資源轉由金剛機器人公司繼受後，其盈利能力也隨之喪

失，顯然對寧波銀行江北支行的利益造成了損害。從本案現有證據來看，正如東平齒輪公司所述，其本身的經營狀況良好，是因擔保而陷入了危機，在此種情況下，東平齒輪公司可以申請破產清算或破產重整對以往的債務進行清理，對其優質資源進行折價，如此能更好保護債權人的公平受償的權利，包括職工的利益，但其未經法定程序，私自將核心資產、資源轉由金剛機器人公司繼受，雖然也一定程度上保護了企業的核心競爭力，保護了員工的利益，維護了社會穩定，但不可否認的是損害了包括寧波銀行江北支行在內的債權人的利益。

綜上，原審法院認為：涉案《流動資金貸款合同》、《最高額保證合同》係當事人真實意思表示，內容不違反法律、行政法規的強制性規定，應為合法有效。當事人均應恪守合同約定，全面及時履行合同義務。現寧波銀行江北支行已舉證證明其已依約向托米海倫公司履行了放貸義務，托米海倫公司應按約還本付息。現托米海倫公司未按約支付本息，已構成違約，寧波銀行江北支行有權依據合同約定要求托米海倫公司償還借款本息。故寧波銀行江北支行有關要求托米海倫公司償還未清償的借款本金及支付相應利息、複息、罰息的訴請，符合合同約定及法律規定，予以支持。東平齒輪公司、陳國棟、邊賽珍、陳慈懷、鮑碧華、陳曙、陳蔚泉為上述債務提供擔保，對寧波銀行江北支行的相應訴訟請求亦予以支持。根據《中華人民共和國公司法》第三條第一款之規定，公司的財產獨立係公司人格獨立的一個側面，故當公司的財產不具有獨立性時，自然也就否認了公司的人格具有獨立性，並進而導致公司承擔獨立責任的基礎喪失。根據查明的事實，寧波銀行江北支行提供的證據已達高度概然性的標準，能夠證明金剛機器人公司與東平齒輪公司存在公司平移、人格混同、利益轉移，濫用公司法人獨立地位，逃避債務，減弱了東平齒輪公司承擔最高額保證的能力，嚴重損害了寧波銀行江北支行的利益。誠如東平齒輪公司所言，將其優質資源給金剛機器人公司，讓金剛機器人公司接收員工，包括員工的工齡持續計算，但金剛機器人公司應承擔相應的債務。這裡承擔債務，應不僅僅是指對東錢湖小貸公司所有的擔保債務，還應該包括其他債務。本案之事實雖無法落入《中華人民共和國公司法》第二十條第三款所規範的情形之內，但「兄弟公司型人格混同」與「母子公司型人格混同」在事實構成上具有高度相似性，因而適用於後者的

法律規範可被類推適用到前者的情況之下，故對寧波銀行江北支行要求金剛機器人公司對東平齒輪公司的擔保債務承擔連帶責任的訴訟請求，予以支持。托米海倫公司、邊賽珍、陳慈懷、鮑碧華、陳曙、陳蔚泉經法院合法傳喚，無正當理由，未到庭參加訴訟，依法可缺席判決。

據此，原審法院依照《中華人民共和國合同法》第一百九十六條、第二百零五條、第二百零六條、第二百零七條，《中華人民共和國擔保法》第十八條、第三十一條，《中華人民共和國公司法》第三條第一款及《中華人民共和國民事訴訟法》第一百四十四條並參照《中華人民共和國公司法》第二十條第三款之規定，於2015年12月3日做出如下判決：一、被告寧波市鄞州托米海倫服飾有限公司於判決生效後十日內償還原告寧波銀行股份有限公司江北支行借款本金124萬元，並支付至2015年11月24日止之利息、罰息、複息共計113,958.74元及自2015年11月25日起至實際履行日止按編號04001LK20148183《流動資金貸款合同》約定計算的複息、罰息；二、被告寧波東平齒輪製造公司、陳國棟、邊賽珍、陳慈懷、鮑碧華、陳曙、陳蔚泉對被告寧波市鄞州托米海倫服飾有限公司上述債務承擔連帶清償責任；其承擔保證責任後，有權向被告寧波市鄞州托米海倫服飾有限公司追償；三、被告寧波金剛機器人有限公司對被告寧波東平齒輪製造有限公司的上述連帶清償責任承擔連帶責任。如果未按判決指定的期間履行金錢給付義務，應當依照《中華人民共和國民事訴訟法》第二百五十三條及相關司法解釋之規定，加倍支付遲延履行期間的債務利息（加倍部分債務利息＝債務人尚未清償的生效法律文書確定的除一般債務利息之外的金錢債務×日萬分之一點七五×遲延履行期間）。案件受理費16,519元，由被告寧波市鄞州托米海倫服飾有限公司、寧波東平齒輪製造有限公司、陳國棟、邊賽珍、陳慈懷、鮑碧華、陳曙、陳蔚泉、寧波金剛機器人有限公司負擔。

金剛機器人公司不服原審法院上述民事判決，向本院提起上訴稱：一、原審認定事實錯誤。1. 金剛機器人公司的註冊資本是100萬元，而非150萬元。2. 金剛機器人公司的註冊地址雖為寧波市鄞州區東吳鎮平塘村，但根據金剛機器人公司在一審中提交的《租房協議書》、付款憑證等證據，均可證明金剛機器人公司係有償使用東平齒輪公司場地，原審法院認定金剛機器人公司與東平齒輪公司經營場地相同錯誤。3. 金剛機器人公司已在原審中提供

了其有償使用部分機器設備的來源，原審法院認定金剛機器人公司使用了東平齒輪公司的機器設備，依據不足。二、原審審理程序不當。本案係金融借款合同糾紛，基礎法律關係是確認之訴，公司人格否定的基礎法律關係是侵權之訴，本案一併審理兩種不同類型的訴，屬程序違法。三、金剛機器人公司與東平齒輪公司之間並不構成人格混同。1. 金剛機器人公司與東平齒輪公司在人員、業務、財產等表徵人格的因素均不相同。在人員方面，勞動關係的建立自實際用工之日開始，而非簽訂勞動合同之日開始，勞動合同是否訂立及何時訂立並不影響二者之間勞動關係的建立。因此，金剛機器人公司與員工勞動關係的建立是從員工到金剛機器人公司工作之日開始。根據工資支付證明、社保紀錄等，原東平齒輪公司員工到金剛機器人公司工作後，由金剛機器人公司支付工資、繳納社保。因此，金剛機器人公司獨立用工，獨立支付勞動報酬，員工只受金剛機器人公司的管理，與東平齒輪公司無涉。金剛機器人公司在2014年6月成立之初，僅有員工20幾人，均為社會招募而來，若金剛機器人公司與東平齒輪公司有用工混同現象，金剛機器人公司可以直接從東平齒輪公司調派人員，而無須社會招聘。東平齒輪公司的員工到金剛機器人公司工作，是通過相關主管部門接洽、協調後，員工自願選擇的結果。總之，寧波銀行江北支行並無金剛機器人公司的員工同時在東平齒輪公司任職的證據，原審法院僅憑部分員工的履歷中有曾在東平齒輪公司工作的經歷，就認定金剛機器人公司與東平齒輪公司有人員交叉、混同用工，依據不足。在業務方面，金剛機器人公司提供了開票紀錄、訂單、送貨單、增值稅專用發票、記帳回執等證據用以證明金剛機器人公司直接與第三人進行訂單的簽訂、送貨及發票開具，不涉及東平齒輪公司，因此，金剛機器人公司與東平齒輪公司之間的業務是相互獨立的。在財產方面，金剛機器人公司有償使用東平齒輪公司的廠房，其使用的場地面積與東平齒輪公司是嚴格區分的。金剛機器人公司租用東平齒輪公司的機器設備，儘管租賃費較低，但其同時要為東平齒輪公司償還貸款，在三年時間裡，金剛機器人公司要為東平齒輪公司償還約642萬元的借款本息。況且，東平齒輪公司的機器設備並非全新，金剛機器人公司支付642萬元對價租賃這樣的設備，並不屬於金額顯著過低。此外，金剛機器人公司使用東平齒輪公司的機器設備類似於融資租賃。2. 寧波銀行江北支行已認可金剛機器人公司與東平齒輪公司之間係不

同法人，人格不混同。寧波銀行股份有限公司邱隘支行以本案類似事實向鄞州法院起訴，要求金剛機器人公司承擔連帶責任。後經鄞州法院審理認為，金剛機器人公司與東平齒輪公司係不同法人，寧波銀行股份有限公司邱隘支行對金剛機器人公司的起訴顯屬不當，不予審理。該判決做出後，寧波銀行股份有限公司邱隘支行未上訴，該案現已生效。四、金剛機器人公司的正常經營活動未嚴重損害或不必然損害寧波銀行江北支行的利益。1. 金剛機器人公司在寧波銀行江北支行發放貸款給托米海倫公司之前業已成立，並實際經營。根據寧波銀行江北支行與托米海倫公司於2015年8月26日簽訂的《流動資金貸款合同》，寧波銀行江北支行應對所有擔保人的償債能力進行評估，且應對東平齒輪公司與金剛機器人公司之間並無關聯或者人格混同審查清楚，否則，寧波銀行江北支行在放貸風險不可控或者放貸風險增加的情況下，應要求借款人追加擔保或者直接要求追加金剛機器人公司為擔保人，而不是通過訴訟的方式要求金剛機器人公司承擔連帶責任。寧波銀行江北支行與其他擔保人簽訂的《最高額保證合同》，其他7個擔保人的擔保能力累加為1,000萬元，本案中，寧波銀行江北支行貸款給托米海倫共計200餘萬元，不足其他7個擔保人擔保能力的30%。退一步講，目前尚無證據證明托米海倫公司和其他7個擔保人無力償還200餘萬元的債務，即使金剛機器人公司和東平齒輪公司存在人格混同，也不必然對寧波銀行江北支行的債權造成影響。綜上，金剛機器人公司和東平齒輪公司不存在任何法律關係，是獨立的法人，金剛機器人公司不應對東平齒輪公司的擔保責任承擔連帶責任。

寧波銀行江北支行答辯稱：一、原審法院於2015年5月28日前往東平齒輪公司和金剛機器人公司廠區調查，兩家公司的辦公場所難以區分，而且租賃協議約定的租期是八年，在金剛機器人公司成立初期，急需大量資金運營的情況下，卻在短期內分兩次將六年租金支付給東平齒輪公司，有違理性商事主體的行為模式，二者是否存在真實租賃關係存疑。二、從金剛機器人公司在原審中提供的兩份勞動合同看，二人的工資分別於2014年9月、10月開始由金剛機器人公司發放，但勞動合同簽訂日期是2015年3月1日，合同履行起點為2015年1月1日，在該二人未與東平齒輪公司解約的前提下，二人的工資就由金剛機器人公司發放，與金剛機器人公司建立事實勞動合同關係，足見金剛機器人公司和東平齒輪公司在人員上混同。三、金剛機器人公司做為

一家初創公司，不可能在極短的時間內與東平齒輪公司的大部分客戶建立了業務關係。此外，金剛機器人公司成立時為了研發機器人，進行工業機器人部件製造，但金剛機器人公司並未舉證證明其為此購置過固定資產或者生產銷售過相關產品，因此金剛機器人公司與東平齒輪公司存在業務混同。四、金剛機器人公司稱其在三年內須代償642萬元貸款本息，但未提供明細清單。涉案《抵押設備租用及代償債務協議書》中的有關約定不符合一般融資租賃協議的慣常約定。根據一般融資租賃協議，承租人在償付全部本金後即可獲得租賃財產的所有權，但金剛機器人公司付出如此大的代價且殘值亦歸其所有，租賃期截止日應為2017年9月較為合理，但該協議書卻將租賃期的截止日定為2020年7月31日，不符合一般商事主體的行為模式。四、鄞州法院相關案件已經認定金剛機器人公司與東平齒輪公司存在人格混同，寧波銀行股份有限公司邱隘支行可在本案判決生效後向法院執行部門申請執行金剛機器人公司財產。五、根據原審判決，托米海倫公司應在判決生效後十日內償還本金、利息等，東平齒輪公司等七位保證人承擔連帶清償責任，但上述當事人均未履行，已對寧波銀行江北支行利益造成損害。綜上，原審認定事實清楚，適用法律正確，請求二審法院駁回上訴，維持原判。

東平齒輪公司、陳國棟答辯稱：金剛機器人公司和東平齒輪公司在財產、人員、業務方面均未混同。1. 財產方面：因東平齒輪公司無法償還東錢湖小貸公司貸款，恰好金剛機器人公司必須使用抵押的設備，為此三方協議，由金剛機器人公司為東平齒輪公司分期償還借款本息，抵押的機器設備歸金剛機器人公司所有。但考慮到機器設備已辦理抵押登記，因而三方商定在金剛機器人公司還清一半本息後，三方共同辦理解除抵押登記的手續或者以金剛機器人公司的名義再辦理抵押登記。2. 人員方面：2014年8、9月初，東平齒輪公司部分員工陸續到金剛機器人公司工作，對於這些員工，東平齒輪公司已停止發放工資，雙方勞動關係也已終止，但員工與公司之間的經濟補償金一直無法達成一致，以致於辦理勞動合同終止手續的時間有所拖延。3. 在業務方面：由於債務原因，東平齒輪公司無暇經營，後因公司帳戶、資產也被法院凍結、查封，不能正常開展業務，客戶陸續與東平齒輪公司終止業務往來。由於東平齒輪公司採購和銷售的均為普通產品，金剛機器人公司工作的員工有部分是原東平齒輪公司員工，因此金剛機器人公司與東平齒輪

公司的老客戶有業務往來亦屬正常。綜上，東平齒輪公司與金剛機器人公司是兩家獨立的公司，無論從組織機構、人員還是業務上均不混同。故同意金剛機器人的上訴意見，請求二審法院依法改判。

托米海倫公司、邊賽珍、陳慈懷、鮑碧華、陳曙、陳蔚泉在二審中未做答辯。

二審審理期間，金剛機器人公司向本院提交增值稅發票、記帳回執一組，擬證明金剛機器人公司在經營初期即2014年7、8月份已購置機器設備用於生產經營，機器設備是向東平齒輪公司購買且支付了相應對價。

寧波銀行江北支行經質認為，對證據的真實性無異議，但認為該組證據中的增值稅發票金額與記帳回執金額不符，記帳回執中摘要內容係往來款和貨款，未註明是購買固定資產。其中兩張增值稅發票的開票時間在2014年7月24、8月20日，但記帳回執的款項支付時間在7月15日和7月29日，固定資產入帳之前款項已經到位的情況不符合一般交易習慣。在金剛機器人公司購置的機器設備中有部分設備與租賃設備重複，與其庭審陳述購置設備與租賃設備並不重複不符。故對金剛機器人公司提供證據的關聯性不予認可。

東平齒輪公司、陳國棟經質證認為，對金剛機器人公司提供的證據予以認可。

托米海倫公司、邊賽珍、陳慈懷、鮑碧華、陳曙、陳蔚泉在二審中未做質證。

本院經審查認為，對證據的真實性予以認定，但難以證明金剛機器人公司在2014年7、8月購買了機器設備，因為金剛機器人公司提供發票的開具時間雖為2014年7月-8月之間，但由於沒有購買合同等其他證據予以佐證，並不能證明發票的開具時間即為機器設備的購買時間，且記帳回執金額與發票金額也不相符，故對金剛機器人公司提供證據的證明力不予認定。因此，本院對金剛機器人公司提供的證據不予認定。

經審查，原審對金剛機器人公司註冊資金150萬元一節事實認定有誤，應予以糾正。本院另認定，金剛機器人公司註冊資金100萬元。對原審法院認定的其他事實，本院予以確認。

本院認為：本案的爭議焦點是：一、東平齒輪公司和金剛機器人公司是否存在人格混同？二、若東平齒輪公司和金剛機器人公司存在人格混同，是

否損害了寧波銀行江北支行的利益？

關於爭議焦點一，金剛機器人公司主張其與東平齒輪公司在人員、業務、財產等方面均不存在人格混同，本院將從以下三個方面加以分析：

首先，金剛機器人公司和東平齒輪公司在人員上是否存在混同。金剛機器人公司主張其公司在2014年6月成立之初，從社會招募員工20多人，此後東平齒輪公司的員工到金剛機器人公司工作是經相關主管部門協調，是員工自願選擇就業的結果，金剛機器人公司與東平齒輪公司在人員上並不混同。本院認為，現任職於金剛機器人公司的大部分員工原係東平齒輪公司員工，且大部分員工並未與東平齒輪公司解除勞動關係，金剛機器人公司和東平齒輪公司的員工流動情況不符合普通企業之間的員工流動。關於金剛機器人公司的股東，金剛機器人公司的股東之一李琪原為東湖液壓公司會計，東湖液壓公司為東平齒輪公司法定代表人陳國棟侄子陳涉經營，李琪在金剛機器人公司未領取工資；金剛機器人公司的另一名股東屠世明原為東平齒輪公司員工，其領取的工資也僅為一般普通員工的工資水準。且原審法院曾到金剛機器人廠區調查走訪，廠區門衛稱金剛機器人公司的老闆為陳國棟。故金剛機器人公司的實際控制人為陳國棟存在可能性。

其次，金剛機器人公司和東平齒輪公司在財產上是否存在混同。金剛機器人公司主張其租賃東平齒輪公司的機器設備和廠房進行生產經營活動，並不構成財產混同。本院認為，金剛機器人公司租賃東平齒輪公司部分廠房，租金低廉，且在自身註冊資金僅為100萬元的情況下，在將近一個半月的時間內，分兩次付清了六年的租金48萬元。此外，東平齒輪公司抵押給東錢湖小貸公司的機器設備僅能貸款380萬元，但按照金剛機器人在二審中的陳述，其必須償付642萬元的借款本金，以上金剛機器人公司的行為均不符合理性商事主體的行為模式。

再次，金剛機器人公司和東平齒輪公司在業務上是否存在混同。金剛機器人公司主張其對外獨立銷售並結算，其雖使用東平齒輪公司的機器設備，但製造的零部件也適用於工業機器人的製造。本院認為，金剛機器人公司與東平齒輪公司的上下游客戶存在高度重疊，而金剛機器人公司與東平齒輪公司在經營範圍上的最大區別即工業機器人及其零部件方面的生產經營，卻並未開發。

綜上，從現有證據看，金剛機器人公司與東平齒輪公司在人員、財產、業務上存在混同的可能性。此外，根據《最高人民法院關於民事訴訟證據的若干規定》第七十五條，有證據證明一方當事人持有證據無正當理由拒不提供，如果對方當事人主張該證據的內容不利於證據持有人，可以推定該主張成立。寧波銀行江北支行主張會計憑證、財務帳簿能夠證明兩家公司存在財務上混同，但在二審中，金剛機器人公司和東平齒輪公司經法院要求無正當理由拒不提供兩家公司的會計憑證和財務帳簿，故本院認為，金剛機器人公司和東平齒輪公司存在寧波銀行江北支行所主張的公司平移、人格混同、利益轉移，濫用公司法人獨立地位的現象，對金剛機器人公司的上訴主張難以支持。

關於爭議焦點二，東平齒輪公司在把自身優質資源轉移給金剛機器人公司後，其盈利能力大幅下降，向寧波銀行江北支行承擔擔保責任的能力也隨之下降，必然造成寧波銀行江北支行利益受損。

綜上，原審法院認定事實基本清楚，適用法律正確，判決得當。依照《中華人民共和國民事訴訟法》第一百七十條第一款第（一）項之規定，判決如下：

駁回上訴，維持原判。

二審案件受理費16,519元，由上訴人寧波金剛機器人有限公司負擔。

本判決為終審判決。

審判長　潘丹濤

審判員　方資南代理

審判員　張穎璐

二〇一六年五月三日

書記員　高佳佳

【案例56】 房屋建設工程抵押權預告登記的效力

上海農商行訴征鵬公司等金融借款合同糾紛案評析

案號：上海市第二中級人民法院（2015）滬二中民六（商）
終字第452號

【摘要】

《中華人民共和國物權法》明確允許以正在建造的建築物辦理抵押。根據地方性法規辦理的房屋建設工程抵押權預告登記，法律效力等同於本登記，抵押權人依法享有對抵押物的優先受償權，且辦理新建房屋所有權首次登記後，房屋建設工程抵押權轉為不動產抵押權。

【基本案情】

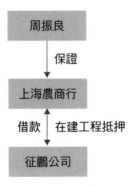

2012年6月25日，上海征鵬實業有限公司（以下簡稱「征鵬公司」）與上海農村商業銀行青浦支行（以下簡稱「上海農商行」）簽訂《固定資產借款合同》，約定征鵬公司向上海農商行借款4,000萬元，用於支付工程款。同日，征鵬公司與上海農商行簽訂《抵押合

同》，約定征鵬公司以其所有的房屋建設工程提供抵押擔保，並辦理了房屋建設工程抵押預告登記。同日，周振良向上海農商行出具《個人保證擔保函》，承諾為征鵬公司的上述借款提供連帶保證。

上述合同簽訂後，上海農商行向征鵬公司分四筆共計發放貸款3,600萬元。征鵬公司按約歸還了第一、二筆已到期的借款和利息，但從2014年12月20日起開始拖欠第三筆到期貸款及相應利息。上海農商行經催討未果，遂訴至法院，請求判決征鵬公司償還貸款本金、利息、罰息和複利；周振良對征鵬公司的上述債務承擔連帶保證責任；上海農商行對征鵬公司提供抵押的在建工程，在上述債務數額範圍內享有優先受償權。

【法院判決】

上海市青浦區人民法院經審理認為，上海農商行依約向征鵬公司分批分次發放貸款，但征鵬公司未能按約償還2014年12月20日到期的貸款及利息，已構成違約。征鵬公司除應歸還全部借款外，還應償付合同約定的借款利息、罰息、複利和相應的律師費。周振良對上述債務自願提供連帶責任保證，應承擔相應的保證責任。征鵬公司為其債務提供了房屋建設工程抵押擔保，並辦理了預告登記手續。但是，抵押權的預告登記有別於抵押權的設立登記，其功能在於保障登記權利人將來取得案涉房屋的抵押權。預告登記本身不能使登記人直接取得抵押權，還須按照《中華人民共和國物權法》（以下簡稱《物權法》）規定辦理抵押權的設立登記。本案中，上海農商行並未就案涉房屋辦理抵押權的設立登記，未實際取得抵押權，故不能對案涉抵押物行使優先受償權。綜上，判決征鵬公司歸還上海農商行借款本金及相應利息等；周振良對上述債務承擔連帶清償責任；駁回上海農商行對案涉抵押房屋建設工程享有優先受償權的訴訟請求。

宣判後，上海農商行不服一審判決，提起上訴。上海市第二中

級人民法院經審理認為，本案的爭議焦點是征鵬公司以房屋建設工程設立抵押辦理的預告登記能否產生抵押權，即抵押權人能否享有優先受償權。《物權法》規定了預告登記和本登記，並授權地方性法規依照《物權法》對登記範圍等做出規定。2009年7月1日起施行的《上海市房地產登記條例》，延續了以往關於房屋建設工程抵押權登記屬於預告登記的規定。與之配套施行的《上海市房地產登記技術規定（試行）》亦規定：「新建商品房初始登記後（即取得大產證後），其房屋建設工程抵押權登記轉為房地產抵押權登記，登記機構應將該預告登記改為房地產抵押權登記。」以正在建造的建築物設立抵押辦理相關的登記手續，在相關地方性法規有明確規定的情況下，市場主體應遵從。但是，該項行為的法律性質應根據《物權法》判斷。《物權法》明確規定以正在建造的建築物抵押時，應當辦理抵押登記，抵押權自登記時設立。因此，根據地方性法規辦理的案涉房屋在建工程抵押權預告登記，應產生抵押權設立的法律效果。另外，認定抵押權的優先受償效力時，既要考慮物權法定原則，亦要考慮當事人的真實意思表示。案涉《抵押合同》明確約定抵押權人在特定情況下對於在建工程的優先受償權，為其真實意思表示，同時，上海市長達數年關於在建工程抵押的實踐及司法實務表明，即使登記中具有「預告」二字，在建工程抵押的優先權效力也得到了實際保護。綜上，案涉房屋建設工程辦理登記雖使用了「預告」字樣，但符合《物權法》的規定，並不影響抵押權人直接主張抵押權，故改判上海農商行對案涉房屋建設工程享有優先受償權。

【法律評析】

　　本案的爭議焦點為，房屋建設工程設立抵押辦理的預告登記是否同於本登記，能否產生抵押權設立的法律效力，即抵押權人能否享有優先受償權。

一、物權預告登記和在建工程抵押登記的區別

《物權法》第二十條規定：「當事人簽訂買賣房屋或者其他不動產物權的協議，為保障將來實現物權，按照約定可以向登記機構申請預告登記。預告登記後，未經預告登記的權利人同意，處分該不動產的，不發生物權效力。預告登記後，債權消滅或者自能夠進行不動產登記之日起三個月內未申請登記的，預告登記失效。」第一百八十條第一款規定；「債務人或者第三人有權處分的下列財產可以抵押：……（五）正在建造的建築物、船舶、航空器……」第一百八十七條規定：「以本法第一百八十條第一款第一項至第三項規定的財產或者第五項規定的正在建造的建築物抵押的，應當辦理抵押登記。抵押權自登記時設立。」第一百九十五條第一款規定：「債務人不履行到期債務或者發生當事人約定的實現抵押權的情形，抵押權人可以與抵押人協議以抵押財產折價或者以拍賣、變賣該抵押財產所得的價款優先受償。」

分析上述法條可知，《物權法》意義上的預告登記和在建工程抵押登記屬於不同的概念，具有不同的法律效力。具體區別如下：

制度	概念	內容範疇	法律效力	目的
物權預告登記	債權人限制債務人對不動產物權處分權的行為	規定在第二章「物權的設立、變更、轉讓和消滅」，側重於物權的取得，屬於「自物權」範疇。	未經債權人同意處分不動產者，不發生物權效力；債權人須辦理設立登記（即本登記），才能取得不動產物權。	保障債權人將來取得不動產物權。

制度	概念	內容範疇	法律效力	目的
在建工程抵押登記	債權人與債務人約定設立在建工程抵押權的行為	規定在第十六章「抵押權」，側重於抵押物的範圍與內容，屬於「他物權」的範疇。	發生抵押權設立的法律效力，債權人取得對在建工程的優先受償權。	保障債權人實際取得不動產物權。

二、房屋建設工程抵押權預告登記的法律效力

在實務中，由於中國大陸不同地區的房地產登記管理部門將在建工程抵押歸類於不同的登記種類，有的地區歸類於本登記，而上海地區歸類於預告登記，這種歸類差別造成了本案的爭議焦點。因此，本案的關鍵在於，房屋建設工程抵押預告登記是否等同於本登記，能否產生抵押權設立的法律效力，即抵押權人能否取得對在建工程的優先受償權。具體分析如下：

第一，《物權法》規定了預告登記和本登記，並授權地方性法規依照《物權法》對登記範圍等做出規定。因此，以房屋建設工程設立抵押辦理登記者，在相關地方性法規有明確規定的情況下，當事人應當遵守，且該登記行為的法律性質應根據《物權法》判斷。《物權法》明確規定，以正在建造的建築物抵押，抵押權自登記時設立，抵押權具備優先受償的法律效力。因此，以正在建造的建築物設立抵押者，因其符合《物權法》本登記的規定，只要在有權登記機構辦理了登記，即應產生抵押權設立的法律後果。

第二，根據地方性法規《上海市房地產登記條例》，以房屋建設工程抵押辦理的預告登記，應根據《物權法》確定其法律性質。在《物權法》施行後，《上海市房地產登記條例》沿用了房屋建設工程抵押權登記為預告登記的規定。同步修訂實施的《上海市房地產登記

技術規定（試行）》（已於2016年10月8日廢止，新規將「房屋建設工程抵押權預告登記」明確調整為「房屋建設工程抵押登記」）也明確規定，房屋建設工程抵押權登記為預告登記，並應在初始登記後將預告登記改為房地產抵押權登記。結合本案，案涉房屋建設工程抵押登記符合地方性法規的規定。雖然該登記屬於「預告」登記，但已符合《物權法》「以正在建造的建築物抵押，抵押權自登記時設立」的規定，故應認定案涉房屋建設工程抵押的預告登記，產生抵押權設立的法律效力，抵押權人上海農商行對案涉抵押物享有優先受償權。

第三，結合上海市長期以來關於在建工程抵押登記的實踐及司法實務，即使抵押權登記中具有「預告」二字，抵押權人對在建工程享有的優先受償權亦受到實際保護。當事人對此已形成了穩定的市場預期，司法亦應遵守和維護，並做出統一的認定和判決。同時，本案當事人在《抵押合同》中已對在建工程抵押後的抵押權人優先受償問題，達成了真實的意思表示，亦應得到充分尊重。

綜上，房屋建設工程抵押的預告登記同於本登記，產生抵押權依法設立的法律後果，抵押權人對抵押物享有優先受償權。故二審法院糾正了一審關於「房屋建設工程抵押預告登記不能使登記人直接取得抵押權，還須辦理抵押權設立登記」的認定，改判抵押權人上海農商行對案涉房屋建設工程享有優先受償權。

三、不動產統一登記制度下的房屋建設工程抵押登記

值得特別注意的是，從2016年10月8日起，上海市全面實施不動產統一登記制度，並對房屋建設工程抵押登記做出了新的規定。

1. 《上海市不動產統一登記規定》11.4.2規定：「抵押登記的抵押物範圍為抵押合同雙方當事人約定的房屋建設工程已建成部位及相應的土地。」新規對在建工程抵押範圍明確界定為已建成部位及相應土地，而原來的舊規允許包括未完工部分。在新規制度下，登記部門

會實地查看在建工程的完工情況，並拍照存檔，也會要求在抵押合同中註明在建工程的具體幢號和樓層。

2. 11.4.6規定：「辦理新建房屋所有權首次登記後，房屋建設工程抵押權轉為不動產抵押權……抵押權人可以申請換領不動產抵押權登記的不動產登記證明。換領的不動產登記證明應當在『附記欄』內註記原房屋建設工程抵押權登記的登記日、不動產登記證明號以及『不動產抵押權』字樣。」

3. 新規允許在建工程抵押登記後，新建成的建築物既可以抵押給同一抵押權人，也可以抵押給不同抵押權人。實務中抵押登記部門並不會查看原抵押合同是否有約定限制重複抵押的約定，也不會要求前順位抵押權人出具同意抵押的書面資料，即不會對新建成的建築物抵押登記做實質審查，因此銀行應密切關注在建工程的抵押情況，在抵押合同中做出相關避險措施的規定，比如要求抵押人承諾：及時報告在建工程進度，隨時根據抵押權人要求，對新建完成的在建工程繼續抵押給抵押權人等。

四、銀行風險啟示

根據地方性法規，銀行等債權人辦理的房屋建設工程抵押權預告登記等同於本登記，發生抵押權設立的法律效力，並依法享有對抵押物的優先受償權。在上海市不動產統一登記制度實施後，銀行等債權人在設立房屋建設工程抵押權時，應及時與抵押人辦理抵押權登記，確保抵押權依法設立並取得對抵押物的優先受償權，以保障其債權利益的實現。

附：法律文書

上海農村商業銀行股份有限公司青浦支行與上海征鵬實業有限公司、周振良金融借款合同糾紛二審民事判決書

上海市第二中級人民法院
民事判決書
（2015）滬二中民六（商）終字第452號

上訴人（原審原告）：上海農村商業銀行股份有限公司青浦支行。
　營業場所：上海市青浦區。
負責人：王麗芳，該支行行長。
委託代理人：吳全明，上海全程律師事務所律師。
委託代理人：周文強，上海全程律師事務所律師。
被上訴人（原審被告）：上海征鵬實業有限公司。
　住所地：上海市松江區。
法定代表人：周振良，該公司董事長。
被上訴人（原審被告）：周振良，男，漢族，戶籍地：浙江省諸暨市。
上列被上訴人共同委託代理人：黃可之，上海中築律師事務所律師。

　　上訴人上海農村商業銀行股份有限公司青浦支行（以下簡稱「上海農商行青浦支行」）因與被上訴人上海征鵬實業有限公司（以下簡稱「征鵬公司」）、被上訴人周振良金融借款合同糾紛一案，不服上海市青浦區人民法院（2015）青民二（商）初字第343號民事判決，向本院提起上訴。本院依法組成合議庭，公開開庭審理了本案。上海農商行青浦支行委託代理人吳全明、周文強，征鵬公司、周振良的共同委託代理人黃可之到庭參加訴訟。本案現已審理終結。

　　原審經審理查明，2012年6月25日，征鵬公司與上海農商行青浦支行簽訂《固定資產借款合同》一份，約定征鵬公司向上海農商行青浦支行借款4,000萬元，用於支付工程款，借款期限自2012年6月28日至2017年6月27

日，借款分批發放，借款年利率為6.40%，按季結息，結息日為每季度末月的20日。合同另約定：征鵬公司違反本合同項下義務，上海農商行青浦支行有權提前收回已發放借款；征鵬公司未按本合同約定期限足額歸還借款本金的，自逾期之日起按逾期貸款罰息利率計收利息，直至本息清償為止，如遇借款利率調整，罰息利率隨之調整，對應付未付利息，上海農商行青浦支行按逾期貸款罰息利率計收複利。其他事項約定：與本合同有關的通知事項，均應以書面形式送達對方，通知以快遞方式送出的，則對方簽收之日視為送達，通知以信函郵寄方式送出的，則信函發出之日起的第三個工作日視為送達。2012年6月25日，征鵬公司與上海農商行青浦支行簽訂《抵押合同》一份，約定為確保上述債務的履行，征鵬公司以其所有的座落於本市松江區泗涇鎮SJ-07-001號地塊的在建工程作價70,237,700元提供抵押擔保，擔保範圍包括主合同項下的債務本金、利息、逾期利息、罰息、複利、律師費以及實現債權等費用。同年7月6日，雙方至相關部門辦理了房屋建設工程抵押預告登記，抵押物為座落於本市松江區泗涇鎮SJ-07-001號地塊1至4幢房屋。2012年6月25日，周振良向上海農商行青浦支行出具《個人保證擔保函》一份，周振良承諾為征鵬公司的上述借款提供連帶責任保證，保證範圍為征鵬公司在主合同項下的主債務及由此產生的利息、罰息、複利及為實現債權等發生的訴訟費、保全費及律師費等，保證期間為主債務履行期限屆滿之日起兩年。上述合同簽訂後，上海農商行青浦支行於2012年7月10日發放貸款1,700萬元（其中450萬元於2013年12月20日到期，450萬元於2014年6月20日到期，500萬元於2014年12月20日到期，300萬元於2015年6月20日到期），2012年8月3日發放貸款1,400萬元（其中200萬元於2015年6月20日到期，500萬元於2015年12月20日到期，500萬元於2016年6月20日到期，200萬元於2016年12月20日到期），2012年10月26日發放貸款500萬元（其中300萬元於2016年12月20日到期，200萬元於2017年6月20日到期）。征鵬公司使用借款，按約歸還了第一、二筆已到期的借款和利息。2014年12月20日，第三筆發放的貸款500萬元到期，征鵬公司未按約歸還，且自同年9月21日起發生的2,700萬元借款利息未支付。截止2015年1月23日，征鵬公司已拖欠利息、罰息和複利合計460,540.42元。為本案訴訟，上海農商行青浦支行花費律師費98,000元。

　　原審經審理後認為，征鵬公司與上海農商行青浦支行簽訂的《固定資產借款合同》、《抵押合同》以及周振良出具的《個人保證擔保函》均係當事人真實意思表示，應確認為合法、有效，各方當事人均應恪守。上海農商行青浦支行向征鵬公司分批分次發放3,600萬元貸款後，至2014年12月20日，第三筆發放的500萬元貸款到期，征鵬公司未能按約還款，其行為已構成違約，根據雙方之間的合同約定，上海農商行青浦支行有權宣布其餘借款提前到期。征鵬公司除應歸還全部借款外，還應償付合同約定的借款利息、罰息和複利，並按約承擔相應的律師費。雙方將原審郵寄送達訴狀副本等訴訟資料的日期2015年3月3日視為上海農商行青浦支行通知征鵬公司宣布借款提前到期的日期，原審予以確認。周振良對上述債務提供了連帶責任保證，應承擔相應的保證責任。雖然征鵬公司為其債務提供了在建工程抵押擔保，並辦理了預告登記手續，但鑒於上海農商行青浦支行對涉案房屋所取得的是抵押權的預告登記，其功能在於保障登記權利人將來取得涉案房屋的抵押權。但是預告登記有別於抵押權設立登記，預告登記本身不能使登記人直接取得抵押權，上海農商行青浦支行若欲取得涉案房屋的抵押權，仍須按照《中華人民共和國物權法》第十四條規定辦理抵押權設立登記。而涉案房屋目前並未有上海農商行青浦支行的抵押權設立登記。因此，上海農商行青浦支行未取得抵押權，不能對抵押物行使優先受償的權利。關於律師代理費，未超出相關部門允許的收費範圍，原審予以確認。

　　原審據此做出判決：一、征鵬公司應於原審判決生效之日起十日內歸還上海農商行青浦支行借款本金2,700萬元；二、征鵬公司應於原審判決生效之日起十日內償付上海農商行青浦支行500萬元自2014年9月21日至同年12月20日的借款利息69,038.18元（利率按雙方《固定資產借款合同》約定的標準執行）；三、征鵬公司應於原審判決生效之日起十日內償付上海農商行青浦支行500萬元自2014年12月21日至實際清償之日的罰息（利率按雙方《固定資產借款合同》約定的標準執行）；四、征鵬公司應於原審判決生效之日起十日內償付上海農商行青浦支行69,038.18元自2014年12月21日至實際清償之日的複利（利率按雙方《固定資產借款合同》約定的標準執行）；五、征鵬公司應於原審判決生效之日起十日內償付上海農商行青浦支行2,200萬元自2014年9月21日至2015年3月3日的利息（利率按雙方《固定資產借款合同》

約定的標準執行）；六、征鵬公司應於原審判決生效之日起十日內償付上海
農商行青浦支行2,200萬元自2015年3月4日至實際清償之日的罰息（利率按
雙方《固定資產借款合同》約定的標準執行）；七、征鵬公司應於原審判決
生效之日起十日內償付上海農商行青浦支行第五條主文計算出的利息為基
數，自2015年3月4日至實際清償之日的複利（利率按雙方《固定資產借款合
同》約定的標準執行）；八、征鵬公司應於原審判決生效之日起十日內償付
上海農商行青浦支行律師代理費98,000元；九、周振良對上述債務承擔連帶
清償責任，其承擔保證責任後，有權向債務人上海征鵬實業有限公司追償；
十、駁回上海農商行青浦支行的其他訴訟請求。本案受理費179,592.70元，
財產保全費5,000元，由征鵬公司負擔，周振良承擔連帶清償責任。

　　原審判決後，上海農商行青浦支行不服，向本院提起上訴稱：1. 正在建
造的建築物可抵押，抵押權自抵押登記時設立，合法有效。2. 本案在建工程
抵押不符合法律規定的失效情形，仍為有效登記。3. 在建工程抵押不同於預
購商品房抵押，在建工程抵押登記時，抵押人和產權人為同一人，此抵押為
物權抵押。據此，請求撤銷原審判決第十項，判令上海農商行青浦支行有權
對上海市松江區泗涇鎮SJ-07-001號地塊的在建工程折價或以拍賣、變賣的價
款優先受償。

　　征鵬公司、周振良共同辯稱：預告登記與抵押權屬不同概念，預告登記
是一種債權人對債務人將來取得的不動產物權變動設置限制條件的行為，未
經債權人同意處分不動產的，不發生物權效力，目的是保護債權人將來的利
益。抵押權是抵押人不轉移財產的占有，將該財產抵押給債權人的，債權人
對抵押財產有優先受償權。因此，預告登記不具備對不動產折價款優先受償
的權利內容，請求本院駁回上海農商行青浦支行上訴請求。

　　本院經審理查明，原審查明事實屬實，本院予以確認。

　　本院另查明，系爭抵押合同雙方明確用以抵押的不動產為：房產座
落為松江區泗涇鎮SJ-07-001地塊。上海市房地產登記簿顯示，本抵押
於2012年7月4日受理，2012年7月6日核准，債權數額4,000萬元，抵押
權人為上海農商行青浦支行，該房屋建設工程抵押預告登記證明號：松
XXXXXXXXXXXX。《抵押合同》第二條約定，抵押擔保的範圍包括主合
同項下的債務本金、利息、逾期利息、罰息、複利、違約金、賠償金、借款

手續費、債權實現費。系爭抵押物已被浙江省紹興市中級人民法院司法拍賣。

　　本院認為：本案的爭議焦點是抵押人征鵬公司與抵押權人上海農商行青浦支行約定以房屋建設工程設立抵押做為主債權的擔保，並根據《上海市房地產登記條例》辦理了預告登記，系爭不動產登記能否產生抵押權，即抵押權人能否享有《中華人民共和國物權法》（以下簡稱《物權法》）第一百九十五條賦予的優先受償權。物權法意義上在建工程抵押登記、物權預告登記應為不同的概念。物權法在第十六章「抵押權」中規定了在建工程抵押，而預告登記則由物權法在第二章「物權的設立、變更、轉讓和消滅」規定。物權法第二十條規定，當事人簽訂買賣房屋或者其他不動產物權的協議，為保障將來實現物權，按照約定可以向登記機構申請預告登記。預告登記後，未經預告登記的權利人同意，處分該不動產的，不發生物權效力。預告登記後，債權消滅或者自能夠進行不動產登記之日起三個月內未申請登記的，預告登記失效。在建工程抵押，側重於抵押物的範圍與內容，屬於「他物權」的範疇。預告登記，側重於物權的取得，屬於「自物權」的範疇。在我國不同地區的實踐中，由於相關房地產登記行政管理部門將在建工程抵押歸類於不同的登記種類，有的地區歸類於本登記，而上海地區歸類於預告登記。這種歸類的差別，也是本案爭議焦點的由來。

　　一、以正在建造的建築物抵押，應辦理抵押登記。

　　根據物權法規定，物權的內容由法律規定，當事人可以有權處分的建設用地使用權、正在建造的建築物進行抵押。建築物抵押的，所占用範圍的建設用地使用權一併抵押。當事人以建設用地使用權、正在建造的建築物抵押的，應辦理抵押登記。抵押權自登記之時設立。本院認為，物權法做為我國全國人民代表大會通過的，做為維護市場經濟秩序、明確物的歸屬、發揮物的效用，保護權利人的物權的基本法律，已明確規定在建工程可以抵押，且抵押權具備優先受償的法律效力，理應得到遵守。

　　二、本市根據《上海市房地產登記條例》以房屋建設工程抵押申請預告登記，應根據物權法確定其法律性質。

　　根據《上海市房地產登記條例》（2008年修訂）規定，在本市以房屋建設工程設立抵押可以申請預告登記，新建房屋所有權初始登記（俗稱取得

「大產證」）後，房屋建設工程抵押權預告登記自動轉為房地產抵押權登記。如何理解該「預告登記」的法律性質，應結合該地方性法規的立法背景、發展經過、本市對於在建工程抵押登記的實務操作流程來分析。

1. 2003年5月1日前，本市各類抵押登記均屬文件登記，即房屋建設工程抵押合同登記，而非抵押權利登記。1996年3月1日起施行的《上海市房地產條例》第三十一條規定：「下列房地產權利的文件，當事人應當申請登記：（一）房地產抵押權設定、變更的合同；……前款所列文件自核准登記之日起生效。」

2. 2003年5月1日以後，本市房屋建設工程抵押權登記歸入預告登記，但明確規定法律效力等同於抵押權登記。2003年5月1日起，經修訂的《上海市房地產登記條例》第四十九條規定：「房屋尚未建成時，有下列情形之一的，當事人可以申請預告登記：……（三）以房屋建設工程設定抵押權……經預告後，當事人取得土地使用權、房屋所有權或者房地產他項權利的優先請求權。」《上海市房地產登記技術規定（試行）》第五‧六條對房屋建設工程抵押預告登記的具體操作做出了相應規定，既明確了該預告登記的抵押擔保屬性，也明確了在新建商品房初始登記後，其房屋建設工程抵押權預告登記轉為房地產抵押權登記，且房地產抵押的登記證明中註記原抵押權預告登記的登記日。

3. 2009年7月1日，在《物權法》施行後的背景下，《上海市房地產登記條例》再次修訂並施行至今，房屋建設工程抵押權登記屬於預告登記的規定延續。與再次修訂後的《上海市房地產登記條例》同步修訂實施的《上海市房地產登記技術規定（試行）》第五‧七‧三條規定：「新建商品房初始登記後，其房屋建設工程抵押權登記轉為房地產抵押權登記，登記機構應當在房地產登記簿上將房屋建設工程抵押權預告登記改為房地產抵押權登記，……抵押權人可申請換領房地產抵押權登記證明。換領的房地產抵押權的登記證明中應當註明原抵押權預告登記的登記日、登記證明編號」。

我國物權法規定了預告登記、本登記，但是哪些屬於應當預告登記的範圍，哪些屬於應當本登記的範圍，物權法第二百四十六條授權地方性法規依照物權法做出規定。本院認為，市場經濟主體以建設用地使用權、正在建造的建築物設立抵押辦理相關登記手續事宜，在相關地方性法規有明確規定的

情況下，市場經濟主體應遵從之。但是，該項行為的法律性質應根據物權法判斷。《物權法》明確以正在建造的建築物抵押的，應當辦理抵押登記。抵押權自登記時設立。據此，以建設用地使用權、正在建造的建築物設立抵押的，因其符合物權法本登記的規定，只要在有權登記機構辦理了登記，應產生抵押權設立的法律後果。經查，系爭不動產抵押登記符合地方性法規《上海市房地產登記條例》，故本院認為，系爭抵押權已設立，具備物權法第一百九十五條規定的優先受償權。

此外，制度解釋應尊重當事人的合意與市場的普遍預期，相關市場經濟主體可根據國家基本法律對相關民事法律行為的後果做出合理的期待，法律應當保護市場經濟主體的此種合法的「期待利益」。在抵押權優先受償效力的認定方面，既要考慮物權法定原則，亦要考慮當事人的真實意思表示。在本案中，當事人簽訂的《抵押合同》明確約定了抵押權人在特定情況下對於在建工程的優先受償權。這説明雙方對於在建工程抵押之後抵押權人的優先受償問題達成了真實的意思表示。簽約之時，當事人並不會考慮到行政管理部門最終在登記簿上是否添加了「預告」二字，而且在本市長達數年銀行與房地產開發商的在建工程抵押實踐及司法實務表明，對於在建工程抵押的優先權效力，即使登記中具有「預告」二字，其優先權得到保護，市場已形成了穩定的預期。此後，對於登記種類的理解產生分歧，導致當事人多年的穩定預期被推翻，則有失公平，不利於市場秩序的穩定，司法不應該破壞這種穩定預期。

綜上，本案系爭不動產，雙方當事人簽訂抵押合同，抵押已依《上海市房地產登記條例》辦理了登記手續，符合物權法的規定。該登記雖使用了「預告」字樣，但並不影響抵押權人直接主張抵押權，原審法院對此認定不當，應予糾正。依照《中華人民共和國民事訴訟法》第一百七十條第一款第（二）項、第一百七十五條、《中華人民共和國物權法》第一百八十條第一款第（一）、（二）項、第一百八十七條、第一百九十五條、第二百四十六條、《最高人民法院關於人民法院執行中拍賣、變賣財產的規定》第三十一條第（一）款之規定，判決如下：

一、維持上海市青浦區人民法院（2015）青民二（商）初字第343號民事判決第一至九項；

二、撤銷上海市青浦區人民法院（2015）青民二（商）初字第343號民事判決第十項；

三、如被上訴人上海征鵬實業有限公司不履行上海市青浦區人民法院（2015）青民二（商）初字第343號民事判決第一至八項付款義務，上訴人上海農村商業銀行股份有限公司青浦支行對被上訴人上海征鵬實業有限公司所有的座落於上海市松江區泗涇鎮SJ-07-001地塊在建工程（房屋建設工程抵押預告登記證明號：松XXXXXXXXXXXX）拍賣所得的價款在原審判決第一至八項的債權總額範圍內優先受償。抵押財產拍賣後，其價款超過原審判決第一至八項的部分歸被上訴人上海征鵬實業有限公司所有，不足部分由被上訴人上海征鵬實業有限公司清償。

二審案件受理費人民幣179,592.70元，由被上訴人上海征鵬實業有限公司、被上訴人周振良連帶共同負擔。周振良承擔連帶責任後，可以向被上訴人上海征鵬實業有限公司追償。

本判決為終審判決。

審判長　符　望
審判員　商建剛
代理審判員　朱穎琦
二〇一六年四月三十日
書記員　張　煜

【案例57】 關於代理權審查的重要性

馮靜訴溫州銀行、中發電氣等
金融借款合同糾紛案評析

案號：上海市第二中級人民法院（2016）滬02民終1176號

【摘要】

　　辦理委託代理合同公證時擅自添加內容，未經委託人簽字確認或事後追認者，對委託人不發生效力；認定受讓人是否善意，應以受讓人不知道且不應當知道無權處分為標準；銀行應嚴格履行對代理權的審查義務，以防對受託人超越代理許可權等的抗辯，切實保障債權利益的實現。

【基本案情】

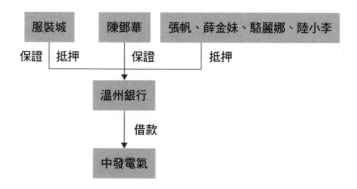

　　2012年9月25日和2013年9月12日，溫州銀行上海分行（以下簡稱「溫州銀行」）與上海服裝城股份有限公司（以下簡稱「服裝城」）分別簽訂三份《最高額抵押合同》，約定服裝城為中發電氣股

份有限公司（以下簡稱「中發電氣」）與溫州銀行的債務，分別提供最高額為5,061,000元、22,304,000元和1,009,000元的抵押擔保，均辦理了抵押權登記。2013年4月2日，溫州銀行與張帆、薛金妹、駱麗娜、陸小李分別簽訂《最高額抵押合同》，約定張帆等人為中發電氣的債務分別提供最高額為3,036,600元、2,018,700元、1,012,200元和1,012,200元的抵押擔保，均辦理了抵押權登記。2013年4月26日，溫州銀行與金仙桃、戴菊青、方文欽和馮靜分別簽訂《最高額抵押合同》，約定金仙桃等人為中發電氣的債務分別提供最高額均為1,012,000元的抵押擔保，均辦理了抵押權登記。

　　2013年4月22日，方文欽及其配偶金荷玲、馮靜及其配偶何先國、金仙桃及其配偶戴菊青，分別委託許黎明代為辦理其為服裝城或中發電氣申請貸款簽署抵押合同、辦理抵押登記等相關手續。同日，浙江省台州市正立公證處（以下簡稱「公證處」）分別出具了該委託的《公證書》。其中，公證處經辦人在馮靜、何先國委託書的辦理如下事項手寫添加了兩處內容：在委託書第一段「8678弄8133號」後添加「302室」，在委託事項第一點「為服裝城」後添加「或中發電氣」。委託書修改完畢後公證處自行加蓋了校正章，未要求馮靜及何先國在修改處簽名。

　　2013年8月21日，溫州銀行與陳鄧華、陳余江、服裝城分別簽訂《最高額保證合同》，約定陳鄧華等為中發電氣的債務分別提供最高額均為37,400,000元的連帶保證。2014年3月20日，溫州銀行與中發電氣簽訂《銀行承兌匯票承兌合同》（以下簡稱《承兌合同》），約定中發電氣申請承兌匯票兩張，票面金額共計20,000,000元，承兌申請人或擔保人涉及重大訴訟即構成違約，承兌銀行有權要求提前支付已承兌票款，並要求償還所有墊款本息。

　　2014年5月22日，溫州銀行通過郵政EMS向中發電氣發送「業務到期提示通知書」，宣布《承兌合同》項下匯票提前到期。2014

年9月20日，上述兩張承兌匯票到期，溫州銀行依約扣收保證金及利息，並支付墊款。溫州銀行訴至法院，請求判令中發電氣歸還墊款本金及相應利息；溫州銀行對服裝城和陸小李等的抵押房產，在約定範圍內享有優先受償權；服裝城、陳余江和陳鄧華對上述債務，在約定範圍內承擔連帶保證責任。

【法院判決】

上海市黃浦區人民法院經審理認為，中發電氣未依約在案涉匯票到期日前支付票款，導致溫州銀行對外墊款，溫州銀行有權要求歸還墊款本金及逾期利息。抵押人服裝城、陸小李、方文欽、馮靜、駱麗娜、張帆、薛金妹、金仙桃和戴菊青辦理了房產抵押登記，應在約定範圍內對中發電氣的債務承擔抵押責任。保證人服裝城、陳余江和陳鄧華，應在約定範圍內對中發電氣的債務承擔連帶責任。馮靜以公證處在其委託書上手寫的添加內容處蓋了不同的章，因而該委託書無效的抗辯意見，未提交相關證據予以證明，不予採信。綜上，判決中發電氣歸還墊款本金及相應利息；溫州銀行對服裝城、陸小李、方文欽、馮靜、駱麗娜、張帆、薛金妹、金仙桃和戴菊青的抵押房產，在約定範圍內優先受償；服裝城、陳余江和陳鄧華對上述債務，在約定範圍內承擔連帶清償責任。

宣判後，馮靜不服一審判決，提起上訴。上海市第二中級人民法院經審理認為，一審判決後，何先國提出撤銷案涉公證書的申請，公證處做出《公證複查決定書》，以工作人員擅自添加內容違背了委託人的真實意思表示為由，依法撤銷《公證書》中兩處手寫內容的公證證明。本案的爭議焦點為，公證委託書上添加的「或中發電氣」內容，對馮靜是否有約束力，溫州銀行是否能善意取得馮靜案涉房屋的抵押權。案涉委託書的手寫添加內容擴大了馮靜和何先國的授權範圍，對委託事項進行了重大實質性變更，卻無馮靜和何先國的簽名確

認，其事後也明確表示不追認。即便字跡上加蓋了公證處的校正章，也不能約束委託人，何況公證處也已通過《公證複查決定書》撤銷了兩處手寫內容的公證證明效力，故添加中發電氣的名稱不能約束委託人馮靜和何先國。溫州銀行已證明其支付了合理對價以及案涉房產已進行抵押登記，是否能適用善意取得，主要焦點在於對溫州銀行善意的證明。因許黎明具有代理權的唯一證據即為馮靜及何先國的委託書，但該委託書上有明顯的手工添加內容，且該添加內容即為本案主債務人。溫州銀行做為金融機構，應注意到該添加內容並無委託人馮靜、何先國的簽名或以其他各種方式進行確認，雖然該委託書經過公證，但對事後添加的內容不能產生公證證明作用。在重要法律文件中存在此種足以導致公證處撤銷添加內容公證證明效力的明顯問題，故認定溫州銀行對於許黎明是否能代表馮靜為中發電氣債務簽訂抵押合同的審查，存在重大過失，不能善意取得抵押權。同理，溫州銀行亦不能通過表見代理制度享有許黎明超越代理許可權所簽訂的《最高額抵押合同》的合同權利。

　　綜上，改判駁回溫州銀行對馮靜的訴訟請求。

【法律評析】

　　本案的爭議焦點是，委託代理合同公證時擅自手寫添加的內容是否對委託人發生約束效力、如何認定受讓人是否善意取得抵押權，以及表見代理的具體認定。

一、委託代理合同公證瑕疵的法律效力

　　《公證程序規則》（中華人民共和國司法部令第103號）第二十四條規定：「公證機構受理公證申請後，應當根據不同公證事項的辦證規則，分別審查下列事項：（一）當事人的人數、身分、申請辦理該項公證的資格及相應的權利；（二）當事人的意思表示是否

真實；（三）申請公證的文書的內容是否完備，含義是否清晰，簽名、印鑑是否齊全；（四）提供的證明資料是否真實、合法、充分；（五）申請公證的事項是否真實、合法。」第六十一條規定：「公證事項的利害關係人認為公證書有錯誤的，可以自知道或者應當知道該項公證之日起一年內向出具該公證書的公證機構提出複查，但能證明自己不知道的除外。」第六十三條規定：「公證機構進行複查，應當對申請人提出的公證書的錯誤及其理由進行審查、核實，區別不同情況，按照以下規定予以處理：……（四）公證書的部分內容違法或者與事實不符的，可以出具補正公證書，撤銷對違法或者與事實不符部分的證明內容……被撤銷的公證書應當收回，並予以公告，該公證書自始無效。」

分析上述條款可知，公證機構應審查申請公證事項的真實性和合法性，確保當事人的意思表示真實、公證內容明確清晰。利害關係人認為公證書有錯誤的，有權提起複查申請。公證機關複查認為公證書部分內容違法或與事實不符時，應撤銷該部分證明內容，該部分內容自始無效。

結合本案可知，公證處工作人員在辦理案涉委託代理合同公證事項時，未嚴格履行謹慎的審查義務。在委託書中並未明確指明委託人馮靜和何先國提供抵押擔保的房產為「302室」，而擔保債務人僅為「服裝城」而不包括「中發電氣」的情況下，公證處工作人員擅自在委託書第一段「8678弄8133號」後添加「302室」，在委託事項第一點「為服裝城」後添加「或中發電氣」，且未取得委託人馮靜和何先國在添加內容處簽字確認，即違反法定程序自行加蓋了校正章。該添加部分違背了委託人馮靜和何先國的真實意思表示，擴大了其對受託人許黎明的授權範圍，與事實不符，應自始無效。委託人馮靜和何先國事後又明確表示，拒絕對許黎明的代理行為進行追認。同時，公證處對委託人何先國提出撤銷案涉公證書的申請複查後，又以《公證

複查決定書》的形式撤銷了兩處手寫內容的公證證明效力。因此，二審法院認定，辦理委託代理合同公證時擅自添加內容，未經委託人簽字確認或事後追認者，該添加內容自始無效，對委託人馮靜和何先國不發生約束效力。

二、抵押權善意取得的認定

《中華人民共和國物權法》（以下簡稱《物權法》）第一百零六條規定：「無處分權人將不動產或者動產轉讓給受讓人的，所有權人有權追回；除法律另有規定外，符合下列情形的，受讓人取得該不動產或者動產的所有權：（一）受讓人受讓該不動產或者動產時是善意的；（二）以合理的價格轉讓；（三）轉讓的不動產或者動產依照法律規定應當登記的已經登記，不須登記的已經交付給受讓人。當事人善意取得其他物權的，參照前兩款規定。」

分析上述法條可知，所有權和其他物權均可適用善意取得制度，善意取得不動產或者動產的物權，必須滿足下列條件：1. 轉讓人或處分人沒有處分權；2. 受讓人受讓時為善意；3. 受讓人已支付合理的對價；4. 轉讓的財產依法應登記的已登記、不需登記的已交付。而判斷受讓人是否為善意，應以受讓人受讓時不知道且不應當知道轉讓人對該財產沒有處分權為標準。

結合本案可知，受託人許黎明超越其代理許可權，無權代理委託人馮靜和何先國為中發電氣借款辦理案涉房產的抵押擔保手續，屬於無權處分情形。溫州銀行已經證明其依約向中發電氣提供了匯票墊款，即支付了合理對價，並且案涉房產已經辦理了抵押登記。因此，溫州銀行是否善意取得案涉房產的抵押權，關鍵在於認定溫州銀行在承作業務時是否知道受託人許黎明為無權處分人。溫州銀行做為銀行金融機構，在簽訂承兌合同和相關擔保合同時，負有謹慎審查申請人及各擔保人相關資料真實性的義務。委託人馮靜和何先國請許黎明代

為辦理的公證委託書上，有明顯的手工添加內容，該添加內容為債務人中發電氣，且並無馮靜、何先國在添加內容處的簽名確認或事後追認。在具有重要證明效力的公證文書中存在如此明顯且重大的瑕疵，可能直接影響到其是否能夠行使案涉房產抵押權的情況下，溫州銀行應該知道許黎明可能無權代表委託人馮靜為中發電氣債務簽訂《最高額抵押合同》。故應認定溫州銀行存在重大過失，不能依據善意取得馮靜案涉房產的抵押權。

三、表見代理的具體認定

《中華人民共和國合同法》第四十九條規定：「行為人沒有代理權、超越代理權或者代理權終止後以被代理人名義訂立合同，相對人有理由相信行為人有代理權的，該代理行為有效。」分析法條可知，構成表見代理必須滿足以下條件：1. 行為人沒有獲得本人授權，包括行為人沒有代理權、超越代理權或者代理權終止三種情形；2. 行為人以被代理人的名義與第三人簽訂合同；3. 合同相對人主觀上善意、無過失。所謂善意，是指合同相對人不知道或者不應當知道行為人實際上是無權代理；所謂無過失，是指相對人不是因為大意而不知道。表見代理的行為有效，產生與有權代理相同的法律效果，即代理行為的法律後果應由被代理人承擔。

結合本案可知，受託人許黎明超越其代理許可權，以委託人馮靜和何先國的名義與溫州銀行為中發電氣借款簽訂《最高額抵押合同》，並辦理了案涉房產的抵押登記手續，屬於行為人沒有獲得本人授權且以被代理人名義與第三人簽訂合同的情形。許黎明的代理行為是否構成表見代理，關鍵在於認定溫州銀行是否為善意無過失。根據本文「二、抵押權善意取得的認定」段落中關於溫州銀行是否善意的論述，可知溫州銀行應該知道受託人許黎明為無權代理，故應認定溫州銀行存在重大過失。因此，許黎明的代理行為不構成表見代理，該

代理行為的法律後果不應由委託人馮靜和何先國承擔。

四、銀行風險啟示

銀行做為債權人，在簽訂借款合同和相關擔保合同時，應嚴格審核委託代理合同和授權委託書等資料內容，謹慎審查代理人的代理期限和代理許可權等，以防被代理人提出代理人沒有代理權、超越代理許可權等抗辯，切實保障債權利益的實現。因此，當委託書出現手寫添加或修改字跡時，即使該委託書經過公證，亦不能以此做為唯一認定代理權的標準。對於存在瑕疵的委託書，應得到委託人事後對委託書的追認，以降低業務風險。

附：法律文書

馮靜與溫州銀行股份有限公司上海分行、中發電氣股份有限公司等金融借款合同糾紛二審民事判決書

上海市第二中級人民法院
民事判決書
（2016）滬02民終1176號

上訴人（原審被告）：馮靜，女，漢族，戶籍地浙江省台州市。
委託代理人：何先國（馮靜之夫），男，漢族，戶籍地浙江省台州市。
原審被告：金仙桃，男，漢族，戶籍地浙江省台州市。
原審被告：戴菊青，女，漢族，戶籍地浙江省台州市。
原審被告：陳余江，男，漢族，戶籍地上海市普陀區。
原審被告：陳鄧華，男，漢族，戶籍地上海市普陀區。
被上訴人（原審原告）：溫州銀行股份有限公司上海分行。
　營業場所：上海市黃浦區。
負責人：張潛，該分行行長。

委託代理人：劉宏。

委託代理人：王筱婧。

原審被告：中發電氣股份有限公司。

　住所地：上海市奉賢區。

法定代表人：陳鄧華，該公司董事長。

原審被告上：上海服裝城股份有限公司。

　住所地：上海市金山區。

法定代表人：陳余江，該公司董事長。

原審被告：陸小李，男，漢族，戶籍地浙江省江山市。

原審被告：方文欽，男，漢族，戶籍地浙江省台州市。

原審被告：駱麗娜，女，漢族，戶籍地浙江省。

原審被告：張帆，男，漢族，戶籍地浙江省台州市。

原審被告：薛金妹，女，漢族，戶籍地上海市金山區。

　　上訴人馮靜因與被上訴人溫州銀行股份有限公司上海分行（以下簡稱「溫州銀行」）、原審被告中發電氣股份有限公司（以下簡稱「中發電氣」）、原審被告上海服裝城股份有限公司（以下簡稱「服裝城」）、原審被告陸小李、方文欽、駱麗娜、張帆、薛金妹、金仙桃、戴菊青、陳余江、陳鄧華等金融借款合同糾紛一案，不服上海市黃浦區人民法院（2014）黃浦民五（商）初字第4872號民事判決，向本院提起上訴。本院依法組成合議庭進行了審理。本案現已審理終結。

　　原審法院查明：1. 2012年9月25日，溫州銀行（抵押權人）與服裝城（抵押人）簽訂編號溫銀XXXXXXXX年高抵字00135號的《最高額抵押合同》，約定：鑒於申請人中發電氣與抵押權人在本合同第2.1條約定的期間簽署一系列融資合同（包括但不限於一系列借款合同、銀行承兌匯票承兌合同等，以下統稱主合同），為保障抵押權人債權（包括主合同項下或有債務而產生的債權）的實現，抵押人自願為上述主合同提供最高額抵押擔保。擔保債權為抵押人為抵押權人與申請人在2012年9月25日至2015年9月25日內簽署的所有主合同項下各筆債權（不論幣種）提供最高額抵押擔保。抵押人擔保的最高債權餘額為人民幣5,061,000元（以下幣種均為人民幣）。合同的決算

日為2015年9月25日。

　　同日，溫州銀行與服裝城在上海市金山區房地產登記處辦理了抵押權登記，登記證明號為金XXXXXXXXXXXX，溫州銀行為房地產抵押權人，服裝城為房地產權利人，登記的債權限額為5,061,000元，債權發生期間2012年9月25日至2015年9月25日。房地產位於上海市金山區楓涇鎮朱楓公路XXX弄XXX號XXX室、XXX號XXX層、XXX號XXX層、XXX號XXX室、XXX號XXX室、XXX號XXX層、XXX號XXX層、XXX號XXX層、XXX號XXX室、XXX室。

　　2. 2013年9月12日，溫州銀行（抵押權人）與服裝城（抵押人）簽訂編號為溫銀XXXXXXXXX年高抵字00130號、00138號的《最高額抵押合同》各一份，均約定：鑒於申請人中發電氣與抵押權人在本合同第2.1條約定的期間簽署一系列融資合同（包括但不限於一系列借款合同、銀行承兌匯票承兌合同等，以下統稱主合同），為保障抵押權人債權（包括主合同項下或有債務而產生的債權）的實現，抵押人自願為上述主合同提供最高額抵押擔保。擔保債權為抵押人為抵押權人與申請人在2013年9月12日至2018年9月12日內簽署的所有主合同項下各筆債權（不論幣種）提供最高額抵押擔保。合同的決算日均為2018年9月12日。其中，編號為溫銀XXXXXXXXX年高抵字00130號抵押人擔保的最高債權餘額為22,304,000元；編號為溫銀XXXXXXXXX年高抵字00138號抵押人擔保的最高債權餘額為1,009,000元。

　　編號為溫銀XXXXXXXXX年高抵字00130號的《最高額抵押合同》於同日由溫州銀行與服裝城在上海市金山區房地產登記處辦理了抵押權登記，登記證明號為金XXXXXXXXXXXX，溫州銀行為房地產抵押權人，服裝城為房地產權利人，登記的債權限額為22,304,000元，債權發生期間為2013年9月12日至2018年9月12日。房地產位於上海市金山區楓涇鎮朱楓公路XXX弄XXX號XXX層、XXX號XXX層、XXX號XXX室、XXX室、XXX室、XXX號-XXX號的1層、3148號201室、202室、301室、302室、3149號-3152號的1層、3153號201室、202室、301室、3154號1層、4116號1層、4118號301室、4233號202室、4234號1層、4248號202室、4249號1層、4318號202室、4319號1層、5092號1層、5093號201室、202室、302室、5094號1層、5095號1層、5103號202室、5104號1層、5243號202室、302室、5244號

1層、5245號1層、8316號1層、8318號301室。

編號為溫銀XXXXXXXXX年高抵字00138號的《最高額抵押合同》於同日由溫州銀行與服裝城在上海市金山區房地產登記處辦理了抵押權登記，登記證明號為金XXXXXXXXXXXX，溫州銀行為房地產抵押權人，服裝城為房地產權利人，登記的債權限額為1,009,000元，債權發生期間為2013年9月12日至2018年9月12日。房地產位於上海市金山區楓涇鎮朱楓公路XXX弄XXX號XXX層、XXX號XXX室。

3. 2013年4月2日，溫州銀行（抵押權人）與張帆、薛金妹、駱麗娜、陸小李（均為抵押人）分別簽訂編號為溫銀XXXXXXXXX年高抵字00047號、00048號、00049號、00050號的《最高額抵押合同》各一份，均約定：鑒於申請人中發電氣與抵押權人在本合同第2.1條約定的期間簽署一系列融資合同（包括但不限於一系列借款合同、銀行承兌匯票承兌合同等，以下統稱主合同），為保障抵押權人債權（包括主合同項下或有債務而產生的債權）的實現，抵押人自願為上述主合同提供最高額抵押擔保。擔保債權為抵押人為抵押權人與申請人在2013年4月2日至2018年4月2日內簽署的所有主合同項下各筆債權（不論幣種）提供最高額抵押擔保。張帆擔保的最高債權餘額為3,036,600元，薛金妹擔保的最高債權餘額為2,018,700元，駱麗娜、陸小李擔保的最高債權餘額均為1,012,200元。合同的決算日均為2018年4月2日。

同月7日，溫州銀行與張帆在上海市金山區房地產登記處辦理了抵押權登記，登記證明號為金XXXXXXXXXXXX，溫州銀行為房地產抵押權人，張帆為房地產權利人，登記的債權限額為3,036,600元，房地產位於上海市金山區楓涇鎮朱楓公路XXX弄XXX號XXX層、XXX號XXX室、XXX室、XXX號-XXX號的1層。

溫州銀行與薛金妹在上海市金山區房地產登記處辦理了抵押權登記，登記證明號為金XXXXXXXXXXXX，溫州銀行為房地產抵押權人，薛金妹為房地產權利人，登記的債權限額為2,018,700元，房地產位於上海市金山區楓涇鎮朱楓公路XXX弄XXX號-XXX號的1層、7283號201室、301室。

溫州銀行與駱麗娜在上海市金山區房地產登記處辦理了抵押權登記，登記證明號為金XXXXXXXXXXXX，溫州銀行為房地產抵押權人，駱麗娜為房地產權利人，登記的債權限額為1,012,200元，房地產位於上海市金山區楓

涇鎮朱楓公路XXX弄XXX號XXX層、XXX號XXX室。

溫州銀行與陸小李在上海市金山區房地產登記處辦理了抵押權登記，登記證明號為金XXXXXXXXXXXX，溫州銀行為房地產抵押權人，陸小李為房地產權利人，登記的債權限額為1,012,200元。房地產位於上海市金山區楓涇鎮朱楓公路XXX弄XXX號XXX層、XXX號XXX室房產。該4份《最高額抵押合同》債權發生期間均自2013年4月2日至2018年4月2日。

4. 2013年4月26日，溫州銀行（抵押權人）與金仙桃、戴菊青、方文欽、馮靜（均為抵押人）分別簽訂編號為溫銀XXXXXXXXX年高抵字00061號、00062號、00063號的《最高額抵押合同》各一份，均約定：鑒於申請人中發電氣與抵押權人在本合同第2.1條約定的期間簽署一系列融資合同（包括但不限於一系列借款合同、銀行承兌匯票承兌合同等，以下統稱主合同），為保障抵押權人債權（包括主合同項下或有債務而產生的債權）的實現，抵押人自願為上述主合同提供最高額抵押擔保。擔保債權為抵押人為抵押權人與申請人在2013年4月26日至2018年4月26日內簽署的所有主合同項下各筆債權（不論幣種）提供最高額抵押擔保。金仙桃、戴菊青，方文欽，馮靜擔保的最高債權餘額均為1,012,000元。合同的決算日均為2018年4月26日。

同年5月3日，編號為溫銀XXXXXXXXX年高抵字00061號的《最高額抵押合同》由溫州銀行與金仙桃、戴菊青在上海市金山區房地產登記處辦理了抵押權登記，登記證明號為金XXXXXXXXXXXX，溫州銀行為房地產抵押權人，金仙桃、戴菊青為房地產權利人。房地產位於上海市金山區楓涇鎮朱楓公路XXX弄XXX號XXX室、XXX號XXX層。

編號為溫銀XXXXXXXXX年高抵字00062號的《最高額抵押合同》由溫州銀行與方文欽在上海市金山區房地產登記處辦理了抵押權登記，登記證明號為金XXXXXXXXXXXX，溫州銀行為房地產抵押權人，方文欽為房地產權利人。房地產位於上海市金山區楓涇鎮朱楓公路XXX弄XXX號XXX室、XXX號XXX層。

編號為溫銀XXXXXXXXX年高抵字00063號的《最高額抵押合同》由溫州銀行與馮靜在上海市金山區房地產登記處辦理了抵押權登記，登記證明號為金XXXXXXXXXXXX，溫州銀行為房地產抵押權人，馮靜為房地產權利人，房地產位於上海市金山區楓涇鎮朱楓公路XXX弄XXX號XXX室、XXX

號XXX層。該3份《最高額抵押合同》登記的債權限額均為1,012,000元，債權發生期間均自2013年4月26日至2018年4月26日。

上述10份《最高額抵押合同》2.3條均約定：若主合同中最後到期的債權的到期日晚於合同約定的決算日，則決算日以該到期日為準；若抵押權人根據主合同的約定宣布所有主合同項下全部債權提前到期，則決算日以該提前到期日為準。2.4條抵押擔保的範圍均約定：主合同項下的債權本金、利息、逾期利息、罰息、複利、違約金、履行主合同和本合同過程中發生的費用（包括但不限於律師費、保險運輸評估費、登記費、保管費、鑒定費、公證費、處理貨物的費用等）、實現債權和抵押權的費用（包括但不限於訴訟費用）等。

5. 2012年11月7日，張帆委託陳佳欣在代理期限（2012年11月7日至2015年11月7日）內，全權辦理其位於上海市金山區楓涇鎮朱楓公路XXX弄XXX號XXX層、XXX號XXX層、XXX號XXX室、XXX號XXX層、XXX號XXX室、XXX號XXX室房產的銀行抵押貸款手續並簽署借款合同、借款借據、抵押合同等一切相關文件。到國土、房產、住宅等有關部門辦理上述房產的抵押登記手續的一切相關手續，並簽署一切相關文件。上述貸款抵押包括為受託人的借款提供抵押或者為協力廠商的貸款提供抵押，受託人有轉委託權。同日，廣東省深圳市羅湖公證處分別出具了（2012）深羅證字第11575號、11576號、11577號、11578號、11579號、11580號的《公證書》，證明張帆於同日在公證員面前在委託書上簽名、捺右手食指模。

2013年4月2日，陸小李及其配偶王園梅，駱麗娜及其配偶舒偉雄，張帆的受託人陳佳欣，薛金妹及其配偶陳全雲分別委託許黎明代為辦理其名下房產為服裝城或中發電氣向銀行申請貸款提供抵押擔保的相關手續，包括但不限於簽署抵押合同等相關文件，並接受經公證賦予合同強制執行效力條款，辦理相關公證手續。代為到房地產登記管理部門辦理上述房地產的他項權利（抵押）登記以及撤銷抵押手續，領取他項權利證書和上海市房地產權證等證書文件。代為辦理名下房屋設定抵押相關的其他事宜。翌日，上海市金山公證處分別出具了編號為（2013）滬金證字第260號、261號、262號、263號的《公證書》，證明上述委託人在公證員面前在委託書上簽署各自姓名，並表示知悉委託的法律意義和法律後果。

　　2013年4月22日，方文欽及其配偶金荷玲，馮靜及其配偶何先國，金仙桃及其配偶戴菊青分別委託許黎明代為辦理其名下房產為服裝城或中發電氣向銀行申請貸款提供抵押擔保的相關手續，包括但不限於簽署抵押合同等相關文件，並接受經公證賦予合同強制執行效力條款，辦理相關公證手續。代為到房地產登記管理部門辦理上述房地產的他項權利（抵押）登記以及撤銷抵押手續，領取他項權利證書和上海市房地產權證等證書文件。代為辦理名下房屋設定抵押相關的其他事宜。其中，馮靜及其配偶何先國委託書中辦理如下事項「一」中的「或中發電氣股份有限公司」係用手寫形式書寫。同日，浙江省台州市正立公證處（以下簡稱「公證處」）分別出具了編號為（2013）浙台正證字第01983號、01985號、01986號的《公證書》，證明上述委託人於同日在公證員面前在委託書上簽名、按右手食指指印，並表示知悉委託的法律意義和法律後果。

　　6. 2013年8月21日，溫州銀行（債權人）與陳鄧華、陳余江、服裝城（均為保證人）分別簽訂編號為溫銀ＸＸＸＸＸＸＸＸＸ年高保字00251號、00252號、00253號的《最高額保證合同》各一份，均約定：鑒於申請人中發電氣與債權人在本合同第1.1條約定的期間簽署一系列融資合同（包括但不限於一系列借款合同、銀行承兌匯票承兌合同等，以下統稱主合同），為保障債權人債權（包括主合同項下或有債務而產生的債權）的實現，保證人自願為上述主合同提供最高額保證。保證人為債權人與申請人在2013年8月21日至2015年8月21日內簽署的所有主合同項下各筆債權（不論幣種）提供最高額連帶保證。本合同的決算日為2015年8月21日。若主合同中最後到期的債權的到期日晚於上述日期，則決算日以該到期日為準；若債權人根據主合同的約定宣布所有主合同項下全部債權提前到期，則決算日以該提前到期日為準。保證人擔保的最高債權餘額均為37,400,000元。保證的範圍均為主合同項下債權本金、利息、逾期利息、逾期罰息、複利、滯納金、費用（包括但不限於年費、跨行取現手續費、跨行轉帳手續費）、履行主合同和擔保合同過程中發生的費用（包括但不限於律師費、交通費等）、債權人實現債權的費用（包括但不限於訴訟費用、律師費用、差旅費用、通知費用、催告費用和其他相關費用）等。保證期間均自本合同生效之日起，至決算日後兩年為止。合同項下的保證均為連帶責任保證。

7. 2014年3月20日，溫州銀行（承兌銀行）與中發電氣（承兌申請人）簽訂編號為XXXXXXXXX承字00071號的《銀行承兌匯票承兌合同》（以下簡稱《承兌合同》），約定：承兌申請人申請承兌的匯票共計貳張，票面金額共計20,000,000元，詳見「承兌匯票清單」。承兌申請人於承兌匯票到期日前將應付票款足額交存承兌銀行，如到期日承兌申請人不能足額支付票款，承兌銀行對不足支付部分的票款按規定轉作承兌申請人的逾期貸款。承兌申請人向承兌銀行按匯票金額50%繳納保證金，保證金10,000,000元。承兌申請人或擔保人涉及重大訴訟／仲裁案件或涉嫌犯罪的，構成合同所稱的違約事件，根據合同6.2約定，承兌銀行有權要求承兌申請人提前支付已承兌的銀行承兌匯票票款（保證金以外部分），要求承兌申請人償還銀行所有的墊款本息及其他應付款項。承兌申請人未按時足額支付銀行承兌匯票票款，承兌銀行根據墊款金額，從匯票到期日起按每日萬分之五計收逾期利息，每月20日為結息日，逾期支付利息按前述標準計收複利。承兌申請人違約致使承兌銀行採取訴訟、仲裁等方式實現債權的，承兌申請人應當承擔承兌銀行為此支付的訴訟費、仲裁費、通知費、催告費、律師費、查詢費、差旅費等實現債權的費用。

8. 匯票號為XXXXXXXXXXXXXXX、XXXXXXXXXXXXXXXXX的2張銀行承兌匯票載明：出票人中發電氣，收款人蘇州工業園區怡興科技有限公司，付款行溫州銀行上海分行，出票金額均為10,000,000元，匯票到期日均為2014年9月20日。

9. 中華人民共和國最高人民法院「全國法院被執行人信息查詢」系統載明：被執行人服裝城在2013年9月26日至2014年4月30日期間有10起案件做為被執行人立案，案號為（2014）金執字第00404號、第01187號、第01203號、第01205號、第01206號、第01303號、第01304號、第01389號、第02844號、第03149號。

10. 2014年5月22日，溫州銀行通過郵政EMS向中發電氣發送「業務到期提示通知書」，宣布XXXXXXXXX承字00071號的《承兌合同》項下金額20,000,000元於2014年5月22日提前到期。

11. 2014年9月20日，上述2張承兌匯票到期，中發電氣未按約足額交存票款。溫州銀行依據《承兌合同》約定扣收中發電氣存入溫州銀行處指定的

保證金帳戶（帳號為XXXXXXXXXXXXXXXXX）中的保證金10,000,000元及保證金利息154,217.18元，並於同月22日支付墊款本金9,845,782.82元。

12. 馮靜未提交其委託的《公證書》已被撤銷的證據。

溫州銀行提起訴訟請求判令：1. 中發電氣歸還溫州銀行承兌匯票墊款本金9,845,782.82元；2. 中發電氣支付自2014年9月22日起至實際清償全部墊款本金之日止的逾期利息（以本金9,845,782.82元為基數，按每日萬分之五利率計算）；3. 服裝城對上述1、2項還款義務以其分別抵押給溫州銀行的房產在最高債權限額22,304,000元、1,009,000元、5,061,000元的範圍內承擔抵押擔保責任；4. 陸小李、駱麗娜對上述1、2項的還款義務以各自抵押給溫州銀行的房產分別在最高債權限額1,012,200元的範圍內承擔抵押擔保責任；5. 方文欽、馮靜、金仙桃、戴菊青對上述1、2項的還款義務以各自抵押給溫州銀行的房產分別在最高債權限額1,012,000元的範圍內承擔抵押擔保責任；6. 張帆對上述1、2項的還款義務以其抵押給溫州銀行的房產在最高債權限額3,036,600元的範圍內承擔抵押擔保責任；7. 薛金妹對上述1、2項的還款義務以其抵押給溫州銀行的房產在最高債權限額2,018,700元的範圍內承擔抵押擔保責任；8. 服裝城、陳余江、陳鄧華對上述1、2項的還款義務分別在最高債權限額37,400,000元的範圍內承擔連帶責任保證。

原審認為，本案系爭的《承兌合同》係溫州銀行與中發電氣的真實意思表示，雙方均應恪守。溫州銀行根據合同約定，為中發電氣簽發了銀行承兌匯票並承兌。中發電氣未在本案系爭匯票到期日前向溫州銀行全額支付票據款項，導致溫州銀行對外墊款，並按約扣劃中發電氣繳納的保證金存單本金及產生的利息金額。溫州銀行做為承兌銀行在墊付票款後對不足支付部分的票款按規定轉作承兌申請人的逾期貸款。故溫州銀行要求中發電氣歸還墊款本金並支付墊款相應逾期利息的訴訟請求，合法有據，應予支持。

溫州銀行與服裝城、陳余江、陳鄧華分別簽訂的《最高額保證合同》，均係各方當事人真實意思表示且合法有效。服裝城、陳余江、陳鄧華做為保證人理應按照保證合同的約定在各自擔保範圍內對中發電氣的還款義務承擔連帶責任保證。當然，各保證人在承擔了保證責任後，有權在各自承擔的保證範圍內向中發電氣進行追償。

溫州銀行與服裝城、陸小李、方文欽、馮靜、駱麗娜、張帆、薛金妹、

金仙桃、戴菊青分別出具經公證的委託書，授權受託人與溫州銀行分別簽訂《最高額抵押合同》，亦係各方當事人的真實意思表示，對各方均具有法律約束力。服裝城、陸小李、方文欽、馮靜、駱麗娜、張帆、薛金妹、金仙桃、戴菊青承諾在《最高額抵押合同》約定的債權限額範圍內對中發電氣在主合同項下的債務承擔抵押擔保責任，且服裝城、陸小李、方文欽、馮靜、駱麗娜、張帆、薛金妹、金仙桃、戴菊青為系爭債務將各自名下擁有的房產向房地產登記部門辦理了抵押登記手續，應確認《最高額抵押合同》成立並生效，對抵押人和抵押權人均具有約束力。承兌匯票是銀行信貸形式之一，且合同明確約定「到期日承兌申請人不能足額支付票款，承兌銀行對不足支付部分的票款按規定轉作承兌申請人的逾期貸款」，陸小李、方文欽、馮靜、張帆、薛金妹、戴菊青以出具委託書是為了服裝城的興旺而同意抵押貸款，不是為了銀行承兌匯票進行擔保，服裝城沒有按協議做，抵押合同無效，不同意承擔抵押擔保責任的抗辯意見；馮靜以其委託書上手寫的添加內容，公證處蓋了不同的章，該委託書是無效的抗辯意見，均未提交相關證據予以證明，原審法院均不予採信。至於陸小李、方文欽、馮靜、駱麗娜、張帆、薛金妹、金仙桃、戴菊青與服裝城之間委託代理是否超越代理權，係另一法律關係，雙方可通過其他途徑解決。至於張帆以抵押登記數額高於市場價格，金仙桃則以最高額抵押房產的評估價格與房產登記的數額存在差異，不同意承擔抵押擔保責任的抗辯意見，原審法院認為，抵押物處分時，以即時的市場價格抵償所擔保的債權數額，不是以抵押時的價格受償，即便抵押房產市場價格與實際登記的債權數額不符，亦不因此能免除抵押擔保人的擔保責任。故溫州銀行要求在約定的債權限額範圍內行使抵押物優先受償權的訴訟請求，合法有據，應予支持。如處分的抵押債權不足清償借款人所欠債務的部分，中發電氣仍有義務繼續清償。當然，服裝城、陸小李、方文欽、馮靜、駱麗娜、張帆、薛金妹、金仙桃、戴菊青在承擔了抵押擔保責任後，亦有權在各自承擔的抵押擔保範圍內向中發電氣進行追償。

綜上所述，原審判決：一、中發電氣應於判決生效之日起十日內歸還溫州銀行本金9,845,782.82元；二、中發電氣應於判決生效之日起十日內償付溫州銀行自2014年9月22日起至實際清償全部本金之日止的逾期利息（以9,845,782.82元為計算基數，按《銀行承兌匯票承兌合同》約定的每日萬分

之五的利率計息）；三、服裝城、陳余江、陳鄧華對上述判決主文第一、二項所確定的中發電氣的還款義務，向溫州銀行分別承擔連帶清償責任，並在承擔了保證責任後，有權在各自承擔的保證範圍內向中發電氣追償；四、若中發電氣未履行上述判決主文第一、二項所確定的還款義務，溫州銀行可與服裝城協議，以其分別抵押的位於上海市金山區楓涇鎮朱楓公路XXX弄XXX號XXX層、XXX號XXX層、XXX號XXX室、XXX室、XXX室、XXX室、XXX號-XXX號的1層、3148號201室、202室、301室、302室、3149號-3152號的1層、3153號201室、202室、301室、3154號1層、4116號1層、4118號301室、4233號202室、4234號1層、4248號202室、4249號1層、4318號202室、4319號1層、5092號1層、5093號201室、202室、302室、5094號1層、5095號1層、5103號202室、5104號1層、5243號202室、302室、5244號1層、5245號1層、8316號1層、8318號301室的房產在最高債權限額22,304,000元的範圍內，上海市金山區楓涇鎮朱楓公路XXX弄XXX號XXX室、XXX號XXX層、XXX號XXX層、XXX號XXX室、XXX號XXX室、XXX號XXX層、XXX號XXX層、XXX號XXX層、XXX號XXX室、XXX室的房產在最高債權限額5,061,000元的範圍內，上海市金山區楓涇鎮朱楓公路XXX弄XXX號XXX層、XXX號XXX室的房產在最高債權限額1,009,000元的範圍內折價，或者以拍賣、變賣後的價款優先受償，該些抵押物折價或者拍賣、變賣後的價款超過債權數額的部分歸服裝城所有，不足部分由中發電氣繼續清償；五、若中發電氣未履行上述判決主文第一、二項所確定的還款義務，溫州銀行可與陸小李協議，以其抵押的位於上海市金山區楓涇鎮朱楓公路XXX弄XXX號XXX層、XXX號XXX室的房產在最高債權限額1,012,200元的範圍內折價，或者以拍賣、變賣後的價款優先受償，該些抵押物折價或者拍賣、變賣後的價款超過債權數額的部分歸陸小李所有，不足部分由中發電氣繼續清償；六、若中發電氣未履行上述判決主文第一、二項所確定的還款義務，溫州銀行可與方文欽協議，以其抵押的位於上海市金山區楓涇鎮朱楓公路XXX弄XXX號XXX室、XXX號XXX層的房產在最高債權限額1,012,000元的範圍內折價，或者以拍賣、變賣後的價款優先受償，該些抵押物折價或者拍賣、變賣後的價款超過債權數額的部分歸方文欽所有，不足部分由中發電氣繼續清償；七、若中發電氣未履行上述判決主文第一、二項所確定的還

款義務，溫州銀行可與馮靜協議，以其抵押的位於上海市金山區楓涇鎮朱楓公路XXX弄XXX號XXX室、XXX號XXX層的房產在最高債權限額1,012,000元的範圍內折價，或者以拍賣、變賣後的價款優先受償，該些抵押物折價或者拍賣、變賣後的價款超過債權數額的部分歸馮靜所有，不足部分由中發電氣繼續清償；八、若中發電氣未履行上述判決主文第一、二項所確定的還款義務，溫州銀行可與駱麗娜協議，以其抵押的位於上海市金山區楓涇鎮朱楓公路XXX弄XXX號XXX層、XXX號XXX室的房產在最高債權限額1,012,200元的範圍內折價，或者以拍賣、變賣後的價款優先受償，該些抵押物折價或者拍賣、變賣後的價款超過債權數額的部分歸駱麗娜所有，不足部分由中發電氣繼續清償；九、若中發電氣未履行上述判決主文第一、二項所確定的還款義務，溫州銀行可與張帆協議，以其抵押的位於上海市金山區楓涇鎮朱楓公路XXX弄XXX號XXX層、XXX號XXX室、XXX號XXX室、XXX室、XXX號-XXX號的1層的房產在最高債權限額3,036,600元的範圍內折價，或者以拍賣、變賣後的價款優先受償，該些抵押物折價或者拍賣、變賣後的價款超過債權數額的部分歸張帆所有，不足部分由中發電氣繼續清償；十、若中發電氣未履行上述判決主文第一、二項所確定的還款義務，溫州銀行可與薛金妹協議，以其抵押的位於上海市金山區楓涇鎮朱楓公路XXX弄XXX號-XXX號的1層、7283號201室、301室的房產在最高債權限額2,018,700元的範圍內折價，或者以拍賣、變賣後的價款優先受償，該些抵押物折價或者拍賣、變賣後的價款超過債權數額的部分歸薛金妹所有，不足部分由中發電氣繼續清償；十一、若中發電氣未履行上述判決主文第一、二項所確定的還款義務，溫州銀行可與金仙桃、戴菊青協議，以其共同抵押的位於上海市金山區楓涇鎮朱楓公路XXX弄XXX號XXX室、XXX號XXX層的房產在最高債權限額1,012,000元的範圍內折價，或者以拍賣、變賣後的價款優先受償，該些抵押物折價或者拍賣、變賣後的價款超過債權數額的部分歸金仙桃、戴菊青共有，不足部分由中發電氣繼續清償；十二、服裝城、陸小李、方文欽、馮靜、駱麗娜、張帆、薛金妹、金仙桃、戴菊青在承擔了抵押擔保責任後，有權在各自承擔的抵押擔保範圍內向中發電氣追償。一審案件受理費81,800元，財產保全費5,000元，兩項合計86,800元，由中發電氣、服裝城、陸小李、方文欽、馮靜、駱麗娜、張帆、薛金妹、金仙桃、戴菊青、陳余江、陳

鄧華共同負擔；公告費860元，由陸小李、馮靜、駱麗娜、金仙桃、陳余江共同負擔560元，金仙桃、陳余江共同負擔300元。

原審判決後，上訴人馮靜不服，向本院提起上訴稱：編號為（2013）浙台正證字第01983號《公證書》的委託書有兩處是公證處單方加蓋校正章擅自添加的內容，不是馮靜的真實意思。1. 馮靜與服裝城於2013年4月22日簽訂《協議書》，明確將自己所有的產權證號為第013754、第013692的位於上海服裝城的店鋪提供給服裝城做為融資所需的抵押物，雙方均明確抵押原因在於雙方存在合作互利的關係。而馮靜與中發電氣不存在任何關聯關係，也不清楚中發電氣的經營情況，不可能用自己的房產為中發電氣融資提供擔保。馮靜一方從未在公證書送達回執上簽字，也未收到該《公證書》，受託人許黎明與公證處工作人員違背委託人意願，擅自篡改委託事項，該《公證書》依法應予撤銷。2. 馮靜實際擁有的房產是上海市金山區楓涇鎮朱楓公路XXX弄XXX號XXX室、8678弄8135號1層的房產，而公證的委託書未標明具體室號，公證處在辦理公證時存在不作為的情形，房地產登記部門辦理抵押登記時存在把關審核不到位的情形。委託事項與抵押登記不對應，導致原審判決與委託事實不符。許黎明明知中發電氣陷入經營困境，沒有償債能力，仍然虛構事實，在馮靜不知情的情況下夥同公證人員篡改委託書內容，擴大委託範圍，將馮靜房產為中發電氣融資提供擔保，騙取了銀行貸款，應追究其刑事責任。綜上，上訴人馮靜請求撤銷原判第七項，改判駁回溫州銀行對馮靜的全部訴請。

馮靜二審提供以下證據：

1. 何先國《關於要求撤銷公證書的申請》。2. 公證處於2015年5月19日出具的編號為（2015）浙台證複字第1號《公證複查決定書》。馮靜以證據1及證據2證明委託書手寫內容係公證處工作人員擅自添加，公證處已撤銷對添加內容的公證證明效力。3. 《公證書送達回執》。4. 辦理公證當日公證處向何先國及馮靜所做《詢問筆錄》。馮靜以證據3、證據4證明系爭《公證書》並非馮靜或何先國簽收，送達回執上「何先國」的簽名並非何先國本人字跡，何先國及馮靜直至本案訴訟才從他人處獲得了《公證書》，得知了委託意思被篡改的情況。公證處的詢問筆錄中未詢問馮靜為誰融資提供擔保。馮靜認為，結合其原審中提供的服裝城、馮靜及上海中發電氣（集團）股份

有限公司（以下簡稱「中發集團」）三方《協議書》及中發集團董事會決議，可以證明馮靜僅有為服裝城向銀行融資提供擔保的真實意思。

　　被上訴人溫州銀行答辯稱：1. 原審認定事實清楚。馮靜及其配偶何先國以其所有的房產做為抵押為服裝城或中發電氣向銀行融資提供抵押擔保，並向受託人許黎明出具委託書，委託其辦理與該抵押有關的手續，並就該委託書向公證處申請公證，均是馮靜及何先國的真實意思表示。首先，系爭委託書首部正文第一段已明確馮靜及何先國「自願以上述房產為抵押，為上海服裝城股份有限公司或中發電氣股份有限公司向銀行申請貸款提供抵押擔保……」，證明馮靜及何先國有為中發電氣提供抵押擔保的真實意思。其次，公證處在法院的筆錄中確認委託書是委託人和受託人許黎明提供的手寫範本由公證處工作人員輸入電腦所制，打字時遺漏了中發電氣的名稱。公證處也認為自行添加內容程序上雖有瑕疵，但《公證書》是合法有效的，馮靜的真實意思就是為服裝城或中發電氣提供擔保。第三，當日辦理公證的小業主均使用同一個委託書範本，亦可證明為中發電氣提供擔保是當日包括馮靜在內的所有小業主的共同意思。第四，中發電氣與服裝城的實際控制人是相同的，馮靜提供的《董事會決議》即由中發集團做出，而中發集團是中發電氣的股東，服裝城亦被中發電氣或其持股公司持股，上述公司的高管也有較多重合，故幾家公司有較大關聯性。第五，馮靜及何先國在辦理公證時在詢問筆錄中明確，委託書內容由委託人提供，委託人與受託人之間是朋友關係，委託人信任受託人。故馮靜稱受許黎明的欺騙等上訴理由不成立。2. 退一步而言，即便馮靜委託書中的手寫內容是受託人與公證處工作人員擅自添加，溫州銀行基於物權善意取得制度也應獲得系爭房產的抵押權。首先，溫州銀行在簽訂系爭房產抵押合同時已盡到應有的審慎注意義務，審查了各項必要資料，《公證書》內容真實、來源合法，溫州銀行有充分理由相信經公證的委託書及其內容具有真實性和合法性。其次，抵押合同簽署後，受託人提供了馮靜系爭房產的房地產權證原件及上述經公證的委託書，房地產交易中心辦理了相關抵押登記。第三，溫州銀行取得抵押權後，已按借款合同的約定向借款人發放了貸款，履行了放款義務，支付了對價，且目前貸款尚未收回。溫州銀行請求駁回上訴，維持原判。

　　對馮靜二審提供的證據，溫州銀行質證稱：對於證據1，該申請超過

《公證程序規則》規定的收到公證書之日起一年的期限，相應法律後果應由馮靜自行承擔。對於證據2的真實性予以認可，《公證複查決定書》維持了對系爭委託事宜的公證效力。《公證複查決定書》雖然撤銷了相關添加內容的公證效力，但不影響該公證委託之效力，也不影響當事人的真實意思表示。對於證據3，溫州銀行認為馮靜有積極簽收公證書的義務，公證處送達《公證書》符合法定程序，馮靜稱事後才取得《公證書》不符合邏輯。對於證據4，溫州銀行認為可以證明委託書內容係委託人提供，馮靜、何先國與許黎明之間的委託關係真實。

被上訴人溫州銀行二審未提供證據。

原審被告中發電氣、服裝城、陸小李、方文欽、駱麗娜、張帆、薛金妹、金仙桃、戴菊青、陳余江、陳鄧華等未做答辯。

二審中，本院依職權至公證處調閱了系爭公證檔案原件，核實了馮靜二審提供證據的真實性，並向經辦系爭公證的工作人員進行了調查。公證經辦人章華軍、於剛確認了馮靜、何先國委託書上簽名及手印的真實性，並對馮靜、何先國辦理公證的經過做如下陳述：2013年4月22日，何先國、馮靜及其他小業主與受託人許黎明一起到公證處要求辦理委託公證。委託書是受託人帶來的手寫範本交由公證處工作人員列印，馮靜、何先國第一個辦理公證，在簽字時均未注意內容有所遺漏，在辦理其他小業主的委託公證時發現電腦文檔中遺漏了中發電氣公司名稱，公證人員在電腦中進行了修改以後，發現何先國及馮靜簽好字後可能已經離開了，所以公證人員就在製作完畢的馮靜、何先國的委託書上手寫添加了中發電氣的公司名稱及室號等內容，也未要求馮靜和何先國再回來在修改處簽名。出具《複查決定書》是因為根據程序規則，公證處在辦理馮靜、何先國的委託公證時程序上有瑕疵。公證處經辦人員同時提出以下觀點：根據公證處辦理公證時向委託人所做的詢問筆錄，何先國、馮靜自述與受託人許黎明之間是朋友關係，委託書範本也是受託人帶來的，說明委託人完全信任受託人，所以委託人的真實意思是為兩家公司提供擔保。

馮靜對於公證處經辦人員陳述的公證大致經過不持異議，但不認可公證處經辦人員對委託人和受託人「真實意思」的判斷。馮靜認為其真實意思只是為服裝城提供抵押擔保，因辦理公證時比較匆忙，對於委託書第一段出現

中發電氣的名稱未曾注意，公證處工作人員未徵求委託人意見添加的中發電氣的名稱不能代表馮靜的真實意思。

溫州銀行對於談話筆錄的真實性及內容不持異議。溫州銀行認為公證處的陳述能客觀證明馮靜、何先國在辦理委託公證時有為兩個企業提供擔保的真實意思，公證處出具《複查決定書》原因僅因為程序瑕疵。

原審中陸小李、馮靜、駱麗娜、張帆、薛金妹、金仙桃均提供了各自與服裝城、中發集團等簽訂的《協議書》，以及中發集團的董事會決議、服裝城出具的店鋪產權證收據。溫州銀行原審中對上述證據的質證意見為以上都是小業主和中發電氣、服裝城之間設定的權利義務關係的證據，和溫州銀行本案訴請無關；服裝城原審中對上述證據真實性合法性予以確認，對關聯性請求法院依法審查。因上述《協議書》係本案上訴人等小業主分別與服裝城、中發集團或服裝城、中發電氣、中發集團簽訂，服裝城已確認該《協議書》的真實性。故本院對各份《協議書》及服裝城出具的產權證收據的證據效力予以確認，對馮靜二審中提供的證據的證據效力亦予確認。

本院經審理查明，原審查明事實屬實，本院予以確認。

根據當事人二審及原審中的相關證據，本院認定以下事實：

上訴人馮靜及原審被告陸小李、方文欽、駱麗娜、張帆、薛金妹、金仙桃、戴菊青等分別購買了服裝城位於上海市楓涇鎮朱楓公路8678弄的相應店鋪。2013年3月31日，原審被告陸小李、駱麗娜、薛金妹、張帆委託代理人陳佳欣分別做為乙方，服裝城及中發電氣做為甲方，中發集團做為丙方簽訂《協議書》（以下簡稱「三月《協議書》」），明確甲乙丙三方協商一致，乙方擁有位於上海服裝城店鋪，為了合作共贏、籌措資金、盤活市場，乙方願意將其名下的店鋪提供給甲方做為甲方融資所需的抵押標的物。三月《協議書》主要內容為：抵押融資對象只限於銀行和類銀行金融機構，乙方同意以公證的方式委託甲方的自然人代為簽訂抵押協議，確定評估價值等有關抵押貸款所涉事宜；乙方委託期限為三年；甲方如有違約或無力還貸造成銀行追償等重大後果，甲方和連帶擔保人應將自有的財產、不動產先行予以執價清算，並承擔乙方的損失賠償責任；丙方經全體董事會議通過，受甲方邀請，同意為乙方的委託承擔反擔保責任，擔保範圍為乙方資產抵押融資項下的事宜，如果甲方無力還貸，丙方應現行清償乙方融資抵押標的物的抵貸額

所欠付金額的全額擔保；甲方抵押融資成功後，支付乙方店鋪第一年資產借用費1.5萬元，以後逐年支付，同時每年支付店鋪出租補貼費5,000元，若甲方逾期支付，按每日3‰計算違約金；協議一式四份，經三方簽字蓋章後生效等。三月《協議書》由甲方服裝城、中發電氣，丙方中發集團加蓋公章並有代表簽字，乙方簽名。

2013年4月22日，馮靜、金仙桃與戴菊青分別做為乙方，服裝城做為甲方，中發集團做為丙方亦分別簽訂《協議書》（以下簡稱「四月《協議書》」），四月《協議書》主要內容為：抵押融資對象只限於銀行，乙方同意甲方代為簽署抵押協議，確定評估價值等有關抵押貸款所涉事宜，雙方對上述委託予以公證；乙方委託期限為三年；甲方抵押融資成功後，支付乙方店鋪第一年資產借用費1.5萬元，同時支付店鋪出租補貼費5,000元，以後逐年支付，甲方逾期支付，按每日3‰計算違約金；丙方受甲方邀請，同意為乙方的委託承擔反擔保責任，擔保範圍為乙方資產抵押融資項下的事宜，如發生因甲方原因造成的乙方財產損失，由甲方和丙方共同承擔；協議一式三份，在約定的第一條公證後生效等。四月《協議書》由甲方服裝城、丙方中發集團加蓋公章並有代表簽字，乙方簽名。四月《協議書》與三月《協議書》的主要區別在於：1. 甲方人數不同。甲方僅為服裝城，中發電氣未做為甲方參與協議書簽訂。2. 抵押融資對象只限於銀行，類銀行金融機構不在乙方授權範圍內。3. 協議一式三份。因甲方僅一人，故協議明確甲方、乙方、丙方各一份。其餘內容大致相同。

《協議書》簽訂後，本案涉案小業主分兩批在不同的公證處辦理了委託書公證手續。陸小李、駱麗娜、薛金妹、張帆委託代理人陳佳欣等人於2013年4月3日至上海市金山公證處辦理了委託書公證。馮靜、方文欽、金仙桃與戴菊青等人於2013年4月22日至浙江省台州市正立公證處辦理了委託書公證。委託人為馮靜和何先國的公證委託書正文第一段為：「分別坐落於上海市金山區楓涇鎮朱楓公路……號，權利人均登記在何先國、馮靜名下，現委託人何先國、馮靜自願以上述房產為抵押，為上海服裝城股份有限公司或中發電氣股份有限公司向銀行申請貸款提供抵押擔保，由於委託人不便親自辦理上述事宜，特委託許黎明辦理如下事項：……」因當事人對公證處經辦人陳述的辦理公證經過沒有異議，本院對公證處陳述的相關公證經過予以

確認。公證處經辦人在馮靜、何先國委託書中添加的兩處內容為：在委託書第一段「8678弄8133號」後添加「302室」，在委託事項第一點「為上海服裝城股份有限公司」後添加「或中發電氣股份有限公司」。委託書修改完畢後公證處自行加蓋了校正章，未要求馮靜及何先國在修改處簽名。在本院談話筆錄中，公證處經辦人稱：「受託人在委託書上都不簽字，範本也是受託人帶來的，說明委託人完全信任受託人，所以真實意思是為兩家公司提供擔保，只是在錄入電腦時漏了。」

公證處於公證當日製作的《詢問筆錄》載明：何先國與馮靜要求辦理委託書公證，明確和受託人為朋友關係，公證書需要四份，由委託人或受託人代為領取等。《公證書送達回執》載明，2013年4月22日公證處送達了《公證書》，簽收人欄簽署「何先國」姓名，但何先國否認該簽名由其所簽。

原審判決後，何先國於2015年5月6日向公證處提出撤銷系爭公證書的申請，公證處受理後，於2015年5月19日做出（2015）浙台證複字第1號《公證複查決定書》，載明：「根據《公證程序規則》的相關規定，我處……指定相關人員對申請人提出的本處工作人員在公證書中擅自使用校正章的事實進行審查、核實。依據審查結果，並根據《公證程序規則》第六十三條之規定，本處決定如下：該公證書的當事人意思表示真實，內容真實合法，辦證程序符合公證程序規定，應當予以維持。但本處工作人員未按照法定程序使用校正章，擅自在委託書第四項添加內容『302室』和第四項第一款添加內容『或中發電氣股份有限公司』，違背了委託人的真實意思表示，本處依法撤銷對（2013）浙台證字第01983號《公證書》中兩處手寫內容的公證證明。」

本案二審爭議焦點為：一、公證委託書上添加的「或中發電氣股份有限公司」內容，對馮靜是否有約束力；二、溫州銀行是否能善意取得馮靜系爭房屋的抵押權。

對以上爭議焦點，本院分析如下：

一、公證委託書上添加的「或中發電氣股份有限公司」內容，對馮靜是否有約束力。

1. 關於公證委託書添加內容的公證效力問題。根據法律規定，經過法定程序公證證明的法律事實和文書，應當做為認定事實的根據，但有相反證據

足以推翻公證證明的除外。上訴人馮靜及其配偶何先國對本案系爭委託書公證提出異議，認為公證處未經其同意，擅自在委託事項中添加中發電氣的名稱不代表其真實意思。公證處經複查，確認添加兩處字跡違背了委託人的真實意思表示，以《公證複查決定書》的形式撤銷了該兩處手寫內容的公證證明效力。至此可以明確添加的兩處內容不具有公證的證明效力。溫州銀行認為馮靜及何先國提出複查的時間超過一年期限的理由，因公證處已受理了該複查申請並做出了相關實體撤銷決定；且該一年期限係《公證程序規則》規定，不能以行政規章的程序規定直接否定相關法律行為的效力，故何先國提出異議的時間不影響《複查決定書》的證明效力。

2. 關於委託書的證據效力問題。雖然公證處添加內容不具有公證證明效力，但委託書做為一份書面證據，仍具有一定的證據效力。對相關添加內容的證據效力，應結合本案相關事實和證據綜合認定。

首先，公證處工作人員證言的效力問題。溫州銀行據以主張馮靜願意為中發電氣提供擔保的依據之一即為公證處工作人員在筆錄中表示馮靜的真實意思是為兩家公司提供擔保。對此，本院認為，公證處及相關工作人員是本案系爭委託公證具體經辦人，知道案件情況，有義務在本案中作證。在筆錄中，公證處工作人員的陳述分兩種類型，一種對事實的陳述，即對本案系爭公證經過的陳述；另一種是對觀點的陳述，即對馮靜真實意思的判斷。對於前者，符合證人證言的性質，經質證後可做為證據採信；但對於公證處發表的觀點，仍應結合本案相關事實和證據查證，而不能做為證據直接採信。本案中，公證處未參與小業主與服裝城、中發電氣等公司的前期談判磋商，只是在小業主做為委託人與受託人提出公證要求時辦理了公證業務。辦理公證時也不審查各方之間建立委託關係的根源和依據，而主要審查當事人的簽名的真實性及對委託法律後果的認識。根據本院談話筆錄，公證處工作人員判斷為中發電氣擔保是馮靜真實意思主要依據兩個事實，一是受託人在委託書上不簽字，二是範本是受託人帶來的。前者在法律上無太大意義，而範本由受託人帶來而不是由委託人帶來，在邏輯上更不足以得出上述結論。關於範本具體由何方提供，本院談話筆錄中公證處工作人員陳述與公證當日公證處的《詢問筆錄》記載不相符，公證處當日《詢問筆錄》中相關內容位於公證處「告知辦理委託公證的注意事項」第4點，是公證處辦理委託公證時的格

式告知文本，其主要目的並非表述個案具體情況，而是針對要求辦理公證的委託人的普適性告知事項，結合本案委託書是服裝城與小業主建立委託關係的主要格式文本，由馮靜製作提供不符合常理，故本院認定該範本由受託人提供。加之公證處此項委託公證辦理存在瑕疵，可能與本案當事人有後續糾紛，故公證處就此發表的觀點與其自身利益存在利害關係，故公證處的觀點在本案中不具有證據效力。

　　第二，委託書正文第一段中「何先國、馮靜自願……為上海服裝城股份有限公司或中發電氣股份有限公司……提供抵押擔保」的表述，可否印證馮靜有為中發電氣借款提供抵押擔保的真實意思。對於此問題，本院做如下分析：首先，本案系爭委託書為商事目的專門製作，當事人明確須辦理公證，當事人應明確該文件具有較強法律效力。委託書正文第一段出現上述內容，一定程度上體現了何先國和馮靜有為中發電氣提供抵押擔保的背景。但該法律文件為委託書，主要目的為明確授權委託關係和授權範圍，而非馮靜與債權人的抵押擔保合同。上述兩個法律關係主體不同、客體不同、權利義務內容不同，故正文第一段上述表述起到背景介紹的作用，與委託合同主文不具有可替代性。其次，該委託書是委託人確定受託人及委託事項範圍的法律文件。在正文第一段「8133號」後手工添加「302室」內容明確了馮靜和何先國提供抵押擔保的房屋，主要保護的是接受委託書並對委託書產生信賴利益的不特定第三人的知情權和選擇權。因除302室之外，8133號其他房產所有權人並非馮靜和何先國，即便不寫302室也無法實現由馮靜將8133號所有房屋一併提供抵押擔保的目的，故添加室號僅能起到補充和明確的作用，對當事人的意思沒有修正的作用。但該委託書主文部分分三條列述了具體的委託事項內容和範圍，三條主文是該委託書的核心之所在。在主文第一條「上海服裝城股份有限公司」後添加「或中發電氣股份有限公司」，擴大了馮靜和何先國的授權範圍，對委託事項的具體內容進行了重大實質性變更，非經委託人本人同意或事後追認，即便由受託人或由任何其他協力廠商確認，均無法產生約束委託人的法律效果。本案系爭委託書主文添加內容無馮靜和何先國的簽名確認，馮靜和何先國事後也明確表示不追認，該意思表示始終如一，即便字跡上加蓋了公證處校正章，也不能起到約束委託人的法律後果，何況公證處也已通過《公證複查決定書》的形式以違背委託人的真實意思表

示為由，撤銷了兩處手寫內容的公證證明效力。故主文部分添加中發電氣的名稱不能代表委託人馮靜和何先國的意思。其三，本案系爭委託書僅有委託人簽名，是單方授權行為，起對外公示的作用，一般建立在委託人與受託人已達成委託合意的基礎上，故還應根據馮靜與受託人之間的委託合同看馮靜是否有為中發電氣提供擔保的真實意思。而本案中委託人與受託人建立委託合同關係的主要證據即為原審中馮靜及多數小業主提供的《協議書》。本院已查明《協議書》有兩個版本，原審被告陸小李、駱麗娜等人簽訂的三月《協議書》，各方於2013年4月3日至上海市金山公證處辦理了委託公證，甲方有服裝城與中發電氣兩個主體，加蓋了服裝城與中發電氣的公章；而上訴人馮靜、原審被告金仙桃等人簽訂的四月《協議書》，各方均於2013年4月22日至浙江省台州市正立公證處辦理委託公證，甲方僅服裝城一個主體，加蓋了服裝城的公章，中發電氣未參與該《協議書》的訂立。原審庭審質證中，服裝城對上述《協議書》的真實性予以認可。因此，系爭委託書與馮靜與服裝城、中發集團簽訂的《協議書》委託事項內容一致，形成了證據鏈，達到了高度可能性的證明標準。委託書範本係受託人提供，正文第一段的背景表述不足以推翻《協議書》及委託書主文的證據效力。

第三，溫州銀行提出的當日辦理公證的小業主均使用同一個委託書範本，是否可印證馮靜有為中發電氣提供擔保意思。因各小業主與乙方簽訂的《協議書》版本並不完全一致，服裝城對此應屬明知，即便當日辦理公證的其他小業主使用了同一個範本，一部分小業主簽訂的《協議書》與委託書範本內容一致，在所不論；另一部分小業主簽訂的《協議書》與委託書範本內容不一致，屬於對內的委託合同與對外的授權行為的表示不一致，產生的法律後果中不包括得以直接推定馮靜應當且僅應當使用與他人相同的範本。

二、溫州銀行是否能善意取得馮靜系爭房屋的抵押權。

根據《中華人民共和國物權法》關於物權善意取得制度的規定，受讓人善意取得物權須符合下列情形：受讓人受讓該不動產或者動產時是善意的；以合理的價格轉讓；轉讓的不動產或者動產依照法律規定應當登記的已經登記，不須登記的已經交付給受讓人。溫州銀行已經證明其支付了合理的對價，以及系爭房產已進行抵押登記，故是否能適用善意取得制度，主要焦點在於對溫州銀行善意的證明。本院認為，受讓人善意與否的判斷，應以受讓

人對不知且不應知無權處分無重大過失以上過錯為標準。本案中，溫州銀行做為銀行金融機構，在與申請人中發電氣建立承兌合同法律關係、與各擔保人建立擔保合同關係時，負有對中發電氣的申請及附件資料及各擔保人的擔保資料進行審查的義務。《最高額抵押合同》係由許黎明代馮靜與溫州銀行簽訂，因由親屬之外的他人代理簽訂抵押合同並非常態，溫州銀行對許黎明的代理許可權及代理權的真實性應持謹慎審查態度。因許黎明具有代理權的唯一證據即為馮靜及何先國的委託書，但系爭委託書上有明顯手工添加的內容，且該添加內容即為本案主債務人公司名稱，與溫州銀行是否應與許黎明簽訂為中發電氣融資提供擔保的《最高額抵押合同》有直接的利害關係。溫州銀行也應注意到該添加內容旁邊並無委託人馮靜、何先國的簽名或以其他各種方式進行確認，雖然系爭委託書經過公證，但公證證明的是何先國、馮靜在委託書上的簽名和指印的真實性，對事後添加的內容不能起到公證證明作用。在重要的法律文件中存在此種足以導致公證處撤銷添加內容的公證證明效力的明顯問題，不足以認定溫州銀行已盡一般注意義務。因此，本院認定溫州銀行對於許黎明是否能代表馮靜為中發電氣債務簽訂抵押擔保合同的審查存在重大過失，溫州銀行不能依據善意取得制度取得馮靜系爭房屋的抵押權。同理，溫州銀行亦不能通過表見代理制度享有許黎明超越代理許可權簽訂的《最高額抵押合同》的合同權利。

綜上，因二審中馮靜提供了公證處《公證複查決定書》及相關證據，本院查明相關事實後認定因馮靜拒絕追認許黎明以馮靜名義與溫州銀行簽訂的系爭《最高額抵押合同》，該合同對馮靜不發生效力。溫州銀行在本案中亦不能通過善意取得制度取得馮靜系爭房屋的抵押權，相關抵押登記應予撤銷。另外，被上訴人溫州銀行原審訴請第二項要求以日利率萬分之五的標準計算本金的逾期利息，原審判決主文第二項表述為「按《銀行承兌匯票承兌合同》約定的每日萬分之五的利率計息」。因《承兌合同》約定逾期利息的利率為每日萬分之五，同時約定對逾期利息可以計收複利，溫州銀行未主張逾期利息的複利，符合相關規定，原審相關判決主文的表述本院明確其含義即指按每日萬分之五計收逾期利息，不包含複利的意思。據此，依照《中華人民共和國合同法》第四十八條第一款、第四十九條，《中華人民共和國物權法》第一百零六條，《中華人民共和國公證法》第三十六條、第三十九

條、第四十條，《中華人民共和國民事訴訟法》第六十九條、第一百四十四條、第一百七十條第一款第（二）項、第一百七十五條之規定，判決如下：

一、維持上海市黃浦區人民法院（2014）黃浦民五（商）初字第4872號民事判決第一、二、三、四、五、六、八、九、十、十一項。

二、撤銷上海市黃浦區人民法院（2014）黃浦民五（商）初字第4872號民事判決第七項、第十二項。

三、原審被告上海服裝城股份有限公司、陸小李、方文欽、駱麗娜、張帆、薛金妹、金仙桃、戴菊青在承擔了抵押擔保責任後，有權在各自承擔的抵押擔保責任範圍內向原審被告中發電氣股份有限公司追償。

四、駁回被上訴人溫州銀行股份有限公司上海分行對於上訴人馮靜的訴訟請求。

債務人如果未按本判決指定的期間履行給付金錢義務，應當依照《中華人民共和國民事訴訟法》第二百五十三條之規定，加倍支付遲延履行期間的債務利息。

一審案件受理費人民幣81,800元，財產保全費人民幣5,000元，由原審被告中發電氣股份有限公司、上海服裝城股份有限公司、陸小李、方文欽、駱麗娜、張帆、薛金妹、金仙桃、戴菊青、陳余江、陳鄧華共同負擔；一審公告費人民幣860元，由原審被告陸小李、駱麗娜、金仙桃、陳余江共同負擔人民幣560元，原審被告金仙桃、陳余江共同負擔人民幣300元。二審案件受理費人民幣13,908元，二審公告費人民幣300元，均由被上訴人溫州銀行股份有限公司上海分行負擔。

本判決為終審判決。

審判長　吳峻雪
審判員　商建剛
代理審判員　朱穎琦
二〇一六年五月十日
書記員　浦瑋汶

【案例58】 抵押權行使的法律重點

劉芝玲等訴平安銀行最高額抵押權糾紛案評析

案號：上海市第二中級人民法院（2016）滬02民終6890號

【摘要】

在主債權訴訟時效期間內怠於行使其抵押權者，除抵押人自願履行擔保義務外，銀行即喪失勝訴權而不受法律保護，抵押人有權要求銀行註銷抵押權登記。

【基本案情】

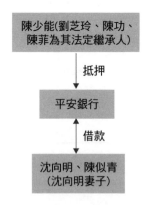

2005年10月19日，平安銀行上海市東支行（以下簡稱「平安銀行」）與沈向明簽訂《綜合授信額度合同》，約定授信金額為1,430,000元，期限為2005年10月25日起至2007年10月24日止，並由陳少能提供抵押擔保。同日，平安銀行與陳少能簽訂《最高額抵押擔保合同》，約定陳少能以其房產提供抵押擔保，並辦理了抵押登記。

之後，平安銀行陸續向沈向明發放貸款950,000元。2010年，抵

押人陳少能死亡，劉芝玲、陳功和陳菲為其法定繼承人。2007年12
月29日、2011年7月14日、2012年7月5日，債務人沈向明支付部分還
款。2012年7月9日，沈向明向平安銀行出具還款承諾書。2014年6月
27日，平安銀行起訴劉芝玲、陳功、陳菲、沈向明和陳似青（為沈
向明妻子）至上海市虹口區人民法院，要求沈向明和陳似青支付所欠
本息。2015年6月25日，平安銀行與沈向明達成民事調解協議。劉芝
玲、陳功和陳菲將平安銀行訴至法院，請求判決確認案涉最高額抵押
法律關係消滅；平安銀行配合辦理抵押的他項權證註銷手續，賠償因
延遲辦理抵押註銷手續造成的損失50,000元；確定平安銀行抵押擔保
的債權範圍。

【法院判決】

　　上海市楊浦區人民法院經審理認為，本案的爭議焦點在於案涉
最高額抵押權是否消滅。根據《中華人民共和國物權法》（以下簡稱
《物權法》）的規定，案涉抵押物所擔保的主債權並未消滅，債權人
平安銀行也未放棄行使抵押權，不屬於抵押權消滅的法定情形。即便
超過了主債權的訴訟時效期間，債權人僅喪失勝訴權，而非消滅抵押
權。因此，案涉最高額抵押權未消滅，劉芝玲、陳功和陳菲要求平安
銀行配合辦理抵押他項權證註銷手續、賠償延遲辦理抵押註銷手續造
成的損失以及確定抵押擔保債權範圍的訴訟請求，沒有事實和法律依
據，不予支持，故判決駁回劉芝玲等的全部訴訟請求。

　　宣判後，劉芝玲、陳功和陳菲不服一審判決，提起上訴。上海
市第二中級人民法院經審理認為，本案的爭議焦點在於案涉抵押擔保
的主債權是否超過訴訟時效，以及《物權法》第二百零二條規定的
「不予保護」如何落實。案涉抵押擔保的各筆貸款，最晚在2007年
10月24日到期。2007年12月29日以後，債務人沈向明多次支付過部
分還款。抵押人（本案為抵押人的法定繼承人劉芝玲、陳功和陳菲）

進行了訴訟時效抗辯，平安銀行未能證明未還貸款自2007年12月29日後的2年內發生過訴訟時效的中止、中斷或延長，故認定未還貸款均在2009年12月29日訴訟時效屆滿。債務人沈向明與債權人平安銀行於2015年6月25日達成民事調解，符合有關訴訟時效的法律規定。但是，平安銀行未在主債權訴訟時效期間（即2009年12月29日前）行使抵押權，故不予保護，一審法院認定不予保護勝訴權而非消滅抵押權正確。《物權法》第二百零二條「抵押權人應當在主債權訴訟時效期間行使抵押權，未行使的，人民法院不予保護」，涉及如何處理抵押登記的問題。抵押權人因訴訟時效經過而喪失勝訴權，案涉債務變成自然之債，即抵押人可基於自願原則償還。自願償還並不須抵押登記的保護，應理解為抵押人有權請求法院判決抵押權人註銷抵押登記，否則會嚴重影響抵押物的流通。對延遲辦理註銷登記引起的損失，劉芝玲、陳功和陳菲並未提供相應證據予以證明，故不予支援。綜上，改判平安銀行配合劉芝玲、陳功和陳菲辦理案涉房產的註銷抵押登記手續。

【法律評析】

本案的爭議焦點為，抵押權的行使期限及其法律適用和主債權訴訟時效屆滿後行使抵押權的法律後果。

一、抵押權的行使期限及其法律適用

《最高人民法院關於適用〈中華人民共和國擔保法〉若干問題的解釋》（以下簡稱《擔保法解釋》）第十二條規定：「當事人約定的或者登記部門要求登記的擔保期間，對擔保物權的存續不具有法律約束力。擔保物權所擔保的債權的訴訟時效結束後，擔保權人在訴訟時效結束後的兩年內行使擔保物權的，人民法院應當予以支持。」《物權法》第一百七十八條規定：「擔保法與本法的規定不一致的，

適用本法。」第二百零二條規定：「抵押權人應當在主債權訴訟時效期間內行使抵押權，未行使的，人民法院不予保護。」

　　分析上述法條可知，擔保物權的行使期限，當事人的約定和登記部門的要求均不具有法律約束力，而應根據法律規定來具體確定。具體可分為以下情形：

時間	法律適用	擔保物權的行使期限
2007年10月1日以前（《物權法》施行前）	《擔保法解釋》第十二條	主債權訴訟時效結束後兩年內
2007年10月1日及以後（《物權法》施行後）	《物權法》第二百零二條	主債權訴訟時效期間內

　　本案中，由於平安銀行未能證明從2007年12月29日起兩年內發生過訴訟時效的中止、中斷或延長，故認定主債務的訴訟時效於2009年12月29日屆滿。抵押權人平安銀行沒有在主債權訴訟時效期間內（即2009年12月29日前）行使抵押權，抵押人（本案為抵押人的法定繼承人劉芝玲、陳功和陳菲）進行了訴訟時效抗辯，故對平安銀行的抵押權不予保護。

二、主債權訴訟時效屆滿後行使抵押權的法律後果

　　《中華人民共和國民法通則》（以下簡稱《民法通則》）第一百三十五條規定：「向人民法院請求保護民事權利的訴訟時效期間為兩年，法律另有規定的除外。」分析可知，超過訴訟時效的民事權利，人民法院不予保護，當事人喪失勝訴權，但相應的民事權利並未消滅。《物權法》第一百七十七條規定：「有下列情形之一的，擔保物權消滅：（一）主債權消滅；（二）擔保物權實現；（三）債權人放棄擔保物權；（四）法律規定擔保物權消滅的其他情形。」第二百

零二條規定：「抵押權人應當在主債權訴訟時效期間行使抵押權；未行使的，人民法院不予保護。」

分析可知，《物權法》二百零二條規定的本意在於督促抵押權人積極行使抵押權。但是如果不屬於擔保物權的消滅情形，抵押權人在主債權訴訟時效期間內又沒有行使抵押權時，法院不予保護的是抵押權人的勝訴權，而非消滅抵押權。法院不予保護勝訴權，即涉及到抵押登記如何處理的問題。抵押權人因訴訟時效屆滿而失去勝訴權，則此類債務變成自然之債。自然之債不具有對抗第三人的公示效力和優先受償的效力，不須抵押登記進行保護，故應註銷抵押登記，促進抵押物的快速流通。

結合本案，抵押權人平安銀行沒有在主債權訴訟時效期間內行使抵押權，又不符合擔保物權的消滅清形，故喪失其勝訴權而非消滅抵押權。抵押人（本案為抵押人的法定繼承人劉芝玲、陳功和陳菲）提出了訴訟時效抗辯，即對案涉平安銀行的抵押權不予保護，抵押的債權效力轉變為基於自願原則償還，因此並不須通過抵押登記的方式予以保護，抵押登記應予以註銷。

故二審法院做出了抵押權人平安銀行喪失勝訴權而仍具有抵押權的認定，並改判平安銀行配合劉芝玲、陳功和陳菲辦理案涉房產的註銷抵押登記手續。

三、對銀行的啟示

銀行辦理抵押業務時必須關注以下內容：

1. 2007年10月1日《物權法》實施後，法律明訂：「抵押權人應當在主債權訴訟時效期間行使抵押權；未行使的，人民法院不予保護。」因此，債權人超過主債權訴訟時效期間行使抵押權時，法院不予保護銀行的勝訴權，抵押權的實現依賴於抵押人的自願償還。

2. 抵押權的訴訟時效取決於主債權的訴訟時效，而非抵押登記

時登記的「債務履行期限」或者「債權發生期限」，因此擔保法司法解釋第十二條規定：「當事人約定的或者登記部門要求登記的擔保期間，對擔保物權的存續不具有法律約束力。」

3. 如果銀行沒有在主債權訴訟時效期間內積極行使其擔保物權，除非擔保人自願履行擔保責任，否則銀行將喪失勝訴權，並負有註銷擔保物權登記的義務。因此，銀行應特別關注訴訟時效利益，以防義務人提起訴訟時效抗辯，切實保障其擔保物權的實現。

附：法律文書

劉芝玲、陳功等與平安銀行股份有限公司上海市東支行最高額抵押權糾紛二審民事判決書

上海市第二中級人民法院
民事判決書
（2016）滬02民終6890號

上訴人（原審原告）：劉芝玲，女，漢族，住上海市黃浦區。
上訴人（原審原告）：陳功，男，漢族，住上海市黃浦區。
上訴人（原審原告）：陳菲，女，漢族，住上海市徐匯區。
上列上訴人共同委託訴訟代理人：於炯、孫夢祺，上海市公義律師事務
　　所律師。
被上訴人（原審被告）：平安銀行股份有限公司上海市東支行，營業場
　　所上海市虹口區。負責人：裔駿，該支行行長。
委託訴訟代理人：錢前、朱思衡，上海虹橋正瀚律師事務所律師。

上訴人劉芝玲、陳功、陳菲因與平安銀行股份有限公司上海市東支行（以下簡稱「平安銀行市東支行」）最高額抵押權糾紛一案，不服上海市楊浦區人民法院（2015）楊民五（商）初字第1744號民事判決，向本院提起上

訴。本院於2016年8月16日立案，依法組成合議庭對本案進行了審理。本案現已審理終結。

上訴人劉芝玲、陳功、陳菲上訴請求：依法改判，支持上訴人在一審中提出的訴訟請求。事實與理由：一審就本案主債權是否超過訴訟時效、主債權的範圍等基礎事實未查清。楊浦區人民法院（2013）楊民四（民）初字第3122號民事判決，經本院（2014）滬二中民二（民）終字第604號民事判決維持，認為債權人未在主債權規定的期限內行使抵押權，抵押權應消滅。本案應遵從之。平安銀行市東支行應承擔上訴人的律師費用。被上訴人平安銀行市東支行辯稱，首先，金融借款合同糾紛未過訴訟時效，因主債權未過訴訟時效，故抵押權亦未消滅。本案項下，債務人沈向明曾在2012年7月9日向平安銀行市東支行出具《還款承諾書》，承諾歸還借款本息，產生訴訟時效中斷的法律後果，後因其未能履約，平安銀行市東支行再次起訴，雙方達成調解協議。本案債務人並未提出訴訟時效抗辯，故對應主債權並未過訴訟時效。其次，即使金融借款合同糾紛已過訴訟時效，亦不能產生抵押權消滅的效果。關於「抵押權人未在主債權訴訟時效期間行使抵押權，抵押權起訴請求確認抵押權消滅」問題，吉林省高級人民法院在《關於商事審判若干疑難問題的解答》認為：「在有權機關對物權法第二百零二條的規定進行明確解釋前，根據物權法定原則，抵押人起訴請求解除抵押權消滅的，人民法院不應支持。抵押權人未在主債權訴訟時效期間內行使抵押權，抵押人以該情形屬於合同法第一百一十條第一項規定的『法律上不能履行』，起訴請求解除抵押合同，人民法院應予支持。人民法院判決解除抵押合同後，抵押人可持該判決申請註銷抵押登記。」對於吉林省高院的司法觀點，對本案有較大的借鑒意義。

上訴人一審訴訟請求：1. 確認最高額抵押法律關係消滅；2. 要求平安銀行市東支行配合辦理抵押的他項權證註銷手續；3. 賠償因延遲辦理抵押註銷手續造成的損失人民幣（以下幣種均為人民幣）50,000元；4. 確定平安銀行市東支行抵押擔保的債權範圍。

一審法院認定事實：系爭抵押擔保人陳少能於2010年死亡，劉芝玲、陳功、陳菲做為其法定繼承人提起本案訴訟。2015年10月19日，平安銀行市東支行（原名為「深圳發展銀行上海楊浦支行」）與債務人沈向明簽訂《綜合

授信額度合同》（合同編號：深發滬楊浦綜字第XXXXXXXXXXX號），授信金額為1,430,000元，授信期限從2005年10月起至2007年10月止，約定由陳少能提供抵押擔保。同日，平安銀行市東支行與陳少能簽訂《最高額抵押擔保合同》（合同編號：深發滬楊浦額抵字XXXXXXXXXXX號），約定陳少能以上海市浦東新區康橋鎮滬南公路XXX弄XXX號XXX室、XXX號XXX室、上海市浦東新區康橋鎮滬南公路XXX弄XXX號XXX室、XXX號XXX室以及上海市浦東新區康橋鎮康花路XXX號XXX層房產提供抵押擔保。同年10月26日，平安銀行市東支行與陳少能至上海市浦東新區房地產登記處辦理了上海市房地產抵押登記證明（登記證明號：南XXXXXXXXXXX）。後平安銀行市東支行陸續向沈向明發放貸款950,000元。2012年7月9日，沈向明向平安銀行市東支行出具還款承諾書。同年9月21日，沈向明最後一次還款。2014年6月27日，平安銀行市東支行起訴劉芝玲、陳功、陳菲、沈向明、陳似青（係沈向明妻子）至上海市虹口區人民法院，要求沈向明、陳似青支付所欠本息。

　　一審法院認為，本案的爭議焦點在於涉案最高額抵押權是否消滅。《中華人民共和國物權法》（以下簡稱「物權法」）第一百七十七條規定：「有下列情形之一的，擔保物權消滅：（一）主債權消滅；（二）擔保物權實現；（三）債權人放棄擔保物權；（四）法律規定擔保物權消滅的其他情形。」本案中，抵押物所擔保的主債權並未消滅，平安銀行市東支行做為債權人也未放棄行使抵押權，故本案抵押權未消滅。《中華人民共和國物權法》第二百零二條規定：「抵押權人應當在主債權訴訟時效期間行使抵押權；未行使的，人民法院不予保護。」該條規定的本意在於督促債權人積極行使抵押權，因此，即便債權人超過主債權訴訟時效期間，法院不予保護的只是勝訴權，而非消滅抵押權。綜上所述，本案中最高額抵押權未消滅，劉芝玲、陳功、陳菲要求平安銀行市東支行配合辦理抵押他項權證註銷手續以及要求平安銀行市東支行賠償延遲辦理抵押註銷手續造成的損失無事實和法律依據，一審不予支援。

　　一審判決：劉芝玲、陳功、陳菲要求確認最高額抵押法律關係消滅、辦理抵押權註銷手續、要求平安銀行市東支行賠償因延遲辦理抵押權註銷手續造成損失人民幣50,000元以及確定抵押擔保的債權範圍的訴訟請求，不予支

援。一審案件受理費人民幣18,120元,由劉芝玲、陳功、陳菲共同負擔。

本院二審期間,雙方均未提交新證據。本院經審理查明,原審查明事實屬實,本院予以確認。

本院認為,本案的爭議焦點在於:系爭抵押擔保的主債權是否超過訴訟時效,以及物權法第二百零二條規定的「不予保護」在司法實踐中如何落實。

一、關於系爭抵押擔保合同的法律效力。系爭《最高額抵押擔保合同》(以下簡稱「抵押擔保合同」)的簽訂、抵押登記手續的辦理在物權法自2007年10月1日施行之前,根據《最高人民法院關於適用〈中華人民共和國擔保法〉若干問題的解釋》(以下簡稱「擔保法司法解釋」)第一百三十條第三款,「擔保法施行以後因擔保行為發生的糾紛案件,在本解釋公布施行後尚在一審或二審階段的,適用擔保法和本解釋」,擔保法司法解釋第四十九條第二款規定,「當事人未辦理抵押物登記手續的,不得對抗第三人」,本院認定系爭抵押擔保合同自雙方簽訂之日(2005年10月19日)生效,自辦理房地產抵押登記之日(2005年10月26日)起具備對抗第三人的物權效力。

二、關於抵押權存續期間以及行使期間的法律適用。系爭抵押合同第二條第4款約定,「當乙方(指抵押擔保人)把全部抵押債務及相關費用清償完畢後,甲方須及時將抵押物權利證明文件交還乙方,並向乙方出具債務還清證明,以註銷抵押登記」,系爭抵押他項權證記載:「債務履行期限為2005年10月25日至2007年10月24日止」,本院認為,根據擔保法司法解釋第十二條,「當事人約定的或者登記部門要求登記的擔保期間,對擔保物權的存續不具有法律約束力」,應根據法律規定來確定抵押擔保的存續以及法律效力。擔保法司法解釋第十二條第二款規定,「擔保物權所擔保的債權的訴訟時效結束後,擔保權人在訴訟時效結束後的兩年行使擔保物權的,人民法院應當予以支持。」物權法第二百零二條規定,「抵押權人應當在主債權訴訟時效期間行使抵押權;未行使的,人民法院不予保護。」根據物權法第一百七十八條,「擔保法與本法的規定不一致的,適用本法」,本案應適用物權法第二百零二條。系爭抵押擔保的主債權涉及七筆貸款,均為按月付息,到期還本,各筆貸款最晚在2007年10月24日到期。2007年12月29日、

2011年7月14日、2012年7月05日，債務人沈向明進行過部分還款。2012年7月9日，債務人沈向明向債權人出具過《還款承諾書》。除此之外，編號尾數為0013的貸款，在2013年1月26日、2月26日、3月21日進行過還款。債權人平安銀行市東支行於2014年7月28日提起訴訟，後於2014年8月25日撤回起訴。於2015年3月6日再次提起民事訴訟，2015年6月25日債權人平安銀行市東支行撤回對劉芝玲等三人的起訴，並與債務人沈向明達成民事調解協議。2015年11月27日，債務人沈向明進行了部分還款，並確認編號尾數為0010的貸款已還清，尚餘六筆未還清尚拖欠本金799,402.16元及利息。抵押人進行了訴訟時效抗辯，債權人平安銀行市東支行未能提供證據證明，系爭六筆未還清的貸款自2007年12月29日後兩年之內發生過訴訟時效的中止、中斷、延長，因此，本案抵押擔保的主債權尚未清償完畢的系爭六筆貸款均在2009年12月29日後訴訟時效屆滿。主債務人沈向明與債權人平安銀行市東支行於2015年6月25日達成民事調解，符合《最高人民法院關於審理民事案件適用訴訟時效制度若干問題的規定》第三條，「當事人未提出訴訟時效抗辯，人民法院不應對訴訟時效問題進行釋明及主動適用訴訟時效的規定進行裁判」之規定。綜上，系爭抵押擔保的抵押人未在主債權訴訟時效期間行使抵押權，依法應不予保護。

　　三、關於抵押權因主債權訴訟時效屆滿而不予保護的法律後果。《中華人民共和國民法通則》第一百三十五條規定，「向人民法院請求保護民事權利的訴訟時效期間為兩年，法律另有規定的除外。」超過訴訟時效的民事權利，人民法院不予保護，當事人喪失勝訴權，而民事權利並未消滅。若債務人（本案為抵押擔保人的繼承人在繼承財產範圍內）同意履行義務，將發生訴訟時效中斷的法律效果，並重新計算訴訟時效。一審認為，物權法第一百七十七條規定：「有下列情形之一的，擔保物權消滅：（一）主債權消滅；（二）擔保物權實現；（三）債權人放棄擔保物權；（四）法律規定擔保物權消滅的其他情形。」本案中，抵押物所擔保的主債權並未消滅，平安銀行市東支行做為債權人也未放棄行使抵押權，故本案抵押權未消滅。物權法第二百零二條規定：「抵押權人應當在主債權訴訟時效期間行使抵押權；未行使的，人民法院不予保護。」該條規定的本意在於督促債權人積極行使抵押權，因此，即便債權人超過主債權訴訟時效期間，法院不予保護的只是

勝訴權,而非消滅抵押權。對此,本院予以認可。

四、關於人民法院「不予保護」的抵押權在司法實踐中的體現。根據物權法第二百零二條規定,抵押權人在主債權訴訟時效期內未行使抵押權的,人民法院不予保護。不予保護涉及到如何處理抵押登記的問題。根據物權法的相關規定,抵押登記具備兩項功能,其一、抵押具備對抗第三人的公示效力,其二、抵押權行使時,抵押權人可以與抵押人協議以抵押財產折價或者拍賣、變賣該抵押財產所得的價款優先受償。本案中,抵押人(本案為抵押人的法定繼承人)提出本案訴訟請求,系爭抵押擔保物權登記應予以撤銷,使得系爭抵押不再具備對抗第三人的效力、抵押權人對抵押財產也不再具備優先受償權。本院認為,因訴訟時效原因,本案中抵押權人的抵押權失去了勝訴權,則此類債務變成自然之債。即抵押人可以基於自願的原則去償還。自願償還並不須抵押登記的保護,應理解為法律賦予抵押人滌除抵押登記的請求權,請求法院判決註銷抵押登記。否則會嚴重影響抵押物的流通,導致法律條文的目的落空。對於本案中銀行所提出的解除合同才能辦理註銷登記的觀點,本院認為本案上訴人的原審訴請中已經明確註銷登記之目的,至於實現這一目的的法律途徑或者文字表述,在本案中並無更多實際意義。

綜上,系爭抵押所擔保的主債權已過訴訟時效,抵押人有權提出訴訟時效抗辯,本院對系爭抵押權不予保護,抵押的債權效力屬自然之債,應允許辦理註銷登記。至於上訴人所主張的延遲辦理引起的損失,未提供相應依據和證據,不予支援。至於判決法律關係消滅,並無實際意義,因為上文認定已經表明本院觀點。依照《中華人民共和國民事訴訟法》第一百七十條第一款第(二)項、第一百七十五條判決如下:

一、撤銷上海市楊浦區人民法院(2015)楊民五(商)初字第1744號民事判決;

二、被上訴人平安銀行股份有限公司上海市東支行在本判決書生效之日起十日內配合辦理上海市浦東新區康橋鎮滬南公路XXX弄XXX號XXX室、XXX號XXX室、上海市浦東新區康橋鎮滬南公路XXX弄XXX號XXX室、XXX號XXX室以及上海市浦東新區康橋鎮康花路XXX號XXX層房產註銷抵押登記手續。

三、駁回劉芝玲、陳功、陳菲因其他訴訟請求。

　　本案一審案件受理費18,120元，二審案件受理費人民幣18,120元，由被上訴人負擔平安銀行股份有限公司上海市東支行各半負擔。

　　本判決為終審判決。

　　審判長　符　望
　　審判員　商建剛
　　審判員　金　冶
　　二〇一六年九月十四日
　　書記員　張　煜

【案例59】銀行遲延辦理擔保物解押贖證之賠償責任

廣州銀行佛山分行訴鴻越公司、匯晉公司
抵押合同糾紛案評析

案號：廣東省佛山市中級人民法院（2016）粵06民終652號

【摘要】

承擔遲延辦理擔保物解押贖證手續的賠償責任，應以債務人償還全部借款本息、擔保人相應擔保義務已解除、擔保權人違反合同約定且沒有正當理由為前提。本案中銀行因自身原因遲延辦理抵押物註銷手續，向抵押人承擔賠償責任。法院對損失的認定，是參照未註銷抵押物價值，按中國人民銀行同期貸款利率標準計算。

【基本案情】

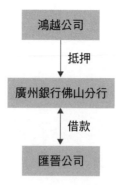

2013年，廣州銀行股份有限公司佛山分行（以下簡稱「廣州銀行佛山分行」）與佛山市順德區匯晉貿易有限公司（以下簡稱「匯晉公司」）簽訂《流動資金借款合同》，約定匯晉公司向廣州銀行借

款，並由佛山市鴻越房地產有限公司（以下簡稱「鴻越公司」）提供抵押擔保。隨後，廣州銀行佛山分行與鴻越公司簽訂《最高額抵押合同》，約定鴻越公司以其多處住宅房產，為匯晉公司和廣州銀行佛山分行的債務提供最高額抵押擔保，並辦理了相應的最高額抵押登記。

之後，匯晉公司依約向廣州銀行佛山分行歸還了借款合同項下的全部借款本金和利息，抵押人鴻越公司的相應擔保義務已解除。但是，廣州銀行佛山分行並未及時辦理案涉抵押物的塗銷抵押登記手續。鴻越公司遂訴至法院，請求判決廣州銀行佛山分行賠償因其未及時辦理塗銷抵押手續而造成的鴻越公司損失。

【法院判決】

廣東省佛山市順德區人民法院經審理，判決廣州銀行佛山分行向鴻越公司支付賠償款516,781.47元。

宣判後，廣州銀行佛山分行不服一審判決，提起上訴。廣州銀行佛山分行認為，匯晉公司存在不按合同約定借款用途使用借款等違約行為，但未按約支付違約罰息，鴻越公司的擔保義務尚未解除；除匯晉公司以外，與鴻越公司有關聯關係的協力廠商仍有四戶（包括模之源五金模具有限公司，以下簡稱「模之源公司」）在廣州銀行佛山分行處已逾期歸還貸款本金超過1億元，鴻越公司以其案涉抵押房產的車庫為模之源公司提供擔保，模之源公司逾期尚未歸還，而案涉房產抵押登記塗銷後其車庫的抵押物價值將明顯下降，廣州銀行佛山分行迫不得已才逾期辦理塗銷抵押手續；廣州銀行佛山分行與鴻越公司既未約定損失計算方式，鴻越公司也未舉證證明實際損失金額，一審判決以抵押物評估值計算貸款利息損失，沒有法律依據。綜上，請求撤銷一審判決，改判廣州銀行佛山分行無須向鴻越公司承擔任何賠償責任。

廣東省佛山市中級人民法院經審理認為，本案的爭議焦點為廣

州銀行佛山分行是否應就遲延辦理案涉抵押物的解押贖證手續承擔賠償責任，相應的損失應如何認定。首先，廣州銀行佛山分行對於匯晉公司確存在未按約定用途使用貸款的行為以及因此應向其支付罰息，均未能舉證證明，故應承擔舉證不能的不利後果，對廣州銀行佛山分行關於匯晉公司未完全履行案涉借款合同項下債務的上訴主張，不予採納。其次，廣州銀行佛山分行以與鴻越公司有關聯的案外人仍有逾期未還的貸款為由，主張其未按時塗銷案涉抵押物的抵押手續有正當事由。但根據廣州銀行佛山分行與鴻越公司和匯晉公司簽訂的一系列合同，鴻越公司是為廣州銀行佛山分行與匯晉公司簽訂案涉借款合同所產生的債權提供案涉抵押物做為擔保，和廣州銀行佛山分行與案外人之間的借款合同關係並無關聯。在匯晉公司已歸還案涉全部借款本金和利息時，相應的抵押擔保關係隨之結束，廣州銀行佛山分行應依約及時辦理案涉抵押物的塗銷抵押登記手續，以其對案外人債權未實現為由而主張有正當理由未及時辦理塗銷抵押手續，沒有法律依據，不予支持。最後，一審法院根據鴻越公司的經營性質，參照未及時註銷抵押的房產的抵押價值，按未超過中國人民銀行同期同類貸款利率標準的4.85%計算鴻越公司相應的損失，合理合法。綜上，判決駁回上訴、維持原判。

【法律評析】

一、遲延辦理抵押物解押贖證手續的賠償責任

《中華人民共和國合同法》（以下簡稱《合同法》）第六十條規定：「當事人應當按照約定全面履行自己的義務。當事人應當遵循誠實信用原則，根據合同的性質、目的和交易習慣履行通知、協助、保密等義務。」第一百零七條規定：「當事人一方不履行合同義務或者履行合同義務不符合約定的，應當承擔繼續履行、採取補救措施或

者賠償損失等違約責任。」分析上述法條可知，合同當事人應按照誠實信用原則，依約全面履行合同義務，出現不履行或者違反約定履行合同義務情形的一方，應根據具體情況向非違約方承擔相應的違約責任。

結合本案，判斷是否應就遲延辦理案涉抵押物解押贖證手續承擔賠償責任，關鍵在於認定廣州銀行佛山分行是否依約向鴻越公司履行了合同義務。

第一，廣州銀行佛山分行上訴主張債務人匯晉公司違反合同約定的借款用途使用貸款、未向其支付因違約行為產生的罰息，匯晉公司未歸還全部貸款本金、利息和罰息，故抵押人鴻越公司的擔保責任並未解除，廣州銀行佛山分行不負有辦理案涉抵押物解押贖證手續的義務，更不應賠償因延遲辦理解押贖證手續造成的鴻越公司損失。但是，廣州銀行佛山分行未能舉證證明其關於匯晉公司存在未按約定用途使用貸款的行為以及未支付因此應向其支付罰息的主張。《最高人民法院關於民事訴訟證據的若干規定》第二條規定：「當事人對自己提出的訴訟請求所依據的事實或者反駁對方訴訟請求所依據的事實有責任提供證據加以證明。沒有證據或者證據不足以證明當事人的事實主張的，由負有舉證責任的當事人承擔不利後果。」因此，廣州銀行佛山分行應承擔舉證不能的不利後果，故認定匯晉公司向廣州銀行佛山分行歸還了全部貸款本金、利息和罰息，抵押人鴻越公司的相應擔保義務已解除，廣州銀行佛山分行負有辦理案涉抵押物解押贖證手續的義務。

第二，廣州銀行佛山分行上訴主張因與抵押人鴻越公司有關聯的案外人仍對其有逾期未歸還的貸款，且如果案涉房產抵押登記塗銷後案外人的抵押物價值將明顯下降，其逾期辦理案涉抵押物的塗銷抵押手續有正當事由。根據合同的相對性原理，合同內容僅約束雙方當事人，而不能約束合同關係以外的第三人。分析可知，抵押人鴻越公

司是為匯晉公司案涉借款合同所產生的債權提供案涉抵押物擔保，與廣州銀行佛山分行和案外人的借款關係並無關聯。即使案外人對廣州銀行佛山分行有逾期未歸還的借款，在匯晉公司已歸還廣州銀行佛山分行案涉全部借款本息的情況下，抵押人鴻越公司的相應擔保關係已結束，廣州銀行佛山分行延遲辦理案涉抵押物的塗銷登記手續沒有正當理由和合同依據。

綜上所述，廣州銀行佛山分行違反了合同約定，向鴻越公司延遲履行辦理案涉抵押物塗銷登記手續的合同義務，應對因此造成的鴻越公司損失承擔違約賠償責任。

二、遲延辦理抵押物解押贖證手續的損失認定

《合同法》第一百一十三條第一款規定：「當事人一方不履行合同義務或者履行合同義務不符合約定，給對方造成損失的，損失賠償額應當相當於因違約所造成的損失，包括合同履行後可以獲得的利益，但不得超過違反合同一方訂立合同時預見到或者應當預見到的因違反合同可能造成的損失。」

根據上述法條，關於鴻越公司損失的具體認定，應以因廣州銀行佛山分行違反合同約定、延遲履行辦理案涉抵押物塗銷登記造成的損失為準。由於被設定抵押的不動產，在未辦妥註銷抵押登記之前，無法辦理過戶登記，即意味著抵押權影響不動產的流通交易，而本案中，廣州銀行佛山分行與鴻越公司沒有約定損失的計算方式和具體數額，故一審和二審法院對損失認定，是參照案涉房產的評估抵押價值，按照不超過央行同期同類貸款利率標準的4.85%計算相應的損失。

三、銀行風險啟示

結合本案可知，銀行應在債務人償還全部借款本息、擔保人相

應擔保義務已解除的情況下，及時協助擔保人辦理擔保物的解押贖證手續，否則即要為延遲履行義務造成的擔保人損失，承擔違約賠償責任。

附：法律文書

佛山市鴻越房地產有限公司與廣州銀行股份有限公司佛山分行抵押合同糾紛二審民事判決書

佛山市中級人民法院
民事判決書
（2016）粵06民終652號

上訴人（原審被告）：廣州銀行股份有限公司佛山分行。營業場所：
　　廣東省佛山市禪城區朝安南路63號P33首層商鋪、P32首層及二層商
　　鋪。組織機構代碼××。
負責人：竇廣涵，行長。
委託代理人：張俊龍，廣東法品律師事務所律師。
委託代理人：鄧日科，廣東法品律師事務所律師。
被上訴人（原審原告）：佛山市鴻越房地產有限公司。
　　住所地：廣東省佛山市順德區。
法定代表人：胡曉海，董事長。
委託代理人：盧健衡，廣東順迪律師事務所律師。
委託代理人：曹偉君，廣東順迪律師事務所律師。
被上訴人（原審第三人）：佛山市順德區匯晉貿易有限公司。
　　住所地：廣東省佛山市順德區。
法定代表人：胡輝添。

上訴人廣州銀行股份有限公司佛山分行（以下簡稱廣州銀行佛山分行）因與被上訴人佛山市鴻越房地產有限公司（以下簡稱鴻越公司）、佛山市順

德區匯晉貿易有限公司（以下簡稱匯晉公司）抵押合同糾紛一案，不服廣東省佛山市順德區人民法院（2015）佛順法容民初字第1520號民事判決，向本院提起上訴。本院依法組成合議庭審理了本案，現已審理終結。

原審法院經審理，依照《中華人民共和國合同法》第六十條、第一百零七條的規定，做出如下判決：一、廣州銀行佛山分行應於判決發生法律效力之日起十五日內向鴻越公司支付賠償款516,781.47元；二、駁回鴻越公司的其他訴訟請求。一審案件受理費4,769.10元，由鴻越公司負擔369.10元，廣州銀行佛山分行負擔4,400元。如果未按判決指定的期間履行給付金錢義務，應當依照《中華人民共和國民事訴訟法》第二百五十三條之規定，加倍支付遲延履行期間的債務利息。

上訴人廣州銀行佛山分行不服原審法院上述判決，向本院提起上訴稱：

一、原審判決程序不合法

1. 原審判決遺漏重要當事人。原審判決將《解押贖證方案》做為重要的定案證據，但該方案簽署方為廣州銀行股份有限公司佛山大瀝支行（以下簡稱廣州銀行大瀝支行）和佛山市順德社區居民委員會××東路××花園××、××、××、××、××、××、××、××、××、××、××、××、××、××共26模之源五金模具有限公司（以下簡稱模之源公司）以及鴻越公司、匯晉公司，做為獨立訴訟主體的廣州銀行佛山分行及模之源公司，原審法院未通知其參與訴訟，程序嚴重違法。2. 原審法院沒有管轄權。本案屬於保證合同糾紛，在主合同《流動資金借款合同》已經明確約定由貸款人所在地人民法院（佛山市禪城區人民法院）管轄的情況下，沒有管轄權的原審法院受理了本案，並從未向廣州銀行佛山分行釋明管轄權相關事宜，原審判決的公正性存疑。3. 原審法院的開庭筆錄上沒有廣州銀行佛山分行代理人黃郁青的簽名，未保障廣州銀行佛山分行的訴訟權利。

二、原審判決認定事實不清

1. 原審判決錯誤認定匯晉公司已經完全履行案涉借款合同項下的全部債務。匯晉公司僅歸還本金及利息，尚未支付罰息。匯晉公司存在不按合同約定借款用途使用借款等違約行為，應按約定從違約之日起按合同利率加收100%的罰息。但截止至廣州銀行佛山分行提起上訴之日，匯晉公司尚未支

付違約罰息，鴻越公司的擔保義務尚未解除。2. 原審判決遺漏認定廣州銀行佛山分行未按時塗銷抵押的正當事由。除匯晉公司以外，與鴻越公司有關聯關係的協力廠商仍有四戶（包括模之源公司），該四戶在廣州銀行佛山分行處已逾期歸還貸款本金超過1億元。鴻越公司以位於案涉抵押物同一小社區居民委員會××東路××花園××、××、××、××、××、××、××、××、××、××、××、××、××、××共26的車庫為模之源公司提供擔保，模之源公司逾期並尚未歸還本金2,555萬元，考慮案涉住宅已抵押給廣州銀行佛山分行，廣州銀行佛山分行才接受鴻越公司提供的車庫做為抵押並同意向模之源公司發放貸款。由於模之源公司逾期歸還貸款，而同小社區居民委員會××東路××花園××、××、××、××、××、××、××、××、××、××、××、××、××、××共26的住宅抵押塗銷後車庫抵押物價值將明顯下降，鴻越公司和匯晉公司的實際控制人又拒不配合協商談判，廣州銀行佛山分行迫不得已才逾期辦理塗銷抵押手續。

　　三、原審判決適用法律錯誤

　　1. 鴻越公司對爭議發生存在過錯。《最高額抵押合同》第一條第（七）項約定：抵押人在國家工商行政管理部門進行任何變更登記，應立即通知並將有關登記副本送交抵押權人；第十二條第二款第（一）項約定：抵押人在合同第一條中所做承諾未得到履行，即構成抵押權人在合同項下的違約。鴻越公司在2014年7月變更股東及法定代表人，卻未按約定將變更事宜通知廣州銀行佛山分行，其違約在先，對本案爭議的產生具有過錯。2. 原審判決認定的損失沒有法律依據。《中華人民共和國合同法》第一百一十三條規定：當事人一方不履行合同義務或者履行合同義務不符合約定，給對方造成損失的，損失賠償額應當相當於因違約所造成的損失。但廣州銀行佛山分行與鴻越公司既未約定損失計算方式，鴻越公司也未舉證證明實際損失金額，原審判決以抵押物評估值計算貸款利息損失，沒有法律依據。原審法院未查明案涉26套房產的實際銷售情況及抵押情況，即對實際損失沒有查明。此外，原審法院直接將評估值認定為抵押物價值有誤，未計算抵押率68.1%。

綜上，請求二審法院撤銷原審判決，改判廣州銀行佛山分行無須向鴻越公司承擔任何賠償責任，並判令鴻越公司、匯晉公司負擔本案的一、二審訴訟費用。

被上訴人鴻越公司答辯稱：原審判決程序合法，認定事實清楚，適用法律正確，應當予以維持。

被上訴人匯晉公司在二審期間未做陳述。

上訴人廣州銀行佛山分行在二審期間提供2013佛分授信字第0806001號《授信協議書》、2013佛分流貸字第0806001號《流動資金借款合同》、2013佛分高抵字第0806001號《最高額抵押合同》各一份，擬證明廣州銀行佛山分行向鴻越公司的關聯公司模之源公司發放4,800萬元貸款用於流動資金周轉，鴻越公司提供與案涉抵押房產配套的小社區居民委員會××東路××花園××共26車位做為抵押，模之源公司至今仍逾期還款2,555萬元本金。

被上訴人鴻越公司、匯晉公司在二審期間均沒有提供新證據。

對於上訴人廣州銀行佛山分行提供的證據，鴻越公司質證後認為對其真實性、合法性、關聯性均不予確認，且認為上述證據已超過舉證期限，廣州銀行佛山分行在一審期間沒有提交上述證據，應視為是其放棄權利，且該組證據與本案沒有任何關係，所涉及的抵押物也與本案無關。

因上訴人廣州銀行佛山分行提供的證據中的《授信協議書》和《流動資金借款合同》是其與案外人模之源公司簽訂的，相應的貸款與本案無關，故在《最高額抵押合同》中顯示的鴻越公司為此提供的抵押亦與本案無關，即上述證據與本案不具備關聯性，本院不予採納。

經審查，原審法院認定匯晉公司歸還編號為2013年佛分流貸字第0407001號《流動資金借款合同》項下全部借款本金和利息的時間為2013年1月20日有誤，相應時間應為2015年1月20日，除該事實以外，本院對原審法院查明的其他事實予以確認。另查明，案涉《解押贖證方案》抬頭註明甲方為債權人「廣州銀行佛山分行」，乙方為債務人匯晉公司，丙方為抵押物人鴻越公司，而在下方加蓋了廣州銀行大瀝支行、匯晉公司、鴻越公司、模之源公司的公章。另外，廣州銀行佛山分行在二審期間向本院申請到佛山市順德區檔案館調取佛山市順德區容桂街道辦事處扁滘社區居民委員會興華東路1號佛羅倫斯柏悅灣花園7座302、7座402、7座1202、7座2002、7座2102、

7座303、7座403、8座302、8座402、8座1202、8座2102、8座2302、8座2402、8座2502、8座203、8座303、8座703、8座903、8座1203、8座1403、8座1803、8座2103、8座2203、8座2403、8座2503、9座302共26套房產（即案涉抵押物）權利人取得房地產的時間和價格以及抵押情況。

本院認為，本案是鴻越公司因廣州銀行佛山分行未及時辦理塗銷抵押手續而產生的糾紛，故本案案由應為抵押合同糾紛，原審法院將案由定為保證合同糾紛有誤，應予糾正。綜合鴻越公司和廣州銀行佛山分行的上訴和答辯意見，本案在二審期間的爭議焦點為：一、原審法院是否存在程序違法；二、廣州銀行佛山分行是否應就遲延辦理案涉抵押物的解押贖證手續承擔賠償責任，相應的損失應如何認定。本院分別做如下分析認定：

關於原審法院是否存在程序違法的問題。首先，廣州銀行佛山分行認為原審法院未通知《解押贖證方案》的簽訂方廣州銀行大瀝支行和模之源公司參加訴訟，遺漏重要當事人，但案涉抵押物是鴻越公司為匯晉公司向廣州銀行佛山分行借款而提供，與模之源公司並不存在關聯性，另外上述《解押贖證方案》中已經明確甲方為債權人廣州銀行佛山分行，且與匯晉公司、鴻越公司簽訂借款合同和抵押合同的主體均為廣州銀行佛山分行，並無證據證明廣州銀行大瀝支行與本案存在關聯，故本案無須追加廣州銀行大瀝支行和模之源公司參加訴訟。廣州銀行佛山分行在一審期間明確表示對該證據並無異議，現卻以廣州銀行大瀝支行和模之源公司在方案上加蓋公章為由主張原審判決遺漏當事人，沒有理據。其次，廣州銀行佛山分行認為原審法院對本案沒有管轄權，但廣州銀行佛山分行並未在一審提交答辯狀的期間內提出管轄權異議，反而進行了應訴答辯，由於本案亦不存在違反專屬管轄和級別管轄規定的情形，故根據《中華人民共和國民事訴訟法》第一百二十七條的規定，原審法院對本案有管轄權，廣州銀行佛山分行的相應上訴理由不能成立，本院不予支持。最後，關於廣州銀行佛山分行提出的其一審代理人未在一審開庭筆錄上簽名的問題，經審查，廣州銀行佛山分行在一審期間的代理人歐陽瑩、黃鬱青出庭參加了一審開庭程序，黃鬱青確未在開庭筆錄上簽名，原審法院對此未盡審查職責確有不妥，但廣州銀行佛山分行該代理人未按照法律規定在筆錄上簽名亦存在失誤，且其另一代理人已在開庭筆錄上簽名，不存在未保障廣州銀行佛山分行訴訟權利的情形，亦不足以影響案件的

公正審理，故對於廣州銀行佛山分行據此主張原審程序違法，不予採納。

關於廣州銀行佛山分行是否應就遲延辦理案涉抵押物的解押贖證手續承擔賠償責任的問題。首先，廣州銀行佛山分行認為匯晉公司未向其支付因未按合同約定的借款用途使用貸款而產生的罰息，但廣州銀行佛山分行對於匯晉公司確存在未按約定用途使用貸款的行為以及因此應向其支付罰息均未能舉證證明，故應承擔舉證不能的不利後果，對廣州銀行佛山分行關於匯晉公司未完全履行案涉借款合同項下債務的主張，本院不予採納。其次，廣州銀行佛山分行還以與鴻越公司有關聯的案外人仍有逾期未歸還的貸款為由主張其未按時塗銷案涉抵押物的抵押手續有正當事由，但根據廣州銀行佛山分行與鴻越公司和匯晉公司簽訂的一系列合同，鴻越公司是為廣州銀行佛山分行與匯晉公司簽訂案涉借款合同所產生的債權提供案涉抵押物做為擔保，和廣州銀行佛山分行與案外人之間的借款合同關係並無關聯，在匯晉公司已歸還案涉借款合同項下的全部借款本金和利息的情況下，相應的抵押擔保關係隨之結束，廣州銀行佛山分行應當依照合同約定和《中華人民共和國合同法》第六十條的規定，及時辦理案涉抵押物的塗銷抵押登記手續，廣州銀行佛山分行以其對案外人的債權未實現為由主張未及時辦理案涉抵押物的塗銷抵押手續有正當理由，沒有法律依據，本院不予支持。至於損失的確定，原審法院根據鴻越公司的經營性質參照未及時註銷抵押的房產的抵押價值按未超過中國人民銀行同期同類貸款利率標準的4.85%計算相應的損失，合理合法，處理恰當。廣州銀行佛山分行在二審期間向本院申請到佛山市順德區檔案館調取即案涉抵押物權利人取得房地產的時間和價格以及抵押情況，因案涉抵押物權利人取得房地產的時間和價格與本案並不具備關聯性，而原審法院對相應抵押情況已經查明，故廣州銀行佛山分行申請進行的調查取證並無必要，本院不予採納。

綜上所述，原審判決認定事實清楚，適用法律正確，應予維持。依照《中華人民共和國民事訴訟法》第一百七十條第一款第（一）項的規定，判決如下：

駁回上訴，維持原判。

二審案件受理費8,967.81元，由上訴人廣州銀行股份有限公司佛山分行負擔。

本判決為終審判決。

審判長　盧海
代理審判員　李　煒
代理審判員　劉全志
二〇一六年三月二十九日
書記員　何斯棋

第三篇

票據糾紛

【案例60】票據背書連續性與更改的法律分析

北奔重汽公司與邳州農商銀行
票據付款請求權糾紛案評析

案號：徐州市中級人民法院（2015）徐商終字第00526號

【摘要】

票據背書時出現書寫筆誤，當該筆誤沒有發生歧義時，則不影響票據背書的連續性：背書更改無效會導致背書轉讓行為無效，其後的背書也因背書不連續而不發生票據權利轉讓的法律效力，但背書更改行為並不當然導致票據權利滅失，更改前的背書仍然有效，票據權利應以更改前的記載予以確認。

【基本案情】

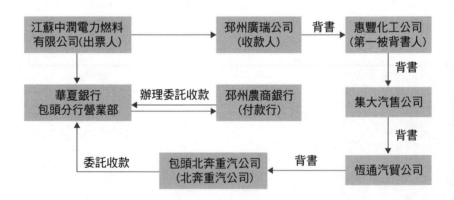

2012年10月26日，江蘇中潤電力燃料有限公司做為出票人，開具了邳州市廣瑞煤炭有限公司（以下簡稱「邳州廣瑞公司」）為收款人、江蘇邳州農村商業銀行（以下簡稱「邳州農商銀行」）為付款行

的銀行承兌匯票，匯票記載的金額為10萬元。後邳州廣瑞公司將該匯票背書給臨沂市惠豐化工物資有限責任公司（以下簡稱「惠豐化工公司」），但背書時書寫的名稱中「惠」字寫錯，多寫了一點。惠豐化工公司又將該匯票背書給煙台集大汽車銷售有限責任公司（以下簡稱「集大汽售公司」），集大汽售公司背書給龍口市恒通汽車貿易有限公司（以下簡稱「恒通汽貿公司」），恒通汽貿公司背書給包頭北奔重型汽車有限公司（以下簡稱「包頭北奔重汽公司」）。

包頭北奔重汽公司取得匯票後，曾將被背書人書寫為「中國民生銀行廣州分行營業部委託收款」，後又用紅線將「中國民生銀行廣州分行營業部委託收款」劃掉，在被背書人欄重新填寫了「北奔重型汽車集團有限公司」（2013年6月20日，包頭北奔重型汽車有限公司經工商行政管理部門核准更名為北奔重型汽車集團有限公司，以下簡稱「北奔重汽公司」），後北奔重汽公司將被背書人書寫為「華夏銀行包頭分行營業部」，委託該行收款。

2014年7月19日，邳州農商銀行以「涉案承兌匯票第一被背書人書寫有誤、證明描述有誤、由收款銀行出具一份證明」為由，拒付票款。北奔重汽公司在名稱變更之前曾經委託銀行託收被拒絕，在其名稱變更後，北奔重汽公司再次背書委託託收，因被邳州農商銀行拒絕，遂引發本案糾紛。

【法院判決】

江蘇省邳州市人民法院經審理認為，本案匯票第一被背書人書寫有誤，其中被背書人名稱中的「惠」字出現筆誤而多寫了一點，該筆誤屬於法定的不可更改事項，如必須更改，得由發票人重新簽發票據。本案匯票的倒數第二被背書人「中國民生銀行廣州分行營業部」、「委託收款」為背書人書寫錯誤後用紅線劃掉，其更正為「北奔重汽公司」時應在上面簽章，但「包頭北奔重汽公司」並未履行上

述程序，且背書若記載「委託收款」字樣，被背書人有權代背書人行使被委託的匯票權利，但是被背書人不得再以背書轉讓匯票權利。北奔重汽公司在公司變更名稱前曾經委託託收，但被拒絕，然後在公司變更名稱後，為實現票據權利仍以原公司名義再次背書的行為不合法。故判決駁回北奔重汽公司的訴訟請求，案件受理費2,300元，由北奔重汽公司負擔。

宣判後，北奔重汽公司不服一審判決，提起上訴。徐州市中級人民法院認為邳州廣瑞公司將本案匯票背書給惠豐化工公司時，雖然書寫的名稱中「惠」字多寫一點，但因並不存在誤寫的文字，同時根據前後背書簽章，可以確認此為書寫筆誤，且該筆誤並未產生歧義，故不影響本案匯票背書的連續性。包頭北奔重汽公司背書取得本案匯票後，背書給中國民生銀行廣州分行營業部委託收款，後將其名稱劃掉，將被背書人更改為北奔重汽公司，因包頭北奔重汽公司做為原記載人未在上述更改處簽章證明，故上述更改應屬無效，即該背書轉讓行為無效，其後的背書也因背書不連續而不發生票據權利轉讓的法律效力。但上述背書更改行為並不當然導致票據權利的滅失，更改前的背書仍然有效，票據權利應以更改前的記載予以確認。但本案匯票因更改背書存在瑕疵，邳州農商銀行基於謹慎注意，在司法確認票據權利前拒付票款並無不當。故北奔重汽公司要求支付利息的訴訟請求，不應支援。最後撤銷一審判決，改判邳州農商銀行於判決生效之日起十日內支付北奔重汽公司票款10萬元，駁回北奔重汽公司的其他訴訟請求。

【法律評析】

本案的主要爭議焦點為票據背書時，書寫筆誤是否會影響背書的連續性，以及連續背書中無效背書前後的背書行為效力問題。在本案票據關係中，出票人為江蘇中潤電力燃料有限公司，收款人為邳州

廣瑞公司，背書人／被背書人為惠豐化工公司、集大汽售公司、恒通汽貿公司，（包頭）北奔重型汽車有限公司為持票人，邳州農商銀行為付款行。

一、票據背書連續性的認定

票據背書，是指持票人為了轉讓票據權利，或者為了將票據權利授予他人行使，在票據的背面或黏單上記載法律要求的事項並簽章，然後把票據交付給被背書人的票據行為。根據中國大陸《中華人民共和國票據法》的相關規定，對票據背書連續性的判定，主要遵循以下規則：

（一）票據上的簽章與記載事項應符合法律規定

根據《中華人民共和國票據法》第二十七條第四款規定：「背書是指在票據背面或者黏單上記載有關事項並簽章的票據行為。」持票人在轉讓票據權利的過程中要按照規定記載被背書人的名稱等相關事項，根據《中華人民共和國票據法》第七條，法人和其他使用票據的單位在票據上的簽章，為該法人或者該單位的蓋章加其法定代表人或者其授權的代理人的簽章。如果二者僅存其一，則不滿足法律規定的簽章形式，不符合背書連續性的要求。

（二）背書人應當是有權處分票據權利的人

根據《中華人民共和國票據法》第六條規定：「無民事行為能力人或者限制民事行為能力人在票據上簽章的，其簽章無效，但是不影響其他簽章的效力。」因此，若背書人對票據權利無處分權，則該背書人的簽章屬無效簽章，雖不會影響到該票據上其他簽章的效力，但仍會影響到後手背書的效力。

（三）背書的順序應該具有連續性

根據《中華人民共和國票據法》第三十一條規定：「以背書轉讓的匯票，背書應當連續。持票人以背書的連續，證明其匯票權利；

非經背書轉讓，而以其他合法方式取得匯票的，依法舉證，證明其匯票權利。前款所稱背書連續，是指在票據轉讓中，轉讓匯票的背書人與受讓匯票的被背書人在匯票上的簽章依次前後銜接。」背書是持票人轉讓票據權利的一種行為，而在票據關係中，收款人為第一持票人，所以第一次背書的背書人應當是票據上記載的收款人。另外，如果票據有多次背書，從第二次背書轉讓開始，每次背書的背書人必須是前一次背書的被背書人，依次類推，最後的持票人應當是最後一次背書的被背書人。

（四）連續背書的當事人簽章應具有同一性

關於同一性的界定，各國立法有不同的規定。台灣地區採用的是絕對一致原則，即前一次被背書人的名稱與後一次背書人的名稱，甚至印章形狀，必須具有絕對的同一性，對於同一性的標準有非常嚴格的要求。但大多數國家採取的是公認一致的原則，只要從一般公眾的角度上能夠對二者是同一當事人進行認定，則二者的簽章形式上並不須絕對相同。根據人民銀行《支付結算辦法》第十條規定：「單位、個人和銀行簽發票據、填寫結算憑證，應按照本辦法和附一《正確填寫票據和結算憑證的基本規定》記載，單位和銀行的名稱應當記載全稱或者規範化簡稱。」從其表述中可以看出，中國大陸在司法實踐中對公認一致原則是認可的。

在本案中，邳州廣瑞公司將匯票背書給惠豐化工公司時將被背書人的名稱寫錯，這涉及到連續背書瑕疵中當事人簽章同一性的問題。邳州廣瑞公司在背書過程中將惠豐化工公司的「惠」字多寫了一點，當惠豐化工公司做為後手背書時，其簽章的公司名稱與做為前手被背書人時所被記載的公司名稱不一樣，這從形式上造成了票據背書連續性的瑕疵。而本案審理法院通過對當事人前後的簽章進行調查後，確認該錯誤為筆誤造成。司法實踐中往往會存在背書人或被背書人在簽章或者記載事項時因疏忽導致背書瑕疵的情形，在此種情況下

該瑕疵會從票據形式上中斷票據背書的連續性，持票人應從實質上證明票據背書是連續的，或該瑕疵不影響實質性連續的認定。

本案中的筆誤雖造成了背書當事人簽章不一致的後果，但惠豐化工公司是基於真實交易關係背書取得的票據，依法應當享有票據權利，且惠豐化工公司的名稱經工商登記後具有唯一性，該筆誤實質上並未影響到公眾對該當事人前後一致性的認定，符合公認一致原則。綜合來看，該筆誤並不影響背書實質性的連續，因此不會中斷背書的連續性。

二、票據更改事項及其效力

《中華人民共和國票據法》第九條對票據更改事項及其效力問題做出了規定：「票據上的記載事項必須符合本法的規定。票據金額、日期、收款人名稱不得更改，更改的票據無效。對票據上的其他記載事項，原記載人可以更改，更改時應當由原記載人簽章證明。」因此在實踐過程中，對於票據更改應注意以下兩方面問題：

（一）對不可更改事項進行更改，會導致票據無效

票據上記載的事項分為可更改事項與不可更改事項，票據的金額、收款人名稱與日期，這三項屬於不可更改事項。

（二）更改人須是原始記載人

法律對可更改事項的更改人做了限制性規定，即享有票據事項更改權利的人，應當為該事項的原始記載人，其他第三人沒有修改該事項的權利，如第三人對其修改，可能會涉嫌票據偽造和變造。除了修改者須是原始記載人外，原始記載人在對其所記載事項進行更改時還須簽章證明，若原始記載人在更改時沒有簽章，則不能發生更改的效力。

本案中，包頭北奔重汽公司將匯票背書給中國民生銀行廣州分行營業部委託收款，後將其名稱劃掉，將被背書人更改為北奔重汽公

司，該更改是對票據記載事項中被背書人姓名的更改，被背書人的姓名屬於可更改事項的範疇。因此，包頭北奔重汽公司做為該事項的原始記載人，有權對其進行更改。但法律規定原始記載人在更改記載事項時應簽章證明，而包頭北奔重汽公司在更改時並未簽章證明，不滿足票據更改的簽章要件，因此該更改無效。

三、背書無效類型及其法律後果

票據多次背書要滿足背書連續性的要求，若背書無效，會對其他背書行為與票據權利人造成影響，根據《中華人民共和國票據法》的相關規定，背書無效主要有以下幾類：

（一）部分背書、分別背書無效

票據與票據權利具有不可分性，若背書只將匯票金額的一部分轉讓，該票據金額受讓人不能獲得完整的票據，也就無法主張票據權利；若將匯票金額分別轉讓給二人以上，同樣會使票據權利與票據相分離，因此這二種背書都屬於無效背書。除此之外，匯票背書時不能附條件，若附有條件，則所附條件不具有匯票上的效力。

（二）非完全行為能力人背書無效

根據《中華人民共和國票據法》第六條，無民事行為能力人與限制民事行為能力人在票據上簽章，其簽章無效，但是不影響其他簽章的效力。因票據背書必須依照法律規定記載相關事項並簽章，若簽章無效會導致票據背書無效。

（三）出票人在票據上記載「不得轉讓」字樣的背書無效

根據《最高人民法院關於審理票據糾紛案件若干問題的規定》第四十八條規定，若出票人在票據上記載「不得轉讓」字樣，票據持有人背書轉讓者，背書行為無效。

（四）背書人在票據上記載「不得轉讓」字樣的背書無效

根據《中華人民共和國票據法》第三十四條，背書人在票據上

記載「不得轉讓」字樣者，若其後手再次背書轉讓，原背書人對後手的被背書人不承擔票據責任，此種前提下的背書不發生票據權利轉移的法律後果。

（五）票據被拒絕承兌、被拒絕付款或者超過提示付款期限的背書無效

根據《中華人民共和國票據法》第三十六條，票據被拒絕承兌、被拒絕付款或者超過提示付款期限者，持票人不得再背書進行轉讓，若票據持有人背書轉讓，票據權利不發生轉移，該持票人做為背書人應當承擔票據責任。

根據票據背書連續性的要求，票據背書無效會導致背書中斷，其後手不享有票據權利，而票據背書做為票據權利的一部分，則其後手也無法享有，因此在無效背書的後手背書，自然都屬於無效背書。但背書無效並不影響票據的有效性，根據《最高人民法院關於審理票據糾紛案件若干問題的規定》第五十一條規定，雖無效背書的被背書人不享有票據權利，但不影響出票人、承兌人以及無效背書人之前手的票據責任。因此在無效背書的前手背書，依然具有法律效力。

在多次票據背書過程中，若其中一次票據背書無效，該票據背書不影響其前手背書的效力，但由於票據的連續性中斷，無效背書的被背書人不享有票據權利，其後的票據背書也不發生票據權利轉讓的法律效力。因此，最後享有票據權利的應為無效背書中的背書人。

本案中包頭北奔重汽公司的背書行為無效，導致其後手的背書行為都不發生法律效力，但其背書行為不影響其前手的出票和背書行為。該票據依然有效，故北奔重汽公司（期間「包頭北奔重汽公司」改名為「北奔重汽公司」）仍享有票據權利。

四、對銀行的啟示

基於銀行票據具有便捷、靈活、承兌性強的優勢，很多企業願

意在交易中使用銀行票據，同時也伴生了相關票據糾紛。銀行在辦理業務過程中，對票據應避免流於形式上的審查，加強對票據的真偽進行鑑定，若對票據的真偽存疑，則應採取多種方式進行查詢查覆。同時要加強對票據背書的合規性審查，對票據背書中存在的包括背書錯別字、黏單撕掉重貼等票據瑕疵進行核實，若存在背書無效等風險情形時，要及時採取相應的風險防範機制，盡量防範業務辦理過程中的法律風險，減少損失。

附：法律文書

北奔重型汽車集團有限公司與江蘇邳州農村商業銀行股份有限公司票據付款請求權糾紛二審民事判決書

徐州市中級人民法院（2015）徐商終字第00526號

上訴人（原審原告）：北奔重型汽車集團有限公司。

住所地：內蒙古自治區包頭市裝備製造產業園兵工東路9號。

法定代表人：王世宏，該公司總經理。

委託代理人：劉宏偉，內蒙古聖凱達律師事務所律師。

委託代理人：祁文魁，內蒙古聖凱達律師事務所律師。

被上訴人（原審被告）：江蘇邳州農村商業銀行股份有限公司。

住所地：江蘇省邳州市建設中路16號。

法定代表人：喬建社，該公司董事長。

委託代理人：湯海洋，公司職員。

上訴人北奔重型汽車集團有限公司（以下簡稱北奔重汽公司）與被上訴人江蘇邳州農村商業銀行股份有限公司（以下簡稱邳州農商行）因票據付款請求權糾紛一案，不服江蘇省邳州市人民法院（2015）邳商初字第0023號民事判決，向本院提起上訴。本院於2015年7月13日立案受理後，依法組成合議庭於2015年9月22日公開開庭進行審理，上訴人北奔重汽公司的委託代理人祁文魁、被上訴人邳州農商行的委託代理人湯海洋到庭參加訴訟。本案現

已審理終結。

上訴人北奔重汽公司上訴請求二審法院撤銷一審判決，依法做出公正判決。事實與理由：1. 涉案票據「第一手被背書人書寫有誤」，即「惠」字多寫了一點，係明顯的文字書寫錯誤，且票面簽章顯示背書完整、連續。因此，上述書寫錯誤不導致票據無效，也無須出票人重新簽發票據。2. 涉案票據雖經「中國民生銀行廣州分行」委託收款，但出於經營所需，包頭市北奔重型汽車有限公司2013年6月7日更名為北奔重型汽車集團有限公司，後再次由「華夏銀行包頭分行」進行委託收款。《支付結算辦法》第一百九十八規定：「委託收款是收款人委託銀行向付款人收取款項的結算方式。」委託收款背書是指持票人以行使票據上的權利為目的而授予被背書人以代理權的背書，不以轉讓票據權利為目的，其確立的法律關係不屬於票據上的權利轉讓關係，而是代理關係，被背書人只是代理人，並未取得票據權利，背書人仍是票據權利人。因此，本案票據權利人及持票人並未發生改變，仍是上訴人北奔重汽公司。

被上訴人邳州農商行辯稱：1. 本案票據背書過程中「臨沂市惠豐化工有限責任公司」中的「惠」字多寫一點，必須有書寫人的簽章證明。2. 對於上訴人委託華夏銀行包頭分行收款沒有異議，但是委託收款並非不產生票據權利轉讓的事實，上訴人必須提供民生銀行和華夏銀行出具委託收款說明。綜上，我行拒付本案票款具有即時和法律理由，一審法院認定事實清楚，適用法律正確，請求依法予以維持。

北奔重汽公司向一審法院訴稱：我公司經合法背書轉讓的方式取得了涉案銀行承兌匯票（出票日為2012年10月26日，到期日為2013年4月26日、出票人江蘇中潤電力燃料有限公司、承兌銀行邳州農商行、票面金額10萬元、票號：3140005120353114），經華夏銀行包頭分行營業廳辦理託收後，邳州農商行以匯票票面上存在「第一被背書人書寫有誤，證明描述有誤」為由拒絕付款。請求判令邳州農商行返還銀行承兌匯票的票面金額10萬元及利息（利息從2013年4月26日起，按中國人民銀行同期貸款利率計算至付清日止），並承擔本案訴訟費。

邳州農商行向一審法院辯稱：北奔重汽公司所訴無法律依據，請法院依法駁回其訴訟請求。

一審法院查明：2012年10月26日，江蘇中潤電力燃料有限公司做為出票人，開具了邳州市廣瑞煤炭有限公司為收款人、邳州農商行為付款行的銀行承兌匯票。後邳州市廣瑞煤炭有限公司將該匯票背書給臨沂市惠豐化工物資有限責任公司，但背書時書寫的名稱中「惠」字寫錯，多寫了一點。臨沂市惠豐化工物資有限責任公司又將該匯票背書給煙台集大汽車銷售有限責任公司，煙台集大汽車銷售有限公司背書給龍口市恒通汽車貿易有限公司，龍口市恒通汽車貿易有限公司背書給包頭北奔重型汽車有限公司。包頭北奔重型汽車有限公司取得匯票後，曾將被背書人書寫為「中國民生銀行廣州分行營業部委託收款」，後又用紅線將「中國民生銀行廣州分行營業部委託收款」劃掉，在被背書人欄重新填寫了「北奔重型汽車集團有限公司」，後北奔重汽公司將被背書人書寫為「華夏銀行包頭分行營業部」，委託該行收款。

2014年7月19日，邳州農商行以「涉案承兌匯票第一被背書人書寫有誤、證明描述有誤、由收款銀行出具一份證明」為由拒付票款。北奔重汽公司在名稱變更之前曾經委託銀行託收，後被拒絕，2014年7月份委託銀行託收屬於名稱變更後再次背書委託託收，因被邳州農商行拒絕，遂引發本案糾紛。

一審法院認為：《中華人民共和國票據法》第九條規定：「票據的記載事項必須符合本法的規定。票據金額、日期、收款人名稱不得更改，更改票據無效，對票據上的其他記載事項，記載人可以更改，更改時應當由原記載人簽章證明。」

本案匯票第一被背書人書寫有誤，其中被背書人名稱中的「惠」字出現筆誤而多寫了一點，該筆誤屬於法定的不可更改事項，如必須更改，得由發票人重新簽發票據。本案匯票的倒數第二被背書人「中國民生銀行廣州分行營業部」、「委託託收」為背書人書寫錯誤後用紅線劃掉，其更正為「北奔重型汽車集團有限公司」應在上面簽章，然「包頭北奔重型汽車有限公司」並未履行上述程序，且背書記載「委託收款」字樣的，被背書人有權代背書人行使被委託的匯票權利。但是，被背書人不得再以背書轉讓匯票權利。

包頭北奔重型汽車有限公司在取得涉案匯票後曾委託銀行託收，後被拒絕。依據《中華人民共和國票據法》第三十六條規定：「匯票被拒絕承兌、被拒絕付款或者超過付款提示期限的，不得背書轉讓，背書人應當承擔匯票

責任。」北奔重汽公司稱在公司變更名稱前曾經委託託收，但被拒絕後其在公司變更名稱後為實現票據權利仍以原公司名義再次背書的行為不合法。

綜上，邳州農商行拒絕承兌匯票不違反法律規定，北奔重汽公司要求返還匯票票面金額並支付利息的請求缺乏證據支持，不予支持。依照《中華人民共和國票據法》第九條、第三十五條、第三十六條、《中華人民共和國民事訴訟法》第六十四條之規定，判決：駁回北奔重汽公司的訴訟請求。案件受理費2,300元，由北奔重汽公司負擔。

二審期間，上訴人北奔重汽公司向本院提交以下證據資料：

一、託收憑證一份，證明本案匯票北奔重汽公司曾委託華夏銀行包頭分行收款。

二、北奔重汽公司的企業機讀檔案變更登記資料複印本一份，證明包頭北奔重型汽車有限公司2013年6月20日更名為北奔重型汽車集團有限公司。

三、銀行承兌匯票（票號：3140005120057368）複印本一張，及湖北省武漢市東西湖區人民法院（2015）鄂東西湖民商初字第00017號民事判決書複印本一份，證明北奔重汽公司的工商登記變更情況，以及該匯票委託收款後再改寫被背書人，法院判決付款行支付票款。

四、閆娟的電話聯繫方式書面資料一份，證明北奔重汽公司要求邳州農商行支付票款被拒後，通過該行工作人員張豔豔聯繫到邳州市廣瑞煤炭有限公司的閆娟，要求該公司出具說明，證明其背書給臨沂市惠豐化工物資有限責任公司時「惠」字多寫了一點，但根據張豔豔提交的電話沒有聯繫到該公司。

被上訴人邳州農商行二審期間未提交新證據，對上訴人北奔重汽公司提供的上述前三份證據的真實性均無異議，對第四份證據的真實性庭審中表示無法核實，也未在本院指定的期限內提交核實結果，應視為其認可該份證據的真實性。故本院對上述四份證據的真實性均予以確認，做為認定本案案件事實的依據，但對其關聯性將綜合分析認證。

本院除確認原審法院查明的事實外，另查明：本案匯票記載的金額為10萬元。2013年6月20日，包頭北奔重型汽車有限公司經工商行政管理部門核准更名為北奔重型汽車集團有限公司。

本院認為：一、邳州市廣瑞煤炭有限公司將本案匯票背書給臨沂市惠豐

化工物資有限責任公司時，雖然書寫的名稱中「惠」字多寫一點，但因並不存在誤寫的文字，同時根據前後背書簽章，可以確認係書寫筆誤，且該筆誤並未產生歧義，故不影響本案匯票背書的連續性。

二、《中華人民共和國票據法》第九條規定：「票據上的記載事項必須符合本法的規定。票據金額、日期、收款人名稱不得更改，更改的票據無效。對票據上的其他記載事項，原記載人可以更改，更改時應當由原記載人簽章證明。」本案中，包頭北奔重型汽車有限公司背書取得本案匯票後，背書給中國民生銀行廣州分行營業部委託收款，後將其名稱劃掉將被背書人更改為北奔重汽公司，因包頭北奔重型汽車有限公司做為原記載人未在上述更改處簽章證明，故上述更改應屬無效，即該背書轉讓行為無效，其後的背書也因背書不連續而不發生票據權利轉讓的法律效力。但上述背書更改行為並不當然導致票據權利的滅失，更改前的背書仍然有效，票據權利應以更改前的記載予以確認。包頭北奔重型汽車有限公司做為本案匯票記載的更改前的最後一手被背書人，且其前手的各次背書連續，故應認定其為票據權利人。因包頭北奔重型汽車有限公司已更名為北奔重型汽車集團有限公司，故北奔重型汽車集團有限公司有權行使本案匯票的票據權利，邳州農商行做為付款行應向其支付10萬元票款。但本案匯票因更改背書存在瑕疵，邳州農商行基於謹慎注意，在司法確認票據權利前拒付票款並無不當。故北奔重汽公司要求支付利息的訴訟請求，不應支援。

綜上，一審判決認定事實清楚，但實體判決不當，本院依法予以改判。依照《中華人民共和國民事訴訟法》第一百七十條第一款第（二）項的規定，判決如下：

一、撤銷江蘇省邳州市人民法院（2015）邳商初字第0023號民事判決；

二、江蘇邳州農村商業銀行股份有限公司於本判決生效之日起十日內支付北奔重型汽車集團有限公司票款10萬元；

三、駁回北奔重型汽車集團有限公司的其他訴訟請求。

如果未按本判決指定的期間履行給付金錢義務，應當依照《中華人民共和國民事訴訟法》第二百五十三條之規定，加倍支付遲延履行期間的債務利息。

一案件受理費2,300元，由北奔重型汽車集團有限公司負擔300元，由江

蘇邳州農村商業銀行股份有限公司負擔2,000元；二審案件受理費2,300元，由北奔重型汽車集團有限公司負擔300元，由江蘇邳州農村商業銀行股份有限公司負擔2,000元。

本判決為終審判決。

審判長　郭宏
代理審判員　孟文儒
代理審判員　汪佩建
二○一六年八月十一日
書記員　董碩園

【案例61】票據空白背書和單純交付行為

王銳訴維正公司、常熟農商行等侵權責任糾紛案評析

案號：江蘇省高級人民法院（2016）蘇民再30號

【摘要】

票據空白背書和單純交付行為，均不屬於《票據法》規定的票據行為，持票人無法據此取得票據權利，銀行對該持票人不負有付款責任。

【基本案情】

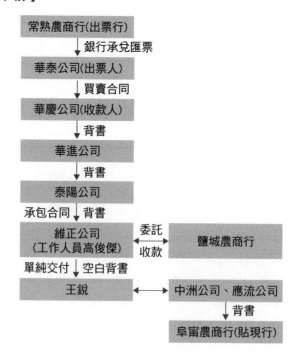

2011年9月14日，江蘇常熟農村商業銀行（以下簡稱「常熟農商行」）出具了一張出票人為江蘇亭湖經濟開發區華泰紙業有限公司（以下簡稱「華泰公司」）、金額為100萬元、收款人為鹽城市華慶再生資源利用有限公司（以下簡稱「華慶公司」）的銀行承兌匯票。之後，華慶公司背書給江蘇華進貿易有限公司（以下簡稱「華進公司」），該公司背書給鹽城泰陽房地產開發有限公司（以下簡稱「泰陽公司」）。鹽城維正建築工程有限公司（以下簡稱「維正公司」）得標承建發包人泰陽公司的工程，該工程由維正公司內部承包給高俊傑。2011年12月14日，泰陽公司將案涉匯票做為建設工程款背書給維正公司，由高俊傑直接辦理。高俊傑急於用錢，私刻了維正公司的財務印章及法定代表人印章，在票據上背書後將票據交與他人，後票據流轉到王銳手中，王銳先後委託孫某和楊明珠匯款共計944,000元給高俊傑。2011年12月19日，孫某、唐國祥到江蘇阜寧農村商業銀行（以下簡稱「阜甯農商行」）處要求貼現案涉票據，阜甯農商行內部工作人員找到阜寧縣中洲閥門有限公司（以下簡稱「中洲公司」）和江蘇應流機械建造有限公司（以下簡稱「應流公司」）在票據上連續背書，阜甯農商行貼現973,940元。

維正公司在發現高俊傑私刻財務印章及法定代表人印章後向警方報案，鹽都公安局對高俊傑立案偵查，並至常熟農商行凍結了案涉匯票。案涉匯票到期後，阜甯農商行委託收款時被拒付，拒付理由為鹽都公安局凍結。阜甯農商行沒有書面通知其前手或直接向其前手追償，而是由王銳拿出100萬元匯入應流公司帳戶，由阜甯農商行直接從應流公司帳戶扣劃100萬元，便將案涉票據退還給王銳。2012年3月20日，王銳通過他人將案涉匯票原件交給高俊傑，高俊傑又將該匯票交給維正公司。2012年3月22日，案涉匯票被解除凍結。

2012年7月3日，維正公司以阜甯農商行、中洲公司和應流公司為被告，向江蘇省鹽城市阜寧縣人民法院（以下簡稱「阜寧法院」）

另案起訴，主張對案涉匯票享有票據權利，王銳做為第三人參加訴訟。阜寧法院審理後，判決案涉票據權利歸維正公司享有、駁回王銳的權利主張。在該判決未生效的情況下，維正公司於2013年5月3日委託江蘇鹽城農村商業銀行（以下簡稱「鹽城農商行」）向常熟農商行收款，常熟農商行將案涉票款100萬元匯至維正公司帳戶。該案一審宣判後，王銳向江蘇省鹽城市中級人民法院（以下簡稱「鹽城中院」）上訴。鹽城中院審理後，裁定撤銷原判、發回重審。發回重審後，維正公司申請撤訴。阜寧法院裁定准許維正公司撤訴、王銳另案主張權利。

2014年6月4日，王銳向阜寧法院提起本案訴訟，請求判令維正公司、常熟農商行、阜甯農商行、中洲公司、應流公司和鹽城農商行承擔償還案涉匯票100萬元款項及相應利息的賠償責任，並相互承擔連帶責任。

【法院判決】

阜寧法院經審理認為，王銳取得案涉票據時，委託孫某和楊明珠向高俊傑支付了944,000元的對價。在該匯票向阜甯農商行貼現時，王銳將沒有支付對價、也未實際持有案涉匯票的中洲公司、應流公司做為被背書人和背書人，借用其名義向阜甯農商行貼現，在案涉匯票拒付後又退回貼現款100萬元，再次取得了案涉票據，中洲公司和應流公司不再享有案涉票據權利，也不應承擔票據責任。維正公司明知高俊傑代表其對票據權利進行了處分，在高俊傑退回案涉票據時，維正公司未支付對價，不能認定其合法善意，故王銳享有案涉票據權利。因案涉票據已承兌，故王銳有權要求賠償。阜甯農商行是貼現行，在匯票被拒付後行使追索權並將匯票退回，對王銳的損失無過錯，不應承擔賠償責任。鹽城農商行是委託收款行，對王銳的損失無過錯，不承擔責任。維正公司不是票據的最後被背書人，在法院確權

判決未生效時即請求常熟農商行兌付，主觀上有明顯的過錯，應當對王銳的損失承擔賠償責任。常熟農商行明知案涉票據權利產生爭議且已提起訴訟，但沒有審查確權判決是否生效就支付票款，主觀上有過錯，故應對維正公司不能賠償部分承擔補充責任。綜上，判決維正公司賠償王銳票據權利損失100萬元及相應利息；常熟農商行對維正公司不能賠償的部分承擔補充責任；駁回王銳的其他訴訟請求。

　　宣判後，維正公司、常熟農商行不服一審判決，提起上訴。鹽城中院經審理，判決駁回上訴、維持原判。宣判後，維正公司不服二審判決，申請再審。江蘇省高級人民法院經審理認為，案涉匯票背書連續，該匯票上並無王銳的任何記載，屬於空白背書。王銳關於案涉票據流轉過程的陳述沒有相應依據，即使屬實，其取得匯票的方式也是單純交付。中國大陸現有的票據制度均不認可匯票的空白背書和單純交付，以單純交付方式取得匯票的持票人，即使支付了對價也不能取得票據權利，故王銳不享有案涉票據權利。如果王銳關於案涉匯票流轉過程的陳述屬實，王銳對案涉票據享有民法上的權利，但其未能證明其享有案涉匯票的民事權利，亦未證明維正公司等實施了侵權行為且與王銳對案涉匯票失去占有之間存有因果關係，故改判駁回王銳的全部訴訟請求。

【法律評析】

　　本案的爭議焦點為，王銳透過票據空白背書和單純交付行為，是否能夠取得案涉匯票的票據權利，以及票據權利的取得方式有哪些。

一、票據空白背書的法律效果

　　《中華人民共和國票據法》（以下簡稱《票據法》）第二十七條第四款規定：「背書是指在票據背面或者黏單上記載有關事項並簽章的票據行為。」第三十條規定：「匯票以背書轉讓或者以背書將一

定的匯票權利授予他人行使時，必須記載被背書人的名稱。」《最高人民法院關於審理票據糾紛案件若干問題的規定》（以下簡稱《票據法司法解釋》）第四十九條規定：「依照票據法第二十七條和第三十條的規定，背書人未記載被背書人名稱即將票據交付他人的，持票人在票據被背書人欄內記載自己的名稱與背書人具有同等法律效力。」

　　分析上述法條可知，票據背書轉讓，是指由背書人在票據背面或黏單上記載被背書人的名稱並簽章，交付於被背書人。如果背書人交付票據時未記載被背書人的名稱，《票據法司法解釋》規定了補救措施，即由持票人在被背書人欄內自行記載自己的名稱，視為經背書人授權的補記行為，具有與背書相同的法律效力。該授權補記行為，仍然屬於記載了被背書人的背書行為，並非空白背書。因此，票據空白背書，不屬於中國大陸現有票據制度規定的票據行為，行為人不能通過空白背書取得票據權利。

　　結合本案可知，案涉匯票背書連續，出票人為華泰公司，收款人為華慶公司，匯票背面及黏單上記載的被背書人依次為華進公司、泰陽公司、維正公司、中洲公司、應流公司、阜甯農商行。雖然王銳支付了相應的對價，但案涉匯票上並沒有關於王銳的任何記載，即王銳通過空白背書行為取得了票據。王銳亦沒有在取得匯票後在被背書人欄內自行記載自己的名稱，即沒有授權補記背書。因此，票據空白背書，不符合《票據法》對票據權利轉讓應採取背書簽章方式的規定，不產生票據法上的效果，王銳通過空白背書無法取得案涉匯票的票據權利。

二、票據單純交付的法律效果

　　票據單純交付，是指持票人為轉讓票據權利而將票據交付他人，但不在票據上進行任何記載的票據行為。票據單純交付只適用於兩種情形，一是無記名票據，二是可以空白背書的票據。單純交付雖

然是轉讓票據權利最高效的方法，能夠加快票據的流通速度，但是在不能獲得付款的情況下，由於沒有任何記載而無從知道票據在流通過程中曾經輾轉落入過何人之手，最後持票人無法或難以向其前手行使追索權，票據權利不能得到有效保障。中國大陸《票據法》不允許發行無記名票據，也不認可票據的空白背書，進而也否定了單純交付可以做為轉讓票據權利的方式。也就是說，票據的單純交付不產生票據法上的效力，行為人無法通過票據單純交付取得票據權利。

結合本案，案涉匯票上並無王銳的任何記載。即使王銳關於案涉票據流轉過程的陳述屬實，王銳取得匯票的方式也是單純交付。單純交付行為不屬於票據法規定的票據行為，王銳無法據此取得案涉票據權利。由於王銳不享有案涉匯票的票據權利，故無權主張票據法上的相關權利。

三、票據權利的取得方式

《票據法》第三十一條第一款規定：「以背書轉讓的匯票，背書應當連續。持票人以背書的連續，證明其匯票權利；非經背書轉讓，而以其他合法方式取得匯票的，依法舉證，證明其匯票權利。」第十一條第一款：「因稅收、繼承、贈與可以依法無償取得票據的，不受給付對價的限制。但是，所享有的票據權利不得優於其前手的權利。」

分析法條可知，票據權利的取得方式，主要包括原始取得和繼受取得。票據的原始取得，是指持票人不經任何其他前手而最初取得權利，包括依出票人的出票行為以及依《票據法》規定的從無處分權人獲取的善意取得。繼受取得，是指持票人從有處分權的前手處取得票據權利，包括背書、保證、質押、貼現和付款等《票據法》上規定的繼受取得，以及通過稅收、繼承、贈與、公司合併或分立和清算等非《票據法》上規定的繼受取得。因此，除經背書轉讓外，取得票據

權利的其他合法方式，包括稅收、繼承、贈與和企業合併等，並不包括單純交付。因此，以單純交付方式取得匯票者，即使支付了相應的對價，也無法取得票據權利。因此，再審法院糾正了一審和二審關於王銳通過支付對價的空白背書和單純交付行為取得案涉匯票權利的判決，改判駁回王銳的全部訴訟請求。

四、銀行風險啟示

綜上所述，對銀行的風險啟示為：在辦理票據業務時，銀行判斷持票人是否為票據權利人，必須嚴格審查持票人是否依照《票據法》的規定取得票據，通過票據空白背書和單純交付行為取得票據的持票人不享有票據權利。

附：法律文書

江蘇省高級人民法院

民事判決書

（2016）蘇民再30號

再審申請人（一審被告、二審上訴人）：鹽城維正建築工程有限公司。

　住所地：江蘇省鹽城市鹽都區龍崗鎮鳳凰工業園區。

法定代表人：王維群，該公司董事長。

委託訴訟代理人：樓向陽，江蘇法鼎律師事務所律師。

委託訴訟代理人：萬廣錢，該公司副經理。

被申請人（一審原告、二審被上訴人）：王銳。

委託訴訟代理人：熊良志，江蘇鑫誠律師事務所律師。

委託訴訟代理人：趙鐵橋，江蘇一正律師事務所律師。

二審上訴人（一審被告）：江蘇常熟農村商業銀行股份有限公司。

　住所地：江蘇省常熟市新世紀大道58號。

法定代表人：宋建明，該公司董事長。

委託訴訟代理人：朱紀陳，江蘇鑫鼎律師事務所律師。

委託訴訟代理人：董梅，江蘇鑫鼎律師事務所律師。

二審被上訴人（一審被告）：江蘇阜寧農村商業銀行股份有限公司。

　　住所地：江蘇省阜寧縣阜城大街398號。

法定代表人：鮑加耕，該公司董事長。

委託訴訟代理人：林海龍，該行合規管理部總經理。

二審被上訴人（一審被告）：阜寧縣中洲閥門有限公司。

　　住所地：江蘇省阜寧縣通榆北路168號。

法定代表人：周祥，該公司董事長。

委託訴訟代理人：陳大榮，該公司財務總監。

委託訴訟代理人：陳旭，江蘇廣澤律師事務所律師。

二審被上訴人（一審被告）：江蘇應流機械建造有限公司。

　　住所地：江蘇省阜寧縣經濟開發區花苑路1號。

法定代表人：周忠亮，該公司董事長。

委託訴訟代理人：陳大榮，該公司財務總監。

委託訴訟代理人：陳旭，江蘇廣澤律師事務所律師。

二審被上訴人（一審被告）：江蘇鹽城農村商業銀行股份有限公司。

　　住所地：江蘇省鹽城市大慶中路98號。

法定代表人：丁學工，該公司董事長。

委託訴訟代理人：王迎春，江蘇興時代律師事務所律師。

　　再審申請人鹽城維正建築工程有限公司（以下簡稱維正公司）因與被申請人王銳，一審被告、二審上訴人江蘇常熟農村商業銀行股份有限公司（以下簡稱常熟農商行），一審被告、二審上訴人江蘇阜寧農村商業銀行股份有限公司（以下簡稱阜寧農商行）、阜寧縣中洲閥門有限公司（以下簡稱中洲公司）、江蘇應流機械建造有限公司（以下簡稱應流公司）、江蘇鹽城農村商業銀行股份有限公司（以下簡稱鹽城農商行，原江蘇鹽城黃海農村商業銀行股份有限公司）侵權責任糾紛一案，不服江蘇省鹽城市中級人民法院（以下簡稱鹽城中院）（2015）鹽商終字第0121號民事判決，向本院申請再審。本院於2015年11月23日做出（2015）蘇審二商申字第00410號民事裁

定，提審本案。本院依法組成合議庭，於2016年2月17日、2016年4月13日公開開庭審理了本案。再審申請人維正公司的法定代表人王維群及委託訴訟代理人樓向陽、萬廣錢，被申請人王銳的委託訴訟代理人熊良志、趙鐵橋，二審上訴人常熟農商行的委託訴訟代理人朱紀陳，二審被上訴人阜甯農商行的委託訴訟代理人林海龍、二審被上訴人中洲公司、應流公司共同的委託訴訟代理人陳大榮、陳旭，二審被上訴人鹽城農商行的委託訴訟代理人王迎春到庭參加訴訟。本案現已審理終結。

再審申請人維正公司申請再審稱：一、本案二審判決認定事實錯誤。1. 未查清王銳從何人手中、基於何原因和基礎法律關係獲得票據，又因何種原因失去票據。2. 未查清證人孫某、唐國祥證詞是否屬實。3. 未正確認定維正公司取得票據的善意以及王銳取得票據的非善意性。維正公司因真實的債權債務支付對價、收取票據，而高俊傑違法犯罪致使維正公司失去票據。之後，高俊傑主動返還票據，對於維正公司而言係失而復得，無須再第二次支付對價。票據被返還時，票據上記載的後手出具了放棄票據權利的證明，且高俊傑在交還票據時進行了書面承諾，故維正公司無須也無法知曉票據在記載的票據當事人之外的流轉情形，不存在過錯或重大過失。王銳取得案涉票據時並未向票據記載的維正公司支付對價款，不屬於善意取得。二、本案二審判決適用法律錯誤。1. 王銳稱其向高俊傑買得票據，托請中洲公司和應流公司貼現，該行為屬倒賣票據的違法行為。2. 維正公司是案涉票據明確記載的當事人，且與前手有真實的基礎關係，支付了對價。中州公司、應流公司根據銀行工作人員的指使進行貼現，雖在票據上蓋章，但未支付對價，即使不做出放棄票據權利的聲明，也不享有票據權利。三、高俊傑並非從王銳手中取回票據，且在取回票據時與持票人達成了新的協議，建立了新的民事法律關係，原持票人放棄了票據，則不能再主張票據權利及票據款。四、高俊傑從票販手中取回票據時已支付10萬元現金，二審判令維正公司返還100萬元金額，明顯錯誤。綜上，請求撤銷本案二審判決，依法改判或發回重審。

被申請人王銳辯稱：一、關於票據能否在自然人之間流轉的問題，維正公司理解法律錯誤。金融實踐及司法實踐均認可票據的空白背書交付，票據應該在公司之間流轉不是強制性規定，並非個人無權通過支付對價方式而獲得票據。現實中票據在自然人手中流轉的情況大量存在，雖然違反中國人民

銀行的規定，但是不影響票據權利的行使。二、王銳是案涉票據的合法權利人。這張票據是維正公司收到的工程款，由於維正公司僅是被掛靠單位，高俊傑是工程實際施工人，對工程款有直接支配權，故維正公司對工程款不具有所有權，且對高俊傑將票據對外轉讓也是明知的。高俊傑私刻公章的行為應當受到法律制裁，但不影響票據轉讓的法律效果。阜甯農商行無法兌付票款後，向王銳行使了追償權，王銳在支付了100萬元後重新取得了票據。高俊傑、陳為民從王銳處取得票據送去公安部門進行鑒定，不影響票據權利的轉移。在鑒定過程中，維正公司通過高俊傑非法取得票據，沒有支付任何對價，屬於惡意行為。綜上，請求維持本案二審判決。

二審上訴人常熟農商行述稱：一、同意維正公司的申請再審意見。二、堅持在本案原一、二審中發表的意見。三、在票據沒有被保全的情況下，常熟農商行沒有義務審查案涉票據的確權判決是否生效，只須根據票據法規定見票即付即可。而且，常熟農商行已經審查了最後背書人阜甯農商行的票據權利，因阜甯農商行向其前手行使追償權，100萬元已經收回，且將票據退回前手，背書轉讓的最後三手票據當事人均已經做出聲明，放棄相關權利。常熟農商行已經盡到審查義務，不應當承擔任何法律責任。

二審被上訴人阜甯農商行述稱：阜甯農商行是案涉票據的最後持票人，而非付款義務人。基於相關款項已經收回，該行與利益受損方的損失沒有因果關係，也沒有任何過錯。

二審被上訴人中洲公司、應流公司述稱：一、兩公司在再審期間的觀點同一、二審中發表的意見。二、本案與中洲公司、應流公司無關。三、王銳認可票據係其請阜甯農商行工作人員與該兩公司協商背書，該公司僅在案涉票據上蓋章，之後沒有實際持有票據，亦未進行貼現，不清楚其中的過程。

二審被上訴人鹽城農商行述稱：一、堅持在一、二審中發表的意見。二、王銳在鹽城農商行辦理的是委託收款業務，不是非法貼現業務。鹽城農商行在辦理委託收款業務時沒有違法違規行為，也不是案涉票據的出票人、付款人，與爭議票據之間沒有任何權利義務關係。鹽城農商行做為委託收款的銀行，責任僅限於按照匯票上記載的事項將匯票金額轉到帳戶。本案二審判決駁回對鹽城農商行的訴訟請求正確。

2014年6月4日，王銳向江蘇省阜寧縣人民法院（以下簡稱阜寧法院）

提起本案訴訟稱：維正公司的項目經理高俊傑內部承包了維正公司承建的鹽城泰陽房地產開發有限公司（以下簡稱泰陽公司）的工程。2010年7月20日，高俊傑向泰陽公司收取工程款時從該公司收取了常熟農商行開具的金額為100萬元的銀行承兌匯票一張。2011年12月，高俊傑將該匯票在背書欄內加蓋維正公司印章後交給王銳，王銳支付了94.4萬元。之後，王銳託請中洲公司和應流公司從阜甯農商行處貼現並支取貼現款100萬元。2012年3月14日，鹽城市鹽都公安局（以下簡稱鹽都公安局）以高俊傑涉嫌私刻公司公章對其立案偵查，並凍結該匯票，導致匯票到期後託收票款未果。鹽都公安局通過高俊傑將匯票從王銳處借去進行司法鑒定。之後，維正公司以阜甯農商行、中洲公司、應流公司為被告，另案起訴要求確認其對案涉匯票享有票據權利。在該案中，王銳申請做為第三人參加訴訟，以匯票持有人身分主張對匯票款項享有所有權。該案一審判決雖支持維正公司的請求，但王銳提起了上訴。維正公司在該案判決未生效的情況下，通過欺騙手段從鹽城農商行、常熟農商行處非法貼現該匯票票款。維正公司、鹽城農商行、常熟農商行非法貼現行為直接侵害了王銳的合法權益，阜甯農商行、中洲公司、應流公司做為票據關係人對此負有共同償還責任。對此，王銳認為王銳在案涉票據流轉過程曾兩次支付了對價，且實際持有票據。其中，阜甯農商行在匯票被拒付的第一時間即要求王銳做為匯票的保證人將100萬元款項交付阜甯農商行相關人員，辦理相關入帳手續，王銳亦從阜甯農商行工作人員手中重新取得了案涉匯票及委託收款、託收憑證、拒絕付款理由書等全套手續。王銳支付了追償款，對退回的匯票有票據權利，對其前手和後手，即阜甯農商行、中洲公司、應流公司，要求其承擔付款義務；黃海農商行未盡審查義務，造成票據權利消失，應承擔侵權賠償責任。請求判令：一、維正公司、常熟農商行、阜甯農商行、中洲公司、應流公司、鹽城農商行承擔賠償損失的責任，立即償還王銳票號31400051-21167812銀行承兌匯票100萬元款項及相應利息損失15萬元（利息按月利率0.6%，自2012年3月18日算至2014年4月17日），合計115萬元，並相互之間承擔連帶責任。二、本案訴訟費用由維正公司、常熟農商行、阜甯農商行、中洲公司、應流公司、鹽城農商行承擔。

維正公司一審辯稱：第一，案涉票據上無王銳的任何記載，王銳不具有票據利益的主張權，主體資格不適格。第二，王銳也非案涉票據的持票人，

最後的實際持票人是維正公司。退一步講，即便王銳在案涉匯票流轉過程中有所參與甚至付出對價，其也無權主張票據權利及票款返還。第三，王銳所稱的票據取得、票據丟失的過程與公安調查的情況、高俊傑在此案訴訟之前的陳述均矛盾。維正公司取得的票據及票據款具有合法性與合理性。第四，王銳所稱參與向阜甯農商行貼現以及支付相關款項，與現有證據衝突，現有證據均沒有反映王銳參與貼現以及向高俊傑付款、向銀行付款等情形，王銳的證據漏洞百出。第五，即便高俊傑出具的所謂證明中提到的「老王」也不可能是王銳。總之，王銳不具有票據權利，與案涉票據無關聯，當然談不上票據利益，也無權主張票據利益的返還。甚至於王銳截至目前，沒能舉證其所受到的損失是基於什麼樣的法律關係、法律事實。請法庭考慮即便王銳所稱參與過票據的流轉，但其參與流轉有非法性，以及非善意性。綜上，請求駁回王銳的訴訟請求。

阜甯農商行一審辯稱：第一，阜甯農商行與王銳沒有法律上的權利義務關係，本案的案由是損害賠償。第二，阜甯農商行與王銳損失沒有法律上的因果關係，同時也沒有法律的權利義務關係。第三，票據從出票到最後向常熟農商行付款，票據權利做為獨立於交易的基礎關係，體現票據的無因性，追償應該向前手追償。阜甯農商行沒有法律上的被告主體資格，請求駁回王銳對阜甯農商行的訴訟。

中洲公司、應流公司一審共同辯稱：第一，中洲公司、應流公司背書是應王銳和阜甯農商行的請求而進行，只是蓋兩個形式要件的章，之後再也沒有參與任何事情，同時也沒有得到該票據的相應款項。第二，中洲公司、應流公司在本案中沒有任何過錯，不存在侵權行為，與王銳的所謂損失沒有因果關係，故對王銳要求中洲公司、應流公司承擔損害賠償責任不予認可。綜上，請求駁回王銳對中洲公司、應流公司的訴訟請求。

鹽城農商行一審辯稱：第一，王銳所訴的事實不真實，維正公司在鹽城農商行未辦理非法貼現業務，而是辦理委託收款業務，鹽城農商行在辦理業務時亦無違規、違法行為，不構成對他人的侵害。第二，王銳的訴訟主體資格不適格。王銳不是本案票據的合法權利人、義務人，對該票據不享有權利，王銳與維正公司之間無真實的交易及對價，不享有對價取得的權利，對價取得的前提是有真實的交易，然後支付對價，進而再取得票據相應的權

利。王銳無證據證明其已經支付了對價和發生的真實交易，只是陳述通過他人支付對價，該陳述不應採信。第三，鹽城農商行的訴訟主體資格不適格：1. 鹽城農商行不是案涉票據的出票人和付款人，與爭議票據無任何權利和義務關係；2. 鹽城農商行對王銳所訴的損失無因果關係，不是侵權責任的義務主體，不應承擔連帶賠償責任；3. 鹽城農商行承辦的是委託收款業務，對票據無審查義務。綜上，請求駁回王銳對鹽城農商行的訴訟請求。

常熟農商行一審辯稱：第一，常熟農商行與本案的各方當事人無實體義務關係，故該行不應是本案被告，應做為無獨立請求權的第三人參與訴訟。第二，常熟農商行於2013年5月6日將案涉票據款項支付給維正公司並無不當。理由：1. 維正公司主張票據權利時，案涉的票據狀態正常，未被凍結或查封；2. 維正公司持有案涉票據原件，常熟農商行做為付款人應當見票即付；3. 維正公司出示了案涉票據的後手簽章單位所有證據資料，證明了案涉票據權利人是維正公司。第三，常熟農商行是匯票的付款人，依《中華人民共和國票據法》第五十七條規定，付款人應當履行審查義務，現有的證據證明常熟農商行履行了審查義務。第四，從出票到背書，以及支付票據的整個流轉過程中，王銳不是案涉票據的權利人。王銳曾經實際控制案涉票據，但也是一種非法持有。首先，高俊傑不是該票據的權利人，無權處分，案涉票據雖然有維正公司的背書印章，但該印章是高俊傑非法私刻，不是維正公司的真實背書，王銳與高俊傑是非法交易，屬無效的民事行為，王銳應當向高俊傑主張返還94.4萬元的對價，而不是向維正公司、常熟農商行、阜甯農商行、中洲公司、應流公司、鹽城農商行來主張票據權利。第五，王銳以票據保證人來主張權利，因票據上無記載，故王銳以此主張權利，沒有依據；王銳還以被追索人的名義主張權利，而追索是指後手向前手追索，王銳不是被背書人，故王銳以保證人或以被追索人的名義主張權利均沒有事實依據。綜上，請求駁回王銳對常熟農商行的訴訟請求。

一審法院認定事實：維正公司中標承建泰陽公司鹽瀆明城樓6B、7#地塊工程，該工程由維正公司內部承包給高俊傑。對於工程款的領取，高俊傑以維正公司名義在發包方處辦理手續。2011年9月14日，常熟農商行出具了一張出票人江蘇亭湖經濟開發區華泰紙業有限公司（以下簡稱華泰公司）、票號為31400051-21167812號金額100萬元、收款人為鹽城市華慶再生資源利

用有限公司（以下簡稱華慶公司）、到期日為2012年3月14日的銀行承兌匯票。之後，華慶公司背書給江蘇華進貿易有限公司（以下簡稱華進公司），該公司背書給泰陽公司。2011年12月14日，泰陽公司將該匯票做為建設工程款背書給維正公司，由高俊傑直接辦理。高俊傑急於用錢，就私刻了維正公司的財務印章及法定代表人印章，在票據上背書後將票據交與他人（高俊傑在公安機關陳述係交給陳為民，在法院陳述係交給張國蘭），後票據流轉到王銳手中。2011年12月17日，王銳委託孫某匯款50萬元給高俊傑，2011年12月19日，王銳委託楊明珠匯款44.4萬元給高俊傑。2011年12月19日，孫某、唐國祥到阜甯農商行處要求貼現案涉票據，阜甯農商行內部工作人員找到中洲公司、應流公司（不同法人代表，財務科長是一人，兩公司印章由財務科長一人保管）在票據上背書，即由維正公司背書給中洲公司、中洲公司背書給應流公司、應流公司背書給阜甯農商行，阜甯農商行貼現973,940元。

　　維正公司在發現高俊傑私刻財務印章及法定代表人印章後向警方報案，鹽都公安局對高俊傑立案偵查，並於2012年3月9日至常熟農商行凍結了該銀行承兌匯票。承兌匯票到期後，阜甯農商行委託收款時被拒付，拒付理由：鹽都公安局凍結。阜甯農商行沒有將拒絕承兌的事由在三日內書面通知其前手或直接向其前手追償，而是由王銳拿出100萬元匯給孫某，孫某匯給唐國祥，唐國祥將100萬元在阜甯農商行處匯入應流公司帳戶，由阜甯農商行直接從應流公司帳戶扣劃了100萬元，阜甯農商行便將案涉票據退還給唐國祥，唐國祥退給了孫某，孫某於2012年3月18日轉交給王銳。以上退票行為中洲公司、應流公司並不知情。2012年3月20日，王銳通過他人將該銀行承兌匯票原件交給高俊傑，高俊傑又將該銀行承兌匯票交給維正公司。2012年3月22日，案涉匯票被解除凍結，同日中洲公司、應流公司出函給常熟農商行稱「放棄本銀行承兌匯票的收款權」。

　　2012年7月3日，維正公司以原告的身分，以阜甯農商行、中洲公司、應流公司為被告，向阜寧法院另案起訴，主張對案涉票據享有票據權利。王銳做為第三人參加訴訟，亦主張案涉票據的權利。阜寧法院審理後認為，根據《中華人民共和國票據法》的規定，票據的簽發、取得和轉讓，應當遵循誠實信用的原則，具有真實的交易關係和債權債務關係。而且票據的取得，必須給付對價，即應當給付票據雙方當事人認可的相對應的價值。匯票因高俊

傑私刻維正公司的財務印章及法人印章進行背書，形式上是一種連續行為，但由於維正公司與中洲公司、中洲公司與應流公司進行的背書，相互之間不存在真實的交易，沒有支付對價，只是受人之托。根據《中華人民共和國票據法》的規定持票人因重大過失取得不符合本法規定的票據的，也不得享有票據權利，故所有的一系列的轉讓行為都不符合票據法的規定，票據權利仍應由維正公司享有。至於王銳認為與票據存在權利關係，可以向相關人另行主張權利。阜甯法院於2013年4月22日做出（2012）阜商初字第0292號民事判決：一、常熟農商行於2011年9月14日簽發的到期日為2012年3月14日票號為31400051/21167812的銀行承兌匯票票據權利歸維正公司享有；二、駁回王銳的權利主張。

在該判決未生效的情況下，維正公司於2013年5月3日委託鹽城農商行向常熟農商行收款，在付款資料中有匯票及泰陽公司、中洲公司、應流公司、維正公司的證明。其中，維正公司的證明稱：「因此票涉及刑事案件的偵查，未能按期付款。2013年4月22日經阜寧法院判決：常熟農村商業銀行於2011年9月14日簽發的到期日為2012年3月14日票號為31400051/21167812的銀行承兌匯票票據權利歸鹽城維正建築工程有限公司享有。故請貴行辦理付款手續，由此產生的一切經濟責任由我司承擔。」2013年5月6日，常熟農商行將案涉承兌匯票票款100萬元直接匯到維正公司在鹽城農商行開設的帳戶。

該案一審宣判後，王銳向鹽城中院上訴。鹽城中院審理後認為該案一審判決認定事實不清，判處不當，遂於2013年9月6日做出（2013）鹽商終字第0308號民事裁定，撤銷原判，發回重審。發回重審後，阜寧法院另行組成合議庭進行審理。維正公司於2013年12月3日向該院申請撤訴，阜甯法院於2014年3月18日做出（2013）阜商初字第0432號民事裁定書，裁定：一、准許維正公司撤訴。二、王銳另案主張權利。

一審法院認為：匯票是出票人簽發的，委託付款人在見票時或者在指定日期無條件支付確定的金額給收款人或者持票人的票據。持票人可以將匯票權利轉讓給他人或者將一定的匯票權利授予他人行使，持票人行使上述權利時，應當背書並交付匯票。匯票以背書轉讓或者以背書將一定的匯票權利授予他人行使時，必須記載被背書人名稱，以背書轉讓的匯票，背書應

當連續，持票人以背書的連續，證明其匯票權利。非經背書轉讓，而以其他合法方式取得匯票的，應依法舉證，證明其匯票權利。（一）關於王銳是否享有案涉票據權利的問題。非經背書轉讓取得票據的，必須給付對價，即應當給付票據雙方當事人認可的相對應的代價。王銳取得案涉票據時，委託孫某、楊明珠向高俊傑支付了944,000元的對價，在該匯票向阜甯農商行貼現時，將沒有支付對價的、也未實際持有案涉匯票的中洲公司、應流公司做為被背書人和背書人，借用中洲公司、應流公司的名義向阜甯農商行貼現，在案涉匯票拒付後，王銳又通過唐國祥、孫某退回貼現款100萬元，王銳再次取得了案涉票據。此時，阜甯農商行、中洲公司、應流公司不再享有案涉票據的權利，王銳是案涉票據的權利人。維正公司明知泰陽公司將該匯票做為建設工程款交給高俊傑，高俊傑因急需用錢而將票據轉讓，高俊傑就是代表維正公司對票據權利進行了處分，在高俊傑退回案涉票據時，即維正公司在最後取得匯票時應當支付相應對價，但其未支付對價，不能認定維正公司是合法、善意取得，主觀上有過錯，相反目前無證據證明王銳取得案涉票據存在主觀惡意或重大過失，故王銳享有案涉票據的權利。又因案涉票據已承兌，故王銳有權要求損害賠償。（二）關於賠償王銳損失的責任主體問題。（1）阜甯農商行是貼現行，在匯票被拒付後行使了追索權，並將匯票退回，王銳也收到了退票，因此阜甯農商行對王銳未實現的案涉票據權利及其損失無過錯，不應承擔賠償責任。（2）中洲公司、應流公司是王銳為了貼現，以其名義加入到票據的流轉中，此本身未支付對價、也不持有案涉票據，故不享有案涉票據權利，也不應承擔票據責任，其出函給常熟農商行「放棄本銀行承兌匯票的收款權」的行為不構成對王銳的侵權。因此，中洲公司、應流公司對王銳未實現的案涉票據權利及其損失無過錯，不應承擔責任。（3）鹽城農商行是委託收款行，不是付款行，也不是付款代理行，對王銳的損失無過錯，不承擔責任。（4）維正公司明知高俊傑已經對票據權利進行了處分，在案涉票據權利發生爭議後，自己不是票據的最後被背書人，在法院確權判決沒生效情況下，提交相關資料，請求常熟農商行給予兌付，主觀上有明顯的過錯，對王銳的損失、本案的後果有法律上的因果關係，故維正公司應當承擔賠償責任。如果維正公司有損失應該向高俊傑主張，這是他們內部的關係，不應該影響對本案的王銳權利的主張。（5）

常熟農商行違反了《中華人民共和國票據法》第五十七條的審查義務，對連續背書轉讓的票據，常熟農商行應當審查票據背書的連續性，在票據的最後被背書人不是維正公司的情況下，明知案涉票據權利產生爭議且已提起訴訟，但沒有審查確權判決是否生效，就支付案涉票據票款，使王銳票據權利消滅，主觀上有過錯，故常熟農商行對維正公司不能賠償部分應承擔補充責任。（三）關於王銳主張利息損失的訴訟請求問題。王銳主張的利息損失為：利息按月利率0.6%，自2012年3月18日算至2014年4月17日，合計15萬元，期間按照當事人權利自治原則以王銳主張為準，利率按法律規定的利率即中國人民銀行規定的企業同期流動資金貸款利率計算。綜上，一審法院依照《中華人民共和國票據法》第十條、第十二條、第十四條、第三十一條、第五十六條、第五十七條、第七十條、第七十一條，《中華人民共和國侵權責任法》第二條、第六條，《最高人民法院關於審理票據糾紛案件若干問題的規定》第九條、第十五條、第十八條、第二十二條、第六十九條、第七十條的規定，判決：一、維正公司賠償王銳票據權利損失100萬元，並承擔利息損失（利息損失計算方法：以本金100萬元從2012年3月18日起至2014年4月17日止按中國人民銀行規定的企業同期流動資金貸款利率計算），此款限維正公司於判決生效後十日內履行完畢；二、常熟農商行對維正公司不能賠償的部分承擔補充責任；三、駁回王銳的其他訴訟請求。如果未按判決指定的期間履行給付金錢義務，應當依照《中華人民共和國民事訴訟法》第二百五十三條之規定，加倍支付遲延履行期間的債務利息。案件受理費15,150元，由維正公司負擔。

維正公司不服一審判決，向鹽城中院提起上訴稱：一、一審判決認定王銳為案涉票據的權利人並享有票據權利錯誤。二、一審判決認定王銳失去票據的相關事實錯誤。三、維正公司取得票據及票據款具有合法性、合理性。綜上，一審判決忽略貼現過程中虛假交易違規行為，對票據販子擾亂金融秩序的違法違規行為不予評判，甚至縱容支持，嚴重侵害了維正公司的合法權益。綜上，請求撤銷一審判決，發回重審或依法改判。

常熟農商行亦不服一審判決，向鹽城中院提起上訴稱：一、王銳不是案涉票據的出票人、收款人、背書人、持票人，不享有票據權利。二、常熟農商行做為案涉票據的付款行，在付款前已經履行了審查義務，並未違反《中

華人民共和國票據法》第五十七條的規定。綜上，請求撤銷一審判決，改判駁回王銳對常熟農商行的訴訟請求。

二審法院認定事實：對一審判決查明的事實予以確認；另查明江蘇鹽城黃海農村商業銀行股份有限公司於2015年2月13日名稱變更為江蘇鹽城農村商業銀行股份有限公司。二審法院判決：駁回上訴，維持原判決。

本院再審對本案事實認定如下：維正公司中標承建泰陽公司鹽瀆明城樓6B、7#地塊工程，該工程由維正公司內部承包給高俊傑。對於工程款的領取，高俊傑以維正公司名義在發包方處辦理手續。

2011年9月14日，常熟農商行出具了一張出票人為華泰公司、票號為31400051/21167812號、金額為100萬元、收款人為華慶公司、到期日為2012年3月14日的銀行承兌匯票。之後，華慶公司將該匯票背書給華進公司，華進公司又背書給泰陽公司。2011年12月14日，泰陽公司因須向維正公司支付建設工程款，在案涉匯票的被背書人欄內填寫了維正公司，在背書人簽章欄內加蓋了印章，將該匯票背書給維正公司，並將該匯票交付給維正公司經辦人高俊傑。高俊傑以維正公司名義收取該匯票後，未將匯票交給維正公司，而是私刻了維正公司的財務印章及法定代表人印章，加蓋於案涉匯票的背書人簽章欄內，然後將該匯票交與他人。交與他人時，案涉匯票被背書人欄內空白。

2011年12月19日，孫某、唐國祥到阜甯農商行處要求貼現案涉票據，阜甯農商行內部工作人員聯繫中洲公司、應流公司（兩公司的法定代表人不同，財務科長係一人，兩公司印章均由財務科長一人保管）在票據上背書，即由維正公司背書給中洲公司，由中洲公司背書給應流公司，再由應流公司背書給阜甯農商行。之後，阜甯農商行支付了貼現款973,940元。

2012年3月1日，維正公司以高俊傑私刻財務印章及法定代表人印章為由向鹽都公安局報案。2012年3月6日，鹽都公安局對高俊傑涉嫌偽造公司、企業印章立案偵查。2012年3月7日，偵查人員抓獲高俊傑，高俊傑對其偽造印章的犯罪事實供認不諱。2012年11月2日，鹽城市亭湖區人民法院做出（2012）亭刑初字第0430號刑事判決，判決高俊傑犯偽造公司印章罪，判處有期徒刑六個月，緩刑一年。

在該刑事案件偵查期間，2012年3月9日，鹽都公安局至常熟農商行凍結

了案涉銀行承兌匯票。匯票到期後，阜甯農商行委託收款被拒付，拒付理由為鹽都公安局凍結。阜甯農商行沒有將拒絕承兌的事由在三日內書面通知其前手或直接向其前手追償，而是與孫某、唐國祥進行了聯繫。唐國祥在阜甯農商行處匯入應流公司帳戶100萬元，阜甯農商行從應流公司帳戶扣劃了100萬元。之後，阜甯農商行將案涉票據退還給唐國祥。中洲公司、應流公司對上述事實並不知情。

2012年3月20日，鹽都公安局向陳為民出具調取證據通知書，載明調取案涉匯票。陳為民做為證據持有人簽收該通知書。相應的調取證據清單載明調取的證據為陳為民持有的票據號為3140005121167812的銀行承兌匯票複印本一份。在相應的複印本上，辦案警官註明「此件複印於陳為民持有的銀行承兌匯票，與原件核對無異」。

2012年3月22日，案涉匯票被解除凍結。同日，中洲公司、應流公司向常熟農商行出具函件，稱「放棄本銀行承兌匯票的收款權」。

2012年7月3日，維正公司做為原告，以阜甯農商行、中洲公司、應流公司為被告，向阜寧法院提起另案訴訟，請求確認對案涉票據享有票據權利。王銳做為第三人參加該案訴訟，請求駁回維正公司的訴訟請求，確認案涉票據的所有權歸屬於王銳。阜寧法院審理後認為，根據《中華人民共和國票據法》的規定，票據的簽發、取得和轉讓，應當遵循誠實信用的原則，具有真實的交易關係和債權債務關係。而且票據的取得，必須給付對價，即應當給付票據雙方當事人認可的相對應的價值。匯票因高俊傑私刻維正公司的財務印章及法人印章進行背書，形式上是一種連續行為，但由於維正公司與中洲公司、中洲公司與應流公司進行的背書，相互之間不存在真實的交易，沒有支付對價，只是受人之托。根據《中華人民共和國票據法》的規定持票人因重大過失取得不符合本法規定的票據的，也不得享有票據權利，故系列轉讓行為都不符合票據法的規定，票據權利仍應由維正公司享有。至於王銳認為與票據存在權利關係，可以向相關人另行主張權利。阜甯法院遂於2013年4月22日做出（2012）阜商初字第0292號民事判決：一、常熟農商行於2011年9月14日簽發的到期日為2012年3月14日票號為31400051/21167812的銀行承兌匯票票據權利歸維正公司享有；二、駁回王銳的權利主張。

2013年5月3日，在該判決未生效的情況下，維正公司委託鹽城農商行

向常熟農商行收款，出示了案涉匯票，並提交了泰陽公司、中洲公司、應流公司、維正公司出具的證明。其中，維正公司出具的證明稱：「因此票涉及刑事案件的偵查，未能按期付款。2013年4月22日經阜寧法院判決：常熟農村商業銀行於2011年9月14日簽發的到期日為2012年3月14日票號為31400051/21167812的銀行承兌匯票票據權利歸鹽城維正建築工程有限公司享有。故請貴行辦理付款手續，由此產生的一切經濟責任由我司承擔。」2013年5月6日，常熟農商行將案涉匯票票款100萬元直接匯到維正公司在鹽城農商行開設的帳戶。

該案一審宣判後，王銳不服一審判決，遂向鹽城中院提起上訴。鹽城中院審理後認為該案一審判決認定事實不清，判處不當，遂於2013年9月6日做出（2013）鹽商終字第0308號民事裁定，撤銷原判，發回重審。之後，阜寧法院另行組成合議庭進行審理。審理期間，維正公司於2013年12月3日向阜寧法院申請撤訴，阜寧法院於2014年3月18日做出（2013）阜商初字第0432號民事裁定：一、准許維正公司撤訴。二、王銳另案主張權利。

2014年6月4日，王銳向阜寧法院提起本案訴訟，提出前述訴訟請求。王銳在本案中稱其為案涉票據的權利人，主要理由包括：1. 高俊傑於2011年12月將該匯票在背書人欄內加蓋維正公司印章後交給王銳，王銳支付了94.4萬元的對價；2. 王銳託請中洲公司、應流公司從阜甯農商行處貼現並支付貼現款100萬元；3. 阜甯農商行在匯票拒付的第一時間即要求王銳做為匯票的保證人將100萬元款項交付阜甯農商行相關人員，辦理相關入帳的手續，並從阜甯農商行工作人員手中重新取得了案涉匯票及委託收款、託收憑證及拒絕付款理由書等全套手續；4. 鹽都公安局通過高俊傑將匯票從王銳處借去進行司法鑒定。

關於案涉票據的流轉過程，王銳在再審中陳述：高俊傑以維正公司的名義持有案涉匯票，必須票據貼現，王銳做業務，張國蘭、王詒鐵與高俊傑熟悉，與王銳是親屬關係，高俊傑需要錢，通過張國蘭票據和錢進行了交換，票給了王銳，錢由王銳指定楊明珠和孫某分別向高俊傑付款45.4萬元和50萬元，共計94.4萬元，通過這層關係，王銳取得這張票據，這是第一次票據交換。王銳取得票據之後，找到阜甯農商行進行貼現，阜甯農商行找了中洲公司和應流公司幫助王銳做了貼現手續，在此期間出現維正公司以高俊傑

私刻章印為由向鹽都公安局進行報案，公安部門凍結了匯票，阜甯農商行找到王銳要求其把已經貼現的100萬還到阜甯農商行，故王銳通過楊明珠和孫某將100萬元還到阜甯農商行。貼現流程是阜甯農商行內部的流轉手續。這是票據第二次到王銳手中。王銳在阜甯農商行拿到票據之後，打電話叫孫某把票據送給王詒鐵，之後送到公安局進行鑑定，鑑定後票據退給了陳為民，陳為民給了王詒鐵。在王詒鐵沒有把票據還給王銳的情況下，高俊傑說還要鑑定，王詒鐵就把票據給了高俊傑。至於後來有沒有鑑定，王銳不清楚。在另案一審判決沒有生效的情況下，維正公司持有的票據從何而來，王銳不清楚。

關於案涉票據的流轉過程，高俊傑在本案訴訟中以及公安機關向其調查時，做過不一致的陳述。2012年3月7日，高俊傑向公案機關陳述：其是通過淮安一個叫黃祥的朋友找福建人貼現的。2012年3月20日下午16點20分至17點10分之間，高俊傑向公案機關陳述：其通過朋友陳為民將匯票貼現兌付，錢被其還款給別人了。2012年11月3日，高俊傑向阜寧法院陳述：其私刻印章後將票據背書給張國蘭（即老王家屬），張國蘭貼現95.4萬元給其，其將匯票給張國蘭；張國蘭的老公老王於2012年4月將票據給其，其又將匯票給了維正公司；老王給匯票時其給了老王10萬元，並約定將承兌匯票退還給老王，條子上約定了還款期限；票據給維正公司是因為維正公司說要去公安局驗章，後來一直沒將票給高俊傑；不認識王銳；要求維正公司退還該匯票，其要與老王結帳。

關於案涉票據的流轉過程，陳為民於2012年3月20日上午9點24分至10點10分向公安機關陳述：其與高俊傑認識有幾年了；2011年7月，高俊傑向陳為民借了100萬元，後來在2011年12月下旬的時候，高俊傑給了陳為民一張100萬元的承兌匯票，雙方就兩清了；這張票在陳為民手中時間也不長，因其要用錢，就轉給下家了，轉出去時沒有背書；幾天前才知道高俊傑轉給其時私刻了印章，票據無法在銀行兌現，又回轉到其手中；從其手中流轉出去後到了中洲公司，實際上高俊傑手上出來第一站是到其手中的。

關於案涉票據的流轉過程，阜甯農商行工作人員莊步軍於2012年3月27日向公安機關陳述：其是該行客戶經理；2011年12月19日，孫某、唐國祥在該行辦理票據貼現業務，是其接待的；經驗票票據是真票，但他們沒有其

他資料，貼現必須要有帳戶、發票複印本，故與陳大榮進行了聯繫，從中洲公司、應流公司帳戶貼現，貼現後，從該兩公司帳戶支付給孫某、唐國祥；2012年3月14日，案涉票據被退票，就與孫某、唐國祥聯繫，由他們將100萬元存到應流公司帳上，銀行再從應流公司帳上扣款。

關於案涉票據的流轉過程，中洲公司會計陳大榮於2012年3月27日向公安機關陳述：2012年12月，阜甯農商行經理莊步軍打電話給其稱，該行有一張承兌匯票貼現，要從公司帳戶上走一下，其就將中洲公司、應流公司的印章等帶至莊步軍辦公室，莊步軍在一張100萬元承兌匯票上蓋了章，之後，其就將印章拿回去了。

本案再審中，關於提起本案訴訟的法律依據，王銳明確表示：因票據負載的權利已經被維正公司行使，故王銳在本案中行使的是要求賠償的權利，屬於民事權利的一種；雖然本案糾紛因票據而產生，但其係根據侵權法要求賠償。

本案再審中，因王銳的陳述與本案已查明的事實存在矛盾，根據王銳的主張、關於票據流轉過程的陳述，本院要求王銳舉證證明其如何取得案涉票據，又是如何失去對案涉票據的控制權，並明確了相應的舉證期限。但王銳未能向本院提交相應證據。

本案再審爭議焦點：一、王銳是否為案涉票據的權利人，是否有權提起本案訴訟。二、維正公司、常熟農商行、阜甯農商行、鹽城農商行、中洲公司、應流公司是否實施了侵權行為，與王銳的損失之間有無因果關係。

本院認為：

一、王銳不是案涉匯票的票據權利人，不享有票據權利，無權主張票據法上的相關權利。案涉匯票上並無王銳的相關記載，各方當事人對於王銳是否為案涉匯票的票據權利人存有爭議。王銳認為其是合法的票據權利人，理由是金融實踐及司法實踐均認可票據的空白背書交付，票據在自然人之間流轉雖然違反相關規定，但不影響票據權利的行使，其取得票據時支付了對價，應享有票據權利。本院認為，王銳關於其是案涉匯票之票據權利人的理由，不能成立，具體分析如下。

（一）我國票據制度不認可匯票的空白背書。1. 《中華人民共和國票據法》第二十七條、第三十條對匯票權利的轉讓方式進行了明確規定。其中，

第二十七條第一款規定「持票人可以將匯票權利轉讓給他人或者將一定的匯票權利授予他人行使」；第三款規定「持票人行使第一款規定的權利時，應當背書並交付匯票」；第四款規定「背書是指在票據背面或者黏單上記載有關事項並簽章的票據行為」。第三十條規定「匯票以背書轉讓或者以背書將一定的匯票權利授予他人行使時，必須記載被背書人的名稱」。根據上述規定，背書是由背書人做出的單方民事法律行為，具體方式是背書人在票據背面或黏單上記載被背書人的名稱，同時在背書人欄內簽章，並交付於被背書人。2.《最高人民法院關於審理票據糾紛案件若干問題的規定》第四十九條規定，「依照票據法第二十七條和第三十條的規定，背書人未記載被背書人名稱即將票據交付他人的，持票人在票據被背書人欄內記載自己的名稱與背書人具有同等法律效力。」根據該司法解釋的規定，背書人交付票據時，如未按照票據法規定記載被背書人的名稱，視為將背書這一單方民事法律行為中本應由背書人完成的部分行為，即記載被背書人名稱，授權他人行使，最終在被背書人欄內自行記載名稱的持票人的行為視為經背書人授權的補記行為。該司法解釋規定的授權補記行為，不屬於空白背書。綜上，我國現有票據制度並不認可匯票的空白背書。

（二）我國票據制度不認可匯票的單純交付。所謂票據單純交付就是持票人以轉讓票據權利為目的將票據交付與他人，但不在票據上進行任何記載。票據的單純交付只適用於兩種情形，一是無記名票據，二是可以空白背書的票據。因匯票不屬於無記名票據，我國票據制度亦不認可匯票的空白背書，故我國現有票據制度並不認可匯票的單純交付。

（三）以單純交付方式取得匯票的持票人不是票據權利人。1.《中華人民共和國票據法》第四條第二款規定「持票人行使票據權利，應當按照法定程序在票據上簽章，並出示票據」。通過空白背書、單純交付取得匯票的當事人，雖持有匯票，能夠出示匯票，但未按法定程序在票據上簽章。而票據的法定性決定了票據行為是產生票據法上法律關係的唯一基礎，按票據法的規定做出的票據行為才可能產生票據法上的效果。單純交付票據的行為不符合《中華人民共和國票據法》對票據權利轉讓的相關規定，不屬於票據行為，不產生票據法上的效果，故通過單純交付取得匯票的人無法取得票據權利。2.《中華人民共和國票據法》第三十一條規定：「以背書轉讓的匯票，

背書應當連續。持票人以背書的連續，證明其匯票權利；非經背書轉讓，而以其他合法方式取得匯票的，依法舉證，證明其匯票權利。」該法條中的「其他合法方式」是指票據法規定的稅收、繼承、贈與、公司合併等方式，並不包括單純交付。因此，以單純交付方式取得匯票的，即使支付了對價，也無法依據《中華人民共和國票據法》第三十一條取得匯票權利。

綜上分析，本院認為，判斷持票人是否為票據權利人，必須審查持票人是否依照票據法的規定取得票據。本案中，匯票背書連續，出票人為華泰公司，收款人為華慶公司，匯票背面及黏單上記載的被背書人依次為華進公司、泰陽公司、維正公司、中洲公司、應流公司、阜甯農商行。該匯票上並無王銳的任何記載。王銳關於案涉票據流轉過程的陳述沒有相應依據，即使屬實，王銳取得匯票的方式也是單純交付，該行為不屬於票據法規定的票據行為，王銳無法據此取得票據權利。由於王銳不是案涉匯票的票據權利人，不享有票據權利，故無權主張票據法上的相關權利。

二、如王銳關於案涉匯票流轉過程的陳述屬實，王銳對案涉票據享有民法上的權利，有權主張相應的民事權利。票據所載權利具有雙重性，一是持有票據的人對構成票據的物質享有的所有權，屬於民事權利。二是票據持有人依照票據上的記載享有的票據法上的權利，屬於票據權利。本案中，如王銳關於其取得匯票的陳述屬實，即王銳支付對價、通過單純交付的方式取得案涉匯票，雖不能取得票據權利，但不影響王銳取得相應的民事權利，如案涉匯票之物質載體的所有權，有權針對該民事權利提起相應的訴訟。

三、王銳未能證明其享有案涉匯票的民事權利。王銳稱案涉匯票曾兩次流轉至其手中，但其所述的流轉過程與本案已查明的事實、陳為民在公安機關的陳述、高俊傑關於其不認識王銳的陳述等均存有矛盾。因此，王銳目前所舉證據尚不足以證明其所述的票據流轉過程屬實，尚不足以證明其享有案涉匯票的民事權利。

四、即使王銳享有民事權利，其要求維正公司、常熟農商行、阜甯農商行、鹽城農商行、中洲公司、應流公司承擔民事賠償責任的主張亦缺乏依據。王銳在本案再審中明確表示因票據所載權利已被維正公司行使，故在本案中根據侵權法向維正公司、常熟農商行、阜甯農商行、鹽城農商行、中洲公司、應流公司行使請求賠償的民事權利。對此，王銳應舉證證明維正公司

等實施了侵權行為,且該行為與王銳民事權利的損失之間存有因果關係。但根據王銳的陳述,其第一次取得票據係通過單純交付,之後轉讓給他人,該轉讓係基於王銳的真實意思表示,與侵權無關;其第二次取得票據係因退票,之後因高俊傑稱公安須再次驗票而將匯票借給高俊傑,但高俊傑未歸還。根據王銳自己的陳述,其現對案涉匯票失去占有的直接原因是高俊傑借走票據未還,造成其對案涉匯票享有的民事權利受到損害。在此基礎上,王銳要求維正公司等承擔侵權賠償責任,則應證明維正公司等實施了侵權行為且與王銳對案涉匯票失去占有之間存有因果關係。目前,王銳未能完成上述舉證責任,其要維正公司等承擔侵權賠償責任,缺乏事實與法律依據,本院不予支持。

綜上,原審法院關於王銳享有案涉票據權利,有權要求損害賠償,維正公司等的行為侵犯了王銳的權利,對王銳的損失應承擔賠償責任的認定,無事實與法律依據,應予糾正。維正公司的再審請求,本院予以支持。依照《中華人民共和國民事訴訟法》第二百零七條第一款、第一百七十條第一款第(二)項,《中華人民共和國票據法》第四條、第二十七條、第三十條、第三十一條,《中華人民共和國侵權責任法》第六條,《最高人民法院關於審理票據糾紛案件若干問題的規定》第四十九條之規定,判決如下:

一、撤銷江蘇省鹽城市中級人民法院(2015)鹽商終字第0121號民事判決、江蘇省阜寧縣人民法院(2014)阜商初字第0244號民事判決;

二、駁回王銳的訴訟請求。

本案一審案件受理費15,150元,二審案件受理費15,150元,均由王銳負擔。維正公司、常熟農商行分別向江蘇省鹽城市中級人民法院預繳的15,150元,由該院退還。王銳應當負擔的二審案件受理費15,150元於本判決生效後十日內向江蘇省鹽城市中級人民法院繳納。

本判決為終審判決。

審判長　何　方

審判員　史留芳

代理審判員　林　佳

二〇一六年九月二十九日

書記員　李斯琦

第四篇

保函糾紛

【案例62】 保函項下銀行擔保義務重點說明

北京康華國聯機電設備有限公司
與中信銀行股份有限公司合同糾紛案評析

案號：北京市第二中級人民法院（2016）京02民終530號

【摘要】

　　最高人民法院在2016年發布了《最高人民法院關於審理獨立保函糾紛案件若干問題的規定》，明確規定不同性質的保函將在法律適用上有所區分，獨立保函適用專門裁判規則，一般保函則參照適用中國大陸擔保法規定。因此，銀行應在開具保函時結合客戶需求、風險、徵信信息、擔保方式等因素，考量選擇具獨立性或從屬性保函。

【基本案情】

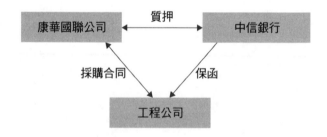

　　2012年7月5日，北京康華國聯機電設備有限公司（以下簡稱「康華國聯公司」）與湖南省第四工程有限公司（以下簡稱「工程公司」）就劉娘府綜合改造定向安置房項目電梯設備採購工程，簽訂《採購合同》，雙方在合同中約定：賣方向買方提供當批次設備總價百分之五的二年期銀行質保金保函；「二年期」指的是設備安裝完成

並驗收合格後的二年時間。

2013年10月29日，康華國聯公司向中信銀行股份有限公司總行營業部（以下簡稱「中信銀行」）提交《保函申請表》（用於非授信客戶）。其中申請人為康華國聯公司，項目名稱：劉娘府綜合改造定向安置房項目，受益人為工程公司，保函金額391,200元。同日，康華國聯公司向中信銀行出具《質押承諾函》，表示願意為上述保函提供保證金帳戶質押的反擔保，保證金數額為保函金額的100％。

2013年11月4日，中信銀行依約從康華國聯公司名下帳戶劃扣保證金。同日，中信銀行簽發致工程公司的《設備質保金銀行保函》，有效期為2013年11月4日至2014年12月29日，且中信銀行的保證義務在保函期限屆滿或保證義務履行完畢時解除。

康華國聯公司認為，保函約定的期限已經屆滿，且工程公司未向中信銀行主張權利，中信銀行應返還其質押的保證金。但經康華國聯公司多次催要，中信銀行拒不返還。故訴至法院，請求判令中信銀行返還保證金並支付利息。

【法院判決】

北京市西城區人民法院經審理認為，中信銀行保函為從屬性保函，適用中國大陸擔保法及司法解釋規定。鑒於保函約定的保證期間早於或者等於主債務履行期限時，根據司法解釋規定，此種情形視為沒有約定，故保函項下保證期間為主債務履行期屆滿之日起六個月。而康華公司未證明主債務（即質保期）已經屆滿，故保函期限屆滿、保函即刻失效的約定無法對工程公司產生拘束力。中信銀行退還保證金的約定條件並未成就，故對康華公司要求退還保證金本金並計算利息的訴訟請求不予支援。

宣判後，北京康華國聯公司不服一審判決，提起上訴，認為一審法院將保函等同於保證合同是錯誤的，保函為銀行單方的保證，雖

與主合同有聯繫，但其自發出就獨立於主合同，另外保函也明確指出其失效的條件（即保證期屆滿），該保證期明確約定保函失效的時間為2014年12月29日，所以一審法院將主債務聯繫在一起是錯誤的。北京市第二中級人民法院經審理認為，本案的爭議焦點為康華國聯公司要求中信銀行退還反擔保保證金的條件是否成就。康華國聯公司提交的證據不能證明已經履行了《採購合同》約定的當批次電梯的質保義務，也不能證明已適當、完整履行本保函所擔保的各項義務，且工程公司既未將保函正本退還中信銀行，也未向中信銀行發出解除有關擔保責任的書面文件，因此康華國聯公司要求中信銀行退還反擔保保證金的條件尚未成就，駁回康華國聯公司要求中信銀行返還擔保金391,200元及利息的請求。

【法律評析】

本案的主要爭議焦點，為保函的性質認定、保函項下退還保證金的條件是否成就、保證期間的確定等問題。本案涉及的法律關係，是康華國聯公司與工程公司的採購合同關係，中信銀行與工程公司的擔保合同關係，以及康華國聯與中信銀行的質押合同關係。

一、案涉保函的性質及法律適用

最高人民法院於2016年11月18日專門發布了《最高人民法院關於審理獨立保函糾紛案件若干問題的規定》（2016年12月1日實施），在第一條規定了獨立保函定義：「本規定所稱的獨立保函，是指銀行或非銀行金融機構做為開立人，以書面形式向受益人出具的，同意在受益人請求付款並提交符合保函要求的單據時，向其支付特定款項或在保函最高金額內付款的承諾。」第三條明確規定了獨立保函的情形及適用法律：「保函具有下列情形之一，當事人主張保函性質為獨立保函的，人民法院應予支持，但保函未載明據以付款的單據和

最高金額的除外：（一）保函載明見索即付；（二）保函載明適用國際商會《見索即付保函統一規則》等獨立保函交易示範規則；（三）根據保函文本內容，開立人的付款義務獨立於基礎交易關係及保函申請法律關係，其僅承擔相符交單的付款責任。當事人以獨立保函記載了對應的基礎交易為由，主張該保函性質為一般保證或連帶保證的，人民法院不予支持。當事人主張獨立保函適用擔保法關於一般保證或連帶保證規定的，人民法院不予支持。」

　　分析上述法條可知，獨立保函，是指以受益人在最高金額範圍內，請求付款並提交符合保函要求的單據為付款條件的承諾。中國大陸司法實踐中，對於保函性質的基本認定規則，是以從屬性保證為原則。基礎合同與擔保合同的主從關係，是典型擔保模式的基本內涵，非主從關係的其他約定都只能做為例外而存在，故獨立保函必須要有當事人之間的特別約定，才能得到法律的認可。

　　本案中，中信銀行在簽發致工程公司的《設備質保金銀行保函》中約定：中信銀行在康華國聯公司未能按《採購合同》規定履行義務，而使工程公司蒙受經濟損失時承擔保證責任，且保證金額不超過391,200元整，有效期截至2014年12月29日。但保函中並沒有明確約定見索即付、相符交單付款等獨立性條款，因此案涉保函不具有獨立保函的基本特徵，應認定為從屬性保證，適用《中華人民共和國擔保法》及相關司法解釋。

二、保函項下退還保證金的條件是否成就

　　案涉《保函申請表》約定中信銀行退還康華國聯公司保證金的條件，即案涉保函註銷、中信銀行擔保責任解除的條件為：（1）保函有效期屆滿或自動失效條款失效；（2）保函受益人已經將正本退還開具方，或向開具方發出書面解除文件。兩個條件必須同時具備，否則保函不予註銷。結合本案，工程公司既未將保函正本退還中信銀

行，也未向中信銀行發出解除有關擔保責任的書面文件，康華國聯公司亦未能舉證證明其已適當完整地履行了合同約定義務，故合同約定中信銀行退還保證金的條件尚未成就。康華國聯公司的反擔保措施仍然繼續有效，無權要求中信銀行退還保證金。

三、從屬性保函所涉保證期間的確定

從屬性保函適用《中華人民共和國擔保法》及其司法解釋的規定，其中《最高人民法院關於適用〈中華人民共和國擔保法〉若干問題的解釋》第三十二條規定：「保證合同約定的保證期間早於或者等於主債務履行期限的，視為沒有約定，保證期間為主債務履行期屆滿之日起六個月。」

本案中，《設備質保金銀行保函》中雖約定了有效期截止至2014年12月29日，但該期限因早於主債務的履行期限，即保函到期日不能涵蓋基礎合同到期日。依據擔保法司法解釋，保證期間應當為主債務履行期屆滿之日起六個月。因此保函的保證期間，應當為康華國聯公司與工程公司簽署的《採購合同》下，主債務履行期限屆滿之日起六個月。

四、本案對於銀行的借鑒意義

1. 在保函開具前做好盡職調查。調查的內容不僅包含申請人的履約能力和履約紀錄，還應當關注受益人的信用和資產情況調查。

2. 注重基礎合同的風險防範。在非獨立保函的情況下，基礎合同的履行，對於保函是否被索賠存在重大影響。

3. 在提供保函時明確約定保函註銷條件，並完善保函註銷的內部管理流程。

4. 在開具保函時，要求申請人提供反擔保。在承保期間，反擔保措施的存在將極大降低申請人違約的可能性和銀行的損失。

　5. 加強保後審查。銀行開展保後追蹤檢查，有利於發現問題，及時得知可能發生的索賠風險，與當事人及時溝通，減少不必要的損失。

　6. 在辦理保函業務時，銀行應在保函中明確約定保函性質屬於獨立性保函或者從屬性保證，以確保符合當事人需求及維護銀行本身權益。

附：法律文書

　北京康華國聯機電設備有限公司與中信銀行股份有限公司總行營業部合同糾紛二審民事判決書

　北京市第二中級人民法院（2016）京02民終530號

　上訴人（原審原告）：北京康華國聯機電設備有限公司。
　　住所地：北京市門頭溝區石龍南路6號1幢5A-51。
　法定代表人：劉秀章，總經理。
　曹洪信，男。
　委託代理人：王金鳳，北京京翔律師事務所律師。
　被上訴人（原審被告）：中信銀行股份有限公司總行營業部。
　　營業場所：北京市西城區金融大街甲27號。
　負責人：朱加麟，總經理。
　委託代理人：劉敏，北京市天嶽律師事務所律師。
　委託代理人：丁祥元，北京市天嶽律師事務所律師。

　上訴人北京康華國聯機電設備有限公司（以下簡稱康華國聯公司）因與被上訴人中信銀行股份有限公司總行營業部（以下簡稱中信銀行）合同糾紛一案，不服北京市西城區人民法院（2015）西民（商）初字第10604號民事判決，向本院提起上訴。本院於2016年1月14日受理後，依法組成由法官陳紅建擔任審判長，法官韓耀斌、付雙成參加的合議庭，於2016年2月23日公開開庭進行了審理。上訴人康華國聯公司的委託代理人王金鳳，被上訴人中

信銀行的委託代理人劉敏到庭參加訴訟。本案現已審理終結。

康華國聯公司在一審中起訴稱：康華國聯公司是中信銀行的客戶，2012年康華國聯公司與湖南省第四工程有限公司（以下簡稱工程公司）簽訂《電梯設備採購合同》（以下簡稱《採購合同》），2013年11月4日中信銀行向工程公司出具《設備質保金銀行保函》，保證金額為391,200元。根據保函約定有效期至2014年12月29日。現保證期限已經屆滿，且工程公司並未向中信銀行主張權利。經康華國聯公司多次催要，中信銀行拒不返還。故訴至法院，請求判令：1. 中信銀行返還391,200元，並支付利息（從2014年12月30日按照中國人民銀行同期貸款基準利率計算至實際清償之日止）；2. 訴訟費用由中信銀行負擔。

中信銀行在一審中答辯稱：在《設備質保金銀行保函》不具備註銷條件，工程公司沒有完全免除中信銀行保證責任前，中信銀行不應當返還。一、按照康華國聯公司向中信銀行出具的《保函申請表》，保函尚不具備註銷的條件，中信銀行無義務向康華國聯公司解除反擔保措施，且有權繼續向康華國聯公司收取保費；二、本案《設備質保金銀行保函》中雖約定了有效期截止至2014年12月29日，但該期限早於主債務的履行期限，及保函到期日不能覆蓋基礎合同到期日，按照《最高人民法院關於適用〈中華人民共和國擔保法〉若干問題的解釋》和《中信銀行對公國內保函業務管理辦法》，保證責任並未免除，保證期間須持續到主債務履行期限屆滿之日起六個月。

康華國聯公司提交以下證據予以證明：

1. 保證金扣款證明複印本，證明中信銀行從康華國聯公司處劃走了保證金。

2. 《設備質保金銀行保函》複印本，證明保函的保證期已經到期。

中信銀行認可劃扣保證金的事實，亦認可保函的真實性認可，但不認可保函證明目的。一審法院對上述2組證據的真實性、合法性、關聯性予以確認。

中信銀行提交以下證據予以證明：

1. 《保函申請表》，證明在康華國聯公司向中信銀行提交申請表時，其明確知曉保函的註銷條件；在不符合保函註銷條件的情況下，康華國聯公司無權單獨解除保函。康華國聯公司認可該證據的真實性，不認可合法性。認

為在該申請表中約定了保函的有效期；在第八條中，解釋了保函的註銷，其中關於屆滿與之後的其他條件是選擇的關係；並且註銷是內部管理的規定，不能以此對抗法律規定。且該條第（8）項規定加重了康華國聯公司的義務，應該予以提示，否則應屬無效；該項規定也違反了，中信銀行提交證據中第24條的規定，將中信銀行應履行的義務，轉嫁給康華國聯公司，應屬無效。一審法院認為，《保函申請表》係康華國聯公司主動申請並提交，上述條款亦未明顯加重康華國聯公司責任，不屬於無效的格式條款，康華國聯公司的該項主張，缺乏事實依據。一審法院對該證據的真實性、合法性、關聯性予以確認。

2. 《質押承諾函》，證明康華國聯公司自願提供反擔保，康華國聯公司對中信銀行的扣款無異議，並放棄一切追索權。康華國聯公司認可該證據真實性，不認可證明目的。一審法院對該證據的真實性、合法性、關聯性予以確認。

3. 《設備質保金銀行保函》，證明中信銀行依康華國聯公司申請向工程公司出具保函，並明確約定了擔保範圍。康華國聯公司未按照《採購合同》約定履行質保期義務，因此，中信銀行承擔保證責任的期限尚未屆滿，保證責任尚未免除。

4. 銀行轉帳憑證，證明中信銀行依約劃扣保證金。

5. 《中信銀行對公國內保函業務管理辦法》，證明按照該辦法二十四條（一）2（2）規定，保函尚未失效。

康華國聯公司認可上述證據3-5的真實性，一審法院對該證據的真實性、合法性、關聯性予以確認。

6. 《採購合同》，證明康華國聯公司的合同義務，銀行提供保函的保證期限是設備安裝完成並驗收合格後的二年，及交貨時間、質保期規定。

7. 2014年4月15日中信銀行要求康華國聯公司提供《採購合同》項下的126部電梯的全部《電梯監督檢驗報告》，但康華國聯公司至今未提供。

8. 中信銀行向康華國聯公司發出要求提供債務履行情況的函件，共同證明康華國聯公司未提供證據證明其履行了合同義務，工程公司未向中信銀行返還保函或解除保證責任；中信銀行無義務解除康華國聯公司的反擔保措施。

康華國聯公司認可上述證據6-8的真實性，但不認可證明目的，一審法院對該證據的真實性、合法性、關聯性予以確認。

通過對上述證據進行審查，結合當事人庭審陳述，一審法院對本案確認以下事實：

2012年7月5日，康華國聯公司與工程公司就劉娘府綜合改造定向安置房項目電梯設備採購工程簽訂《採購合同》（合同編號：ATBJAZFFB-2012-005）。合同總金額29,377,600元。該合同第二章約定，賣方向買方提供當批次設備總價百分之五（5%）的二年期的銀行質保金保函；「二年期」指的是設備安裝完成並驗收合格後的二年時間。交貨時間：合同簽訂後四個月內貨到項目現場。合同第三章約定，質保期為自電梯驗收合格並經政府部門核發運行證之日起24個月。

2013年10月29日，康華國聯公司向中信銀行提交中信銀行股份有限公司《保函申請表》（用於非授信客戶）。其中申請人為康華國聯公司，項目名稱：劉娘府綜合改造定向安置房項目，受益人工程公司，保函金額391,200元。申請表中有如下反擔保約定內容：康華國聯公司願意為本保函提供保證金帳戶質押擔保，保證金數額為保函金額的100%，保證金帳戶為康華國聯公司在中信銀行開立的人民幣帳戶（帳號×××），該帳戶做保證金專用帳戶由中信銀行看管。中信銀行在該保函項下擔保責任未完全解除前，康華國聯公司承諾不對保證金帳戶內資金進行支用、劃轉或做任何其他處分。所謂保函註銷是指保函本身規定具體到期日已屆期滿或因自動失效條款已經失效，且保函受益人已將保函正本退還中信銀行或向中信銀行發出解除擔保責任的書面文件。無論保函本身是否規定具體到期日或自動失效條款，康華國聯公司都保證保函受益人將在保函到期或自動失效後的五個銀行工作日內將保函正本退還中信銀行註銷，或向中信銀行發出解除有關擔保責任的書面文件，否則中信銀行可繼續向康華國聯公司收取保費。如中信銀行在保函到期或自動失效後未收到保函受益人退還的保函正本，或未收到保函受益人向中信銀行發出的解除有關擔保責任的書面文件（即保函尚未註銷），除非康華國聯公司能夠向中信銀行提供確切證據證明康華國聯公司已適當、完整履行本保函所擔保的各項義務，否則康華國聯公司在本申請書項下提供的各項反擔保措施將繼續有效，直至保函註銷之日止。

　　同日，康華國聯公司向中信銀行出具《質押承諾函》，表示願意為上述保函提供保證金帳戶質押的反擔保，保證金數額為保函金額的100％，保證金帳戶為康華國聯公司在中信銀行開立的人民幣（幣種）帳戶（帳號×××），該帳戶做保證金專用帳戶質押給中信銀行，由中信銀行看管。康華國聯公司授權中信銀行可自動從康華國聯公司在中信銀行開立的人民幣（幣種）帳戶（帳號×××）中扣劃相當於保證金數額的金額進入保證金帳戶，在康華國聯公司保證金帳戶資金餘額不足時，中信銀行有權從康華國聯公司在中信銀行開立的任何帳戶中劃取不足部分進入保證金帳戶，以確保保證金帳戶餘額達到上述比例約定。

　　2013年11月4日，中信銀行依約從康華國聯公司名下帳戶劃扣保證金391,200元。

　　同日，中信銀行簽發致工程公司的《設備質保金銀行保函》。保函稱，鑒於中信銀行客戶康華國聯公司與工程公司就劉娘府綜合改造定向安置房項目電梯設備採購工程於2012年7月5日簽訂了《採購合同》（合同編號：ATBJAZFFB-2012-005），並隨後簽訂了關於開具電梯安裝、《設備質保金銀行保函》的說明。應被擔保人康華國聯公司的申請，根據說明中有關《設備質保金銀行保函》的規定，中信銀行同意出具不可轉讓之銀行保函。中信銀行在被擔保人發生以下情形時承擔保證責任：被擔保人未能按合同規定在《電梯監督檢驗報告》簽發之日起24個月內履行質保期義務而致使貴方蒙受經濟損失。中信銀行保證的金額最高不超過：人民幣三拾玖萬壹仟貳佰元整（RMB391,200.00）。該保函自簽發之日起生效，有效期截至2014年12月29日。但該保函於下述任一事項發生之時立即失效，中信銀行在本保函項下的保證義務即刻解除：（一）本保函期限屆滿；（二）中信銀行的保證義務履行完畢。

　　一審法院認為：康華國聯公司向中信銀行申請保函，並提供保證金質押做為反擔保，中信銀行出具保函均係當事人真實意思表示，並不違反法律、行政法規的強制性規定，應屬合法有效，雙方均應按照合同約定行使權利、履行義務。康華國聯公司要求中信銀行退還保證金既缺乏合同依據，也缺乏法律依據。詳述如下：

　　一、保函中關於保函期限屆滿，保函即刻失效的內容，無法當然免除中

信銀行對工程公司應承擔的保證責任。

中信銀行在保函中承諾，在被擔保人發生以下情形時承擔保證責任：被擔保人未能按合同規定在《電梯監督檢驗報告》簽發之日起24個月內履行質保期義務而致使貴方蒙受經濟損失。該內容本身即與保函期限屆滿，保函即刻失效的內容相矛盾。

保函所擔保的劉娘府綜合改造定向安置房項目電梯設備採購工程《採購合同》，亦約定康華國聯公司向工程公司提供當批次設備總價百分之五（5％）的二年期的銀行質保金保函，「二年期」指的是設備安裝完成並驗收合格後的二年時間。該合同還約定，質保期為自電梯驗收合格並經政府部門核發運行證之日起24個月。按照《最高人民法院關於適用〈中華人民共和國擔保法〉若干問題的解釋》第三十二條第一款的規定，保證合同約定的保證期間早於或者等於主債務履行期限的，視為沒有約定，保證期間為主債務履行期屆滿之日起六個月。康華國聯公司未提交證據證明主債務即質保期已經屆滿，在此情況下，保函期限屆滿，保函即刻失效的約定無法對工程公司產生拘束力。

二、康華國聯公司要求退還保證金不符合其在《保函申請表》中承諾的條件。

《保函申請表》中，康華國聯公司承諾，中信銀行在該保函項下擔保責任未完全解除前，康華國聯公司承諾不對保證金帳戶內資金進行支用、劃轉或做任何其他處分。無論保函本身是否規定具體到期日或自動失效條款，康華國聯公司都保證保函受益人將在保函到期或自動失效後的五個銀行工作日內將保函正本退還中信銀行註銷，或向中信銀行發出解除有關擔保責任的書面文件，否則中信銀行可繼續向康華國聯公司收取保費。如中信銀行在保函到期或自動失效後未收到保函受益人退還的保函正本，或未收到保函受益人向中信銀行發出的解除有關擔保責任的書面文件（即保函尚未註銷），除非康華國聯公司能夠向中信銀行提供確切證據證明康華國聯公司已適當、完整履行本保函所擔保的各項義務，否則康華國聯公司在本申請書項下提供的各項反擔保措施將繼續有效，直至保函註銷之日止。

當事人對自己提出的訴訟請求所依據的事實或者反駁對方訴訟請求所依據的事實，應當提供證據加以證明，但法律另有規定的除外。在做出判決

前，當事人未能提供證據或者證據不足以證明其事實主張的，由負有舉證證明責任的當事人承擔不利的後果。康華國聯公司既未證明工程公司退還了保函正本，或者發出解除有關擔保責任的書面文件，也未舉證證明康華國聯公司已適當、完整履行保函所擔保的義務，兩年的質保期已經經過。甚至連保函所擔保的電梯批次，何時通過驗收的相關證據也未提供。故該院認為，目前康華國聯公司提交的證據無法證明其主張退還保證金的約定條件已經成就，該訴訟請求既缺乏事實依據，亦缺乏法律依據，該院對退還保證金本金並計算利息的訴訟請求，均不予支援。

綜上所述，依據《中華人民共和國合同法》第八條、第六十條第一款，《中華人民共和國擔保法》第四條、第七十四條，《最高人民法院關於適用〈中華人民共和國擔保法〉若干問題的解釋》第三十二條第一款，《最高人民法院關於適用〈中華人民共和國民事訴訟法〉的解釋》第九十條之規定，判決如下：駁回北京康華國聯機電設備有限公司的訴訟請求。

康華國聯公司不服一審法院上述民事判決，向本院提起上訴。其主要上訴理由是：

2013年11月4日，中信銀行應康華國聯公司的申請為工程公司出具《設備質保金銀行保函》，康華國聯公司向中信銀行提供了等額反擔保，即319,200元，該保函的保證期至2014年12月29日。保證期內工程公司沒有向中信銀行主張權利。到期後中信銀行沒有向工程公司索要保函予以註銷。

現在一審法院以「被擔保人（康華國聯公司）未能按照《電梯監督檢驗報告》簽發之日起24個月內履行質保義務……」，一審法院將保函等同於保證合同是錯誤的，保證合同是雙方簽訂的，保函為銀行單方的保證，雖與主合同有聯繫，但其自發出就獨立於主合同，另保函也明確指出其失效的條件——保證期屆滿，該保證期明確保函失效的時間為2014年12月29日，所以一審法院將主債務聯繫在一起是錯誤的。

關於《保函申請表》的問題。保函是銀行發出的，根據中信銀行提交的《中信銀行對公國內保函業務管理辦法》，「保函到期前要與保函受益人取得聯繫，到期後由其業務單位取回保函註銷」，保函到期取回註銷屬於中信銀行的工作範圍，其將自己的工作轉嫁於康華國聯公司本身就是錯誤的。

綜上，康華國聯公司提起上訴，請求二審法院依法對北京市西城區人民

法院（2015）西民（商）初字第10604號民事判決進行改判，判令中信銀行返還391,200元，並支付利息，且訴訟費由中信銀行承擔。

中信銀行服從一審法院判決，其針對康華國聯公司的上訴理由答辯稱：

本案所涉保函在法律性質上應屬於從屬性保證，應當適用《中華人民共和國擔保法》及相關法律規定的規範，而並不具有獨立屬性；在保函不具備註銷條件，且中信銀行對工程公司所負的保證責任未解除前，中信銀行無義務解除康華國聯公司的反擔保措施，康華國聯公司要求中信銀行返還391,200元並支付利息，無事實及法律依據。懇請貴院依法駁回對康華國聯公司的訴訟請求。

一、本案所涉保函在法律性質上應屬於從屬性保證，康華國聯公司提出的所謂「獨立於主合同」沒有任何事實和法律依據。

國內司法實踐中，對於保函性質的基本認定規則是以從屬性保證為原則。基礎合同與擔保合同的主從關係是典型的擔保模式的基本內涵，非主從關係的其他約定都只能做為例外而存在，因此所謂「獨立保函」必須有特別約定，才能得到法律的認可。

（1）國際商會《見索即付擔保統一規則》第二條將獨立保證定義為：「見索即付保證，不管其如何命名，是指由銀行、保險公司或其他組織或個人以書面形式出具的，表示只要憑付款要求聲明或符合擔保文件規定就可以從他那裡獲得付款的保證、擔保或其他付款承諾。」而本案中，《設備質保金銀行保函》中並未約定上述定義中所謂「見索即付」或相似意思的條款，不符合獨立保函的基本特徵。

（2）最高人民法院於2013年11月29日曾發布《最高人民法院關於審理獨立保函糾紛案件若干問題的規定（徵求意見稿）》，其中第二條規定了關於獨立保函和從屬性保證的區分，保函載明見索即付、適用國際商會《見索即付保函統一規則》，或擔保人付款義務不受基礎法律關係以及其他法律關係影響的，人民法院一般應當認定該保函為獨立保函，但保函沒有載明據以付款的單據條件，或未載明最高付款金額的除外。

而第二種意見是獨立保函根本不適用於國內交易。

以上兩種意見雖不是具備法律效力的條款，但在對獨立保函和從屬性保證的區分上基本體現了學界和司法界的兩種意見，而本案中《設備質保金銀

行保函》中不僅未有相應的獨立性條款，還特別約定中信銀行承擔保證責任的前提條件為康華國聯公司發生違約及工程公司提供相應證明資料並經過貴行核定屬實。換言之，本案中的《設備質保金銀行保函》具備明顯的從屬性保證的基本特徵。

綜上，中信銀行認為，中信銀行向工程公司出具的《設備質保金銀行保函》，應當認定為從屬性保證，應當適用《中華人民共和國擔保法》及相關司法解釋的約束，而非國際商會《見索即付擔保統一規則》所定義的獨立擔保，或稱獨立保函。

二、保函中關於保函期限屆滿及保函失效的規定並不等同於保函具備註銷的條件，而按照康華國聯公司向中信銀行簽署並出具的《保函申請表》，只有保函尚具備註銷的條件，中信銀行才向康華國聯公司解除反擔保措施，否則，中信銀行有權繼續向康華國聯公司收取保費，康華國聯公司要求中信銀行返還391,200元保證金及利息沒有事實和法律依據。

《保函申請表》第八條明確了保函註銷必須同時滿足以下條件：

（1）保函本身規定的具體到期日已屆期滿或因自動失效條款已經失效；（2）保函受益人已將保函正本退還中信銀行或向中信銀行發出解除擔保責任的書面文件，或康華國聯公司能夠向中信銀行提供確切證據證明其已適當、完整履行本保函或擔保的各項義務，否則中信銀行在本申請書項下提供的各項反擔保措施繼續有效，直至保函註銷為止。

本案中，雖然保函本身規定的具體到期日已屆滿，但保函受益人並未將保函正本退還中信銀行或向中信銀行發出解除擔保責任的書面文件，並且康華國聯公司也未能夠向中信銀行提供確切證據證明其已適當、完整履行本保函或擔保的各項義務。因此，中信銀行認為，保函註銷的條件係康華國聯公司在申請保函時即明知的，在不完全具備註銷條件的情況下，康華國聯公司無權要求中信銀行解除反擔保措施，並返還保證金及利息。

三、本案《設備質保金銀行保函》中雖約定了有效期截止至2014年12月29日，但該期限因早於主債務的履行期限，即保函到期日不能覆蓋基礎合同到期日，按照擔保法司法解釋和《中信銀行對公國內保函業務管理辦法》，保證責任並未免除，保證期間須持續到主債務履行期屆滿之日起六個月。

根據《最高人民法院關於適用〈中華人民共和國擔保法〉若干問題的解

釋》第三十二條規定：「保證合同約定的保證期間早於或者等於主債務履行期限的，視為沒有約定，保證期間為主債務履行期屆滿之日起六個月。」同時《中信銀行對公國內保函業務管理辦法》第二十四條規定：「註銷保函、釋放授信額度以及風險資產（1）我行收到受益人退還的保函正本或解除我行擔保責任的書面聲明，即保函真實註銷，保函到期日後在系統中辦理註銷，同時釋放授信額度以及風險資產。（2）在保函到期但基礎合同的履行期限尚未屆滿的情況下，即保函到期日不能覆蓋基礎合同到期日，我行擔保責任尚未解除，則此保函業務仍繼續占用授信額度以及風險資產，須至基礎合同履行期限屆滿之日起六個月後在系統中辦理註銷，同時釋放授信額度以及風險資產。」

　　因此，中信銀行的保證責任是否解除，須結合主債務的履行期限方可確定。依《設備質保金銀行保函》規定，中信銀行在康華國聯公司未能按主合同（即康華國聯公司與工程公司簽訂的《採購合同》）約定在《電梯監督檢驗報告》簽發之日起24個月內履行質保期義務而致使第四工程公司蒙受經濟損失的情況下承擔保證責任，即主債務的履行期限為《電梯監督檢驗報告》簽發之日起24個月。

　　按照康華國聯公司與工程公司簽署的《採購合同》，康華國聯公司須向第四工程公司提供126部消防電梯，並負責安裝檢驗合格，但在本案中，康華國聯公司至今尚未向中信銀行提供過任何書面證據證明其已完全履行了供貨義務，並取得了《電梯監督檢驗報告》，不僅如此，康華國聯公司的業務人員曾向中信銀行的業務人員明確表示過康華國聯公司尚未完全履行《採購合同》項下的供貨、安裝義務。在此情形下，中信銀行更有理由相信康華國聯公司並未完全履行《採購合同》項下的供貨義務，其主債務的履行期限尚未屆滿，中信銀行的保證責任也並未解除。

　　綜上所述，即使《設備質保金銀行保函》明確的有效期已屆滿，但康華國聯公司對《採購合同》項下主債務的履行期限尚未屆滿，中信銀行的保證責任尚未解除，並且保函受益人未將保函正本退還中信銀行或向中信銀行發出解除擔保責任的書面文件，康華國聯公司也未能夠向中信銀行提供確切證據證明其已適當、完整履行本保函或擔保的各項義務，完全不具備《保函申請表》中約定的保函註銷的條件，因此康華國聯公司要求中信銀行返還保證

金391,200元及要求支付相應的利息的請求，無事實與法律依據，懇請法院在依法認定本案事實的基礎上，判決駁回康華國聯公司的上訴請求，以維護中信銀行的合法權益。

在二審庭審中，康華國聯公司提交了一份編號為ZX-×××的《電梯監督檢驗報告》複印本，內容為「設備名稱：乘客電梯；規格型號：OTISSWEET；施工單位：北京康華國聯機電設備有限公司；安裝地點：北京市石景山區劉娘府永定河引水渠南側；維護保養單位：北京康華國聯機電設備有限公司；檢驗結論：合格；檢驗日期：2012年11月26日」。證明康華國聯公司履行了《採購合同》中約定當批次電梯設備的質保義務。中信銀行對該證據的真實性、關聯性、合法性及證明目的均不認可。

本院經審理查明的其他事實與一審法院查明的事實一致。上述事實，有保證金扣款證明複印本、《設備質保金銀行保函》、《保函申請表》、《質押承諾函》、銀行轉帳憑證、《中信銀行對公國內保函業務管理辦法》、《採購合同》、中信銀行向康華國聯公司發出要求提供債務履行情況的函件及雙方當事人的陳述等證據在案佐證。

本院認為，《保函申請表》、《質押承諾函》、《設備質保金銀行保函》為各方當事人的真實意思表示，且內不違反法律法規的強制性規定，合法有效，各方當事人均應按照約定履行義務和享有權利。本案的爭議焦點為康華國聯公司要求中信銀行退還反擔保的保證金的條件是否成就。

第一，康華國聯公司與工程公司簽訂的《採購合同》中約定：「康華國聯公司向工程公司提供當批次設備總價百分之五（5％）的兩年期的銀行質保金保函；質保期為自電梯驗收合格並經政府部門核發運行證之日起24個月。」康華國聯公司認為其已經履行了該合同約定的當批次電梯的質保義務，中信銀行的擔保義務已經解除，中信銀行應將反擔保的保證金退還康華國聯公司，中信銀行對此不予認可。從康華國聯公司提交的證據看，《採購合同》中涉及的電梯設備是126部，合同中對當批次電梯設備是多少沒有約定，126部電梯中的哪些電梯是當批次電梯也沒有約定。在二審中康華國聯公司提交的《電梯監督檢驗報告》的複印本不能證明與合同中約定的當批次電梯設備的關係，康華國聯公司所提交的證據不能證明其已經履行了該《採購合同》約定的當批次電梯的質保義務，中信銀行的擔保義務已經解除的主

張。

第二，康華國聯公司向中信銀行出具的《保函申請表》載明：「中信銀行在該保函項下擔保責任未完全解除前，康華國聯公司承諾不對保證金帳戶內資金進行支用、劃轉或做任何其他處分；所謂保函註銷是指保函本身規定具體到期日已屆期滿或因自動失效條款已經失效，且保函受益人已將保函正本退還中信銀行或向中信銀行發出解除擔保責任的書面文件；無論保函本身是否規定具體到期日或自動失效條款，康華國聯公司都保證保函受益人將在保函到期或自動失效後的五個銀行工作日內將保函正本退還中信銀行註銷，或向中信銀行發出解除有關擔保責任的書面文件，否則中信銀行可繼續向康華國聯公司收取保費。」從前述內容看，要求中信銀行退還保證金的條件是無論保函本身是否到期或失效，均需要保函的受益人即工程公司將保函正本退還中信銀行註銷或向中信銀行發出解除有關擔保責任的書面文件。現工程公司既未將保函正本退還中信銀行，也未向中信銀行發出解除有關擔保責任的書面文件。

第三，康華國聯公司向中信銀行出具的《保函申請表》還載明：「如中信銀行在保函到期或自動失效後未收到保函受益人退還的保函正本，或未收到保函受益人向中信銀行發出的解除有關擔保責任的書面文件（即保函尚未註銷），除非康華國聯公司能夠向中信銀行提供確切證據證明康華國聯公司已適當、完整履行本保函所擔保的各項義務，否則康華國聯公司在本申請書項下提供的各項反擔保措施將繼續有效，直至保函註銷之日止。」現康華國聯公司所提交的證據不足以證明康華國聯公司已適當、完整履行本保函所擔保的各項義務。

綜上所述，康華國聯公司要求中信銀行退還反擔保的保證金的條件尚未成就，康華國聯公司要求中信銀行返還擔保金391,200元及利息的請求，本院不予支援。一審法院判決認定事實清楚，適用法律正確，判決結果並無不當，應予維持。依照《中華人民共和國民事訴訟法》第一百七十條第一款第（一）項之規定，判決如下：

駁回上訴，維持原判。

一審案件受理費7,168元，由北京康華國聯機電設備有限公司負擔（已交納）。

　　二審案件受理費7,168元，由北京康華國聯機電設備有限公司負擔（已交納）。

　　本判決為終審判決。

審判長　陳紅建

代理審判員　韓耀斌

代理審判員　付雙成

二〇一六年四月八日

書記員　梁藝爽

【案例63】 銀行對獨立保函的審單義務 和索賠拒付要點

工商銀行浙江分行與現代公司等 保函索賠拒付糾紛案評析

案號：浙江省高級人民法院（2016）浙民終157號

【摘要】

獨立保函索賠單據存在不符點，銀行應當根據表面相符原則做出拒付，索賠拒付的通知應當在審單期限內發出。此外，獨立保函具有獨立性的特徵，銀行的承兌不影響保函拒付的表示。

【基本案情】

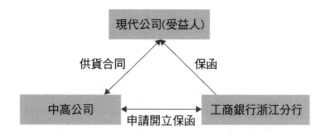

2013年11月8日，現代重工有限公司（以下簡稱現代公司）與浙江中高動力科技股份有限公司（以下簡稱中高公司）簽訂《72MW柴油電站之9*8MW柴油發電機組供貨合同》。同月20日，中高公司向中國工商銀行股份有限公司浙江省分行（以下簡稱工商銀行浙江分行）申請開立付款保函，並約定付款條件見保函正本。2013年11月22日，工商銀行浙江分行通過韓國外換銀行（Korea

Exchange Bank，以下簡稱外換銀行）向現代公司開具了一份擔保付款金額為不超過6,648,010美元的不可撤銷見索即付保函（編號LG338011300239），做為基礎交易的付款方式，工商銀行浙江分行通過該保函向現代公司提供不可撤銷的付款擔保，承諾一旦收到現代公司通過其通知行提出的首次書面索償要求，將在七個營業日內向現代公司支付任何不超過6,648,010美元的款項。涉案保函聲明將適用2010年修訂的國際商會758號出版物《見索即付保函統一規則》。

2014年1月7日，工商銀行浙江分行向外換銀行發送承兌通知，接收金額為2014年6月23日6,648,010美元。2014年4月10日，現代公司通過外換銀行向工商銀行浙江分行以SWIFT信息形式發出索償電文，要求支付LG338011300239保函項下6,648,010美元，且確認根據受益人一方進行的絕對判斷，申請人無法履行本合同的任何要求。2014年5月8日，工商銀行浙江分行向現代公司轉發信息，稱現代公司提出的索賠請求不符合工商銀行浙江分行保函的規定。另外，工商銀行浙江分行於2014年5月4日收到的相關付款單據由於存在不符點，無法構成相符索賠，因此，工商銀行浙江分行對現代公司提出的索賠予以拒付。之後工商銀行浙江分行與現代公司或通過外換銀行進行多次反覆函電交涉，工商銀行浙江分行仍以現代公司對保函的償付要求及附隨的修改後的提單非憑提示仍有不符為由，拒絕索償要求。

【法院判決】

一審法院審理認為，本案的爭議焦點：一、工商銀行浙江分行據以拒付的不符點是否成立；二、工商銀行浙江分行四次做出的拒付通知是否構成有效拒付；三、工商銀行浙江分行的承兌通知，對本案保函項下拒付表示是否產生影響。

對於爭議焦點一，本案中，工商銀行浙江分行出具的保函明確列明了五個單據條件，其中前兩項是：1. 憑指示標註的運費到付通

知人為申請人而開出的清潔海運提單副本；2. 經簽署的裝箱單副本三份。而根據現代公司的交單情況看，其提供的是指明收貨人為中高公司的記名提單，並非保函條款第1項中的指示提單；同時，第2項單據裝箱單反映的貨物數量與提單反映的件數亦不一致。故法院認定單據的內容與保函內容、單據的內容與其他要求的單據存在不符點。由於在此後的協商中，提單的內容一直未能予以修改，故工商銀行浙江分行提出據以拒付的不符點始終存在，發出拒付通知於理有據。

對於爭議焦點二，工商銀行浙江分行分別於2014年4月10日、2014年5月20日、2014年5月30日、2014年7月8日收到了四份索賠通知，第一份外換銀行向工商銀行浙江分行發出索賠通知後，單據並未於當時提交；第二份現代公司以函件索賠的方式，並不符合保函約定；第三份、第四份工商銀行浙江分行拒付通知是在審單期限內做出，且現代公司提供的單據中，提單的相關內容未做修改，與保函條款的不符點仍然存在。綜上，工商銀行浙江分行做出該次拒付通知有規可據，亦構成有效的拒付。

對於爭議焦點三，一審法院認為根據URC522第4條A款ii項「銀行將不會為了取得指示而審核單據」的規則，2014年1月7日工商銀行浙江分行向外換銀行發送承兌通知，並不意味工商銀行浙江分行已經經過審單環節，以及對保函項下單據予以確認。故在本案保函業務項下，工商銀行浙江分行仍有權基於保函約定的條件，獨立對交單是否符合保函條件做出判斷。綜上，一審法院判決駁回現代公司訴訟請求。

現代公司不服一審判決，向浙江省高級人民法院上訴。二審中，雙方當事人均未提交新的證據資料。二審法院認為一審法院認定事實清楚，適用法律正確，故判決駁回上訴，維持原判。

【法律評析】

本案的爭議焦點為：一、獨立保函擔保行據以拒付的不符點是否成立；二、獨立保函擔保行的拒付通知是否構成有效拒付；三、銀行承兌通知是否影響對保函的拒付表示。

一、獨立保函擔保行據以拒付的不符點是否成立

獨立保函，又稱見索即付保函。《最高人民法院關於審理獨立保函糾紛案件若干問題的規定》（以下簡稱獨立保函司法解釋）第一條規定：「本規定所稱的獨立保函，是指銀行或非銀行金融機構做為開立人，以書面形式向受益人出具的，同意在受益人請求付款並提交符合保函要求的單據時，向其支付特定款項或在保函最高金額內付款的承諾。」

獨立保函司法解釋第六條第一款規定：「受益人提交的單據與獨立保函條款之間、單據與單據之間表面相符，受益人請求開立人依據獨立保函承擔付款責任的，人民法院應予支持。」第七條第一款規定：「人民法院在認定是否構成表面相符時，應當根據獨立保函載明的審單標準進行審查；獨立保函未載明的，可以參照適用國際商會確定的相關審單標準。」第八條規定：「開立人有獨立審查單據的權利與義務，有權自行決定單據與獨立保函條款之間、單據與單據之間是否表面相符，並自行決定接受或拒絕接受不符點。」

《國際商會見索即付保函統一規則（URDG758）》（以下簡稱國際商會758號規則）第十九條a款規定，擔保人在審查受益人是否相符交單時，「擔保人應僅基於交單本身確定其是否構成表面相符交單」。b款規定：「保函所要求的單據的內容應結合該單據本身、保函和本規則進行審核。單據的內容無須與該單據的其他內容、其他要求的單據或保函中的內容等同一致，但不得矛盾。」

無論國際商會758號規則，還是獨立保函司法解釋，均規定銀行

對獨立保函的審單義務以表面相符為原則，即在保函條款和條件明確清晰的情況下，擔保人僅須考慮單據與保函條款條件是否表面相符即可。在本案中，工商銀行浙江分行於2014年5月4日收到現代公司通過外換銀行快遞的索賠單據，包括記名提單副本和三份裝箱單副本等，並非保函條款第1項中的指示提單；同時，第2項單據裝箱單反映的貨物數量與提單反映的件數亦不一致。故應可判斷為單據的內容與保函內容、單據的內容與其他要求的單據存在不符點，且該不符點後續未予以修改，工商銀行浙江分行拒付保函的不符點成立。

二、獨立保函擔保行的拒付通知是否構成有效拒付

國際商會758號規則第十五條a款規定：「保函項下的索賠應由保函所指明的其他單據所支援，並且在任何情況下均應輔之以一份受益人聲明，表明申請人在哪些方面違反了基礎關係項下的義務，該聲明可以在索賠書中做出，也可以在一份單獨簽署的隨附於該索賠書的單據中做出，可在一份單獨簽署的指明該索賠書的單據中做出。」同時，第二十條a款規定：「如果提交索賠時沒有表示此後將補充其他單據，則擔保人應從交單翌日起五個營業日內審核該索賠並確定該索賠是否相符。」

根據國際商會758號規則第二十條a款，擔保人應當在收到單據翌日起五個營業日內審核該索賠。同時，國際商會758號規則第二十四條e款規定：「本條d款所要求的通知應毫不延遲地發出，最晚不得遲於交單日翌日起第五個營業日結束之前。」即擔保人拒絕索償的通知，應當在收到單據翌日起第五個營業日內發出。在本案中，工商銀行浙江分行分別於2014年4月10日、2014年5月20日、2014年5月30日、2014年7月8日收到了四份索賠通知。2014年4月10日外換銀行向工商銀行浙江分行發出索賠通知後，單據並未於當時提交。工商銀行浙江分行收到單據時間為2014年5月4日、2014年5月8日，工

商銀行浙江分行向外換銀行發出拒付通知並提示不符點，是在交單後的第四個營業日，即在審單期限內，構成有效的拒付。對於2014年5月20日現代公司的信函，本案所涉保函約定：「書面索償要求必須通過銀行採用快遞或經驗證的SWIFT信息形式發給工商銀行浙江分行，且不接受其他提交方式。」故該次現代公司以該函件索賠的方式並不符合保函約定，並非是保函項下的有效索賠通知。對於2014年5月30日的索賠通知，工商銀行浙江分行於2014年6月3日收到現代公司寄送的修改單據，2014年6月9日19時15分，工商銀行浙江分行以現代公司對保函的償付要求及附後的修改後的提單非憑提示仍有不符為由，拒絕索償要求，拒付通知是在審單期限內做出，構成有效的拒付。對於2014年7月8日的索賠通知，工商銀行浙江分行2014年7月8日收到索賠通知，2014年7月15日17時54分的回覆為基於提單非憑指示的不符之處，仍拒絕現代公司的索償要求，工商銀行浙江分行此次發出拒付通知的時間亦未超過審單期限，亦構成有效的拒付。

三、銀行承兌通知是否影響對保函的拒付表示

銀行承兌通知涉及到國際託收業務部分，以相關當事人約定的《跟單託收統一規則第522（URC522）》為依據，URC522第四條A款ii項規定：「銀行將不會為了取得指示而審核單據。」承兌通知是基於國際託收業務而做出，國際託收業務與保函業務屬不同的法律關係，在流程操作、權利義務主體、提交單據要求上，均有不同。

在本案中，2014年1月7日，工商銀行浙江分行向外換銀行發送承兌通知，並不意味著工商銀行浙江分行已經經過審單環節，以及對保函項下單據予以確認。該通知行為是基於國際託收業務而根據中高公司的指示向外換銀行發送通知，是中高公司在履行買賣合同付款義務時的一個履行環節，不對工商銀行浙江分行產生保函項下審單的法律後果。見索即付保函的特性是獨立性，即獨立於申請人和受益人之

間的基礎關係，也獨立於申請人要求擔保人開立保函給受益人的指示關係，其僅受自身條款的約束，故在本案保函業務項下，工商銀行浙江分行仍有權基於保函約定的條件，獨立對交單是否符合保函條件做出判斷。

四、對銀行的啟示

首先，銀行開出不可撤銷保函時，應當遵循表面相符原則，在保函條款和條件明確清晰的情況下，受益人提交的單據與獨立保函條款之間、單據與單據之間表面相符時，保函開立人應當根據獨立保函承擔付款責任。例如本案中，指示提單與記名提單屬兩種不同類型的提單，存在的差異是明顯而確定的。同時，銀行必須注意的是，基礎合同的履行情況並不是擔保人審單時所須考慮的因素，不能依據基礎合同的履行情況來得出單據與保函條款條件已構成表面相符的結論。

其次，銀行對獨立保函索賠拒付的通知，應當在審單期限內發出。根據國際商會統一規則758規則第二十條a款，擔保人應當在收到單據翌日起五個營業日內審核該索賠。同時，國際商會758號規則第二十四條e款規定：「本條d款所要求的通知應毫不延遲地發出，最晚不得遲於交單日翌日起第五個營業日結束之前。」因此，銀行在收到受益人發出的索賠通知後，應當及時審核單據，如果受益人提交的相關單據與保函條件存在不符點，擔保行應當在審單期限內發出拒絕索賠的通知。

最後，銀行的承兌不影響保函拒付的表示。國際託收業務與獨立保函業務屬於不同的法律關係。獨立保函的特性是獨立，即獨立於申請人和受益人之間的基礎關係，也獨立於申請人要求擔保人開立保函給受益人的指示關係，僅受自身條款的約束。擔保行發送託收承兌通知的行為，不能認定擔保行已完成審單並予以確認。受益人不能利用擔保行知曉基礎交易履行情形，來做為獨立保函索賠的審單依據。

附：法律文書

現代重工有限公司與中國工商銀行股份有限公司浙江省分行保證合同糾紛二審民事判決書

浙江省高級人民法院（2016）浙民終157號

上訴人（一審原告）：現代重工有限公司。
　住所地：大韓民國蔚山廣域市東區田下洞一番地。
代表人：Jai-SeongLee，該公司董事長及首席執行官。
委託代理人：傅林湧，浙江天冊律師事務所律師。
委託代理人：卓廣平，浙江天冊律師事務所律師。
被上訴人（一審被告）：中國工商銀行股份有限公司浙江省分行。
　住所地：中華人民共和國浙江省杭州市中河中路150號。
代表人：沈榮勤，該分行行長。
委託代理人：金賽波，北京市通商律師事務所律師。
委託代理人：馮婧，北京市通商律師事務所律師。

上訴人現代重工有限公司（以下簡稱現代公司）因與被上訴人中國工商銀行股份有限公司浙江省分行（以下簡稱工商銀行浙江分行）保證合同糾紛一案，不服浙江省杭州市中級人民法院（2014）浙杭商外初字第60號民事判決，向本院提起上訴。本院於2016年3月10日受理後，依法組成合議庭，並於同年4月27日公開開庭進行了審理。上訴人現代公司的委託代理人傅林湧、卓廣平，被上訴人工商銀行浙江分行的委託代理人金賽波、馮婧到庭參加訴訟。本案現已審理終結。

現代公司於2014年9月28日向一審法院起訴稱：2013年11月22日，工商銀行浙江分行做為擔保人，依據浙江中高動力科技股份有限公司（以下簡稱中高公司）的申請，並基於中高公司與現代公司之間就總金額為16,652,360.00美元的9套HIMSEN的8MW柴油發電機組（以下簡稱發電機組）於2013年11月8日簽署的編號為「ZGPT2013110801」的供貨合同，以現代公司為受益人，通過現代公司的通知行——韓國外換銀

行（Korea Exchange Bank，以下簡稱外換銀行）向現代公司開具了一份擔保付款金額為不超過6,648,010美元的不可撤銷見索即付保函（編號LG338011300239）。做為基礎交易的付款方式，工商銀行浙江分行通過該保函向現代公司提供不可撤銷的付款擔保，承諾一旦收到現代公司通過其通知行提出的首次書面索償要求，將在七個營業日內向現代公司支付任何不超過6,648,010美元的款項。涉案保函聲明將適用2010年修訂的國際商會758號出版物——《見索即付保函統一規則》。收到工商銀行浙江分行開立的涉案保函後，現代公司依約向中高公司指定的承運人交付了基礎交易項下相應批次的發電機組，中高公司隨後也收訖該批次發電機組。2014年4月10日，工商銀行浙江分行收到現代公司通過外換銀行提出的關於要求支付涉案保函項下6,648,010美元的索償要求，涉案保函項下的相關單據早已提交給工商銀行浙江分行並由其以承兌通知形式確認接受。然而時至2014年5月8日，工商銀行浙江分行突然宣布拒付涉案保函項下的索償要求。後雖經現代公司或通過外換銀行進行多次反覆函電交涉，其始終拒付保函。故請求判令：一、工商銀行浙江分行立即償付編號為LG338011300239的保函項下款項6,648,010美金（按照2014年4月21日美元與人民幣匯率1：6.1591計，折合人民幣40,945,758.39元）；二、工商銀行浙江分行支付上述款項的滯納金人民幣1,332,784.44元（按第一項訴請款項金額日萬分之二點一的標準，從2014年4月22日開始起算，暫算至起訴日2014年9月24日為1,332,784.44元，應計至判決生效日）；三、工商銀行浙江分行承擔本案所有訴訟費用。

　　工商銀行浙江分行在一審中答辯稱：一、現代公司通過外換銀行在涉案保函項下提出的多次索賠是無效索賠，對其有效索賠工商銀行浙江分行已經有效拒付，且依據的不符點成立：對於現代公司於2014年4月10日發出的第一次電文，索賠函中申明索賠時應當附的裝箱單等已經寄出，所以工商銀行浙江分行至2014年5月4日收到全部提交的單據後進行審單，於2014年5月8日即保函約定的七個銀行工作日內發出了拒付電文，並且提出了三個不符點，包括提交的提單不是保函所要求的憑指示海運提單，提單附頁沒有提交，裝箱單貨物數量和提單記載不一致。對於第二次索賠電文，現代公司稱其於2014年5月20日曾通過電子郵件將自己出具的函件發送給工商銀行浙江分行某員工，5月28日通過快遞將原件正本快遞給工商銀行浙江分行。但保函中

明確約定保函項下索賠要通過銀行以紙質快遞或者電傳密押提交。同時，從函件內容看，也不是保函項下的索賠，因通過外換銀行收到的單據和前者有矛盾而修改了單據，所以5月20和5月28日的函件不能構成涉案保函項下的有效索賠，工商銀行浙江分行對此無須理會。對於第三次索賠電文，現代公司於2014年5月30日通過外換銀行稱單據已寄出，並寫明單號。工商銀行浙江分行在2014年6月3日收到單據後，審查發現這些單據修改了之前的兩個不符點，但提單依然為記名提單，而不是保函項下要求的憑指示提單。2014年6月9日，工商銀行浙江分行在審單期內進行了拒付。對於第四次索賠電文，外換銀行於2014年7月8日再次發出索賠電文，但是並沒有聲明郵寄單據，電文內容中可以看出，其所主張不符點不成立，還是依據6月3日工商銀行浙江分行收到的單據。工商銀行浙江分行在審單期內的2014年7月15日再次拒付並提出所提交的提單並非憑指示提單這個不符點。綜上，現代公司主張的四次索賠一次係無效索賠，其他三次均由工商銀行浙江分行在審單期內進行了拒付，且所依據的不符點是成立的。二、關於現代公司所提及的承兌問題。承兌並非是涉案保函項下的承兌，且做出的主體是中高公司，工商銀行浙江分行就該承兌行為並無付款和擔保責任。1. 工商銀行浙江分行的承兌行為是託收法律關係項下的行為。2. 現代公司於2013年12月提交的託收項下單據與保函項下的交單不同。3. 現代公司主張工商銀行浙江分行收到單據的時間是2013年12月24日，這個時間早於現代公司索賠的時間點。4. 託收和保函項下的審單主體以及責任義務不同。託收項下單據的審單主體是中高公司，工商銀行浙江分行只是代收行，責任是轉遞單據。本案中不存在託收項下的默示擔保和付款義務。綜上，請求駁回現代公司的訴訟請求。

　　一審法院審理查明：2013年11月8日，現代公司與中高公司簽訂《72MW柴油電站之9*8MW柴油發電機組供貨合同》。同月20日，中高公司向工商銀行浙江分行申請開立付款保函，並約定付款條件見保函正本。

　　當地時間2013年11月22日18時50分，工商銀行浙江分行通過外換銀行向現代公司開出一份不可撤銷見索即付保函（編號LG338011300239），載明：「經申請人（中高公司）請求，我行，即中國工商銀行股份有限公司浙江省分行特此簽發本保函，並不可撤銷地承諾，在收到貴公司通過貴方銀行轉發的首次書面索償要求，聲明申請人違反合同項下的付款義務以及違約行

為時，在七個營業日內向貴公司支付任何一筆或數筆總額不超過6,648,010美元的款項。貴公司提交付款索償要求時，須一併提交以下單據：1. 憑指示的標註運費到付通知人為申請人的清潔海運提單副本。2. 經簽署的裝箱單副本三（3）份。3. 經簽署的商業發票副本三（3）份。4. 原產地證書。5. 車間測試報告。本保函金額按照申請人或我行已付的款項或款項加利息金額，自動按比例減少。本付款保函自簽發之日起生效，最遲於2014年7月8日到期。因此，本保函下的任何索償要求必須於到期日或之前送達我行即中國工商銀行股份有限公司浙江省分行（地址：中國浙江省杭州市中河中路150號，郵編310009傳真86-576-87336732，收件人：國際部）該書面索償要求必須通過貴方銀行採用快遞或經驗證的SWIFT信息形式發給我行。不接受其他提交方式。到期後，不論保函是否交還我行以進行作廢處理，本保函均應自動失效。本保函須遵守國際商會第758號出版物，2010年版《見索即付保函統一規則》（URDG）。」該報文主文標示日期為2013年11月22日。外換銀行收到日期為2013年11月25日。

2013年12月24日，外換銀行向工商銀行浙江分行發出託收電文，金額為6,648,010美元，期限為見票後180天，出票人為現代公司、付款人為中高公司，並提示工商銀行浙江分行承兌交單，同時提以下託收單據：匯票正本二份、發票正本一份加副本二份、提單副本一份、裝箱單正本一份副本二份、產地證正本一份、其他正本一份。該託收業務適用託收統一規則，國際商會第522號出版物。2013年12月25日工商銀行浙江分行收到上述單據。

2013年12月26日，工商銀行浙江分行通知中高公司辦理付款、承兌或拒單手續，並聲明其對單據及所代表的貨物種類、數量、品質的真實性和完整有效性不承擔任何責任。中高公司向工商銀行浙江分行表示同意承兌並到期付款。

2014年1月7日，工商銀行浙江分行向外換銀行發送承兌通知，接收金額為2014年6月23日6,648,010美元。

2014年3月6日，現代公司通過外換銀行通知工商銀行浙江分行票據託收部門承兌交單未簽收及到期日錯誤。

當地時間2014年4月10日18時33分，現代公司通過外換銀行向工商銀行浙江分行以SWIFT信息形式發出索償電文，要求支付LG338011300239保函

項下6,648,010美元，且確認根據受益人一方進行的絕對判斷，申請人無法履行本合同的任何要求。電文同時記述受益人的相關付款文件已經通過郵遞的方式送交給工商銀行浙江分行。

2014年4月11日，工商銀行浙江分行向外換銀行發送報文修改承兌通知稱付款人同意將原先的承兌到期日修改為2014年6月7日。

當地時間2014年4月15日18時22分，工商銀行浙江分行向外換銀行發出電文告知：請通過經驗證的SWIFT電文向我方確認你方2014年4月10日通過MT799格式發出的索賠可以撤回。

當地時間2014年4月24日19時，外換銀行回覆工商銀行浙江分行稱你方4月16日發來的MT799自由格式SWIFT報文稱：請知悉該索賠仍然有效並未被撤銷。我方客戶現代公司確認如下信息：中高公司未能開立第三份分期付款保函並且索取你方開立的付款保函項下款項。

當地時間2014年4月25日19時32分，外換銀行向工商銀行浙江分行再一次重申前一日電文中的上述內容。

當地時間2014年4月29日17時23分，工商銀行浙江分行向外換銀行發電文稱：在2014年4月10日的電文中你方稱受益人的索賠相關單據已經郵寄給我們，我們至今未收到上述單據。我們將在交單完整後開始審查受益人的索賠並決定是否索賠相符，適用URDG第20（A）款。外換銀行收到時間為2014年4月30日。

2014年5月4日，工商銀行浙江分行收到現代公司通過外換銀行快遞的索賠單據，包括有：記名提單副本、三份裝箱單副本、三份商業發票副本、原產地證明、車間測試報告。該提單顯示收貨人為中高公司、通知人為中高公司，包裝件數為13件。裝箱單顯示貨物說明為三套柴油發電機組，共計31件。

2014年5月8日，工商銀行浙江分行向外換銀行發電文並要求其向現代公司轉發信息稱：關於貴司通過外換銀行就我行於2013年11月22日簽發的編號為LG338011300239，金額為6,648,010美元的付款保函的索賠請求。請知悉貴司分別於2014年4月10日、4月24日以及4月25日通過MT799格式電文提出的索賠請求不符合我行上述保函的規定。另外，我行於2014年5月4日收到的相關付款單據由於存在以下不符點無法構成相符索賠：1. 未簽發憑指示提

單。2. 未提交提單附表。3. 裝箱單顯示數量為31件與提單不符。因此，根據上述保函條款，貴司根據上述保函提出的索賠我行予以拒付。

當地時間2014年5月13日18時51分，外換銀行發送報文告知工商銀行浙江分行保函項下對單據副本的審核標準不同於信用證項下對單據原件的審核標準。單據均已發送給申請人，貨物已被申請人接受。報文已經證實了受益人聲明申請人沒有履行合同規定的義務。開證行無權拒絕付款。

當地時間2014年5月16日17時08分，工商銀行浙江分行向外換銀行發電文稱其做為擔保人僅處理單據而可不管可能與單據相關的貨物、服務或履行問題，其僅依據交單情況決定是否表面上構成相符交單。5月4日收到的請求付款相關單據中的內容不僅互相矛盾而且與保函也矛盾。受益人未指明保函申請人違反了其在基礎合同項下的付款義務，其堅持指出的不符點，對現代公司的索賠請求仍然予以拒絕。外換銀行5月19日收到。

2014年5月19日工商銀行浙江分行向外換銀行發送報文提出索償單據內容互相矛盾且與保函不一致，及索償要求未聲明保函申請人違反基礎合同項下付款義務，並拒絕索償要求。

2014年5月20日，現代公司向工商銀行浙江分行寄送一份主題為保函索賠請求的信函，稱其獲悉工商銀行以保函條款與提單副本存在某一非實質性不符點這一技術性問題為由拒絕其請求，提交副本單據是為了證明受益人的索賠請求所依據的銀行保函具有真實交易背景，正本提單在交易中也已實際使用。外換銀行分別於2014年1月7日、4月11日收到承兌通知，清晰地表示保函申請人已經接受了正本提單並提取了正本單據下的所有貨物。這表示交易已經完成，合同雙方沒有異議。其再次要求工商銀行浙江分行立即償付前述保函所擔保的尚未償付的款項。如果繼續拒付，現代公司只能採取法律措施。

2014年5月30日，外換銀行向工商銀行浙江分行發電文稱：考慮到合同是以FOB為基礎，貨運公司應申請人的要求簽發提單，受益人在審查貨運公司簽發的提單後要求其根據銀行保函所要求的條件另行簽發修訂後的提單，但鑒於申請人已向貨運公司確認過提單，貨運公司拒絕修訂提單。工商銀行浙江分行承兌通知清晰地表明申請人已經接受正本單據及項下所有貨物。其他由受益人簽發的文件已經修改並於5月30日通過DHL遞交。要求工商銀行

浙江分行立即匯付保函項下款項。

2014年6月3日，工商銀行浙江分行收到現代公司寄送的修改單據。裝箱單上的數量更改為13件。提單未做修改。

當地時間2014年6月9日19時15分，工商銀行浙江分行以現代公司對保函的償付要求及附後的修改後的提單非憑指示仍有不符為由拒絕索償要求。外換銀行收到時間為2014年6月10日。

2014年7月8日，外換銀行向工商銀行浙江分行發電文要求工商銀行浙江分行能在收到該索賠的7個工作日內償付6,648,010美元。

當地時間2014年7月15日17時54分，工商銀行浙江分行回覆稱其僅依據交單情況決定是否表面上構成相符交單，由於提單非憑指示的不符之處，其仍拒絕現代公司的索償要求。外換銀行收到時間為2014年7月16日。

2014年6月23日，ICCCHINA銀行技術與慣例委員會出具專家意見。

一審庭審中，雙方確認現代公司主張的2014年4月21日美元兌換人民幣匯率是1：6.1591。

一審法院審理認為：本案係受益人即現代公司與保函開具方工商銀行浙江分行之間的獨立保函項下索賠拒付糾紛。雙方當事人均同意本案適用《國際商會見索即付保函統一規則（URDG758）》（以下簡稱國際商會758號規則），該約定有效，故本案以該規則為依據調整當事人之間的權利義務關係。同時，因本案爭議的事實部分涉及到國際託收業務，故涉及國際託收業務部分，以相關當事人約定的《跟單託收統一規則第522（URC522）》為依據。

本案的爭議焦點為：一、工商銀行浙江分行據以拒付的不符點是否成立；二、工商銀行浙江分行四次拒付通知的做出是否構成有效拒付；三、工商銀行浙江分行的承兌通知對本案保函項下拒付表示是否產生影響。

一、關於工商銀行浙江分行提出的據以拒付的不符點是否成立的問題。該院認為，該爭議係為受益人向擔保人提出索賠申請時是否做到了相符索賠、相符交單的問題。國際商會758號規則第二條定義指出：「相符索賠是指滿足相符交單要求的索賠；相符交單指所提交的單據及其內容首先與該保函條款和條件相符，其次與該保函條款和條件一致的本規則有關內容相符，最後在保函及本規則均無相關規定的情況下與見索即付保函國際標準實務相

符。」本案中，工商銀行浙江分行出具的保函明確列明了五個單據條件，即：1. 憑指示的標註運費到付通知人為申請人的清潔海運提單副本；2. 經簽署的裝箱單副本三（3）份；3. 經簽署的商業發票副本三（3）份；4. 原產地證書；5. 車間測試報告。根據國際商會758號規則第十九條a款的規則，擔保人在審查受益人是否相符交單時「擔保人應僅基於交單本身確定其是否構成表面相符交單。」b款「保函所要求的單據的內容應結合該單據本身、保函和本規則進行審核。單據的內容無須與該單據的其他內容、其他要求的單據或保函中的內容等同一致，但不得矛盾。」而根據現代公司的交單情況看，其提供的係指明收貨人為中高公司的記名提單，並非保函條款第1項中的指示提單；同時，第2項單據裝箱單反映的貨對象數與提單反映的件數亦不一致。故應可判斷為單據的內容與保函內容、單據的內容與其他要求的單據存在不符點。由於在此後的協商中，提單的內容一直未能予以修改，故工商銀行浙江分行提出的據以拒付的不符點始終存在，工商銀行浙江分行據此發出拒付通知，於理有據。對於現代公司稱保函條款中要求提供指示提單並無實際意義的主張，該院認為，保函條款和條件係經申請人要求，受益人亦予以接受，對各方均有約束力。根據國際商會758號規則，擔保人的審單首先應嚴格遵循保函的條款和條件，在保函條款和條件明確清晰的情況下，擔保人僅須考慮單據與保函條款條件是否表面相符即可，而憑指示的提單與記名提單在國際貿易中屬兩種不同類型的提單，存在的差異是明顯和確定的。現代公司關於該約定是否有實際意義的主張實係基於基礎合同的履行而做出，但因基礎合同的履行情況並不是擔保人審單時所須考慮的因素，故在本案中並不能依據基礎合同的履行情況來得出單據與保函條款條件已構成表面相符的結論。

二、關於工商銀行浙江分行拒付通知的做出是否構成有效拒付的問題。因國際商會758號規則指明除非保函禁止多次索賠，即只允許索賠一次，否則可以多次索賠。當索賠因不符而被拒時，該索賠不復存在，受益人可以在失效日當日或之前再次提交索賠。針對受益人現代公司提出的多次獨立的索賠，分述如下：

第一，對於2014年4月10日到達的索賠通知。根據國際商會758號規則第十五條a款的規定：「保函項下的索賠應由保函所指明的其他單據所支援，

並且在任何情況下均應輔之以一份受益人聲明，表明申請人在哪些方面違反了基礎關係項下的義務，該聲明可以在索賠書中做出，也可以在一份單獨簽署的隨附於該索賠書的單據中做出，可在一份單獨簽署的指明該索賠書的單據中做出。」同時，第二十條a款規定：「如果提交索賠時沒有表示此後將補充其他單據，則擔保人應從交單翌日起五個營業日內審核該索賠並確定該索賠是否相符。」據此，任一索賠通知項下，均應有索賠交單的行為，即根據保函向擔保人提交單據。2014年4月10日外換銀行向工商銀行浙江分行發出索賠通知後，單據並未於當時提交。對於現代公司認為工商銀行浙江分行已經在索賠之前先行收到單據的主張，該院認為，工商銀行浙江分行於2013年12月25日收到的郵寄單據係國際託收業務項下單據，與保函業務無關，單據種類亦有不同，該郵寄單據並非保函索賠項下的交單行為，不能以此做為工商銀行已經先行收到單據應即進行審單的依據。因工商銀行浙江分行收到單據時間為2014年5月4日，故其可以從收到單據翌日起審核該索賠。2014年5月8日，工商銀行浙江分行向外換銀行發出拒付通知並提示不符點，係在交單後的第四個營業日即審單期限內，且如前所述其拒付理由成立，構成有效的拒付。

　　第二，對於2014年5月20日現代公司的信函。本案所涉保函約定：「書面索償要求必須通過銀行採用快遞或經驗證的SWIFT信息形式發給工商銀行浙江分行，且不接受其他提交方式。」故該次現代公司以該函件索賠的方式並不符合保函約定，並非是保函項下的有效索賠通知，工商銀行未予處理並無不當。

　　第三，對於2014年5月30日的索賠通知。在該索賠通知項下，工商銀行浙江分行於2014年6月3日收到現代公司寄送的修改單據，工商銀行浙江分行的審單時間應從6月4日起計算。2014年6月9日19時15分，工商銀行浙江分行以現代公司對保函的償付要求及附後的修改後的提單非憑指示仍有不符為由拒絕索償要求。因該拒償通知發出時間為交單後的第四個營業日，拒付通知係在審單期限內做出，且單據中提單的相關內容未做修改，與保函條款的不符點仍然存在，工商銀行浙江分行該次拒付通知的做出有規可據，亦構成有效的拒付。

　　第四，對於2014年7月8日的索賠通知。工商銀行浙江分行2014年7月8

日收到索賠通知，2014年7月15日17時54分的回覆為基於提單非憑指示的不符之處，仍拒絕現代公司的索償要求。現代公司主張其收到拒付通知時間為2014年7月16日，已經超過審單時間。該院認為，國際商會758號規則第二十四條e款規定：「本條d款所要求的通知應毫不延遲地發出，最晚不得遲於交單日翌日起第五個營業日結束之前。」對於拒付通知的發出，「發出」意為發送，故擔保人對拒付通知到達交單人的時間並不承擔責任。因工商銀行該次拒付通知行為發出於2014年7月15日17時54分，係為索賠翌日起算的第五個營業日，故僅須判斷該時發出的拒付通知是否仍在審單期限內即可。從本案看，保函約定了「中國工商銀行股份有限公司浙江省分行特此簽發本保函，並不可撤銷地承諾，在收到貴公司通過貴方銀行轉發的首次書面索償要求，聲明申請人違反合同項下的付款義務以及違約行為時，在七個營業日內向貴公司支付任何一筆或數筆總額不超過6,648,010美元的款項」的內容，保函約定將付款日確定為索賠通知後七個營業日內。根據國際商會758號規則第二十條b款「一旦擔保人確定索賠是相符的，就應當付款」的規則，通常付款期限與審單期限重合，本案保函對付款日所做的約定可以視為對審單期限的修改，即從規則的五個營業日，修改為七個營業日。而根據國際商會758號規則第一條a款，此種修改也應是被允許的。據此判斷，工商銀行浙江分行於第五個營業日做出拒付通知尚在審單期限內。同時，退一步講，即使仍然按照國際商會758號規則第二十四條e款「最晚不得遲於交單日翌日起第五個營業日結束之前」的規則，以及第二條「『營業日』指為履行受本規則約束的行為的營業地點通常開業的一天」這一定義，可判斷工商銀行浙江分行的拒付通知做出時間也尚在審單期限內。理由如下：第一，國際商會758號規則將營業日定義為通常開業的一天，並未採用營業時間的概念。國際商會在UCP600中採用了營業時間的概念，而在國際商會758號規則中採用營業日概念應係有所區別。《國際商會見索即付統一規則URDG758指南》中也陳述「URDG使用『營業日』這一術語所要表達的是『日』而非『小時』的概念」。故只要拒付通知係在第五個營業日結束前發出，均係在審單期限內。第二，獨立保函多運用於國際銀行業務，全球各地的銀行位於不同時區，對於營業時間的規定也不盡相同且可變化調整，將某統一的時間做為結束營業的時間並以此約束銀行間SWIFT電文發出的效力是不合理的。第三，

「開業的一天」如須解釋為營業時間，也應理解為處理見索即付保函業務相關機構的工作時間。結合本案保函電文的往來通訊情況及涉案保函的製作時間等事實，工商銀行浙江分行見索即付保函業務相關機構的工作時間實際晚於拒付通知做出時間。故該院認為工商銀行浙江分行此次發出拒付通知的時間亦未超過審單期限，亦構成有效的拒付。

綜上，工商銀行浙江分行的以上拒償通知均為有效。

三、關於工商銀行浙江分行的承兌通知對本案保函項下拒付表示是否產生影響的問題。工商銀行浙江分行的承兌通知係基於國際託收業務而做出，國際託收業務與保函業務屬不同的法律關係，在流程操作、權利義務主體、提交單據要求上均有不同。同時，根據URC522第四條A款ii項「銀行將不會為了取得指示而審核單據」的規則，2014年1月7日，工商銀行浙江分行向外換銀行發送承兌通知，並不意味著工商銀行浙江分行已經經過審單環節，以及對保函項下單據予以確認。該通知行為應係基於國際託收業務而根據中高公司的指示向外換銀行發送通知，是中高公司在履行買賣合同付款義務時的一個履行環節，不對工商銀行浙江分行產生保函項下審單的法律後果。見索即付保函的特性是獨立性，即獨立於申請人和受益人之間的基礎關係，也獨立於申請人要求擔保人開立保函給受益人的指示關係，其僅受自身條款的約束，故在本案保函業務項下，工商銀行浙江分行仍有權基於保函約定的條件，獨立對交單是否符合保函條件做出判斷。

綜上所述，工商銀行浙江分行有關單據與保函條件存在不符點的多次拒付均合規有效。現代公司的訴訟請求不應得到支持。一審法院依照《國際商會見索即付保函統一規則（URDG758）》第一條、第二條、第十五條、第二十條、第二十四條、《跟單託收統一規則第522（URC522）》第四條、《中華人民共和國民法通則》第一百四十二條、《中華人民共和國民事訴訟法》第六十四條，於2015年12月22日判決：駁回現代公司的訴訟請求。一審案件受理費人民幣253,193元，由現代公司負擔。

現代公司不服一審判決，向本院提起上訴稱：一、關於工商銀行浙江分行據以拒付的不符點是否成立，一審判決迴避了保函要求的「指示提單副本」和實際提交的「記名提單副本」是否屬於並非等同一致，但並不矛盾的事實，忽略了副本的概念。1. 根據涉案保函約定適用的國際商會758號規則

第十九條b款的規定，保函所要求的單據的內容應結合該單據本身、保函和本規則進行審核。單據的內容無須與該單據的其他內容、其他要求的單據或保函中的內容等同一致，但不得矛盾。該款規定旨在去除索賠單據之間、索賠單據與保函之間完全等同一致的鏡像標準影響。因此本案中就副本提單而言，提單是否憑指示或者顯示收貨人為申請人沒有實際意義且沒有區別。2.根據上述規則第二條，相符索賠指滿足相符交單要求的索賠，而保函項下的相符交單，指所提交的單據及其內容首先與該保函條款和條件相符，其次與該保函條款和條件一致的本規則有關內容相符，最後在保函及本規則均無相關規定的情況下，與見索即付保函國際標準實務相符。因此，在涉案保函本身及適用的國際商會758號規則本身對於「憑指示」的提單副本與「顯示收貨人為申請人」的提單副本是否存在區別或矛盾未予規定的情況下，應當依據見索即付保函國際標準實務來進行認定。根據實務，憑指示的提單副本之要求本身違背國際慣例，現代公司提交的提單副本至少不違反涉案保函的要求，不構成不符點，工商銀行浙江分行無權拒賠。二、一審判決對於工商銀行浙江分行拒付四次索賠的實體和程序審查不當，在關鍵概念和事實認定上錯誤。三、關於工商銀行浙江分行的承兌通知對本案保函項下拒付是否產生影響，一審判決忽略了承兌項下基礎交易與涉案保函項下基礎交易事實的同一性，審查認定錯誤。請求撤銷原判，改判支持其一審訴訟請求。

　　工商銀行浙江分行答辯稱：一、本案二審爭議焦點即根據國際商會758號規則開立的獨立保函項下受益人的交單是否相符以及擔保銀行的拒付是否成立問題，是一個單純的事實認定問題，而非法律問題。二審法院不應就事實問題再次進行不同的質證和事實認定，除非出現事實認定錯誤或者有新的足以改變或推翻原有事實的重要證據。本案雙方均無新的證據提交，因此二審法院不宜進行不同的事實認定。因現代公司在上訴狀中未明確指出一審判決書中具體的法律適用錯誤，二審法院不應對法律適用問題進行審理。二、本案保函受益人現代公司從未要求修改保函條款或者提出過異議，且受益人直接按照本案保函的條款提出了索賠，意味著現代公司自願受保函約束。三、本案受益人現代公司的交單不符合保函本身條件和條款的規定和要求。工商銀行浙江分行僅根據表面去判斷是否相符，而不須去判斷保函所要求的單據是否已經滿足了功能，即使不符點沒有實際意義。現代公司要求工商銀

行浙江分行越過單據去根據基礎交易的實際履行情況或託收項下的實際履行情形去判斷保函的交單和審單是否相符，違背了單據交易原則。四、工商銀行浙江分行的三次拒付均未超過時效，其拒付是有效的拒付。五、工商銀行浙江分行在託收交易上並無義務審查單據的義務，工商銀行浙江分行收到託收項下的單據時，並不審核單據內容，僅僅核對收到的單據與代收行交單面函上的所列單據是否一致。因此，不能以工商銀行浙江分行收到並轉遞了託收項下的單據就推定出其已審單或已明確知曉提單是記名海運提單，更不能推定其懷有保函項下拒付的惡意。綜上，請求駁回上訴，維持原判。

二審中，雙方當事人均未提交新的證據資料。

對於一審查明的事實，雙方未提出異議，本院予以確認。

本院認為：本案係涉外商事糾紛，根據《中華人民共和國涉外民事關係法律適用法》第八條「涉外民事關係的定性，適用法院地法」的規定，工商銀行浙江分行向現代公司開出付款保函，該保函的性質應當適用法院地法確定。根據保函文本內容，開立人工商銀行浙江分行的付款義務獨立於基礎交易關係及保函申請法律關係，其僅承擔相符交單的付款責任；且案涉保函載明適用國際商會758號規則。因此，該保函可以確定為獨立保函。獨立保函載明適用國際商會758號規則，雙方當事人在庭審中均一致援引該規則，應當認定該規則的內容構成獨立保函條款的組成部分並予以適用。

根據現代公司陳述的上訴理由以及工商銀行浙江分行的答辯意見，本案的爭議焦點為：一、工商銀行浙江分行拒付的不符點是否成立；二、工商銀行浙江分行四次拒付通知的做出是否構成有效拒付；三、工商銀行浙江分行在託收項下的承兌通知對本案保函拒付是否產生影響。

關於爭議焦點一，國際商會758號規則第二條規定：「相符索賠是指滿足相符交單要求的索賠；相符交單指所提交的單據及其內容首先與該保函條款和條件相符，其次與該保函條款和條件一致的本規則有關內容相符，最後在保函及本規則均無相關規定的情況下與見索即付保函國際標準實務相符。」獨立保函做為開立銀行與受益人之間具有法律約束力的合同，一旦受益人接受保函的條款或根據保函的條款向開立銀行提出索賠，即表明受益人自願接受保函的全部條款並受其約束。本案中，工商銀行浙江分行開立的保函明確列明了五個單據條件，受益人現代公司接受保函時並未提出異議，其

在索賠時即應提供與該保函條款和條件相符的全部單據，不能再以部分單據不符合銀行業國際慣例或該單據無實際意義為由而拒絕提交。

關於現代公司提交的單據是否具有不符點，本案雙方爭議的不符點在於第一個單據條件即「憑指示的標註運費到付通知人為申請人的清潔海運提單副本」。現代公司認為保函要求的指示提單副本與實際提交的記名提單副本沒有區別且工商銀行浙江分行對此明知；工商銀行浙江分行則認為其有權按照保函條款嚴格審單。本院認為，根據獨立保函載明的審單標準即國際商會758號規則第十九條，開立人在獨立保函單據審查過程中應當適用表面相符、嚴格相符的原則，而不採用鏡像相符或實質相符原則。因此，工商銀行浙江分行應審查現代公司提交的單據與保函條款和條件是否表面上相符。而現代公司提交的記名提單副本與保函所要求的指示提單副本在提單類型上已顯著不同，兩者在國際貿易和海上運輸中的差異顯而易見，工商銀行浙江分行據此認為現代公司提交的單據存在不符點並無不當。現代公司關於其提交的記名提單副本與保函要求並無區別或並不矛盾的理由缺乏相應的法律依據和事實依據；其提出該單據條件無實際意義及工商銀行浙江分行對此已明知的理由係基於基礎合同的履行出發，違背了獨立保函的單據交易原則和表面相符原則。綜上，一審判決認定現代公司的交單不符合保函條件和條款的要求並無不當。

關於爭議焦點二，即工商銀行浙江分行發出的拒付通知是否構成有效拒付的問題。對於現代公司通過外換銀行提出的有效索賠通知，工商銀行浙江分行均在審單期限內做出拒付通知，因現代公司對於提單副本一直未做修改，存在不符點，故工商銀行浙江分行的拒付理由成立，構成有效的拒付。對於現代公司自行通過信函方式提出的索賠通知，違反了保函「書面索償要求必須通過銀行採用快遞或經驗證的SWIFT信息形式發送，且不接受其他提交方式」的要求，故工商銀行浙江分行未予處理亦無不當。

關於爭議焦點三，根據URC522第四條「銀行將不會為了取得指示而審核單據」的規則，銀行在託收交易上並無審查單據的義務，對單據內容和形式以及單據的真實性均不承擔任何責任。因此，工商銀行浙江分行向外換銀行發送託收承兌通知的行為，不能認定工商銀行浙江分行已完成審單並予以確認。而且，託收交易和獨立保函屬不同的法律關係，獨立保函的獨立性也

意味著其獨立於銀行所操作的其他業務。因此，工商銀行浙江分行有權基於保函的條款和條件，獨立對單據是否表面相符做出判斷。現代公司不能要求工商銀行浙江分行利用託收業務中知曉的基礎交易履行情形來做為獨立保函索賠的審單依據，其該項上訴理由亦不能成立。

綜上所述，本案係受益人現代公司與保函開立人工商銀行浙江分行之間關於獨立保函項下的索賠糾紛。現代公司發出索賠通知後，其提交的單據不符合保函約定的單據條件。工商銀行浙江分行已在保函約定的審單期限內發出了拒付通知，且其依據的不符點理由成立，故其有權拒付保函項下的款項。現代公司關於工商銀行浙江分行依據的不符點不成立以及拒付無效的上訴理由均不能成立，本院不予支持。原審判決認定事實清楚，適用法律正確，實體處理得當。依照《中華人民共和國民事訴訟法》第一百七十條第一款第（一）項之規定，判決如下：

駁回上訴，維持原判。

二審案件受理費253,193元，由現代重工有限公司負擔。

本判決為終審判決。

審判長　裘劍鋒

代理審判員　鄭恩亮

代理審判員　儲甯玉

二〇一六年十月十二日

書記員　章　瑜

第五篇

信用證糾紛

【案例64】 國內信用證結算辦法的新變化

建設銀行訴龍辰公司等信用證糾紛案評析

案號：黑龍江省高級人民法院（2016）黑民終344號

【摘要】

綜合分析並準確認定信用證糾紛的具體性質，有助於銀行節約訴訟成本、提高訴訟效率；銀行在辦理信用證業務時，應特別關注新《國內信用證結算辦法》的內容變化，嚴格遵守新規定，以切實保障自身的合法債權。

【基本案情】

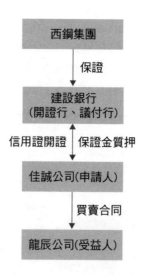

2013年8月30日，建設銀行哈爾濱開發區支行（以下簡稱「建設銀行」）與西林鋼鐵集團有限公司（以下簡稱「西鋼集團」）簽訂

《最高額保證合同》，約定基於建設銀行與黑河市佳誠貿易有限公司（以下簡稱「佳誠公司」）簽訂的信用證開證合同，西鋼集團願意為佳誠公司的債務提供限額為3.03億元的最高額保證。

2014年5月9日，建設銀行與佳誠公司簽訂《國內信用證開證合同》，約定建設銀行為佳誠公司開立金額為24,995,100元的不可撤銷、不可轉讓的跟單信用證。佳誠公司提供開證保證金，如佳誠公司未按約定付清合同項下款項，建設銀行有權直接劃收保證金，同時也有權向保證人追索。同日，建設銀行與佳誠公司簽訂《國內信用證開證保證金質押合同》，約定佳誠公司為《國內信用證開證合同》應付款項提供6,248,775元的保證金質押擔保，並存入保證金專戶。

2014年5月12日，建設銀行為佳誠公司開立《國內信用證》，申請人為佳誠公司，受益人為呼倫貝爾龍辰物產資源（集團）有限公司（以下簡稱「龍辰公司」），開證金額24,995,100元，有效期至2014年8月29日，議付行為建設銀行，受益人應提交的單據為發票及貨物收據。2014年5月14日，龍辰公司持案涉信用證及項下單據向建設銀行申請議付。由於信用證開立距離龍辰公司申請議付的時間較近，建設銀行懷疑存在虛假信用證交易，擬向人民法院申請中止支付信用證項下款項。為能從建設銀行獲得議付款項，龍辰公司同意與佳誠公司和建設銀行簽訂案涉《三方協議》，約定如議付資金不能按期回收，根據《票據法》有關規定，建設銀行向佳誠公司和龍辰公司均可行使追索權。同日，建設銀行向龍辰公司議付了信用證項下貨款24,995,100元。

之後佳誠公司未能給付建設銀行議付款項本息，西鋼集團也未能履行擔保責任，建設銀行劃收了佳誠公司交納的保證金，尚有大部分本息未能回收。建設銀行遂訴至法院，請求判令佳誠公司和龍辰公司連帶給付建設銀行議付款項18,746,325元及相應利息；西鋼集團承擔連帶擔保責任。

【法院判決】

黑龍江省哈爾濱市中級人民法院經審理認為，信用證議付的流程為開證申請人向開證行申請開具信用證，開證行開出信用證並確定議付行，受益人交割貨物後向議付行申請議付，議付行議付款項後向開證行進行結算。即在信用證議付流程中，開證行與議付行為兩個不同的獨立主體。但本案中，建設銀行既是開證行又是議付行。而根據案涉《三方協議》的約定，如議付資金不能按期回收，建設銀行可同時向佳誠公司和龍辰公司行使追索權。由於雙方實際操作的業務已突破了信用證議付的標準流程，不應定性為信用證議付，而是以信用證為表現形式的融資業務，故本案是以信用證為表現形式的融資糾紛。本案中，建設銀行以信用證為表現形式將款項劃付龍辰公司，並約定如議付資金不能按期回收，建設銀行向佳誠公司和龍辰公司均可行使追索權。佳誠公司在收到了貨物後未能按期償還案涉貸款，應向建設銀行承擔還款責任。案涉《三方協議》的約定表明，如果沒有龍辰公司的還款承諾，建設銀行將不會支付案涉信用證款項，故龍辰公司應對案涉信用證還款缺口部分承擔連帶清償責任，即應對尚欠貸款本金18,746,325元及利息承擔連帶保證責任。西鋼集團願意為佳誠公司的債務提供最高額保證，故應對上述貸款本金及利息承擔連帶保證責任。綜上，判決佳誠公司給付建設銀行貸款本金18,746,325元及相應利息，龍辰公司和西鋼集團對上述款項承擔連帶清償責任。

宣判後，龍辰公司不服一審判決，提起上訴。黑龍江省高級人民法院經審理認為，本案的爭議焦點為案涉法律關係的性質和龍辰公司應否向建設銀行承擔還款責任。本案中，建設銀行既是信用證的開證行，又是議付行。建設銀行基於案涉《三方協議》向佳誠公司和龍辰公司行使墊付款項的追索權，該法律關係並非典型的信用證開證、議付或融資糾紛，故案件性質確定為信用證糾紛更為妥當。根據中國人民銀行1997年8月1日發布並實施的《國內信用證結算辦法》

第二十四條和第三十條規定，建設銀行做為案涉信用證的議付行，如到期不能獲得償付，其對受益人龍辰公司享有追索權，但其做為開證行則不享有對龍辰公司的追索權。然而，由於建設銀行兼具議付行與開證行雙重身分，且龍辰公司申請議付的時間距離信用證開立較近，為控制其資金風險而簽訂案涉《三方協議》，並明確約定建設銀行議付信用證後未能獲得到期償付，即有權向受益人龍辰公司追償。該項約定為當事人之間的特別約定，並不違反法律、行政法規的強制性規定，應為有效，對三方當事人具有約束力。建設銀行根據案涉《三方協議》的約定，向受益人龍辰公司行使追索權的訴訟請求應予支持，故判決駁回上訴、維持原判。

【法律評析】

本案的爭議焦點為，案涉信用證糾紛的性質應如何確定、合同約定違反部門規章的規定是否有效，以及新舊《國內信用證結算辦法》的內容變化。

一、案涉信用證糾紛性質的確定

根據《最高人民法院民事案件案由規定》第二十九條的規定，信用證糾紛，包括委託開立信用證糾紛、信用證開證糾紛、信用證議付糾紛、信用證欺詐糾紛、信用證融資糾紛和信用證轉讓糾紛。具體來說，信用證糾紛是指在信用證開立、通知、修改、撤銷、保兌、議付、償付等環節產生的糾紛，包括開證行與開證申請人之間因申請開立信用證產生的信用證開證糾紛、因特殊融資安排產生的信用證融資糾紛、因交易信用證產生的信用證欺詐糾紛和轉讓糾紛，以及議付行與受益人之間因議付信用證產生的信用證議付糾紛等。

分析可知，上述有關信用證糾紛具體情形的規定，對於訴訟當事人和人民法院確定案件的性質和案由，具有重要的指導意義。然

而，實務中關於如何確定信用證糾紛的性質，並不一定是非此即彼、完全單一的，必須結合案件的具體情況綜合認定。本案中，建設銀行做為案涉信用證的開證行，以信用證的形式為開證申請人佳誠公司提供融資服務，與佳誠公司產生的爭議兼具信用證開證糾紛和信用證融資糾紛的雙重性質。同時，建設銀行做為議付行，與受益人龍辰公司因議付信用證產生的爭議，又屬於信用證議付糾紛。因此，案涉的信用證糾紛，兼具信用證開證、議付和融資糾紛三重屬性，難以歸類於某個典型的信用證糾紛類型。因此，二審法院糾正了一審關於案涉信用證糾紛為單一的信用證融資糾紛的認定，將案涉信用證糾紛更為妥當地確定為綜合性的信用證糾紛。

綜上所述，銀行在處理信用證糾紛訴訟時，應根據具體情況綜合分析，確定信用證糾紛的具體性質，以便符合程序法的規定、節約訴訟成本，維護自身的合法權益。

二、合同約定違反部門規章的法律效力

《中華人民共和國合同法》第五十二條規定：「有下列情形之一的，合同無效：……（五）違反法律、行政法規的強制性規定。」《最高人民法院關於適用〈中華人民共和國合同法〉若干問題的解釋（一）》第四條規定：「合同法實施以後，人民法院確認合同無效，應當以全國人大及其常委會制定的法律和國務院制定的行政法規為依據，不得以地方性法規、行政規章為依據。」《最高人民法院關於適用〈中華人民共和國合同法〉若干問題的解釋（二）》第十四條規定：「合同法第五十二條第（五）項規定的『強制性規定』，是指效力性強制性規定。」

分析上述法條可知，認定合同約定的效力及其依據，分為以下情形：

約定依據	違反法律、行政法規的效力性強制性規定	違反法律、行政法規的管理性強制性規定	違反地方性法規、行政規章、部門規章
約定效力	無效	有效	有效

　　結合本案可知，建設銀行既是案涉信用證的開證行，又是議付行。根據中國人民銀行制定的行政規章《國內信用證結算辦法》（1997年8月1日起施行，現已廢止，以修訂後的《國內信用證結算辦法》取代）第二十四條和第三十條的規定，議付行議付信用證後對受益人具有追索權，開證行付款後對議付行或受益人不具有追索權，即建設銀行做為開證行不享有對受益人龍辰公司的追索權。但是，案涉《三方協議》明確約定開證行建設銀行在議付信用證後未能獲得到期償付，即有權向受益人龍辰公司追償。該項約定是當事人之間的特別約定，雖然違反了部門規章《國內信用證結算辦法》，並不違反法律、行政法規的效力性強制性規定，應認定為有效。因此，一審和二審法院均認定案涉《三方協議》約定有效，龍辰公司應向建設銀行承擔佳誠公司債務不能償還部分的連帶清償責任。

　　值得特別注意的是，2016年10月8日，中國人民銀行和中國銀行業監督管理委員會聯合修訂，並發布施行新的《國內信用證結算辦法》（〔2016〕第10號）。關於國內信用證議付行和開證行是否享有追索權，新《國內信用證結算辦法》做出了不同規定。其中，第三十九條第一款規定：「議付行議付時，必須與受益人書面約定是否有追索權。若約定有追索權，到期不獲付款議付可向受益人追索。若約定無追索權，到期不獲付款議付行不得向受益人追索，議付行與受益人約定的例外情況或受益人存在信用證欺詐的情形除外。」第四十八條規定：「開證行或保兌行付款後，對受益人不具有追索權，

受益人存在信用證欺詐的情形除外。」

分析上述法條可知，關於議付行的追索權，議付行必須與受益人書面明確約定，否則不享有追索權，例外情形為出現約定情況或受益人信用證欺詐；關於開證行的追索權，開證行原則上不享有追索權，例外情形為出現受益人信用證欺詐。

因此，銀行在辦理國內信用證業務，做為議付行時應明確與受益人約定信用證款項不能到期償付時享有追索權，做為開證行時應嚴格審慎履行審單義務，確保信用證項下款項得到及時足額償付。

三、新舊《國內信用證結算辦法》的變化比較

比較1997版和2016版《國內信用證結算辦法》，兩者內容變化主要如下：

具體內容	舊法	新法	對比變化
信用證性質	不可撤銷、不可轉讓	不可撤銷	允許轉讓
主體範圍	經批准的商業銀行總行及其分支機構	擴大到所有銀行金融機構	取消批准制，擴大銀行主體範圍
適用範圍	貨物貿易	貨物和服務貿易	擴大到服務
貿易背景	無	真實的貿易背景	保障銀行權益
有效期限	最長6個月	合理審慎確定	取消限制
付款期限	最長6個月	最長1年	與電子匯票期限保持一致
保證金比例	不低於開證金額20%	交存一定數額的保證金	開證擔保條件放寬
保兌	未規定	專門規定	增加同業合作
獨立付款責任	發現單據不符，若申請人同意付款，開證行應付款	開證行或保兌行獨立決定是否付款	與國際信用證獨立付款保持一致

具體內容	舊法	新法	對比變化
批註發票	未規定	對發票聯批註「已辦理交單」字樣	避免增值稅發票重複使用；確保真實交易
審單規則	未規定	行業協會擬定規則明確審單標準	已頒布《國內信用證審單規則》
議付內容	・議付情形僅為單證相符 ・議付行必須是開證行指定的受益人開證行 ・未明確指出如何約定追索權	・議付情形為單證相符和確認到期付款 ・議付行為開證行指定的任一家銀行 ・議付必須明確約定追索權	完善議付內容
開證行追索權	未規定	原則上無，受益人欺詐例外	保障銀行利益
處罰銀行條款	規定了處罰標準	未規定	取消了處罰標準，對銀行的行政處罰應依據法律等更高效力的規範
交單行免責	未規定	非保兌行的交單行對單證相符性免責，交單行與受益人另有約定的除外	減輕銀行責任

附：法律文書

　　呼倫貝爾龍辰物產資源（集團）有限公司與中國建設銀行股份有限公司哈爾濱開發區支行、原審被告黑河市佳誠貿易有限公司、西林鋼鐵集團有限公司信用證糾紛一案二審民事判決書

　　黑龍江省高級人民法院

民事判決書

（2016）黑民終344號

上訴人（原審被告）：呼倫貝爾龍辰物產資源（集團）有限公司。

　　住所地：內蒙古自治區呼倫貝爾市。

法定代表人：葛建福，該公司董事長。

委託訴訟代理人：楊長城，黑龍江孟繁旭律師事務所律師。

被上訴人（原審原告）：中國建設銀行股份有限公司哈爾濱開發區支

　　行。住所地：黑龍江省哈爾濱市。

代表人：胡善平，該支行行長。

委託訴訟代理人：潘湧，黑龍江澤盛律師事務所律師。

原審被告：黑河市佳誠貿易有限公司。

　　住所地：黑龍江省黑河市合作區通江路99號。

法定代表人：薑浩，該公司總經理。

原審被告：西林鋼鐵集團有限公司。住所地：黑龍江省伊春市。

法定代表人：苗青遠，該公司董事長。

　　上訴人呼倫貝爾龍辰物產資源（集團）有限公司（以下簡稱龍辰公司）
因與被上訴人中國建設銀行股份有限公司哈爾濱開發區支行（以下簡稱開發
區建行）、原審被告黑河市佳誠貿易有限公司（以下簡稱佳誠公司）、西林
鋼鐵集團有限公司（以下簡稱西鋼集團）信用證糾紛一案，不服哈爾濱市中
級人民法院（2015）哈民三商初字第94號民事判決，向本院提起上訴。本院
於2016年6月2日立案後，依法組成合議庭，公開開庭進行了審理。上訴人龍
辰公司的委託訴訟代理人楊長城，被上訴人開發區建行的委託訴訟代理人潘
湧到庭參加訴訟。佳誠公司及西鋼集團經本院合法傳喚未到庭。本案現已審
理終結。

　　龍辰公司的上訴請求：撤銷一審判決主文第二項，改判龍辰公司不承
擔責任。事實和理由：一、本案案由應係信用證議付糾紛，而非以信用證
為表現形式的融資糾紛，一審判決認定法律關係及確定案由錯誤。二、佳
誠公司、龍辰公司與開發區建行於2014年5月14日簽訂的《買方付息國內信

用證議付三方合作協議》（以下簡稱《三方協議》）第四條第五項屬於格式條款，該條款加重了龍辰公司的責任，排除了龍辰公司的主要權利，應為無效條款。三、根據《國內信用證結算辦法》第三十條的規定：「開證行付款後，對議付行或受益人不具有追索權。」而開發區建行明知其是開證行，當開證申請人不能償付墊付款項時，其不能向受益人追償，為了轉嫁風險，開發區建行製作了《三方協議》，並以龍辰公司不簽字就拒絕付款為條件，迫使龍辰公司簽訂該協議，因此，《三方協議》並非龍辰公司的真實意思表示。四、一審訴訟中，開發區建行的訴請數額為19,393,073.21元，據此計算的案件受理費應為138,158.44元，但一審法院收取171,087.15元，多收取了32,928.71元。而一審判決支持開發區建行的數額為18,746,325元，據此計算，敗訴方應承擔的案件受理費應為134,277.95元，但龍辰公司卻承擔了171,087.15元。

　　開發區建行辯稱：一、本案中，各方當事人的實際操作流程已經突破了信用證業務的標準流程，主要體現在開發區建行既是開證行又是議付行、龍辰公司向佳誠公司發運貨物的時間早於開具信用證的時間、三方當事人約定開發區建行可向佳誠公司及龍辰公司行使追索權等。而從佳誠公司申請開立信用證的目的看，其是為了向龍辰公司支付貨款而從開發區建行融資，以上情況可證明本案並非信用證議付糾紛，而應為信用證融資糾紛。二、向龍辰公司給付貨款的責任主體是佳誠公司，並非開發區建行，開發區建行僅是代佳誠公司向龍辰公司墊付貨款。在佳誠公司未能向開發區建行償還墊付資金的情況下，開發區建行從龍辰公司追回款項，僅是將交易恢復至應由佳誠公司向龍辰公司付款的狀態，因此，《三方協議》賦予開發區建行對龍辰公司的追索權，並未加重龍辰公司的負擔，其相應條款並非格式條款。三、《三方協議》係三方當事人自願達成，不存在任何脅迫情形。開發區建行做為議付行，在單證相符的情況下必然會向受益人龍辰公司支付款項，即便不予支付，龍辰公司亦可以起訴開發區建行，故並不存在龍辰公司不簽訂《三方協議》，則開發區建行就不支付議付款項的情況。請求二審法院駁回上訴，維持原判。

　　開發區建行向一審法院起訴請求：一、佳誠公司、龍辰公司連帶給付開發區建行議付款項18,746,325元、利息646,748.21元（計算至2015年3月

24日）及自2015年3月25日起的利息及罰息；二、西鋼集團承擔連帶擔保責任；三、案件受理費及相關費用由佳誠公司負擔。

一審法院認定事實：2013年8月30日，西鋼集團與開發區建行簽訂一份《最高額保證合同》，約定：鑒於開發區建行為佳誠公司連續辦理開立信用證授信業務而將要及／或已經與佳誠公司在2013年8月30日至2014年8月30日期間簽訂信用證開證合同，西鋼集團願意為佳誠公司在該合同項下的債務提供最高額保證，保證責任的最高限額為3.03億元。

2014年5月9日，佳誠公司與開發區建行簽訂了一份《國內信用證開證合同》，約定：根據佳誠公司申請，開發區建行為佳誠公司開立金額為24,995,100元的不可撤銷、不可轉讓的跟單信用證；合同項下債權採取保證金及保證的擔保方式，佳誠公司提供合同約定開證金額的25%，即6,248,775元做為開證保證金；如佳誠公司違反約定導致開發區建行墊款，開發區建行除有權收取信用證項下全部資金、費用外，自墊款之日起開發區建行有權對佳誠公司應付未付的款項計收逾期利息，逾期利息按日計算，利率為8.4%，結息方式為按月結息；如佳誠公司未能按約定向開發區建行付清合同項下款項，開發區建行有權從佳誠公司在開發區建行開立的保證金帳戶直接劃收，或從佳誠公司在建設銀行系統開立的其他帳戶劃收，或從佳誠公司其他應收款中劃收，同時也有權向保證人追索。同日，佳誠公司與開發區建行又簽訂一份《國內信用證開證保證金質押合同》，約定：佳誠公司願意向開發區建行就按期償付《國內信用證開證合同》項下應付款項提供保證金質押擔保；佳誠公司保證在合同簽訂之日起三個工作日內將6,248,775元的保證金存入其在開發區建行開立的保證金專戶。

2014年5月12日，開發區建行為佳誠公司開立了編號為2300140000000016號的《國內信用證》。佳誠公司為申請人，龍辰公司為受益人。該信用證約定內容為：開證金額24,995,100元，有效期至2014年8月29日，運輸方式為鐵路運輸，貨物運輸起止地自海拉爾、伊爾施、五叉溝至伊春市西林區，貨物為鐵精粉，含稅單價1,105元／噸，數量22,620噸，金額合計24,995,100元，付款方式為議付，議付行為開發區建行，受益人應提交的單據為發票（註明信用證號碼及合同號碼）及貨物收據（收貨人佳誠公司）。

　　2014年5月14日，佳誠公司、龍辰公司與開發區建行簽訂了案涉《三方協議》，約定如議付資金不能按期回收，根據《票據法》有關規定，開發區建行向佳誠公司和龍辰公司均可行使追索權。同日，龍辰公司按案涉《國內信用證》的要求，出具了其做為受益人應提交的單據，開發區建行在向佳誠公司收取議付利息之後，向龍辰公司議付了信用證項下貨款24,995,100元。後佳誠公司未能給付開發區建行議付款項本息，西鋼集團也未能履行擔保責任，開發區建行劃收了佳誠公司所交納的6,248,775元的保證金。截至2015年3月24日，案涉議付款項本金18,746,325元、利息646,748.21元未能回收。

　　一審法院認為，開發區建行與西鋼集團簽訂的《最高額保證合同》、與佳誠公司簽訂的《國內信用證開證合同》及與佳誠公司、龍辰公司簽訂的《三方協議》不違反法律及行政法規的禁止性規定，均合法有效。信用證議付的流程係開證申請人向開證行申請開具信用證，開證行開出信用證並確定議付行，受益人交割貨物後向議付行申請議付，議付行議付款項後向開證行進行結算。即在信用證議付流程中，開證行與議付行係兩個不同的獨立主體。但本案中，開發區建行既是開證行又是議付行，而根據案涉《三方協議》的約定，如議付資金不能按期回收，開發區建行可同時向佳誠公司和龍辰公司行使追索權。由於雙方實際操作的業務已突破了信用證議付的標準流程，不應定性為信用證議付，而是以信用證為表現形式的融資業務，故本案係以信用證為表現形式的融資糾紛。關於佳誠公司、龍辰公司是否應承擔給付案涉本息民事責任的問題。本案中，開發區建行以信用證為表現形式將款項劃付龍辰公司，並與龍辰公司、佳誠公司簽訂《三方協議》，約定如議付資金不能按期回收，開發區建行向佳誠公司和龍辰公司均可行使追索權。佳誠公司在收到貨物後未能按期償還案涉貸款，其應向開發區建行承擔還款責任。龍辰公司對此主張開發區建行要求其必須簽訂《三方協議》，否則開發區建行不支付信用證議付款，其係被迫簽訂《三方協議》。但龍辰公司並未否認《三方協議》的真實性，亦未舉示其被脅迫簽訂該協議的證據，故龍辰公司應承擔舉證不能的法律後果。龍辰公司的前述主張可證實只有其與開發區建行簽訂《三方協議》，開發區建行才同意議付信用證款項。由此可見，沒有龍辰公司的還款承諾，開發區建行將不會支付案涉信用證款項，故龍辰公司應對案涉信用證還款缺口部分承擔連帶清償責任，即龍辰公司應對尚欠

貸款本金18,746,325元及利息的給付承擔連帶保證責任。而西鋼集團與開發區建行在2013年8月30日簽訂《最高額保證合同》，願意為佳誠公司的債務提供最高額保證，故西鋼集團應對案涉上述貸款本金18,746,325元及利息的給付承擔連帶保證責任。判決：一、佳誠公司於判決生效之日起十日內給付開發區建行借款本金18,746,325元及利息（自2014年9月30日起，按年利率6.9%計算至借款本金實際清償之日止）；二、龍辰公司、西鋼集團對上述款項承擔連帶清償責任。如未按判決指定的期間履行給付金錢義務，應依照《中華人民共和國民事訴訟法》第二百五十三條之規定，加倍支付遲延履行期間的債務利息。案件受理費171,087.15元，由佳誠公司、龍辰公司、西鋼集團負擔。

二審中，各方當事人均未提交新證據。對當事人二審爭議的事實，本院認定如下：2014年5月14日，龍辰公司持案涉信用證及項下單據向開發區建行申請議付。由於信用證係於2014年5月12日開立，距離龍辰公司申請議付的時間較近，開發區建行懷疑存在虛假信用證交易，擬向人民法院申請中止支付信用證項下的款項。為能從開發區建行獲得議付款項，龍辰公司同意簽訂案涉《三方協議》，該協議的第四條第五項特別約定：「如議付資金不能按期回收，根據《票據法》有關規定，開發區建行向佳誠公司和龍辰公司均可行使追索權。」另查明，開發區建行在一審起訴時的訴訟請求數額為25,857,430.95元，後在一審庭審時減少至19,393,073.21元（18,746,325元本金及截至2015年3月24日的利息646,748.21元）。

除此，本院對一審法院查明的其他事實予以確認。

本院認為，本案爭議的焦點問題在於：

一、如何確定本案法律關係性質。信用證做為一種支付手段，兼具融資功能。根據《最高人民法院民事案件案由規定》，信用證糾紛是指在信用證開立、通知、修改、撤銷、保兌、議付、償付等環節產生的糾紛，包括開證行與開證申請人之間因申請開立信用證產生的信用證開證糾紛、議付行與受益人之間因議付信用證產生的信用證議付糾紛，以及在信用證交易中因開證行與開證申請人之間因特殊的融資安排而產生信用證融資糾紛等。本案中，開發區建行既是開證行，同時也是議付行，但《三方協議》中並未明確其在簽訂該協議時的身分係開證行還是議付行，抑或兼而有之。開發區建行基於

《三方協議》起訴佳誠公司和龍辰公司償還墊付款項，並非典型的信用證開證、議付或融資糾紛，故案件性質確定為信用證糾紛更為妥當。一審法院僅就前述法律關係之一認定本案法律關係性質欠妥，本院予以糾正。

　　二、龍辰公司應否向開發區建行承擔還款責任。中國人民銀行1997年8月1日發布並實施的《國內信用證結算辦法》第二十四條規定：「議付行議付信用證後，對受益人具有追索權。到期不獲付款的，議付行可從受益人帳戶收取議付金額。」第三十條規定：「開證行付款後，對議付行或受益人不具有追索權。」鑒此，本案開發區建行做為案涉信用證的議付行，如其到期不能獲得償付，其對龍辰公司享有追索權，但其做為開證行，則不享有對龍辰公司的追索權。然而，由於開發區建行兼具議付行與開證行雙重身分，且龍辰公司申請議付的時間距離信用證開立時間較近，開發區建行為控制其資金風險，與案涉開證申請人佳誠公司、受益人龍辰公司三方當事人簽訂了《三方協議》，並明確約定開發區建行在向龍辰公司付款後，如未能從佳誠公司收回款項，有權向龍辰公司追償。該項約定係當事人之間的特別約定，雖然與前述《國內信用證結算辦法》的一般性規定不完全一致，但《國內信用證結算辦法》屬於部門規章，該約定內容並不違反法律、行政法規的效力性強制性規定，應為有效，該約定對三方當事人具有約束力。現佳誠公司並未按期向開發區建行支付資金，開發區建行根據前述協議約定向龍辰公司行使追索權，其訴訟主張應當予以支持。一審判決對此認定正確，本院予以維持。雖然龍辰公司主張其被迫簽訂《三方協議》以及協議的第四條第五項屬於格式條款，但龍辰公司並未舉示證據證實該協議係其被迫簽訂，違背其真實意思。而龍辰公司在知曉該爭議條款內容的情況下，為儘快獲取信用證項下款項同意簽訂《三方協議》，賦予開發區建行對其的追索權，此係其對自身權利的放棄以及對於商事交易風險的自願選擇，並不導致合同無效，故對龍辰公司的該項主張本院不予支持。

　　三、本案案件受理費應如何確定。《訴訟費用交納辦法》第二十一條第二項規定：「當事人在法庭調查終結前提出減少訴訟請求數額的，按照減少後的訴訟請求數額計算退還。」本案中，由於開發區建行在一審訴訟中減少訴訟請求數額至19,393,073.21元，據此計算，本案的案件受理費應為138,158.44元。開發區建行向一審法院預交了171,087.15元，一審法院應將

多收取的32,928.71元退還開發區建行。《訴訟費用交納辦法》第十七條規定：「對財產案件提起上訴的，按照不服一審判決部分的上訴請求數額交納案件受理費。」龍辰公司的上訴請求為改判其不承擔19,393,073.21元的給付責任，其二審案件受理費亦應為138,158.44元，本院多收取的32,928.71元退還龍辰公司。

綜上，一審判決認定事實清楚，適用法律雖有瑕疵，但裁判結果正確，故對龍辰公司的上訴請求不予支持。依照《最高人民法院民事案件案由規定》、《訴訟費用交納辦法》第十七條、第二十一條第二項、《中華人民共和國民事訴訟法》第一百七十條第一款第一項、《最高人民法院關於適用的解釋》第三百三十四條規定，判決如下：

駁回上訴，維持原判。

一審案件受理費138,158.44元，由佳誠公司、西鋼集團及龍辰公司共同負擔，一審法院向開發區建行退還32,928.71元；二審案件受理費138,158.44元，由龍辰公司負擔，本院向龍辰公司退還32,928.71元。

本判決為終審判決。

審判長　王　劍
代理審判員　張靜峰
代理審判員　馬　莎
二〇一六年九月十八日
書記員　王亞男

【案例65】信用證業務重點分析

仁和國際有限公司與中國光大銀行股份有限公司杭州分行信用證議付糾紛評析

案號：湖北省高級人民法院（2016）鄂民終184號

【摘要】

　　信用證具有獨立性，與其開立的基礎交易法律關係相互獨立，不受其約束和限制；為降低債權風險，銀行應嚴格按照國際商會《跟單信用證統一慣例》和《國內信用證結算辦法》及相關司法解釋，規範信用證業務。

【基本案情】

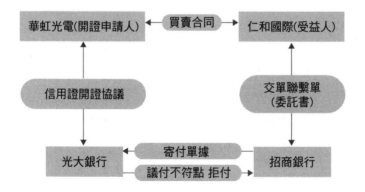

　　開證申請人浙江華虹光電集團有限公司（以下簡稱「華虹光電」）申請開證，光大銀行於2012年8月31日開出了以仁和國際為受益人的自由議付信用證一份。2012年10月24日，仁和國際通過招商銀行武漢分行（以下簡稱「招商銀行」）向光大銀行提交了信用證項下的全部單證後，光大銀行以「單證有不符點」為由拒絕，並將拒付

理由告知開證申請人。

　　開證申請人接受不符點並在承兌通知書上簽字蓋章後，光大銀行既不履行信用證承付義務，也未退還全部單據。經仁和國際和交單行多次催討，光大銀行至今未向仁和國際承付信用證項下的款項。仁和國際請求：一、光大銀行向仁和國際支付涉案信用證項下款項28.2萬美元（此款按立案當時匯率折算成人民幣1,729,083元）及逾期利息（計算方法：自2013年1月12日至判決確定履行之日，利率按中國人民銀行公布的同期逾期貸款基準利率執行）；二、光大銀行承擔本案訴訟費用。

【法院判決】

　　武漢市中級人民法院認為，本案是關於仁和國際和光大銀行之間，因信用證議付所形成的受益人與承付人之間議付合同法律關係的信用證議付合同糾紛。光大銀行做為議付行，根據涉案信用證條款中約定適用的《跟單信用證統一慣例》（以下簡稱《UCP600》）規定，完成議付並在議付過程中發現仁和國際交單有六處不符點後，依據《UCP600》第十六條的規定做出拒付決定，並按該條規定的拒付程序履行拒付告知義務。光大銀行拒付決定程序符合《UCP600》規定，不應承擔承付義務。仁和國際要求光大銀行履行該信用證項下票款承付義務的兩條理由均不成立，仁和國際訴訟請求該院不支持，遂駁回仁和國際的訴訟請求，且要求仁和國際負擔本案一審案件受理費人民幣20,362元。

　　宣判後，仁和國際不服湖北省武漢市中級人民法院民事判決，向湖北省高級人民法院提起上訴。仁和國際認為，一審法院在光大銀行未能退回全部單據的客觀事實下，混淆基礎交易關係與信用證法律關係，曲解《UCP600》第十六條規定，做出錯誤判決，應予以糾正。要求法院判令光大銀行支付相應涉案信用證項下款項，合計人民

幣1,729,083元及逾期利息，並且承擔此案訴訟費用。湖北省高級人民法院查詢認定，一審將基礎交易關係帶入信用證關係來認定光大銀行不構成不能退單雖有不當，但裁判結果正確，故對仁和國際的上訴請求不予支援。判決駁回上訴，維持原判。

【法律評析】

　　本案的主要爭議焦點在於：開證申請人放棄不符點並同意付款，是否影響議付行拒付，光大銀行退單行為是否被認定不能退單，以及信用證是否具有獨立性。

一、光大銀行的拒付行為是否符合《UCP600》相關規定

　　1.《UCP600》第十六條F款「宣稱交單不符」適用的前提

　　《UCP600》第十六條F款規定：「如果開證行未能按照本條行事，則無權宣稱交單不符。」此條說明，宣稱交單不符，必須滿足「如果開證行未能按照本條行事」這一前提，包括拒付理由說明、自行決定是否聯繫開證申請人放棄不符點、將拒付決定書面通知交單人、限期告知、單據原樣退還交單人等操作。如果銀行未按此程序操作，則不能宣稱交單不符。

　　因此，本案中光大銀行在發現不符點後，按照這一順序流程完成，所以不適用於此條文，屬於拒付成立。

　　2. 開證申請人放棄不符點並同意付款，是否影響議付行拒付行為的有效性

　　關於信用證糾紛中的自由議付糾紛，判斷光大銀行做出的拒付行為是否有效，主要是根據《UCP600》關於議付行事的規則。案件查明，當2012年10月26日收到相關單據中有六處明顯不符點時，光大銀行聯繫了開證申請人（付款人）並要求付款人書面聲明放棄不符點及同意付款的行為，不影響光大銀行的拒付決定，符合

《UCP600》第十六條中「當議付行是否聯繫付款人及付款人是否放棄不符點均屬議付行自由單獨做出決定的事項，不受其他因素而改變」的相關規定，與《UCP600》此條規定類似的，是《最高人民法院關於審理信用證糾紛案件若干問題的規定》第七條第一、二款同樣明文規定：「開證行有權自行決定接受或者拒絕接受單據與信用證條款、單據與單據之間的不符點。開證行發現信用證項下存在不符點後，可以自行決定是否聯繫開證申請人接受不符點。開證申請人決定是否接受不符點，並不影響開證行最終決定是否接受不符點。開證行和開證申請人另有約定的除外。」

由此說明，即使開證申請人華虹光電書面明確表示接受不符點，若付款行光大銀行拒絕接受不符點，也無須承擔案涉信用證項下款項的付款義務。

二、光大銀行拒付行為是否構成不能退單及應承擔項下票款承付義務

仁和國際指控光大銀行退回的全套單據中，尾號105提單第一頁為影本並非原件的事實，不能認定為光大銀行杭州分行不能退單。本案無從查證該影本是否確實是由光大銀行操作不慎所導致，並且仁和國際交單時涉案貨品已被華虹光電用該提單提取，使光大銀行失去貨權風險控制、貨權質押擔保的提單效力，此提單已毫無意義。根據上文所述光大銀行拒絕議付行為不滿足第十六條第F款的前提條件，且貨物在議付前已經以非常方式異地提取，這種議付前異地提取貨物的行為並不能排除仁和國際與華虹光電的惡意串通嫌疑，且在貨物已被提取的情況下，銀行退回提單已無實際意義。故光大銀行不構成退單不能，且無須承擔項下票款承付義務。

三、信用證是否具有獨立性

　　信用證是銀行開立的有條件承諾付款的書面文件。信用證支付方式有效地解決了商業信用危機和買賣雙方信貸融資問題，因此成為當前國際貿易和金融領域重要支付結算工具。信用證能發揮如此巨大作用的關鍵，在於運作過程中所奉行的獨立性原則，此原則成為信用證賴以生存的基石。

　　信用證具有獨立性，即受益人與開證行之間的交單付款具有獨立性，獨立於信用證的基礎交易（即貨物買賣），不受買方的影響，也不受貨物的影響。換句話說，信用證法律關係與基礎合同所屬法律關係是相對獨立的。首先，立法、慣例及司法判例都確認開證行無法控制買賣合同的內容，也無法選擇和決定誰將做為信用證的受益人；其次，如果開證行在付款前，除了了解信用證條款和審核單據外，還有義務了解和處理主合同實際履行狀況或爭議的話，那麼銀行將「寸步難行」，信用證結算方式也就因此喪失了其商業價值。

　　《UCP600》第四條對獨立性原則做出明確規定：「就其性質而言，信用證與可能做為其開立基礎的銷售合同或其他合同是相互獨立的交易，即使信用證中含有對此類合同的任何援引，銀行也與該合同無關，且不受其約束。因此，銀行關於承付、議付或者履行信用證項下其他義務的承諾，不受申請人基於其與開證行或受益人之間的關係而產生的任何請求或抗辯的影響。受益人在任何情況下不得利用銀行之間或申請人開證行之間的合同關係。」由此可以看出，信用證獨立性原則做為銀行主流支付手段，具備不可或缺的作用。

　　同時，《最高人民法院關於審理信用證糾紛案件若干問題的規定》對信用證的獨立性也有類似規範，明確規定除存在信用證欺詐情形外，法院不支持當事人以開證申請人與受益人之間的基礎交易提出抗辯。

四、對銀行的啟示

（一）清楚了解業務過程中的主要當事人

信用證的當事人會因具體交易情況的不同而有所增減，但一般而言，信用證的流轉會涉及以下主要當事人：

1. 開證行：根據開證申請人的申請委託書，按其要求開立信用證的銀行，通常為買方所在地的銀行。

2. 通知行：當接受開證行的委託時，負責將信用證通知受益人的銀行，通常為受益人所在地並與開證行有長期業務往來的銀行。

3. 指定行：信用證中明確指定信用證可在其處兌用的銀行。如信用證可在任何一家銀行兌用，則任何銀行均為指定銀行。

4. 議付行：指對相符單據通過向受益人預付或同意預付，而購買匯票或單據的指定行。

5. 受益人：指信用證上指定的有權享有信用證權益的人。

（二）明確確定各主要當事人之間的法律關係

1. 開證申請人與受益人之間

開證申請人與受益人之間是一種買賣合同關係。開證申請人是國際貿易合同的買方，受益人為合同的賣方，合同中約定雙方以信用證方式來支付貨款，買方依合同的規定開立信用證，賣方則依合同發貨並提供約定的單據。對受益人承擔付款義務的開證行，自開立信用證之時起，對信用證項下的付款義務承擔承付責任。

2. 開證行與開證申請人之間

開證行與開證申請人之間以開證申請書及其他文件，確定了一種委託合同關係。在此委託合同中，開證行做為被委託人，其主要責任在於根據開證申請書開立信用證，並且承擔審核一切單據的職責。謹慎審核，目的是為了確保單據在表面上符合信用證的標準。開證申請人做為委託人，其負有繳納開證費用、提供擔保並付款贖單的職責。

3. 通知行與開證行之間

通知行與開證行之間是委託代理關係，即通知行接受開證行的委託，代理開證行，將信用證通知受益人，並由開證行支付佣金給通知行。

4. 通知行與受益人之間

通知行與受益人之間不存在合同關係。通知行通知受益人，是其對開證行所負的義務。

銀行在辦理信用證業務時，應明確確定信用證的獨立性特徵，將信用證法律關係和基礎交易法律關係區分開來，並嚴格按照國際商會《跟單信用證統一慣例》和《國內信用證結算辦法》及相關司法解釋，規範信用證業務，以維護銀行的合法權益、減少銀行損失。

附：法律文書

仁和國際有限公司與中國光大銀行股份有限公司杭州分行信用證議付糾紛二審民事判決書

湖北省高級人民法院民事判決書（2016）鄂民終184號

上訴人（一審仁和國際）：仁和國際有限公司。住所地：香港特別行政區九龍上海街438-444號同珍商業中心12樓1202室。
代表人：和建設，該公司董事。
被上訴人（一審光大銀行）：中國光大銀行股份有限公司杭州分行。
　住所地：浙江省杭州市拱墅區密度橋路1號浙商時代大廈1-14層。
主要負責人：章國華，該分行行長。
委託訴訟代理人：劉國健，浙江海浩律師事務所律師。
委託訴訟代理人：萬志紅，湖北山河律師事務所律師。

上訴人仁和國際有限公司（以下簡稱「仁和公司」）因與被上訴人中國光大銀行股份有限公司杭州分行（以下簡稱「光大銀行杭州分行」）信用證

議付糾紛一案，不服湖北省武漢市中級人民法院（2013）鄂武漢中民商外初字第00014號民事判決，向本院提起上訴。本院於2016年2月23日立案後，依法組成合議庭於2016年3月24日公開開庭進行了審理。上訴人仁和公司代表人和建設、被上訴人光大銀行杭州分行委託訴訟代理人劉國健、萬志紅到庭參加訴訟。本案現已審理終結。

仁和公司上訴請求：1. 撤銷一審判決，判令光大銀行杭州分行向仁和公司支付信用證（LC7679120323AJ）項下款項282,000美元（按立案當時匯率折合人民幣約為1,729,083元）及逾期利息（自2013年1月12日至判決確定履行之日，利率按中國人民銀行公布的同期逾期貸款基準利率執行）；2. 本案一、二審的訴訟費用由光大銀行杭州分行承擔。

主要事實與理由：一審法院在光大銀行杭州分行未能退回全部單據的客觀事實下，混淆基礎交易關係與信用證法律關係，曲解《UCP600》第十六條之規定，做出錯誤判決，應予糾正。1. 一審法院認定事實錯誤。（1）光大銀行杭州分行退回的單據不是仁和公司提交的全套單據，應當認定為不能退單。一審法院認為退回的單據中編號尾數為105提單第一頁缺頁（複製件代替原件）的事實不能認定為光大銀行杭州分行不能退單，與基本事實相違背，應予糾正。（2）案涉信用證46A文件要求規定：受益人證明，必須認證受益人已將1／3套提單直接發給申請人。一審對光大銀行杭州分行要求仁和公司將1／3套正本提單直接寄交給申請人浙江華虹光電集團有限公司（以下簡稱「華虹光電」）的事實未予認定，應予糾正。

2. 一審判決適用《UCP600》錯誤。（1）一審判決未正確適用《UCP600》第十六條。根據第十六條規定，開證行拒絕承付時行事規則必須符合該條第A-E款的規定，否則應當適用第F款無權宣稱交單不符之規定。光大銀行杭州分行未依據《UCP600》第十六條E款之規定將全部單據退還交單人仁和公司，即使存在6處不符點，但由於其拒付要式不全，根據第十六條F款，其無權宣稱交單不符，應立即承付信用證項下款項並支付逾期利息。其所提不符點不能成立，拒付無效，其自行閉卷無任何法律及國際規則依據。（2）一審判決混淆了信用證關係與基礎交易關係，適用《UCP600》錯誤，應予糾正。根據《UCP600》第五條之規定，銀行處理的是單據，不是單據可能涉及的貨物、服務或履約行為。信用證一經開出就在開證行與受

益人之間形成了單據買賣的信用證關係，是獨立於基礎買賣交易關係之外的另一種契約，開證行不能以受益人與開證申請人之間買賣合同項下貨物已經提取來免除信用證項下的付款責任。依據《最高人民法院關於審理信用證糾紛案件若干問題的規定》第五條規定，即使買賣合同項下貨物已經提取，該履約行為也與信用證關係無關，不能因此免除光大銀行杭州分行的承付責任。華虹光電用於提取貨物的1／3套正本提單是仁和公司根據信用證46A文件要求直接寄交，且105號提單所涉貨物不是一審判決認定的在議付前被提取，仁和公司交單議付的日期為2012年10月24日，105提單所涉貨物通關放行提取日為2012年10月31日，所以不存在所謂仁和公司與華虹光電惡意串通。

光大銀行杭州分行辯稱：1. 關於單據。（1）仁和公司認為不能退單不是事實。本案涉及兩批貨物，有兩套單據，尾號分別是103、105，本案訴爭的是105號提單。仁和公司僅提交了1／3套單證，不符合信用證規定的提交2／3套提單原件，其稱已提交全套單據不屬實。光大銀行杭州分行未要求仁和公司將另1／3套單據直接給華虹光電，信用證無此規定。（2）招商銀行武漢分行（以下簡稱「招行武漢分行」）所寄全部單據，光大銀行杭州分行審查後，按規定時間和程序全部寄回。招行武漢分行收到後告知有一個提單中一頁是複印本，由於單證已寄到武漢，光大銀行杭州分行查不出結果。一審已查明，該提單還沒有提交給光大銀行杭州分行時，其項下貨物已被提走，所以其他提單自動作廢。無論是哪一頁，複印本如果和原件核對無異，效力一樣，仁和公司認為不能退單不成立。按照信用證規定，必須光大銀行杭州分行同意才能提走貨物，仁和公司將空白單據直接交給華虹光電並讓其提走貨物，嚴重違反信用證合同。

2. 一審適用《UCP600》正確。光大銀行杭州分行的行為完全符合第十六條A-E款，且全部退還了單據，仁和公司機械認為提單中有一頁是複印本就沒有全部退單，一審對此適用法律正確。光大銀行杭州分行審查出的6個不符點客觀存在，並因此拒付，仁和公司認為不符點不成立，但未詳細說明理由。

3. 基礎交易與信用證關係是不同法律關係，但二者不可分割，開信用證就是為了保障基礎交易正常安全履行。由於仁和公司未按照信用證履行

義務，光大銀行杭州分行按照《UCP600》拒付，拒付的原因不是貨物被提取。如果6個不符點全部符合，光大銀行杭州分行無理由拒付。

仁和公司向一審法院起訴請求判令：1. 光大銀行杭州分行應向仁和公司支付涉案信用證（編號為LC7679120323AJ）項下款項28.2萬美元（此款按立案當時匯率折算成人民幣1,729,083元）及逾期利息（計算方法：自2013年1月12日至判決確定履行之日，利率按中國人民銀行公布的同期逾期貸款基準利率執行）；2. 光大銀行杭州分行承擔本案訴訟費用。

一審法院認定事實：2012年8月29日，仁和公司與華虹光電簽訂一份買賣合同，約定：仁和公司向華虹光電提供價值28.2萬美元的聚碳酸酯化工產品，海運裝船期最晚不超過2012年9月30日，裝貨地點新加坡港，到貨地點中國上海港，付款條件為不可撤銷的、可轉讓的L／C，付款期限為提單簽發後90天。同年8月31日，應華虹光電開證申請，光大銀行杭州分行與華虹光電達成信用證開證協議，約定：光大銀行杭州分行為華虹光電開具涉案信用證一份。信用證載明：信用證編號LC76790323AJ，信用證類型可轉讓、不可撤銷，適用《UCP600》最新版本規則，信用證受益人為仁和公司，金額28.2萬美元，議付行為任何銀行議付，付款條件在提單日起90天，發票全值，付款方為光大銀行杭州分行，交單日2012年10月15日在議付行交單，裝運港新加坡任意口岸，卸貨港中國上海，最遲裝運日期2012年9月30日，價格條款CIF中國上海，價款28.2萬美元，交單期限單證應在裝運日後15天內提示，但應在本信用證有效期內。此外，該信用證還規定，提單為2／3套已裝船清潔提單，做成「憑開證行指示」，空白背書，通知方為「申請人」等。同年10月8日，開證申請人對上述信用證進行第一次修改。修改主要內容是：1. 原裝船期修改為最遲不超過2012年10月10日；2. 到期日修改為2012年10月25日；3. 修改受益人仁和公司的相關信息。

2012年10月24日，仁和公司委託招行武漢分行向光大銀行杭州分行提交議付單據，與招行武漢分行簽署交單聯繫單（委託書）一份。委託書載明：信用證編號LC76790323AJ，金額28.2萬美元，付款人華虹光電，發票編號STKN12-0000048093，STKN12-00000047990，委託事項包括：1. 上述單據係代理出口項下業務，收妥後請原幣劃入QSA0885191832001帳戶；2. 單據中的有不符點由我司（指仁和公司）承擔一切責任。次日，招行武漢分行向

光大銀行杭州分行寄交了涉案信用證項下提交議付的單據，包括：B／L提單（1／3＋1C）X2及信用證項下的匯票、發票、裝箱單、保單、熱處理證明等議付單證。

2012年10月26日，光大銀行杭州分行收到招行武漢分行寄交議付單證。經審單後，光大銀行杭州分行發現仁和公司交單單據有如下6處不符點：1. 裝運日期過期；2. 裝箱單上的發票號碼與發票不一致；3. 裝箱單中「信用證60」的付款條件與信用證項下「提單簽發後90日內」不同；4. 提單未做成「開證行指示」開頭，並且沒有信用證項下通知方的傳真號碼；5. 僅提交了1／3套正本提單；6. 未提交受益人證明書傳真件。以上6處不符點，光大銀行杭州分行在向華虹光電發出的對外付款／承兌通知書中的銀行附言欄內留言，要求華虹光電於2012年10月31日前由授權人員簽署意見並加蓋公司印章後送交光大銀行杭州分行。華虹光電於限期內在該通知書付款人欄內簽署了「同意承兌並到期付款」的回執意見。該文件加蓋華虹光電財務印章。

2012年11月1日，光大銀行杭州分行基於以上議付不符點情形，依據《UCP600》第十六條CIII（B）規定，做出拒付處理決定，並將拒付決定以電文方式發送給交單行招行武漢分行。

2013年1月9日，交單行要求光大銀行杭州分行將議付單據退回。同年1月22日，光大銀行杭州分行將全套單證退回招行武漢分行，聲明：根據你行2013-1-9SWIFT要求，我方隨寄全套單據由你行處理，我方已閉卷並解除全部責任。次日，交單行招行武漢分行收到光大銀行杭州分行退單後，發現光大銀行杭州分行退回單證中缺少涉案編號尾數為105提單的1／2頁（第一頁）。招行武漢分行將該情況告知仁和公司。仁和公司獲知上述單據第1／2第一頁缺頁信息後仍要求光大銀行杭州分行在3個工作日內將全套原始單據全部退回，要求交單行向光大銀行杭州分行催辦退回全套單證。同年1月29日，光大銀行杭州分行致電招行武漢分行，聲稱編號尾數為105提單項下貨物已於2012年10月25日被海關放行，光大銀行杭州分行將繼續調查單據一事，同時請（交單行）仔細檢查貴行收到單據。

2013年3月5日，交單行招行武漢分行致電光大銀行杭州分行，根據國際商會《UCP600》第十六條第CIII（B）款和第十六條第F款的規定，受益人強烈要求貴行收到此信息後2個銀行工作日內履行開證行承付義務，承擔其

利息，並聲明招行武漢分行正考慮將此案提交中國國際商會。

案件審理期間，一審法院依據光大銀行杭州分行申請，向交單行招行武漢分行調取了涉案信用證項下由光大銀行杭州分行退回招行武漢分行的退單資料，經核對，除涉案編號尾數為105提單首頁1／2頁為複製件外，其他原單均由招行武漢分行留存。

另查明：1. 開證申請人為獨立企業法人，於2013年12月30日因未參加2012年度年檢，被工商行政管理部門吊銷營業執照。2. 涉案信用證項下編號尾數為103提單項下貨物已於2012年10月15日申報、10月16日經杭州開發區海關通關放行。編號尾數為105提單項下貨物於2012年10月22日申報、10月31日通關放行。兩單貨物經收貨人華虹光電向杭州開發區海關出具轉船證明（由上海目的港轉至杭州開發區）後憑原單提取自用。

一審法院認為，1. 本案管轄權問題。仁和公司做為涉案信用證受益人，與招行武漢分行簽訂委託書，授權該行向光大銀行杭州分行提起涉案信用證議付，仁和公司與招行武漢分行之間因此形成委託法律關係。招行武漢分行接受委託並向光大銀行杭州分行提交單據，招行武漢分行為交單行。由交單行代表仁和公司提請涉案信用證的議付行為在仁和公司和光大銀行杭州分行之間形成涉案信用證的議付合同關係。故招行武漢分行受託向開證行光大銀行杭州分行提請議付並向光大銀行杭州分行提交議付單證的行為構成涉案信用證議付的合同履行的履約行為，且委託交單及議付提起行為均發生在一審法院轄區內，一審法院依據信用證議付合同的履行地對本案依法享有管轄權。

2. 本案法律適用問題。涉案信用證開證時，雙方都在信用證適用規則條款中選擇聲明適用最近版本國際商會《跟單信用證統一慣例》，本案查明涉案信用證於2012年8月31日開立，最新版本為國際商會《UCP600》出版物，且仁和公司、光大銀行杭州分行庭審中都認可並選擇涉案信用證適用《UCP600》。本案應適用國際商會《跟單信用證統一慣例》（即《UCP600》）的相關規則進行裁判。 一、關於光大銀行杭州分行對涉案信用證做出的拒付決定是否符合《UCP600》第十六條的規定程序的問題

一審法院認為，本案屬信用證議付糾紛。判斷光大銀行杭州分行是否有權做出拒付決定關鍵要看光大銀行杭州分行議付拒付行為是否符合

《UCP600》第十六條規定的議付行事規則。《UCP600》第十六條第A款規定，當按照指定行事的指定銀行、保兌行或者開證行確定交單不符時，可以拒絕承付或者議付。首先，本案查明的事實表明，光大銀行杭州分行做為議付行、付款行，於2012年10月26日收到交單人招行武漢分行提交的議付單據，通過對交單單據的審查，光大銀行杭州分行發現仁和公司提交的單據有6處不符點，特別是做為銀行控制貨權風險憑證的提單交單行僅提交了1／3套正本提單，而且仁和公司提單為「空白提單」，與涉案信用證上要求的2／3正本提交及提單應做成指示提單（憑開證銀行蓋章確認）明顯不符。根據《UCP600》第十六條第A款規定，交單行提交的議付單據沒有滿足涉案信用證的交單要求，該單據應認定為不符單據，光大銀行杭州分行做為議付銀行，有權做出拒絕承付或者議付決定。其次，對於不符點情形，光大銀行杭州分行雖然聯繫了開證申請人、付款人華虹光電，要求華虹光電提交書面意見，華虹光電也書面聲明放棄不符點並同意付款，但該項情形不影響光大銀行杭州分行的拒付決定。根據《UCP600》第十六條第B款規定，當開證行確定交單不符時，可以自行決定聯繫申請人放棄不符點。該條表明，議付行是否聯繫付款人及付款人是否放棄不符點均屬議付行自由單獨做出決定的事項，不受其他因素而改變。華虹光電做為付款人，在付款通知書中簽署的「放棄不符點，同意付款」的意見不影響議付行做出的拒付決定。最後，本案中，基於不符單據中正本提單少1／3套，提單為空白提單的不符點的情形，光大銀行杭州分行考慮交單行所交單據中提單項下貨物已實際提取、貨權風險明顯增大等因素，仍於2012年11月1日做出拒付決定，並將拒付決定書面告知交單行招行武漢分行，在任何時候退單或者等待交單行進一步的指示。光大銀行杭州分行做出的該項行為符合《UCP600》第十六條第B款、第C款及第D款規定的不符單據處理的行事規則。

因此，光大銀行杭州分行以涉案信用證議付單據多處不符點為由做出的拒付決定符合《UCP600》第十六條行事規則的抗辯理由成立。對仁和公司以申請人華虹光電接受不符點為由提出的光大銀行杭州分行應該履行承付義務的理由，一審法院不予支持。

二、關於光大銀行杭州分行拒付決定做出後的行為是否構成不能退單及應否承擔涉案信用證項下票款承付義務的問題

一審法院審查認為，本案應否適用《UCP600》第十六條第F款必須釐清該款之適用前提，並根據已有事實進行裁量。首先，在裁判規則適用方面，《UCP600》第十六條第F款的規定有其特定適用前提條件。《UCP600》第十六條第F款規定：如果開證行或保兌行（如果有）未能按照本條行事，則無權宣稱交單不符。該條表明，宣稱交單不符必須滿足「如果開證行或保兌行未能按照本條行事」這一前提，即議付行存在「未按本條行事」的情形才適用，而此處的「本條行事」應理解為《UCP600》中第十六條第F款之前對不符單據所規定的行事規則，即《UCP600》第十六條第F款之前的由A、B、C、D、E五個款項組成的不符單據的行事規則，包括：拒付理由說明、聯繫申請人放棄不符點、書面拒付通知、限期告知、等候退單等成立拒付（或拒絕議付）的關聯程序。如果議付行在審單發現交單單據不符點（拒付理由）後做出了拒付決定，拒付理由已經書面通知，拒付決定已在5日內告知及任何時候退單等程序均符合該F款之前的行事規則時，議付行做出的拒付決定的行事規則就符合《UCP600》第十六條中第A-E項的規定，則拒付行為就成立，此時就不須適用第十六條的第F款。否則，就因滿足「未按本條行事」這一前提條件而應適用第F款。本案事實表明，涉案單據在2012年10月26日到單後，光大銀行杭州分行發現，交單行所交單據有六處與信用證的規定不符，構成不符單據，而這六處不符點就構成不符單據的理由。光大銀行杭州分行又聯繫了付款人華虹光電，在2012年11月1日做出拒付決定，並書面通知交單行招行武漢分行，等待交單行的下一步指示。光大銀行杭州分行上述行為沒有超出《UCP600》第十六條規定的信用證拒付決定應該遵循的行事授權規則，故光大銀行杭州分行議付拒付決定沒有滿足第十六條第F款「未按本條行事」這一前提條件。其次，根據招行武漢分行2013年1月23日收到的光大銀行杭州分行退回的單據的比對結果顯示，一審法院確認仁和公司指控的光大銀行杭州分行退回單據中涉案編號尾號為105正本提單中第一頁是複製件而非原件的事實，光大銀行杭州分行抗辯退單中的相關單據為複製件並非光大銀行杭州分行所為的理由無事實依據。但是，本案事實還顯示，光大銀行杭州分行2012年10月26日收到議付單據時，涉案貨物已分期分批由付款人華虹光電憑涉案尾號為103、105原正本提單在議付前提取，該提單用於提取涉案貨物後，其餘2／3套正本提單因該1／3提單已經使

用而失去貨權風險控制、貨權質押擔保的提單效力，光大銀行杭州分行退回涉案編號尾數為105提單無實際意義；且該批貨物在議付前已以非正常方式異地（目的港由上海港轉港為杭州開發區）提取，而這種議付前異地提前取貨的行為並不能排除仁和公司與華虹光電的惡意串通的嫌疑。故光大銀行杭州分行退回的單據中的編號尾數為105提單第一頁缺頁（複製件代替原件）的事實並不能認定為光大銀行杭州分行不能退單，更不應簡單地反向適用《UCP600》第十五條「相符交單」規則來認定仁和公司所交單據符合「相符交單」而判定光大銀行杭州分行承擔「相符交單」的承付義務。故仁和公司指稱光大銀行杭州分行因退單缺頁而應承擔承付義務的理由不能成立。

　　綜上，本案仁和公司、光大銀行杭州分行之間因該信用證議付形成信用證的受益人與承付人之間議付合同法律關係，本案為信用證議付合同糾紛。光大銀行杭州分行做為議付行，根據涉案信用證條款中約定的適用《UCP600》的規定，完成議付並在議付過程中發現仁和公司交單有6處不符點後依據《UCP600》第十六條的規定做出拒付決定，並按該條規定的拒付程序履行拒付告知義務。光大銀行杭州分行拒付決定程序符合《UCP600》規定，不應承擔承付義務。仁和公司要求光大銀行杭州分行履行該信用證項下票款承付義務的兩條理由均不能成立，仁和公司訴訟請求一審法院不予支持。經合議庭評議，一審法院依據國際商會《跟單信用證統一慣例（UCP600）》第一條、第二條、第四條第A款、第十五條、第十六條，《最高人民法院關於審理信用證糾紛案件若干問題的規定》第一條、第二條，《中華人民共和國民法通則》第二十三條、第一百四十二條，《中華人民共和國民事訴訟法》第一百四十二條的規定，判決：駁回仁和公司的訴訟請求。本案一審案件受理費人民幣20,362元，由仁和公司負擔。

　　本院二審期間，仁和公司提交了閻之大出具的《關於仁和國際有限公司訴中國光大銀行股份有限公司杭州分行議案的專家意見》，擬證明本案是信用證糾紛，不是基礎交易糾紛，應適用《UCP600》，除非涉及信用證欺詐才能涉及基礎交易，一審審理涉及基礎交易錯誤，認定事實、適用法律及得出結論錯誤。光大銀行杭州分行質證認為，該專家意見不符合證據形式要件，不是證據；該意見立場不公正客觀，錯誤解讀一審判決，忽視客觀事實，在適用《UCP600》問題上說理不充分。本院認為，仁和公司提交的

專家意見係信用證專家閻之大就案涉《UCP600》部分條款的理解所出具意見，應視為仁和公司對本案所適用法律提交的書面意見，不屬於證據範疇，故不做為證據採信。

光大銀行杭州分行未向本院提交證據。

本院經審理查明，一審查明的事實屬實，本院予以確認。

本院認為，仁和公司註冊成立於我國香港特別行政區，本案屬於涉港商事糾紛。關於本案法律適用問題，《最高人民法院關於審理信用證糾紛案件若干問題的規定》第二條規定：「人民法院審理信用證糾紛案件時，當事人約定適用相關國際慣例或者其他規定的，從其約定」，案涉信用證載明適用跟單信用證統一慣例最新版本即2007年修訂本國際商會第600號出版物（《UCP600》），因此，本案按照當事人約定，適用《UCP600》調整當事人的權利義務關係。

結合雙方當事人的上訴、答辯及二審庭審情況，本院確定本案爭議焦點為：1. 光大銀行杭州分行的退單行為能否被認定為不能退單；2. 光大銀行杭州分行是否應承付案涉信用證。評判如下：

（一）關於光大銀行杭州分行的退單行為能否被認定為不能退單的問題

《UCP600》第十六條e款規定：「按照指定行事的指定銀行、保兌行（如有的話）或開證行在按照第十六條c款iii項a）或b）發出了通知之後，可以在任何時間將單據退還交單人。」根據該規定，開證行在按照第十六條c款iii項a）或b）發出拒付通知後，可以隨時向交單人退單，單據應原樣退回。本案一審已核實，招行武漢分行收到的退回單據中，案涉編號尾數為105的提單首頁1／2頁是複印本，其他單據均為原單退回。因此，光大銀行杭州分行的退單行為不符合原樣退回規定，構成不能退單。

《UCP600》第五條規定：「銀行處理的是單據，而不是單據可能涉及的貨物、服務或履約行為。」根據該規定，信用證具有獨立抽象性，銀行處理單據，不處理單據背後可能涉及的貨物。因此，一審以提單項下貨物在議付前被提取，提單退回無實際意義為由，認為光大銀行杭州分行退回的編號尾數為105的提單首頁1／2頁為複製件不能認定為不能退單確有不當，仁和公司上訴認為一審對光大銀行杭州分行不能退單事實認定錯誤的上訴理由成立。

（二）關於光大銀行杭州分行是否應承付案涉信用證的問題

一審已查明，2012年11月1日，光大銀行杭州分行向招行武漢分行發出拒付通知，其中列明了6處不符點，並聲明單據將依據《UCP600》第16條CⅢ（B）的規定處理；2013年1月9日，招行武漢分行通知光大銀行杭州分行通過快遞將全套單據退回，並聲明涉及退單的所有相關費用由受益人承擔；同年1月22日，光大銀行杭州分行將全套單據寄回招行武漢分行；次日，招行武漢分行聯繫光大銀行杭州分行，告知被退回的全部單證與清單有所不同，正本提單（編號APLU057488105）中的第一頁由正本原件被替代為複印本。

如前所述，光大銀行杭州分行的退單行為不符合《UCP600》第十六條e款的原樣退回規定，然而，這是否意味著光大銀行杭州分行應根據《UCP600》第十五條相符交單的規則，承付案涉信用證。本院認為，首先，光大銀行杭州分行做出拒付決定的原因是其審查發現招行武漢分行寄交的議付單證存在六處不符點，該不符點是光大銀行杭州分行審查發現的客觀事實，即使之後光大銀行杭州未能原樣退回全部單據，不符點也不會因此變為相符。其次，本院注意到，《UCP600》第十六條e款是較跟單信用證統一慣例1993年修訂本即國際商會第500號出版物（《UCP500》）新增的規定，旨在解決相關銀行發出拒付通知後何時可以退單的問題。由於不符單據提交到指定銀行、保兌行或開證行，均不構成開證行的付款承諾，所以相關銀行拒付單據後已完成在信用證下的義務，單據的所有權未發生轉移，仍屬於受益人。如果交單人在交單面函中沒有特別指示，那麼拒付銀行暫時保管單據聽候進一步指示，完全是為了便利交單人。為了不讓拒付銀行長時間承擔單據的有關風險，根據《UCP600》第十六條e款規定，相關銀行在按照第十六條c款ⅲ項a）或b）發出拒付通知後，可以隨時向交單人退單。本案中，光大銀行杭州分行基於議付單據的六處不符點於2012年11月1日向招行武漢分行發出拒付通知即履行完其在案涉信用證項下的義務，此後其只是代為保管議付單據，單據的所有權未發生轉移，仍屬仁和公司，在光大銀行杭州分行按照指示於2013年1月22日將全套單據交郵寄往招行武漢分行後，單據的相關風險應由仁和公司承擔。再次，一審法院向招行武漢分行調取的案涉信用證議付單據一套及仁和公司提交的相關證據只能證明招行武漢分行收到的退

單中編號尾數為105的提單首頁1／2頁為複印本，並不足以證明原件遺失發生於光大銀行杭州分行保管議付單據期間，仁和公司對此應承擔舉證不能的不利後果。因此，光大銀行杭州分行的退單行為不符合原樣退回規定並不必然導致其應根據《UCP600》第十五條規定承付案涉信用證，仁和公司以光大銀行杭州分行未退回編號尾數為105的提單首頁1／2頁原件為由主張光大銀行杭州分行承付案涉信用證依據不足，對其該上訴請求，本院不予支援。

另，仁和公司上訴主張，華虹光電用於提取貨物的1／3套正本提單是其根據信用證46A要求直接寄交華虹光電，案涉貨物被提取是光大銀行杭州分行的上述要求所致。經核實，案涉信用證（編號LC76790323AJ）46A文件要求記載：……2／3套已裝船清潔提單，做成「憑開證行指示」，……受益人證明，必須認證受益人已將1／3套提單直接發給申請人。基於該要求，仁和公司應將1／3套做成「憑開證行指示」的提單直接發給華虹光電。本案中，仁和公司回避將提單做成「憑開證行指示」，僅提及其按要求將1／3套提單直接寄給華虹光電，顯屬推脫責任。

綜上，本案為信用證議付糾紛，一審將基礎交易關係帶入信用證關係認定光大銀行杭州分行不構成不能退單雖有不當，但裁判結果正確，故對仁和公司的上訴請求不予支持。依照《中華人民共和國民事訴訟法》第一百七十條第一款第一項及《最高人民法院關於適用〈中華人民共和國民事訴訟法〉的解釋》第三百三十四條規定，判決如下：

駁回上訴，維持原判。

二審案件受理費人民幣20,362元，由仁和國際有限公司負擔。

本判決為終審判決。

審判長　劉建新審判員

余俊審判員　胡正偉

二〇一六年十二月二十七日

書記員　陳銀華

第六篇

保理合同

【案例66】 保理業務中銀行審查義務的法律風險

中國銀行訴雨鋼公司、長城公司保理合同糾紛案評析

案號：江蘇省南京市中級人民法院（2015）甯商終字第1701號

【摘要】

在辦理應收帳款保理業務時，銀行負有對其基礎交易關係真實性的謹慎審查義務，應特別注意對增值稅發票是否作廢的查詢驗證。

【基本案情】

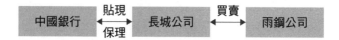

2012年2月20日，江蘇長城物資集團有限公司（以下簡稱「長城公司」）與中國平安財產保險公司簽訂《國內貿易信用保險合同》，約定購買國內貿易信用險，被保險業務為鋼坯等銷售，受益人為中國銀行江蘇省分行（以下簡稱「中行江蘇省分行」）。2012年2月26日，長城公司與中行江蘇省分行分別簽訂《授信業務總協議》和《國內商業發票貼現協議》，約定中行江蘇省分行為長城公司提供綜合授信業務，長城公司為銷售鋼坯利用中行江蘇省分行提供的商業發票貼現服務。

2012年10月15日，長城公司與江蘇雨花鋼鐵有限公司（以下簡稱「雨鋼公司」）簽訂《工業品買賣合同》，約定雨鋼公司向長城公司購買1,500.64萬元的鋼坯。10月17日，雨鋼公司向長城公司出具增值稅專用發票13張，並與長城公司簽訂《結算單》，確認上述發票項下鋼坯價值為1,500.64萬元並已收貨。2015年4月24日，江蘇省南京市雨花臺區公證處出具《公證書》，證明案涉13張增值稅專用發

票，在稅務系統網站的發票開具內容驗證系統中均顯示不存在。

　　2012年10月17日，長城公司向中行江蘇省分行申請對案涉13張增值稅專用發票進行貼現，金額為1,350萬元，並轉讓發票項下應收帳款1,500.64萬元。上述債權轉讓由長城公司和中行江蘇省分行以《應收帳款債權轉讓通知書》形式告知雨鋼公司，並得到雨鋼公司以《應收帳款債權轉讓確認書》予以確認並承諾到期付款。2012年10月19日，中行江蘇省分行向長城公司發放貼現款13,202,646元。中行江蘇省分行出具《授權書》，授權中國銀行南京玄武支行（以下簡稱「中國銀行」）就上述《授信業務總協議》及其單項協議項下糾紛，向法院提起訴訟或提交仲裁裁決。雨鋼公司未能依約付款，中國銀行遂訴至法院，請求雨鋼公司支付增值稅專用發票項下款項1,500.64萬元及相應利息。

【法院判決】

　　江蘇省南京市雨花臺區人民法院經審理認為，中行江蘇省分行依約向長城公司發放貼現款13,202,646元，長城公司未履行到期還款義務即構成違約。現中行江蘇省分行已授權中國銀行就案涉糾紛向法院提起訴訟，故中國銀行主體適格。案涉13張增值稅專用發票在稅務發票驗證系統均不存在，結合當事人當庭陳述，認定長城公司與雨鋼公司之間的《工業品買賣合同》未實際履行，故長城公司對雨鋼公司不享有債權。中國銀行以受讓長城公司對雨鋼公司的債權為由，主張雨鋼公司應支付其案涉13張增值稅專用發票項下鋼坯價款，無事實和法律依據，不予支持，故判決駁回中國銀行的訴訟請求。

　　宣判後，中國銀行不服一審判決，提起上訴。江蘇省南京市中級人民法院經審理認為，債權轉讓後通知債務人即對債務人發生效力，中國銀行已向雨鋼公司發出債權轉讓通知，應認定案涉債權已合法轉讓，並對雨鋼公司發生效力。中國銀行在辦理保理業務時，已對

長城公司和雨鋼公司提交的《工業品買賣合同》、《結算單》及案涉13張增值稅發票（當時仍為有效發票）進行審查，並且得到了雨鋼公司在《應收帳款債權轉讓確認書》上對基礎交易合同、履行情況、發票及應收帳款債權數額等內容的確認，應認定中國銀行已盡到了合理的審查義務。綜上，案涉應收帳款已合法轉讓，且中國銀行已對基礎交易關係盡到審查義務，無論基礎交易是否真實，雨鋼公司應基於債權轉讓法律關係，向中國銀行承擔還款義務。綜上，改判雨鋼公司給付中國銀行增值稅專用發票項下款項1,500.64萬元及相應利息。

【法律評析】

本案的爭議焦點為，銀行對受讓的應收帳款基礎交易關係應如何審查、發票作廢的查詢、保理業務和票據貼現業務的區別，以及國內貿易信用保險。

一、銀行對應收帳款基礎交易關係的審查義務

中國銀行業監督管理委員會制定的《商業銀行保理業務管理暫行辦法》第十四條第一款規定：「商業銀行受理保理融資業務時，應當嚴格審核賣方或買方的資信、經營及財務狀況，分析擬做保理融資的應收帳款情況，包括是否出質、轉讓以及帳齡結構等，合理判斷買方的付款意願、付款能力以及賣方的回購能力，審查買賣合同等資料的真實性與合法性。」第十五條規定：「商業銀行應當對客戶和交易等相關情況進行有效的盡職調查，重點對交易對手、交易商品及貿易習慣等內容進行審核，並通過審核單據原件或銀行認可的電子貿易信息等方式，確認相關交易行為真實合理存在，避免客戶通過虛開發票或偽造貿易合同、物流、回款等手段惡意騙取融資。」分析上述法條可知，為了降低風險，銀行在辦理應收帳款保理業務時，負有對其基礎交易關係真實性進行謹慎審查的義務。

　　銀行對應收帳款基礎交易關係的真實性進行審查時，一般會要求債權人提供相應的買賣合同、增值稅專用發票等證明資料。但是，買賣合同可以由當事人雙方加以虛構，增值稅專用發票也是債權人單方面開具的，上述資料無法完全證明債權人與債務人之間存在真實有效的基礎交易關係，進而對其享有真實的應收帳款債權。因此，銀行在受理保理業務時，應當綜合考量交易雙方的信用、經營及財務狀況，在稅務部門相關登記系統查詢增值稅專用發票是否已經開具和正常使用，還可以要求債權人提供與應收帳款相關的貨物運輸合同、收貨憑證、運輸發票、貨物結算單據等能夠證明基礎交易合同已經實際履行的資料。另外，銀行還應當認真分析擬做保理融資的應收帳款情況，在中國人民銀行徵信中心系統中，查詢該應收帳款是否已經出質、限制轉讓以及帳齡結構等情況，合理判斷債務人的付款能力以及債權人的回購能力，以確保應收帳款轉讓的真實性，並降低及時收回應收帳款的風險。

　　本案中，中國銀行已對長城公司和雨鋼公司提交的《工業品買賣合同》、《結算單》及案涉13張增值稅發票（保理業務辦理時仍為有效發票）進行審查，並且得到了雨鋼公司在《應收帳款債權轉讓確認書》上對基礎交易合同、履行情況、發票及應收帳款債權數額等內容予以確認，已盡到了謹慎合理的審查義務。因此，二審法院改判雨鋼公司應基於債權轉讓法律關係，支付中國銀行增值稅專用發票項下款項1,500.64萬元及相應利息。

二、發票作廢的法律風險

　　在保理業務中，銀行審查應收帳款真實性時，一般會要求債權人提供買賣合同和增值稅專用發票等。然而，增值稅專用發票是債權人單方面開具的，其真實性有待查詢和證明。實務中，銀行可以採取向稅務部門核實的方法，登錄稅務系統官網發票驗證查詢系統，驗證

發票的領購信息、開具金額和電子發票，通過網路查詢發票的代碼或者號碼存在與否，即可確定該發票尚未開出或者開出後已經作廢。如果必須進一步驗證發票信息，銀行應當攜帶發票到主管稅務局部門進行現場查證。

本案中，中國銀行在查詢長城公司和雨鋼公司提交的13張增值稅專用發票時，確定發票代碼或號碼在稅務系統官網發票驗證系統正常存在。即使上述發票在開出後不久即被長城公司作廢，並且已經由公證文書證明案涉發票不存在於稅務系統發票驗證系統，也不影響中國銀行在辦理保理業務時，已盡到了查詢發票正常有效使用的謹慎審查義務。

三、保理業務和票據貼現業務的區別

保理，是指賣方將現在或將來基於其與買方訂立的貨物銷售、服務或出租合同所產生的應收帳款，轉讓給保理商，由保理商向賣方提供資金融通、帳款催收、帳戶管理、信用風險擔保等一系列的綜合金融服務。

票據貼現，是指資金需求者將持有的未到期商業票據，向銀行或貼現公司申請變成現款，銀行或貼現公司收進未到期票據，並按票面金額扣除貼現利息後付給現款，在票據到期時再向出票人收款。

顯然，保理是針對應收帳款進行的融資，通過應收帳款的轉讓實現融資，同時可提供帳款催收和管理等服務，法律關係上屬於債權轉讓。票據貼現是將未到期的票據提前變現，並不存在債權的轉讓。雖然票據關係的發生一般是以票據基礎關係為原則和前提，但基於票據的無因性，票據關係一經形成，就與基礎關係相分離，基於無因性的保護，票據貼現業務具有更強的流動性。

四、國內貿易信用保險

國內貿易信用保險也稱應收帳款保險，是指保險公司對企業在採用賒帳方式銷售商品或提供服務，因買方拖欠、破產和喪失償付能力等不能到期收回帳款而導致應收帳款損失時，按照約定條件承擔賠償責任的風險補償機制。國內貿易信用保險的主要優勢如下：

國內貿易信用保險的優勢
控制企業貿易風險，彌補壞帳損失
提高企業投資收益，減少投資負債
靈活企業結算方式，創造貿易機會
降低企業融資成本，提高信用等級
促進企業業務發展，提高市場競爭力

本案中，如果因《工業品買賣合同》對雨鋼公司享有的應收帳款不能到期順利收回，長城公司即可基於《國內貿易信用保險合同》，要求平安財產保險公司按照約定，對其遭受的應收帳款損失承擔賠償責任。

因此，在辦理應收帳款轉讓的保理業務時，銀行可以要求出讓人購買國內貿易信用險，以有效化解其應收帳款不能及時收回的風險、拓寬融資管道、提升信用風險管理水準，進而最終保障銀行債權利益得以順利實現。

五、對銀行的啟示

銀行在敘做保理業務中，應重點審查以下兩方面：

1. 對應收帳款的真實性進行審查

銀行可通過對買方的信用紀錄、經營狀況、所處的行業狀況、與賣方的歷史交易紀錄以及交易習慣，判斷買方的付款意願和付款能力，必要時可進行實地調查，實地考察買方經營狀況和基礎交易相關項目是否真實存在。

2. 審查基礎交易關係的真實性

為避免客戶通過偽造基礎合同或虛開發票，騙取銀行融資，銀行對基礎交易關係單據原件的審查，主要應包括交易合同、增值稅專用發票以及貨運單據三項。（1）對交易合同的審查，包括對合同標的、合同期限、合同標的價格、付款方式、付款條件、是否禁止轉讓以及違約責任等內容，以確保符合保理業務項下基礎合同的要求。（2）對發票真偽與有效性的審查，銀行可通過稅務系統查詢發票在國稅網站中是否可查得，必要時可與買方進行核實，防止出現借款人註銷、作廢發票的情況。同時，銀行在辦理保理業務的過程中，應當避免受理當月開具的增值稅專業發票，防止當事人在開具後的當月對發票進行作廢處理的情形發生。對發票真實性的審查，應當關注發票的買賣雙方名稱是否符合要求，貨物的名稱、數量、金額與基礎合同是否一致，發票與貨運單據是否匹配，以及是否加蓋授信企業的發票專用章。（3）對貨運單據的審查包括：提單、倉單、驗貨單、驗收證明、預付款證明是否真實，已裝運貨物是否確為交易合同和發票所涉及的交易項下的貨物，貨物的運輸方式、包裝以及交付方式是否符合基礎合同的約定，以證明交易合同確已被實際履行。

附：法律文書

上訴人中國銀行股份有限公司南京玄武支行與被上訴人江蘇雨花鋼鐵有限公司合同糾紛一案的民事判決書

南京市中級人民法院民事判決書（2015）甯商終字第1701號

上訴人（原審原告）：中國銀行股份有限公司南京玄武支行。

　住所地：南京市玄武區洪武北路127號。

代表人：張強，該支行行長。

委託代理人：唐迎鶯，北京大成（南京）律師事務所律師。

被上訴人（原審被告）：江蘇雨花鋼鐵有限公司。

　住所地：南京市建鄴區奧體大街69號。

法定代表人：周光明，該公司董事長。

委託代理人：吉星宇，江蘇聖典律師事務所律師。

委託代理人：厲根生，江蘇友誠律師事務所律師。

原審第三人：江蘇長城物資集團有限公司。

　住所地：南京市秦淮區苜蓿園大街118號。

法定代表人：濮錦道，該公司董事長。

委託代理人：徐鵬，江蘇國成律師事務所律師。

上訴人中國銀行股份有限公司南京玄武支行（以下簡稱中國銀行玄武支行）與被上訴人江蘇雨花鋼鐵有限公司（以下簡稱雨鋼公司）、原審第三人江蘇長城物資集團有限公司（以下簡稱長城公司）合同糾紛一案，不服南京市雨花臺區人民法院（2014）雨商初字第376號民事判決，向本院提起上訴。本院於2015年11月19日立案受理，並依法組成合議庭，於2015年12月10日公開開庭進行了審理。上訴人中國銀行玄武支行的委託代理人唐迎鶯，被上訴人雨鋼公司的委託代理人吉星宇、厲根生，原審第三人長城公司的委託代理人徐鵬到庭參加了訴訟。本案現已審理終結。

中國銀行玄武支行一審訴稱：2012年10月17日，長城公司以其向雨鋼公司開具的13張增值稅專用發票（編號為20297633號至20297645）向中國銀行

玄武支行申請辦理國內商業發票貼現業務，金額為1,350萬元。2012年10月19日，中國銀行玄武支行向長城公司發放融資款項，並受讓上述增值稅專用發票項下的應收帳款1,500.64萬元。上述債權轉讓由長城公司以書面方式、中國銀行玄武支行以《應收帳款債權轉讓通知書》形式告知雨鋼公司，雨鋼公司以《應收帳款債權轉讓確認書》的形式確認上述債權轉讓的事實，並承諾於2013年2月17日將上述增值稅專用發票項下1,500.64萬元付至中國銀行玄武支行指定帳戶，但該公司未能按約付款，故請求判令：1. 雨鋼公司立即向中國銀行玄武支行支付增值稅專用發票（20297633號至20297645）項下款項1,500.64萬元；2. 本案訴訟費用由雨鋼公司承擔。

雨鋼公司一審辯稱：中國銀行玄武支行受讓的1,500.64萬元債權根本不存在，雨鋼公司與長城公司無真實貿易往來，案涉13張增值稅專用發票均係作廢發票，雨鋼公司出具《應收帳款債權轉讓確認書》係應中國銀行玄武支行的要求，同時也是根據南京市人民政府辦公廳2012年9月14日第99號《關於江蘇長城物資集團債務處理有關問題的會議紀要》（以下簡稱《會議紀要》）的精神需求，主要是為了解決長城公司貸款問題，故中國銀行玄武支行主張的應收帳款無事實和法律依據，請求依法駁回其訴訟請求。

長城公司一審述稱：2012年5月24日，長城公司與中國銀行玄武支行發生一筆融信達業務，金額為1,350萬元，業務融資編號為TF0713912000505號。2012年6月起，長城公司出現資金困境。同年9月14日，南京市人民政府辦公廳下發《會議紀要》，第二條中載明：「各債權銀行要充分考慮長城物資集團現實困難，盡可能維持對長城物資集團的存量貸款，在今年年底前對到期存量貸款採取展期、續貸等多種方式，以時間換空間，共同幫助企業度過難關。」根據《會議紀要》的精神，2012年9月，上述融信達業務還款期屆滿，面臨繼續發放的問題。在此情況下，長城公司與雨鋼公司簽訂《工業品買賣合同》一份，但該份合同並未實際履行，案涉13張增值稅專用發票均為作廢發票。中國銀行玄武支行已按約發放了貼現款，對長城公司享有債權，長城公司應承擔相應法律責任。

一審法院經審理查明：2012年2月26日，長城公司與中國銀行股份有限公司江蘇省分行（以下簡稱中行江蘇省分行）簽訂《授信業務總協議》以及《國內商業發票貼現協議》各一份，《授信業務總協議》約定：長城公司與

中行江蘇省分行根據《授信業務總協議》敘做貸款、法人帳戶透支、銀行承兌匯票、貿易融資、保函、資金業務及其他授信業務，合作期限自本協議生效之日起至2013年2月16日止；《國內商業發票貼現協議》係上述《授信業務總協議》項下的單項協議，約定長城公司為銷售鋼坯利用中行江蘇省分行提供的商業發票貼現服務，貼現額度有效期至2012年12月31日。

2012年10月17日，長城公司向中行江蘇省分行提交《有追索權國內融信達業務申請書》一份，申請對雨鋼公司開具的13張增值稅專用發票（編號為20297633號至20297645號）進行貼現，貼現金額為1,350萬元，年利率為5.3%，預收利息，到期結息，手續費為0.4654%；中行江蘇省分行保留採取一切必要措施向長城公司追索融資本息的權利，長城公司保證將依據中行江蘇省分行審批的金額、利息，按要求支付相關融資利息及費用，並鄭重聲明若發生上述《國內商業發票貼現協議》提及的情形致使中行江蘇省分行不能按期收回相關款項，中行江蘇省分行有權從長城公司在該分行開戶的帳戶中主動扣款或採取其他措施追償。

2012年10月19日，中行江蘇省分行向長城公司發放貼現款13,202,646元，預收利息234,525元，收取手續費62,829元。上述融資款到期日為2013年2月14日。

中行江蘇省分行出具《授權書》一份，授權中國銀行玄武支行就中行江蘇省分行與長城公司簽訂的《授信業務總協議》及其單項協議項下糾紛向法院提起訴訟或提交仲裁機構裁決。

2012年10月15日，長城公司與雨鋼公司簽訂《工業品買賣合同》一份，約定：雨鋼公司向長城公司購買1,500.64萬元的鋼坯，交付方式為買受人自提，結算方式為在增值稅開票日後四個月內付款。同年10月17日，雨鋼公司向長城公司出具增值稅專用發票13張（編號為20297633號至20297645號）。同日，長城公司與雨鋼公司簽訂《結算單》一份，載明案涉13張增值稅專用發票項下的鋼坯價值為1,500.64萬元。同年10月18日，中國銀行玄武支行向雨鋼公司出具《應收帳款債權轉讓通知書》一份，雨鋼公司於同日向該支行出具《應收帳款債權轉讓確認書》一份。長城公司與雨鋼公司簽訂《工業品買賣合同》後，雙方未實際履行該合同。2015年4月24日，江蘇省南京市雨花臺區公證處出具《公證書》一份，該《公證書》證明，案涉13張增值稅專

用發票在南京市稅務局網站發票開具內容驗證系統中均顯示不存在。

一審法院認為：中行江蘇省分行與長城公司簽訂《授信業務總協議》、《國內商業發票貼現協議》、《有追索權國內融信達業務申請書》後，向長城公司發放貼現款13,202,646元，但貼現期限屆滿後，長城公司未能履行還款義務，已構成違約。現中行江蘇省分行出具《授權書》授權中國銀行玄武支行就中行江蘇省分行與長城公司簽訂的《授信業務總協議》及其單項協議項下糾紛向法院提起訴訟，故中國銀行玄武支行主體適格。案涉13張增值稅專用發票經南京市國家稅務局網站發票開具內容驗證系統查詢，均顯示不存在，結合長城公司的當庭陳述，應認定長城公司與雨鋼公司簽訂的《工業品買賣合同》未實際履行。因長城公司與雨鋼公司之間合同未履行，長城公司對雨鋼公司不享有債權，故中國銀行玄武支行以保理受讓長城公司對雨鋼公司的債權為由，主張雨鋼公司向其支付案涉13張增值稅專用發票項下的鋼坯價款，無事實和法律依據，應不予支援。綜上，依照《中華人民共和國民事訴訟法》第六十五條之規定，一審法院判決：

駁回中國銀行股份有限公司南京玄武支行對江蘇雨花鋼鐵有限公司的訴訟請求。

一審案件受理費111,838元，由中國銀行玄武支行負擔。

中國銀行玄武支行不服一審法院判決，向本院提起上訴，請求撤銷一審判決，改判支持該支行一審訴訟請求，並由雨鋼公司負擔本案一、二審訴訟費用，理由為：一審法院適用法律錯誤。1. 長城公司向中行江蘇省分行申請本案商業發票貼現業務，提供了其與雨鋼公司的買賣合同、結算單、發票以及雨鋼公司確認的《應收帳款債權轉讓通知書》、《應收帳款債權轉讓確認書》，結算單係該兩公司對貨物交付的確認，中行江蘇省分行根據長城公司提供的資料，認為該公司轉讓的債權係確定債權，雨鋼公司予以確認並同意。債權轉讓係合同主體的變更，即中國銀行玄武支行取得案涉《工業品買賣合同》中收取款項的權利，但合同約定的給付貨物的義務並未轉移，如雨鋼公司認為長城公司未履行交付貨物義務，應要求長城公司繼續履行。2. 雨鋼公司對其所稱本案基礎合同的未實際履行存在重大過錯。中行江蘇省分行主要基於雨鋼公司簽署的結算單及《應收帳款債權轉讓確認書》發放了本案貼現款，該公司應承擔其造假行為給中國銀行玄武支行造成的重大損失。3.

如本案基礎合同未實際履行，雨鋼公司與長城公司簽訂買賣合同、開具增值稅發票、結算單的一系列行為說明兩公司合謀騙取貸款，已構成貸款詐騙，應移送公安機關處理。庭審中，中國銀行玄武支行補充上訴意見稱：1. 本案係保理合同糾紛，應適用銀監會《商業銀行保理業務管理暫行辦法》的規定；2. 撤回要求移送公安處理的上訴意見。

　　被上訴人雨鋼公司辯稱：1. 雨鋼公司簽訂《工業品買賣合同》、《結算單》、《應收帳款債權轉讓確認書》的目的係按《會議紀要》的要求，配合中國銀行玄武支行、長城公司通過貸新還舊方式實現對長城公司到期貸款的展期，各方並無真實履行買賣合同、轉讓債權的目的；2. 根據《中國銀行業保理業務規範》（以下簡稱《保理業務規範》）、《商業銀行保理業務管理暫行辦法》（以下簡稱《保理業務管理辦法》）的規定，銀行開展保理業務應當審查基礎交易的真實性，但中行江蘇省分行僅要求雨鋼公司及長城公司出具《結算單》確認貨物已經交付，並未審核交貨單、運輸合同、運輸發票等原始交貨憑證，僅進行了簡單、書面的形式審查，不符合上述規定，能夠證明其明知本案基礎交易未實際發生；3. 長城公司4624612203102帳戶交易明細及該公司的陳述表明，在該公司上一筆1,350萬元貸款到期後，中國銀行玄武支行組織過橋資金償還了該筆貸款，本案1,350萬元貸款發放後立即用於償還上述過橋資金，且該帳戶僅存在一天即被銷戶，由中國銀行玄武支行負責操作，上述交易紀錄充分體現中國銀行玄武支行貸新還舊的目的；4. 《會議紀要》表明，在舊貸未到期前，長城公司資金鏈已斷裂，此時如不發放新貸，該公司無力向雨鋼公司供貨，在此情況下，中國銀行玄武支行卻貸新還舊，證明其明知各方不會亦不能履行基礎合同；5. 本案保理合同關係發生於中國銀行玄武支行及長城公司之間，但從合同相對性及當事人訴訟地位看，本案訴爭的是該支行與雨鋼公司之間基於債權轉讓形成的債權債務關係，故應審查基礎債權及債權轉讓的真實性、合法性。債權真實有效存在是債權轉讓的根本前提，本案基礎交易關係未發生，債權不存在，故中國銀行玄武支行的訴訟請求沒有事實與法律依據。

　　原審第三人長城公司述稱：一審判決認定事實清楚，適用法律正確，應予維持。本案係基於保理合同產生的債權轉讓糾紛，應審查債權轉讓的合法性及基礎合同的履行情況，如存在真實的債權，長城公司應就債權轉讓履行

通知義務，但該公司實際並未履行該義務，故本案係借新還舊，債權轉讓不合法。

各方當事人二審均未提交新證據，並對一審法院查明的事實均無異議，本院依法予以確認。

二審另查明：《國內商業發票貼現協議》第十七條約定，保理商收到買方付款後，有權優先扣除融資本息及相關保理費用，然後將餘額貸記賣方帳戶。

《結算單》載明：「請貴司收到結算單項下貨物，確認貨物品質符合合同要求後蓋章回覆，並按合同規定支付貨款為謝！」雨鋼公司在該結算單下方加蓋公章。《應收帳款債權轉讓通知書》載明：「江蘇雨花鋼鐵有限公司：根據貴司與江蘇長城物資集團有限公司簽訂的第20121015-2號購銷合同，賣方已於日前完成發貨，並將第20297633-20297645號增值稅專用發票項下應收帳款債權轉讓給我行，請確認。」《應收帳款債權轉讓確認書》載明：「我司確認已收到江蘇長城物資集團有限公司為執行第20121015-2號合同下向我司發貨而出具的第20297633-20297645號增值稅專用發票並已收到貨物。茲向貴行確認該增值稅專用發票上所載內容與第20121012-2號合同的要求一致。賣方已按合同要求正常履約，我司確認貨物驗收合格。我司知悉貴行為該發票項下應收帳款債權的合法受讓人，我司保證於2013年2月17日無條件地將本發票項下款項15,006,400元付至貴行指定的帳戶。」

《會議紀要》第二條載明：「各債權銀行要充分考慮長城物資集團現實困難，盡可能維持對長城物資集團的存量貸款，在今年年底前對到期存量貸款採取展期、續貸等多種方式，以時間換空間，共同幫助企業度過難關。長城物資集團要積極配合，想方設法組織資金，按時支付利息。」

2012年9月19日，中國銀行玄武支行向雨鋼公司出具《説明》一份，載明：「1. 如給予長城物資集團有限公司的敞口授信餘額不超過1,350萬元；2. 如長城物資集團上筆1,350萬元的貿易融資款未歸還我行，我行將不予發放2012年9月20日的1,350萬元貿易融資款；3. 我部從貴公司取得的發票複印件、合同、發貨單、應收帳款債權轉讓書用於審批2012年9月20日的貿易融資貸款，如最終審批未通過或者因長城物資未還款導致2012年9月20日的1,350萬元貿易融資款無法發放，我部會將發票複印件、合同、發貨單、應收

帳款債權轉讓書退還貴公司。」同年9月21日，中國銀行玄武支行又向雨鋼公司出具《說明》一份，載明：「目前長城物資向我行申請一筆新的融信達業務，金額1,350萬元，買方仍為貴公司，保險人為中國平安財險公司，帳期保持四個月不變，對於該筆業務，我行依據《會議紀要》的精神及我行融信達業務的相關管理要求，操作原則如下：1. 擬定於2012年9月24日發放的江蘇長城物資集團有限公司的融信達業務金額不超過1,350萬元；2. 2012年5月24日敘作的1,350萬元融信達業務首先全額還款後，我部再發放第二筆融信達款項，屆時2012年5月24日的第一筆融信達業務的債權債務關係自然解除；3. 我部從貴公司取得的鋼坯合同、發貨單、應收帳款債權轉讓書僅用於審批2012年9月24日的融信達業務，如最終因審批未通過等原因致該筆融信達業務無法放款，我部會將鋼坯合同、發貨單、應收帳款債權轉讓書退還貴公司；4. 我部將在平安公司的信用保單到期前全力協調平安保險公司給予長城物資集團2013年2月20日-2014年2月19日的再承保事項。」

　　長城公司462461203102銀行帳戶流水明細記載，2012年10月19日有15筆交易。長城公司二審稱上述交易的相對方其均不認識，該帳戶由中國銀行玄武支行操作。中國銀行玄武支行則稱該帳戶為長城公司帳戶，並非由該支行操作。

　　長城公司二審確認本案13張增值稅發票係其所開具，且開具時係有效發票，但在開具當月進行了作廢處理。經本院至南京市國稅局調查，上述發票於2012年10月份開具當月由長城公司自行合法作廢。

　　中國銀行玄武支行二審陳述：1. 該支行審查本案基礎交易真實性的方式為，核對增值稅發票原件，在稅務部門網站上查詢發票真實性，並向雨鋼公司發送應收帳款債權轉讓通知書及確認書，要求其確認買賣合同、發票及收貨的真實性，且長城公司還提供了雨鋼公司蓋章的確認已發貨、收貨的《結算單》；2. 該支行為長城公司提供的保理服務為發放貼現融資款、採用電話方式進行應收帳款催收。雨鋼公司稱中國銀行玄武支行曾以電話方式告知其正與長城公司協商，並未正式要求雨鋼公司付款。

　　又查明：二審中，長城公司稱該公司在申請案涉業務時，真實意思為取得融資款進行真實鋼坯交易，但因中國銀行玄武支行將融資款直接用於歸還上一筆貸款，導致交易未能進行；雨鋼公司則稱其出具案涉資料係為配合

《會議紀要》，為長城公司貸款取得展期，因當時長城公司已陷入債務危機，無履約能力，且銀行亦不會進行續貸，故雨鋼公司並非出於進行真實鋼坯交易的目的；中國銀行玄武支行稱該支行在辦理案涉融信達業務時，基於對長城公司、雨鋼公司蓋章確認的結算單等資料的信任，認為基礎交易真實存在，對雨鋼公司所稱的貸新還舊、基礎交易虛假均不知情。

　　本案融信達業務使用的為2012年2月26日《授信業務總協議》及《國內商業發票貼現協議》所授融資額度。2012年2月20日，長城公司與中國平安財產保險股份有限公司簽訂保險單及合同條款，購買國內貿易信用險，被保險業務為鋼坯、船板、煤炭、焦炭、礦石的銷售，保險期間為2012年2月20日至2013年2月19日，其中所附的保險額度審批表載明，為交易對方為雨鋼公司授予保額1,500萬元。長城公司、中國銀行江蘇省分行、中國平安財產保險股份有限公司簽訂《平安國內貿易短期信用保險批單》，約定長城公司將賠款受益人權益轉讓給中行江蘇省分行。各方當事人均確認，上述保額可循環使用，且本案融信達業務屬於該保單保險範圍。

　　中國銀行玄武支行二審提交的《中國銀行股份有限公司國內融信達業務管理辦法（2009年版）》、《中國銀行股份有限公司江蘇省分行國內融信達業務實施細則（2010年版）》載明：國內融信達業務，是指我行對已向我行認可的保險公司投保國內信用保險的國內貿易，憑賣方提供的商業單據、投保國內信用保險的有關憑證、賠款轉讓協議等，向賣方提供的資金融通業務；應要求賣方提交貿易合同／訂單、增值稅發票（可後補）、貨運單據及帶有債權轉讓條款的商業發票等並留存複印件，在複印件上註明或加蓋「與原件相符」字樣；各行可根據貿易產品、行業或賣方的實際情況要求賣方提供其他形式的發票、貨單單據及其他相關單據和憑證，以證實和確保貿易的真實性。各方當事人對本案所涉融資業務屬於保理業務均無異議。

　　再查明：中國銀行玄武支行在一審庭審時變更訴訟請求為：判令雨鋼公司支付款項1,500.64萬元，並承擔自2013年2月18日起至欠款付清之日止，以1,500.64萬元為基數的利息損失，按照年利率5.3%計算。

　　以上事實有結算單、應收帳款債權轉讓通知書、應收帳款債權轉讓確認書、會議紀要、說明、帳戶明細、長城公司發票流水明細、《中國銀行股份有限公司國內融信達業務管理辦法（2009年版）》、《中國銀行股份有限公

司江蘇省分行國內融信達業務實施細則（2010年版）》及一、二審筆錄等在卷為憑。

　　經各方當事人確認，二審歸納爭議焦點為：1. 本案法律適用問題；2. 案涉基礎法律關係是否影響中國銀行玄武支行主張本案權利。

　　本院認為：

　　一、中國銀行業協會2010年4月7日公布實施的《保理業務規範》第四條第（二）款規定，保理業務是一項以債權人轉讓其應收帳款為前提，集融資、應收帳款催收、管理及壞帳擔保於一體的綜合性金融服務，債權人將其應收帳款轉讓給銀行，不論是否融資，由銀行向其提供應收帳款催收（銀行根據應收帳款帳期，主動或應債權人要求，採取電話、函件、上門催款直至法律手段等對債務人進行催收）、應收帳款管理、壞帳擔保中的至少一項服務。中國銀行業監督管理委員會2014年4月3日公布施行的《保理業務暫行辦法》第六條第一款規定，保理業務是以債權人轉讓其應收帳款為前提，集應收帳款催收、管理、壞帳擔保及融資於一體的綜合性金融服務，債權人將其應收帳款轉讓給商業銀行，由商業銀行向其提供應收帳款催收、應收帳款管理、壞帳擔保、保理融資（以應收帳款合法、有效轉讓為前提的銀行融資服務）至少一項服務。本案中，長城公司向中國銀行玄武支行轉讓應收帳款，中國銀行玄武支行為長城公司提供商業發票貼現融資，符合上述保理業務特徵，各方當事人對此亦無異議，故本案屬於因保理業務發生的債權轉讓糾紛。因保理合同屬於合同法上的無名合同，參考保理業務的內容及本案爭議，本案應適用合同法等法律規定中關於合同履行、違約責任及債權轉讓的相應規定。因本案業務發生於2012年，故可參考當時的行業規範即《保理業務規範》中的相關規定。

　　二、根據《保理業務規範》第十條第（二）款的規定，商業銀行受理保理融資業務時，對交易背景的真實性負有審查義務。長城公司、雨鋼公司一審均主張本案基礎合同未實際履行，不具有真實交易目的，中國銀行玄武支行稱其已盡到審查義務，長城公司二審稱其在業務辦理之初具有真實交易目的，故本案關鍵在於在案證據能否證明中國銀行玄武支行在辦理本案保理業務時盡到了審查義務，如其已盡到審查義務且基礎交易不真實，是否影響其向雨鋼公司主張本案應收帳款。

　　首先，《中華人民共和國合同法》第八十條第一款規定：「債權人轉讓權利的，應當通知債務人。未經通知，該轉讓對債務人不發生效力。」債權轉讓通知的目的是告知債權已轉讓，使得債權轉讓對債務人發生效力。本案中，中國銀行玄武支行已向雨鋼公司發出債權轉讓通知，雨鋼公司亦通過確認書形式確認其知曉並認可債權轉讓事實，故應認定本案債權已合法轉讓。

　　其次，雨鋼公司一審提交的《會議紀要》等證據不足以證明中國銀行玄武支行明知本案基礎合同係為配合長城公司續貸並明知各方並無債權轉讓的真實意思表示。1. 從《會議紀要》及《說明》的內容看，只能證明相關部門要求相關銀行對長城公司的存量貸款採取展期、續貸等方式說明該公司度過難關，且中國銀行玄武支行係根據該紀要及該支行融信達業務管理要求辦理本案保理業務，不能證明該支行對於雨鋼公司、長城公司所述基礎交易合同虛假係明知；2. 雨鋼公司、長城公司陳述本案1,350萬元到帳後被用於歸還長城公司上筆貸款，故本案貸款係為貸新還舊，但該兩公司未能提交證據證明長城公司462461203102銀行帳戶由中國銀行玄武支行操控，且該帳戶的流水明細亦無法反映兩公司的上述主張。

　　再次，在辦理本案保理業務時，長城公司提交了其與雨鋼公司2012年10月15日蓋章確認的《工業品買賣合同》、其2012年10月17日發給雨鋼公司並由該公司蓋章確認的《結算單》，2012年10月18日，中國銀行玄武支行向雨鋼公司發出《應收帳款債權轉讓通知書》，雨鋼公司於同日在《應收帳款債權轉讓確認書》中加蓋公章，對基礎合同、履行情況、發票及應收帳款債權數額、還款期限等內容進行了確認，並明確其知曉中國銀行玄武支行為發票項下應收帳款債權的合法受讓人，且該公司未能提交相反證據推翻其簽署的上述文件。另外，長城公司亦確認，本案13張發票在其開具後係有效發票，只是在開具後的當月予以作廢，故中國銀行玄武支行在審核本案保理業務時，無從知曉發票的真實效力。綜上，根據現有證據，應認定中國銀行玄武支行已盡到審查義務。

　　第四，我國《合同法》第八十二條規定：「債務人接到債權轉讓通知後，債務人對讓與人的抗辯，可以向受讓人主張。」本案中，雨鋼公司在案涉應收帳款轉讓時，通過在《工業品買賣合同》、《結算單》、《應收帳款債權轉讓確認書》中加蓋公章的形式對基礎合同履行情況及應收帳款信息、

付款期限進行了確認，且本案係保理業務中發生的債權轉讓，保理業務的辦理、保理融資款的發放均與雨鋼公司對基礎交易、應收帳款的確認密切相關，中國銀行玄武支行敘做本案保理業務並發放保理融資款係基於對雨鋼公司接收債權轉讓通知，以及該公司確認應收帳款的信任，雨鋼公司亦未能證明中國銀行玄武支行明知基礎交易不真實仍敘做案涉保理業務、發放融資款項，故該公司以基礎債權不存在為由提出抗辯，不僅有違誠信原則，亦與其前期行為相悖，故不應予以支持，雨鋼公司應承擔繼續履行的違約責任。

　　綜上，案涉應收帳款已合法轉讓，中國銀行玄武支行已對基礎交易關係盡到審查義務，在案證據亦不足以證明該支行在本案保理業務中存在過錯或惡意，故無論基礎交易是否真實，雨鋼公司均應基於債權轉讓法律關係支付1,500.64萬元。《應收帳款債權轉讓確認書》明確付款期限截至2013年2月17日，故中國銀行玄武支行主張雨鋼公司按年利率5.3%自2013年2月18日起至實際給付之日止給付利息損失具有事實及法律依據，應予支援。

　　中國銀行玄武支行的上訴意見於法有據，應予支持。一審法院認定事實基本清楚，但適用法律不當，應予糾正。據此，依據《中華人民共和國合同法》第八條、第六十條、第八十條第一款、第一百零七條，《中華人民共和國民事訴訟法》第六十四條第一款、第一百七十條第一款第（二）項之規定，判決如下：

　　一、撤銷南京市雨花臺區人民法院（2014）雨商初字第376號民事判決及訴訟費負擔部分；

　　二、江蘇雨花鋼鐵有限公司應於本判決生效之日起十日內給付中國銀行股份有限公司南京玄武支行1,500.64萬元及利息（以1,500.64萬元為本金，按年利率5.3%自2013年2月18日起計付至實際給付之日止）。

　　如未按本判決指定的期間履行給付金錢義務的，應當按照《中華人民共和國民事訴訟法》第二百五十三條的規定，加倍支付遲延履行期間的債務利息。

　　一、二審案件受理費各111,838元，合計223,676元，由江蘇雨花鋼鐵有限公司負擔。

　　本判決為終審判決。

審判長　夏　雷

代理審判員　王瑞煊

代理審判員　徐岩岩

二〇一六年一月二十日

書記員　胡　戎

【案例67】 未來應收帳款轉讓的合法性分析

恒生銀行訴TCL公司債權轉讓糾紛案評析

案號：廣東省惠州市中級人民法院（2015）惠中法民二
　　　終字第163號

【摘要】

　　雖然未來應收帳款轉讓具有合法性，但銀行應審慎對待此類業務。本案中恒生銀行承辦的未來應收帳款轉讓業務，因沒有明確告知債務人債權轉讓涉及對應合同的具體內容，導致該轉讓通知對債務人沒有法律約束力。

【基本案情】

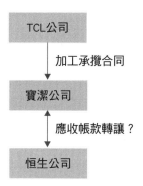

　　2013年4月1日，TCL家用電器（惠州）有限公司（以下簡稱「TCL公司」）與案外人寧波寶潔電器有限公司（以下簡稱「寶潔公司」）簽訂《產品生產加工承攬合同書》，約定由寶潔公司根據TCL公司的要求，生產以「TCL」為品牌名稱的電冰箱產品，合同有效期

自2013年4月1日至2014年3月31日。

2013年5月6日，寶潔公司與恒生銀行上海分行（以下簡稱「恒生銀行」）簽署《國內保理授信函》，約定恒生銀行對寶潔公司的最高授信額為4千8百萬元，並以寶潔公司和恒生銀行的名義起草擬發給核定顧客的轉讓通知，若以一次性通知的方式進行，須取得核定客戶簽署的一次性通知書回執，一次性轉讓通知僅適用於TCL公司。

上述《國內保理授信函》簽訂後，恒生銀行與寶潔公司向TCL公司發出《轉讓通知》，載明：寶潔公司自2013年4月1日至2014年5月15日已經或將要向TCL公司銷售產品，並把在此基礎上簽訂或將要簽訂的相關銷售合同項下全部債權及發票轉讓給恒生銀行，TCL公司應依約將相關款項直接支付至恒生銀行指定的銀行帳戶。2013年5月16日，TCL公司收到上述《轉讓通知》，並出具《回執》，載明：上述債權轉讓通知已知悉，TCL公司保證將所涉銷售合同項下款項付至恒生銀行的指定帳戶。寶潔公司還向恒生銀行出具了三份與TCL公司基於加工承攬關係產生債權的《轉讓函》。

恒生銀行認為，寶潔公司已將其對TCL公司的應收帳款轉讓給恒生銀行，TCL公司也確認債權轉讓事實，故TCL公司應按照《轉讓通知》支付到期帳款。現TCL公司未按指示支付到期的應付帳款，恒生銀行經多次致函催收未果，遂訴至法院，請求判令TCL公司支付到期帳款39,362,813元及相應利息。

【法院判決】

廣東省惠州市惠城區人民法院經審理認為，本案的爭議焦點為，恒生銀行主張的案涉債權有無實際完成轉讓。恒生銀行提交的三份《轉讓函》，對應的是TCL公司與寶潔公司基於加工承攬關係所產生的部分款項，因其不能舉證證明寶潔公司已對該部分債權轉讓向TCL公司履行了通知義務，故恒生銀行認為該部分債權已轉讓的主張

對TCL公司不發生法律效力。從案涉《轉讓通知》來看，寶潔公司向恒生銀行轉讓的是其與TCL公司所有銷售合同項下相關權利及發票，而恒生銀行主張案涉債權轉讓是基於寶潔公司與TCL公司的加工承攬合同產生的，兩者並不同一。如果寶潔公司意圖將加工承攬合同相應債權轉讓給恒生銀行，理應在該《轉讓通知》中明確列舉轉讓債權所根據的基礎合同，以使債務人TCL公司清楚明瞭，而該《轉讓通知》的描述卻為「所有銷售合同」。從本案事實來看，即便是寶潔公司，實際也並未理解到恒生銀行所稱的「所有銷售合同」包括案涉「加工承攬合同」，否則寶潔公司無須再另行向恒生銀行出具《轉讓函》。在未有其他證據予以佐證，且TCL公司對此不予認可的情況下，不足以認定《轉讓通知》中的「所有銷售合同」與案涉「加工承攬合同」同一。綜上，恒生銀行未能舉證證明其主張的案涉加工承攬債權已實際轉讓，故判決駁回恒生銀行的訴訟請求。

宣判後，恒生銀行不服一審判決，提出上訴。廣東省惠州市中級人民法院經審理認為，本案的爭議焦點是，《轉讓通知》所列銷售合同是否已涵蓋TCL公司與寶潔公司簽訂的承攬合同；本案是否存在一次性、概括性的轉讓通知；恒生銀行和寶潔公司是否履行了債權轉讓的通知義務。案涉加工承攬合同在《轉讓通知》送達TCL公司之前已生效並實際履行，TCL公司基於承攬合同的履行，在簽署《轉讓通知》回執之前，分次向寶潔公司支付相應款項，後又分兩次將部分未支付的債權支付到非指定的保理帳戶，恒生銀行沒有提出異議。這說明在《轉讓通知》送達時，恒生銀行和寶潔公司均未告知TCL公司《轉讓通知》所列的銷售合同包涵案涉承攬合同。因恒生銀行未能證明自己或寶潔公司已向TCL公司明示《轉讓通知》為基於履行承攬合同形成的債權，故不能視為《轉讓通知》所列銷售合同已涵蓋案涉承攬合同，故對案涉《轉讓通知》為一次性、概括性的債權轉讓通知的主張不予採納。本案中，恒生銀行認可未就三份《轉讓函》中的債權

轉讓事宜通知過TCL公司，也不能證明寶潔公司曾履行過通知義務，故一審認為案涉《轉讓通知》對TCL公司沒有法律約束力正確。綜上，判決駁回上訴、維持原判。

【法律評析】

本案的爭議焦點為，未來應收帳款轉讓是否合法，以及債權轉讓通知應包括哪些內容。

一、未來應收帳款轉讓的合法性分析

中國銀行業監督管理委員會制定的《商業銀行保理業務管理暫行辦法》第十三條第一、二款規定：「商業銀行不得基於不合法基礎交易合同、寄售合同、未來應收帳款、權屬不清的應收帳款、因票據或其他有價證券而產生的付款請求權等開展保理融資業務。未來應收帳款是指合同項下賣方義務未履行完畢的預期應收帳款。」分析上述條款可知，未來應收帳款，是指商務合同項下債權人義務尚未履行完畢，預期將來可能會發生的應收帳款。而且，《商業銀行保理業務管理暫行辦法》明確禁止轉讓未來應收帳款。

那麼，案涉《國內保理授信函》中關於轉讓所有銷售合同項下的未來應收帳款約定，是否不合法？首先，《商業銀行保理業務管理暫行辦法》的施行（2014年4月10日），晚於本案所開展的保理業務（2013年4月1日），法不溯及既往。其次，根據《最高人民法院關於裁判文書引用法律、法規等規範性法律文件的規定》第六條規定：「對於本規定第三條、第四條、第五條規定之外的規範性文件，根據審理案件的需要，經審查認定為合法有效的，可以做為裁判說理的依據。」《商業銀行保理業務管理暫行辦法》僅為中國銀行業監督管理委員會頒布的部門規章，該類規範性文件只能做為法院裁判說理的依據，並不能做為裁判依據。最後，《中華人民共和國合同法》（以下

簡稱《合同法》）第七十九條規定：「債權人可以將合同的權利全部或者部分轉讓給第三人，但有下列情形之一的除外：（一）根據合同性質不得轉讓；（二）按照當事人約定不得轉讓；（三）依照法律規定不得轉讓。」從上述條款分析，該規定並未提及可以轉讓的合同權利是僅指現存的合同權利，還是也包括未來的合同權利。綜上所述，案涉《國內保理授信函》協議中關於轉讓未來應收帳款的約定並不違法，一審和二審法院亦沒有認定案涉未來應收帳款轉讓違法。

但是，實務中，中國銀監會頒布的《商業銀行保理業務管理暫行辦法》明確規定，商業銀行不得基於未來應收帳款開展保理業務。因此，從風險角度考慮，不建議銀行辦理未來應收帳款保理業務。

二、債權轉讓通知的內容

《合同法》第八十條規定：「債權人轉讓權利的，應當通知債務人。未經通知，該轉讓對債務人不發生效力。債權人轉讓權利的通知不得撤銷，但經受讓人同意的除外。」分析法條可知，法律明確規定將債權轉讓通知債務人，是對債務人發生法律拘束力的要件，債務人即應向債權受讓人償還債務，但並未規定債權轉讓通知應包括哪些具體內容。

結合本案，恒生銀行提供了三份關於轉讓寶潔公司與TCL公司加工承攬合同項下所有債權的《轉讓函》，和關於轉讓寶潔公司與TCL公司所有銷售合同項下全部債權的《轉讓通知》。第一，案涉《轉讓通知》表明寶潔公司向恒生銀行轉讓的是其與TCL公司所有銷售合同項下的所有債權，並且已通知了債務人TCL公司，但該《轉讓通知》並未明確列舉債權轉讓所根據的基礎交易合同，實際上是或者包括恒生銀行主張的案涉「加工承攬合同」；第二，從合同法條款來看，銷售合同（即買賣合同）與加工承攬合同，明顯屬於不同的合同類型；第三，本案中，寶潔公司實際上也不認為恒生銀行主張案涉債權轉讓

所提的「所有銷售合同」包括案涉「加工承攬合同」，否則寶潔公司無須再另行向恒生銀行出具轉讓其與TCL公司基於加工承攬合同所有債權的三份《轉讓函》；第四，TCL公司在簽署《轉讓通知》回執之前，分次向寶潔公司支付已生效履行的加工承攬合同相應款項到非指定的保理帳戶，恒生銀行沒有提出異議。綜上所述，案涉銷售合同和加工承攬合同並不相同，恒生銀行未能舉證證明其或者寶潔公司已明確告知TCL公司：其所做的《轉讓通知》是指涉履行加工承攬合同形成的債權，故一審和二審法院均認定案涉《轉讓通知》對TCL公司沒有法律約束力。

很顯然，本案中，債權受讓人恒生銀行和債務人TCL公司關於案涉債權《轉讓通知》的具體內容，產生了嚴重分歧和爭議，債權轉讓通知內容的重要性由此可見一斑。因此，為了防範債務人抗辯債權轉讓對其不發生法律效力的風險，實務中的債權轉讓通知，一般應包括轉讓債權所基於的基礎交易合同、債權人名稱、債權受讓人名稱、債務履行期限、銀行指定帳戶、債權轉讓協議編號和轉讓日期等具體內容，基礎交易合同還應註明合同類型、合同編號、合同簽訂日期、合同價款和數額等具體內容，以使債務人清楚明瞭、避免存在歧義，切實保障銀行的債權利益。

三、銀行風險啟示

實務中，買賣雙方簽訂的買賣合同可能是年度合約，即合同項下的買賣標的和金額尚不確定，而銀行承作的保理通常是就該年度買賣合同的債權全部轉讓。如果銀行保理協議中，約定將現有的和未來的買賣合同應收帳款一籃子轉讓，僅向債務人（買方）做一次性的一籃子通知，也就是僅發出自某年某月某日至某年某月某日買賣雙方之間的債權全部轉讓給銀行的概括通知，可能會產生應收帳款未實際轉讓的法律風險（本案二審法院即認定恒生銀行關於案涉債權轉讓的一

次性、概括性的通知不存在，案涉加工承攬合同債權未實際轉讓）。從合同法原理來看，未來應收帳款轉讓實際上是附條件的債權轉讓，銀行必須在條件成就，即債權轉讓確定發生時，再次通知債務人（買方）。如果銀行未通知，對於買方而言，其無法判斷債權人（賣方）與銀行對應收帳款轉讓的約定對何筆債權生效，即買方無法知悉未來應收帳款中哪些已轉讓、哪些未轉讓？逐筆通知債務人（買方）的重要性便顯而易見。因此，銀行務必注意在確定發生債權轉讓時，就已轉讓的債權逐筆通知債務人（買方）。

附：法律文書

　　恒生銀行（中國）有限公司上海分行與TCL家用電器（惠州）有限公司債權轉讓合同糾紛二審民事判決書

　　惠州市中級人民法院
　　民事判決書
　　（2015）惠中法民二終字第163號

　　上訴人（原審原告）：恒生銀行（中國）有限公司上海分行。
　　委託代理人：宋思宇、趙菲，北京金杜（深圳）律師事務所律師。
　　被上訴人（原審被告）：TCL家用電器（惠州）有限公司。
　　委託代理人：曹春和、曠小明，廣東偉倫律師事務所律師。

　　上訴人恒生銀行（中國）有限公司上海分行（下稱：恒生銀行）因與被上訴人TCL家用電器（惠州）有限公司（下稱：TCL公司）債權轉讓糾紛一案，不服惠州市惠城區人民法院（2014）惠城法仲民初字第683號民事判決，向本院提起上訴。本院受理後，依法由審判員沈巍擔任審判長，審判員陳金升、代理審判員江瑋組成合議庭，公開開庭進行了審理。上訴人的委託代理人宋思宇、趙菲、被上訴人的委託代理人曹春和、曠小明到庭參加訴

訟。本案現已審理終結。

一審訴辯意見

原告恒生銀行訴稱：1. 被告與寶潔公司簽訂採購合同。2013年5月18日，被告與寧波寶潔電器有限公司（下稱寶潔公司）簽訂《產品生產加工承攬合同書》（下稱承攬合同），約定寶潔公司根據被告要求定牌生產「TCL」牌電冰箱產品，被告向寶潔公司支付貨款。承攬合同簽署以後，寶潔公司依法履行合同。2. 寶潔公司與原告簽署保理協議，寶潔公司將其對被告的應收帳款轉讓予原告。2013年5月6日，原告與寶潔公司簽署《國內保理授信函》及《保理協議—條款和條件》（以下合稱「保理協議」），約定由原告為寶潔公司提供國內保理服務，即寶潔公司將其對被告的應收帳款債權轉讓給原告，原告為寶潔公司提供帳戶管理、預付款融資等金融服務。3. 寶潔公司與原告共同向被告發出轉讓通知。2013年5月16日，按保理協議約定，原告與寶潔公司共同向被告發出《轉讓通知》，告知被告：（1）原告與寶潔公司之間已簽署保理協議；（2）寶潔公司已經將其與被告自2013年4月1日起已簽訂或將簽訂的所有銷售合同項下之相關權利及發票轉讓給原告；（3）通知被告應將已轉讓的銷售合同及發票項下的應付款項支付至指定帳戶。被告在上述《轉讓通知》的回執上落章確認知悉，並承諾將按照轉讓通知要求，將所涉銷售合同項下之款項付至原告指定的帳戶。4. 被告未按指示支付到期帳款。被告的應付帳款分別於2014年2月25日、3月24日、4月20日全部到期，原告多次致函被告，要求被告支付到期應付帳款。綜上，原告認為，寶潔公司已經將其對被告的應收帳款轉讓給原告，被告也確認上述轉讓事實，故被告應當按照《轉讓通知》及附件所載內容向原告支付到期帳款，被告逾期支付的行為已導致原告損失，應當向原告支付其逾期支付到期帳款的利息損失。

訴訟請求：1. 判令被告向原告支付到期帳款人民幣39,362,813元；2. 判令被告向原告支付上述到期帳款自期滿之日起至判決生效之日止的逾期付款利息，暫計算至2014年7月12日共計703,680.36元（按中國人民銀行同期貸款利率計算，其中，19,522,178元自2014年2月26日起開始計算；9,818,294元自2014年3月25日起開始計算；10,023,341元自2014年4月21日起開始計算）；3. 本案受理費及其他訴訟費用由被告承擔。

　　被告TCL公司辯稱：一、保理協議、債權《轉讓通知》及《回執》所指向的債權是未實際產生的銷售合同，並非《產品生產加工承攬合同書》（下稱承攬合同）對應的債權，答辯人TCL公司沒有就承攬合同債務向被答辯人恒生銀行清償的義務。1. 關於相關合同文件簽署的時間點。答辯人TCL公司與案外人寶潔公司簽署承攬合同的時間是2013年3月15日，而非被答辯人訴狀中所稱的2013年5月18日。被答辯人恒生銀行與寶潔公司簽署保理協議的時間是2013年5月6日，答辯人TCL公司簽署《回執》的時間是2013年5月16日，必須指出的是，答辯人在簽收《回執》當日也沒有收到《轉讓通知》。2. 答辯人TCL公司對《轉讓通知》內容的理解更符合實際情況。在明知答辯人TCL公司已與寶潔公司簽署承攬合同的情形下，被答辯人恒生銀行與寶潔公司於2013年5月16日提供的《回執》中未註明承攬合同的名稱，也未註明承攬合同的簽署時間，對債權轉讓條款之前提僅表述為「鑒於寧波寶潔電器有限公司（『供應商』）已經或將要向貴司銷售產品並在此基礎上簽訂或將要簽訂相關的銷售合同」，基於正常的語言表達和法律語言邏輯，應理解為基於該時間點之後答辯人TCL公司與寶潔公司之間可能另行簽訂的一份銷售合同而形成債權轉讓之法律關係，而就已簽署的承攬合同，並不在債權轉讓的範圍內，答辯人TCL公司無須按上述《轉讓通知》約定履行付款義務。3. 被答辯人恒生銀行、寶潔公司在送達《回執》時均未指出基於承攬合同而轉讓債權的情形。經答辯人TCL公司的工作人員核實，《回執》係恒生銀行貿易及應收帳款融資部工作人員馮莫某、寶潔公司總經理餘某某等人於2013年5月16日親自送到答辯人處，但當時並無同時送達《轉讓通知》，二人聲稱該份《回執》係針對將來可能簽署的銷售合同而出具，且通知內容也僅是註明寶潔公司的一個收款帳號，《轉讓通知》會隨後寄到，對答辯人TCL公司履行已有的承攬合同不產生影響，並以此理由讓答辯人工作人員在《回執》上蓋章。4. 被答辯人恒生銀行、寶潔公司以其行為也證實了《轉讓通知》、《回執》並不基於承攬合同而產生。

　　2013年5月16日以後半年左右的時間裡，被答辯人恒生銀行、寶潔公司之間沒有發生貸款關係，而答辯人TCL公司與寶潔公司之間根據承攬合同產生了數十筆交易、付款，寶潔公司均未將上述數十筆交易產生的債權轉讓給被答辯人恒生銀行，也沒有證據能證明被答辯人恒生銀行曾主動要求寶潔公

司履行債權轉讓的義務，這能更進一步讓答辯人TCL公司相信其對簽署《回執》的理解，即就履行承攬合同所產生的債務，並不在被答辯人恒生銀行所稱的債權轉讓範圍內，答辯人TCL公司沒有向被答辯人恒生銀行付款的義務。5. 就格式文本內容的解釋，應採信不利於被答辯人恒生銀行的解釋。《中華人民共和國合同法》第四十一條規定，對格式條款有兩種以上解釋的，應當做出不利於提供格式條款一方的解釋。本案中，上述《回執》、《轉讓通知》均是被答辯人恒生銀行提供的格式文本，因就上述債權內容雙方有不同的解釋，依法應採用對被答辯人恒生銀行不利的解釋，即文本中出現的「銷售合同」不是指答辯人TCL公司已與寶潔公司簽署的承攬合同。6. 答辯人TCL公司對寶潔公司已不負有債務，相反還享有債權。在被答辯人恒生銀行起訴之日，答辯人TCL公司對寶潔公司已不負有債務。在浙江省慈溪市人民法院裁定受理寶潔公司申請重整一案後，答辯人TCL公司已向寶潔公司破產管理人申報了債權44,804,683.89元。因此，本答辯狀中凡涉及寶潔公司對答辯人TCL公司的債權或相近的詞語表達，僅為便於論述的展開，但並不意味著認可答辯人TCL公司仍對寶潔公司負有債務。

二、若被答辯人恒生銀行與寶潔公司之間的債權轉讓係指寶潔公司履行承攬合同而享有的債權，則該轉讓為無效民事行為，對答辯人TCL公司沒有約束力。1. 不確定的未來債權並不是現實的給付請求權，在商業交易中不能轉讓。在被答辯人恒生銀行與寶潔公司簽署保理協議時，即2013年5月6日，承攬合同中對答辯人TCL公司、寶潔公司履行合同的產品數量、價格均無明確約定，寶潔公司是否因此而對答辯人TCL公司享有債權及債權金額均須根據雙方履行合同情形予以確定。因此，其涉及的寶潔公司對答辯人TCL公司債權僅為未來應收帳款，在法理上屬不確定的未來債權。不確定的未來債權不具有必然性，債權是否真實產生，取決於合同雙方對合同的履行情況，所以，不確定的未來債權在本質上只是一種給付請求權的期待權，並不是現實的給付請求權。基於商業交易中債權轉讓的有償性、雙務性等特點，這種不確定的未來債權是不符合債權轉讓的必要條件的，而且，本案中也不存在寶潔公司無償轉讓債權的情形。2. 基於未來應收帳款而約定的債權轉讓為無效民事行為。《商業銀行保理業務管理暫行辦法》第十三條規定：「商業銀行不得基於不合法基礎交易合同、寄售合同、未來應收帳款、權屬不清的應收

帳款、因票據或其他有價證券而產生的付款請求權等開展保理融資業務。」被答辯人恒生銀行與寶潔公司簽署保理協議時，其所約定的寶潔公司享有的對答辯人TCL公司的債權即為未來應收帳款，所以，被答辯人恒生銀行為開展保理融資業務而約定的債權轉讓因違反上述強制性規定而無效。按《中華人民共和國合同法》第五十六條之規定，無效合同自始沒有法律約束力，上述被答辯人恒生銀行與寶潔公司之間的債權轉讓之約定對答辯人TCL公司沒有約束力。

　　三、若被答辯人恒生銀行主張的債權轉讓係指寶潔公司履行承攬合同而享有的債權，被答辯人恒生銀行與寶潔公司也沒有實際履行債權轉讓協議，雙方不存在法律上的債權轉讓關係，相應地，答辯人TCL公司也無須履行《轉讓通知》約定的義務。1. 對比分析答辯人TCL公司付款金額與被答辯人恒生銀行訴求金額之差距，被答辯人恒生銀行與寶潔公司沒有實際履行債權轉讓協議。《轉讓通知》、《回執》中約定的是自2013年4月1日至2014年5月15日期間的債權，據答辯人TCL公司財務人員初步統計，自2013年4月10日起至2014年5月15日，答辯人TCL公司共計向寶潔公司支付貨款155,688,001.54元，而被答辯人恒生銀行訴求金額僅為約3,900萬元，這也足以證明被答辯人恒生銀行與寶潔公司沒有實際履行債權轉讓協議。2. 被答辯人恒生銀行對增值稅發票註明的收款帳號信息及答辯人TCL公司的付款行為從無異議。在答辯人TCL公司收到的寶潔公司開具的增值稅發票中（也包含了被答辯人恒生銀行所收取的發票），發票上寶潔公司的收款帳號、開戶行信息均不同於《轉讓通知》中所註明的帳戶信息。且在答辯人TCL公司向寶潔公司其他銀行帳戶付款過程中，從未收到過被答辯人恒生銀行的異議通知或提醒，也從未收取到被答辯人恒生銀行要求更正增值稅發票上註明的寶潔公司開戶行、帳號信息的通知或提醒。答辯人TCL公司認為，各方認可的增值稅發票為書證，發票上關於寶潔公司的開戶行、帳號信息不同於《轉讓通知》約定之事實，應視為被答辯人恒生銀行、寶潔公司對原約定的變更，即其兩方均未履行《轉讓通知》、《回執》所對應的債權轉讓協議。

　　四、被答辯人恒生銀行已申報其對寶潔公司的借貸債權，也證明了本案不存在涉及答辯人TCL公司的債權轉讓行為。1. 在被答辯人恒生銀行與寶潔公司的借貸合同履行過程中，並無由答辯人TCL公司代寶潔公司履行還款的

約定及行為。自寶潔公司向浙江省慈溪市人民法院申請重整後，答辯人TCL公司工作人員多次與寶潔公司溝通，了解到被答辯人恒生銀行向寶潔公司發放貸款的流程是：（1）寶潔公司將其對指定客戶（包括答辯人TCL公司在內的兩家客戶）債權之部分發票交付給恒生銀行；（2）恒生銀行根據發票金額的一定比例向寶潔公司發放貸款；（3）貸款到期後寶潔公司歸還貸款本息。在上述借貸合同履行過程中，貸款到期後均由寶潔公司自行還本付息或被答辯人恒生銀行自行從寶潔公司在其開立帳戶中劃款，即就借貸合同的簽署、履行，與答辯人TCL公司均沒有法律關係。2. 被答辯人恒生銀行申報的債權中，僅有約2,000萬元係基於寶潔公司向答辯人TCL公司出具的增值稅發票而發放。寶潔公司破產管理人提供的資料還證明了，被答辯人恒生銀行向寶潔公司破產管理人申報了金額為34,674,508.66元的債權，經破產管理人初步審核確認其債權金額為34,491,631.80元。但據答辯人工作人員的了解，上述申報債權金額中，僅有約2,000萬元貸款係基於寶潔公司對答辯人TCL公司債權的發票而發放，其餘約1,300萬元係基於寶潔公司對案外人寧波市慈溪進出口股份有限公司出具的發票而發放。3. 被答辯人恒生銀行申報債權行為也印證了其無支付對價來受讓寶潔公司對答辯人TCL公司的債權。就上述事實分析，被答辯人恒生銀行與寶潔公司之間僅存在金融借貸關係，被答辯人恒生銀行仍享有基於寶潔公司對答辯人、寧波市慈溪進出口股份有限公司債權交付部分發票而發放的金融債權，並未向寶潔公司支付對價而受讓其對答辯人TCL公司、寧波市慈溪進出口股份有限公司的債權，因此，本案中並不存在有效的債權轉讓關係，答辯人TCL公司無須承擔向被答辯人恒生銀行償還債務的義務。

　　五、退一步來説，若存在寶潔公司向恒生銀行轉讓部分債權的事實，寧波寶潔和被答辯人也未向答辯人TCL公司履行債權轉讓通知義務，該債權轉讓對答辯人TCL公司無約束力。1. 本案若存在債權轉讓事實，也僅是承攬合同所對應的部分債權轉讓。在2013年4月25日至2014年4月25日期間，寶潔公司共向答辯人TCL公司開具了至少186張增值稅發票（見答辯人TCL公司提交的第三組證據），而恒生銀行所主張僅為2013年11月25日至2014年1月20日期間寶潔公司開具的39張發票（但又不包含寶潔公司於2013年12月18日開具的編號為00922806號發票，該發票金額為109,724.10元）；相對於

答辯人TCL公司向寶潔公司支付155,688,001.54元之金額來説，恒生銀行訴求受讓金額約3,900萬元若屬實的話，也僅僅是轉讓了一部分債權。2. 若存在部分債權轉讓事實，寶潔公司和被答辯人依法應共同履行通知義務，否則其債權轉讓行為對答辯人TCL公司無約束力。（1）基於未來應收帳款與已確定債權之別，寶潔公司轉讓部分債權的行為是獨立的法律行為，寶潔公司和恒生銀行應履行通知義務。如上所述，《轉讓通知》、《回執》對應的未來應收帳款是不確定的未來債權，其轉讓受到限制，故《轉讓通知》、《回執》對答辯人TCL公司無約束力。而恒生銀行所主張已受讓的相應發票對應的債權是已經形成的確定的債權，是一種現實的請求權，與《轉讓通知》、《回執》對應的債權轉讓是不同的民事行為，也是不同的兩個法律事實。那麼，就該部分已經形成的確定的債權之轉讓行為，寶潔公司和恒生銀行依法應就每次轉讓行為履行通知義務。（2）基於每次轉讓的發票序號、對應金額、時間點之別，寶潔公司和恒生銀行也應就其主張的每次轉讓債權部分共同履行通知義務。如恒生銀行提供的三份《轉讓函》及所附發票構成債權轉讓，每份《轉讓函》及所附發票均應視為獨立的轉讓行為，寶潔公司和恒生銀行依法應分次就擬轉讓發票序號、金額等信息共同履行通知義務，否則該債權轉讓對債務人不具有法律約束力。（3）因寶潔公司和恒生銀行未履行通知義務，故其主張的上述債權轉讓行為對答辯人TCL公司無約束力，答辯人TCL公司對恒生銀行沒有支付款項的義務。綜上所述，結合案件證據資料來看，恒生銀行與寶潔公司沒有就承攬合同的履行簽署債權轉讓協議。退一步來説，若存在基於未來應收款帳而簽署的債權轉讓協議，也是無效民事行為。若恒生銀行與寶潔公司之間存在部分債權轉讓之事實，因轉、受讓雙方未履行通知義務而對答辯人TCL公司無法律約束力。故答辯人TCL公司依法沒有向恒生銀行付款的義務，在此請求人民法院依法駁回其全部訴訟請求。

　　一審查明的事實

　　原審查明：原告恒生銀行提交的《國內保理授信函》顯示，2013年5月6日，案外人寶潔公司做為客戶，餘某三、余某某、餘某二做為擔保人與原告恒生銀行簽署了《國內保理授信函》，函中約定：最高授信額為人民幣肆仟捌佰萬元（RMB48,000,000.00）；授信期限為，除非銀行根據保理協議規定終止或取消授信，或保理協議終止，授信將始終有效；授信形式為非承

諾性授信，除非另有明確約定，本授信函下的授信為非承諾性的，即銀行在授信期限內的任何時候，有權基於市場情況、資金情況、自身業務需要、客戶的履行能力或財務狀況等考慮，拒絕客戶的提款或融資要求，或中止、取消、變更或者終止本授信函下的全部或部分授信，即使本授信函規定的最高授信額度或各授信方式下的分限額尚未被完全提取、使用或超越；對於運營要求，函中顯示，客戶應遵守如下的運營要求：a.……；b.應以客戶和銀行的名義起草擬發給核定顧客的轉讓通知（應按照附件三3-2的格式製作，由客戶簽字及蓋章），並應將上述文件交給銀行發送；該轉讓通知書可以一次性通知的方式進行，或於每一次發生轉讓時提交，若以一次性通知的方式進行，須取得核定客戶簽署的一次性通知書回執（須由核定客戶蓋章及法人或被授權人簽字或蓋章），一次性轉讓通知僅適用於TCL公司；……d.客戶向銀行提交的所有發票必須附有有關運輸單據證明或包含所有銀行要求信息的發票明細單；e.所有轉讓的發票必須包含完整的核定客戶名稱和位址。另外，在函件先決條件部分，雙方還約定：客戶還應已全面履行了下述事項及／或銀行收到以下內容和形式均令銀行滿意的文件：由客戶授權簽字人簽署的應收帳款轉讓合同原件；為證明核定客戶已確認其到期付款義務，在提交單據至銀行時，借款人須一併提交該有核定顧客的公章／收貨章／或其他銀行接受的證明文件，包括但不限於經顧客確認的送貨證明單據、承保情況通知書（如有）、信用限額審批單（如有）、對帳單等文件；銷售合同／訂購單上的信息，包括但不限於貨物描述、單價等，應與增值稅發票上相關的信息一致；銷售合同／訂購單應由客戶與核定顧客簽字及蓋章確認及其他相應事項及條件。

上述《國內保理授信函》簽訂後，被告TCL公司於2013年5月16日收到了寶潔公司與原告恒生銀行向其寄送的轉讓通知，被告TCL公司為此出具的《回執》中載明：「寧波寶潔電器有限公司（供應商）與貴行於2013年5月16日寄送給我司的，關於供應商已將自2013年4月1日至2014年5月15日與我司已經簽訂或將要簽訂的所有銷售合同項下之相關權利及發票轉讓給貴行的轉讓通知已收悉，我司已知曉該等安排並將按照轉讓通知要求，將所涉銷售合同項下之款項付至貴行與供應商於《轉讓通知》中所指定的帳戶。」原告恒生銀行所提交的以寶潔公司名下向被告TCL公司發出的《轉讓通知》中載

明：「我們謹此通知貴司：鑒於寧波寶潔電器有限公司（『供應商』）已經
或將要向貴司銷售產品並在此基礎上簽訂或將要簽訂相關的銷售合同（『銷
售合同』），基於一份和恒生銀行（中國）有限公司上海分行（『銀行』）
簽訂了一份保理協議，根據該保理協議，供應商已將自2013年4月1日起與
貴司已經簽訂或將要簽訂的所有銷售合同項下之相關權利及發票（合稱『經
轉讓的發票』）轉讓給銀行。『銀行』提供銷售帳項管理服務，將大量減輕
供應商的日常記帳工作並使供應商能夠將其資源用於更具效益的用途。實際
上，『銀行』現在成為貴司的債權人，且該等帳戶項下的付款應直接向銀行
做出。當然，該等付款將完全清償貴司的債務。供應商將直接向貴司提供所
有發票原件，但發票付款應按照下列指示付至恒生銀行（中國）有限公司上
海分行指定的帳戶。根據上述內容並為了準確地區分付款，我們將十分感謝
貴司能夠更新貴司的紀錄以確保所有將來的付款將支付至『銀行』指定的下
列地址並在匯款附言中註『保理付款』、供應商的名稱、發票編號：通過銀
行轉帳付至：收款帳戶51×××20（收款人：寧波寶潔電器有限公司；收款
銀行：恒生銀行（中國）有限公司上海分行）。」

　　另查，被告TCL公司與案外人寶潔公司簽訂了生效日期為2013年4月1日
的《產品生產加工承攬合同書》（合同編號為：THBC2013-010），約定：
由乙方（寶潔公司）根據甲方（TCL公司）要求定牌生產「TCL」牌電冰箱
產品，合同的有效期為一年，即自2013年4月1日至2014年3月31日；雙方還
在合同中對產品的型號及規格、產品商標及知識產權、產品的結算價和結算
方式等事項進行了約定。被告TCL公司稱，在上述加工承攬合同履行期間，
其自2013年4月至2014年5月29日共向寶潔公司支付了加工費155,697,381.54
元；為此，TCL公司提交了付款申請單、入帳通知、收款收據、電子承兌匯
票、記帳憑證86張及寶潔公司開具的增值稅專用發票186張。原告稱，被告
提交的上述186張發票中編號為01355465-01362728、06476631-00887363、
01016800-01016835的發票已包含在原告在本案中主張中或已經完成清償。

　　再查，原告恒生銀行為證明寶潔公司已將原告在本案中所主張的債權
轉讓給了原告，提交了寶潔公司與被告TCL公司之間2013年11月份、12
月份、2014年1月份的普通訂單、銷貨對帳單、編號分別為：00887385-
00887395、00922780-00922788、01016800-01016801、00922814-

00922820、01016826-01016835的39張增值稅專用發票及寶潔公司出具的日期分別為2013年12月2日、12月24日、2014年1月20日的三份《轉讓函》及附件，發票中載明的款項總金額為39,362,813元，銷貨單位名稱、開戶行及帳號分別為：寧波電器有限公司、慈溪市新浦鎮西工業區建行逍林支行、33101995141050501290；三份《轉讓函》附件中載有對應的銷售合同號（分別為：BJ201311-01，BJ201312-01，BJ201401-01）及增值稅專用發票號，增值稅專用發票號碼與原告提交的上述增值稅專用發票中的號碼相符。原告未舉證證明上述三份《轉讓函》中所轉讓的債權已向債務人（被告TCL公司）履行了通知義務。對此，原告稱，在其提交的《轉讓通知》中已經對債權轉讓問題履行了概括通知義務，該轉讓通知中所稱銷售合同即為寶潔公司與被告之間所簽訂的《產品生產加工承攬合同書》。被告TCL公司稱，上述三份《轉讓函》中所轉讓的債權均未履行通知義務，其已對該債權向債權人寶潔公司做出了履行；《轉讓通知》所稱的銷售合同跟其與寶潔公司之間簽訂的《產品生產加工承攬合同書》並不相同，另外，被告提交的增值稅專用發票顯示，除原告提交的上述39張增值稅專用發票外，在此期間，寶潔公司還於2013年12月18日向被告開具了號碼為00922806、金額為109,724.10元的增值稅專用發票，原告提交的上述三份《轉讓函》附件所載明的增值稅專用發票號碼中未包含該張發票。

一審裁決結果和理由

原審認為：原、被告雙方在本案中爭議的焦點為：原告所主張的本案債權有無實際完成轉讓的問題。依照《中華人民共和國合同法》第八十條第一款的規定：「債權人轉讓權利的，應當通知債務人。未經通知，該轉讓對債務人不發生效力。」原告所主張的本案受讓債權，為其提交的三份《轉讓函》中對應的被告與案外人寶潔公司基於雙方之間的加工承攬關係於2013年11月、12月、2014年1月進行交易所產生的部分款項（39,362,813元）。對於該部分債權，原告稱，原債權人寶潔公司已向其進行了轉讓，但其未能舉證證明原債權人寶潔公司已對該部分債權的轉讓向債務人TCL公司履行了通知義務，因此，原告所主張的該部分債權的轉讓對債務人被告TCL公司未產生法律效力，原告請求被告向其履行該部分債權中的付款義務，事實依據不足，不應予以支持。

　　原告稱，在其提交的《轉讓通知》中，其與原債權人寶潔公司已向被告TCL公司履行了概括的通知義務。原審法院認為，從該《轉讓通知》中所載明的內容來看，寶潔公司擬向原告轉讓的是2013年4月1日至2014年5月15日期間與被告已經簽訂或將要簽訂的所有銷售合同項下之相關權利及發票，而原告主張的本案債權是基於寶潔公司與被告之間的加工承攬合同產生的，兩者並不同一。原告稱，《轉讓通知》中所載明的銷售合同即為寶潔公司與被告之間所簽訂的加工承攬合同，但從《轉讓通知》發出的時間（2013年5月16日）來看，寶潔公司向被告發出《轉讓通知》時，其與被告之間的加工承攬合同早已生效（生效日期為2013年4月1日），如寶潔公司意將該加工承攬合同中的相應債權轉讓給原告，從常理來看，寶潔公司理應在該《轉讓通知》中將擬轉讓債權所基於的基礎合同予以列明，以使做為債務人的被告TCL公司清楚、明確，而該《轉讓通知》中對於其擬轉讓債權所基於的合同名稱的描述卻為「2013年4月1日至2014年5月15日期間其與被告已經簽訂或將要簽訂的所有銷售合同」；而且，從原告所提交的《國內保理授信函》及三份《轉讓函》等相關證據來看，如《轉讓通知》中的銷售合同跟寶潔公司與被告之間所簽訂的《加工承攬合同》同一，則按照原告與寶潔公司在《國內保理授信函》中的約定，寶潔公司與被告之間基於《加工承攬合同》所發生的所有權利及發票應均屬債權轉讓的範圍，而從本案事實來看，即便是寶潔公司，其實際也並未對「銷售合同」做出如原告所稱的上述理解，否則，對按照原告理解已經一併轉讓了的本案債權，債權人寶潔公司已無須再另行向原告出具《轉讓函》；因此，綜合上述情況來看，在未有其他相應證據予以佐證且被告對此也不予認可的情況下，不足以做出上述《轉讓通知》中所稱的「銷售合同」與本案中的「加工承攬合同」同一的認定。

　　綜上，在原告未能提交充分證據證明其主張的本案債權，寶潔公司已經依法履行了通知義務的情況下，其請求被告向其支付人民幣39,362,813元款項及相應利息，於法無據，不予支援。原審法院依照《中華人民共和國合同法》第八十條第一款、《中華人民共和國民事訴訟法》第一百四十二條的規定，做出如下判決：

　　駁回原告恒生銀行的訴訟請求。

　　本案受理費242,132元，由原告恒生銀行負擔。

二審訴辯意見

上訴人恒生銀行提出上訴，請求撤銷原判，依法改判：1. 判令被上訴人向上訴人支付到期帳款人民幣39,362,813元；2. 判令被上訴人向上訴人支付到期帳款自期滿之日起至判決生效之日止的逾期付款利息，暫計算至2014年7月12日共計703,680.36元（按中國人民銀行同期貸款利率計算，其中，19,522,178元自2014年2月26日起開始計算；9,818,294元自2014年3月25日起開始計算；10,023,341元自2014年4月21日起開始計算）；3. 被上訴人承擔本案全部訴訟費用。

上訴的事實與理由為：本案做為債權轉讓合同糾紛，主要爭議焦點包括：（1）涉案債權是否進行了轉讓？（2）債權轉讓是否通知了債務人？（3）債務人是否已實際付款？而一審法院在上述三項爭議焦點的事實查明及法律適用上均存在明顯錯誤，理由如下：

一、一審法院錯誤認定了《轉讓通知》中所稱「銷售合同」與本案所涉「加工承攬合同」之間的關係及本案所涉的轉讓債權。一審判決在裁決理由部分（第十五頁）註明其認為判斷涉案債權是否進行轉讓須對《轉讓通知》中所稱的「銷售合同」與本案中的「加工承攬合同」是否「同一」進行認定，且其認為上訴人主張的債權是基於「加工承攬合同」而產生的債權。上訴人認為：（1）由於一審法院對《轉讓通知》載明的轉讓債權進行了錯誤的理解，導致其僅從合同名稱的角度討論《轉讓通知》中所稱的「銷售合同」是否就是本案所涉「加工承攬合同」，而沒有實際查明「加工承攬合同」內容，更沒有對《轉讓通知》中所稱的「銷售合同」是否包括本案所涉「加工承攬合同」這一核心事實做出認定；（2）「加工承攬合同」是寶潔公司與被上訴人之間就銷售貼牌冰箱達成的指導協議，該合同並無被上訴人向寶潔公司採購的具體冰箱型號、單價及數量，雙方簽署「加工承攬合同」本身並未實際產生債權債務。寶潔公司與被上訴人係基於被上訴人向寶潔公司發出的具體冰箱採購訂單（PO）才實際發生債權債務關係，並形成本案所涉的轉讓債權。具體如下：

1. 《轉讓通知》並未限定轉讓債權的具體合同名稱，而是將轉讓債權的合同範圍明確為寶潔公司與被上訴人之間基於銷售產品而已經簽訂或將要簽訂的合同。上訴人與寶潔公司共同向被上訴人發出的《轉讓通知》除明確註

明「一次性通知」外，還將「銷售合同」明確為：「鑒於寧波寶潔電器有限
公司（『供應商』）已經或將要向貴司銷售產品並在此基礎上簽訂或將要簽
訂相關的銷售合同（『銷售合同』）。」從其「已經或將要」、「簽訂或將
要簽訂」、「一次性通知」的表述可以看出寶潔公司是將其與被上訴人之間
已經或將要發生的債權概括性地轉讓給了上訴人。對於概括性的債權轉讓，
尤其是轉讓標的還包括未來將要發生的債權，各方均不能已決定或知曉轉讓
債權的具體合同名稱，只能做概括性描述。從「在此基礎上」、「相關的」
的表述可以看出轉讓債權的落腳點在「銷售產品」，即轉讓債權的合同類型
為寶潔公司與被上訴人之間基於銷售產品而已經或將要簽署的合同。對於
「銷售產品」這樣的類型化合同，糾結於合同的具體名稱並無意義，關鍵在
於查明合同的內容，即便就叫「合同」或「協議」亦無妨，只要合同內容和
履行是關於銷售產品的即為轉讓的該類型合同，屬於債權轉讓的標的範圍。
由此可見，做為概括性的債權轉讓，《轉讓通知》並未限定轉讓債權的具體
合同名稱，而是將轉讓債權所涉的合同類型明確為基於銷售產品而已經或將
要簽訂的合同。一審法院不查明涉案債權合同內容而僅憑涉案債權合同名稱
即認定不屬於《轉讓通知》中所稱「銷售合同」範圍明顯與事實相悖。

　　2. 案涉合同雖名為「加工承攬合同」，但實際就是寶潔公司向被上訴
人銷售貼牌電冰箱的銷售產品合同。事實上，除合同首頁名稱使用「產品
生產加工承攬合同書」表述外，寶潔公司與被上訴人在合同正文關於權利
義務的部分，統統採用的是「收購」、「採購」、「銷售」、「訂購」、
「貨款」的表述，舉例來說：（1）第一‧一條：「經雙方友好協商，就乙
方（註：寶潔公司）根據甲方（註：被上訴人）要求定牌生產『TCL』牌電
冰箱，並由甲方負責收購的合作行為達成一致共識……」；（2）第二‧一
條：「根據甲方的採購、生產、檢驗、品質管制等相關要求，為甲方生產並
由甲方進行收購的『TCL』牌電冰箱」；（3）第二‧三條：「如甲方要求
乙方生產本合同規定產品以外的新產品時，可以簽訂《新增收購產品補充協
議》，做為本合同的補充……」；（4）第四條：「合同產品的採購及計畫
銜接」；第四‧一條：「合同產品數量及訂單下達」；第四‧一‧一條：
「……做為甲方次月安排合同產品採購的參考」；（5）第四‧二‧一條：
「最終確定的生產訂單既是甲方的正式收購計畫……乙方必須嚴格按訂單要

求的品種、數量及產品交貨期執行……」；（6）第四‧一‧五條：「甲方有義務按四‧一‧二項發的訂單數量進行收購……」；（7）第四‧五‧五條：「對於甲方未下達訂單而乙方擅自生產的產品，甲方原則上不予驗收入庫，不承擔銷售責任……增補訂單產品的接收按正常訂購的產品接收流程處理」；（8）第五‧八條：「若雙方終止合作，在甲方訂購乙方的最後一批產品出庫的42個月內……」；（9）第六‧二‧七條：「貨款結算採取季結方式……」（註：即便是被上訴人提交的被上訴人付款申請單、入帳通知、收款收據、記帳憑證上也全部註明的是「應付商品款」或「貨款」，即銷售貨物產生的款項）。另外，依據《中華人民共和國增值稅暫行條例》第一條規定：「在中華人民共和國境內銷售貨物或者提供加工、修理修配勞務以及進口貨物的單位和個人，為增值稅的納稅人。」因此，如果案涉「加工承攬合同」真如其名稱所言是加工勞務合同而非銷售合同的話，則被上訴人要求寶潔公司開具的增值稅開票科目應為「加工費」或「勞務費」。但事實上，被上訴人要求寶潔公司開具的所有增值稅發票在「貨物或應稅勞務名稱」一欄均明確為「冰箱」，與普通人去商場購物冰箱所開具的發票是完全一致的。這恰恰說明了被上訴人本身也未將案涉「加工承攬合同」做為加工勞務合同，而是做為銷售貨物合同進行履行。由此可見，案涉合同雖名為「加工承攬合同」，但實際上，無論從合同約定內容還是實際履行上，該合同就是寶潔公司向被上訴人銷售貼牌電冰箱產品的合同，係《轉讓通知》中所稱的「銷售合同」中的一種，屬於寶潔公司已向被上訴人通知的轉讓給上訴人的債權範圍。

3. 涉案債權係寶潔公司基於被上訴人具體採購訂單而形成的銷售債權，涉案債權的實際發生時間在《轉讓通知》之後，屬於《轉讓通知》明確載明轉讓的「將要發生」的債權。一審判決在裁決理由部分（第十五頁）認為上訴人主張的債權基於「加工承攬合同」而產生的債權，該合同已在2013年4月1日生效，寶潔公司按常理應在《轉讓通知》中見擬轉讓債權所基於的基礎合同明確予以列明。上訴人認為：一審判決的上述認定明顯偏離《轉讓通知》內容以及案涉債權的產生基礎。理由如下：首先，如前所述，《轉讓通知》的內容已經明確是債權的概括性轉讓，是類型化合同的債權轉讓而不是具體合同的轉讓，這本身就不須註明合同名稱，一審法院的上述認定明顯與

當事人約定及實際履行不符。其次，案涉「加工承攬合同」是寶潔公司與被上訴人就生產貼牌電冰箱達成的指導性質的主合同（註：案涉合同第一頁已註明「主合同」），該合同內容並不涉及具體的採購電冰箱型號、數量及單價。因此，是要被上訴人向寶潔公司發出具體的採購訂單（PO）且寶潔公司按照採購訂單完成交貨後，寶潔公司與被上訴人之間才實際形成具體的債權債務關係，進而形成可以轉讓的債權標的。因此，在被上訴人尚未發出具體採購訂單的情況下，擬轉讓債權所基於的基礎合同亦尚未明確，也無法載明。最後，上訴人主張的涉案債權所涉的被上訴人採購訂單均發生在被上訴人簽收《轉讓通知》之後，屬於《轉讓通知》中載明的「將要發生」的債權。因此，涉案債權已由寶潔公司轉讓予上訴人且完成了相應的通知。

　　二、一審法院錯誤認定涉案債權的轉讓必須寶潔公司、上訴人再次逐筆通知被上訴人。一審判決在裁決理由部分（第十五頁）認為「即便是寧波寶潔電器有限公司，其實際也並未對『銷售合同』做出如原告所稱的上述理解，否則，對按照原告理解已經一併轉讓了的本案債權，債權人寧波寶潔電器有限公司已無須再另行向原告出具《轉讓函》。」上訴人認為：一審法院通過寶潔公司向上訴人出具《轉讓函》的行為倒推認定寶潔公司、上訴人變更保理協議的履行，亦應當逐筆將債權轉讓通知被上訴人，完全是誤解了本案保理業務模式，混淆了各方承擔的通知義務，利用寶潔公司與被上訴人違約行為歪曲認定做為守約方的上訴人認可並變更了合同的履行。理由如下：

　　1. 《轉讓通知》的內容已明確是概括性轉讓，通知時一次性通知，寶潔公司與上訴人無須逐筆再通知被上訴人。如前所述，《轉讓通知》的內容已明確告知被上訴人，轉讓標的為對「已經或將要發生」的債權進行概括性轉讓，《轉讓通知》明確註明為「一次性通知」且註明轉讓債權所涉合同的起始日期為「2013年4月1日」。因此，寶潔公司與上訴人通過《轉讓通知》已明確告知被上訴人：寶潔公司已經將已發生或未來將發生的對被上訴人享有的債權一次性轉讓給了上訴人，上訴人通過一次性通知的方式告知被上訴人所有債務的付款必須匯付至《轉讓通知》載明的指定銀行帳戶，無須再逐筆通知被上訴人。

　　2. 逐筆通知僅是寶潔公司對上訴人承擔的義務，並不針對被上訴人。由於是對「已經或將要發生」的概括性債權進行保理，上訴人在寶潔公司簽

署保理協議時實際不知曉，也無義務知曉「加工承攬合同」，且涉案債權所涉被上訴人採購訂單均發生在被上訴人簽收《轉讓通知》之後，屬於《轉讓通知》中載明的「將要發生」的債權。對於尚未發生的債權，上訴人做為保理銀行，無論在客觀上，還是依據保理協議約定，均無法、也無義務了解寶潔公司與被上訴人是否實際發生了債權債務關係，而只能依賴於寶潔公司主動通知上訴人其已與被上訴人實際發生銷售行為並相應享有了債權。而提供《轉讓函》及相應的發票、收貨憑證等即視為寶潔公司應當向上訴人履行的通知方式。因此，對被上訴人而言，在收到寶潔公司、上訴人寄送的《轉讓通知》後，無論寶潔公司是否已實際通知上訴人，被上訴人均應當依法、依約將全部貨款支付至《轉讓通知》載明帳戶。逐筆通知只是寶潔公司做為融資方對上訴人承擔的義務，該項義務並不針對被上訴人，更加不是已通過《轉讓通知》，一次性履行完通知義務的上訴人對被上訴人再額外承擔的通知義務。

3. 不能用寶潔公司、被上訴人的違約行為來認定做為守約方的上訴人同意變更了債權轉讓的通知方式。本案中，被上訴人主張《轉讓通知》做出前後，被上訴人與寶潔公司之間共產生了1.5億元的貨款支付，但寶潔公司並未全部向上訴人融資，證明各方實際變更了《轉讓通知》中債權全部轉讓的履行。事實上，對從2013年4月1日起至寶潔公司首筆融資發生前被上訴人與寶潔公司之間發生的案涉債權之外的銷售行為，是寶潔公司違約未通知上訴人，造成上訴人對於上述債權的發生並不知情。同時，也更是被上訴人違反《轉讓通知》要求，未將相應貨款支付至指定帳戶。因此，上訴人做為守約方並未同意對債權轉讓的通知方式進行變更，一審法院完全是錯誤地將寶潔公司、被上訴人的違約行為做為認定守約方（上訴人）意思表示的依據，這毫無疑問是荒謬的。

三、一審法院嚴重遺漏被上訴人未能舉證證明其已支付39張發票貨款的事實，被上訴人應承擔舉證不能的法律責任，履行還款義務。根據被上訴人與寶潔公司簽訂的主協議《產品加工承攬合同》約定：雙方之間的購貨流程是，被上訴人下訂單→寶潔公司發貨、收貨→雙方簽署《銷貨對帳單》→寶潔公司開具發票→被上訴人付款。《產品加工承攬合同》約定按季度結算，帳期90天。被上訴人提交的唯一與其訂單、對帳單相符的付款憑證是

寶潔公司轉讓予上訴人的另外45筆發票款項。寶潔公司與上訴人發生保理業務項下應收帳款的債權轉讓，自2013年9月開始至2014年1月結束，寶潔公司向上訴人申請保理融資的共計有84張增值稅專用發票，對應六張《銷貨對帳單》、11張《訂單》，總金額超過7,900萬元。而被上訴人於2013年1月25日、11月26日、12月25日和2014年1月23日分四筆向上訴人指定帳戶付款39,690,663元，完全對應寶潔公司已向上訴人轉讓的45張發票及八張《訂單》、《銷貨對帳單》項下的應收帳款，數額分毫不差。可見，被上訴人是嚴格按照合同與通知的約定和要求，根據《訂單》、《銷貨對帳單》和增值稅專用發票支付貨款，按季度結算。然而，對於上訴人主張的39張發票項下拖欠款項：1. 被上訴人已提供的唯一向上訴人付款的，並與單據相符的證據十七支付另45張發票的貨款憑證；2. 被上訴人提交的100多張發票既包括已轉給恒生的84張也包括很多其他交易，並且，與被上訴人提供的向寶潔公司付款的單據金額嚴重不符；3. 被上訴人提交的其自行製作的一覽表，名目混亂，沒有一筆金額能與對帳單相符，更完全與《產品加工承攬合同》、增值稅專用發票及其自身的交易慣例不相符。顯而易見，被上訴人只是在答辯狀中將名目不同的幾筆款項任意相加，挑時間相近的拼湊在一起解釋為支付39筆貨款，但從證據名稱、證據內容上完全看不出任何對應、關聯和邏輯，毫無證明力。因此，本案中被上訴人自始至終沒有舉證證明其已向寶潔公司或上訴人指定帳戶支付39張發票項下的貨款，應承擔舉證不能的法律責任，仍應當履行付款義務。

　　綜上所述，上訴人與寶潔公司簽訂《保理協議》開展保理業務，寶潔公司轉讓應收帳款並申請融資，本案債權轉讓已完成並合法有效。上訴人與寶潔公司共同向被上訴人出具《轉讓通知》，概括性通知債權轉讓，被上訴人簽收回執，並根據寶潔公司通知向上訴人指定帳戶支付貨款。顯然，被上訴人完全知悉債權已轉讓的事實，債權轉讓對被上訴人具有法律約束力，被上訴人應向上訴人支付所有與寶潔公司之間應付帳款。寶潔公司和被上訴人另行支付應收帳款已構成對上訴人的嚴重違約。被上訴人提交的發票、付款單據與《訂單》、《銷貨對帳單》和增值稅發票嚴重不符，且不具備關聯性，根本未能舉證證明曾經支付過本案上訴人主張的39張發票項下貨款，應承擔舉證不能的法律後果，繼續向上訴人履行付款義務。一審判決遺漏重大事

實，上訴人特請求二審法院就本案事實依法查明，對一審判決錯誤的地方予以糾正並依法改判。

被上訴人TCL公司答辯稱：一、從合同文件形成時間來看，《轉讓通知》、《回執》註明的「銷售合同」不是指向之前已簽訂的《產品生產加工承攬合同書》（下稱《承攬合同》）。《承攬合同》簽訂於2013年3月15日，《轉讓通知》、《回執》形成於兩個月之後的2013年5月16日，且在《承攬合同》簽訂的2013年3月份，答辯人TCL公司即已同時向寶潔公司發出2013年4月份的生產訂單，即至2013年5月16日，基於《承攬合同》的履行，已形成寶潔公司對答辯人TCL公司的債權。做為專業的金融機構，在明知寶潔公司兩個月前就已與答辯人TCL公司簽署《承攬合同》並已實際取得債權的情形下，恒生銀行與寶潔公司此後提供的《回執》、《轉讓通知》中沒有註明《承攬合同》的名稱、簽署時間，足以證明《回執》、《轉讓通知》中約定的「銷售合同」不是指向之前已簽署的《承攬合同》。

二、結合法律及相關規範的規定，承攬合同與銷售合同是兩種不同的法律關係，不具有同一性，也沒有包含與被包含的關係。1. 承攬合同不是銷售合同。銷售合同通指買賣合同，買賣合同是《中華人民共和國合同法》第一百三十條規定的合同種類，承攬合同是合同法第二百五十一條規定的合同種類，故銷售合同與承攬合同是不同的兩類合同，在合同主體權利義務的約定上有諸多區別，兩者之間也沒有交叉關係，更沒有包含與被包含的關係。2. 《中國銀行業保理業務規範》關於銷售債權的定義不包括承攬加工服務形成的債權。《中國銀行業保理業務規範》第四條第（一）項第1款所規定的「銷售產生的債權」中，列舉了「包括銷售貨物，供應水、電、氣、暖、知識產權的許可使用等」，也不包括提供承攬加工合同服務產生的債權。按該條其他條款的規定，承攬加工合同債權應屬於第3款「提供服務產生的債權」或第5款「其他」債權。3. 《回執》、《轉讓通知》約定的銷售合同，應理解為TCL公司與寶潔公司此後可能簽署的銷售合同。《回執》、《轉讓通知》中對債權轉讓條款之前提表述為「鑒於寧波寶潔電器有限公司（『供應商』）已經或將要向貴司銷售產品並在此基礎上簽訂或將要簽訂相關的銷售合同（『銷售合同』）」，基於正常的語言理解和法律語言邏輯，應理解為基於該時間點之後答辯人TCL公司與寶潔公司之間可能另行簽訂的一份銷

售合同，而已簽署的《承攬合同》，並不在債權轉讓的範圍內。

　　三、簽署《回執》時，基於履行《承攬合同》的債權尚是不確定的未來應收帳款，依照法律法規之規定不能轉讓。2013年5月16日，《承攬合同》中對答辯人TCL公司、寶潔公司此後履行合同的產品數量、價格均無明確約定，寶潔公司對答辯人TCL公司享有債權金額均須根據雙方履行合同情形予以確定。因此，其涉及的寶潔公司對TCL公司債權僅為未來應收帳款，在法理上屬不確定的未來債權。《商業銀行保理業務管理暫行辦法》第十三條規定：「商業銀行不得基於不合法基礎交易合同、寄售合同、未來應收帳款、權屬不清的應收帳款、因票據或其他有價證券而產生的付款請求權等開展保理融資業務。」所以，答辯人TCL公司簽署《回執》即2013年5月16日，寶潔公司基於履行的《承攬合同》的未來債權依法不能轉讓。

　　四、寶潔公司的債權總額高達1.55億元，對比被答辯人訴求3,936萬元金額，足以證明寶潔公司沒有向被答辯人恒生銀行轉讓過其對答辯人TCL公司的債權。答辯人提供的證據證明了，寶潔公司基於履行《承攬合同》而形成了對答辯人TCL公司高達1.55億元的債權總額，在扣除相應的售後、維修等費用後，寶潔公司仍享有近1.52億元的債權。本案中，答辯人從沒有向恒生銀行支付過款項，但被答辯人訴求金額僅為其中約3,936萬元，這恰好說明了，寶潔公司沒有向恒生銀行轉讓基於履行《承攬合同》所形成的債權，否則，恒生銀行要求的就不是區區3,936萬元，而應該是近1.52億元的債權。

　　五、基於發票交付主體、寶潔公司收取3,936萬元款項及被答辯人未審查承攬合同約定的付款方式等事實，也證明了寶潔公司沒有向恒生銀行轉讓過其對TCL公司的債權。1. TCL公司收取到的186張增值稅發票都是由寶潔公司交付，上面註明的收款帳號都不是恒生銀行主張的保理帳號，這也證明寶潔公司沒有轉讓債權。《中國銀行業保理業務規範》第六條第3款規定：「公開型保理應將應收帳款轉讓的事實通知債務人，通知方式包括但不限於：向債務人提交銀行規定格式的通知書，在發票上加註銀行規定格式的轉讓條款。」而本案中，答辯人收到的186張增值稅發票（也包含了恒生銀行所主張的39張發票）均是寶潔公司直接交付；發票上寶潔公司的收款帳號、開戶行信息均不同於《轉讓通知》中所註明的保理帳戶信息，所有發票上也都沒有註明債權轉讓條款之內容。而且，從法律關係上分析，發票本身是重

要的債權憑證，誰持有發票即為債權人，恒生銀行從無向答辯人TCL公司交付過增值稅發票，也從沒有對發票上註明的相關收款帳號信息提出異議，依法應視為寶潔公司沒有將票據相關的債權轉讓給恒生銀行。2. 即使是恒生銀行主張的39張發票金額，寶潔公司也沒有轉讓。就恒生銀行主張的39張發票金額，寶潔公司從無告知TCL公司曾向恒生銀行轉讓過該部分債權，且上述款項均由寶潔公司自行收取（此事實在下文中詳細論述）。這就說明，就該39張發票金額的債權，寶潔公司也沒有向恒生銀行轉讓過。3. 對比分析《承攬合同》約定付款期限與《轉讓函》、《債務附件》註明的付款期限之別，說明恒生銀行自身也認為不存在基於履行《承攬合同》的債權轉讓。《承攬合同》第六・二・七款、第六・二・八款約定，答辯人TCL公司應在寶潔公司開具發票後一個月內即以商業承兌匯票方式付款（零星付款則銀行轉帳支付），並沒有寶潔公司在《轉讓函》、《債務附件》中所陳述的發票開具三個月到期後才付款之約定。本案若存在基於《承攬合同》的債權轉讓，恒生銀行做為專業的金融機構，沒理由不對《承攬合同》約定的付款方式進行審查，並按約定付款期限及時向債務人主張權利。而本案中恒生銀行對《承攬合同》付款約定條款不予審查的行為，恰好證明了其自身也認為不存在基於履行《承攬合同》的債權轉讓。

六、2013年10月25日至2014月1月23日期間，答辯人TCL公司分四次向寶潔公司在恒生銀行處所開立帳戶支付的39,690,663元，也不是寶潔公司向恒生銀行轉讓的債權。1. 恒生銀行沒有相應的證據來證明其已受讓該四筆債權。對於該四筆款項，TCL公司仍是向寶潔公司帳戶付款，收款人是寶潔公司。恒生銀行提供的三份《轉讓函》證明了：寶潔公司若向恒生銀行轉讓其對答辯人TCL公司的債權，會向其出具《轉讓函》，並附上轉讓債權對應的銷售合同編號、增值稅發票編號、金額及付款日期等內容。但恒生銀行至今沒有就上述39,690,663.00元款項提供過任何轉讓函或發票原件等證據。2. 若恒生銀行已受讓該四筆債權，那麼其已不存在對寶潔公司的債權，這又與其申報債權的行為相矛盾。按《商業銀行保理業務管理暫行辦法》第六條規定，保理業務是以債權人轉讓其應收帳款為前提，集應收帳款催收、管理、壞帳擔保及融資於一體的綜合性金融服務。債權人將其應收帳款轉讓給商業銀行，由商業銀行向其提供應收帳款催收、應收帳款管理、壞帳擔保、保理

融資等服務中的一種，即為保理業務。本案中，如恒生銀行的主張，其向寶潔公司提供了保理融資服務，即寶潔公司向其轉讓應收帳款，恒生銀行根據受讓債權的一定比例向寶潔公司發放貸款，並監控保理專戶資金進出情況，確保債務人支付的應收帳款資金首先用於歸還銀行融資。本案中，對比恒生銀行在一審中提供的《情況說明》及TCL公司提供的證據九，可以證明如下事實：（1）恒生銀行共計向寶潔公司發放融資款34,536,189.87元；（2）在2013年9月至2014年1月期間，答辯人TCL公司已向寶潔公司在恒生銀行處所開立帳戶支付了四筆款項共計39,690,663元，該金額比恒生銀行向寶潔公司發放的融資款本金還多出了5,154,473.13元。以上事實說明，若恒生銀行已受讓該四筆債權39,690,663元，也就證明寶潔公司在2014年1月份就已還清了恒生銀行發放的所有融資款及利息，寶潔公司不再對恒生銀行負有債務。但恒生銀行又在2014年9月份向寶潔公司破產管理人申報了34,674,508.66元的債權，經破產管理人初步審核確認其債權金額為34,491,631.80元。恒生銀行申報債權的事實證明了其沒有受讓上述39,690,663.00元款項，答辯人TCL公司向該帳戶付款的行為仍是向寶潔公司付款，只是寶潔公司變更了收款帳戶而已，不能視為答辯人TCL公司曾向恒生銀行履行過付款義務。

　　七、本案證據證實，就恒生銀行主張的39張發票之款項，答辯人TCL公司在2014年2月份就已全部支付完畢。恒生銀行主張的39張發票於2013年11月25日、30日，2013年12月24日、2014年1月20日分四次開具，發票總金額39,362,812.9元，經答辯人TCL公司審核後的入帳金額為38,398,451.9元，存在差異的原因有兩點：（1）按《產品服務協議書》第二‧一款約定，答辯人TCL公司在付款時扣除1.5%的售後費用；（2）在《承攬合同》履行過程中，答辯人TCL公司扣除《產品服務協議書》第二‧三款、三‧六款、三‧十二款、三‧十三款、五‧一款、六‧二款、六‧三款所約定的品質事故賠償、返廠機器運輸費、囤貨折扣、春晚贊助、會議費用等款項。一審中，答辯人已提供了付款申請單、收款收據，TCL集團財務有限公司出具的入帳通知、電子承兌匯票等證據，證實了答辯人早在2014年2月底就已全部付清恒生銀行所主張的39張發票對應款項。需要說明的是，TCL集團財務有限公司是經中國銀行業監督管理委員會批准設立（銀監複〔2006〕284號）的金融機構，其出具的證據資料具有等同於其他銀行金融機構的法律效力。鑒於恒

生銀行對此提出質疑，我們又在二審中提交了相關銀行金融機構的付款流水、轉帳憑證、銀行貼現紀錄及憑證，證實了就履行《承攬合同》，自2013年4月2日至2013年4月29日，答辯人TCL公司以銀行轉帳、開具商業承兌匯票的方式向寶潔公司實際支付151,903,675.13元的事實，且在2014年2月底，答辯人TCL公司就已全部付清恒生銀行所主張的39張發票對應款項。

八、三份《轉讓函》的存在，也證明了本案不存在恒生銀行主張的一次性、概括性的轉讓通知。若寶潔公司給予履行《承攬合同》而向恒生銀行轉讓過債務，因無履行通知義務而對答辯人TCL公司無效。1. 本案不存在一次性的、概括性的轉讓通知。三份《轉讓函》附件所註明的銷售合同編號、日期，分別對應答辯人TCL公司履行合同過程中發出的2013年11月、12月和2014年1月份的訂單，這也恰好證明了寶潔公司沒有基於履行《承攬合同》所形成的債權進行過轉讓。若存在轉讓債權事實，也僅僅是轉讓過基於相應月份訂單所形成的一部分債權，而這一點在《轉讓通知》、《回執》中沒有得到體現，所以，不存在恒生銀行所主張的一次性的、概括性的轉讓通知。2. 若存在基於履行《承攬合同》的債權轉讓，因寶潔公司及恒生銀行沒有履行通知義務而對答辯人無法律效力。《中華人民共和國合同法》第八十條第一款規定：「債權人轉讓權利的，應當通知債務人。未經通知，該轉讓對債務人不發生效力。」本案中，恒生銀行沒有提供相應證據證實寶潔公司或其自身曾就三份《轉讓函》所列債權轉讓事實履行過通知義務；寶潔公司收取該部分債權款項的行為不僅證明了其沒有通知答辯人TCL公司，還證明了其做為債權人也不認為存在債權轉讓的事實。因此，若存在基於履行《承攬合同》的債權轉讓，因寶潔公司及恒生銀行沒有履行通知義務而對答辯人無法律效力。

綜上，本案不存在基於履行《承攬合同》轉讓債權的事實，就恒生銀行主張的39張發票金額，答辯人TCL公司早在2014年2月底前已全部支付給寶潔公司。恒生銀行的上訴理由與事實不符，請依法駁回其上訴請求。

二審查明的事實

本院查明：原審查明的基本事實屬實，本院予以確認。

另查明，上訴人恒生銀行提交的三份《轉讓函》及其附件所列發票數量為36張發票，由寶潔公司分別在2013年10月開具7張、2013年11月開具20

張、2013年12月開具九張，發票總金額33,897,832元，其中2013年10月開具的七張發票總金額為4,666,084元，上訴人恒生銀行認可被上訴人TCL公司已向保理帳戶支付該七張發票款項。上訴人恒生銀行訴求39,362,813元所列39張發票中，包括了寶潔公司於2013年11月開具的20張、2013年12月9張、2014年1月10張發票，但2014年1月所開具的10張發票並沒有列入《轉讓函》及其附件中。因此，涉案債權並不包括2014年1月份的10張發票金額，僅為2013年11月、12月所開具的29張發票，總金額29,231,748元。

二審期間，上訴人恒生銀行提交以下證據：1.《TCL白家電2013年7月普通訂單》、《TCL白家電2013年7月調控訂單》、《寶潔公司電器有限公司2013年7月份銷貨對帳單》、《寧波增值稅專用發票》15張；2.《TCL白家電2013年8月普通訂單》、《TCL白家電2013年8月調控訂單》、《寶潔公司電器有限公司2013年8月份銷貨對帳單》、《寧波增值稅專用發票》11張；3.《TCL白家電2013年9月普通訂單》、《TCL白家電2013年9月調控訂單》、《寶潔公司電器有限公司2013年9月份銷貨對帳單》、《寧波增值稅專用發票》12張；4.《TCL白家電2013年10月普通訂單》、《TCL白家電2013年10月調控訂單》、《寶潔公司電器有限公司2013年10月份銷貨對帳單》、《寧波增值稅專用發票》七張。予以證明：被上訴人履行了前三筆（四張訂單）應收帳款（45張發票）的給付義務，且該四張訂單對應的銷貨對帳單、發票中的金額與被上訴人支付的金額分毫不差，足以證明被上訴人知曉債權轉讓內容，並按約定向上訴人指定銀行帳戶付款；訂單、銷貨對帳單中出現多次「訂單」、「銷貨」等表述說明無論從合同約定還是實際履行上，該合同就是寶潔公司向被上訴人銷售貼牌電冰箱產品的合同。5.《逾期應收帳款跟催》（2014年3月17日）；6. 通知信件（2014年3月21日）；7.《逾期應收帳款跟催》（2014年4月1日）；8.《逾期帳款應收帳款跟催》（2014年4月15日）；9.《律師函》（致TCL公司）。予以證明上訴人對未收應收帳款進行了催收並發送了正式的《律師函》。

二審期間，被上訴人TCL公司提交以下證據：1. 付款一覽表；2. 建設銀行付款流水；3. 工商銀行特種轉帳憑證；4. 工商銀行付款流水、貼現紀錄、貼現憑證；5. 工商銀行貼現紀錄、貼現憑證。予以證明：為履行《產品生產加工承攬合同書》，自2013年4月2日至2014年4月29日，被上訴人TCL公

司以銀行轉帳、開具商業承兌匯票的方式向寶潔公司支付了151,903,675.13元。6.《產品服務協議書》，予以證明TCL公司每次付款時已扣除《產品服務協議書》第二‧一款約定的1.5%售後費用2,335,320.02元，並扣除其他協議條款所約定的品質事故賠償、返廠機器運輸費、囤貨折扣、春晚贊助、會議費用等1,449,006.39元；實付款總額加上扣除款項，總額為155,688,001.54元。

被上訴人TCL公司對上訴人提供的證據質證意見如下：對於證據1、2、3、4的真實性、合法性沒有異議，關聯性有異議。上述付款均是按照寶潔公司的指令付款至上述帳戶，對於被上訴人而言，這同樣是寶潔公司的銀行帳戶，收款人仍是寶潔公司，並不能以此證明被上訴人TCL公司應將涉案債權款項支付給上訴人。對於證據5、6、7、8、9，因為被上訴人TCL公司沒有收到上述文件，不予認可；而且，即使是有收到，這也是在被上訴人已將涉案債權款項支付給寶潔公司以後的事情了。

上訴人恒生銀行對被上訴人提供的證據質證意見如下：證據1係其自行製作，與每月的銷貨對帳單、發票金額不符，不能反映出與本案39張發票的關聯性；對證據2、3、4、5的真實性和合法性沒有異議，對其關聯性有異議，每一筆款項都與當月的銷貨對帳單、發票金額不符；對證據6的真實性、合法性、關聯性沒有異議，但該證據中很多條款中有「銷售」、「貨款」等字樣，恰好證明了《承攬合同》其實質就是銷售合同的類型。

經庭審質證，本院審查各方的證據認為：對於上訴人恒生銀行提交的證據1、2、3，係針對2013年7、8、9三個月份的付款，在上訴人恒生銀行未能提供證據證明其已受讓該三筆債權且又向寶潔公司破產管理人申報債權的情形下，不能體現出與本案債權的關聯性；對於證據5、6、7、8、9，因被上訴人TCL公司否認收到，上訴人恒生銀行也未能提供其他證據予以證實曾以合理的方式送達給被上訴人，故本院對其證明力不予確認。上訴人提供的證據4，七張發票編號、金額與上訴人提供的2013年10月《轉讓函》及附件所列發票編號、金額一致，說明被上訴人TCL公司已履行支付2013年10月份貨款的義務，本院予以採信。

對於被上訴人TCL公司提供的證據，上訴人恒生銀行認可證據2、3、4、5、6的真實性、合法性，該五組證據與證據1能夠相互印證，且上訴人、

被上訴人雙方均確認除履行《承攬合同》外，同期被上訴人TCL公司與寶潔公司之間並無其他交易關係，故本院確認上述證據的證明力。

二審裁判結果和理由

本院認為：本案是債權轉讓糾紛，根據雙方當事人的上訴和答辯意見，本案爭議焦點是：《轉讓通知》所列銷售合同是否已覆蓋被上訴人與寶潔公司簽訂的承攬合同；本案是否存在一次性、概括性的轉讓通知；本案上訴人恒生銀行和案外人寶潔公司是否履行了債權轉讓的通知義務；被上訴人TCL公司是否已就本案29張發票的債權向寶潔公司付款。具體評析如下：

關於《轉讓通知》所列銷售合同是否已覆蓋承攬合同的問題。經查，承攬合同在《轉讓通知》送達被上訴人TCL公司之前已簽署生效，也已經實際履行，若《轉讓通知》所列銷售合同覆蓋承攬合同，理應明確註明承攬合同的合同名稱、合同號、簽訂日期等具體內容，不能存在歧義。被上訴人TCL公司在2013年4月2日、4月25日和5月3日分次向寶潔公司支付15,279,047.84元，即在2013年5月16日被上訴人簽署《轉讓通知》回執之前，基於《承攬合同》的履行，寶潔公司已實際享有對被上訴人TCL公司的債權，且已形成尚未支付的債權7,547,032.52元。此後，被上訴人TCL公司在2013年5月17日、2013年5月21日分兩次將該筆債權支付到非保理帳戶，而上訴人沒有提出異議。説明在送達《轉讓通知》的時候，上訴人恒生銀行、寶潔公司均未告知被上訴人TCL公司《轉讓通知》所列銷售合同對應本案承攬合同。而且，銷售合同不是《中華人民共和國合同法》所規定的合同類型，若無特別説明，一般理解為買賣合同，而買賣合同與承攬合同是《中華人民共和國合同法》所規定的不同合同類型。因上訴人恒生銀行未能提供證據證明寶潔公司或上訴人自身已向被上訴人TCL公司明示《轉讓通知》係基於履行承攬合同形成的債權，故不能視為《轉讓通知》所列銷售合同已覆蓋本案承攬合同。

關於是否存在一次性、概括性的轉讓通知的問題。經查，自2013年4月2日起至2014年5月31日，被上訴人TCL公司共計向寶潔公司付款151,903,675.13元，上訴人恒生銀行主張在2013年10月25日至2014年1月23日期間已收到的受讓債權金額39,690,663元，再加上本案三份《轉讓函》及其附件所列36張發票金額33,897,832元，扣減重複計算的2013年10月發票金

額4,666,084元，總額為68,922,411元，與被上訴人TCL公司的付款總額有約8,298萬元的差額，對於這部分差額，上訴人恒生銀行未主張係受讓債權而要求被上訴人TCL公司支付，其在上訴狀中也認可因寶潔公司未就該部分差額之債權通知過上訴人而不知情。本案中若存在針對債務人即被上訴人TCL公司的一次性、概括性的債權轉讓通知，效力當然地適用於2013年4月1日至2014年5月15日期間形成的寶潔公司對被上訴人TCL公司所有債權，但結合上訴人恒生銀行的訴求及其上訴意見，上訴人恒生銀行自身也認為並非已受讓了上述期間寶潔公司因履行《承攬合同》而享有的對被上訴人TCL公司所有債權，仍存在基於部分月份訂單所形成的債權沒有發生轉讓的事實。所以，上訴人主張本案中的《轉讓通知》為一次性、概括性的債權轉讓通知，欠缺充分的事實依據，本院不予採納。

關於上訴人恒生銀行和寶潔公司是否履行了債權轉讓的通知義務的問題。就上訴人恒生銀行所提交的三份《轉讓函》及其附件，說明在寶潔公司、上訴人恒生銀行履行保理協議的過程中，寶潔公司若將基於履行《承攬合同》及部分月份訂單所享有的對被上訴人TCL公司的債權轉讓給上訴人恒生銀行，有明確的書面函件，並明確擬轉讓債權所對應月份訂單、對應發票及金額。同樣地，寶潔公司應向被上訴人TCL公司履行債權轉讓的通知義務，並清楚明確地告知已轉讓債權所基於產生的訂單月份、對應發票及金額，否則，被上訴人TCL公司就無從得知是否應向上訴人恒生銀行履行付款義務。本案中，上訴人認可未就三份《轉讓函》及其附件中的債權轉讓事宜通知過被上訴人TCL公司，也不能提供證據證明寶潔公司曾履行過通知義務，據此，一審判決認為因不能證明寶潔公司已依法履行通知義務、該債權轉讓對被上訴人TCL公司沒有法律約束力符合本案事實。

關於被上訴人TCL公司是否已就本案29張發票的債權向寶潔公司付款的問題。被上訴人主張無拖欠寶潔公司款項，目前是寶潔公司債權人。經查，被上訴人TCL公司是按月分筆付款，在實際付款中扣除售後及相關費用。本院認為，上訴人恒生銀行訴求係基於寶潔公司在2013年11月、12月開具並轉讓給上訴人的29張發票，寶潔公司在轉讓上述29張發票之後，仍與被上訴人TCL公司之間有交易並有開具發票的行為，按《承攬合同》約定，上述29張發票的付款時間最早為2013年12月、最遲為2014年1月，被上訴人TCL公司

已舉證證明在此期間有付款行為，且至2014年4月29日仍有付款。在上訴人恒生銀行不能提供證據證明被上訴人TCL公司在2013年12月至2014年4月期間的付款與上述29張發票無關的情況下，不能因此而得出就上述29張發票金額被上訴人TCL公司未予付款的結論。

綜上，上訴人恒生銀行的上訴請求理據不足，不予支持。原審認定基本事實清楚，適用法律和實體處理正確，予以維持。依照《中華人民共和國民事訴訟法》第一百七十條第一款第（一）項的規定，判決如下：

駁回上訴，維持原判。

二審案件受理費242,132元，由上訴人恒生銀行（中國）有限公司上海分行負擔。

本判決為終審判決。

審判長　沈　巍
審判員　陳金升
代理審判員　江　瑋
二○一六年二月二日
書記員　徐靜華

【案例68】 保理糾紛中協議管轄或仲裁條款的法律效力

建設銀行訴普天公司等管轄權異議糾紛案評析

案號：最高人民法院（2016）最高法民轄終38號

【摘要】

銀行基於保理合同受讓應收帳款時，除不知道、明確反對或另有約定外，原債權債務人之間訂立的相關協議管轄或仲裁條款，對受讓銀行具有約束力；銀行在簽訂合同時，應明確約定排除其他相關合同中的協議管轄或仲裁條款，以切實保障保理合同中關於協議管轄或仲裁條款的法律效力。

【基本案情】

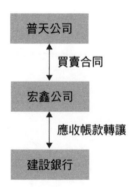

原告建設銀行武漢鋼城支行（以下簡稱「建設銀行」）因與被告湖北宏鑫實業有限公司（以下簡稱「宏鑫公司」）等合同糾紛一案，訴至湖北省高級人民法院。案件被依法受理後，建設銀行申請追

加中國普天信息產業股份有限公司（以下簡稱「普天公司」）為共同被告。

　　湖北省高級人民法院受理案件後，被告普天公司在提交答辯狀期間內對管轄權提出異議，認為建設銀行與普天公司之間無合同關係，建設銀行向普天公司追索的債權，是基於普天公司與宏鑫公司簽訂的《武漢君盛貿易項目採購框架合同》（以下簡稱《貿易採購合同》）和《20萬噸鋼材供應鏈項目採購框架合同》（以下簡稱《鋼材採購合同》）項下，宏鑫公司對普天公司的應收帳款債權。《貿易採購合同》第十條約定解決爭議的方法為「提交北京仲裁委員會仲裁解決」，《鋼材採購合同》第十條約定「向買方所在地人民法院提起訴訟解決」。根據《中華人民共和國合同法》第八十二條的規定，債務人對讓與人的抗辯，可以向受讓人主張。建設銀行向普天公司追索上述兩合同項下的應收帳款債權，應分別向北京仲裁委申請仲裁，或向北京市有管轄權的人民法院起訴。

【法院判決】

　　湖北省高級人民法院經審理認為，建設銀行依據其與宏鑫公司簽訂的《有追索權國內保理合同》，同時以保理合同的債務人宏鑫公司和依據保理合同受讓應收帳款的債務人普天公司為被告提起訴訟，屬新類型的保理合同糾紛，不是傳統意義上的債權轉讓，人民法院可以一併審理。雖然建設銀行向普天公司主張的應收帳款債權，是基於宏鑫公司與普天公司訂立的採購合同，但其受讓的是經買方普天公司核實確認的應收帳款，而不是採購合同中賣方的全部權利和義務。本案不是履行《貿易採購合同》和《鋼材採購合同》中發生的糾紛，上述兩合同中有關仲裁和管轄的約定對建設銀行沒有約束力，故本案應根據《有追索權國內保理合同》確定管轄，即應向建設銀行所在地法院提起訴訟。同時，建設銀行訴請金額為2億元以上，根據起訴時

《湖北省高級人民法院第一審民商事案件級別管轄的暫行規定》（以下簡稱《湖北省法院管轄暫行規定》）中關於「訴訟標的額1億元以上，以及訴訟標的額5,000萬元以上且當事人一方住所地不在本轄區的民商事案件，由高級人民法院管轄」的規定，本案應由本院管轄，故裁定駁回普天公司對本案管轄權提出的異議。

宣判後，普天信息公司不服一審裁定，提起上訴。最高人民法院經審理認為，本案的爭議焦點為保理合同糾紛案件的地域管轄。建設銀行在同一案件中起訴宏鑫公司與普天公司，涉及兩個問題：一是案涉合同中的協議管轄條款或仲裁條款的效力；二是管轄法院的確定。《最高人民法院關於適用〈中華人民共和國民事訴訟法〉的解釋》（以下簡稱《民訴法司法解釋》）第三十三條規定：「合同轉讓的，合同的管轄協議對合同受讓人有效，但轉讓時受讓人不知道有管轄協議，或者轉讓協議另有約定且原合同相對人同意的除外。」建設銀行未提交證據證明其接受債權轉讓時不知道有管轄協議，或者轉讓協議另有約定且普天公司同意，故《鋼材採購合同》約定的管轄條款對建設銀行有效。《最高人民法院關於適用〈中華人民共和國仲裁法〉若干問題的解釋》（以下簡稱《仲裁法司法解釋》）第九條規定：「債權債務全部或者部分轉讓的，仲裁協議對受讓人有效，但當事人另有約定、在受讓債權債務時受讓人明確反對或者不知有單獨仲裁協議的除外。」建設銀行未提交證據證明有上述條款中除外規定的情形，故《貿易採購合同》約定的仲裁條款對建設銀行有效。綜上所述，三份合同中的協議管轄條款或仲裁條款均對建設銀行有效，但內容相互矛盾，分別指向不同的主管機關或管轄法院。由於本案屬於法院應當合併審理的必要共同訴訟，上述三份合同亦不存在主從關係，故本案不適用任一協議管轄條款和仲裁條款，應依據《中華人民共和國民事訴訟法》（以下簡稱《民事訴訟法》）關於合同糾紛的一般管轄原則確定管轄法院，由被告住所地或者合同履行地人民法院管轄。

本案被告普天公司和宏鑫公司住所地法院均有管轄權，建設銀行向宏鑫公司住所地湖北省法院起訴，不違反地域管轄的規定。本案訴訟標的額超過2億元，根據級別管轄的規定，應由湖北省高級人民法院管轄。綜上所述，裁定駁回上訴、維持原裁定。

【法律評析】

本案的爭議焦點為，案涉的協議管轄或者仲裁條款，是否對建設銀行產生法律拘束力問題。

一、協議管轄或者仲裁條款的法律效力

《民事訴訟法》第三十四條規定：「合同或者其他財產權益糾紛的當事人可以書面協議選擇被告住所地、合同履行地、合同簽訂地、原告住所地、標的物所在地等與爭議有實際聯繫的地點的人民法院管轄，但不得違反本法對級別管轄和專屬管轄的規定。」《中華人民共和國仲裁法》（以下簡稱《仲裁法》）第六條規定：「仲裁委員會應當由當事人協議選定。仲裁不實行級別管轄和地域管轄。」

分析上述條款可知，在不違反法律關於法院或者仲裁管轄特別規定的情況下，當事人在合同中協議約定管轄或者仲裁條款均有效，對雙方均有約束力，並且優先適用約定條款。結合本案，建設銀行與宏鑫公司簽訂《有追索權國內保理合同》，明確約定了向債權受讓人住所地法院起訴的管轄條款，即應向建設銀行所在地的人民法院提起訴訟。因此，該協議管轄條款對建設銀行有效。

《民訴法司法解釋》第三十三條規定：「合同轉讓的，合同的管轄協議對合同受讓人有效，但轉讓時受讓人不知道有管轄協議，或者轉讓協議另有約定且原合同相對人同意的除外。」《仲裁法司法解釋》）第九條規定：「債權債務全部或者部分轉讓的，仲裁協議對受讓人有效，但當事人另有約定、在受讓債權債務時受讓人明確反對或

者不知有單獨仲裁協議的除外。」

分析上述條款可知，合同債權債務轉讓時，協議管轄條款或者仲裁條款原則上對受讓人有效，但例外情形下，即受讓人不知道有該條款或明確反對，或者當事人另有約定，則該條款不能約束受讓人。結合本案，建設銀行受讓了宏鑫公司對普天公司《貿易採購合同》和《鋼材採購合同》項下的應收帳款債權。由於建設銀行不能舉證證明其在受讓該債權時不知道或明確反對上述合同中的管轄和仲裁條款，亦不能證明其與宏鑫公司關於管轄和仲裁條款另有約定，故上述合同約定的管轄和仲裁條款，均對債權受讓人建設銀行具有法律約束力。因此，雖然一審和二審法院最終駁回普天公司管轄權異議的裁定正確，但顯然一審法院認定案涉《鋼材採購合同》和《貿易採購合同》約定的管轄和仲裁條款對建設銀行不具有約束力是錯誤的。

綜上可知，本案《有追索權國內保理合同》、《貿易採購合同》和《鋼材採購合同》三份合同中約定的管轄和仲裁條款，均對建設銀行有效，但內容分別指向了不同的主管機關或管轄法院。由於上述三份合同均為獨立合同，不存在主從的位階關係，又必須應當合併審理，故二審法院認定不適用任一協議管轄和仲裁條款，而應依據《民事訴訟法》關於合同糾紛應由被告住所地或者合同履行地法院管轄的一般管轄和級別管轄原則，認定湖北省高院對本案具有管轄權。

二、銀行風險啟示

銀行基於保理合同受讓應收帳款時，除不知道、明確反對或另有約定外，原債權債務人之間訂立的相關協議管轄或仲裁條款，對受讓銀行具有約束力，將導致選擇管轄法院時，銀行協議約定的管轄和仲裁條款無法適用。顯然，這一結果不利於保障銀行的約定管轄或仲裁利益，使得銀行與當事人的約定管轄或仲裁條款失去實際意義。

本案中法院認為，當同一糾紛多個合同的協議管轄條款和仲裁

條款內容相互矛盾衝突，分別指向不同的主管機關或管轄法院時，應依據《中華人民共和國民事訴訟法》關於合同糾紛的一般管轄原則，以確定管轄法院也就是由被告住所地或者合同履行地人民法院管轄。

因此，在簽訂合同時，銀行應與合同相對人明確約定排除其他相關合同中的協議管轄或仲裁條款，以切實保障債權利益、節約成本並提高效率。

附：法律文書

中國建設銀行股份有限公司武漢鋼城支行與中國普天信息產業股份有限公司、湖北巨集鑫實業有限公司等管轄裁定書

最高人民法院

民事裁定書

（2016）最高法民轄終38號

上訴人（一審被告）：中國普天信息產業股份有限公司。

　　住所地：北京市海澱區中關村科技園區上地二街2號。

法定代表人：邢煒，該公司董事長。

委託代理人：徐小芳，東方昆侖（深圳）律師事務所律師。

委託代理人：畢蔚，東方昆侖（深圳）律師事務所律師。

被上訴人（一審原告）：中國建設銀行股份有限公司武漢鋼城支行。

　　住所地：湖北省武漢市武昌區楊園紡機路33號。

負責人：虢春華，該支行行長。

委託代理人：張箭，湖北忠三律師事務所律師。

委託代理人：唐芳，湖北江浩律師事務所律師。

一審被告：湖北宏鑫實業有限公司。

　　住所地：湖北省武漢市江岸區沿江大道240號。

法定代表人：程重輝，該公司執行董事。

一審被告：武漢地產集團偉業地產有限公司。住所地：湖北省武漢市江

漢區新華路25號偉業大廈16樓。

法定代表人：程重輝，該公司董事長。

一審被告：武漢市康怡經貿有限公司。

　住所地：湖北省武漢市江漢區滿春路特1號。

法定代表人：祁望芝，該公司執行董事。

一審被告：湖北宏鑫工貿有限公司。

　住所地：湖北省武漢市江岸區沿江大道240號。

法定代表人：程重輝，該公司董事長。

一審被告：武漢君盛經貿有限公司。

　住所地：湖北省武漢市青山區青王路57號。

法定代表人：程燕，該公司執行董事。

一審被告：武漢勞業綜合開發股份有限公司。

　住所地：湖北省武漢市江漢區黃孝南路10號。

法定代表人：王斌，該公司董事長。

一審被告：程重輝，男，漢族。

一審被告：祁望芝，女，漢族。

一審被告：程蓓，女，漢族。

一審被告：胡思靜，女，漢族。

　上訴人中國普天信息產業股份有限公司（以下簡稱普天信息公司）因與被上訴人中國建設銀行股份有限公司武漢鋼城支行（以下簡稱建行鋼城支行）、一審被告湖北宏鑫實業有限公司、武漢地產集團偉業地產有限公司、武漢市康怡經貿有限公司、湖北宏鑫工貿有限公司、武漢君盛經貿有限公司、武漢勞業綜合開發股份有限公司、程重輝、祁望芝、程蓓、胡思靜合同糾紛管轄權異議一案，不服湖北省高級人民法院（2014）鄂民二初字第00024-2號民事裁定，向本院提出上訴。本院依法組成由審判員楊國香擔任審判長、代理審判員李振華、張娜參加評議的合議庭，對本案進行了審查，現已審查終結。

　一審原告武漢鋼城支行因與被告宏鑫實業公司、武漢地產集團偉業地產有限公司、武漢市康怡經貿有限公司、湖北宏鑫工貿有限公司、武漢君盛經

貿有限公司、武漢勞業綜合開發股份有限公司、程重輝、祁望芝、程蓓、胡思靜合同糾紛一案，訴至湖北省高級人民法院。湖北省高級人民法院依法受理案件後，武漢鋼城支行申請追加普天信息公司為共同被告，並變更訴訟請求為請求法院判決：一、普天信息公司償還應收帳款本金288,292,215.52元及利息；二、宏鑫實業公司在本金20,350萬元及利息範圍內對上述債務承擔回購責任；三、全部被告承擔建行鋼城支行律師費及其他實現債權的費用；四、建行鋼城支行對擔保物享有優先受償權，各保證人對上述債務承擔連帶保證責任；五、各被告承擔本案訴訟費用。

　　湖北省高級人民法院受理案件後，一審被告普天信息公司在提交答辯狀期間內對管轄權提出異議，認為建行鋼城支行與普天信息公司之間無合同關係。建行鋼城支行向普天信息公司追索的債權是基於普天信息公司與巨集鑫實業公司簽訂的《武漢君盛貿易項目採購框架合同》和《20萬噸鋼材供應鏈項目採購框架合同》項下宏鑫實業公司對普天信息公司的應收帳款債權。《武漢君盛貿易項目採購框架合同》第十條約定解決爭議的方法為「提交北京仲裁委員會仲裁解決」，《20萬噸鋼材供應鏈項目採購框架合同》第十條約定「向買方所在地人民法院提起訴訟解決」。根據《中華人民共和國合同法》第八十二條的規定，債務人對讓與人的抗辯可以向受讓人主張。建行鋼城支行向普天信息公司追索上述兩合同項下應收帳款債權，應分別向北京仲裁委申請仲裁或向北京市有管轄權的人民法院起訴。

　　湖北省高級人民法院一審裁定認為：建行鋼城支行係依據其與宏鑫實業公司簽訂的《有追索權國內保理合同》，同時以保理合同的債務人和依據保理合同受讓的應收帳款的債務人為被告提起訴訟，屬新類型的保理合同糾紛，不是傳統意義上的債權轉讓，人民法院可以一併審理。雖然建行鋼城支行向普天信息公司主張的應收帳款債權是基於宏鑫實業公司與普天信息公司訂立的採購合同，但其受讓的是經買方普天信息公司核實確認的應收帳款，而不是採購合同中賣方的全部權利和義務。本案不是履行《武漢君盛貿易項目採購框架合同》和《20萬噸鋼材供應鏈項目採購框架合同》中發生的糾紛，故上述兩合同中有關仲裁和管轄的約定對建行鋼城支行沒有約束力。本案應根據《有追索權國內保理合同》確定管轄。《有追索權國內保理合同》第七十二條第一款約定：若在履行保理業務過程中發生爭議，向建行鋼城支

行所在地人民法院提起訴訟。同時，建行鋼城支行訴請金額為人民幣2億元以上，根據原告起訴時《湖北省高級人民法院第一審民商事案件級別管轄的暫行規定》中關於「訴訟標的額1億元以上，以及訴訟標的額5,000萬元以上且當事人一方住所地不在本轄區的民商事案件，由高級人民法院管轄」的規定，本案應由本院管轄。裁定駁回被告普天信息公司對本案管轄權提出的異議。

普天信息公司不服一審裁定，向本院上訴稱：一、普天信息公司並非保理合同的相對方，依法不受該保理合同的約束；二、本案並非保理合同糾紛，不適合依據保理合同的約定確定管轄法院；三、普天信息公司提出的管轄異議是具有法律依據的有效抗辯，湖北省高級人民法院駁回管轄權異議的裁定適用法律錯誤。

建行鋼城支行答辯稱：本案案由為保理合同債權糾紛，而非傳統意義上的債權轉讓。建行鋼城支行以保理合同的債務人和基礎合同的債務人為被告，一併向人民法院提起訴訟，湖北省高級人民法院是本案有管轄權的法院。建行受讓債權時並不知道普天信息公司與巨集鑫公司之間有管轄約定，不應受其約束。

本院認為：本案爭議焦點為保理合同糾紛案件的地域管轄。

本案源於保理合同糾紛，案件涉及兩類合同、三方主體，兩類合同分別為建行鋼城支行與宏鑫實業公司簽訂《有追索權國內保理合同》，以及宏鑫實業公司與普天信息公司簽訂的《武漢君盛貿易項目採購框架合同》和《20萬噸鋼材供應鏈項目採購框架合同》（以下簡稱《採購合同》）。三方主體分別為保理商建行鋼城支行、賣方宏鑫實業公司、買方普天信息公司。根據《有追索權國內保理合同》，宏鑫實業公司將其對普天信息公司的應收帳款債權轉讓給建行鋼城支行，建行鋼城支行向宏鑫實業公司提供包括保理預付款支付、應收帳款催收在內的綜合性金融服務。建行鋼城支行在同一案件中起訴宏鑫實業公司與普天信息公司，涉及三個問題。一是本案糾紛是否必須合併審理。二是案涉合同中的協議管轄條款或仲裁條款的效力。三是管轄法院的確定。

一、本案糾紛是否必須合併審理

建行鋼城支行依據《有追索權國內保理合同》中約定的追索權，起訴

宏鑫實業公司；依據其受讓自宏鑫實業公司的《採購合同》中的應收帳款債權，起訴普天信息公司。建行鋼城支行基於不同的原因分別向兩個債務人主張不同的債權請求權，但最終給付目的只有一個，追索權之訴與應收帳款債權之訴的訴訟標的是共同的，由於一方當事人為二人以上，發生訴的主體合併，屬於必要共同訴訟，根據《中華人民共和國民事訴訟法》第五十二條之規定，法院應當合併審理。

二、關於兩份《採購合同》中的協議管轄條款和仲裁條款的效力問題

本院《關於適用的解釋》第三十三條規定：「合同轉讓的，合同的管轄協議對合同受讓人有效，但轉讓時受讓人不知道有管轄協議，或者轉讓協議另有約定且原合同相對人同意的除外。」合同轉讓包括合同中權利的轉讓、義務的轉讓和權利義務的概括轉讓。宏鑫實業公司將《採購合同》中應收帳款債權轉讓給建行鋼城支行，屬於合同中權利的轉讓，應適用上述司法解釋的規定。《20萬噸鋼材供應鏈項目採購框架合同》第十條約定爭議解決方式為「向買方所在地人民法院提起訴訟解決」。建行鋼城支行並未提交證據證明其接受債權轉讓時不知道有管轄協議，或者轉讓協議另有約定且普天信息公司同意，因此，《20萬噸鋼材供應鏈項目採購框架合同》中約定的協議管轄條款對建行鋼城支行有效。

本院《關於適用若干問題的解釋》第九條規定：「債權債務全部或者部分轉讓的，仲裁協議對受讓人有效，但當事人另有約定、在受讓債權債務時受讓人明確反對或者不知有單獨仲裁協議的除外。」建行鋼城支行受讓宏鑫實業公司的應收帳款債權，也應適用上述規定。《武漢君盛貿易項目採購框架合同》第十條約定解決爭議的方法為「提交北京仲裁委員會仲裁解決」，建行鋼城支行未提交證據證明有上述條款中除外規定的情形，因此《武漢君盛貿易項目採購框架合同》中約定的仲裁條款對建行鋼城支行有效。

三、關於管轄法院的確定

三份合同中的協議管轄條款或仲裁條款均對建行鋼城支行有效。但由於本案屬於法院應當合併審理的必要共同訴訟，三份合同中的協議管轄條款和仲裁條款內容相互矛盾衝突，分別指向不同的主管機關或管轄法院，《有追索權國內保理合同》與兩份《採購合同》之間也不存在主從關係，無法根據協議管轄條款或仲裁條款確定案件的主管與管轄。因此，本案不予適用三份

合同中的協議管轄條款和仲裁條款。本案應依據《中華人民共和國民事訴訟法》第二十三條關於合同糾紛的一般管轄原則確定管轄法院。《中華人民共和國民事訴訟法》第二十三條規定：「因合同糾紛提起的訴訟，由被告住所地或者合同履行地人民法院管轄。」由於本案存在多個被告，一審被告普天信息公司和巨集鑫實業公司住所地法院均有管轄權。建行武漢鋼城支行向被告之一宏鑫實業公司住所地法院起訴，不違反地域管轄的規定。宏鑫實業公司住所地在湖北省武漢市，案件訴訟標的額超過2億，按照本案一審立案時適用的級別管轄規定，案件達到湖北省高級人民法院級別管轄標準，湖北省高級人民法院對案件具有管轄權。

綜上，上訴人的上訴理由不能成立，原裁定駁回普天信息公司管轄權異議正確。本院根據《中華人民共和國民事訴訟法》第一百七十條第一款第（一）項和第一百七十一條之規定，裁定如下：

駁回上訴，維持原裁定。

本裁定為終審裁定。

審判長　楊國香

代理審判員　李振華

代理審判員　張　娜

二〇一六年六月八日

書記員　柳　珊

第七篇

跨境擔保

【案例69】 辦理對外擔保合同登記的重要性

南洋商業銀行訴香港奇樂、深圳奇樂 等保證合同糾紛案評析

案號：廣東省深圳前海合作區人民法院（2015）深前法涉外 初字第132號

【摘要】

　　未向外管局辦理對外擔保合同登記手續，不影響該合同的效 力，境內擔保人仍應向境外銀行承擔擔保責任；為切實保障銀行債權 利益，境外銀行在簽訂對外擔保合同時，應與境內擔保人明確約定辦 理對外擔保合同登記手續的條款。

【基本案情】

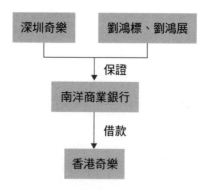

　　2013年3月8日，南洋商業銀行（住所地為中國香港）與香港奇 樂電子有限公司（以下簡稱「香港奇樂」）簽訂《貸款合同》，約定 南洋商業銀行向香港奇樂提供200萬元港幣貸款，貸款合同受香港法

律管轄和香港法律解釋，借款人服從香港法院的非專屬管轄權，且不可撤銷。

同日，中國內地的自然人劉鴻標和劉鴻展與南洋商業銀行簽署擔保契據，約定劉鴻標和劉鴻展對香港奇樂在貸款合同項下的違約責任，向南洋商業銀行提供連帶責任保證，擔保契據受香港法律管轄和香港法律解釋，擔保人接受香港地區法院的非專屬管轄權且不可撤銷，但南洋商業銀行有權選擇其他有司法管轄權之法院強制執行本擔保契據。

2013年3月8日，深圳奇樂電子科技有限公司（以下簡稱「深圳奇樂」）召開股東會，同意接受與南洋商業銀行的保證合同內容，並同意簽訂保證合同。同日，深圳奇樂與南洋商業銀行簽署《保證合同》，約定深圳奇樂為香港奇樂的所有債務提供連帶責任保證，保證合同適用中華人民共和國法律，中華人民共和國法院有權審理與本保證合同有關的一切損失，但債權人也有權將該等訴訟交由其他有管轄權的法院審理。

2013年3月27日，南洋商業銀行向香港奇樂的指定收款人匯入200萬元港幣。2014年10月14日，南洋商業銀行認為香港奇樂發生了違約事件，在其帳戶扣劃了266,877.38港幣。南洋商業銀行多次催促並委託律師向香港奇樂發出律師函催討債權均未果。之後，南洋商業銀行在香港起訴香港奇樂，現已取得香港法院的生效判決。為維護自身的合法權益，南洋商業銀行向中國內地法院提起訴訟，請求判令香港奇樂支付所欠貸款本金774,646.89及相應利息，並由深圳奇樂、劉鴻標和劉鴻展承擔連帶清償責任。現一審判決已生效。

【法院判決】

廣東省深圳前海合作區人民法院經審理認為，南洋商業銀行與香港奇樂簽訂的《貸款合同》，以及與劉鴻展、劉鴻標簽署的擔保契

據，均約定香港地區法院對履行爭議享有非專屬管轄權。深圳奇樂簽署的保證合同，則約定內地法院對履行爭議享有管轄權。本案為債權人追索主債務人和連帶責任保證人的糾紛，是涉港商事案件。深圳奇樂的住所地位於深圳，香港奇樂做為主債務人和劉鴻展、劉鴻標做為其他連帶責任保證人，與南洋商業銀行和深圳奇樂的糾紛有密切關係，故該院對本案具有管轄權。劉鴻展、劉鴻標簽署的擔保契據約定受香港地區的法律管轄與解釋，但南洋商業銀行沒有舉證證明香港地區相關的法律，視為不能查明香港地區相關的法律，擔保契據應適用內地法律，劉鴻展、劉鴻標應對香港奇樂的違約責任承擔連帶保證責任。本案中，深圳奇樂為內地公司，其為香港地區的公司債務向香港金融機構提供連帶責任保證，屬於內保外貸的涉港保證合同。中國大陸國家外匯管理局發布的《跨境擔保外匯管理規定》第二十九條規定，外匯局對跨境擔保合同的核准、登記或備案情況，以及本規定明確列出的其他管理事項與管理要求，不構成跨境擔保合同的生效要件。因此，深圳奇樂與南洋商業銀行簽署的《保證合同》不存在法定無效的情形，應為有效，深圳奇樂應對香港奇樂的債務承擔連帶保證責任。綜上所述，判決香港奇樂向南洋商業銀行返還剩餘貸款本金774,646.89港幣及相應利息；深圳奇樂、劉鴻展、劉鴻標對香港奇樂的還款義務承擔連帶清償責任。

【法律評析】

本案的爭議焦點為，境內擔保人向境外銀行擔保境外企業的債務（即提供對外擔保），構成內保外貸，未向國家外匯管理局辦理對外擔保登記手續，是否導致該對外擔保合同無效。

一、境內擔保人辦理對外擔保合同登記的法律效果

中國大陸國務院頒布的行政法規《中華人民共和國外匯管理條

例》（2008年8月5日修訂施行）第二十九條規定：「提供對外擔保，應當向外匯管理機關提出申請，由外匯管理機關根據申請人的資產負債等情況做出批准或者不批准的決定；國家規定其經營範圍須經有關主管部門批准的，應當在向外匯管理機關提出申請前辦理批准手續。申請人簽訂對外擔保合同後，應當到外匯管理機關辦理對外擔保登記。經國務院批准為使用外國政府或者國際金融組織貸款進行轉貸提供對外擔保的，不適用前款規定。」

國家外匯管理局頒布的部門規章《跨境擔保外匯管理規定》（2014年6月1日起施行）第二十九條規定：「外匯局對跨境擔保合同的核准、登記或備案情況以及本規定明確的其他管理事項與管理要求，不構成跨境擔保合同的生效要件。」

分析上述條款可知，在本案中，境內主體（深圳奇樂、劉鴻展和劉鴻標）為香港奇樂向香港南洋商業銀行的借款關係提供擔保，屬於《跨境擔保外匯管理規定》規定的「內保外貸」融資模式。因此，境內擔保人必須取得國家外匯管理局對簽訂對外擔保合同的批准，並辦理「內保外貸」的登記手續。但是，除存在法定的合同無效情形外，境內擔保人簽訂的對外擔保合同不因未取得外管局的批准或未辦理登記手續而無效。

本案中，深圳奇樂、劉鴻展和劉鴻標自願與香港南洋商業銀行簽訂擔保合同，為香港奇樂的全部債務提供連帶保證。雖然境內主體深圳奇樂、劉鴻展和劉鴻標在與境外南洋商業銀行簽訂對外擔保合同時，並未向外管局辦理「內保外貸」的登記手續，但是不影響對外擔保合同的效力，對外擔保合同仍然有效。因此，深圳奇樂、劉鴻展和劉鴻標應對香港奇樂的全部債務，向香港南洋商業銀行承擔連帶保證責任。

二、境內擔保人辦理對外擔保合同登記的重要性

國家外匯管理局頒布的《跨境擔保外匯管理規定》（以下簡稱「29號文」）第十四條規定：「如發生內保外貸履約，擔保人為銀行的，可自行辦理擔保履約項下對外支付。擔保人為非銀行機構的，可憑擔保登記文件直接到銀行辦理擔保履約項下購匯及對外支付。在境外債務人償清因擔保人履約而對境內擔保人承擔的債務之前，未經外匯局批准，擔保人須暫停簽訂新的內保外貸合同。」第十五條規定：「內保外貸業務發生擔保履約的，成為對外債權人的境內擔保人或反擔保人應當按規定辦理對外債權登記手續。」第十六條規定：「境內個人可做為擔保人並參照非銀行機構辦理內保外貸業務。」

分析上述法條可知，境內擔保人是否向外管局辦理對外擔保合同登記手續，在很大程度上影響到其在擔保履約時是否能夠順利購匯和對外支付，以及其擔保履約後的對外債權能否得到保障、能否繼續簽訂新的內保外貸合同等。並且，有無辦理對外擔保合同的登記手續，最終會影響到做為被擔保人的銀行債權能否得到實際履行和切實保障。

實務中，當發生內保外貸項下擔保履約時，幫助境內擔保人匯出履約款項的銀行會根據29號文，要求擔保人提供本次擔保已辦妥內保外貸登記的證明文件。若境外銀行沒有要求境內擔保人辦妥此項登記，會造成無法通過正常擔保履約程序匯款，而只能通過訴訟方式獲得相應的法律救濟。

結合本案，境內擔保人不因未辦理「內保外貸」的登記手續而導致對外擔保合同無效，仍然應對境外銀行承擔連帶擔保責任。但是，基於上述關於對外擔保登記手續重要性的分析，為了避免其享有的債權遭受損失並減少訴累，做為被擔保人的境外銀行在簽訂對外擔保合同時，應與境內擔保人明確約定向外管局辦理對外擔保合同登記

手續並互相協助積極辦理的條款，以切實保障銀行的合法債權利益。

附：法律文書

廣東省深圳前海合作區人民法院

民事判決書

（2015）深前法涉外初字第132號

原告：南某某業銀行有限公司（NXXCX BANK, LIMITED）。

　　住所地：香港。

代表人：陳某明，該公司副總經理。

委託代理人：付某華，廣東東方金源律師事務所律師。

委託代理人：金某泉，廣東東方金源律師事務所律師。

被告：奇某某子有限公司（KXEX（H.K.）LIMITED）。

　　住所地：香港。

代表人：劉某標、劉某展，該公司股東、董事。

被告：深圳奇某某子科技有限公司。住所地：深圳市。

法定代表人：劉某延。

被告：劉某標，住所地：廣東省汕頭市。

被告：劉某展，住所地：廣東省汕頭市。

　　原告南XX業銀行有限公司訴被告奇XX子有限公司（以下簡稱香港奇X公司）、深圳奇XX子科技有限公司（以下簡稱深圳X樂公司）、劉某標、劉某展保證借款合同糾紛一案，本院於2015年6月3日登記立案後，依法組成合議庭，對本案進行了公開開庭審理。原告委託代理人付某華、金某泉律師、被告劉某標代表自己和被告香港奇X電子公司到庭參加訴訟，被告深圳X樂公司和劉某展經本院合法傳喚，無正當理由未到庭參加訴訟，本院依法進行了缺席審理。本案現已審理終結。

　　原告訴稱，2013年3月8日，被告香港奇X公司與原告簽訂了編號為LO-67XXGS的《貸款合同》，約定原告向被告香港奇X公司提供貸款服務，原

告向被告香港奇X公司發放中小企業信貸保證計畫之營運資金貸款港幣200萬元，且由被告香港奇X公司償還原告因履行《貸款合同》所產生的貸款本息和費用，同時由被告深圳X樂公司、劉某標、劉某展提供擔保。同日，被告深圳X樂公司簽署《保證合同》，被告劉某標、劉某展共同簽署了《擔保契據》，約定對被告香港奇X公司拖欠原告的全部費用承擔連帶保證責任。原告依約向被告香港奇X公司發放貸款港幣200萬元，但被告香港奇X公司並未能依約按期還款，構成嚴重違約，被告深圳X樂公司、劉某標、劉某展也未依約承擔擔保責任。原告多次催促並委託律師向被告香港奇X公司發出律師函，均未果。之後，原告在香港起訴被告香港奇X公司，現已取得香港法院生效判決。為維護原告的合法權益，向內地法院提起訴訟，請求法院依法判令：1. 被告香港奇X公司立即支付所欠貸款本金HKD774,646.89、利息HKD25,196.44，合計HKD799,843.33，折合人民幣639,154.81元（利息已計至2015年1月19日，自2015年1月20日起，每日應繼續支付利息HKD233.46，若利率調整則以原告計算為準），並由被告深圳X樂公司、劉某標、劉某展承擔連帶清償責任。2. 被告承擔原告的律師費人民幣2,683.17元。3. 被告承擔本案全部訴訟費用（包括案件受理費、公告費、香港律師公證費、中國法律服務（香港）有限公司轉遞費、工商和房產查檔費人民幣4,024.75元、翻譯費、送達郵寄費等一切與本案有關的費用）。

被告劉某標代表被告香港奇X公司和自己辯稱，1. 香港奇X公司的實際控制人是劉某展。香港奇X公司向原告所借的款項用於公司經營，劉某標沒有分享借款的利益。2. 本人所簽的文件均是劉某展來深圳要求本人簽的。3. 本人對香港奇X公司的經營情況、違約情況均不清楚。4. 本人不承擔任何責任，應由劉某展承擔責任。

被告深圳X樂電子公司、劉某展經公告送達起訴狀副本及開庭傳票等，無正當理由拒不到庭應訴，亦未提交書面答辯狀。

經審理查明，2013年3月8日，被告香港奇X公司與原告簽訂編號為LO-67XXGS的《貸款合同》。合同的主要內容為：原告向被告香港奇X公司提供200萬元港幣的貸款，為被告香港奇X公司的資產購置和營運資金提供財力支援。借款期限為首次支取日期起36個月。還款方式為本息分36個月等額分期償還，從支取日期後一個月開始。利息標準為貸款人隨時公布的港幣優惠

利率加0.5%的年利率。借款人未在應付之時支付，則應徵收罰息。罰息標準
為貸款人隨時報出的貸款人優惠利率加上6%的年利率。借款人未在每月還款
日支付應付的本息或其他費用的，貸出的金額將立刻到期。貸款人可以通過
向借款人發出任何形式的通知，宣布已經發生了違約事件，且本融資項下的
貸款及產生的所有利息將被立即償還。貸款人有權在無須事先通知借款人的
情況下，從借款人的任何帳戶中借記借款人根據本函到期應付的全部或任何
利息、費用、收費、手續費、支出及其他金額。所有支出，包括但不限於貸
款人關於本融資產生的、或由於強制執行或試圖強制執行貸款人根據本函具
有的權利而產生的法律費用、通信及其他實際支出，將由借款人在全額賠償
的基礎上承擔。貸款合同受香港法律管轄，根據香港法律解釋。借款人不可
撤銷地服從香港法院的非專屬管轄權。

同日，被告劉某標、劉某展簽署擔保契據。擔保契據的主要內容為：被
告劉某標、劉某展對被告香港奇X公司在貸款合同項下的違約責任向原告提
供連帶責任保證。保證範圍為香港奇X公司在貸款合同項下的違約責任以及
令原告招致的法律或者其他費用、開支、支出或其他任何性質之付款。擔保
契據受香港地區法律管轄並按香港地區法律解釋。擔保人不可撤銷地接受香
港地區法院的非專屬管轄權，但原告有權在其選擇的其他有司法管轄權之法
院強制執行本擔保契據。

2013年3月8日，被告深圳X樂公司召開股東會，股東會同意為被告香港
奇X公司LO-67XXGS貸款合同提供擔保，同意接受和確認保證合同內容，並
同意簽訂保證合同。同日，被告深圳X樂公司簽署了保證合同。保證合同約
定：被告深圳X樂公司的保證責任範圍為原告依據主合同向被告香港奇X公
司提供的銀行便利函項下的所有債務，包括但不限於主債務的本金、利息、
費用、違約金、違約利息（包括罰息）、給原告造成的損失以及原告為實現
債權所付出的費用（包括訴訟費、保全費、律師費等）。保證方式為連帶責
任保證。保證期間自主合同生效之日起，持續有效，至主合同項下的主債務
履行期限屆滿之日起2年止。保證合同適用中華人民共和國法律。中華人民
共和國法院有權審理與本保證合同有關的一切損失，但債權人也有權將該等
訴訟交由其他有管轄權的法院審理。

另查，2013年3月27日，原告向被告香港奇X公司的指定收款人匯入

200萬元港幣。截至2014年9月27日,被告香港奇X公司基本正常按月還款。2014年10月14日,原告認為被告香港奇X公司發生了違約事件,在被告香港奇X公司的帳戶扣劃了266,877.38港元。

2014年10月24日,原告委託律師向四被告發出律師函,要求支付剩餘本金774,646.89港元,及暫至2014年10月16日已產生的利息,之後的利息按照年利率11%的標準繼續計算。

因未收回涉案貸款合同及其他三份貸款合同項下的本息,原告在香港高等法院起訴被告香港奇X公司。2015年1月19日,鑒於被告香港奇X公司無意答辯,香港高等法院原訟法庭做出終審判決,判令被告香港奇X公司向原告支付:1. 剩餘貸款本金港幣2,898,339.16元;2. 利息:(1)以港幣1,063,966.35元為基數,按照年利率11%計算,即每日利息320.65港幣;(2)以港幣573,694.42元為基數,按照年利率11%計算,即每日利息172.89港幣;(3)以港幣473,644.93元為基數,按照年利率11%計算,即每日利息142.74港幣;(4)以港幣774,646.89元為基數,按照年利率11%計算,即每日利息233.46港幣;均自2014年10月17日起算,直至付清之日止;3. 固定成本11,045元。

原告為提起本案及其他三案訴訟,共支出了香港律師公證費40,800港元、財產保全保函手續費12,000港元、翻譯費用17,000元人民幣、律師代理費25,000元人民幣和公告費390元人民幣。

以上事實有銀行便利函、提款通知、聲明、擔保契據、股東會決議、保證合同、銀行流水、香港高等法院判決書、催收函、欠款清單、發票、庭審筆錄等證據證明。

本院認為,關於本案管轄權的問題。原告與被告香港奇X公司簽訂的貸款合同和被告劉某展、劉某標簽署的擔保契據約定,香港地區的法院對履行爭議享有非專屬管轄權,原告有權選擇其他有管轄權的法院。因此,貸款合同和擔保契據並沒有排除內地法院的管轄權。被告深圳X樂公司簽署的保證合同約定,內地法院對履行爭議享有管轄權,內地法院有權審理與保證合同有關的訴訟。本案為債權人追索主債務人和連帶責任保證人的糾紛,是涉港商事案件,被告深圳X樂公司的住所地位於深圳,被告香港奇X公司做為主債務人和被告劉某標、劉某展做為其他連帶責任保證人與原告和被告深圳X

樂公司的糾紛有密切關係，因此，本院對本案具有管轄權。

　　關於如何確定主債權範圍的問題。貸款合同約定，原告與被告香港奇X公司履行合同發生的爭議受香港地區的法律管轄與解釋。原告已向香港高等法院起訴，香港高等法院已根據香港地區的法律做出了判決。判決做出後，原告將判決書確定的2015年1月20日起的年利率從11%降低至8%，有利於被告香港奇X公司。因此，本案主債權範圍應根據香港高等法院的判決，並結合原告處分情況進行確定，即被告香港奇X公司應向原告返還剩餘貸款本金774,646.89港元以及支付利息，利息分兩個時間段分別確定，第一時間段的利息為2014年10月17日至2015年1月19日期間按照年利率11%計算的利息，第二時間段的利息為2015年1月20日至本判決指定的還款之日期間按照年利率8%計算的利息。

　　關於原告請求的香港律師公證費、財產保全保函手續費、翻譯費、律師代理費、公告費的問題。貸款合同約定，貸款合同受香港地區的法律管轄和解釋，但原告沒有舉證證明香港地區相關的法律，視為不明查明香港地區相關的法律，原告上述訴訟請求應適用內地法律。根據內地合同法的有關規定，上述約定合法有效，具有法律約束力。上述費用為原告為實現債權所支出的合理費用，應由被告香港奇X公司承擔。上述費用為原告提起四個民事訴訟案件的總費用，按照各案訴訟標的金額所占的比例進行分擔，在本案中，被告香港奇X公司承擔的香港律師公證費為10,947.33港元、財產保全保函手續費為3,219.80港元、翻譯費為4,561.39元人民幣、律師代理費為6,707.93元人民幣、公告費為104.64元人民幣。

　　關於擔保契據適用準據法及被告劉某標、劉某展的保證責任的問題。擔保契據約定，擔保契據受香港地區的法律管轄與解釋，但原告沒有舉證證明香港地區相關的法律，視為不明查明香港地區相關的法律，擔保契據應適用內地法律。根據內地擔保法的有關規定，被告劉某展、劉某標應對被告香港奇X公司的違約責任承擔連帶保證責任。

　　關於保證合同的效力和被告深圳X樂公司的保證責任的問題。本案中，被告深圳X樂公司為內地公司，其為香港地區的公司的債務向香港的金融機構提供連帶責任保證，屬於內保外貸的涉港保證合同。國家外匯管理局於2014年5月12日發布的《跨境擔保外匯管理規定》第二十九條規定，外匯局

對跨境擔保合同的核准、登記或備案情況以及本規定明確的其他管理事項與管理要求，不構成跨境擔保合同的生效要件。因此，被告深圳X樂公司為被告香港奇X公司向原告提供連帶責任保證，不存在法定無效的情形，應為有效，保證合同對被告深圳X樂公司具有法律約束力，其應對香港奇X公司在本案的責任承擔連帶保證責任。

依照《中華人民共和國涉外民事關係法律適用法》第十條、《中華人民共和國合同法》第八條、第六十條、第一百零七條，《中華人民共和國擔保法》第十八條、第二十一條，《中華人民共和國民事訴訟法》第六十四條、第一百四十四條，最高人民法院《關於適用〈中華人民共和國民事訴訟法〉的解釋》第九十條之規定，判決如下：

一、被告奇XX子有限公司應於本判決發生法律效力之日起十日內向原告南XX業銀行有限公司返還剩餘貸款本金774,646.89港元及支付利息（利息以774,646.89港元為基數，其中，2014年10月17日至2015年1月19日期間，按照年利率11%計算；2015年1月20日至本判決指定的還款之日期間，按照年利率8%計算）；

二、被告奇XX子有限公司應於本判決發生法律效力之日起十日內向原告南XX業銀行有限公司賠償香港律師公證費10,947.33港元、財產保全保函手續費3,219.80港元、翻譯費4,561.39元人民幣、律師代理費6,707.93元人民幣、公告費104.64元人民幣；

三、被告深圳奇XX子科技有限公司、劉某標、劉某展對被告奇XX子有限公司應負的上述第一、二項的還款義務承擔連帶清償責任。

案件受理費人民幣10,259元、財產保全費人民幣3,749元（已由原告預交），由四被告共同負擔，四被告應於本判決發生法律效力之日起十日內逕付原告。

如不服本判決，原告和被告香港奇X公司可在判決書送達之日起三十日內，被告深圳X樂公司、劉某標、劉某展可在判決書送達之日起十五日內，向本院遞交上訴狀，並按照對方當事人的人數提出副本，上訴於廣東省深圳市中級人民法院。

審判長　郭　成

審判員　呂豫軍

審判員　聶海琴

二〇一六年五月三日

書記員　詹惠婷

第八篇

破產撤銷糾紛

【案例70】 銀行有效抗辯破產管理人
關於「撤銷清償行為」的主張

方達所訴農行五角場支行等
請求撤銷個別清償行為糾紛案評析

案號：上海市高級人民法院（2016）滬民申2379號

【摘要】

　　如果明確約定了提前到期條款且債務人違約時，銀行應及時向債務人發出債務提前到期的通知，並要求其出具簽收回執；銀行可以《破產法》第三十一條和三十二條規定的法律要件，對債務人的破產管理人主張的破產撤銷權和請求撤銷個別清償行為，提出抗辯。

【基本案情】

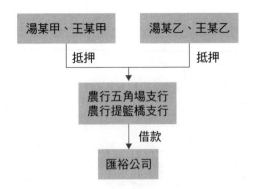

　　2010年9月7日，上海匯裕國際貨物運輸代理有限公司（以下簡稱「匯裕公司」）與農業銀行上海五角場支行（以下簡稱「農行五角場支行」）簽訂《流動資金借款合同》，約定農行五角場支行向匯裕

公司發放貸款2,000,000元，到期日為2011年9月5日，若有借款人或保證人違約、借款人或者保證人還款能力可能發生重大不利變化等情形，貸款人可以解除本合同、提前收回已發放借款等。

2010年9月7日，案外人湯某甲、王某甲、湯某乙和王某乙與農行五角場支行簽訂《最高額抵押合同》，約定上述人員同意以其房產為匯裕公司與農行五角場支行的債務提供最高額抵押擔保。2010年9月15日，農業銀行上海提籃橋支行（以下簡稱「農行提籃橋支行」）向匯裕公司出具兩份借款憑證，載明上述借款合同及擔保合同編號。

2010年12月6日，匯裕公司向農行五角場支行、農行提籃橋支行償還貸款本金100,000元。2011年4月6日，農行五角場支行向匯裕公司發出《貸款提前到期通知書》，載明：因匯裕公司違約，農行五角場支行宣布合同項下貸款於2011年4月6日提前到期。匯裕公司於2011年5月17日向農行五角場支行、農行提籃橋支行償還貸款本息1,918,230.50元。

匯裕公司為2007年8月成立的一人有限責任公司，案外人肖楠是匯裕公司股東及法定代表人。2011年3月31日，肖楠去世。2011年5月底起，匯裕公司被多家公司起訴至一審法院，要求給付費用。2011年6月28日，匯裕公司員工薑某某等因未領取5、6月份工資提起勞動仲裁，要求匯裕公司支付工資。一審法院受理了匯裕公司的破產清算申請，指定上海市方達律師事務所（以下簡稱「方達所」）為匯裕公司的破產管理人。方達所遂向一審法院提起本次訴訟，請求撤銷匯裕公司向農行五角場支行、農行提籃橋支行償還貸款本息的行為，並要求其返還。

【法院判決】

上海市浦東新區人民法院經審理認為，本案的爭議焦點為，匯

裕公司歸還貸款的行為是否屬於提前清償，能否依據《中華人民共和國企業破產法》（以下簡稱《破產法》）三十一條和三十二條予以撤銷。匯裕公司於2010年12月6日歸還的100,000元，雖發生於一審法院受理匯裕公司破產申請一年內，但其為按約還款，不存在撤銷事由。2011年4月6日，農行五角場支行、農行提籃橋支行宣布貸款提前到期，故匯裕公司2011年5月17日的還款行為是對到期債務的歸還，不屬於提前還款，無法依據《破產法》第三十一條進行撤銷。匯裕公司於2011年5月17日的還款發生於其申請破產六個月之內，若方達所主張依據《破產法》第三十二條予以撤銷，須證明匯裕公司在還款時已出現破產原因，即「不能清償到期債務並且資產不足以清償全部債務」或者「不能清償到期債務並且明顯缺乏清償能力」，並且匯裕公司的清償不能使其收益。第一，根據審計報告顯示，匯裕公司2011年5月17日還款時的帳面淨資產為10,613,753.08元，並非處於資不抵債狀態。第二，根據方達所提供的證據，匯裕公司的員工催討工資和其他債務人催討貨款，主要針對的債務到期集中於5月下旬或6月，難以推斷在2011年5月17日匯裕公司已經處於「明顯缺乏清償能力」。此外，匯裕公司歸還農行五角場支行、農行提籃橋支行款項後的帳面淨值仍為正數，亦印證在該日並未「明顯缺乏清償能力」。綜上，判決駁回方達所的訴訟請求。

宣判後，方達所不服一審判決，提起上訴。上海市第一中級人民法院經審理，判決駁回上訴、維持原判。宣判後，方達所不服二審判決，申請再審。上海市高級人民法院經審查認為，本案的爭議在於，匯裕公司清償案涉債務時是否提前到期，且是否符合「資產不足以清償全部債務或者明顯缺乏清償能力」的破產原因。關於案涉債務是否提前到期，農行五角場支行未能證明其已履行貸款提前到期的通知義務，故認定案涉貸款並未提前到期，一審關於匯裕公司還款為債務提前到期的認定錯誤。雖然案涉貸款清償時並未到期，在破產申請

受理時已經到期，不能適用《破產法》第三十一條予以撤銷。同時，一審法院關於案涉債務清償時匯裕公司並非處於資不抵債狀態、且不構成明顯缺乏清償能力的認定正確。雖然匯裕公司的法定代表人肖楠去世對其生產經營產生重大影響，但薑維翹接管了公司，不存在「法定代表人下落不明且無其他人員負責管理財產，無法清償債務」的情形，不能適用《破產法》第三十二條予以撤銷。綜上，裁定駁回方達所的再審申請。

【法律評析】

　　本案的爭議焦點在於，匯裕公司的破產管理人方達所是否可以依據《破產法》第三十一條和三十二條，主張破產撤銷權或請求撤銷個別清償行為。

一、破產撤銷權的法律要件

　　《破產法》第三十一條規定：「人民法院受理破產申請前一年內，涉及債務人財產的下列行為，管理人有權請求人民法院予以撤銷：（一）無償轉讓財產的；（二）以明顯不合理的價格進行交易的；（三）對沒有財產擔保的債務提供財產擔保的；（四）對未到期的債務提前清償的；（五）放棄債權的。」分析法條可知，破產管理人主張破產撤銷權，前提條件為債務人的財產行為發生在人民法院受理破產申請前一年內，同時必須滿足五個法律要件之一：債務人無償或以明顯不合理價格交易、對沒有擔保的債務提供擔保、提前清償未到期債務，或放棄債權。

　　結合本案可知，匯裕公司的清償行為包括2010年12月6日和2011年5月17日。很顯然，匯裕公司的兩次清償行為，均發生在人民法院受理其破產申請前一年內（破產申請受理為2011年11月）。因農行五角場支行未能證明其已履行對匯裕公司貸款提前到期的通知義務，

案涉貸款並未提前到期，故再審法院糾正了一審和二審關於匯裕公司還款行為是償還提前到期債務的錯誤認定。再審法院認為，雖然匯裕公司在清償時債務並未到期，但合同約定的債務到期日為2011年9月5日，該日期在破產申請受理時已經到期，不屬於「對未到期債務提前清償的」情形，亦不屬於《破產法》第三十一條規定的其他四種情形。案涉清償行為不符合破產撤銷權的法律要件，故破產管理人方達所無權依據《破產法》第三十一條主張對案涉清償行為予以撤銷。

二、請求撤銷個別清償行為的法律要件

《破產法》第三十二條規定：「人民法院受理破產申請前六個月內，債務人有本法第二條第一款規定的情形，仍對個別債權人進行清償的，管理人有權請求人民法院予以撤銷。但是，個別清償使債務人財產受益的除外。」第二條第一款規定：「企業法人不能清償到期債務，並且資產不足以清償全部債務或者明顯缺乏清償能力的，依照本法規定清理債務。」

《最高人民法院關於適用〈中華人民共和國企業破產法〉若干問題的規定（一）》（以下簡稱《破產法司法解釋（一）》）第三條規定：「債務人的資產負債表，或者審計報告、資產評估報告等顯示其全部資產不足以償付全部負債的，人民法院應當認定債務人資產不足以清償全部債務，但有相反證據足以證明債務人資產能夠償付全部負債的除外。」第四條規定：「債務人帳面資產雖大於負債，但存在下列情形之一的，人民法院應當認定其明顯缺乏清償能力：（一）因資金嚴重不足或者財產不能變現等原因，無法清償債務；（二）法定代表人下落不明且無其他人員負責管理財產，無法清償債務；（三）經人民法院強制執行，無法清償債務；（四）長期虧損且經營扭虧困難，無法清償債務；（五）導致債務人喪失清償能力的其他情形。」

分析上述法條可知，破產管理人請求撤銷個別清償行為時，其

前提條件為債務人的清償行為發生在人民法院受理破產申請前六個月內，同時必須滿足「債務人不能清償到期債務，資產不足以清償全部債務或者明顯缺乏清償能力的，並且個別清償不能使債務人的財產受益」的破產原因。除有相反證據外，債務人的資產負債表、審計報告和資產評估報告等，應做為法院認定債務人資產是否不足以清償全部債務的依據。但如果具有《破產法司法解釋（一）》第四條規定的五項特殊情形之一，則即使債務人的帳面資產大於負債，人民法院亦應認定債務人明顯缺乏清償能力。

結合本案可知，匯裕公司2011年5月17日的清償行為，發生在人民法院受理其破產申請前六個月內（破產申請受理為2011年11月15日前），並且存在不能清償到期債務情形，前述兩項符合《破產法》第三十二條撤銷權的部分要件。因此，本案的爭議焦點為，匯裕公司清償時是否存在資不抵債狀況，即其資產是否不足以清償全部債務或者明顯缺乏清償能力。首先，根據資產狀況審計報告顯示，匯裕公司清償時其帳面淨資產為10,613,753.08元，不構成資不抵債狀態。其次，案涉清償行為後其帳面淨資產仍為正值，且2011年5月的淨利潤額高於2011年4月，不構成明顯缺乏清償能力。再次，方達所認為審計報告中的帳面淨資產應扣除幾筆款項，但其無法證明幾筆款項確應扣除，亦未提供審計報告以外的其他相反證據證明匯裕公司清償時已明顯缺乏清償能力。最後，雖然法定代表人肖楠去世後確實嚴重影響了匯裕公司正常的生產經營，但肖楠去世後由薑維翹實際管理匯裕公司，並非處於無人管理狀態，不屬於《破產法司法解釋（一）》第四條規定的五種例外情形中的任何一種。綜上所述，匯裕公司2011年5月17日清償債務時，不屬於資不抵債和明顯缺乏清償能力的情形，不符合請求撤銷個別清償行為的法律要件。故破產管理人方達所無權依據《破產法》第三十二條，請求撤銷匯裕公司向農行五角場支付、提籃橋支行的個別清償行為。

三、銀行風險啟示

綜上所述，對銀行的風險啟示為：第一，本案中，由於農行五角場支行無法證明其已向債務人匯裕公司發出了債務提前到期的通知，法院最終做出其債權未提前到期、到期日應為約定日期的不利認定。因此，如果在借款合同中明確約定了提前到期條款且出現債務人違約情形後，銀行應及時向債務人發出債務提前到期的通知，並要求其出具簽收回執，以確保達到其債權實際提前到期的法律效果；第二，銀行在簽訂和履行借款合同時，應充分關注借款人及相關擔保人的還款能力、信用狀況、經營狀況及財產狀況等的動態變化，以確保其債權利益的最終實現；第三，如果債務人的破產管理人主張破產撤銷權和撤銷個別清償行為，做為債權人的銀行，應積極以其不符合《破產法》第三十一條和三十二條規定的法律要件予以抗辯，以保障自身合法權益。

附：再審法律文書

上海市方達律師事務所與中國農業銀行股份有限公司上海五角場支行等請求撤銷個別清償行為糾紛審判監督民事裁定書

上海市高級人民法院
民事裁定書
（2016）滬民申2379號

再審申請人（一審原告、二審上訴人）：上海市方達律師事務所（係上海匯裕國際貨物運輸代理有限公司破產管理人）。
　　住所地：上海市靜安區。
訴訟代表人：李凱，破產管理人負責人。
委託訴訟代理人：陳冠兵，上海市方達律師事務所律師。

委託訴訟代理人：王伊純，上海市方達律師事務所實習律師。

被申請人（一審被告、二審被上訴人）：中國農業銀行股份有限公司上海五角場支行。住所地：上海市楊浦區。

負責人：許雪興，行長。

被申請人（一審被告、二審被上訴人）：中國農業銀行股份有限公司上海提籃橋支行。住所地：上海市楊浦區。

負責人：劉瑜，行長。

兩被申請人共同委託訴訟代理人：付潤輝，上海市羅頓律師事務所律師。

　　再審申請人上海市方達律師事務所（以下簡稱方達律所）與被申請人中國農業銀行股份有限公司上海五角場支行（以下簡稱農行五角場支行）、被申請人中國農業銀行股份有限公司上海提籃橋支行（以下簡稱農行提籃橋支行）破產撤銷權及請求撤銷個別清償行為糾紛一案，不服上海市第一中級人民法院（2015）滬一中民四（商）終字第2156號民事判決，向本院申請再審。本院依法組成合議庭進行了審查，現已審查終結。

　　再審申請人方達律所申請再審稱，一、涉案清償行為係對未到期債務提前清償，應適用《中華人民共和國企業破產法》（以下簡稱《破產法》）第三十一條予以撤銷。本案中，債務人上海匯裕國際貨物運輸代理有限公司（以下簡稱匯裕公司）並不存在違約行為，農行五角場支行也並未向匯裕公司發送貸款提前到期的通知，訴訟中銀行也未能提供通知原件，而原審以債務人實際付款的行為反推該筆債務提前到期，不能成立。二、涉案清償行為發生時匯裕公司已經發生破產原因，應當適用《破產法》第三十二條予以撤銷。首先，匯裕公司構成資不抵債。關於清償行為發生時匯裕公司的資產狀況，不應僅看審計報告，而應當以該公司真實資產為標準，故應在審計結論基礎上，扣除匯裕公司對環亞（上海）國際貨運公司（以下簡稱環亞公司）的應收款人民幣927萬餘元（以下幣種同）、2011年4月至5月的經營成本、對肖楠的預付款125萬元和應收款50萬元。扣減後，2011年4月13日匯裕公司真實淨資產約為-984萬元，2011年5月17日真實淨資產約為-1,229萬元。原審籠統地按審計報告帳面金額確認淨資產情況是不正確的。其次，匯裕公司已

明顯缺乏清償能力。原因在於，肖楠去世直接導致匯裕公司喪失清償能力；匯裕公司本身資金嚴重不足，無法清償債務；匯裕公司法定代表人去世，無人負責管理公司財；涉案貸款清償導致現金流徹底斷裂。綜上，方達律所請求依照《中華人民共和國民事訴訟法》第二百條第二項、第六項的規定，對本案提起再審。

被申請人農行五角場支行及農行提籃橋支行共同提交意見稱，一、本案不應當適用《破產法》第三十一條。匯裕公司未按合同約定配合銀行檢查，銀行據此宣布貸款提前到期，並向匯裕公司送達通知，該筆債務屬於到期債務。二、本案也不應當適用《破產法》第三十二條。首先，匯裕公司歸還貸款時，並沒有構成資不抵債。不論匯裕公司是對肖楠享有債權還是對環亞公司享有應收帳款927萬元，該應收帳款都是存在的，不應予以扣除。匯裕公司4月至5月的經營成本、對肖楠的預付款和應收款，都是客觀存在的，審計結論沒有錯誤，不應予以扣除。再者，即便應收帳款事後沒有清償，也不能往前倒推做出資產扣減。其次，匯裕公司歸還貸款時，也沒有構成明顯缺乏清償能力。肖楠去世後，薑維翹接管了公司，不存在無人管理的情況。方達律所的主張不符合《最高人民法院關於適用若干問題的規定（一）》（以下簡稱《破產法解釋一》）第四條關於明顯缺乏清償能力的規定。匯裕公司破產的實際原因是薑維翹與肖楠的繼承人發生矛盾引起的。綜上，匯裕公司歸還貸款時，並沒有發生破產原因。被申請人認為原審處理正確，請求駁回方達律所的再審申請。

本院經審查認為，方達律所做為匯裕公司的破產管理人，根據《破產法》第三十一條、第三十二條的規定，要求對涉案清償行為予以撤銷。根據《最高人民法院民事案件案由規定》，前者為破產撤銷權糾紛，後者為請求撤銷個別清償行為糾紛。

一、關於破產撤銷權糾紛。《破產法》第三十一條第（四）項規定，人民法院受理破產申請前一年內，債務人對未到期的債務提前清償的，管理人有權請求人民法院予以撤銷。《破產法》第三十四條進一步規定，因此取得的債務人的財產，管理人有權追回。但是，對於破產受理時已經到期的債務是否可予撤銷，《最高人民法院關於適用若干問題的規定（二）》（以下簡稱《破產法解釋二》）又進一步明確：「破產申請受理前一年內債務人提

前清償的未到期債務，在破產申請受理前已經到期，管理人請求撤銷該清償行為的，人民法院不予支持。……」根據上述法律及司法解釋的規定，管理人根據《破產法》第三十一條行使破產撤銷權，須滿足三項要件：一是清償行為發生在破產申請受理前一年內；二是清償時債務尚未到期；三是在破產申請受理時該債務仍未到期。關於第一項和第三項要件，雙方沒有爭議，即清償行為發生在破產申請受理前一年內，但在破產申請受理時該債務已經到期。

　　雙方爭議在於，系爭債務清償時是否提前到期。對此，農行五角場支行稱其已經履行通知義務，並將《貸款提前到期通知書》（以下簡稱《通知書》）由其客戶一部經理張淼當面交付董維翹，但方達律所予以否認，並稱匯裕公司提前清償的原因在於肖楠繼承人為了提前釋放房產抵押。本院認為，銀行主張系爭貸款提前到期，應當提供匯裕公司違約及銀行履行通知義務的證據。銀行陳述《通知書》當面交付董維翹，並無證據證明，本院不予採納。原審中銀行提供的通知（複印件）載明「一式三份，貸款人留存一份」，故銀行理應備有通知原件，其無權以「原件交付匯裕公司」為由拒絕提供。因銀行未能舉證匯裕公司違約及其已履行宣布提前到期的通知義務，還款期限仍為合同約定期限，本院確認涉案貸款並未提前到期。原審以匯裕公司還款行為認定債務提前到期，認定不當。但是，涉案貸款清償時雖未到期，根據《破產法解釋二》第十二條的規定，在破產申請受理時已經到期，仍不能適用《破產法》第三十一條予以撤銷。

　　二、關於請求撤銷個別清償行為糾紛。《破產法》第三十二條規定：「人民法院受理破產申請前六個月內，債務人有本法第二條第一款規定的情形，仍對個別債權人進行清償的，管理人有權請求人民法院予以撤銷。」《破產法》第三十四條進一步規定，因該法第三十二條規定的行為而取得的債務人的財產，管理人有權追回。因此，管理人依據《破產法》第三十二條請求撤銷個別清償行為，須滿足四項要件：一是清償行為發生在受理破產申請前六個月內；二是債務人不能清償到期債務，並且資產不足以清償全部債務或者明顯缺乏清償能力的；三是對個別債權人進行清償；四是個別清償並未使債務人財產受益。涉案款項的支付發生在受理破產申請前六個月內，是匯裕公司對銀行的債務個別清償，且該個別清償並不能使債務人財產受益，

故本案能夠滿足第一項、第三項及第四項要件。

　　本案爭議在於第二項要件能否滿足，即清償時匯裕公司是否符合破產原因。根據《破產法》第二條及《破產法解釋一》第一條的規定，債務人不能清償到期債務並且資產不足以清償全部債務，或者債務人不能清償到期債務並且明顯缺乏清償能力的，構成破產原因。本案中，匯裕公司不能清償到期債務沒有爭議，爭議在於匯裕公司在清償銀行債務時，是否資不抵債，或者是否明顯缺乏清償能力。

　　首先，關於資不抵債的認定，《破產法解釋一》第三條規定：「債務人的資產負債表，或者審計報告、資產評估報告等顯示其全部資產不足以償付全部負債的，人民法院應當認定債務人資產不足以清償全部債務，但有相反證據足以證明債務人資產能夠償付全部負債的除外。」可見，審計報告等並非認定公司資產狀況的唯一依據。方達律所主張並不能以帳面審計做為資不抵債的唯一認定標準，這點本院予以認同。方達律所主張，匯裕公司實際對環亞公司不存在應收款，帳面產生應收款的原因在於匯裕公司接收環亞公司合肥辦後虛開發票導致。故應在審計結論的基礎上，扣除對環亞公司的應收款927萬餘元。進一步的理由是，環亞公司2007年停止運營，早於匯裕公司2008年3月開始經營，雙方不可能有業務往來；匯裕公司用於入帳的環亞公司發票由匯裕公司自行開具，因為開票人為「肖南」或「NX」；環亞公司對匯裕公司享有借款合同債權，但在虹口法院審理及執行期間，匯裕公司從未提出抵銷。本院認為，本案中，審計報告載明匯裕公司與環亞公司確存在資金往來與應收帳款關係，方達律所主張該應收款不能成立，應當提供證據予以證明。方達律所主張的環亞公司停業早於匯裕公司開業故兩公司無業務往來、環亞公司發票由匯裕公司開具等依據並不充分，都不能阻卻匯裕公司對環亞公司享有應收帳款的事實。至於匯裕公司另案是否提出抵銷，與本案匯裕公司是否享有債權，兩者並無直接關聯。此外，2011年4月至5月的經營成本、對肖楠的預付款125萬元和應收款50萬元，方達律所主張扣除亦無充足依據。本院贊同原審處理意見，理由不再贅述。

　　其次，關於明顯缺乏清償能力的認定。雖然肖楠去世確對匯裕公司的生產經營產生重大影響，但薑維翹接管了公司，不存在《破產法解釋一》第四條所規定的「法定代表人下落不明且無其他人員負責管理財產，無法清償債

務」的情形。結合匯裕公司2011年5月淨資產及淨利潤高於2011年4月的情況，原審認定涉案清償行為發生時，匯裕公司不構成明顯缺乏清償能力，亦無不妥。

綜上，再審申請人關於涉案貸款未提前到期的理由成立，但鑑於破產受理時已經到期，仍不能適用《破產法》第三十一條予以撤銷。再審申請人的其他再審事由不能成立。依照《中華人民共和國民事訴訟法》第二百零四條第一款，《最高人民法院關於適用的解釋》第三百九十五條第二款規定，裁定如下：

駁回上海市方達律師事務所的再審申請。

審判長　黃賢華
代理審判員　俞　佳
代理審判員　陸　燁
二〇一六年十二月二十八日
書記員　胡曉萌

附：二審法律文書

上海市方達律師事務所訴中國農業銀行股份有限公司上海五角場支行請求撤銷個別清償行為糾紛一案二審民事判決書

上海市第一中級人民法院
民事判決書
（2015）滬一中民四（商）終字第2156號

上訴人（原審原告）：上海市方達律師事務所（係上海A有限公司破產
　　管理人）。住所地：上海市靜安區XX路XX號XX廣場XX樓。
訴訟代表人、破產管理人負責人：李凱。
委託代理人：李凱，上海市方達律師事務所律師。
委託代理人：陳冠兵，上海市方達律師事務所律師。

被上訴人（原審被告）：中國農業銀行股份有限公司上海五角場支行，
　　住所地：上海市楊浦區XX路XX號。

負責人：許雪興，支行行長。

被上訴人（原審被告）：中國農業銀行股份有限公司上海提籃橋支行，
　　住所地：上海市楊浦區XX路XX號。

負責人：龔衛鵬，支行行長。

兩被上訴人共同委託代理人：付潤輝，上海市羅頓律師事務所律師。

　　上訴人上海市方達律師事務所（以下簡稱方達所）為與被上訴人中國
農業銀行股份有限公司上海五角場支行（以下簡稱農行五角場支行）、中國
農業銀行股份有限公司上海提籃橋支行（以下簡稱農行提籃橋支行）請求撤
銷個別清償行為糾紛一案，不服上海市浦東新區人民法院（2014）浦民二
（商）初字第3998號民事判決，向本院提起上訴。本院於2015年10月14日立
案受理後，依法組成合議庭，並於2015年11月17日公開開庭進行審理。上訴
人方達所的委託代理人陳冠兵、兩被上訴人的共同委託代理人付潤輝到庭參
加訴訟。本案現已審理終結。

　　原審法院經審理查明，2010年9月7日，上海A有限公司（以下簡稱A公
司）與農行五角場支行簽訂編號為31101201000002664的《中國農業銀行股
份有限公司流動資金借款合同》，約定：農行五角場支行以一般流動資金
借款方式向A公司發放金額為人民幣2,000,000元的貸款，發放日期為2010年
9月7日，到期日為2011年9月5日，借款用途為支付航空運費。合同第三．
八．一條約定：借款憑證為本合同的組成部分。本合同未記載，或者記載的
借款金額、提款金額、還款金額、借款發放日期與到期日期、借款期限、借
款利率、借款用途與借款憑證記載不一致時，以借款憑證的記載為準。第
三．十．二條約定貸款人的權利與義務：（2）有權以現場與非現場的方式
監督、檢查借款人生產經營、財務狀況、物資庫存和借款使用等方面的情
況，並要求借款人提供相關的文件、資料和信息。第五．二條約定：有下列
情形的，貸款人可以解除本合同以及雙方簽訂的其他合同：借款人或保證人
違約；借款人或者保證人還款能力可能發生重大不利變化；抵押物、質押物
可能遭受重大損害或者價值減損等。第五．三條約定：發生上述第五．二條

所述情形的，貸款人可以採取以下救濟措施：要求借款人、擔保人限期糾正違約行為或者其他不利於借款安全的情形、落實其他債務保障措施或者提供其他有效的擔保；調減、撤銷借款人借款額度，停止發放借款，提前收回已發放借款，宣布借款人與貸款人簽訂的其他借款合同項下借款到期等。上述條款均以黑體加粗字體載明。

　　2010年9月7日，農行五角場支行與案外人湯某甲、王某甲、湯某乙、王某乙，簽訂編號為31906201000000551的《最高額抵押合同》一份，約定，上述人員同意以XX路XX弄XX號XX（XX）室的房產設定抵押，為A公司自2010年9月7日起至2013年9月5日止，與農行五角場支行辦理約定的各類業務所形成的債務擔保。擔保的債權最高額為2,400,000元。2010年9月15日，農行提籃橋支行向A公司出具了借款憑證二份，載明了上述借款合同編號及擔保合同編號。其中，編號為311201000039372的借款憑證項中，列明借款日期為2010年9月15日，到期日期為2010年12月6日，金額為100,000元。編號為311201000039375的借款憑證項中，列明借款日期為2010年9月15日，到期日期為2011年9月5日，金額為1,900,000元。

　　2010年12月6日，A公司向農行五角場支行、農行提籃橋支行償還貸款本金100,000元。2011年4月6日，農行五角場支行向A公司發送《貸款提前到期通知書》，編號：（滬五）農銀前通字（2011）第002號，載明因A公司違反合同第3.10.2條第（2）項，農行五角場支行宣布合同項下貸款於2011年4月6日提前到期。A公司於2011年5月17日向農行五角場支行、農行提籃橋支行償還貸款本息1,918,230.50元。

　　原審另查明，A公司係2007年8月成立的一人有限責任公司，案外人肖某係A公司股東，同時擔任法定代表人。2011年3月31日，肖某去世。2011年5月底起，A公司被多家公司起訴至原審法院，要求給付費用。2011年6月28日，A公司員工薑某某等因未領取5、6月份工資提起勞動仲裁，要求A公司支付工資。同年11月，原審法院受理了A公司的破產清算申請，2011年11月15日原審法院做出（2011）浦民二（商）破字第8-3號《民事決定書》，指定方達所為A公司破產清算案的破產管理人。方達所遂向原審法院提起本次訴訟，請求判令：1. 撤銷A公司向農行五角場支行、農行提籃橋支行償還貸款本息的行為，並要求農行五角場支行、農行提籃橋支行返還

2,018,230.50元；2. 本案訴訟費由農行五角場支行、農行提籃橋支行承擔。
原審審理過程中，方達所申請對A公司自2011年3月始的資產負債情況進行司法審計。

後法院委託上海宏大東亞會計師事務所有限公司對A公司2011年4月13日、2011年5月17日的資產負債情況進行審計。審計結論為：截至2011年4月13日，A公司帳面資產總額28,154,811.49元，帳面負債23,729,069.99元，帳面淨資產4,425,741.50元，帳面淨利潤4,192,582.75元。截至2011年5月17日，A公司帳面資產總額20,640,542.68元，帳面負債總額10,026,789.60元，帳面淨資產10,613,753.08元，帳面淨利潤6,188,011.58元。

原審法院認為，當事人對自己提出的訴訟請求所依據的事實或者反駁對方訴訟請求所依據的事實有責任提供證據加以證明。本案的爭議焦點在於：一、A公司歸還貸款的行為是否屬於提前清償，能否依據《中華人民共和國企業破產法》第三十一條予以撤銷；二、A公司歸還貸款的行為，能否依據《中華人民共和國企業破產法》第三十二條予以撤銷。對於爭議焦點一，首先，A公司於2010年12月6日歸還的100,000元雖發生於原審法院受理A公司破產申請1年內，但該還款行為係按約還款，不存在撤銷事由。其次，A公司與農行五角場支行簽訂的《中國農業銀行股份有限公司流動資金借款合同》五·二條、五·三條約定了提前到期條款，現農行五角場支行以A公司違反了合同三·十·二條為由，向A公司發送了《貸款提前到期通知書》並宣布剩餘貸款提前到期，該行為係農行五角場支行根據合同行使相應的權利。自農行五角場支行2011年4月6日宣布貸款提前到期起，A公司向農行五角場支行、農行提籃橋支行的剩餘貸款加速到期，故A公司於2011年5月17日的還款行為，係對到期債務的歸還，不屬於提前還款，方達所無法依據《中華人民共和國企業破產法》第三十一條規定進行撤銷。對於爭議焦點二，A公司於2011年5月17日的還款發生於A公司申請破產六個月之內，對此，若方達所主張依據《中華人民共和國企業破產法》第三十二條予以撤銷，則方達所須證明A公司在還款時已經出現破產原因，即「不能清償到期債務並且資產不足以清償全部債務」或者「不能清償到期債務並且明顯缺乏清償能力」，並且A公司的這種清償不能使其收益。首先，根據方達所提供的相關證據顯示，A公司於2011年5月份開始拖欠員工工資，且其他債權人自2011年5月底開

始起訴要求A公司歸還債務，但根據審理中原審法院委託的審計報告，截至2011年5月17日，A公司帳面淨資產為10,613,753.08元，因此，2011年5月17日A公司並非處於資不抵債的狀態。方達所認為，儘管A公司帳面淨資產達10,613,753.08元，但帳面金額記載不準確，應扣除以下幾筆款項：1. 扣除A公司對案外B（上海）國際貨運公司（以下簡稱B公司）應收款9,271,653.20元，但B公司已經停止營業多年，實際為肖某以A公司資金償還其個人欠B公司的債務，並虛開相應發票，發票未開全部分即記載為應收款，實際該應收款並不存在。2. 扣除A公司向上海C有限公司（以下簡稱C公司）應收款100萬元，方達所曾就C公司債務向法院起訴，但C公司出示的證據顯示已經歸還債務。3. 扣除A公司2011年4、5月的經營成本10,883,421元，審計報告顯示A公司2011年4月至5月的成本收入比率大幅低於歷年來的比率，說明A公司存在未列或者少列成本的現象。4. 扣除對肖某的預付款和應收款分別為125萬元、50萬元，因肖某係A公司實際控制人和唯一股東，且肖某已經過世，遺產價值有限，無法收回。原審法院認為，方達所認為A公司對B公司的應收款實際不存在，但並無證據證明，原審法院不予採信；A公司4至5月份的成本收入比雖然較低，可能存在部分支付尚未在月底前列支的情況，但具體未列支數額並無法證明，更無法證明扣除可能存在的開支後A公司處於資不抵債狀態；肖某對A公司的債務，方達所可向其遺產繼承人追索，不能成為扣除的理由；C公司的應收款100萬元即便不屬實，但扣除該金額，A公司仍未處於資不抵債的狀態。此外，截至2011年5月A公司尚未進入破產程序，儘管A公司因肖某過世業務存在一定的混亂，但公司總體處於運營狀態，故方達所陳述的各種扣除理由於法無據，原審法院不予採信。其次，方達所認為，A公司自2011年5月起拖欠員工工資、合同款，遭到債權人紛紛起訴，故其向農行五角場支行、農行提籃橋支行還款時已經處於「不能清償到期債務並且明顯缺乏清償能力」狀態。原審法院注意到，從方達所提供的證據顯示，A公司員工催討工資發生於2011年6月，其他債務人催討貨款主要發生於2011年6月份以後，所主張的債權主要針對2011年4、5月份形成的債務，由此可見，A公司的債務到期主要集中於5月下旬或6月，難以推斷A公司在2011年5月17日已經處於「明顯缺乏清償能力」。此外，根據審計報告，截至2011年5月17日A公司帳面仍有10,613,753.08元淨資產，歸還農行五角場支行、農行

提籃橋支行1,918,230.50元後，A公司帳面淨值仍為正數，由此亦印證A公司在該日未「明顯缺乏清償能力」。綜上，方達所認為A公司在歸還農行五角場支行、農行提籃橋支行貸款時已經出現破產原因的主張，原審法院難以採信。據此，原審依照《最高人民法院關於民事訴訟證據的若干規定》第二條的規定，判決如下：駁回方達所的訴訟請求。一審案件受理費22,945元，減半收取計11,472.50元，審計費250,000元，兩項合計261,472.50元，由方達所負擔。

原審判決後，方達所不服，向本院提起上訴稱，一、原審審理過程中，農行五角場支行與農行提籃橋支行並未提供《貸款提前到期通知書》原件供其質證，但原審法院在沒有任何證據的前提下，就認定農行五角場支行向A公司送達《貸款提前到期通知書》與事實不符。退一步講，即使該證據屬實，農行五角場支行亦未提供證據證明A公司存在《貸款提前到期通知書》所列明的違約行為，涉案的貸款不應提前到期，故涉案的第二筆清償行為實際構成提前清償。二、司法審計機構已經確認其係帳面審計，並不對帳面資產的真實性進行審核。根據方達所在司法審計中向原審法院及司法審計機構提交的意見及證據，司法審計確認的A公司的帳面資產與事實不符。1. 對B公司的帳面應收款，係虛開發票形成的，實際並不存在，故應予扣除。2. 對肖某的應收款，生效判決後，法院至今未能執行到肖某的相關遺產，故對肖某的應收款根本無法收回，故不應確認為A公司的實際資產。3. 2011年4月、5月明顯存在未列或少列成本的情形。在扣除以上三項和A公司對C公司應收款100萬元後，A公司在2011年5月17日的淨資產為-12,291,321.12元，明顯處於資不抵債狀態。三、涉案清償行為發生時，A公司的資金嚴重不足，根本不足以清償其全部債務。事實上，本案正是因為A公司對銀行貸款的清償，才導致A公司的流動資金枯竭，進而使得A公司的全體債權人利益受損。尤其值得注意的是，A公司做為肖某的一人公司，其本身的運營和業務完全依靠肖某的個人能力和客戶關係，肖某的突然去世事實上導致A公司發生根本性變化，原審法院未將此事實做為認定A公司是否缺乏明顯償債能力的依據，屬於遺漏重大事實。四、原審判決在認定A公司是否存在明顯缺乏償債能力時未根據《關於適用若干問題的規定（一）》第四條的規定對A公司在涉案清償行為發生時的狀態予以審查，存在未能正確適用法律的情形。

綜上，方達所認為，原審認定事實錯誤，適用法律不當，故請求二審法院撤銷原判，依法改判支援其原審全部訴訟請求。

農行五角場支行與農行提籃橋支行共同答辯認為，一、其於2011年4月6日將《貸款提前到期通知書》送達給A公司，A公司按通知書內容向其歸還本息，由此可以確定A公司已收到通知書。涉案債務為已經到期的債務，A公司並非提前清償，該事實已由本院（2013）滬一中民六（商）終字第181號民事裁定書予以認定。二、涉案債務的合同約定到期日為2011年9月5日，而法院受理A公司破產的時間為2011年11月15日，根據《關於適用若干問題的規定（二）》第十二條的規定，方達所的撤銷行為不應得到法律的支持。三、司法審計程序是應方達所申請而啟動的，審計程序合法，結論客觀公正，應當做為認定本案事實的依據，不應扣除方達所主張的相關款項。根據司法審計報告反映，A公司在2011年4月13日及5月17日應收帳款大於應付帳款，說明公司的資金是充裕的，處於正常經營狀態，並不存在資不抵債的情形。四、肖某病重及去世後，公司的業務均由薑某某實際管理和正常經營，並不存在A公司無人管理的狀況。引起A公司破產的原因是實際管理人薑某某與肖某的繼承人發生矛盾而引起的，故方達所以A公司存在《關於適用若干問題的規定（一）》第四條規定情形，而認定A公司明顯缺乏清償能力無事實依據。原審認定事實清楚，適用法律正確，請求駁回上訴，維持原判。

二審審理期間，方達所提交如下證據：一、B公司的付款憑證、《關於對合肥辦事處有關事項清算的處理決定》、《關於被告拖欠原告欠款的有關情況說明》、庭審筆錄、房屋租賃合同、B公司機讀檔案信息、天健滬審〔2011〕157《審計報告》、還款協議書、民事調解書、民事裁定書及空白發票，用以證明B公司在2008年初就已停止所有空運進出口貨運代理業務並撤銷相關業務部門，故A公司對B公司不存在帳面所列的應收帳款；二、肖某案件的一、二審民事判決書及申請執行受理單，用以證明A公司對肖某的應收款根本無法收回，故不應確認為A公司的實際資產。農行五角場支行與農行提籃橋支行質證認為，該些證據與本案無關，且對方達所的證明目的均不予認可。農行五角場支行與農行提籃橋支行提交如下證據：一、B公司的營業經營信息，用以證明B公司在2013年9月23日註銷，此前是正常經營的。二、本院（2013）滬一中民六（商）終字第181、182號民事裁定書，用以證

明生效民事裁定書已就涉案債務是否屬於到期債務做出認定。方達所對上述證據的真實性均予認可，但對證據一的證明目的不予認可，並認為證據二並非生效裁定。

本院結合雙方的舉證及質證意見，做如下認證：一、對於方達所提交的證據一、證據二，事實上在審計過程中，方達所均已向審計部門提供，方達所對此的相關觀點審計部門已在審計報告中均有反映，本院將在本院認為部分對此予以綜合評判。二、對於農行五角場支行與農行提籃橋支行提供的證據一，本院將與方達所提供的證據一併予以評判。證據二是與本案相關聯案件處理過程中形成的文書，不屬於證據範疇。本院經審理查明，原審法院查明的事實均屬實，本院予以確認。2011年9月21日，原審法院裁定對A公司進行強制清算。

本院認為，雖然涉案貸款的發放單位為農行提籃橋支行，但涉案的借款合同及抵押合同均是由農行五角場支行與A公司簽訂，在合同履行過程中，借貸雙方亦從未就合同主體的變更進一步予以明確，且考慮到農行五角場支行與農行提籃橋支行的隸屬關係，可以認定農行提籃橋支行僅是根據農行五角場支行指令發放貸款及接受還款，相應的責任仍應由農行五角場支行負擔，故本院僅確認農行五角場支行為涉案借款的貸款方。關於A公司於2010年12月6日歸還的10萬元的認定。儘管借款合同約定的借款到期日為2011年9月5日，但是農行五角場支行在發放貸款時在借款憑證已列明其中10萬元的到期日為2010年12月6日，且A公司亦依約將此10萬元予以歸還，由此說明，借貸雙方已對該10萬元的借款期限進行變更，並依約履行。根據《關於適用若干問題的規定（二）》第十條第二款及第十二條的規定，本筆款項的清償行為不屬於方達所可撤銷的情形。關於A公司於2011年5月17日歸還的1,918,230.50元的認定，本院分述如下：首先，關於農行五角場支行是否向A公司發送過《貸款提前到期通知書》的問題，方達所主張農行五角場支行未提供該通知書原件，故該證據不應做為本案定案的依據。對此，本院認為，雖然農行五角場支行未提供《貸款提前到期通知書》的原件，但從該通知書發出方與接受方來看，該通知書是由農行五角場支行向A公司發出的，接受方應為A公司，故A公司應持有該通知書的原件。方達所雖否認A公司曾收到過該通知書，然而，從A公司的還款行為來推斷，A公司必然收到過該

通知書，故原審以此為據做為農行五角場支行向A公司宣布貸款提前到期的證據，並無不當。其次，關於農行五角場支行是否有權宣布涉案貸款提前到期的問題，對此，本院認為，農行五角場支行以A公司違反借款合同第三·十·二條第（2）項的規定宣布貸款提前到期，方達所並未提供證據證明A公司曾按該合同條款約定履行，原審法院據此確認本筆款項的歸還為對到期債務的歸還，本案不適用《中華人民共和國企業破產法》第三十一條規定進行撤銷，並無不當，本院對此予以維持。再次，關於A公司的涉案清償行為是否應適用《中華人民共和國企業破產法》第三十二條規定的問題。原審過程中，審計機構已對A公司2011年5月17日資產負債情況進行過審計，從帳面情況反映，A公司的帳面淨資產大於負債，本案二審的爭議在於，帳面淨資產中是否應扣除方達所持有異議的幾筆款項，從而認定A公司在還款時是否處於資不抵債。一、對於B公司的應收款9,271,653.20元，方達所認為該應收款並不存在。本院經審查方達所的舉證及相關說明來看，方達所認為在A公司成立之初，B公司已停止空運進出口貨運代理業務，故A公司與B公司間不可能有業務往來，但自A公司成立後累計向B公司支付款項多達2,400餘萬元的行為及A公司、肖某與B公司間訴訟來看，A公司向B公司的付款是基於肖某對B公司的欠款，照此分析，即使A公司確實對B公司不存在應收款，但可以確認A公司對肖某享有至少2,400餘萬元的應收款，故該筆應收款實際是存在的，僅是對象不同而已，故方達所主張扣除該筆應收款的上訴理由不能成立。二、對肖某應收款的認定，方達所主張對肖某的應收款無法收回，故應予扣除。對此，本院認為，肖某去世後，其尚有遺產可供執行，至於執行到位率，在還款當時並不能做為扣除的依據。三、是否存在未列及少列經營成本的問題，本院認為，還款時A公司尚在經營過程中，對於期間某個時點的審計中對成本紀錄有所出入，屬正常的範疇，不應做為扣除的依據。因此，本院認同原審對此的認定。最後，關於A公司在涉案清償行為發生時是否存在《關於適用若干問題的規定（一）》第四條規定的「明顯缺乏清償能力」的問題。方達所主張由於肖某去世，無人負責管理財產且資金嚴重不足。對此，本院認為，A公司在肖某病重和去世後是由董某某實際管理，並非處於無人管理狀態，在涉案清償行為發生時並不符合《關於適用若干問題的規定（一）》第四條規定的相關情形。綜上，本院認為，方達所的上訴請求，缺

乏事實與法律依據，本院不予支持。原審判決認定事實清楚，適用法律正確，程序合法，本院依法予以維持。據此，依照《中華人民共和國民事訴訟法》第一百七十條第一款第（一）項、第一百七十五條、第一百一十八條第一款之規定，判決如下：駁回上訴，維持原判。

　　二審案件受理費人民幣22,945元，由上訴人上海市方達律師事務所負擔。

　　本判決為終審判決。

　　審判長　周　清
　　代理審判員　龐建新
　　審判員　陸文芳
　　二〇一六年三月七日
　　書記員　吳娟娟

第九篇

債權轉讓糾紛

【案例71】 不良資產跨境轉讓的法律分析

廣州豪藝詩資管公司與黃志群、韓國全球投資公司II 等債權轉讓合同糾紛案評析

案號：廣州從化區法院（2015）穗從法民二初字第310號

【摘要】

境內金融機構向境外投資者轉讓不良債權，形成境內債務人對外負債，即納入企業外債登記制管理。目前外管局已簡化境外投資者受讓境內不良資產登記手續，但境內轉讓方應通知債務人註冊登記地管理「國有資產」的相關政府部門行使優先購買權，取得其放棄優先購買權的書面回覆後，方可對外轉讓，以免產生轉讓上的瑕疵。

【基本案情】

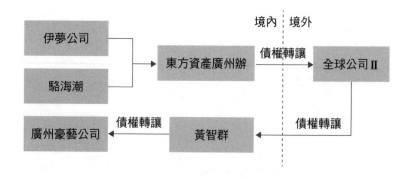

2000年11月6日，伊夢公司因為資金周轉困難，向中國工商銀行從化市支行（以下簡稱「工行從化支行」）申請貸款20萬元。同時約定駱海潮以其所有房屋為伊夢公司的債務提供抵押擔保，雙方簽訂了抵押合同，並辦理了他項權登記。

　　2005年7月20日，第三人工商銀行廣東省分行營業部與第三人東方資產管理公司廣州辦事處（以下簡稱「東方資產廣州辦」）簽署《債權轉讓協議》，約定工商銀行將其對伊夢公司案涉借款合同項下的債權及全部從權利，轉讓給東方資產廣州辦，且已書面通知伊夢公司。

　　借款到期後，伊夢公司除償還5萬元本金外，借款本金15萬元及利息未還。該案經廣州從化區法院審理後，於2005年11月11日做出判決，限伊夢公司自判決發生法律效力之日起十日內，償還借款本金15萬元及利息給東方資產廣州辦；東方資產廣州辦對駱海潮提供的抵押物享有優先受償權。

　　2009年8月19日，東方資產廣州辦與全球公司II簽訂《資產轉讓協議》，協議中將東方資產廣州辦對伊夢公司與駱海潮享有的債權及其附屬權益，轉讓給全球公司II。

　　2010年3月12日，東方資產廣州辦與全球公司II共同出具《債權轉讓證明》，雙方確認已將案涉債權轉讓給全球公司II。2010年3月12日，東方資產廣州辦在《南方日報》刊登了《債務催收暨債權轉讓公告》。

　　東方資產廣州辦在將涉案債權轉讓給全球公司II的過程中，2009年9月16日，國家發展和改革委員會向中國東方資產管理公司發出《對外轉讓不良債權備案確認書》予以備案；同年12月11日，外管局向中國東方資產管理公司出具〔2009〕266號《國家外匯管理局關於中國東方資產管理公司對外轉讓廣東地區不良資產有關外匯管理問題的批覆》，同意以直接買斷方式對外轉讓該筆不良資產等；2010年7月2日，外管局廣東省分局同意東方資產廣州辦對外轉讓不良資產給全球公司II進行備案登記。此外，2009年4月29日東方資產廣州辦分別向廣東省人民政府和廣東省國有資產監督管理委員會，發出《關於廣州等地區684戶債權資產包行使優先購買權的通知》，請求

廣東省人民政府及廣東省國有資產監督管理委員會在收到通知之日起
30日內，就上述債權轉讓是否行使優先購買權做出書面答覆。2009
年6月9日，廣東省金融服務辦公室向東方資產廣州辦發出《關於對
中國東方資產管理公司所屬廣州等地區債權資產包行使優先購買權
意見的函》（粵金函〔2009〕314號），表示廣東省人民政府對東方
資產廣州辦《關於廣州等地區684戶債權資產包行使優先購買權的通
知》（中東粵發〔2009〕16號）所涉廣州等地區684戶債權資產包
（包括案涉債權），決定放棄優先購買權。

2014年9月26日，全球公司II與被告黃志群簽署《債權轉讓協
議》約定，將全球公司II受讓自東方資產廣州辦的資產包中35戶債權
的本金及至成交日的所有合法並有效的利息，轉讓給黃志群。該《債
權轉讓協議》附件一《債權轉讓明細表》中，序號18包含有本案債
權。2014年10月27日，全球公司II與黃志群共同出具《資產轉讓證
明》，確認本案債權已經轉讓給黃志群。2014年10月29日，全球公
司II與黃志群共同在《南方日報》上刊登《債權轉讓暨催收、招商公
告》，告知債務人和擔保人債權轉讓事宜，並催促債務人和擔保人向
黃志群履行債務。該公告清單序號18，記載有本案債權。

2015年2月12日，廣州豪藝詩投資管理有限公司（以下簡稱「廣
州豪藝公司」）與黃志群簽署《債權轉讓協議》，約定黃志群將其受
讓自全球公司II的資產包中27戶債權的本金及至成交日的所有合法並
有效的利息，轉讓給廣州豪藝公司。該《債權轉讓協議》附表一《債
權轉讓明細表》序號16，記載有本案債權。2015年2月13日，廣州豪
藝公司與黃志群共同簽署《單戶資產轉讓協議》，雙方確認自2015
年2月13日起，涉案債權的全部權利、權益和利益（包括但不限於已
繳納的訴訟費、保全費等費用），以及對應的借款合同、還款協議、
擔保合同及其他相關法律文件下的全部權利和權益，一併轉讓給廣
州豪藝公司。經廣東省廣州市廣州公證處的公證，廣州豪藝公司於

2015年3月11日以郵政特快專遞的方式，向伊夢公司郵寄送達黃志群出具的《債權轉讓暨催收通知書》，但原告未提交簽收回執。2015年8月5日，廣州豪藝公司與黃志群聯合在《廣州日報》上刊登《債權轉讓暨催收公告》，告知債務人涉案債權已由黃志群轉讓給廣州豪藝公司，並要求債務人向廣州豪藝公司履行相應的合同及法定義務。

　　因伊夢公司不履行判決書確定的義務，廣州豪藝公司認為自己有權承繼黃志群、東方資產廣州辦做為債權人的權利，取代他們成為（2005）從法民二初字第116號案的申請執行人，訴至法院。

【法院判決】

　　廣東省廣州市從化區人民法院經審理認為：案涉債權在轉讓過程中，已經向國家發展和改革委員會、國家外匯管理局以及國家外匯管理局廣東省分局，辦理了備案登記手續。因東方資產廣州辦向全球公司II轉讓債權，屬於以資產包的形式將涉案債權包括在內而予以轉讓，主要債務人註冊登記地為廣東地區，故東方資產廣州辦亦通知了廣東省人民政府、廣東省國有資產監督委員會行使優先購買權，符合《關於審理涉及金融不良債權轉讓案件工作座談會紀要》第四條「關於地方政府等的優先購買權」的相關規定，故案涉債權轉讓不違反法律和行政法規的強制性規定，合法有效。東方資產廣州辦在《南方日報》刊登《債務催收暨債權轉讓公告》，全球公司II與黃志群共同在《南方日報》上刊登《債權轉讓暨催收、招商公告》，豪藝公司與黃志群聯合在《廣州日報》上刊登《債權轉讓暨催收公告》，上述債權人均履行了債權轉讓通知債務人的義務，故該轉讓行為對債務人發生法律效力。綜上，判決確認黃志群將對第三人伊夢公司所享有的（2005）從法民二初字第116號判決項下的債權，轉讓給豪藝公司合法有效。

　　現一審判決已生效。

【法律評析】

本案的主要爭議焦點為：境內金融機構向境外轉讓不良債權時，應辦理登記備案手續；不良債權轉讓境外時，政府等機構的優先購買權問題，以及境內金融機構向境外轉讓不良債權的通知效力等注意事項。在本案債權債務關係中，伊夢公司為債務人，駱海潮為抵押人，東方資產廣州辦、全球公司II與黃志群為債權的轉讓方，廣州豪藝公司為債權的受讓方。

一、境內金融機構向境外轉讓不良債權時的登記備案事宜

《國家發展改革委關於做好對外轉讓債權外債管理改革有關工作的通知》（發改外資〔2016〕批覆1712號）規定，境內金融機構向境外投資者轉讓不良債權，形成境內企業對外負債，適用《國家發展改革委關於推進企業發行外債備案登記制管理改革的通知》（發改外資〔2015〕2044號）有關規定，統一納入企業外債登記制管理。

（一）轉讓者部分

實務中，境內金融機構對外轉讓不良債權登記申請資料，包括以下內容：

1. 對外轉讓不良資產情況，主要內容包括：帳面本金、利息總額、主要構成、地域分布、協力廠商評估意見等。

2. 對外轉讓協議。

3. 在新聞媒體上公開發布的處置公告。

4. 境外投資者企業註冊證明、有關書面承諾及資信業績情況證明文件。如果是以境外特殊目的公司（SPV）形式購買不良債權，若不能充分證明資信業績狀況，須提供控股母公司的證明文件。

5. 公證機構對轉讓過程出具的公證書，主要內容應包括：不良債權簡況、轉讓方式、參與轉讓的主要境內外投資者、相關報價。

6. 律師事務所出具的法律意見書。

　　根據《國家發展改革委關於推進企業發行外債備案登記制管理改革的通知》（發改外資〔2015〕2044號）規定，境內金融機構向境外投資者轉讓不良債權，須事前向國家發展改革委申請辦理備案登記手續。國家發展改革委在收到備案登記申請後5個工作日內，決定是否予以受理，自受理之日起7個工作日內，在外債總規模限額內出具《企業發行外債備案登記證明》。境內機構收到國家發展改革委出具的登記證明後，可向外匯主管部門申請辦理外債登記及資金匯兌。

　　（二）受讓者部分

　　其次，《國家外匯管理局關於進一步改進和調整資本項目外匯管理政策的通知》（匯發〔2014〕2號）第二條中規定，在有關主管部門批准境內機構向境外投資者轉讓不良資產後30日內，受讓境內不良資產的境外投資者或其境內代理人，須到主要資產所在地外管局或其境內代理人所在地外管局，辦理境外投資者受讓境內不良資產登記手續。

　　實務中，境外受讓方辦理此項登記手續，應提供如下資料：

　　1. 申請書，並填寫《境外投資者受讓境內不良資產登記表》。

　　2. 國家發改委批准境內機構對外轉讓不良資產的核准或備案文件。

　　3. 境內機構和境外投資者簽署的轉讓合同主要條款影本（無須提供不良資產及擔保事項逐筆資料）。

　　4. 若由境內代理人辦理，還須提供代理協議。

　　5. 其他補充資料。

　　結合本案，東方資產廣州辦將境內不良債權轉給境外主體韓國全球公司II時，東方資產廣州辦向國家發展改革委與外管局申報並履行備案手續，全球公司II應至不良債權資產所在地或者其境內代理人所在地的外管局，辦理受讓境內不良資產登記手續。

二、不良債權轉讓境外的優先購買權問題

根據《最高人民法院印發〈關於審理涉及金融不良債權轉讓案件工作座談會紀要〉的通知》規定：「為了防止在通過債權轉讓方式處置不良債權過程中發生國有資產流失，相關地方人民政府或者代表本級人民政府履行出資人職責的機構、部門等可以對不良債權行使優先購買權。」

本案中，東方資產廣州辦向全球公司II轉讓不良債權時，須通知地方的優先購買權人。由於案涉不良債權轉讓的債務人註冊登記地均在同一轄區廣東省境內，故東方資產廣州辦分別向廣東省人民政府和廣東省國有資產監督管理委員會發出通知，並請求廣東省政府及廣東省國有資產監督管理委員會，就上述債權轉讓是否行使優先購買權，做出書面答覆。

此後，東方資產廣州辦取得了廣東省人民政府放棄對案涉不良債權轉讓優先購買權的書面回覆。因此，東方資產廣州辦對韓國全球公司II轉讓案涉不良債權，符合向境外主體轉讓不良債權時地方政府在同等條件下享有優先購買權的相關規定，應為合法有效。案涉不良債權的債權人東方資產廣州辦、全球公司II和黃志群，均已按照法律規定履行了債權轉讓對債務人的通知義務，故一系列轉讓行為均對債務人伊夢公司發生法律效力。黃志群將其對伊夢公司所享有的（2005）從法民二初字第116號債權轉讓給豪藝公司，合法有效。

三、境內金融機構跨境轉讓不良債權的公告效力

《中華人民共和國合同法》第八十條第一款規定：「債權人轉讓權利的，應當通知債務人。未經通知，該轉讓對債務人不發生效力。」債權轉讓對債務人發生效力，以債權人對債務人通知為前提。境內金融機構向境外轉讓不良債權，屬於債權轉讓的範疇，因此必須通知該債權的債務人。

　　本案中，東方資產廣州辦向境外主體韓國全球公司II轉讓不良債權時，採用了在《南方日報》刊登《債務催收暨債權轉讓公告》的方式。由於《關於審理涉及金融資產管理公司收購、管理、處置國有銀行不良貸款形成的資產的案件適用法律若干問題的規定》（法釋〔2001〕12號）第六條第一款規定：「金融資產管理公司受讓國有銀行債權後，原債權銀行在全國或者省級有影響的報紙上發布債權轉讓公告或通知的，人民法院可以認定債權人履行了《中華人民共和國合同法》第八十條第一款規定的通知義務。」因此法院認可刊登公告可以達到通知債務人的效果，使得該債權轉讓對債務人發生法律效力。但值得注意的是，若為其他主體刊登公告，並不足以認定履行了通知義務。

四、對銀行的啟示

　　銀行在開展不良債權跨境轉讓業務時，必須注意以下幾點：

　　1. 根據現有的監管要求，銀行業金融機構轉讓貸款債權時，應當遵守潔淨轉讓原則，即保證資產真實、完全地轉讓，風險真實、完全地轉移。

　　2. 銀行等境內金融機構對境外主體轉讓不良債權時，須取得國家發改委備案登記同意文件，並至國家外管局辦理登記備案手續。同時，還應取得債務人註冊登記地的地方人民政府及其國有資產管理部門放棄對不良債權優先購買權的書面回覆，以切實保障銀行等的合法權益，否則可能引起債務人和擔保人等藉此抗辯，防止產生轉讓上的瑕疵。

附：法律文書

　　廣州市豪藝詩投資管理有限公司與黃志群、韓國全球投資有限公司II等債權轉讓合同糾紛2015民二初310一審民事判決書

　　廣東省廣州市從化區人民法院（2015）穗從法民二初字第310號

　　原告：廣州市豪藝詩投資管理有限公司。住所地：廣州市白雲區。

　　法定代表人：岑連坤，該公司董事長。

　　委託代理人：古金文，住廣東省高州市，該公司員工。

　　被告：黃志群，住廣州市海珠區。

　　委託代理人：周邦慧、陳燕純，廣東穗衛律師事務所律師。

　　第三人：KAMCO GLOBAL INVESTMENT II LIMITED（中文名稱：韓國全球投資有限公司II）。註冊地址：中國香港金鐘夏慤18號海富中心二座18樓1808室。

　　法定代表人：LEE Jong Jin，該公司董事。

　　委託代理人：王海敏，廣東源通律師事務所律師。

　　第三人：廣州市伊夢床具有限公司（原名稱：從化市伊夢床具有限公司），位於廣州市。

　　法定代表人：黃柱燊。

　　第三人：中國工商銀行股份有限公司廣東省分行營業部。

　　　住所地：廣州市越秀區。

　　負責人：沈曉東。

　　委託代理人：孫少明，住從化市，該公司職員。

　　第三人：中國東方資產管理公司廣州辦事處。住所地：廣州市天河區。

　　負責人：吳穎樺。

　　第三人：駱海潮，住所地：廣州市。

　　原告廣州市豪藝詩投資管理有限公司訴被告黃志群、第三人KAMCO GLOBAL INVESTMENT II LIMITED（中文名稱：韓國全球投資有限公司II，以下簡稱全球公司II）、廣州市伊夢床具有限公司（以下簡稱伊夢公

司）、中國工商銀行股份有限公司廣東省分行營業部（以下簡稱工行廣東省分行營業部）、中國東方資產管理公司廣州辦事處（以下簡稱東方資產廣州辦）、駱海潮債權轉讓合同糾紛一案，本院於2015年3月19日立案受理後，依法適用普通程序組成合議庭，於2015年7月27日公開開庭進行審理，原告的委託代理人古金文，被告的委託代理人周邦慧、陳燕純，第三人全球公司II的委託代理人王海敏，第三人工行廣東省分行營業部的委託代理人孫少明到庭參加訴訟，第三人伊夢公司、東方資產廣州辦經本院合法傳喚無正當理由拒不到庭參加訴訟。其後根據原告的申請，本院追加第三人駱海潮參加本案訴訟，於2016年2月22日第二次公開開庭進行審理，原告的委託代理人古金文，第三人全球公司II的委託代理人王海敏，第三人工行廣東省分行營業部的委託代理人孔少明到庭參加訴訟，被告及第三人伊夢公司、東方資產廣州辦、駱海潮經本院合法傳喚無正當理由拒不到庭參加訴訟。本案現已審理終結。

原告廣州市豪藝詩投資管理有限公司訴稱：2005年7月20日，第三人工行廣東省分行營業部與第三人東方資產廣州辦事處簽署《債權轉讓協議》（編號：049）約定，工行廣東省分行營業部將其對伊夢公司合同號2000年借工字第085號借款合同項下的債權及其有關的全部從權利（包括但不限於保證權利、抵押權、質押權）轉讓給東方資產廣州辦。東方資產廣州辦取代工行廣東省分行營業部行使做為債權人的各項權利。上述債權轉讓已書面通知伊夢公司。

2009年8月19日，東方資產廣州辦與全球公司II簽署《資產轉讓協議》約定，將其對伊夢公司合同號2000年借工字第085號借款合同項下的債權及其有關的全部從權利（包括但不限於保證權利、抵押權、質押權）轉讓給全球公司II。全球公司II取代東方資產廣州辦行使做為債權人的各項權利。上述債權轉讓已書面通知伊夢公司。

2014年9月26日，全球公司II與被告簽署《債權轉讓協議》約定，將其對伊夢公司合同號2000年借工字第085號借款合同項下的債權及其有關的全部從權利（包括但不限於保證權利、抵押權、質押權）轉讓給被告。被告取代全球公司II行使做為債權人的各項權利。上述債權轉讓已書面通知伊夢公司。

2015年2月12日，原告與被告簽署《債權轉讓協議》約定，被告將其對伊夢公司合同號2000年借工字第085號借款合同項下的債權及其有關的全部從權利（包括但不限於保證權利、抵押權、質押權）轉讓給原告。原告取代被告行使做為債權人的各項權利。上述債權轉讓已書面通知伊夢公司。

鑒於此，原告已替代合同號為2000年借工字第085號的借款合同項下債權的債權人及擔保權人，有權承繼被告及工行廣東省分行營業部做為債權人及擔保權人所享有的權利，取代被告以及工行廣東省分行營業部在相關訴訟程序中的地位。工行廣東省分行營業部訴伊夢公司借款合同（合同號：2000年借工字第085號）糾紛案已經從化區法院做出（2005）從法民二初字第116號民事判決書並已生效，因伊夢公司不履行判決書確定的義務，工行廣東省分行營業部已向從化區法院申請強制執行，目前處於執行階段。因此原告有權取代被告及第三人工行廣東省分行營業部成為（2005）從法民二初字第116號案的申請執行人。故訴至法院，請求判令：1. 確認被告黃志群與第三人KAMCO GLOBAL INVESTMENT II LIMITED（中文名：韓國全球投資有限公司II）於2014年9月26日簽訂的合同編號為2014－綜35號《債權轉讓協議》項下〔即該《債權轉讓協議》附表《債權轉讓明細表》第18項中關於第三人KAMCO GLOBAL INVESTMENT II LIMITED（中文名：韓國全球投資有限公司II）持有的對債務人從化市永和房地產有限公司享有的債權〕所涉（2005）從法民二初字第116號判決的債權轉讓合法有效；2. 確認原告廣州市豪藝詩投資管理有限公司與被告黃志群於2015年2月12日簽訂的合同編號為2015－從化《債權轉讓協議》項下〔即該《債權轉讓協議》附表第16項中關於黃志群持有的對債務人從化市伊夢床具有限公司享有的債權〕所涉（2005）從法民二初字116號判決的債權轉讓合法有效；3. 本案訴訟費原告自願負擔。在庭審過程中，原告撤回第1項訴訟請求。

被告黃志群辯稱：對原告的訴訟請求、事實和理由均無異議，請求法院確認原告的訴訟請求。

第三人全球公司II、工行廣東省分行營業部述稱：對原告的訴訟請求、事實和理由均無異議，請求法院依法判決。

第三人伊夢公司、東方資產廣州辦、駱海潮未到庭應訴、答辯及提交證據。

　　經審理查明：東方資產廣州辦因與伊夢公司、駱海潮借款合同糾紛一案，向本院提起訴訟。本院做出（2005）從法民二初字第116號民事判決書。該判決書查明：2000年11月6日，伊夢公司因為資金周轉困難，向中國工商銀行從化市支行（以下簡稱工行從化支行）申請貸款20萬元做營運周轉，雙方簽訂了借款合同，借款合同對借款的種類、用途、金額、還款期限、利率、雙方的權利和義務、違約責任等做了明確約定。同時為了保證債權的實現，駱海潮出具承諾書，同意以其所有的從化市太平鎮水南村廣從路西邊未編號的房屋做抵押，雙方簽訂了抵押合同並辦理了他項權登記。合同簽訂後，工行從化支行依約將20萬元貸款支付給伊夢床具。借款到期後，伊夢公司除償還5萬元本金外，借款本金15萬元及利息至判決之日未還。該案經本院審理後於2005年11月11日做出如下判決：一、限伊夢公司自本判決發生法律效力之日起十日內償還借款本金15萬元及利息（從2000年11月9日起至2001年11月5日止，按合同約定的利率計算，從2001年11月6日起至全部借款還清時止按中國人民銀行同期同類逾期貸款利率計算）給東方資產廣州辦；二、東方資產廣州辦對駱海潮提供的抵押物享有優先受償權。本案受理費4,918元由該案被告負擔。上述判決發生法律效力後，東方資產廣州辦向本院申請執行，本院於2006年10月18日立案執行，案號為（2006）從法執字第1702號。

　　2009年8月19日，東方資產廣州辦與全球公司II簽訂《資產轉讓協議》（資產包編號：GZ－2009－1）約定，東方資產廣州辦將其對附件一《資產明細表》所列684戶債務人（包括本案債權）所享有的債權及其附屬權益〔包括《資產明細表》中所列的任何一項債權及其擔保權益（不論其是否合法有效、亦不論其是否已過訴訟時效）至基準日為止尚未獲得清償的餘額總和〕轉讓給全球公司II。2010年3月12日，東方資產廣州辦與全球公司II共同出具《債權轉讓證明》，雙方確認已將案涉債權轉讓給全球公司II。2010年3月12日，東方資產廣州辦在《南方日報》刊登了《債務催收暨債權轉讓公告》，告知列表中債務人及擔保人其已將列表中的相關債權及對應的借款合同、抵債協議、還款協議、擔保合同項下的全部權利轉讓給全球公司II，由全球公司II取代東方資產廣州辦成為列表中借款人和擔保人的債權人，並催促列表中的債務人及擔保人儘快向全球公司II履行相應的合同義務。並說明

列表中的「本金餘額」為暫計至2008年8月20日的數據，各債務人該償還的借款本息數額應為根據其各自實際履行情況，按相關債權文件及法律規定計至實際向全球公司II償還之日止的本金及利息的餘額總和。公告清單中序號1123記載有本案債權。

東方資產廣州辦在將涉案債權轉讓給全球公司II的過程中，2009年9月16日，國家發展和改革委員會向中國東方資產管理公司發出《對外轉讓不良債權備案確認書》（編號：2009001），予以備案；同年12月11日，國家外匯管理局向中國東方資產管理公司出具〔2009〕266號《國家外匯管理局關於中國東方資產管理公司對外轉讓廣東地區不良資產有關外匯管理問題的批覆》，同意以直接買斷方式對外轉讓該筆不良資產等；2010年7月2日，國家外匯管理局廣東省分局同意東方資產廣州辦事處對外轉讓不良資產給全球公司II進行備案登記。此外，2009年4月29日東方資產廣州辦分別向廣東省人民政府和廣東省國有資產監督管理委員會發出《關於廣州等地區684戶債權資產包行使優先購買權的通知》（中東粵發〔2009〕15、16號），請求廣東省政府及廣東省國資委在收到通知之日起30日內，就上述債權轉讓是否行使優先購買權做出書面答覆。2009年6月9日，廣東省金融服務辦公室向東方資產廣州辦發出《關於對中國東方資產管理公司所屬廣州等地區債權資產包行使優先購買權意見的函》（粵金函〔2009〕314號），表示廣東省人民政府決定放棄對東方資產廣州辦《關於廣州等地區684戶債權資產包行使優先購買權的通知》（中東粵發〔2009〕16號）所涉廣州等地區684戶債權資產包的優先購買權。

2014年9月26日，全球公司II與被告黃志群簽署《債權轉讓協議》約定，將全球公司II受讓自東方資產廣州辦的資產包中35戶債權的本金及至成交日的所有合法並有效的利息（詳見附件一《債權轉讓明細表》，即「標的債權」）轉讓給黃志群。該《債權轉讓協議》附件一《債權轉讓明細表》中序號18包含有本案債權。2014年10月27日，全球公司II與黃志群共同出具《資產轉讓證明》，確認本案債權已經轉讓給黃志群。2014年10月29日，全球公司II與黃志群共同在《南方日報》上刊登《債權轉讓暨催收、招商公告》告知債務人和擔保人債權轉讓事宜並催促債務人和擔保人向黃志群履行債務。該公告清單序號18記載有本案債權。

　　2015年2月12日，原告與被告簽署《債權轉讓協議》約定，被告將其受讓自全球公司II的資產包中27戶債權的本金及至成交日的所有合法並有效的利息（詳見附件一《債權轉讓明細表》，即「標的債權」）轉讓給原告。該《債權轉讓協議》附表一《債權轉讓明細表》序號16記載有本案債權。2015年2月13日，原告與被告共同簽署《單戶資產轉讓協議》，雙方確認自2015年2月13日起涉案債權的全部權利、權益和利益（包括但不限於已繳納的訴訟費、保全費等費用），以及對應的借款合同、還款協議、擔保合同及其他相關法律文件下的全部權利和權益一併轉讓給原告。經廣東省廣州市廣州公證處的公證，原告於2015年3月11日以郵政特快專遞的方式向伊夢公司郵寄送達黃志群出具的《債權轉讓暨催收通知書》，但原告未提交簽收回執。庭審後，原告與被告於2015年8月5日聯合在廣州日報上刊登《債權轉讓暨催收公告》，告知債務人涉案債權已由被告轉讓給原告，並要求債務人向原告履行相應的合同及法定義務。

　　本院認為：第三人全球公司II是在香港特別行政區註冊成立的企業，本案屬涉港商事糾紛，應比照涉外商事案件處理。原告和被告沒有就本案爭議選擇管轄法院和適用的法律。根據《中華人民共和國涉外民事關係法律適用法》第四十一條規定，當事人可以協議選擇合同適用的法律。當事人沒有選擇的，適用履行義務最能體現該合同特徵的一方當事人經常居所地法律或者其他與該合同有密切聯繫的法律。本案是合同糾紛，且涉案債務已經在本院立案執行，故本院對本案有管轄權，並應以中國內地法律做為解決爭議的準據法。

　　本案為債權轉讓合同糾紛。2009年8月19日，東方資產廣州辦與全球公司II簽訂《資產轉讓協議》（資產包編號：GZ－2009－1），東方資產廣州辦將涉案債權轉讓給全球公司II是雙方的真實意思表示。涉案債權在轉讓過程中已經向國家發展和改革委員會、國家外匯管理局以及國家外匯管理局廣東省分局辦理了備案登記手續。因東方資產廣州辦向全球公司II轉讓債權屬於以資產包的形式轉讓包括涉案債權，主要債務人註冊登記地為廣東地區，故東方資產廣州辦亦通知了廣東省人民政府、廣東省國有資產監督委員會行使優先購買權，符合《關於審理涉及金融不良債權轉讓案件工作座談會紀要》第四條「關於地方政府等的優先購買權」的相關規定，故涉案債權轉讓

不違反法律和行政法規的強制性規定，合法有效。東方資產廣州辦於2010年3月12日在《南方日報》刊登了《債務催收暨債權轉讓公告》告知債務人債權轉讓的情況，該轉讓行為對債務人亦產生法律效力。

2014年9月26日，全球公司II與被告簽署《債權轉讓協議》約定，將全球公司II受讓的涉案債權轉讓給被告是雙方的真實意思表示，且沒有違反法律和行政法規的強制性規定，合法有效。全球公司II與被告於2014年10月29日共同在《南方日報》上刊登《債權轉讓暨催收、招商公告》告知債務人債權轉讓的情況，該轉讓行為對債務人亦產生法律效力。

2015年2月12日，原告與被告簽署《債權轉讓協議》約定，被告將其受讓涉案債權轉讓給原告是雙方的真實意思表示，且沒有違反法律和行政法規的強制性規定，合法有效。經廣東省廣州市廣州公證處的公證，原告於2015年3月11日以郵政特快專遞的方式向債務人開發公司郵寄送達被告出具的《債權轉讓暨催收通知》，原告未能提交妥投證明。庭審後，原告與被告於2015年8月5日聯合在廣州日報上刊登《債權轉讓暨催收公告》，故該轉讓行為對債務人亦產生法律效力。

綜上，原告撤回第1項訴訟請求是其對自身訴訟權利的處分，且沒有違反法律和行政法規的強制性規定，本院予以准許。原告與被告之間的上述債權轉讓合法有效，原告的訴訟請求於法有據，本院予以支持。第三人伊夢公司、東方資產廣州辦、駱海潮經本院合法傳喚無正當理由拒不到庭參加訴訟，不影響本案的審理。根據《中華人民共和國合同法》第四十四條、第六十條、第七十九條、第八十條第一款，《中華人民共和國涉外民事關係法律適用法》第四十一條，最高人民法院《關於適用〈中華人民共和國民事訴訟法〉的解釋》第二百四十條之規定，判決如下：

確認原告廣州市豪藝詩投資管理有限公司與被告黃志群於2015年2月12日簽訂的《債權轉讓協議》（編號：2015-從化）項下被告黃志群將對第三人廣州市伊夢床具有限公司所享有的涉（2005）從法民二初字第116號案的債權（即該《債權轉讓協議》附件一《債權轉讓明細表》序號16所列的債權）轉讓給原告廣州市豪藝詩投資管理有限公司合法有效。

本案受理費3,300元，由原告廣州市豪藝詩投資管理有限公司自願負擔。

如不服本判決，原告廣州市豪藝詩投資管理有限公司、被告黃志群、第三人廣州市伊夢床具有限公司、中國工商銀行股份有限公司廣東省分行營業部、中國東方資產管理公司廣州辦事處、駱海潮可在判決書送達之日起十五日內，第三人KAMCO GLOBAL INVESTMENT II LIMITED（中文名稱：韓國全球投資有限公司II）可在判決書送達之日起三十日內，向本院遞交上訴狀，並按對方當事人的人數提出副本，上訴於廣州市中級人民法院。

當事人上訴的，應在遞交上訴狀的次日起七日內按不服一審判決部分的上訴請求數額，向廣州市中級人民法院預交上訴案件受理費。逾期不交的，按自動撤回上訴處理。

審判長　黃麗平
審判員　馮桂華
代理審判員　吳　環
二〇一六年二月二十六日
書記員　鄒　靜

【案例72】 **債權轉讓行為的效力及形式**

中國工商銀行股份有限公司廣州華南支行與廣州市德勝房地產發展有限公司債權轉讓合同糾紛案評析

案號：廣東省廣州市中級人民法院（2015）穗中法審監民
再字第87號

【摘要】

中國大陸現有法律法規並未明確禁止商業銀行向社會投資人轉讓債權，但商業銀行在進行債權轉讓時，方式選擇上應當盡量遵循銀行業監督管理機關的規定。

【基本案情】

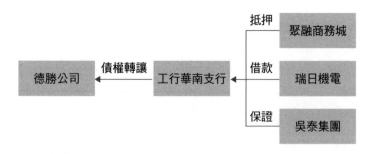

2015年1月6日，廣州市德勝房地產發展有限公司（以下簡稱「德勝公司」）向廣東省廣州市番禺區人民法院起訴稱，經廣州市番禺區人民法院做出的生效判決〔一審案號：（2012）穗番法民二初字第1165號、二審案號：（2013）穗中法金民終字第946號〕確認，廣東瑞日機電設備有限公司（以下簡稱「瑞日機電」）應向中國工商銀行股份有限公司廣州華南支行（以下簡稱「工行華南支行」）清償

借款本息、罰息、律師費、訴訟費等費用；對聚融（海門）商務城有限公司（以下簡稱聚融商務城）用做抵押的抵押物，在第一、二項判決確定債權範圍內，工行華南支行享有優先受償權；吳泰集團有限公司（以下簡稱「吳泰集團」）對第一、二項判決確定債權範圍內的債務，承擔連帶清償責任及其他事實。

上述判決做出後，德勝公司於2012年12月25日與工行華南支行簽訂《債權轉讓協議》，約定工行華南支行將其擁有的《小企業循環借款合同》〔編號：36020244—2010年（大石）字0117號〕、《最高額抵押合同》〔編號：2007年大石（抵）字0037號〕及《最高額保證合同》〔編號：2009大石（保）字第0031號〕所列的債權，轉讓給德勝公司，德勝公司替代工行華南支行取得上述合同所約定的所有權屬和相關權益，包括但不限於主債權、擔保權益等。

德勝公司與工行華南支行簽訂上述協議之後，德勝公司已於當日按《債權轉讓協議》的約定，向工行華南支行全額支付轉讓款，工行華南支行並於2013年1月25日委託廣州市番禺公證處，對郵寄給上述被申請執行人的《債權轉讓通知書》，以及其簽收回執的內容和過程進行保全證據公證。現德勝公司向法院提起訴訟，確認與工行華南支行簽訂的《債權轉讓協議》有效、確認（2012）穗番法民二初字第1165號民事判決中第一至四項判項，以及案件訴訟費的債權由德勝公司承繼。

【法院判決】

廣東省廣州市番禺區人民法院經審理認為，德勝公司與工行華南支行簽訂的《債權轉讓協議》沒有通過公開拍賣的形式進行處理，債權轉讓行為已經違反了《中國銀行業監督管理委員會關於商業銀行向社會投資者轉讓貸款債權法律效力有關問題的批覆》（下稱《銀監會批覆》）第四條「商業銀行向社會投資者轉讓貸款債權，應當採取

拍賣等公開形式，以形成公允價格，接受社會監督」的規定，因此，德勝公司、工行華南支行的債權轉讓行為無效，駁回德勝公司的訴訟請求。

宣判後，當事人均未提起上訴。後，工行華南支行不服一審判決，向廣東省廣州市中級人民法院申請再審，認為一審判決適用法律錯誤，《銀監會批覆》不屬於法律或行政法規，並不屬於《合同法》第五十二條第（五）項規定的「效力性強制性規定」，而是加強監督管理的管理性規定，且雙方的債權轉讓已經按照《合同法》中債權轉讓的規定進行，工行華南支行在交易中也並未有損失，因此請求工行華南支行與德勝公司於2012年12月25日簽訂的《債權轉讓協議》合法有效。廣東省廣州市中級人民法院經審理認為，根據《最高人民法院關於適用〈中華人民共和國合同法〉若干問題的解釋（一）》第四條和《最高人民法院關於適用〈中華人民共和國合同法〉若干問題的解釋（二）》第十四條規定，中國大陸《合同法》規定的強制性規定僅限於法律和行政法規的強制性規定。《銀監會批覆》屬於中國銀行業監督管理委員會部門規範性文件，既不屬於法律或行政法規，也不屬於效力性強制性規定。且工行華南支行雖沒有採取拍賣的公開形式向社會投資者轉讓貸款債權，但向部分企業徵詢了轉讓債權意向並取得回覆，體現了一定的公開性；在債權的轉讓過程中，工行華南支行從德勝公司取得的款項與涉案債權本息相當，其債權已得到實現，故原審法院認定有誤，再審予以糾正。再審撤銷原審判決，確認《債權轉讓協議》有效，確認廣州市番禺區人民法院（2012）穗番法民二初字第1165號民事判決主文第一至四項以及案件受理費的債權，由廣州市德勝房地產發展有限公司承繼。

【法律評析】

本案的主要爭議焦點為，涉案債權轉讓行為是否有效。本案涉

及主要的法律關係，是工行華南支行向德勝公司的債權轉讓關係。

一、債權轉讓行為效力

　　《中華人民共和國合同法》第五十二條：「有下列情形之一的，合同無效：（一）一方以欺詐、脅迫的手段訂立合同，損害國家利益；（二）惡意串通，損害國家、集體或者第三人利益；（三）以合法形式掩蓋非法目的；（四）損害社會公共利益；（五）違反法律、行政法規的強制性規定。」第七十九條：「債權人可以將合同的權利全部或者部分轉讓給第三人，但有下列情形之一的除外：（一）根據合同性質不得轉讓；（二）按照當事人約定不得轉讓；（三）依照法律規定不得轉讓。」《最高人民法院關於適用〈中華人民共和國合同法〉若干問題的解釋（一）》第四條：「合同法實施以後，人民法院確認合同無效，應當以全國人大及其常委會制定的法律和國務院制定的行政法規為依據，不得以地方性法規、行政規章為依據。」《最高人民法院關於適用〈中華人民共和國合同法〉若干問題的解釋（二）》第十四條：「合同法第五十二條第（五）項規定的『強制性規定』，是指效力性強制性規定。」

　　根據上述規定，債權轉讓合同無效的情形應當有兩種：（1）《合同法》第五十二條無效的情形；（2）《合同法》第七十九條債權禁止轉讓的情形。且《合同法》司法解釋中明確規定了合同法第五十二條第（五）項中所指強制性規定，僅限於法律、行政法規的效力性強制性規定。

　　本案一審判決中適用的《銀監會批覆》第四條「商業銀行向社會投資者轉讓貸款債權，應當採取拍賣等公開形式，以形成公允的價格，接受社會監督」的規定，從效力級別來說，是銀監會頒布的部門規範性文件，並不屬於法律和行政法規，因此不符合《合同法》五十二條第（五）項的規定。從內容上來說，該規定僅是管理性規

範，要求商業銀行向社會投資者轉讓債權形式應當公開，不採取公開
形式並不導致債權轉讓合同無效。因此本案中的《債權轉讓合同》是
有效的。

二、銀行向社會投資者轉讓債權的形式

《銀監會批覆》（銀監辦發〔2009〕24號，以下稱2009年文）
第四條規範了形式，第五條則規定：「商業銀行向社會投資者轉讓貸
款債權，應當向銀監會或其派出機構報告，接受監管部門的監督檢
查。」

另外，中國人民銀行辦公廳針對中國人民銀行上海分行的請
示，所做出的《中國人民銀行辦公廳關於商業銀行借款合同項下債權
轉讓有關問題的批覆》（銀辦函〔2001〕648號，以下稱2001年人行
文）則規定：「根據《合同法》第七十九條關於合同債權轉讓的規
定，商業銀行貸款合同項下的債權及其他權利一般原則上是可以轉讓
的，但由於金融業是一種特許行業，金融債權的轉讓在受讓對象上存
在一定的限制。按照我國現行法律法規的規定，放貸收息（含罰息）
是經營貸款業務的金融機構的一項特許權利。因此，由貸款而形成的
債權及其他權利只能在具有貸款業務資格的金融機構之間轉讓。未經
許可，商業銀行不得將其債權轉讓給非金融企業。」

根據2009年文，銀監會允許商業銀行向社會投資者轉讓債權，
但在2001年人行文中卻規定，未經許可，商業銀行不得將「貸款債
權」轉給非金融企業。兩份批覆在內容上有所衝突，從法院判例來
看，法院支援商業銀行向社會投資者轉讓貸款債權具有法律效力，但
必須注意兩點：

1. 2009年銀監文規定：「商業銀行向社會投資者轉讓貸款債
權，應當向銀監會或其派出機構報告。」但該批覆未規定轉讓前還是
轉讓後報告。基於2011年人行文中明確規定「未經許可，商業銀行

不得將其債權轉讓給非金融企業」，因此轉讓前向監管部門報備更為妥當。

2. 銀行向社會投資者轉讓債權時，應當盡量採取公開的形式，形成公允價值。

本案的裁判觀點也反映出對「公開形式」的判斷標準，即是否有徵詢社會投資人意見、是否保障了銀行利益。

三、本案對銀行的借鑒意義

商業銀行在向社會投資者進行債權轉讓時，可以採取以下措施降低風險：

1. 在商業銀行債權轉讓前，應當提前報監管機關批准或者備案。

2. 在債權轉讓時，應當盡量通過拍賣等公開方式形成公允價值，接受社會監督。如果銀行無法採取公開形式，也應當盡量徵詢更多社會投資者的意見，以保障銀行的合法權益。

3. 在法律風險控制時，應當即時關注監管機關對不同投資人轉讓債權所頒布的法規和指導文件，以確保對外轉讓債權能順利進行。

4. 債權轉讓合同簽訂後，須及時履行通知義務。

附：法律文書

中國工商銀行股份有限公司廣州華南支行與廣州市德勝房地產發展有限公司債權轉讓合同糾紛再審民事判決書

廣東省廣州市中級人民法院（2015）穗中法審監民再字第87號

申請再審人（原審被告）：中國工商銀行股份有限公司廣州華南支行。

　住所地：廣州市番禺區（大石所）。

法定代表人：李輝，該行行長。

委託代理人：盧堅、管修敬，均為廣東法則明律師事務所律師。

被申請人（原審原告）：廣州市德勝房地產發展有限公司。

　住所地：廣州市南沙區。

法定代表人：黎偉鍵，該公司總經理。

委託代理人：陳景森，該公司職員。

申請再審人中國工商銀行股份有限公司廣州華南支行（以下簡稱工行華南支行）與被申請人廣州市德勝房地產發展有限公司（以下簡稱德勝公司）債權轉讓合同糾紛一案，不服廣東省廣州市番禺區人民法院於2015年3月30日做出的（2015）穗番法民二初字第91號民事判決，向本院申請再審，本院於2015年8月19日做出（2015）穗中法民申字第192號民事裁定，提審本案。本院依法組成合議庭審理了本案。工行華南支行委託代理人盧堅、管修敬及德勝公司委託代理人陳景森到庭參加訴訟，本案現已審理終結。

2015年1月6日，德勝公司向廣東省廣州市番禺區人民法院起訴稱，經廣州市番禺區人民法院做出的生效判決〔一審案號：（2012）穗番法民二初字第1165號、二審案號：（2013）穗中法金民終字第946號〕確認，廣東瑞日機電設備有限公司（以下簡稱瑞日機電）應向工行華南支行清償借款本息、罰息、律師費、訴訟費等費用；聚融（海門）商務城有限公司（以下簡稱聚融商務城）用做抵押的抵押物在第一、二項判決確定債權範圍內享有優先受償權；吳泰集團有限公司（以下簡稱吳泰集團）對第一、二項判決確定債權範圍內債務承擔連帶清償責任及其他事實。上述判決做出後，德勝公司於2012年12月25日與工行華南支行簽訂《債權轉讓協議》，約定工行華南支行將其擁有的對《小企業循環借款合同》〔編號：36020244－2010年（大石）字0117號〕、《最高額抵押合同》〔編號：2007年大石（抵）字0037號〕及《最高額保證合同》〔編號：2009大石（保）字第0031號〕所列的債權轉讓給德勝公司，德勝公司替代工行華南支行取得對上述合同所約定的債權享有的所有權屬和相關權益，包括但不限於主債權，擔保權益等。德勝公司與工行華南支行簽訂上述協議後，德勝公司已於當日按《債權轉讓協議》的約定向工行華南支行全額支付轉讓款，工行華南支行並於2013年1月25日委託廣州市番禺公證處向瑞日機電、聚融商務城、吳泰集團對郵寄給上述被申請執

行人的《債權轉讓通知書》及其簽收回執的內容及過程進行保全證據公證。綜上所述，德勝公司已與工行華南支行依法簽訂的《債權轉讓協議》內容合法有效，應受法律保護，德勝公司並已付清相關款項，依法享有涉案債權，現根據《中華人民共和國民事訴訟法》第一百零八條規定，特提起訴訟，請求：1. 確認德勝公司與工行華南支行於2012年12月25日簽訂的《債權轉讓協議》合法有效；2. 確認（2012）穗番法民二初字第1165號民事判決中第一至四項判項以及案件訴訟費的債權由德勝公司承繼；3. 本案訴訟費用由工行華南支行承擔。

德勝公司為證明其主張，向法庭提交了以下證據：

1. 《債權轉讓協議》原件一份，證明德勝公司與工行華南支行簽訂協議，約定工行華南支行將涉案的相關債權轉讓給德勝公司。

2. 中國工商銀行特種轉帳借方憑證（付款通知）原件一份。

3. 貸款利息、本金（憑證）複印件16張。

4. 銀行進帳單（編號：54702317）原件三張。

5. 付款支票（支票號：27568453、27568452）複印件二張。

6. 銀行進帳單（編號：54702320）原件一張。

證據2-6共同證明德勝公司已依《債權轉讓協議》的約定向工行華南支行支付全額轉讓款，德勝公司享有本案的債權。

7. 《公證書》（編號：〔2013〕粵廣番禺第3395號）原件一份。

8. 《公證書》（編號：〔2013〕粵廣番禺第3396號）原件一份。

9. 《公證書》（編號：〔2013〕粵廣番禺第3397號）原件一份。

證據7-9共同證明德勝公司、工行華南支行已於2012年1月25日通過公證保全證據的方式向各債務人郵寄送達《債權轉讓通知書》。

10. （2012）穗番法民二初字第1165號民事判決書原件一份。

11. 受理執行案件通知書〔（2014）穗番法執字第265〕原件一份。

證據10-11共同證明涉案案件已以工行華南支行的名義向原審法院提起強制執行。

12. 銀監辦發〔2009〕24號《中國銀行監督管理委員會關於商業銀行向社會投資者轉讓貸款債權法律效力有關問題的批覆》（以下簡稱《銀監會批覆》）複印件一份，證明工行華南支行向德勝公司轉讓債權所簽訂的《債權

轉讓協議》具有合同法上的效力，德勝公司具備受讓人的資格。

13. 工銀粵營報〔2013〕350號《關於中國工商銀行廣東省分行營業部2012年度法人不良貸款債權轉讓情況的報告》複印件一份及中國工商銀行廣東省分行營業部2012年度法人不良貸款債權轉讓項目清單複印件一份，證明德勝公司受讓工行華南支行向其轉讓的債權符合證據12《中國銀行監督管理委員會關於商業銀行向社會投資者轉讓貸款債權法律效力有關問題的批覆》中有關受讓人的規定，該《債權轉讓協議》是合法有效的。

工行華南支行辯稱，對德勝公司起訴的事實沒有異議，同意德勝公司的訴訟請求。

工行華南支行沒有提供證據。

原審法院經審理查明，本案認定事實與德勝公司起訴內容一致。

原審法院另查明，工行華南支行已於2013年12月31日就已生效的（2012）穗番法民二初字第1165號《民事判決書》向該院申請強制執行。

原審法院再查明，在庭審過程中，該院要求德勝公司、工行華南支行在庭審後十個工作日內提供本案涉案債權是否已進行了公開拍賣的證據。但原審判決時德勝公司、工行華南支行均沒有提供該證據。

以上事實，由德勝公司提供的證據及庭審筆錄予以證實。

原審法院認為，本案中，德勝公司與工行華南支行雖已簽訂了《債權轉讓協議》並通過公證的形式將債權轉讓的事實通知了債務人及德勝公司已向工行華南支行支付全部轉讓價款，但基於德勝公司、工行華南支行的債權轉讓並沒有通過公開拍賣的形式進行處理，那麼，德勝公司、工行華南支行債權轉讓的行為已違反了《中國銀行業監督管理委員會關於商業銀行向社會投資者轉讓貸款債權法律效力有關問題的批覆》第四條「商業銀行向社會投資者轉讓貸款債權，應當採取拍賣等公開形式，以形成公允價格，接受社會監督」的規定，因此，德勝公司、工行華南支行的債權轉讓行為無效。現德勝公司要求確認德勝公司與工行華南支行於2012年12月25日簽訂的《債權轉讓協議》合法有效，因不符合法律規定，原審法院不予支持，予以駁回。同理，其要求確認（2012）穗番法民二初字第1165號民事判決中第一至四項判項以及案件訴訟費的債權由德勝公司承繼的請求，也因債權轉讓行為無效，從而缺乏事實依據，故原審法院不予支持，予以駁回。綜上，依照《中華人

民共和國合同法》第五十二條第一款第（五）項的規定，判決如下：駁回德勝公司的訴訟請求。本案受理費100元，由德勝公司負擔。

雙方當事人均未提起上訴。工行華南支行不服原審判決，向本院申請再審稱，一、原審法院所做判決明顯適用法律錯誤。根據最高人民法院《關於適用若干問題的解釋（二）》第十四條規定：「合同法第五十二條第（五）項規定的『強制性規定』，是指效力性強制性規定。」《銀監會批覆》第四條明顯是為加強監督管理的管理性規定，並不屬於效力性強制性規定，另根據最高人民法院《關於適用若干問題的解釋（一）》第四條規定：「合同法實施以後，人民法院確認合同無效，應當以全國人大及其常委會制定的法律和國務院制定的行政法規為依據，不得以地方性法規、行政規章為依據。」上述《銀監會批覆》明顯不屬於法律或行政法規，《債權轉讓協議》合法有效。二、工行華南支行與德勝公司的債權轉讓行為並不違反《合同法》第七十九條對於禁止合同權利轉讓的規定。三、工行華南支行與德勝公司的債權轉讓行為已按照《合同法》第八十條規定通知債務人，即該轉讓已對債務人產生效力。四、工行華南支行與德勝公司簽訂的《債權轉讓協議》，轉讓債權標的所確定價格對工行華南支行來說是依照原借款合同全額受償的，沒有任何的損失，該轉讓價格公平合理，不損害任何一方的利益。因此，即使沒有公開拍賣形式也不違反《銀監會批覆》（銀監辦發〔2009〕24號）中第四條的精神。該第四條的主要目的是要避免銀行資產的賤買，以公允的價格成交，所以工行華南支行與德勝公司的債權轉讓行為符合銀監會的公允價格的要求，只是形式上沒有採取公開拍賣的形式，而且銀監會要求應當拍賣等公開形式，並不限於拍賣的形式，本案的債權轉讓首先是公開的，並非私下交易，是經過工行華南支行與德勝公司充分協商，德勝公司對債權的充分的了解的基礎上，最終形成了交易，因此從實際上說本次的交易實際上並不違反《銀監會批覆》第四條的規定的精神。綜上，再審請求：1. 依法確認工行華南支行與德勝公司於2012年12月25日簽訂的《債權轉讓協議》合法有效；2. 判令德勝公司承擔本案訴訟費用。

德勝公司答辯稱，如果法院確認《債權轉讓協議》有效，其公司在原審案件中的訴訟請求沒有變化。德勝公司為工行華南支行的客戶，工行華南支行向德勝公司等多方客戶告知本案債權轉讓消息，在核實相關信息後，因德

勝公司出價最高，故最終與工行華南支行簽訂《債權轉讓協議》。

　　本院再審查明，工行華南支行認為原審判決書中「2012年1月25日通過公證保全證據的方式向各債務人郵寄送達《債權轉讓通知書》」的時間有誤，應為「2013年1月25日」，雙方對原審查明的其他事實沒有異議，再審予以確認。

　　再審又查明，2007年8月10日，工行華南支行（甲方）與吉事達（海門）國際商務港置業有限公司（乙方）簽訂了一份《最高額抵押合同（II類）》（合同編號：華南支行〔2007〕年〔大石抵〕字第〔0037〕號），其中第一・一條約定：本合同為最高額抵押合同，乙方所擔保的主債權為自2007年8月10日至2012年8月9日，在人民幣2,000萬元的最高債權額內，甲方依據主合同向瑞日機電發放的所有本外幣貸款以及因開業銀行承兌匯票、信用證、保函而享有的對主債務人的債權。第八・一條約定：主債務人在主合同項下的義務未完全履行完畢前，乙方向甲方做如下承諾：A、發生下列情形之一，無須經乙方同意，乙方仍繼續履行其在本合同項下的擔保責任：……（c）甲方將主債權轉讓給第三人。2008年1月9日，吉事達（海門）國際商務港置業有限公司變更名稱為：聚融（海門）商務城有限公司（即聚融商務城），並辦理了工商登記變更手續。2009年6月15日，工行華南支行（甲方）與吳泰集團（乙方）簽訂了一份《最高額保證合同》（編號：華南支行〔2009〕年〔大石（保）〕字第〔0031〕），其中第一・一條約定：乙方所擔保的主債權為自2009年6月15日至2014年6月30日期間（包括該期間的起始日和屆滿日），在1,900萬元的最高餘額內，甲方依據與瑞日機電簽訂的借款合同、銀行承兌協議、信用證開證合同、開立擔保協議以及其他融資文件而享有的對債務人的債權，不論該債權在上述期間屆滿時是否已經到期。第六・四條約定：發生下列情形之一，無須經乙方同意，乙方繼續履行其在本合同項下的保證責任：……B、甲方將主債權轉讓給第三人的。2010年7月29日，瑞日機電與工行華南支行簽訂編號36020244-2010年（大石）字0117號《小企業循環借款合同（2009年版）》，約定瑞日機電以購買發電機組設備及鋼板等的借款用途向工行華南支行貸款。該合同項下循環借款額度為1,500萬元，使用期限為自該合同生效之日起至2012年7月26日止。其中第十條十・一約定：貸款人（工行華南支行）有權將其在本合同項下的

權利部分或全部轉讓給協力廠商，貸款人的轉讓行為無須徵得借款人（瑞日機電）同意，未經貸款人書面同意，借款人不得轉讓其在本合同項下的任何權利和義務。2012年9月21日，工行華南支行以《小企業循環借款合同（2009年版）》簽訂後，工行華南支行應瑞日機電的要求，向瑞日機電發放了貸款1,500萬元整，但瑞日機電並未按時還款付息，已構成違約等為由，向原審法院起訴請求瑞日機電立即向工行華南支行清償貸款本金1,500萬元及至還清欠款之日止的全部利息、罰息、複息等，原審法院於2012年12月12日做出（2012）穗番法民二初字第1165號民事判決：一、瑞日機電於該判決發生法律效力之日起五日內向工行華南支行清償借款本金1,500萬元及利息、罰息（截至2012年9月3日累計欠息為412,798.67元，自2012年9月4日起，以1,500萬元為本金，利息以中國人民銀行同期同類貸款利率上浮15%為標準，罰息以利息基礎加收50%為標準計至清償欠款之日止）；二、瑞日機電於本判決發生法律效力之日起五日內向工行華南支行支付因處理本次糾紛所產生的律師費154,127元；三、工行華南支行對聚融商務城所有並用做抵押的位於海門市海門港濱江新城通達路北側（A1地塊）面積為66,752m^{2}的地塊的折價或者拍賣、變賣所得價款在該判決第一、二項判項確定的債權範圍內享有優先受償權；四、吳泰集團對瑞日機電的拖欠工行華南支行上述第一、二項債務承擔連帶清償責任；五、吳泰集團承擔連帶清償責任後，有權向被告瑞日機電追償；六、駁回工行華南支行的其餘訴訟請求。該案受理費57,601元，由瑞日機電、聚融商務城和吳泰集團負擔。瑞日機電、聚融商務城、吳泰集團不服一審判決，向本院提起上訴，本院以三上訴人沒有按照本院的通知，按時繳交訴訟受理費，不履行訴訟義務為由，於2013年11月7日做出（2013）穗中法金民終字第946號民事裁定：該案按上訴人自動撤訴處理。

　　再審還查明，2012年12月25日，工行華南支行（甲方）與德勝公司（乙方）簽訂《債權轉讓協議》（編號：2012年華南（轉）字002號），其中第二·一條約定：「自甲方全額收到按本協議約定的轉讓價款之日起，甲方將其擁有的附件一《債權轉讓清單》中所列的債權轉讓給乙方，乙方由此替代甲方取得對債權所享有的所有權屬和相關權益，包括但不限於主債權、擔保權益等。」其中第二·二條約定：「如甲方已向債務人提起訴訟，甲方因該訴訟所產生的權益全部由乙方享有，因訴訟產生的甲方已經支付的訴訟費用

總計57,601元由乙方在轉讓價款支付日一併支付給甲方,乙方應向法院辦理訴訟變更和手續,依法向債務人追償。」第三‧一條約定:「本協議雙方確認,本協議項下債權的轉讓價款為1,597.245257萬元(大寫壹仟伍佰玖拾柒萬貳仟肆佰伍拾貳元伍角柒分),其中本金15,000,000元,利息914,851.57元,訴訟費57,601元。上述價款係按照債權文件計至2012年12月24日。」第三‧二條約定:「本協議項下債權的轉讓價款由乙方於2012年12月25日前一次性劃入甲方如下帳戶:開戶行:中國工商銀行廣州華南支行,開戶人:中國工商銀行股份有限公司廣州華南支行,帳號:36×××66。」其中第三‧三條約定:「自轉讓價款全額支付完畢之日起,甲方將貸款債權轉讓給乙方,乙方由此替代甲方取得貸款債權項下所有權利、權益和利益。」第六條債權轉讓通知約定:「轉讓價款支付後三十個工作日內,甲方與乙方應共同書面通知借款人、擔保人、保證人及相關義務人債權轉讓事項。」第八‧一條約定:「對於已進入訴訟或執行階段的債權,自債權轉讓後,甲方應當自乙方支付本協議項下全部轉讓款後六十個工作日內配合乙方向法院申請辦理對訴訟主體、執行主體的變更手續。」第十二‧三條約定:「乙方充分了解本次轉讓資產的擔保人為融資擔保有限公司,國家有關部門已對該公司進行立案偵查並採取了相應法律手段,本次資產、資產轉讓行為有可能依法被認定為無效,進而影響乙方權利的實現,對此,乙方自願承擔上述風險,並承諾今後無論何種情況下都不向甲方行使追索權。」該協議書的附件一,載明借款人為瑞日機電;借款合同號為2010年(大石)字0117號;擔保合同號為2007年大石(抵)字0037號;合同利率7.544%;截至2012年12月24日帳面本金餘額1,500萬元;截至2012年12月24日帳面利息91.485157萬元;本息合計1,591.485157萬元。

2012年12月25日,德勝公司開具收款人為工行華南支行,金額分別為15,972,452.57元、57,601元,用途分別為本息、訴訟費的支票各一張,工行華南支行當天承兌了上述款項。

再審還查明,2013年1月23日,工行華南支行與德勝公司向瑞日機電共同出具《債權轉讓通知》,載明:「根據我行(轉讓方)與德勝公司(受讓方)在2012年12月25日簽署的《債權轉讓協議》達成的債權轉讓安排,我行已將對貴司持有的編號2010年(大石)字0117號《小企業循環借款合同》、

編號2009年大石（保）字第0031號《最高額保證合同》項下的全部權利依法轉讓給德勝公司（受讓方）。根據《中華人民共和國合同法》第八十條規定，現特向貴司通知，從即日起貴司應向德勝公司（受讓方）履行借款合同約定的還本付息及其他相應義務。」2013年1月25日，廣東省廣州市番禺公證處出具（2013）粵廣番禺第3395號《公證書》，對工行華南支行於2013年1月23日在該公證處由郵遞員上門收件以順豐快遞方式向瑞日公司寄送《債權轉讓通知》及其簽收回執的事項進行公證。2015年12月25日，瑞日機電出具《情況説明》，確認該公司已於2013年1月31日收到工行華南支行發出的編號為2012年（通知）005號《債權轉讓通知》。2013年1月23日，工行華南支行與德勝公司又共同分別向聚融商務城及吳泰集團寄送了《債權轉讓通知》，通知上述兩家公司從即日起向德勝公司履行借款合同約定的還本付息及其他相應義務等。

　　再審庭審中，工行華南支行向本院提交了《廣東瑞日機電設備有限公司2012年4月21日至2012年12月25日欠息總表》，擬證明涉案的債權經該行核算，至2012年12月25日，欠息共計914,851.57元，本息合計15,914,851.57元。工行華南支行還向本院提交了《關於轉讓貸款債權的邀請函》一份、2012年11月26日廣州華南國際名車展覽中心、同年11月27日廣州市南浩經濟發展有限公司、同年11月28日廣州華南鞋業展貿中心有限公司分別向工行華南支行出具的無意受讓貸款債權的回執各一份，以及同年11月28日由德勝公司出具的有意受讓貸款債權的回執一份，擬證明工行華南支行向德勝公司等社會投資者發出《關於轉讓貸款債權的邀請函》，後收到部分回函，但僅德勝公司有意受讓貸款債權且報價滿足貸款本息無損的要求。德勝公司對工行華南支行的上述證據及需要證明的事實均無異議。雙方均表示若《債權轉讓協議》有效，要求繼續履行該協議，支援德勝公司原審的請求，將債權確認歸德勝公司所有。

　　本院再審認為，本案再審爭議焦點為涉案《債權轉讓協議書》是否有效。根據《最高人民法院關於適用若干問題的解釋（一）》第四條規定：「合同法實施以後，人民法院確認合同無效，應當以全國人大及其常委會制定的法律和國務院制定的行政法規為依據，不得以地方性法規、行政規章為依據。」《最高人民法院關於適用若干問題的解釋（二）》第十四條規定：

「合同法第五十二條第（五）項規定的『強制性規定』，是指效力性強制性規定。」依據上述規定，我國《合同法》規定的強制性規定僅限於法律和行政法規的強制性規定。《銀監會批覆》屬於中國銀行業監督管理委員會部門規範性文件，既不屬於法律或行政法規，《銀監會批覆》第四條內容上看也不屬於效力性強制性規定，同時，工行華南支行雖沒有採取拍賣的公開形式向社會投資者轉讓貸款債權，但向部分企業徵詢了轉讓債權意向並取得回覆，體現了一定的公開性；在債權的轉讓過程中，工行華南支行從德勝公司取得的款項與涉案債權本息相當，其債權已得到實現，故原審法院認為雙方的債權轉讓行為沒有通過公開拍賣形式進行處理，轉讓行為違反了《銀監會批覆》第四條規定，債權轉讓行為為無效的認定有誤，本院再審予以糾正。涉案《債權轉讓協議書》是雙方真實意思表示，沒有違反法律及行政法規的強制性規定，應屬有效合同，雙方請求確認涉案《債權轉讓協議書》有效的意見成立，應予以支持。

依照《中華人民共和國合同法》第七十九條、第八十條、第八十一條之規定，債權人可以將合同的權利全部或者部分轉讓給第三人；債權人轉讓權利的，應當通知債務人；債權人轉讓權利的，除從權利專屬於債權人自身外，受讓人取得與債權有關的從權利。涉案債權及擔保權並不屬於法律規定、當事人約定或依性質不得轉讓之合同權利，因此，各方在其意思表示真實、一致的情況下，可協商轉讓涉案債權。德勝公司已按照《債權轉讓協議書》約定向工行華南支行支付了涉案債權的全部本息及訴訟費款，工行華南支行也將債權轉讓的情況通知債務人及擔保人，故德勝公司應依照合同《債權轉讓協議書》約定享有涉案債權權利。因工行華南支行已另案起訴並確定了涉案債權的相應權利〔一審案號：（2012）穗番法民二初字第1165號；二審案號（2013）穗中法金民終字第946號〕，並已就另案已生效一審判決申請執行。故德勝公司起訴請求確認另案一審判決第一至第四項及案件受理費的債權由德勝公司承繼，符合上述協議的約定，應予准許。

綜上所述，原審認定事實基本清楚，但適用法律不當，再審予以糾正。依照《中華人民共和國合同法》第四十四條、第五十二條、第七十九條、第八十條、第八十一條、《中華人民共和國民事訴訟法》第二百零七條、第一百七十條第一款第（二）項的規定，判決如下：

一、撤銷廣州市番禺區人民法院（2015）穗番法民二初字第91號民事判決；

二、確認中國工商銀行股份有限公司廣州華南支行與廣州市德勝房地產發展有限公司於2012年12月25日簽訂的《債權轉讓協議》有效；

三、確認廣州市番禺區人民法院（2012）穗番法民二初字第1165號民事判決主文第一至四項以及案件受理費的債權由廣州市德勝房地產發展有限公司承繼；

本案一審案件受理費100元、再審案件受理費200元均由中國工商銀行股份有限公司廣州華南支行負擔。

本判決為終審判決。

審判長　張一揚

審判員　蘭永軍

代理審判員　王匯文

二○一六年四月十九日

書記員　龔　玨、餘立穎

第十篇

侵權糾紛

【案例73】 職務行為及表見代理的認定

黃樂琴訴中信銀行侵權責任糾紛案評析

案號：浙江省高級人民法院（2015）浙民終字第22號

【摘要】

　　銀行應嚴格按照相關規定，切實加強對其業務和人員等的日常管理，以防合同相對人提出其工作人員的行為屬於職務行為或表見代理的抗辯。

【基本案情】

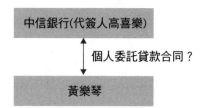

　　2007年1月1日，高喜樂被聘任為中信銀行溫州柳市支行（以下簡稱「中信銀行」）零售業務部經理，該行零售業務部及零售業務部經理有權辦理個人貸款（包括個人委託貸款）、理財產品等業務。2011年6月29日，中信銀行成立個人信貸中心，即日起該行所有個人委託貸款業務只能由個人信貸中心的轉貸個貸經理承辦，高喜樂無權辦理個人委託貸款業務。

　　2011年4月起至2012年8月29日，中信銀行原零售業務部經理高喜樂，多次以辦理個人委託貸款業務為由，與黃樂琴簽訂「中信投資寶」報告書，約定理財期限為一年，金額合計3,450萬元，報告書均加蓋「中信銀行零售業務部」印章（該印章為高喜樂偽造）。報告書

簽訂後，黃樂琴依約將款項匯至其本人在中信銀行的帳戶，並將該帳戶的網銀設備及密碼交給高喜樂保管。高喜樂為賺取利息差，未將有關資金存入中信銀行委託貸款指定的結算帳戶，而是通過操作黃樂琴網上銀行的形式，私下借貸給案外人陳景才2,950萬元、高淑雙500萬元。現已收回陳景才借款550萬元和高淑雙500萬元，剩餘借貸給陳景才的2,400萬元無法收回。

2013年4月27日，樂清市人民法院做出（2013）溫樂刑初字第531號刑事判決，以高喜樂犯吸收客戶資金不入帳罪，判處其有期徒刑七年六個月，退賠贓款2,400萬元返還被害人黃樂琴。現該刑事判決書已生效。

黃樂琴認為，高喜樂的行為足以使其認為是代中信銀行而為，且中信銀行在管理上具有重大過錯，故訴至法院，請求判令中信銀行賠償本金2,400萬元及相應利息。

【法院判決】

浙江省溫州市中級人民法院經審理認為，本案的爭議焦點在於高喜樂的行為是否屬於職務行為或構成表見代理，以及中信銀行是否存在過錯並須承擔責任。「中信投資寶」報告書中的「中信銀行零售業務部」印章是高喜樂偽造，且黃樂琴的理財資金未進入中信銀行指定的結算帳戶，故該行為不在中信銀行授權範圍內。高喜樂在收到黃樂琴資金後，擅自借貸給他人以賺取利息差，其主觀上沒有將所獲收益歸屬銀行的意願，客觀上也沒有將收益交給銀行的行為。因此，其行為不能認定為職務行為。黃樂琴在簽約後將理財款項匯入其在中信銀行的帳戶，並將該帳戶網銀設備及密碼交由高喜樂保管，喪失了客戶的基本注意義務。因此，黃樂琴自身亦存在過錯，不能認定為善意無過失，高喜樂的行為不能構成表見代理。高喜樂不是專職個貸經理，卻能在公共辦公場所為黃樂琴辦理委託貸款業務，且其亦在

2011年7月12日為案外人章聯善辦理了該業務，章聯善隨後還與中信銀行簽訂了後續合同，可見中信銀行明知並默許高喜樂可以辦理其沒有許可權的業務，因此中信銀行在日常管理中存在過錯，應對黃樂琴損失承擔相應責任。（2013）溫樂刑初字第531號刑事判決書已判決高喜樂退賠黃樂琴2,400萬元，所以中信銀行應根據其過錯程度，對高喜樂的退賠不足部分承擔補充賠償責任。綜合本案實際經過，該院確定中信銀行應承擔25%，即600萬元。綜上，判決中信銀行賠償黃樂琴經濟損失600萬元。

宣判後，黃樂琴和中信銀行均不服一審判決，提起上訴。浙江省高級人民法院經審理認為，一審法院關於高喜樂的行為不屬於職務行為和表見代理，黃樂琴和中信銀行對高喜樂犯罪行為造成2,400萬元損失均存在過錯的認定正確。中信銀行與黃樂琴的過錯相當，故應對高喜樂退賠不足部分承擔50%的補充賠償責任，一審對於雙方當事人的過錯大小及責任比例確定不當，應予糾正。黃樂琴主張的利息損失缺乏事實和法律依據，不予支持。綜上所述，改判中信銀行針對黃樂琴在高喜樂退賠不能後的經濟損失，賠償該損失的50％。

【法律評析】

本案的爭議焦點是，高喜樂與黃樂琴簽訂「中信投資寶」報告書的行為，究係屬於職務行為或表見代理，而中信銀行對黃樂琴的損失是否存在過錯、是否應承擔賠償責任。

一、職務行為的認定

一般來說，認定職務行為必須同時滿足下列四個標準：第一，職權標準，工作人員的行為是否享有單位的授權、是否在單位的授權範圍內，是判斷職務行為的關鍵；第二，時空標準，即以是否發生在工作時間和工作場所內，做為職務行為的認定標準；第三，名義標

準，即工作人員的行為是否以單位的名義或身分實施；第四，目的標準，即工作人員的行為目的，是否是為了單位的利益或者為了履行職務，或者與職務有其他內在聯繫。

結合本案可知，高喜樂雖以單位名義實施業務，與黃樂琴簽訂「中信投資寶」報告書，但該行為並未得到中信銀行的授權委託。並且，「中信銀行零售業務部」印章是高喜樂偽造，黃樂琴的資金未存入中信銀行指定的結算帳戶，高喜樂的行為不在中信銀行的授權範圍內，故不符合「職權標準」。高喜樂吸收黃樂琴的理財資金，目的在於擅自借貸給他人、賺取利息差，並非為了其單位中信銀行的利益，亦非履行其職務的行為，故不符合「目的標準」。因此，高喜樂的行為不能被認定為職務行為。

二、表見代理的認定

《中華人民共和國合同法》第四十九條規定：「行為人沒有代理權、超越代理權或者代理權終止後以被代理人名義訂立合同，相對人有理由相信行為人有代理權的，該代理行為有效。」分析法條可知，構成表見代理必須滿足以下條件：（一）行為人沒有獲得本人的授權，包括行為人自始沒有代理權、超越代理權或者代理權終止三種情形；（二）行為人以被代理人的名義與第三人簽訂合同；（三）合同相對人主觀上善意、無過失。所謂善意，是指合同相對人不知道或者不應當知道行為人實際上是無權代理；所謂無過失，是指相對人對於不知道行為人無權代理，在行為上沒有過錯。如此則表見代理的行為有效，產生與有權代理行為相同的法律效果，即代理行為的法律後果應由被代理人承擔。

本案中，高喜樂以中信銀行的名義與黃樂琴簽訂「中信投資寶」報告書，沒有得到中信銀行的授權，屬於無代理權且以被代理人名義簽訂合同。因此，認定高喜樂的行為是否構成表見代理，關鍵在

於黃樂琴不知高喜樂無權代理是否為善意無過失。黃樂琴在將理財資金存入其在中信銀行的帳戶後，並將該帳戶網銀設備及密碼交由高喜樂保管。很顯然，黃樂琴未盡到銀行客戶妥善保管其帳戶設備和密碼的謹慎義務，具有明顯的過錯，客觀上為高喜樂的犯罪行為提供了便利條件，不能認定黃樂琴對高喜樂的無權代理行為善意無過失。因此，高喜樂的行為不能構成表見代理，該行為的法律後果不應由中信銀行承擔。

三、中信銀行是否應承擔賠償責任

本案中，高喜樂不具有辦理個人委託貸款業務的許可權，但卻能在中信銀行的營業場所公開為黃樂琴辦理該項業務，客觀上使黃樂琴相信其具備辦理該項業務的相應許可權。並且，中信銀行在高喜樂與案外人辦理了該項業務後，還與案外人簽訂了個人委託貸款的後續合同。由此可知，中信銀行在明知高喜樂沒有辦理委託貸款許可權的情況下，默許其在中信銀行經營場所中辦理該業務，或者事後承認其辦理的該業務。由此可知，中信銀行在其內部的日常管理活動中存在嚴重過錯，客觀上為高喜樂的犯罪行為提供了便利條件，與黃樂琴的過錯程度相當，應就高喜樂對黃樂琴全部損失不能清償的部分承擔50%的賠償責任，故二審法院糾正了一審關於中信銀行損失承擔比例和數額的錯誤判決。

四、銀行風險啟示

綜上所述，對銀行的風險啟示有：銀行應嚴格按照相關規定，切實加強對其業務和人員等的日常管理，禁止其工作人員在營業場所內辦理未被授權的業務、及時收回對已無代理許可權的工作人員的授權委託書等，以防合同相對人提出其工作人員的行為屬於職務行為或表見代理的抗辯，避免因其過錯行為導致承擔相對人的損失賠償責任。

附：法律文書

黃樂琴與中信銀行股份有限公司溫州柳市支行侵權責任糾紛案

浙江省高級人民法院
民事判決書
（2015）浙民終字第22號

上訴人（原審原告）：黃樂琴。
委託代理人：胡波、鄭虹，浙江中格律師事務所律師。
上訴人（原審被告）：中信銀行股份有限公司溫州柳市支行。
負責人：鄭暉，該支行行長。
委託代理人：樓獻，浙江初陽律師事務所律師。
委託代理人：劉賓賓，浙江震甌（溫州經濟技術開發區）律師事務
　　所律師。

　　上訴人黃樂琴與上訴人中信銀行股份有限公司溫州柳市支行（以下簡稱中信銀行柳市支行）侵權責任糾紛一案，溫州市中級人民法院於2015年7月28日做出（2014）浙溫民初字第10號民事判決。黃樂琴、中信銀行柳市支行均不服，向本院提起上訴。本院於2015年9月24日立案受理後，依法組成合議庭，於2015年12月1日公開開庭審理了本案。上訴人黃樂琴的委託代理人胡波、鄭虹，上訴人中信銀行柳市支行的委託代理人樓獻、劉賓賓到庭參加訴訟。本案現已審理終結。
　　原審法院審理查明：2007年1月1日，高喜樂被聘任為中信銀行柳市支行零售業務部經理，該行零售業務部及零售業務部經理有權辦理個人貸款（包括個人委託貸款）、理財產品等業務。2011年6月29日，中信銀行柳市支行根據溫州分行的通知成立個貸中心，即日起該行所有個人委託貸款業務只能由個貸中心的轉貸個貸經理承辦，即高喜樂無權辦理個人委託貸款業務。
　　2011年4月起至2012年8月29日，中信銀行柳市支行的原零售業務部經理高喜樂，多次以辦理個人委託貸款業務為由，與黃樂琴簽訂「中信投資寶」報告書，約定理財期限為一年，綜合收益率（年率）為6.5%至7%不等，理

財金額合計3,450萬元，報告書均加蓋「中信銀行柳市支行零售業務部」印章。報告書簽訂後，黃樂琴依約將款項匯至其本人在中信銀行的帳戶，並將該帳戶的網銀設備及密碼交給高喜樂保管。高喜樂為賺取利息差，未將有關資金存入中信銀行柳市支行委託貸款指定的結算帳戶，而是通過操作黃樂琴網上銀行的形式，私下借貸給案外人陳景才2,950萬元、高淑雙500萬元。現已收回陳景才借款550萬元和高淑雙500萬元，剩餘借貸給陳景才的2,400萬元無法收回。

2012年9月13日，高喜樂因涉嫌犯吸收客戶資金不入帳罪被刑事拘留。經查實，高喜樂與黃樂琴簽訂的「中信投資寶」報告書所使用的「中信銀行柳市支行零售業務部」的印章係其偽造的。2013年4月27日，樂清市人民法院做出（2013）溫樂刑初字第531號刑事判決，以高喜樂犯吸收客戶資金不入帳罪，判處其有期徒刑七年六個月，並處罰金人民幣40萬元；高喜樂退賠贓款2,400萬元，返還被害人黃樂琴。現該刑事判決書已生效。

另查明，中信銀行柳市支行表示該行從2004年開展「中信投資寶」業務，但在2008年4月份已經停止辦理該業務。而在2011年7月12日，高喜樂與案外人章聯善簽訂一份「中信投資寶」報告書，該報告書與本案中的報告書一致，但之後章聯善和中信銀行柳市支行辦理了相關後續手續，該款項現已經如數收回。

黃樂琴起訴稱：經樂清市人民法院（2013）溫樂刑初字第531號刑事判決書審理查明，2011年4月開始到2012年8月29日，中信銀行柳市支行員工高喜樂利用其擔任中信銀行柳市支行零售業務部經理的職務便利，多次以辦理個人委託貸款業務為由，加蓋銀行零售業務部印章，與黃樂琴簽訂「中信投資寶」報告書，吸收黃樂琴資金合計3,450萬元，並造成黃樂琴資金損失2,400萬元。該判決生效後，黃樂琴至今未能獲得任何清償。中信銀行柳市支行員工高喜樂以零售業務部經理身分，利用職務之便，在中信銀行柳市支行經營場所，持「中信投資寶」報告書文本，加蓋銀行零售業務部印章等，為黃樂琴辦理理財業務，足以使黃樂琴認為高喜樂行為係代中信銀行柳市支行而為，且其在管理上具有重大過錯。因而，起訴請求判令：1. 中信銀行柳市支行賠償黃樂琴本金2,400萬元整；2. 中信銀行柳市支行賠償黃樂琴利息損失（以本金2,400萬元，按一年期存款利息4.6%計算至中信銀行柳市支行全

部償還時止，暫算至2014年7月15日為257.8269萬元）。

中信銀行柳市支行答辯稱：1. 黃樂琴主張的本金2,400萬元經（2013）溫樂刑初字第531號刑事判決書確定由高喜樂退賠，在高喜樂尚未退賠的情況下，無法確定黃樂琴是否存在損失及損失的大小；且黃樂琴的損失係因高喜樂的犯罪行為導致，要求中信銀行柳市支行賠償缺乏事實和法律依據。2. 高喜樂雖原為中信銀行柳市支行的業務經理，但其用篡改的「中信投資寶」報告書，偽造印章，在非經營場所，吸收黃樂琴資金用於個人貸款，並非中信銀行柳市支行授權，資金亦未進入中信銀行柳市支行專用帳戶。故其行為未為中信銀行柳市支行謀取利益，並非代表中信銀行柳市支行而為。3. 中信銀行柳市支行內部管理完善，切實履行金融機構職責，在管理上不存在過錯，因此不能因個別員工的犯罪行為而否定銀行的合規管理，推定銀行有監管過失。4. 黃樂琴未妥善保管自己的帳戶信息，將網銀設備及密碼均交付給高喜樂，使帳戶資金脫離自己的監管，也使高喜樂的行為逃避了銀行的監管，是造成2,400萬元尚未收回的原因，其應自行承擔過錯責任。綜上，應當依法駁回黃樂琴的訴訟請求。

原審認為：本案的爭議焦點有兩點：一是高喜樂的行為是否屬於職務行為或構成表見代理；二是中信銀行柳市支行是否存在過錯並須承擔責任。

關於爭議焦點一，該院認為，一項行為構成職務行為一般須同時具備三個要件：員工在單位的授權範圍內進行；員工以單位的名義進行；行為所獲得的利益歸屬單位。上述三個要件缺少一項則不屬於職務行為。本案中，高喜樂雖以中信銀行柳市支行的名義與黃樂琴簽訂「中信投資寶」報告書，接受黃樂琴委託辦理貸款業務，但該報告書中「中信銀行柳市支行零售業務部」的印章係高喜樂偽造，且黃樂琴的資金亦未進入中信銀行柳市支行指定的結算帳戶，故該行為不在中信銀行柳市支行的授權範圍內。高喜樂在收到黃樂琴的理財資金後擅自借貸給他人，以賺取其中的利息差，其主觀上沒有將所獲收益歸屬銀行的意願，客觀上也沒有將收益交給銀行的行為。因此，其行為不能認定為職務行為。

《最高人民法院關於當前形勢下審理民商事合同糾紛案件若干問題的指導意見》規定：表見代理不僅要求代理人的無權代理行為在客觀上形成具有代理權的表象，而且要求相對人在主觀上善意且無過失地相信行為人有代理

權；人民法院在判斷合同相對人主觀上是否屬於善意且無過失時，應當結合合同締結與履行過程中的各種因素綜合判斷合同相對人是否盡到合理注意義務。本案黃樂琴在與高喜樂簽訂「投資寶」報告書後，將理財款項匯入其在中信銀行柳市支行的帳戶，並將該帳戶的網銀設備及密碼交由高喜樂保管，喪失了銀行客戶的基本注意義務，導致高喜樂具備實施犯罪行為的便利條件。因此，黃樂琴自身亦存在過錯，不能認定為善意無過失，故高喜樂的行為不能構成表見代理。

綜上認定，對於黃樂琴要求根據《中華人民共和國侵權責任法》第三十四條及《最高人民法院關於在審理經濟糾紛案件中涉及經濟犯罪嫌疑若干問題的規定》第三條的規定，由中信銀行柳市支行賠償黃樂琴的全部損失的請求，缺乏事實基礎，該院不予支持。

關於爭議焦點二，中信銀行柳市支行認為其內部管理完善，切實履行金融機構職責，在管理上不存在過錯。該院認為，中信銀行柳市支行在日常管理中存在過錯，導致高喜樂有機會實施犯罪行為。首先，中信銀行柳市支行於2011年6月29日成立個貸中心，由專職個貸經理劉展宇、陳慧辦理該行所有個貸業務。高喜樂不是專職個貸經理，卻能在公共辦公場所為黃樂琴辦理委託貸款業務，且其亦在2011年7月12日為案外人章聯善辦理了該業務，章聯善隨後還與中信銀行柳市支行簽訂了後續的合同，可見中信銀行柳市支行是明知也是默許高喜樂可以辦理其沒有許可權的業務的。其次，關於「中信投資寶」業務，中信銀行柳市支行在2012年10月提交給溫州市政法委關於高喜樂犯罪事實的報告中陳述該業務已於2008年4月停止辦理，本案庭審時中信銀行柳市支行亦做同樣陳述。但是，高喜樂卻在2011年為黃樂琴及章聯善辦理了該業務，且章聯善還與中信銀行柳市支行簽訂了後續的合同；另外，中信銀行柳市支行認為高喜樂與黃樂琴及章聯善簽訂的「中信投資寶」報告書的文本與其原稿不一致，但在實際操作中卻未被發現；由此可知，中信銀行柳市支行在對員工的業務操作中的監管嚴重缺失。綜上，由於中信銀行柳市支行內部管理制度混亂，存在巨大漏洞，給了犯罪分子可乘之機，為其犯罪得逞製造了機會和條件，其應當對黃樂琴的損失承擔相應的責任。

根據《最高人民法院關於在審理經濟糾紛案件中涉及經濟犯罪嫌疑若干問題的規定》第五條第二款規定，行為人私刻單位公章或者擅自使用單位公

章、業務介紹信、蓋有公章的空白合同書以簽訂經濟合同的方法進行的犯罪行為，單位有明顯過錯，且該過錯行為與被害人的經濟損失之間具有因果關係的，單位對該犯罪行為所造成的經濟損失，依法應當承擔賠償責任。本案黃樂琴因高喜樂的犯罪行為造成損失，（2013）溫樂刑初字第531號刑事判決書已判決高喜樂退賠黃樂琴2,400萬元，因此中信銀行柳市支行應根據其過錯程度對高喜樂的退賠不足部分承擔補充賠償責任。綜合本案實際，該院確定中信銀行柳市支行承擔25%的補充賠償責任，即為600萬元。黃樂琴要求按照一年期存款利率計算的利息損失，缺乏法律和事實依據，該院不予支持。據此，依照《中華人民共和國侵權責任法》第六條第一款、《最高人民法院關於在審理經濟糾紛案件中涉及經濟犯罪嫌疑若干問題的規定》第五條之規定，判決：一、中信銀行股份有限公司溫州柳市支行賠償黃樂琴經濟損失600萬元，該款限判決生效且在高喜樂退賠不能之後二十日內支付完畢；二、駁回黃樂琴的其他訴訟請求。如果未按判決書指定的期間履行給付金錢義務，應當依照《中華人民共和國民事訴訟法》第二百五十三條之規定，加倍支付遲延履行期間的債務利息。案件受理費174,691元，由黃樂琴負擔135,255元，中信銀行股份有限公司溫州柳市支行負擔39,436元。

　　黃樂琴不服原審判決，向本院提起上訴稱：一、中信銀行柳市支行的零售業務部經理高喜樂利用其職務，利用銀行合同文本和銀行辦公場所，利用其偽造的銀行公章，為黃樂琴辦理中信銀行理財產品，足以使客戶認為高喜樂是在履行職務行為，並代表銀行辦理業務。高喜樂所犯的吸收客戶資金不入帳罪，犯罪行為與職務存在必然聯繫，只有利用職務之便辦理銀行業務時才能發生。因此，高喜樂的行為應當構成表見代理，由此造成的損失應由中信銀行柳市支行承擔民事責任。二、一審判決已經對中信銀行柳市支行存在嚴重過錯做了認定，而該過錯是造成其員工高喜樂得以利用其管理漏洞實施無代理權行為、侵害黃樂琴權益的根本原因。而黃樂琴將網銀U盾和密碼交與高喜樂保管，並不是造成資金損失的直接原因。因此，中信銀行柳市支行因其管理過錯，對客戶資金造成損失負有重大與直接的責任，理應承擔更為全面的賠償責任。一審判決對於雙方的責任判定不當。三、根據《中華人民共和國侵權責任法》第三十四條「用人單位的工作人員因執行工作任務造成他人損害的，由用人單位承擔賠償責任」的規定，中信銀行柳市支行應當承

擔直接賠償責任，而非補充賠償責任。由於利息損失屬於合理且直接的損失範圍，故賠償損失應當包括資金的利息損失部分。據此，黃樂琴上訴請求：撤銷一審判決，改判支持其訴訟請求或發回重審。

中信銀行柳市支行答辯稱：一、黃樂琴將高喜樂利用職務之便的犯罪行為說成是表見代理，是刑民不分，為高喜樂開脫罪責，一審判決認定高喜樂不構成表見代理是正確的。表見代理的行為必須是合法的行為，表見代理制度是對主觀善意無過錯的相對人的救濟。高喜樂的行為已經構成犯罪，黃樂琴又不屬於無過錯的相對人，本案並不存在適用表見代理的前提條件。只有用單位的真公章簽訂經濟合同，才能適用《最高人民法院關於在審理經濟糾紛案件中涉及經濟犯罪嫌疑若干問題的規定》第三條的情形，而本案中高喜樂使用的是假公章。職務犯罪不等於職務行為，犯罪分子所在單位並不必然要對其所為犯罪行為承擔責任。在簽訂本案所涉報告書之前，黃樂琴夫婦就將自己兩個帳戶的網銀設備和密碼交給高喜樂，由高喜樂全權操控其夫婦帳戶資金。如何使用這些不入帳的資金，與銀行合同文本、銀行辦公場所乃至偽造的公章無關，僅與客戶帳戶的網銀設備和密碼有關。二、黃樂琴既認為高喜樂構成民事上的表見代理，又主張高喜樂利用中信銀行柳市支行管理漏洞實施無代理權行為，自相矛盾。有證據顯示，是高喜樂的假公章，才足以讓黃樂琴善意地認為其是有代理權的職務行為。一審判決認定中信銀行柳市支行「在日常管理中存在過錯，導致高喜樂有機會實施犯罪行為」，違反了刑事判決書中認定的事實。即使存在所謂的日常管理中的過錯，也不適用《最高人民法院關於在審理經濟糾紛案件中涉及經濟犯罪嫌疑若干問題的規定》第五條第二款規定的「明顯過錯」的情形。根據該條規定，只有私刻公章或者擅自使用單位公章、業務介紹信、蓋有公章的空白合同書四種手段簽訂經濟合同，才屬於有明顯過錯，才必須承擔責任。中信銀行柳市支行在高喜樂「偽造公章」上沒有過錯，也沒有發現司法解釋規定的其他三種行為。三、黃樂琴帳戶資金損失的直接原因在於其對自己帳戶資金的失控，而中信銀行柳市支行對黃樂琴的帳戶資金又無權監控，該損失與偽造公章、辦理中信投資寶、將資金存入黃樂琴帳戶無直接關聯。黃樂琴提起的民事侵權訴訟，完全背離了本案係犯罪行為所造成損失這一基本事實。本案係因高喜樂的犯罪行為而非執行工作任務造成他人損失，不能適用侵權責任法第三十四

條的規定，中信銀行柳市支行不須對黃樂琴的損失承擔賠償責任。綜上，請求駁回黃樂琴的訴請，支持中信銀行柳市支行的上訴請求。

中信銀行柳市支行不服原審判決，向本院提起上訴稱：一、中信銀行柳市支行內部管理制度完善，且落實到位，切實履行了金融機構職責，不存在過錯，不應對黃樂琴的損失承擔責任。1. 一審法院對個貸中心的職責範圍和個人委託貸款的性質認識錯誤。個人委託貸款不是個貸中心的職責範圍，高喜樂做為零售部經理，具有辦理個人委託貸款的許可權，其為章聯善辦理個人委託貸款業務並非無權辦理。因此，一審認為中信銀行柳市支行明知且默許高喜樂可以辦理沒有許可權的業務，認定事實錯誤。2.「中信投資寶」並非一種業務，而是客戶提交給銀行的一份要求辦理理財業務的報告，屬於要約邀請。2008年4月中信銀行柳市支行雖然取消了「中信投資寶」報告書的使用，但並沒有停止報告書涉及的各項具體理財業務的辦理。章聯善在「中信投資寶」報告書簽署之後，按照銀行規定辦理個人委託貸款相關後續手續，且款項如數收回，也說明只要按照銀行的業務規定辦理手續，就不會給任何人有犯罪的機會。一審以章聯善的手續辦理來認定中信銀行柳市支行內部管理混亂，認定事實錯誤。3. 高喜樂對「中信投資寶」報告書文本的使用，不是中信銀行柳市支行在實際操作中能夠發現和避免的，不能證明中信銀行柳市支行存在過錯。章聯善辦理個人委託貸款業務的結果說明，「中信投資寶」報告書的文本與黃樂琴的損失之間沒有任何因果關係，黃樂琴將網銀密碼交給高喜樂使用才是根本的唯一原因。二、根據《最高人民法院關於在審理經濟糾紛案件中涉及經濟犯罪嫌疑若干問題的規定》第五條第二款的規定，只有在單位具有明顯錯誤，且該過錯行為與被害人的經濟損失之間具有因果關係的，單位對該犯罪行為所造成的經濟損失，依法應當承擔賠償責任。本案中中信銀行柳市支行對員工依規、依法進行管理，一直受到銀監部門的管理和監督，並不存在明顯過錯，更沒有內部管理制度混亂和存在巨大漏洞。任何單位對員工的管理都不能避免個人犯罪行為，中信銀行柳市支行對員工的管理行為與黃樂琴的損失之間沒有任何因果關係，一審判令中信銀行柳市支行承擔賠償責任，沒有法律依據。三、黃樂琴將其網銀設備及密碼交付給高喜樂，是款項至今尚未追回的根本、唯一原因，而非中信銀行柳市支行的過錯，與中信銀行柳市支行的管理更是沒有任何因果關係。黃樂琴將

其網銀設備及密碼交付給高喜樂，喪失了其基本注意義務，也使銀行嚴格管理制度對高喜樂形同虛設。而黃樂琴做為一個老客戶、大客戶，應該熟知個人委託貸款和理財業務的辦理流程，但其卻放任了高喜樂對其資金的操作，因此產生的資金風險以及相關責任應當由其自行承擔。據此，中信銀行柳市支行上訴請求：查明本案事實，依法駁回黃樂琴的一審訴訟請求。

黃樂琴答辯稱：一、中信銀行柳市支行上訴認為「高喜樂做為零售部經理具有辦理個人委託貸款業務的許可權」，據此可以證明高喜樂為黃樂琴辦理投資寶理財業務，屬於其職務行為，該行應當承擔侵權民事責任。章聯善及黃樂琴的「中信投資寶」報告書雖經高喜樂篡改，但內容已經完全具備合同的要素，而非要約邀請。中信銀行柳市支行在其提交給溫州市政法委的報告中寫明「中信投資寶」業務已經於2008年4月停止辦理，然而2011年7月12日該行依然與章聯善簽訂「中信投資寶」合同書，辦理了該項業務。高喜樂做為零售部經理，利用該行的格式文本，在其經營場所，當著同事的面，開展已經停辦的投資寶業務，這些足以證明中信銀行柳市支行缺乏合同審查機制，在業務辦理中嚴重違規且管理混亂。章聯善的款項能夠如數收回，僅是損害後果沒有發生而已，並不說明中信銀行柳市支行在業務與管理中沒有過錯。二、中信銀行柳市支行認為黃樂琴是造成資金損失的唯一原因，不能成立。黃樂琴將網銀U盾和密碼交由高喜樂保管，係有特定的原因，其是依據投資寶合同的約定，交由中信銀行柳市支行零售部經理高喜樂這一特定對象，也是依據合同約定將大量資金存入涉案帳戶中。況且，該涉案帳戶開通有短信提醒功能，可以即時監控資金異動。因此，黃樂琴並未怠於對資金的監管。綜上，高喜樂利用職務之便，偽造公章，以中信銀行柳市支行名義對外簽訂理財合同，將客戶資金占為己有，已經構成犯罪，除應當追究高喜樂的刑事責任外，中信銀行柳市支行還應當依法對損害後果承擔民事責任。

二審中，上訴人中信銀行柳市支行提供了以下證據：證據一，2012年9月3日高喜樂書寫的中信投資寶報告書蓋章和簽字情況說明、2012年9月4日對高喜樂的談話筆錄、2012年9月13日、9月17日、9月20日、9月30日、12月17日對高喜樂的訊問筆錄。擬證明：高喜樂述稱2006年之前黃樂琴來辦過正規的委託貸款業務，其應當知道委託貸款的正常程序和手續，即必須簽訂合同和將資金存入114帳戶。委託貸款業務屬於理財業務範圍之中，與黃樂琴

簽訂「中信投資寶」報告書的地點，有很多次是在中信銀行柳市支行之外。證據二，2015年11月20日中信銀行股份有限公司溫州分行《關於對中信投資寶、中信投資寶報告書、個人委託貸款、個人貸款相關概念的幾點說明》、2004年5月31日中信實業銀行《關於印發〈中信貴賓理財業務實施細則（試行）〉的通知》、「中信投資寶」報告書文本、中信銀行委託貸款業務管理辦法、中信銀行溫州分行個人委託貸款業務操作實施細則、中信銀行個人委託貸款管理實施辦法（試行）。擬證明：中信投資寶是中信銀行產品組合包裝後的服務品牌名稱，包括存款、股票、基金、國債、信託、委託貸款等，而非某個金融產品。「中信投資寶」報告書是為了宣傳和推廣中信投資寶，供客戶決定投資理財產品時參考的理財建議書，無須銀行蓋章，不是理財合同。個人委託貸款是一項理財業務，由供需雙方客戶自行配對，銀行擔任中間人，收取手續費。個人貸款是銀行的傳統貸款業務，貸款對象為自然人，銀行承擔貸款業務風險。中信銀行及其溫州分行制訂了中信投資寶、個人委託貸款、個人貸款不同的業務管理辦法。證據三，零售業務部工作職責、零售業務部經理崗位職責、零售內勤人員崗位職責。擬證明：零售業務部經理的職責之一有個人的貸款、理財產品（包括個人委託貸款業務）。證據四，2012年9月28日、10月8日對黃樂琴的詢問筆錄、2012年7月17日黃樂琴簽名的電子銀行通行憑證（升級）、《中信銀行個人電子銀行業務章程》、2006年3月1日施行的《電子銀行業務管理辦法》。擬證明：客戶應當採取包括「保護好自己的銀行卡密碼、個人電子銀行（口令）、USBkey密碼等重要信息」等風險防範措施，安全使用個人電子銀行。黃樂琴自己承認將銀行卡和網銀U盾交給高喜樂操作，其未盡到應盡的防範和保密義務，金融機構對於因此而造成的損失免於承擔相應責任。證據五，最高人民法院（2013）民提字第95號民事判決書。擬證明：銀行裡交存款，由櫃員遞存單，亦不構成表見代理。

　　黃樂琴對中信銀行柳市支行提供的證據質證認為：對於證據一，2012年9月4日高喜樂談話筆錄的真實性不能確認，其他證據的真實性予以認可，但認為不能證明待證事實。關於簽訂12份「中信投資寶」報告書地點問題，高喜樂在訊問筆錄中的陳述有反覆，但一審法院到監獄向高喜樂進行了核實，她承認除了一份在銀行外面的車子上簽訂之外，其他都是在銀行辦公室簽訂

的，這與黃樂琴詢問筆錄中的陳述相一致，應當予以認定。對於證據二，真實性無法確認。如果中信銀行柳市支行按照正規的業務程序辦理報告書，可以認為報告書是要約邀請，但案涉「中信投資寶」報告書已經經過高喜樂篡改，且經過篡改的報告書又出現在中信銀行柳市支行的業務檔案裡，因此案涉報告書所載的個人委託貸款屬於中信銀行柳市支行認可的業務。對於證據三，證據真實性無異議，但對待證事實有異議，不能證明案發時柳市支行內部有這樣的管理職責。如果按該職責規定，表明高喜樂具有辦理個人委託貸款和理財產品的許可權，其所從事的是職權範圍內的職務行為。對於證據四，對真實性沒有異議，但對待證事實有異議。將理財資金操作權轉移給高喜樂，不應當視為對資金的放鬆監管。對於證據五，真實性無異議，存款與理財產品是不同概念，故認為該證據對本案沒有任何參考價值。

對於中信銀行柳市支行提供的證據資料，本院認證如下：對於證據一，由於2012年9月4日高喜樂的談話筆錄係來源於中信銀行柳市支行一方的內部檔案，形式真實性及內容客觀性無法確認，本院對其證明效力不予確認。黃樂琴對其他證據的真實性無異議，本院予以確認。高喜樂對於案涉12份「中信投資寶」報告書簽訂地點的陳述雖有反覆，但其在一審對其的詢問筆錄中述稱有11份在銀行簽訂，與黃樂琴在詢問筆錄中的陳述可以相互間印證，故本院對於案涉12份「中信投資寶」報告書中有11份係在中信銀行柳市支行營業場所簽訂的事實予以確認。對於證據二，除2004年5月31日中信實業銀行《關於印發〈中信貴賓理財業務實施細則（試行）〉的通知》外，均缺少原始印章，並非規範的發文文件，且係中信銀行柳市支行一方內部資料，內容客觀性難以確認。中信銀行柳市支行提供這些資料是為了說明中信投資寶、個人委託貸款、個人貸款的不同及其內部對這些業務的管理，然而銀行業務實踐是具體的，即使這些業務概念和操作管理規程是存在的，也難以確保在銀行業務實踐中能忠實地遵照執行，更無法機械套用這些概念來認定案涉法律關係的性質，因此本院對該證據的證明效力不予確認。對於證據三，因係中信銀行柳市支行一方內部資料，又未能明確該工作職責適用的時間範圍，且其中所載與該行原行長應裕浩2012年9月14日詢問筆錄的陳述相矛盾，故本院對其證明效力不予確認。對於證據四、證據五，真實性予以確認，其關聯性結合本案相關事實進行認定。

　　上訴人黃樂琴在二審中未提交新的證據資料。庭審中黃樂琴申請法院對2011年7月12日中信銀行柳市支行與章聯善簽訂的「中信投資寶」報告書上「中信銀行溫州柳市支行零售業務部」公章真偽以及該公章與黃樂琴所持「中信投資寶」報告書上「中信銀行溫州柳市支行零售業務部」公章的同一性做司法鑒定，擬據此證明黃樂琴所持「中信投資寶」報告書及其上面「中信銀行溫州柳市支行零售業務部」公章是得到中信銀行柳市支行認可的，高喜樂承辦的案涉中信投資寶業務為獲得授權的職務行為。對此本院認為，因章聯善簽訂該報告書後又辦理了正式的委託貸款手續，可以綜合認定章聯善簽訂的「中信投資寶」報告書是其辦理委託貸款業務程序的組成部分。但鑒於無證據證明銀行已將該份報告書歸入章聯善該項業務的檔案，不能認定該報告書係委託貸款業務的必要程序，故黃樂琴申請的上述鑒定事項難以達到其證明目的，與本案事實認定無必然關聯性，本院對其鑒定申請不予准許。

　　本院經二審審理，對原審認定的事實予以確認。

　　本院認為：根據雙方當事人的訴辯主張，本案二審的主要爭議焦點是：一、案涉高喜樂的行為屬於職務行為還是個人行為，是否構成表見代理。二、中信銀行柳市支行對於黃樂琴的損失是否存在過錯，是否應當承擔相關責任。

　　首先，某一行為構成職務行為，不僅員工應以單位的名義實施，還必須在單位的授權範圍內，為了單位的利益而為。本案中，高喜樂雖以中信銀行柳市支行的名義與黃樂琴簽訂了「中信投資寶」報告書，受理了委託貸款理財業務，但該報告書中「中信銀行溫州柳市支行零售業務部」印章係高喜樂私刻、偽造，此後沒有按照該行規定的個人委託貸款業務程序為黃樂琴辦理正式簽約手續，亦未將黃樂琴的資金匯入中信銀行柳市支行指定的結算帳戶，故該行為不在中信銀行柳市支行的授權範圍內。高喜樂違反單位規定，將黃樂琴的理財資金擅自借貸他人，所賺取的利差收益也沒有交給銀行。因此，其行為不構成職務行為。

　　其次，表見代理不僅要求代理人的無權代理行為在客觀上形成具有代理權的表象，而且要求相對人在主觀上善意且無過失地相信行為人有代理權。高喜樂多次供述其沒有將真實用款情況告知黃樂琴，並通過多次轉款以隱瞞款項的實際走向，她認為黃樂琴並不知道自己挪用了案涉款項。由此高喜樂

利用其銀行經理的身分，用其偽造的公章與黃樂琴簽訂「中信投資寶」報告書，客觀上形成了具有代理權的表象。然而，黃樂琴在將理財款項匯入其在中信銀行柳市支行的帳戶後，將該帳戶的網銀設備及密碼交由高喜樂保管，又沒有對委託貸款程序、款項去向以及可能存在的風險及時予以關注，即未能盡到銀行客戶合理的注意義務，是高喜樂實施犯罪行為得以成功的原因之一。因此，黃樂琴自身存在過錯，在主觀上不具備善意無過失的條件，故高喜樂的行為不能認定為表見代理。綜上，高喜樂的案涉行為既非職務行為，對黃樂琴而言又不構成表見代理，故黃樂琴要求根據《中華人民共和國侵權責任法》第三十四條的規定由中信銀行柳市支行賠償全部損失的訴請依據不足，本院不予支持。

　　第三，中信銀行柳市支行在2012年10月提交給溫州市政法委關於高喜樂犯罪事實的報告中陳述，「中信投資寶」業務已於2008年4月停止辦理，一審庭審時中信銀行柳市支行亦做同樣陳述。但高喜樂仍在2011年為黃樂琴、章聯善辦理了該業務，且章聯善還與中信銀行柳市支行簽訂了後續的合同。根據中信銀行柳市支行有關通知要求及原行長應裕浩的陳述、高喜樂的供述，中信銀行柳市支行於2011年6月29日成立個貸中心，由專職個貸經理劉展宇、陳慧辦理該行所有個貸業務，零售業務部公章於2011年8月上交行裡。高喜樂不是專職個貸經理，卻能在公共辦公場所為章聯善、黃樂琴辦理委託貸款業務，章聯善還與中信銀行柳市支行簽訂了後續合同，可見中信銀行柳市支行是明知也是默許高喜樂可以辦理其沒有許可權的業務的。高喜樂的行為雖非職務行為，但其是利用了銀行經理的身分和職務上的便利，以牟利為目的，採取吸收客戶資金不入帳的方式，將客戶資金用於非法拆借，從而實施了犯罪行為。由於中信銀行柳市支行內部管理制度混亂，存在巨大漏洞，對員工的業務監管也存在嚴重缺失，從而給員工實施犯罪以可乘之機，也加大了受害人對犯罪分子錯誤信任的可能性。根據《最高人民法院關於在審理經濟糾紛案件中涉及經濟犯罪嫌疑若干問題的規定》第五條第二款規定，行為人私刻單位公章或者擅自使用單位公章、業務介紹信、蓋有公章的空白合同書以簽訂經濟合同的方法進行的犯罪行為，單位有明顯過錯，且該過錯行為與被害人的經濟損失之間具有因果關係的，單位對該犯罪行為所造成的經濟損失，依法應當承擔賠償責任。本院認為，由於中信銀行柳市支行

在日常管理中存在嚴重過錯，為高喜樂的犯罪得逞製造了機會和條件，其與黃樂琴的過錯相當，故以刑事判決確定的黃樂琴損失2,400萬元本金為限，中信銀行柳市支行應對高喜樂退賠不足部分承擔50%的補充賠償責任。原審對於雙方當事人的過錯大小及責任比例確定不當，予以糾正。鑒於黃樂琴的實際損失須根據高喜樂退賠情況而定，原審確定固定的賠償數額，亦有不當，一併予以糾正。至於黃樂琴主張的利息損失，因缺乏事實和法律依據，本院不予支持。

綜上所述，黃樂琴的上訴理由部分成立，本院予以部分採納；中信銀行柳市支行的上訴理由不能成立，本院不予採納。依照《中華人民共和國民事訴訟法》第一百七十條第一款第（二）項之規定，判決如下：

一、撤銷溫州市中級人民法院（2014）浙溫民初字第10號民事判決；

二、中信銀行股份有限公司溫州柳市支行賠償黃樂琴在高喜樂退賠不能後經濟損失的50%，該款限判決生效且在高喜樂退賠不能之後二十日內支付完畢；

三、駁回黃樂琴的其他訴訟請求。

如果未按判決書指定的期間履行給付金錢義務，應當依照《中華人民共和國民事訴訟法》第二百五十三條之規定，加倍支付遲延履行期間的債務利息。

一審案件受理費174,691元，由黃樂琴負擔95,819元，中信銀行股份有限公司溫州柳市支行負擔78,872元。二審案件受理費349,382元，由黃樂琴負擔95,819元，中信銀行股份有限公司溫州柳市支行負擔253,563元。

本判決為終審判決。

審判長　楊興明

代理審判員　田建萍

代理審判員　陸秋婷

二〇一六年三月二十一日

書記員　李文麗

【案例74】 銀行因違規行為對客戶資金損失承擔賠償責任

尤加利公司訴蘭州銀行、上海銀行財產損害賠償糾紛案評析

案號：上海市第一中級人民法院（2015）滬一中民六（商）再終字第5號

【摘要】

銀行辦理大額支付的匯款業務時，應嚴格遵守業務操作及其他相關規定，若因銀行違規行為造成客戶資金損失，即應承擔侵權損害賠償責任；若與案件有牽連關係的刑事案件和民事案件不屬於同一法律關係，則不適用「先刑後民」原則，銀行應對其侵權行為獨立承擔民事賠償責任。

【基本案情】

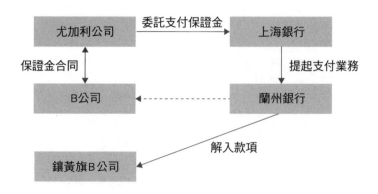

2009年2月，南通尤加利綠色燃料有限公司（以下簡稱「尤加利

公司」）與案外人B公司簽訂《保證金合同》，約定委託B公司採購相關油品，尤加利公司支付簽約保證金1千萬元，應付至戶名為B有限公司、開戶行為蘭州銀行興華支行（以下簡稱「蘭州銀行」）、帳號為X的帳戶。合同簽訂後，尤加利公司三次委託上海銀行莘莊支行（以下簡稱「上海銀行」）向上述帳戶名和帳號電匯保證金及購油款累計15,277,590.50元。同日，上海銀行按照中國人民銀行大額支付系統業務相關規定，做為發起行提交支付業務，接收行為蘭州銀行。蘭州銀行收到業務信息後，發現X帳戶的帳戶名實為「鑲黃旗B有限公司」。蘭州銀行聯繫了上述收款公司，該公司書面承諾「鑲黃旗B有限公司」就是尤加利公司轉帳的收款人，如果出現問題由該公司承擔全部責任。之後蘭州銀行將三筆款項解入戶名為「鑲黃旗B有限公司」、帳號為X的帳戶。

　　尤加利公司匯款後，一直未收到貨品，也無法聯繫到對方，故向上海市公安局閔行分局報案。2010年6月17日，上海市公安局閔行分局決定對案外人郝某某合同詐騙一案立案偵查。尤加利公司依據公安機關調取的資料發現匯款出現問題，故訴至法院，請求判令蘭州銀行和上海銀行共同向其賠償損失15,277,590.50元以及相應利息。

【法院判決】

　　上海市閔行區人民法院認為，刑事偵查的犯罪嫌疑人為郝某某等案外人，追究的是案外人的刑事責任，本案訴訟應明確分辨，該刑事偵查與銀行的侵權責任，二者間的責任主體、責任類型都不同，並不存在同一法律關係上的「先刑後民」關係，無須中止審理。上海銀行在電匯業務中處於發起行地位，對帳號和戶名不一致並不知情，在匯款流程中並無過錯，不應對尤加利公司的損失承擔侵權責任。根據《大額支付系統業務處理手續（試行）》的規定，蘭州銀行做為接收行，發現接收人帳號戶名有誤無法入帳時，應當查詢發起清算行或退

回該筆業務。但是，蘭州銀行並未採取上述方式，而是逕自詢問接收人，顯然違反了相關規定，在匯款流程中存在過錯，應當對尤加利公司的損失承擔侵權責任。蘭州銀行的侵權行為與詐騙分子的侵權行為，構成了等價因果關係的無意思聯絡數人侵權，應就全部損失承擔賠償責任。綜上，判決蘭州銀行賠償尤加利公司15,277,590.50元及相應利息。

宣判後，蘭州銀行不服一審判決，提起上訴。上海市第一中級人民法院經審理認為，蘭州銀行做為案涉電匯業務的接收行，違反《大額支付系統業務處理手續（試行）》的相關規定，其行為侵犯了尤加利公司的財產權益，應對尤加利公司的財產損失承擔侵權責任。一審法院關於本案不存在「先刑後民」應中止訴訟情形的認定正確，蘭州銀行承擔全部賠償責任後，有權向造成案涉資金損失的詐騙分子追償。綜上，判決駁回上訴、維持原判。

宣判後，上海市人民檢察院提起抗訴。上海市第一中級人民法院經再審認為，尤加利公司委託上海銀行電匯錢款，指示戶名為「B公司」，開戶行為「蘭州銀行」，帳號為「X」。雖然「B公司」事後被證實並不存在，但是蘭州銀行在未經尤加利公司同意的情況下，將案涉款項解入鑲黃旗B有限公司帳戶，違背了尤加利公司的真實意願。蘭州銀行做為接收行，在發現尤加利公司指定收款帳戶名實為「鑲黃旗B有限公司」而非「B公司」時，應向發起清算行查詢或退回該筆業務。但該行未按上述規定辦理，而是逕自詢問接收人並得到接收人「保證」後，在明知接收人戶名與業務委託書戶名不一致的情況下解入匯款，該行為存在過錯且直接造成尤加利公司的財產損失。蘭州銀行雖與詐騙分子無意思聯絡，但是其違規解款的行為構成獨立的侵權行為，應就尤加利公司的全部損失承擔侵權責任。尤加利公司向公安機關報案後，案外人郝某某向公安機關繳納的100萬元款項，以及鑲黃旗B有限公司帳戶X內被公安機關凍結的48萬元款項，至今

未發還尤加利公司。案外人郝某某匯入尤加利公司法定代表人馬永玲個人帳戶共計1,837,860元的錢款，由於B公司客觀上並不存在，而該款匯入馬永玲個人帳戶，尤加利公司確認該款與本案無關，予以認定。考慮到從郝某某詐騙案發已經數年且在短期內仍難以結案，尤加利公司就其損失要求侵權人蘭州銀行賠償於法有據。蘭州銀行賠付後，可以向實際獲得該款的相對人（即鑲黃旗B有限公司）及相關個人追索。綜上所述，檢察機關抗訴意見不能成立，故判決維持原判。

【法律評析】

本案的爭議焦點為：蘭州銀行在辦理案涉電匯業務過程之中，是否存在違規行為，以及其違規行為造成的實際損失認定與賠償責任承擔問題。

一、蘭州銀行是否存在違規行為？

《中國人民銀行辦公廳關於印發〈大額支付系統業務處理辦法（試行）〉、〈大額支付系統業務處理手續（試行）〉的通知》規定：「各政策性銀行、商業銀行、城鄉信用合作社發起的異地跨行貸記支付業務，人民銀行會計營業部門、國庫部門發起的貸記支付業務及內部轉帳業務，應通過大額支付系統辦理……」結合本案，案涉電匯業務發起行為上海銀行，接收行為蘭州銀行，屬於異地跨行的貸記支付業務，應適用中國人民銀行《大額支付系統業務處理辦法（試行）》和《大額支付系統業務處理手續（試行）》的規定。

《大額支付系統業務處理辦法（試行）》第七條規定：「大額支付系統處理的支付業務，其信息從發起行發起，經發起清算行、發報中心、國家處理中心、收報中心、接收清算行，至接收行止。」《大額支付系統業務處理手續（試行）》關於「支付業務差錯及異常情況的處理」，規定：「接收行收到接受清算行轉來的接收人為非本

行開戶，或接收人的帳號戶名有誤無法入帳的支付業務，如能確定接收人為非本地單位，比照退回處理規定，直接由接收清算行反向退回該筆業務；不能確定接收人為本行開戶單位的，按查詢查覆的處理手續查詢發起清算行，收到發起清算行查覆後，分別情況處理。」

分析上述條款可知，在辦理大額支付業務時，接收行收到接收人的帳戶戶名有無法入帳的支付業務時，若接收人為非本地單位，直接由接收清算行反向退回該筆業務；若不能確定接收人為本行開戶單位，應向發起清算行查詢，在收到發起清算行的查覆後再處理。

結合本案，蘭州銀行做為案涉電匯業務的接收行，在明知尤加利公司指定的接收人帳戶名實為「鑲黃旗B有限公司」而非「B公司」，與業務委託書帳戶名不一致的情況下，即應依照相關規定向發起清算行查詢或退回該筆業務。但蘭州銀行未按規定辦理查詢或退回手續，亦未經過尤加利公司的確認和同意，而是在詢問接收人後，三次均將匯款直接匯入鑲黃旗B有限公司帳戶。蘭州銀行明顯存在違反大額支付業務操作規定的行為，侵犯了尤加利公司的財產權益，存在重大過錯，應對造成尤加利公司的財產損失承擔侵權賠償責任。因此，一審、二審和再審法院均認定蘭州銀行應因其違規操作行為，對尤加利公司的損失承擔侵權賠償責任。

二、蘭州銀行違規行為造成的實際損失與賠償責任

（一）尤加利公司的實際損失

本案中，上海市人民檢察院在抗訴意見中對尤加利公司的實際損失數額提出異議。首先，由於與尤加利公司簽訂《保證金合同》的B公司客觀上並不存在，且案外人郝某某又將錢款匯入尤加利公司法定代表人馬永玲的個人帳戶，根據現有證據難以認定該款與案涉電匯業務有關，故該筆匯款不影響對尤加利公司損失的認定。其次，雖然案外人郝某某向公安機關交付了案涉款項100萬元以及公安機關凍結

了鑲黃旗B有限公司帳戶的48萬元，但是上述款項並未實際退還尤加利公司。並且，案外人郝某某詐騙案件的刑事措施與案涉電匯業務的民事侵權責任，其責任主體和責任類型均不同，屬於不同的法律關係，不屬於應「先刑後民」、「先刑事退賠、再民事賠償」的情形，故上述款項亦不影響對尤加利公司損失的認定。再次，案外人郝某某的刑事詐騙已經案發多年且在短期內難以結案，尤加利公司為維護其合法權益，要求蘭州銀行對其損失承擔侵權責任，具有事實和法律依據。最後，蘭州銀行向尤加利公司賠償侵權損失後，亦可以向其他相關主體追償以保障其權益。綜上，案外人郝某某向尤加利公司法定代表人個人帳戶的匯款、交付公安機關的款項及公安機關的凍結款項，均不影響對尤加利公司實際損失數額的認定，亦不會造成對尤加利公司的雙重賠償。因此，再審法院認定檢察機關的抗訴意見不能成立，維持了一審和二審法院關於尤加利公司實際損失為15,277,590.50元的正確認定。

（二）蘭州銀行應承擔的賠償責任

《中華人民共和國侵權責任法》第十一條規定：「二人以上分別實施侵權行為造成同一損害，每個人的侵權行為都足以造成全部損害的，行為人承擔連帶責任。」分析上述法條可知，在無意思聯絡的數人侵權行為中，如果侵權行為均單獨足以造成全部損害，行為人應對被侵權人的全部損失承擔賠償責任。

結合本案，如果接收行蘭州銀行依照大額支付的業務操作規定，就尤加利公司的指定收款人帳戶名與帳號不一致情形，向發起行上海銀行辦理查詢或退回手續，即可避免尤加利公司15,277,590.50元的財產損失。蘭州銀行事先未與詐騙分子惡意串通，屬於無意思聯絡的數人侵權。但是，蘭州銀行違反業務操作規定的侵權行為，顯然足以造成尤加利公司的全部財產損失，故應就全部損失承擔侵權賠償責任。因此，一審、二審和再審法院，均判決蘭州銀行應對尤加利公司

的全部損失15,277,590.50元及相應利息承擔賠償責任。

三、銀行風險啟示

綜上所述，對銀行的風險啟示為：第一，辦理大額支付的電匯業務時，在接收人帳戶名和帳號不一致的情況下，接收行應按照規定向發起清算行查詢或退回該筆業務，否則即應為其違規行為造成的客戶資金損失承擔侵權賠償責任；第二，本案值得注意之處在於，涉嫌經濟犯罪的案外人是否應當承擔賠償責任，並不影響法院對銀行民事賠償責任的認定。當涉嫌犯罪的事實與銀行的侵權行為不是同一法律關係時，法院將不適用「先刑後民」原則，從而對銀行的侵權行為進行獨立審理。

附：法律文書

蘭州銀行股份有限公司興華支行訴南通尤加利綠色燃料有限公司財產損害賠償糾紛一案再審民事判決書

上海市第一中級人民法院
民事判決書
（2015）滬一中民六（商）再終字第5號

抗訴機關：上海市人民檢察院。
申訴人（一審被告、二審上訴人）：蘭州銀行股份有限公司興華支行。
　住所地：甘肅省蘭州市城關區XX路XX號。
負責人：王翔，行長。
委託代理人：田芃，北京市隆安律師事務所上海分所律師。
委託代理人：洪志勤，北京市隆安律師事務所上海分所律師。
被申訴人（一審原告、二審被上訴人）：南通尤加利綠色燃料有限公司。註冊地：江蘇省如皋市XX區。

法定代表人：馬永玲，董事長。

委託代理人：張雪忠，上海致格律師事務所律師。

原審被告：上海銀行股份有限公司閔行支行。

　住所地：上海市閔行區XX路XX號XX樓XX層。

負責人：陳華，行長。

委託代理人：陳霞虹。

委託代理人：杜勇軍。

　　申訴人蘭州銀行股份有限公司興華支行（以下簡稱蘭州銀行興華支行）因與被申訴人南通尤加利綠色燃料有限公司（以下簡稱尤加利公司）、原審被告上海銀行股份有限公司閔行支行（以下簡稱上海銀行閔行支行）財產損害賠償糾紛一案，不服本院2014年6月20日做出的（2014）滬一中民六（商）終字第163號民事判決，向檢察機關申訴。上海市人民檢察院於2015年8月17日做出滬檢民（行）監〔2015〕31000000086號民事抗訴書，向上海市高級人民法院提出抗訴。上海市高級人民法院於2015年9月21日做出（2015）滬高民五（商）抗字第1號民事裁定，指令本院再審本案。本院依法另行組成合議庭於2015年12月22日公開開庭審理了本案。申訴人蘭州銀行興華支行的負責人王翔及其委託代理人田芃、洪志勤，被申訴人尤加利公司的委託代理人張雪忠，原審被告上海銀行閔行支行的委託代理人陳霞虹、杜勇軍到庭參加訴訟。上海市人民檢察院第一分院檢察員陳佳琦參加庭審。本案現已審理終結。

　　尤加利公司於2013年3月20日向上海市閔行區人民法院（以下簡稱閔行法院）提起訴訟稱，2008年底，曾於中國A總公司（以下簡稱A）供職的案外人郝某某向尤加利公司法定代表人馬永玲表示，她可以介紹尤加利公司向A屬下「B有限公司」購買凝析油。馬永玲基於該公司名稱，相信其為大型中央企業，故於2009年2月與「B有限公司」訂立《保證金合同》，並分別於2009年2月10日、3月31日、5月26日分三次從上海銀行股份有限公司莘莊工業區支行（以下簡稱上海銀行莘莊支行）向「B有限公司」在蘭州銀行興華支行的帳戶，以電匯方式匯去保證金及購油款共計人民幣15,277,590.50元（以下幣種同）。匯款後，尤加利公司即向上海銀行莘莊支行查詢，得知匯

款已打入其指定的帳戶。但在打款數月之後，尤加利公司遲遲未拿到貨物，也無法聯繫到對方人員，懷疑被騙而向公安機關報案。公安機關偵查發現蘭州銀行興華支行將款項全部解入戶名為「鑲黃旗B有限公司」的帳戶。尤加利公司認為上海銀行莘莊支行違背其指令，將款項匯入了戶名不同的收款人帳戶，且未及時告知其匯款的真實去向；蘭州銀行興華支行違反了《支付結算辦法》的規定，將匯款解入戶名不同的帳戶，二者均存在重大過失，依據《中華人民共和國侵權責任法》第十一條之規定，二者應承擔連帶賠償責任，故其訴至法院，請求判令二者共同向其賠償損失15,277,590.50元以及以上述金額為本金，自2009年5月27日起至實際清償日止的利息損失。原一審訴訟中，上海銀行閔行支行做為上海銀行莘莊支行的管理行，自願替代其做為被告應訴，經尤加利公司同意，閔行法院將被告變更為上海銀行閔行支行。蘭州銀行興華支行與上海銀行閔行支行均不同意尤加利公司的訴請。

閔行法院一審查明，2009年2月，尤加利公司與案外人B有限公司訂立關於委託採購凝析油品項目的《保證金合同》一份，委託B有限公司為尤加利公司採購相關油品，合同約定尤加利公司在三日內向其支付簽約保證金10,000,000元，尤加利公司應當將保證金付至戶名為B有限公司、開戶行為蘭州銀行興華支行、帳號為XXXXXXXXXXXXXXXXX的帳戶。同年2月10日、3月31日、5月26日，尤加利公司三次委託上海銀行莘莊支行相繼向上述帳戶名和帳號電匯2,000,000元、8,000,000元和5,277,590.50元。當日，上海銀行莘莊支行按照中國人民銀行大額支付系統業務的相關規定，做為發起行提交支付業務，業務的接收行是蘭州銀行興華支行。蘭州銀行興華支行收到業務信息後，發現XXXXXXXXXXXXXXXXX帳戶的帳戶名實為「鑲黃旗B有限公司」，蘭州銀行興華支行聯繫了上述收款公司，該公司向蘭州銀行興華支行書面承諾「鑲黃旗B有限公司」就是尤加利公司轉帳的收款人，如果出現問題由該公司承擔全部責任，後蘭州銀行興華支行將三筆款項解入戶名為「鑲黃旗B有限公司」，帳號為XXXXXXXXXXXXXXXXX的帳戶。尤加利公司匯款後，由於一直未收到貨品，也不能聯繫到對方，故向上海市公安局閔行分局報案，2010年6月17日，上海市公安局閔行分局決定對案外人郝某某合同詐騙一案立案偵查。在刑事偵查過程中，尤加利公司依據公安機關調取的資料發現匯款出現問題，故於2011年3月2日起訴蘭州銀行興華支行和上海銀行

閔行支行，後因故撤訴。由於刑事案件遲遲不能結案，故尤加利公司再次提起本案訴訟，請求判令蘭州銀行興華支行和上海銀行閔行支行共同向其賠償損失15,277,590.50元以及以上述金額為本金，自2009年5月27日起至實際清償日止的利息損失。

　　閔行法院另查明，系爭電匯業務適用中國人民銀行的《大額支付系統業務處理辦法》（試行）和《大額支付系統業務處理手續》（試行）的規定。根據上述規定，大額支付系統處理的支付業務流程為：其信息從發起行發起，經發起清算行、發報中心、國家處理中心、收報中心、接收清算行，至接收行止。發起行是向發起清算行提交支付業務的參與者，接收行是從接收清算行接收支付信息的參與者。接收行收到接收人的帳戶戶名有無法入帳的支付業務時，若接收人為非本地單位，直接由接收清算行反向退回該筆業務，若不能確定接收人為本行開戶單位的，應查詢發起清算行，在收到發起清算行的查覆後再處理。

　　閔行法院認為，尤加利公司的財產權益受到侵害，有權利用訴訟手段保護自己，依法向有關責任人追討損失。蘭州銀行興華支行認為本案已經由公安機關刑事立案，故應當適用「先刑後民」的原則，中止本案的審理。對此，閔行法院認為刑事偵查的犯罪嫌疑人為郝某某等案外人，追究的是案外人的刑事責任，本案訴訟證明確的是兩家銀行的侵權責任，二者的責任主體、責任類型都不同，並不存在同一法律關係上的「先刑後民」關係。本案中的侵權行為係一般侵權行為，適用過錯責任原則做為歸責標準。關於上海銀行莘莊支行的過錯問題，上海銀行莘莊支行在電匯業務中處於發起行地位，在接收行未回饋相關信息的情況下，上海銀行莘莊支行對帳號和戶名不一致的情況也並不知情，故也不存在向尤加利公司隱瞞信息的情形，閔行法院認定上海銀行莘莊支行在匯款流程中並無過錯，對於尤加利公司要求上海銀行閔行支行承擔侵權責任的訴請不予支援。關於蘭州銀行興華支行的過錯問題，根據《大額支付系統業務處理手續》（試行）的規定，蘭州銀行興華支行做為接收行發現接收人的帳號戶名有誤無法入帳的情況時，應當查詢發起清算行或退回該筆業務，但蘭州銀行興華支行發現該問題後並未採取上述方式，而是逕自詢問接收人，顯然違反了相關規定，閔行法院認定蘭州銀行興華支行在匯款流程中存在過錯，其行為侵犯了尤加利公司的財產權益，存

在過錯，應當對尤加利公司的損失承擔侵權責任。關於蘭州銀行興華支行承擔責任的比例問題。閔行法院認為，蘭州銀行興華支行的侵權行為與詐騙分子的侵權行為構成了《侵權責任法》第十一條規定的等價因果關係的無意思聯絡數人侵權，蘭州銀行興華支行應當就全部損失承擔賠償責任。據此，閔行法院依照《中華人民共和國侵權責任法》第六條第一款、第十一條、第十五條，《最高人民法院關於審理民事案件適用訴訟時效制度若干問題的規定》第十五條的規定，判決：一、蘭州銀行興華支行應賠償尤加利公司15,277,590.50元，以及以上述金額為本金，自2009年5月27日起，按照同期中國人民銀行貸款基準利率計算至實際支付日止的利息損失；二、駁回尤加利公司的其他訴訟請求。案件受理費113,465.54元，由蘭州銀行興華支行負擔。

判決後，蘭州銀行興華支行不服，向本院提起上訴稱，涉案款項係由案外犯罪嫌疑人的詐騙行為所致，尤加利公司向公安機關報案後，該刑事案件並未審結，請求二審中止審理本案；現有證據無法確定尤加利公司的實際損失數額，亦不能排除尤加利公司的自身過錯或與犯罪嫌疑人惡意串通取得銀行資金的道德風險，故閔行法院的處理結果失當。故請求二審撤銷原一審判決，依法發回重審。

尤加利公司辯稱，原一審判決正確，應予維持。上海銀行閔行支行稱其無須發表意見。

本院二審對原一審查明的事實予以確認。本院二審認為，尤加利公司為履行其與案外人B有限公司所簽訂的涉案《保證金合同》，依約向B有限公司在蘭州銀行興華支行處開立的指定帳戶中電匯三筆款項，合計15,277,590.50元，並無違法情節，該系爭資金的合法權利當受到法律法規的保護。蘭州銀行興華支行做為涉案電匯業務的接收行，違反了中國人民銀行《大額支付系統業務處理手續》（試行）的相關規定，其行為侵犯了尤加利公司的財產權益，蘭州銀行興華支行理當對尤加利公司的財產損失承擔相應的侵權責任，閔行法院相關事實認定無誤。尤加利公司雖已向公安機關報案並處理，但因蘭州銀行興華支行的侵權過錯事實存在，尤加利公司基於侵權責任的請求權基礎，要求蘭州銀行興華支行承擔相應的侵權損害賠償法律責任，並未違反法律的規定。蘭州銀行興華支行認為相關的合同詐騙案件已經由公安機關刑

事立案偵查，故應當適用「先刑後民」的原則，中止本案的審理。對此，閔行法院認為刑事立案偵查的是犯罪嫌疑人郝某某等案外人，追究的是犯罪嫌疑人的刑事責任，本案訴訟是尤加利公司要求蘭州銀行興華支行承擔相應的侵權賠償責任，二者的責任主體、責任類型都不同，並不存在同一法律關係上的「先刑後民」關係，並無不當，本院同樣認為中止審理本案的上訴理由，缺乏法律依據。對於尤加利公司的系爭財產損失，蘭州銀行興華支行承擔相應的賠償責任後，有權向造成被上訴人資金損失的詐騙分子追償。據此，本院二審依照《中華人民共和國民事訴訟法》第一百七十條第一款第（一）項及第一百七十五條之規定，判決駁回上訴，維持原判。案件受理費113,465.54元，由蘭州銀行興華支行負擔。

　　檢察機關抗訴認為，蘭州銀行興華支行所提交的《個人轉帳憑證》等證據資料，屬於「新的證據」。根據上述新的證據，在尤加利公司匯出系爭三筆匯款後，尤加利公司法定代表人馬永玲曾分別於2009年7月15日、8月11日和9月21日接受郝某某三筆總計1,837,860元的匯款。此外，系爭XXXXXXXXXXXXXXXXXX帳戶內的48萬元資金已被公安機關凍結，郝某某也於案發後向公安機關交付涉案款項100萬元。故尤加利公司的實際損失尚未查明，生效判決逕直判令蘭州銀行興華支行就三筆匯款總額15,277,590.50元承擔賠償責任，缺乏事實依據，且可能造成尤加利公司雙重受償的結果。

　　再審中，蘭州銀行興華支行表示同意檢察機關抗訴意見，並認為其將資金解入鑲黃旗B有限公司的帳戶，實際上並沒有違背尤加利公司按照郝某某的要求向指定帳戶付款的真實意願。即便蘭州銀行興華支行存在過錯，其過錯行為也只是造成尤加利公司損失的條件，而非直接原因，故不能適用《侵權責任法》第十一條認定蘭州銀行興華支行申訴人的責任；且郝某某的詐騙行為已經被公安機關偵查立案，尤加利公司的損失難以確認為全額損失，原一、二審按照尤加利公司的匯款金額確定其承擔全額損失存有不當。尤加利公司表示不同意檢察機關抗訴意見，其認為郝某某於案發後向公安機關交付的100萬元以及被公安機關查封的其他錢款，該錢款尚未通過刑事退賠程序支付發還給尤加利公司，尤加利公司的損失尚未得到賠付，蘭州銀行興華支行有義務全額賠償尤加利公司的損失；至於郝某某分三次匯給馬永玲的總計180餘萬元的錢款，與本案無關，該款項實際是馬永玲和郝某某之前合作的

其他項目所返還的餘款。本案中，尤加利公司的匯款指令明確了受款人是B有限公司，而非鑲黃旗B有限公司，蘭州銀行興華支行三次都將款項解入了與尤加利公司指令不同的帳戶名，違背了尤加利公司的意願，是過錯明顯的違規行為，故尤加利公司有權要求蘭州銀行興華支行賠償全部損失。上海銀行閔行支行表示其對本案不發表意見。

再審審理中，蘭州銀行興華支行向本院提交了三組證據資料：第一組證據資料為尤加利公司的報案資料，公安機關製作的尤加利公司法定代表人馬永玲、員工胡某某、何某某的調查筆錄，郝某某出具的證明以及蘭州公安局出具的蘭公經便字80號《函》，以證明尤加利公司法定代表人馬永玲與郝某某在本案所涉合同及項目之前已有合作，馬永玲信任郝某某，在本案中尤加利公司合作的真正對象是郝某某而非「B有限公司」。尤加利公司實際完全按照郝某某的要求付款，該公司付款後也和郝某某確認過到款的事實；並證明蘭州銀行興華支行在劃款過程中雖有過錯，但最終付款對象並沒有錯。第二組證據資料為鑲黃旗B有限公司分別於2009年2月12日、4月1日、5月27日出具的內容為該公司確係收款單位，如有問題願意承擔責任的承諾書三份，以證明蘭州銀行興華支行雖未完全按照要求操作，但在解付錢款之前向收款單位進行了查證，盡到了一定的注意義務。第三組證據資料為郝某某分別於2009年7月15日、8月11日、9月21日向尤加利公司法定代表人馬永玲匯款的紀錄，以及郝某某向上海市公安局繳付100萬元的收款收據，以證明尤加利公司起訴索賠的金額與實際損失不符。

再審審理中，尤加利公司提供了四份證據資料：證據資料一為排產計劃、價格確認單和油品檢驗資料，證明本案中尤加利公司簽訂合同的真實意願是向B有限公司購買石油，而非和郝某某一起投資。證據資料二為尤加利公司向內蒙古一公司匯款的憑證，證明馬永玲曾委託郝某某購買內蒙古油田，郝某某向馬永玲的三筆匯款就是購買油田款項的結餘款。證據資料三為蘇州同濟司法鑒定所司法鑒定意見書，證明抗訴書中提及的「尤加利公司出具的情況說明」上加蓋的公章經鑒定並非尤加利公司的真實公章。證據資料四為工商信息，證明郝某某出具的證明中提到的馬永玲出資要成立「C有限公司」，其股東為郝某某等人，與馬永玲無關。

再審期間，上海銀行閔行支行未提供新的證據資料。尤加利公司對蘭州

銀行興華支行提供的證據資料經質證後，發表如下質證意見：對第一組證據資料中郝某某出具的證明的真實性不予確認，認為郝某某如做為證人，應出庭，對該組中其他證據資料的真實性無異議，但認為這些證據資料只能證明馬永玲曾委託郝某某做為北京辦事處的負責人開展內蒙古的油田項目，而本案中尤加利公司是通過郝某某的介紹購買油品；對第二組證據資料的真實性無法確認，且其內容證明了蘭州銀行興華支行在解付錢款時存在嚴重的違規行為；對第三組證據資料的真實性無異議，但認為郝某某2009年7月15日、8月11日、9月21日向馬永玲的匯款，係馬永玲委託郝某某購買內蒙古油田的結餘款項，與本案無關，而郝某某向公安機關繳納的100萬元，並未進入退賠程序，尤加利公司的損失並未得到相應彌補。上海銀行閔行支行表示蘭州銀行興華支行提交的證據資料與其無關，故不發表質證意見。蘭州銀行興華支行對尤加利公司提供的證據資料經質證後，發表如下質證意見：對證據資料一的真實性及與本案的關聯性均不予認可；對證據資料二的真實性無異議，但是認為與本案無關聯；對證據資料三的真實性和關聯性均無異議；對證據資料四的真實性無異議，但是認為與本案無關，C有限公司的法定代表人吳某某，係馬永玲在北京辦事處對外登記的負責人賀某某的配偶。上海銀行閔行支行表示尤加利公司提交的證據資料與其無關，故不發表質證意見。

　　本院對蘭州銀行興華支行提供的證據資料經審查後的認證意見為：由於第一組證據資料中郝某某出具的證明的真實性無法確認，而該組中其他證據資料亦與本案缺乏關聯性，故對這組證據資料不予確認；因第二組證據資料在原一、二審查明的事實中已做認定，故對該組證據資料予以確認；對第三組證據資料的真實性、合法性予以確認，至於該證據資料與本案是否具有關聯性，將在本院認為部分做相應闡述。本院對尤加利公司提供的證據資料經審理後的認證意見為：因無法確認證據資料一的真實性，亦無法確認該證據資料與本案的關聯性，故對該證據資料不予確認；對證據資料二與證據資料四，因與本案缺乏關聯性，故本院不予確認；對證據資料三，因該證據資料是對尤加利公司出具情況說明事實的否認，而該節事實在原一、二審並未做認定，故本院對該節事實不做認證。

　　本院再審查明，原一、二審認定的事實有相應的證據予以佐證，本院依法予以確認。本院認為，本案係檢察機關依新證據提起的抗訴。本案爭議焦

點之一是蘭州銀行興華支行將涉案款項解入鑲黃旗B有限公司帳戶是否違背了尤加利公司的真實意願；爭議焦點之二是蘭州銀行興華支行的解款行為與尤加利公司的損失之間是否存在直接因果關係；爭議焦點之三是尤加利公司的損失數額以及本案是否受所涉刑事案件影響。

就爭議焦點之一而言，本院認為，本案中，尤加利公司係與「B有限公司」簽訂《保證金合同》。尤加利公司委託上海銀行莘莊支行電匯錢款，在業務委託書上指示的戶名為「B有限公司」，開戶行為「蘭州銀行興華支行」，帳號為「XXXXXXXXXXXXXXXX」。因此，雖然「B有限公司」事後被證實並不存在，但是從尤加利公司行為分析，其委託銀行辦理電匯業務之時，其受款對象應為「B有限公司」。蘭州銀行興華支行在未經尤加利公司同意的情況下，將涉案款項解入鑲黃旗B有限公司帳戶已然違背了尤加利公司的真實意願。

就本案爭議焦點之二而言，本院認為，蘭州銀行興華支行做為涉案電匯業務的接收行，在發現尤加利公司指定收款帳戶的帳戶名實為「鑲黃旗B有限公司」而非「B有限公司」時，按照中國人民銀行《大額支付系統業務處理手續》（試行）的相關規定，應向發起清算行查詢或退回該筆業務。但該行未按上述規定辦理業務，而是逕自詢問接收人並得到接收人「保證」後，在明知接收人戶名與業務委託書的戶名不一致的情況下解入匯款，其工作人員做為專業人士，該行為存在過錯，且該過錯直接造成尤加利公司的財產損失。如果蘭州銀行興華支行嚴格按照操作規範處理，即向發起清算行查詢或退回該筆業務，尤加利公司的上述損失就可避免。蘭州銀行興華支行雖與詐騙分子無意思聯絡，但是其違規解款的行為構成獨立的侵權行為，鑒於尤加利公司在本案解款中並無過錯，故蘭州銀行興華支行應當就尤加利公司的全部損失承擔侵權責任。原一、二審依法判令蘭州銀行興華支行為尤加利公司的全部損失承擔責任，並無不當。

就爭議焦點之三而言，本院認為，本案中蘭州銀行興華支行將尤加利公司涉案共計1,527萬餘元的錢款，違規解入鑲黃旗B有限公司帳戶，當時造成尤加利公司的實際損失即為1,527萬餘元的全部損失。尤加利公司向公安機關報案後，案外人郝某某向公安機關繳納的100萬元款項，以及鑲黃旗B有限公司帳戶XXXXXXXXXXXXXXXX內被公安機關凍結的48萬元款項，

鑒於刑事案件歷經多年尚在偵辦中，郝是否被定罪判刑，上述凍結和郝繳納的款項至今未發還尤加利公司。在此情況下，尤加利公司根據侵權責任法的相關規定向民事侵權責任人即蘭州銀行興華支行主張全額的賠付款，於法無悖。至於案外人郝某某於2009年7月15日、8月11日和9月21日匯入尤加利公司法定代表人馬永玲個人帳戶的共計1,837,860元的錢款，由於B有限公司客觀上並不存在，目前亦無證據證明鑲黃旗B有限公司係郝某某投資，而該款打入的係馬永玲個人帳戶，尤加利公司又明確提出該款與本案無關，現蘭州銀行興華支行主張該些款項係郝某某退賠給尤加利公司的涉案款項，本院難以採納。故截至本案再審，並無證據證明尤加利公司已收到涉案款項的任何退賠，尤加利公司的實際損失仍為1,527萬餘元。考慮到本案從案發至今已經數年，郝某某的刑事案件在短期內仍難以結案，尤加利公司就其損失要求侵權人蘭州銀行興華支行賠償，於法有據，應予支持。蘭州銀行興華支行賠付後，可以向實際獲得該款的相對人即鑲黃旗B有限公司及相關個人追索。綜上所述，原一、二審判決認定事實清楚，適用法律正確。檢察機關抗訴意見不能成立。依照《中華人民共和國侵權責任法》第六條第一款、《中華人民共和國民事訴訟法》第二百零七條、第一百七十條第一款第（一）項之規定，判決如下：維持上海市第一中級人民法院（2014）滬一中民六（商）終字第163號民事判決。

　　本判決為終審判決。

　　審判長　　劉琳敏

　　代理審判員　朱雁軍

　　審判員　沈　潔

　　二〇一六年五月十二日

　　書記員　金小卿

第十一篇

訴訟程序

【案例75】財產保全申請錯誤對銀行擔保函的影響

王子昌等訴渣打銀行等
訴中財產保全損害責任糾紛案評析

案號：廣州市中級人民法院（2015）穗中法民一終字第07267號

【摘要】

申請人因己方逾權申請財產保全，而造成被申請人財產損失，應承擔賠償責任；為財產保全行為提供擔保的銀行等擔保人，亦應對該損失承擔連帶賠償責任。

【基本案情】

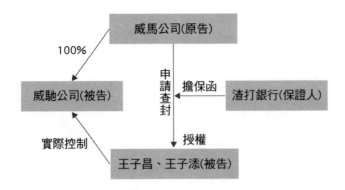

香港威馬環球有限公司（以下簡稱「威馬公司」）是威馳（廣州）製衣有限公司（以下簡稱「威馳公司」）的唯一股東，李鳳英是威馬公司的共同及個別清盤人。威馳公司已被吊銷營業執照，但尚未進入公司清算程序。2010年6月29日，威馬公司和李鳳英以王子昌、王子添做為威馳公司的實際控制人而非法占有威馳公司的拍賣款為

由，起訴王子昌、王子添以及威馳公司。原審法院立案受理後，經審理判決駁回威馬公司的訴訟請求。威馬公司不服上述判決，上訴至廣州市中級人民法院。廣州市中級人民法院以（2013）穗中法民一終字第146號案件受理，經審理後該院認定：威馬公司雖然是威馳公司的唯一股東，但並不享有直接獲取公司財產的權利。根據《中華人民共和國公司法》（以下簡稱《公司法》）第一百八十七條的規定，公司財產在未經依法清算前，不得分配給股東。威馬公司目前並不享有直接取得威馳公司名下資產的權利，威馬公司主張其做為威馳公司全資股東的財產受到損害的侵權之訴，缺乏法律依據，故判決駁回上訴、維持原判。

在向原審法院起訴的同時，威馬公司亦請求查封王子昌、王子添名下價值300萬元的財產。渣打銀行上海分行（以下簡稱「渣打銀行」）做為擔保人，自願為威馬公司提供擔保函，約定如果威馬公司的申請不當而使有關當事人造成損失，渣打銀行願意承擔連帶賠償責任，擔保金額為340萬元。原審法院依據威馬公司的上述申請做出查封裁定，並向上海市第一中級人民法院（以下簡稱「上海一中院」）發出協助執行通知書，凍結王子昌、王子添在上海一中院的執行餘款300萬元。直至廣州市中級人民法院判決駁回威馬公司的侵權損害訴訟請求後，原審法院依據王子昌、王子添的申請做出解封裁定，並向上海一中院發出協助執行通知書，解除了對上述財產的凍結，凍結時間共計1,245日（2010年7月2日起至2013年11月28日止）。

王子昌和王子添遂訴至法院，認為威馬公司和李鳳英在沒有法律和事實依據的前提下提起侵權訴訟，並錯誤申請財產保全，凍結王子昌、王子添財產長達三年四個月的時間，造成了被凍結款項利息的嚴重經濟損失，請求判令威馬公司賠償因申請查封導致的王子昌、王子添經濟損失660,944元；李鳳英和渣打銀行對上述損失承擔連帶清償責任。

【法院判決】

廣東省廣州市番禺區人民法院經審理認為，本案的爭議焦點是威馬公司是否應承擔保全錯誤的賠償責任，王子昌、王子添是否因錯誤查封存在損失，以及損失的計算方法。首先，威馬公司在2010年6月29日起訴時，並未有充分的證據證實王子昌、王子添涉嫌侵害威馳公司財產，申請查封王子昌、王子添名下財產即存在財產保全申請錯誤。其次，即便威馳公司經過公司清算程序，發現王子昌、王子添的確存在侵害威馳公司財產的行為、損害了做為威馳公司股東的威馬公司權利，在威馳公司未清算之前，威馬公司並不享有直接取得威馳公司名下資產的權利。而威馬公司跳過清算程序，直接以自己的名義起訴並申請查封，缺乏法律依據，其查封申請存在主體錯誤。威馬公司申請財產保全時混淆了訴訟主體和法律關係，導致了查封錯誤，應承擔相應的賠償責任。渣打銀行自願以其擁有的財產為威馬公司的案涉財產查封擔任擔保人，故應與威馬公司連帶賠償王子昌、王子添的財產損失。而李鳳英並非保全申請人，亦非財產擔保人，無須承擔賠償責任。王子昌、王子添被法院查封的財產為300萬元，凍結時間共計1,245日，該筆資金不能使用必然會產生利息損失，應當獲得賠償。又因該筆300萬元在被凍結時存於銀行帳戶保管，凍結期間自然產生的活期存款利息並未滅失亦未被他人獲取，該部分活期利息應予以扣減。酌定按照中國人民銀行三年至五年貸款利率計算後，扣減此期間的活期利息，即為申請人損失（公式為：3,000,000元×（貸款年利率－存款年利率）÷365日×天數）。因案涉財產查封期間中國大陸的貸款利率、活期存款利率均經過調整，應分段計算，經計算損失共計616,946.36元。綜上所述，判決威馬公司賠償王子昌、王子添財產損失616,946.36元及相應利息；渣打銀行承擔連帶賠償責任。

宣判後，威馬公司和渣打銀行均不服一審判決，共同提起上訴。廣東省廣州市中級人民法院經審理，判決駁回上訴、維持原判。

【法律評析】

本案的爭議焦點為，威馳公司的股東威馬公司是否有權提起案涉財產保全申請，及財產保全申請錯誤的損失承擔和計算方法。

一、公司股東提起財產保全申請的條件

《公司法》第一百八十六條規定：「清算組在清理公司財產、編制資產負債表和財產清單後，應當制定清算方案，並報股東會、股東大會或者人民法院確認。公司財產在分別支付清算費用、職工的工資、社會保險費用和法定補償金，繳納所欠稅款，清償公司債務後的剩餘財產，有限責任公司按照股東的出資比例分配，股份有限公司按照股東持有的股份比例分配。清算期間，公司存續，但不得開展與清算無關的經營活動。公司財產在未依照前款規定清償前，不得分配給股東。」

分析上述法條可知，公司股東以自己的名義提起財產保全申請，必須同時滿足以下條件：（1）該公司已經過清算程序；（2）公司財產已按法律規定和清算方案對相關債務及稅費清償完畢；（3）清算後的公司剩餘財產未依法定比例向股東分配。否則，在公司經過清算程序前，公司股東對公司財產並不直接享有所有權，不屬於《中華人民共和國民事訴訟法》（以下簡稱《民事訴訟法》）第一百零一條規定的有權提起財產保全措施的利害關係人，故無權以自己的名義向人民法院提出財產保全申請。

結合本案可知，威馳公司的股東威馬公司認為，威馳公司的實際控制人王子昌、王子添非法占有威馳公司的拍賣款，侵犯了其做為股東享有的財產權，故向人民法院提起財產侵權之訴。但是，威馬公司並未能夠提供證據證明王子昌、王子添實際侵犯了其做為股東的財產權。同時，威馳公司雖然已被吊銷營業執照，但尚未進入公司清算程序，做為股東的威馬公司並不直接對威馳公司的拍賣款享有所有

權，不符合上述分析中公司股東有權以自己的名義提起財產保全申請的條件。故威馬公司無權以自己的名義，向人民法院提出案涉財產保全申請。

二、財產保全申請錯誤的損失承擔及其計算方法

《民事訴訟法》第一百零五條規定：「申請有錯誤的，申請人應當賠償被申請人因保全所遭受的損失。」結合本案，威馬公司未經威馳公司的清算程序，即在提起財產侵權之訴時以自己的名義直接向法院申請財產保全，屬於財產保全申請主體錯誤，導致被申請人王子昌和王子添的財產300萬元被錯誤查封，並產生相應的利息損失。因此，威馳公司應對因其財產保全申請錯誤而導致王子昌和王子添的財產利息損失，承擔賠償責任。

關於因財產保全申請錯誤導致被申請人的利息損失範圍，原則上應按照財產查封凍結期間的銀行同期貸款利率計算，並扣除該期間內自然產生的銀行活期存款利息，同時還應按照該期間內不同時間階段的銀行貸款利率和存款利率，進行利息分段計算，即被申請人的損失=保全錯誤的財產數額×（貸款年利率－存款年利率）÷365日×天數。因此，本案中的一審和二審法院均確認，關於威馬公司財產保全申請錯誤導致王子昌和王子添財產300萬元的利息損失，應按照上述公式予以確定，判決威馬公司應賠償王子昌和王子添財產損失616,946.36元及相應利息。

同時，渣打銀行自願為威馬公司的財產保全申請行為，提供擔保金額為340萬元的擔保函，故應對威馬公司財產保全申請錯誤導致的王子昌和王子添財產利息損失，在其擔保範圍內承擔連帶賠償責任。而李鳳英並非案涉財產保全的申請人，亦非財產保全行為的擔保人，對王子昌和王子添的財產損失不應承擔賠償責任。

三、財產保全申請和銀行財產保全擔保業務的風險

基於前述分析，威馬公司因其財產保全申請錯誤而應承擔被申請人財產損失的賠償責任，渣打銀行也因為威馬公司的財產保全行為提供擔保，而與其承擔連帶賠償責任。因此，財產保全申請和銀行財產保全擔保，均存在許多法律風險。

（一）財產保全申請的法律風險

債權人為了能夠讓自己的債權得以順利實現，可以選擇在訴訟前或者訴訟中採取財產保全措施。但是，實務中的財產保全申請會有一定的風險。例如，申請人因未按規定交納保全費用、未按要求提供財產擔保、未提供被申請人財產或財產線索的證據、申請的保全財產已設立在先擔保物權或已被採取保全措施、未提出或逾期提出延長保全期限、保全申請錯誤、逾期起訴或撤回申請等情形，最終面臨法院不採取保全措施、保全申請被駁回、保全目的無法實現或無法完全實現、賠償被申請人財產損失和保全費用不退回等法律風險。綜上所述，申請人必須嚴格按照法定的程序和條件，向法院提出具有充分的法律、事實和證據依據的財產保全申請，以避免上述法律風險，切實保障自身的合法債權利益。

（二）銀行財產保全擔保的法律風險

銀行有可能因為申請人的財產保全行為提供擔保，而對因財產保全錯誤所造成的被申請人財產損失承擔連帶賠償責任。因此，銀行在辦理財產保全擔保業務時，應對訴訟爭議進行必要的審查，確保將代償和求償的風險降到最低。

在代償風險控制方面，銀行應重點審查：是否存在訴訟爭議，且爭議的解決是否具有財產給付內容；是否具有訴訟保全的理由，即不採取保全措施是否可能使申請人的合法權益遭受難以彌補的損失；申請人是否具有原告主體資格；申請人的訴訟請求是否適當，以及所

提供的證據資料是否確實、充分，即是否能夠證明申請人對被申請人享有合法債權；被申請人是否為合格的被告，以及申請保全的財產權屬是否明確等等。

在求償風險控制方面，銀行應重點審查：在前期，調查申請人的資產狀況、生產經營狀況和信用狀況等，對申請人提供的情況和證據資料進行實地核實，要求申請人提供反擔保，並按照法律規定辦理擔保物的交付或登記手續；銀行出具財產保全擔保後，還應加強對法院採取保全措施到訴訟終結各個環節的風險管理，與申請人明確約定將所有訴訟文書資料及時提交並通報，以便銀行及時採取相應措施、評估化解擔保風險，確保其求償權最終能夠得以實現。

附：法律文書

王子昌與王子添、威馬環球有限公司、李鳳英、渣打銀行（中國）有限公司因申請訴中財產保全損害責任糾紛二審民事裁定書

廣州市中級人民法院
民事判決書
（2015）穗中法民一終字第07267號

上訴人（原審被告）：威馬環球有限公司（Sweetmart International Company Limited）。住所地：香港。
共同及個別清盤人：鄧忠華。
委託代理人：陳志敏，廣東金本色律師事務所律師。
委託代理人：周雅雯，廣東金本色律師事務所律師。
上訴人（原審被告）：渣打銀行（中國）有限公司上海分行。
　住所地：上海市浦東新區。
負責人：莊澔，職務：行長。
委託代理人：譚詠波，上海虹橋正瀚（廣州）律師事務所律師。

委託代理人：王玄，上海虹橋正瀚（廣州）律師事務所律師助理。

被上訴人（原審原告）：王子昌，香港特別行政區居民，住香港九龍。

被上訴人（原審原告）：王子添，香港特別行政區居民，住香港九龍。

上述兩被上訴人的共同委託代理人：李前斌，廣東格林律師事務所律師。

上述兩被上訴人的共同委託代理人：曾芹文，廣東格林律師事務所律師。

原審被告：李鳳英（又名黃李鳳英），住香港。

委託代理人：陳志敏，廣東金本色律師事務所律師。

委託代理人：周雅雯，廣東金本色律師事務所律師。

上訴人威馬環球有限公司（以下簡稱「威馬公司」）、渣打銀行（中國）有限公司上海分行（以下簡稱「渣打銀行」）因與王子昌、王子添、原審被告李鳳英因申請訴中財產保全損害責任糾紛一案，不服中華人民共和國廣東省廣州市番禺區人民法院（2014）穗番法民一初字第152號民事判決，向本院提起上訴。本院依法組成合議庭審理了本案，現已審理終結。

原審查明：2010年6月29日威馬公司（其共同及個別清盤人為李鳳英）以王子昌、王子添做為威馳公司的實際控制人非法占有威馳公司的拍賣款為由起訴王子昌、王子添以及威馳公司；原審法院以案號（2010）番法民一初字第3027號立案受理，經審理後認為威馬公司訴稱的關於王子昌、王子添利用職務便利侵占該公司財產行為由於證據不足，不予認定；並判決：威馬公司的起訴無法律依據，駁回其訴訟請求。威馬公司不服上述判決上訴至廣州市中級人民法院，廣州市中級人民法院以（2013）穗中法民一終字第146號案件受理，經審理後該院認定：威馬公司雖然是威馳公司的唯一股東，但並不享有直接獲取公司財產的權利。威馳公司目前雖已被吊銷營業執照，但並無進入公司清算程序，根據《中華人民共和國公司法》第一百八十七條的規定，公司財產在未經依法清算前，不得分配給股東。換言之，威馬公司目前並不享有直接取得威馳公司名下資產的權利，威馬公司在本案主張的做為威馳公司全資股東的財產受到損害的侵權之訴，缺乏法律依據。後廣州市中級人民法院判決駁回威馬公司的上訴，維持原判。該判決已於2013年11月15日

發生法律效力。

　　另查明，2010年6月29日威馬公司在起訴同時向原審法院提出申請，要求查封王子昌、王子添名下價值300萬元的財產，渣打銀行做為擔保人自願提供編號為0033-02-0095869的擔保函做為經濟擔保，並保證如威馬公司的申請不當而給有關當事人造成損失的，渣打銀行願意承擔連帶賠償責任，擔保金額為港幣340萬元。2010年7月1日原審法院依據威馬公司的上述申請做出（2010）番法民一初字第3027號查封裁定，並於2010年7月2日向上海市第一中級人民法院發出協助執行通知書，凍結了王子昌、王子添在上海市第一中級人民法院（2008）滬一中執字第679號案件中的執行餘款300萬元。直至廣州市中級人民法院做出（2013）穗中法民一終字第146號終審判決後，原審法院於2013年11月23日依據王子昌、王子添的申請做出（2010）番法民一初字第3027-2號解封裁定，並於2013年11月28日向上海市第一中級人民法院發出協助執行通知書，解除了對上述財產的凍結。該筆300萬元的執行款項凍結時間共計1,245日（2010年7月2日起至2013年11月28日止）。

　　再查明，2014年7月24日威馬公司以股東名義向廣州市南沙區人民法院提起訴訟，請求認定王子昌、王子添損害公司利益責任，要求二人賠償威馳公司300萬元損失，該案已經以（2014）穗南法民二初字第242號立案受理。2014年8月21日威馬公司向廣州市中級人民法院提起訴訟，請求人民法院指定清算組強制對威馳公司進行清算，該案已經以（2014）穗中法民清字第6號立案受理。現威馬公司以其申請查封的行為是否存在錯誤並造成王子昌、王子添損失的問題必須以上述兩案的審理結果為依據為由向原審法院申請中止本案的審理。

　　王子昌、王子添在原審中共同訴稱：威馬公司和李鳳英曾以財產損害賠償為由將王子昌、王子添及威馳（廣州）製衣有限公司（以下簡稱「威馳公司」）訴至廣州市番禺區人民法院，後一審判決駁回威馬公司和李鳳英的訴訟請求。後經廣州市中級人民法院（2013）穗中法民一中字第146號終審判決駁回上訴，維持原判。威馬公司和李鳳英在訴訟過程中曾提出保全申請，廣州市番禺區人民法院於2010年7月1日以（2010）番法民一初字第3027號《民事裁定書》裁定凍結王子昌、王子添在上海市第一中級人民法院（2008）滬一中執字第679號案的執行餘款300萬元；終審判決後，於2013年

11月23日以（2010）番法民一初字第3027-2號民事裁定書裁定解除對上述財產的凍結。王子昌、王子添認為，威馬公司和李鳳英在沒有法律依據、沒有事實依據的前提下提起訴訟並錯誤地申請保全，凍結王子昌、王子添財產長達三年四個月的時間，給王子昌、王子添造成了嚴重的經濟損失，威馬公司和李鳳英應當賠償王子昌、王子添財產被凍結的利息損失（以300萬元為基數，按3-5年期銀行同期貸款利率計算）以及承擔本案的訴訟費，渣打銀行做為財產保全的擔保人應承擔連帶清償責任。故訴至法院：1. 請求判令威馬環球有限公司賠償因申請查封導致的王子昌、王子添經濟損失660,944元；2. 請求判令李鳳英和渣打銀行（中國）有限公司上海分行對上述損失承擔連帶清償責任；3. 請求判令威馬環球有限公司、李鳳英、渣打銀行（中國）有限公司上海分行承擔本案訴訟費。

　　威馬公司在原審中辯稱：不同意王子昌、王子添的訴訟請求：1. 對於涉案查封王子昌、王子添價值300萬元的財產有法律依據，根據（2010）番法民一初字第3027號民事判決書查明部分明確，威馳公司拍賣餘款1,500多萬元未曾發現存入威馳公司的帳戶；2. 做為威馳公司的法人馮某向公安機關報案明確王子昌、王子添幕後操縱威馳公司，在2006年7月委任做為公司接線生的馮某做為威馳公司的法人，當時威馳公司的實際控制人是王子昌、王子添，在當年拍賣威馳公司資產期間，王子昌、王子添指示馮某簽字，或加蓋公章等，向法院執行局書面確認拍賣餘款1,500多萬元已經由佛山市偉棉紡織有限公司支付給威馳公司，但該拍賣款卻被王子昌、王子添侵占的事實，馮某做為威馳公司的法人參與執行過程的行為，應對該行為負責，我方認為當時是按照股東的身分提起侵權之訴。我方已經向廣州中院提出了相關清算的裁定，既然該筆款項是確實存在，確實被王子昌、王子添侵占，因此，對於王子昌、王子添的凍結財產不存在任何的過錯，王子昌、王子添應將該款項予以返還。

　　李鳳英在原審中辯稱：不同意王子昌、王子添的訴訟請求，李鳳英是經過香港高等法院認定的清盤人，財產保全是職務的行為，因為職務行為產生的債權債務應由威馬公司和威馳公司共同承擔。由於馮某做為威馳公司的法人，我方申請追加馮某做為本案的第三人參與訴訟。在（2010）番法民一初字第3027號中威馬公司按照股東的身分提起侵權之訴，因此，威馳公司應是

本案的被告，我方申請追加威馳公司做為本案的被告參與訴訟。5. 基於威馳公司已經進入了強制清算階段，在尚未清算完成之前，我方申請法院對本案進行中止審理。

渣打銀行在原審中辯稱：請求法院依法不予支持王子昌、王子添的訴訟請求。威馬公司向王子昌、王子添提起訴訟並申請財產保全是依法行使訴訟權利的行為，該權利的行使並不存在任何錯誤，不能僅以案件判決結果做為判斷申請財產保全是否錯誤的唯一標準。對於民事訴訟法規定的「申請有錯誤」，不應僅從字面上將其理解為財產保全申請人敗訴或未完全勝訴則構成「申請有錯誤」，而應當適用侵權責任基本歸責原則，按照侵權行為構成要件分析，查明申請人對財產保全是否有主觀過錯，即是否已盡到合理注意義務，是否存在重大過失等因素全面考量。威馬公司為維護自己的合法權益，基於一定的事實和證據認為王子昌、王子添做為威馳公司實際控制人惡意轉移威馳公司財產，導致其合法權益受損而向王子昌、王子添、威馳公司提起訴訟並申請財產保全。威馬公司的行為是依法正當行使訴訟權利的行為，且已盡到合理注意義務，無主觀上的惡意和重大的過失，且未對王子昌、王子添造成損失，因此威馬公司的申請財產保全的行為並無錯誤，不應承擔損害賠償責任，做為財產保全擔保方的渣打銀行上海分行也不應承擔擔保責任。請求法院依法駁回王子昌、王子添的全部訴訟請求。

原審法院認為：本案的爭議焦點一是威馬公司是否應承擔保全錯誤的賠償責任問題。生效的裁決應當獲得尊重。首先，依據已經生效的（2010）番法民一初字第3027號民事判決書認定的事實，在2010年6月29日起訴時威馬公司並未有充分的證據證實王子昌、王子添涉嫌侵害威馳公司財產，威馬公司申請查封王子昌、王子添名下財產存在申請錯誤。其次，即便是威馳公司經過清算發現王子昌、王子添的確存在侵害威馳公司財產的行為、損害了做為威馳公司股東的威馬公司的權利，在威馳公司未清算之前威馬公司並不享有直接取得威馳公司名下資產的權利。而威馬公司在2010年6月29日跳過清算程序，直接以自己名義起訴並申請查封，缺乏法律依據，其查封申請存在主體錯誤。根據《中華人民共和國侵權責任法》第七條：「行為人損害他人民事權益，不論行為人有無過錯，法律規定應當承擔侵權責任的，依照其規定。」以及《中華人民共和國民事訴訟法》第一百零五條：「申請有錯誤

的，申請人應當賠償被申請人因保全所遭受的損失。」的規定，對申請財產保全造成他人損失的侵權責任並非是以行為人主觀過錯為必要條件，現威馬公司做為申請人申請財產保全時因混淆了訴訟主體和法律關係導致查封錯誤應承擔相應的賠償責任。渣打銀行是查封的擔保人，自願以其所有的財產為威馬公司提供經濟擔保，並保證如威馬公司的申請不當而給有關當事人造成損失的，渣打銀行願意承擔連帶賠償責任。因此，渣打銀行應與威馬公司連帶賠償王子昌、王子添損失。而李鳳英並非保全申請人亦非財產擔保人，無須承擔賠償責任。

　　本案的爭議焦點二是王子昌、王子添是否因錯誤查封存在損失以及損失的計算方法。依據（2010）番法民一初字第3027號民事裁定，王子昌、王子添在上海市第一中級人民法院的（2008）滬一中執字第679號案件有執行餘款，被查封的部分（300萬元的執行款項）凍結時間共計1,245日（2010年7月2日起至2013年11月28日止），此期間內該筆資金不能使用，必然會產生利息損失，應當獲得賠償。又因該筆300萬元在被凍結時是存於銀行帳戶保管，凍結期間自然產生的活期存款利息並未滅失亦未被他人獲取，該部分活期利息應予以扣減。至於損失計算方式，考慮到凍結的期間長達三年，原審法院酌定按照中國人民銀行三年至五年貸款利率計算後扣減此期間的活期利息，即為申請人損失（公式為：3,000,000元×（貸款年利率－存款年利率）÷365日×天數）。因2010年7月2日至2013年11月28日期間我國的貸款利率、活期存款利率均經過調整，應分段計算，經計算損失共計616,946.36元（詳細計算方式見附表，均保留至小數點後兩位）。綜上所述，原審法院依照《中華人民共和國侵權責任法》第七條、第十九條、《中華人民共和國民事訴訟法》第一百零五條的規定，於2015年6月20日做出判決如下：一、威馬環球有限公司於本判決生效之日起十日內賠償財產損失616,946.36元以及利息給王子昌、王子添；二、渣打銀行（中國）有限公司上海分行對上述第一項款項承擔連帶賠償責任；三、駁回王子昌、王子添的其餘訴訟請求。本案受理費10,410元，由威馬環球有限公司、渣打銀行（中國）有限公司上海分行負擔。

　　判後，威馬公司、渣打銀行均不服，共同上訴請求：1. 撤銷原審判決；2. 改判駁回被上訴人王子昌、王子添的全部訴訟請求；3. 由被上訴人王子

昌、王子添承擔本案一、二審的全部訴訟費用。

王子昌、王子添服從原審判決,不同意威馬公司、渣打銀行的上訴請求。

本院二審審理查明的事實與原審判決查明事實一致。

本院認為,威馬公司主張王子昌、王子添侵占公司財產,並提起訴訟(案號:〔2010〕番法民一初字第3027號),該案已經過一、二審終審,判決駁回威馬公司的訴訟請求,故原審認定威馬公司查封申請錯誤並判決威馬公司賠償621,459.7元及利息並無不當。在本院審理期間,威馬公司、渣打銀行既未有新的事實與理由,也未提交新的證據予以佐證自己的主張,故本院認可原審法院對事實的分析認定,即對威馬公司、渣打銀行的上訴請求,均不予支援。原審法院根據雙方當事人的訴辯、提交的證據對本案事實進行了認定,並在此基礎上依法做出原審判決,合法合理,且理由闡述充分,本院予以確認。綜上所述,原審認定事實清楚,判決並無不當,本院予以維持。依照《中華人民共和國民事訴訟法》第一百七十條第一款第(一)項之規定,判決如下:

駁回上訴,維持原判。

案件受理費20,030元,由上訴人威馬環球有限公司(Sweetmart International Company Limited)、渣打銀行(中國)有限公司上海分行各負擔10,015元。

本判決為終審判決。

審判長　楊曉航

代理審判員　徐　滿

代理審判員　何潤楹

二○一六年三月三十一日

書記員　鄭曉儀

【案例76】 **實現擔保物權的特別程序**

花旗銀行上海分行訴吳娟
申請實現擔保物權糾紛案評析

案號：上海市楊浦區人民法院（2016）滬0110民特20號

【摘要】

　　實現擔保物權的特別程序，具有審限短、效率高和成本低等優點，但銀行應綜合考慮多種因素，謹慎選擇並適用有利於切實保障債權實現的程序；在選擇適用實現擔保物權的特別程序時，銀行亦應考慮同時向法院申請財產保全措施，以確保其債權最終能順利實現。

【基本案情】

花旗銀行上海分行
借款 ↕ 抵押
吳娟

　　2013年5月27日，花旗銀行上海分行與吳娟簽訂《個人房產抵押貸款合同》，約定吳娟向花旗銀行上海分行申請抵押貸款4,200,000元，約定若吳娟逾期還款，花旗銀行上海分行有權宣布吳娟在合同項下的全部欠款立即到期應付，並按貸款利率上浮50%計算加收逾期還款罰息；吳娟未遵守其在合同下的任何義務時，花旗銀行上海分行有權立即宣布貸款提前到期、解除合同以及要求吳娟立即償還全部欠款、加收逾期還款罰息和實現抵押權等措施。2013年6月21日，花旗

銀行上海分行依約向吳娟的指定帳戶發放貸款4,200,000元。

2013年7月5日,吳娟以其購買的位於上海市楊浦區國權北路XXX弄XXX號XXX室房屋,為上述借款進行抵押擔保並辦理了抵押登記,擔保範圍包括貸款本金、利息、複利、罰息、違約賠償金以及申請人實現債權和抵押權的一切費用(包括但不限於催收費、訴訟費、財產保全費、公告費、強制執行費、拍賣費用、差旅費、律師費等)。花旗銀行上海分行做為房地產抵押權人,取得了抵押權登記證明。2015年8月9日起,吳娟未能按約償還貸款本息。2015年11月3日,花旗銀行上海分行多次向吳娟催收欠款未果,遂向其寄送房屋貸款提前到期通知函,宣布貸款到期,要求吳娟清償全部貸款本金、利息、罰息和違約金。2015年12月2日,花旗銀行上海分行為本訴訟簽訂聘請律師合同,並支付律師費35,000元。花旗銀行上海分行遂訴至法院,請求拍賣、變賣吳娟名下位於上海市楊浦區國權北路XXX弄XXX號XXX室房屋,所得價款由花旗銀行優先受償,範圍包括本金3,978,110.23元、利息41,804.07元、逾期利息345.99元(暫計至2015年11月5日,合計4,020,260.29元)以及自2015年11月6日起至實際清償之日止的利息、逾期利息及申請人聘請律師所發生的律師費損失人民幣35,000元。

【法院判決】

上海市楊浦區人民法院經審理認為,債務人不履行到期債務或者發生當事人約定的實現抵押權的情形,抵押權人可以與抵押人協議,以抵押財產折價或者以拍賣、變賣該抵押財產所得的價款,優先受償。若抵押權人與抵押人未就抵押權實現方式達成協議,抵押權人可以請求人民法院拍賣、變賣抵押財產。現本案申請人花旗銀行上海分行陳述的事實屬實,其申請事項亦符合有關法律規定,該院予以准許。綜上所述,裁定准許拍賣、變賣被申請人吳娟名下位於上海市楊

浦區國權北路XXX弄XXX號XXX室房屋，所得價款由申請人花旗銀行上海分行優先受償借款本金3,978,110.23元、截止2015年11月5日的利息41,804.07元、逾期利息345.99元，以及自2015年11月6日起至實際清償之日止以借款本金人民幣4,020,260.29元為基數，按《個人房產抵押貸款合同》約定利率計付的利息、逾期利息及律師費損失人民幣35,000元。申請人花旗銀行上海分行可依據本裁定，向人民法院申請執行。

【法律評析】

本案的焦點問題，是實現擔保物權的特別程序。

一、實現擔保物權的特別程序

《中華人民共和國民事訴訟法》（以下簡稱《民事訴訟法》）第一百九十六條：「申請實現擔保物權，由擔保物權人以及其他有權請求實現擔保物權的人依照物權法等法律，向擔保財產所在地或者擔保物權登記地基層人民法院提出。」第一百九十七條：「人民法院受理申請後，經審查，符合法律規定的，裁定拍賣、變賣擔保財產，當事人依據該裁定可以向人民法院申請執行；不符合法律規定的，裁定駁回申請，當事人可以向人民法院提起訴訟。」《中華人民共和國物權法》（以下簡稱《物權法》）第一百九十五條規定：「債務人不履行到期債務或者發生當事人約定的實現抵押權的情形，抵押權人可以與抵押人協議以抵押財產折價或者以拍賣、變賣該抵押財產所得的價款優先受償……抵押權人與抵押人未就抵押權實現方式達成協議的，抵押權人可以請求人民法院拍賣、變賣抵押財產。抵押財產折價或者變賣的，應當參照市場價格。」

分析上述法條可知，《民事訴訟法》第一百九十六條和一百九十七條分別規定的「依照物權法等法律」和「符合法律規

定」，是確定實現擔保物權特別程序應當滿足具體條件的關鍵。綜合分析《物權法》和《擔保法》及司法解釋中有關擔保物權實現方式的規定，申請實現擔保物權的特別程序，必須同時滿足以下條件：

1. 擔保的主債權有效存在。
2. 擔保物權有效存在。
3. 擔保的主債權確定。
4. 主債權到期未獲清償或發生當事人約定實現擔保物權的情形。
5. 擔保物權未受到特別限制，例如擔保財產上不存在被查封、扣押、凍結的情形與順位在先的擔保物權等。
6. 擔保物權人和擔保人未就擔保物權的實現方式達成協議。

在滿足上述條件時，擔保物權人即有權直接申請適用實現擔保物權的非訴特別程序，請求人民法院拍賣或者變賣擔保財產，以切實保障自身的債權利益得以實現。

結合本案可知，花旗銀行上海分行對吳娟享有的主債權和抵押物權確定且有效存在，案涉主債權已到期且經多次向吳娟催收欠款未果，亦未與吳娟就其提供的案涉抵押房產折價、拍賣或變賣價款的優先受償問題達成協議。因此，花旗銀行上海銀行對吳娟享有的抵押物權，符合上述分析中關於實現擔保物權特別程序的條件，故花旗銀行上海分行有權直接請求人民法院適用實現擔保物權的特別程序，拍賣或變賣案涉抵押財產，並就該價款在主債權範圍內優先受償。

二、實現擔保物權特別程序的銀行法律風險

與普通的訴訟程序相比，實現擔保物權的非訴特別程序具有許多優點，如審限週期短、效率高、節約司法資源、減少維權成本和降低擔保風險等。鑑於以上優點，銀行等債權人傾向於採取實現擔保物權特別程序這一實現債權的新途徑和新方法，以加快不良貸款的處理

流程、切實維護銀行的債權利益。但是，銀行採用實現擔保物權的特別程序，也面臨以下法律風險：

1. 擔保物經司法拍賣、變賣的法律風險

一方面，當前擔保物司法拍賣的整體行情不容樂觀，部分競拍人存在「撿漏」心理，導致擔保物拍賣的實際價格遠低於評估價格或者多次流拍等。因此，經常出現擔保物經法院司法拍賣、變賣後所得的價款不足以清償債權人全部債權的情況。另一方面，雖然實現擔保物權的非訴特別程序在審判階段非常高效便捷，但是在執行階段與普通訴訟程序並無差異，程序繁瑣、耗時漫長等執行困難問題仍然存在。同時，在執行過程中，部分擔保人已經積極著手轉移擔保物、逃避擔保責任，或者因協力廠商債權人主張權利、擔保物滅失等，導致擔保人降低甚至喪失償債能力，銀行債權最終難以得到實際清償。因此，銀行等債權人應充分權衡特別程序和普通程序的優劣，綜合考慮可能存在的擔保物處置效果、擔保人轉移資產等實際情況和多種因素，自主選擇適用有利於切實保障債權實現的程序。

2. 忽視申請財產保全的法律風險

關於申請實現擔保物權特別程序時，是否可以同時申請財產保全的問題，在2015年民訴法司法解釋之前，此問題沒有明確法律規定，因此實務中有的法院比較謹慎看待抵押物（質押物）的財產保全申請，原因是由於抵押權（質押權）的權利性質，法律上已經為抵押人（質押人）擅自處置抵押物（質押物）的狀況，給予抵押權人（質權人）救濟措施了。因此，當時如果抵押權人想對擔保物進行財產保全，還須與法院溝通。但2015年民訴法司法解釋頒布後，該司法解釋第三百七十三條明確規定：「人民法院受理申請後，申請人對擔保財產提出保全申請的，可以按照民事訴訟法關於訴訟保全的規定辦理。」也就是說，實現擔保物權案件中申請人可以提出保全申請，但僅限於訴訟中的財產保全，不適用訴前財產保全。因此，銀行等債權

人應在選擇適用實現擔保物權特別程序時，同時向法院申請財產保全，以避免其他債權人對擔保財產的優先受償，切實保障實現自身合法債權。

3. 銀行注意事項

實現擔保物權案件若已經立案，並不影響另案起訴債務人。當擔保人和債務人是同一主體，可以透過經濟、快速的方式實現擔保物權進而實現債權，則無須另行起訴，但如果實現擔保物權清償債權的金額不足，仍須另案起訴債務人，要求清償未受償部分。當擔保人和債務人非同一主體，可以另案起訴債務人，實現擔保物權後，擔保人可以向債務人追償。

附：法律文書

花旗銀行（中國）有限公司上海分行與吳娟申請實現擔保物權特別程序民事裁定書

上海市楊浦區人民法院
民事裁定書
（2016）滬0110民特20號

申請人：花旗銀行（中國）有限公司上海分行。
　住所地：上海市浦東新區。
負責人：陸烜，行長。
委託代理人：許建添，上海申駿律師事務所律師。
委託代理人：劉澔，上海申駿律師事務所律師。
被申請人：吳娟，女，漢族，戶籍所在地：上海市崇明縣。

申請人花旗銀行（中國）有限公司上海分行與被申請人吳娟申請實現擔保物權一案，本院於2016年1月19日受理後，由審判員陳國忠獨任審理，於

2016年1月29日依法公開進行了審查。申請人花旗銀行（中國）有限公司上海分行的委託代理人劉澔、被申請人吳娟到庭參加了聽證。本案現已審理終結。

申請人花旗銀行（中國）有限公司上海分行稱：2013年5月27日，申請人與被申請人吳娟簽訂《個人房產抵押貸款合同》（合同編號SHXXXXXXXX），被申請人向申請人申請抵押貸款人民幣（以下幣種均為人民幣）4,200,000元，被申請人以其購買的位於上海市楊浦區國權北路XXX弄XXX號XXX室房屋為上述借款進行抵押擔保，並至上海市楊浦區房地產交易中心辦理了抵押登記。2013年6月21日，申請人向被申請人指定的帳戶發放了全額貸款，被申請人自2013年7月9日起每月償還約定的貸款本息。但自2015年8月9日起被申請人拖欠申請人貸款本息，經申請人多次催收仍未還清欠款。根據申請人與被申請人簽訂的《個人房產抵押貸款合同》，申請人有權宣布被申請人所欠貸款全部到期應付，實現抵押權。現申請人請求拍賣、變賣被申請人吳娟名下位於上海市楊浦區國權北路XXX弄XXX號XXX室房屋，所得價款由申請人優先受償，範圍包括本金3,978,110.23元、利息41,804.07元、逾期利息345.99元（暫計至2015年11月5日，合計4,020,260.29元）以及自2015年11月6日起至實際清償之日止的利息、逾期利息及申請人聘請律師所發生的律師費損失人民幣35,000元。

被申請人吳娟稱，對申請人的申請事項、事實及理由均無異議，對申請人提供的證據也無異議，但希望與被申請人協商，將拖欠款項還清。

經審理查明，2013年5月27日，申請人與被申請人簽訂《個人房產抵押貸款合同》（合同編號SHXXXXXXXX），約定被申請人向申請人申請抵押貸款4,200,000元，貸款期限為276個月，暫計自2013年5月27日起至2036年5月26日止，以貸款實際發放之日為準開始計算，還款方式為等額本息，貸款年利率5.3170%，利率為浮動利率，在貸款年限內如中國人民銀行調整人民幣個人住房貸款基準利率，則申請人有權以中國人民銀行所頒布之同期同檔次人民幣個人住房貸款基準利率為基礎，按季調整貸款利率。根據《個人房產抵押貸款合同》第11條約定，若被申請人逾期還款，申請人有權宣布被申請人在合同項下的全部欠款立即到期應付，並加收逾期還款罰息，按照逾期金額，以合同項下的人民幣貸款利率上浮50%之利率計算，自該款逾期日起

至本息清償日止，按日累積計收。根據《個人房產抵押貸款合同》第12.1條及12.2條約定，被申請人未遵守其在合同下的任何義務的，申請人有權立即宣布貸款提前到期、解除合同以及要求被申請人立即償還全部欠款、加收逾期還款罰息、實現抵押權等措施。2013年6月21日，申請人向被申請人指定的帳戶發放貸款4,200,000元。

2013年7月5日，被申請人以其購買的位於上海市楊浦區國權北路XXX弄XXX號XXX室房屋為上述借款進行抵押擔保並辦理了抵押登記，擔保的範圍包括貸款本金、利息、複利、罰息、違約賠償金以及申請人實現債權和抵押權的一切費用（包括但不限於催收費、訴訟費、財產保全費、公告費、強制執行費、拍賣費用、差旅費、律師費等）。申請人做為房地產抵押權人取得了抵押權登記證明。2015年8月9日起，被申請人未能按約償還貸款本息，經申請人多次催收仍未還清欠款。2015年11月3日，申請人向被申請人寄送房屋貸款提前到期通知函，宣布貸款到期，要求被申請人清償全部貸款本金、利息、罰息、違約金。截止2015年11月5日，被申請人尚欠申請人貸款本金3,978,110.23元、利息41,804.07元、逾期利息345.99元。2015年12月2日，申請人為本訴訟簽訂聘請律師合同並於2016年1月28日支付律師費35,000元。

本院認為，債務人不履行到期債務或者發生當事人約定的實現抵押權的情形，抵押權人可以與抵押人協議以抵押財產折價或者以拍賣、變賣該抵押財產所得的價款優先受償。抵押權人與抵押人未就抵押權實現方式達成協議，抵押權人可以請求人民法院拍賣、變賣抵押財產。現本案申請人花旗銀行（中國）有限公司上海分行陳述的事實屬實，其申請事項亦符合有關法律規定，本院予以准許。據此，依照《中華人民共和國物權法》第一百八十條第一款第（一）項、第一百八十七條、第一百九十五條、第二百零六條、《中華人民共和國民事訴訟法》第一百九十六條、第一百九十七條之規定，裁定如下：准許拍賣、變賣被申請人吳娟名下位於上海市楊浦區國權北路XXX弄XXX號XXX室房屋，所得價款由申請人花旗銀行（中國）有限公司上海分行優先受償借款本金3,978,110.23元、截止2015年11月5日的利息41,804.07元、逾期利息345.99元，以及自2015年11月6日起至實際清償之日止以借款本金人民幣4,020,260.29元為基數，按《個人房產抵押貸款合同》

約定利率計付的利息、逾期利息及律師費損失人民幣35,000元。本案受理費人民幣13,081元，保全費人民幣5,000元，合計人民幣18,081元，由被申請人吳娟負擔，於本裁定生效之日起七日內交付本院。申請人花旗銀行（中國）有限公司上海分行可依據本裁定向人民法院申請執行。

　　審判員　陳國忠
　　二〇一六年二月二日
　　書記員　趙　瑩

第十二篇

執行程序

【案例77】 案外人就執行標的享有
足以排除強制執行的民事權益

大連銀行訴豔豐公司、鄭克旭案外人
執行異議之訴糾紛案評析

案號：最高人民法院（2015）民提字第175號

【摘要】

　　本案中銀行做為案外人，對強制執行標的（保證金帳戶內的資金）提出執行異議，法院在審查時著重關注是否存在書面的質押約定，是否設置專門的保證金帳戶並實際控制該帳戶，以確認銀行對保證金享有質權，進而排除對保證金進行強制執行。

【基本案情】

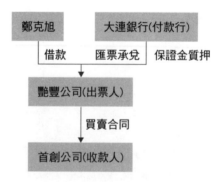

　　2011年12月6日，撫順市豔豐建材有限公司（以下簡稱「豔豐公司」）與鄭克旭簽訂《借款合同》，約定豔豐公司向鄭克旭借款8,000萬元。同日，豔豐公司與大連銀行瀋陽分行（以下簡稱「大連

銀行」）簽訂《匯票承兌合同》，約定大連銀行開立合計為8,000萬元的八張銀行承兌匯票，出票人為豔豐公司，收款人為瀋陽首創物資有限公司（以下簡稱「首創公司」），豔豐公司在大連銀行開立保證金專用帳戶並存入做為履行本合同的擔保金，且授權大連銀行有權辦理上述保證金的凍結、扣劃等手續。同日，豔豐公司將向鄭克旭借的8,000萬元存入大連銀行指定的保證金帳戶，大連銀行在上述八張匯票正面「本匯票已經承兌，到期日由本行付款」處加蓋了匯票專用章，並交付出票人豔豐公司。

借款到期後，豔豐公司未依約還款。之後豔豐公司與鄭克旭及案外人明達意航企業集團有限公司（以下簡稱「明達公司」）分別簽訂《還款協議》和《還款補充協議》，約定豔豐公司和明達公司還清8,000萬本金及利息。到期後，豔豐公司、明達公司均未履行。2012年5月23日，中國郵政儲蓄銀行有限責任公司遼寧省分行（以下簡稱「郵政銀行」）以委託收款形式，對前述八張銀行承兌匯票中的六張進行收款。2012年5月25日，中國民生銀行股份有限公司深圳分行（以下簡稱「民生銀行」）以委託收款形式，對其餘二張匯票進行收款。2012年6月6日，大連銀行對上述八張到期匯票進行了付款，並將8,000萬元轉為承兌逾期墊款。

2012年5月，鄭克旭分兩次以豔豐公司、明達公司為被告，向廊坊市中級人民法院（以下簡稱「廊坊中院」）提起訴訟，分別要求豔豐公司償還借款4,000萬元及利息、明達公司承擔擔保責任，同時申請了財產保全。廊坊中院裁定凍結豔豐公司在大連銀行帳戶中的保證金8,000萬元。後廊坊中院做出（2012）廊民三初字第117號、第133號民事判決書，且均已生效。在鄭克旭申請執行（2012）廊民三初字第117號民事判決書期間，大連銀行向廊坊中院提出書面異議。該院做出（2013）廊執異字第26-1號執行裁定書，裁定駁回大連銀行的異議。2013年10月9日，大連銀行以豔豐公司、鄭克旭為被告，向法

院提起本案訴訟，請求撤銷廊坊中院（2013）廊執異字第26-1號執行裁定，確認其對保證金帳戶內的4,000萬元享有優先受償權。

【法院判決】

河北省廊坊市中級人民法院經審理認為，本案爭議的焦點為收款人的委託收款行為是否屬於承兌人已經完成了承兌行為、保證金帳戶的性質為何，及大連銀行對於保證金帳戶內的款項是否享有優先受償權。大連銀行在案涉八張匯票正面「本匯票已經承兌，到期日由本行付款」欄處簽章的行為，屬於票據法上付款人的承兌行為。而委託收款是收款人委託銀行向付款人收取款項的結算方式，屬於票據法上的提示付款行為，並非承兌人的承兌行為。銀行要求出票人在為其開立的保證金帳戶上存入一定數額的保證金，其目的並不是用這筆保證金來抵償所到期支付的款項，而是出於出票人不守信用或無能力歸還墊款，為降低風險，用銀行的行為（銀行製作的凍結保證金通知書）來控制出票人一定數額的資金。從這一點來看，保證金帳戶內的資金沒有質押的性質。大連銀行與鼉豐公司未以保證金做為質押而簽訂書面的質押合同，保證金的性質應是信譽保證，故大連銀行主張的保證金屬於金錢質押、其有優先受償權的主張不能成立。本案中，法院凍結在先，大連銀行付款在後。最高人民法院、中國人民銀行《關於依法規範人民法院執行和金融機構協助執行的通知》第九條規定，銀行承兌匯票保證金已喪失保證金功能時，人民法院可以依法採取扣劃措施。大連銀行在法院凍結之後依然對外付款，票據關係消滅、案涉保證金喪失保證金功能，法院可以扣劃，故判決駁回大連銀行的訴訟請求。

宣判後，大連銀行不服一審判決，提起上訴。河北省高級人民法院經審理，判決駁回上訴、維持原判。宣判後，大連銀行不服二審判決，申請再審。最高人民法院經審理認為，案涉《匯票承兌合同》

約定表明，雙方達成大連銀行對案涉保證金享有優先受償權的合意，具備質押合同的一般要件。豔豐公司依約向保證金專用帳戶繳存保證金，大連銀行出具《保證金凍結通知書》並進行凍結，符合金錢以保證金形式特定化的要求。大連銀行有權直接扣劃案涉保證金專用帳戶內的資金，實質上取得了對專用帳戶的控制權，符合動產交付占有的要求。綜上分析，可認定案涉金錢質押已經設立，大連銀行對案涉4,000萬元保證金享有質權。

　　本案的特殊之處在於，案涉4,000萬元保證金已被廊坊中院凍結，故出現了在同一執行標的上大連銀行主張質權而鄭克旭主張債權的衝突問題。大連銀行對豔豐公司享有的質權屬於擔保物權，應優先於鄭克旭的普通債權得以實現，足以排除鄭克旭的強制執行申請。廊坊中院雖然對案涉保證金進行了凍結，但凍結發生於大連銀行承兌之後，大連銀行已實際履行付款責任，與豔豐公司形成債權債務關係，案涉4,000萬元保證金並未喪失保證功能。因此，大連銀行有權對廊坊中院的凍結措施提出異議，該院應當解除對保證金相應部分的凍結措施。綜上，改判豔豐公司保證金專用帳戶內的保證金4,000萬元不得執行、大連銀行對上述4,000萬元保證金享有質權並可優先受償。

【法律評析】

　　本案的爭議焦點為，大連銀行是否對案涉保證金享有優先受償權，及是否有權申請解除案涉匯票保證金的凍結措施。

一、大連銀行是否對案涉保證金享有優先受償權

　　《中華人民共和國物權法》第二百一十條規定：「設立質權，當事人應當採取書面形式訂立質權合同。質權合同一般包括下列條款：（一）被擔保債權的種類和數額；（二）債務人履行債務的期限；（三）質押財產的名稱、數量、品質、狀況；（四）擔保的範

圍；（五）質押財產交付的時間。」第二百一十二條規定：「質權自出質人交付質押財產時設立。」《最高人民法院關於適用〈中華人民共和國擔保法〉若干問題的解釋》第八十五條規定：「債務人或者第三人將其金錢以特戶、封金、保證金等形式特定化後，移交債權人占有做為債權的擔保，債務人不履行債務時，債權人可以以該金錢優先受償。」

分析上述條款可知，債權人對質押保證金享有優先受償權，關鍵在於債權人與債務人是否已簽訂書面的保證金質押合同，並同時滿足保證金特定化和交付債權人占有的條件，即債權人對該保證金享有質權。結合本案，雖然大連銀行未與債務人豔豐公司簽訂書面的質押合同，但案涉《匯票承兌合同》的約定包含了保證金質押合同的一般要件。大連銀行有權凍結並直接扣劃豔豐公司向保證金專用帳戶中繳存的保證金，符合保證金特定化和交付債權人控制占有的要求。因此，大連銀行對案涉4,000萬元保證金的質權依法設立，並享有優先受償權。故再審法院糾正了一審和二審法院關於大連銀行對案涉保證金的質權未依法設立、不享有優先受償權的判決，改判大連銀行對上述4,000萬元保證金享有質權並可優先受償。

二、執行異議人申請解除保證金凍結等執行措施的條件

最高人民法院和中國人民銀行聯合發布的《關於依法規範人民法院執行和金融機構協助執行的通知》第九條規定：「人民法院依法可以對銀行承兌匯票保證金採取凍結措施，但不得扣劃。如果金融機構已對匯票承兌或者已對外付款，根據金融機構的申請，人民法院應當解除對銀行承兌匯票保證金相應部分的凍結措施。銀行承兌匯票保證金已喪失保證金功能時，人民法院可以依法採取扣劃措施。」

分析上述法條可知，執行異議人有權申請解除保證金凍結等執行措施，必須同時滿足金融機構已對匯票承兌或者已對外付款，以及

銀行承兌匯票保證金未喪失保證金功能這兩個條件。結合本案，大連銀行的匯票承兌行為發生在法院對案涉保證金採取凍結措施之前，並且已按照約定履行了對外付款義務。同時，基於前述分析，大連銀行對案涉4,000萬元保證金依法享有質權並可以優先受償，案涉保證金未喪失保證金功能。因此，執行異議人大連銀行對案涉保證金4,000萬元的合法質權，足以對抗鄭克旭普通債權的強制執行申請，有權請求法院解除對案涉保證金4,000萬元的凍結措施。故再審法院糾正了一審和二審法院關於案涉保證金已喪失保證金功能、大連銀行無權申請法院解除凍結措施的判決，改判豔豐公司保證金專用帳戶內的保證金4,000萬元不得執行。

三、銀行風險啟示

綜上所述，對銀行的風險啟示為：為了切實保障銀行對質押保證金的優先受償，首先，應妥善完成書面質押合同。銀行應與擔保人簽訂書面的《保證金質押合同》，明確約定保證金質押的一般條款，防止擔保人提出保證金質押關係不存在的抗辯。其次，應確保保證金的特定化和移交債權人占有的法律公示效力。銀行應與擔保人明確約定名稱內含有「保證金」字樣的專門保證金帳戶，實行專款專用、單獨結算，不得在保證金專用帳戶存放其他日常結算資金，未經銀行同意不得將保證金挪作他用，銀行有權凍結並且直接劃扣保證金以支付相關款項等等，避免法院判認未實現保證金特定化和移交債權人實際占有，而做出不利於銀行的判決。

附：法律文書

大連銀行股份有限公司瀋陽分行與撫順市豔豐建材有限公司、鄭克旭案外人執行異議之訴案

最高人民法院

民事判決書

（2015）民提字第175號

再審申請人（一審原告、二審上訴人）：大連銀行股份有限公司瀋陽分行。住所地：遼寧省瀋陽市沈河區北站路77-1號1門。

負責人：畢賀軒，該分行行長。

委託代理人：徐文浩，該分行員工。

被申請人（一審被告、二審被上訴人）：撫順市豔豐建材有限公司。

　住所地：遼寧省撫順經濟開發區李石經濟區大街2號4020室。

法定代表人：李會成，該公司總經理。

被申請人（一審被告、二審被上訴人）：鄭克旭。

委託代理人：戴孟勇，北京市資略律師事務所律師。

委託代理人：何立敏，北京市亦非律師事務所律師。

　　再審申請人大連銀行股份有限公司瀋陽分行（以下簡稱大連銀行瀋陽分行）因與被申請人撫順市豔豐建材有限公司（以下簡稱豔豐公司）、鄭克旭案外人執行異議之訴一案，不服河北省高級人民法院（2014）冀民二終字第32號民事判決，向本院申請再審。本院於2015年6月16日做出（2015）民申字第736號民事裁定，提審本案。本院依法組成由審判員王濤擔任審判長，代理審判員梅芳、楊卓參加的合議庭，公開開庭審理了本案，書記員陳明擔任記錄。大連銀行瀋陽分行的委託代理人徐文浩、鄭克旭的委託代理人戴孟勇、何立敏到庭參加訴訟。豔豐公司經合法傳喚未到庭。本案現已審理終結。

　　河北省廊坊市中級人民法院一審查明：豔豐公司與鄭克旭於2011年12月

6日簽訂《借款合同》，約定：借款金額為8,000萬元，借款日期為2011年12月6日，還款日期為2011年12月7日。同日，豔豐公司與大連銀行瀋陽分行簽訂《匯票承兌合同》，約定：本合同項下銀行承兌匯票共計八張，全部匯票金額合計為8,000萬元；出票人均為豔豐公司，收款人均為瀋陽首創物資有限公司（以下簡稱首創公司）；出票日期均為2011年12月6日，匯票到期日均為2012年6月6日；承兌滿足條件為，豔豐公司與收款人之間的商品交易關係是真實合法和具有對價的，豔豐公司具有支付到期匯票金額的可靠資金來源，不存在票據欺詐行為；豔豐公司於匯票承兌前，在大連銀行瀋陽分行開立針對本合同項下匯票的保證金專用帳戶（帳戶為10***23）並存入匯票金額100%的保證金，保證金金額為8,000萬元整，豔豐公司同意將上述保證金及由其產生的利息做為履行本合同的擔保，並授權大連銀行瀋陽分行在因本合同需要時辦理上述保證金的凍結、扣劃等手續；雙方權利義務為，豔豐公司在本合同項下匯票出票日起一個月內，向大連銀行瀋陽分行提供其與收款人之間的增值稅發票複印本，大連銀行瀋陽分行有權要求核驗原件；豔豐公司應於本合同項下匯票到期日之前將匯票金額足額存入大連銀行瀋陽分行指定帳戶，若豔豐公司未能在匯票到期日足額交付全部匯票金額，則大連銀行瀋陽分行有權將本合同第2.2款的保證金帳戶和豔豐公司其他存款帳戶中的款項直接用於支付到期匯票或償還大連銀行瀋陽分行對持票人的墊款以及相應利息和手續費，同時對豔豐公司尚未支付的匯票金額按照日萬分之五計收罰息；本合同項下匯票承兌後，發生以下任一情況，大連銀行瀋陽分行均可以要求豔豐公司將保證金金額提高到匯票金額的100%；豔豐公司未按照大連銀行瀋陽分行要求如期補足保證金的，大連銀行瀋陽分行有權宣布豔豐公司違約，對豔豐公司提起訴訟並按照相關擔保合同約定行使相應權利。《匯票承兌合同》簽訂當日，豔豐公司將8,000萬元存入大連銀行瀋陽分行文藝路支行營業部的10***25帳戶，大連銀行瀋陽分行文藝路支行將8,000萬元轉至《匯票承兌合同》指定的10***23保證金帳戶。同日，大連銀行瀋陽分行在豔豐公司做為出票人、首創公司做為收款人、大連銀行瀋陽分行文藝路支行做為付款行、金額各為1,000萬元、出票日期為2011年12月6日、到期日為2012年6月6日的八張銀行承兌匯票正面「本匯票已經承兌，到期日由本行付款」處加蓋了匯票專用章，之後將該八張匯票交付出票人豔豐公司。匯票上

未填寫承兌日期。

豔豐公司在《借款合同》約定的還款日期即2011年12月7日未還款。後豔豐公司與鄭克旭及案外人明達意航企業集團有限公司（以下簡稱明達意航公司）於2011年12月24日簽訂了《還款協議》，約定：豔豐公司於2011年12月6日向鄭克旭借款8,000萬元用於大連銀行瀋陽分行開具承兌匯票百分之百保證金，豔豐公司收到此款用完後沒按約定歸還，反而把此款用於其他，經雙方協商達成如下協議：2012年1月6日至2012年1月19日還清8,000萬本金以及500萬利息。到期後豔豐公司、明達意航公司未履行。2012年4月20日，豔豐公司與鄭克旭、明達意航公司又簽訂《還款補充協議》，約定：第一期還款時間為2012年5月20日-25日之間，還款金額為2,000萬元；第二期還款時間為2012年6月20日-25日之間，還款金額為2,000萬元；第三期還款時間為2012年7月20日-25日之間，還款金額為2,000萬元；第四期還款時間為2012年8月20日-25日之間，還款金額為2,000萬元；利息從2011年12月20日起計算，根據實際占用時間與額度按月利息2%計算，以上利息於2012年9月底結清。上述合同到期後，豔豐公司、明達意航公司亦未履行。

2012年5月23日，中國郵政儲蓄銀行有限責任公司遼寧省分行以委託收款形式對前述八張銀行承兌匯票中的六張（匯票號碼313****3920-313****3924及313****3929）進行收款。2012年5月25日，中國民生銀行股份有限公司深圳分行以委託收款形式對其餘兩張匯票（匯票號碼313****3927、313****3928）進行收款。2012年6月6日，大連銀行瀋陽分行文藝路支行對上述八張匯票總計金額8,000萬元進行了付款。同日，大連銀行瀋陽分行文藝路支行將8,000萬元轉為承兌逾期墊款。

2012年5月，鄭克旭分兩次以豔豐公司、明達意航公司為被告向廊坊市中級人民法院提起訴訟，分別要求豔豐公司償還借款4,000萬元及利息，明達意航公司承擔擔保責任，同時申請了財產保全。廊坊市中級人民法院於2012年5月28日裁定凍結了豔豐公司在大連銀行瀋陽分行文藝路支行開立的帳戶10***23中的保證金8,000萬元。後廊坊市中級人民法院做出（2012）廊民三初字第117號、第133號民事判決書。明達意航公司對（2012）廊民三初字第133號民事判決不服，向河北省高級人民法院提起上訴，該院於2013年7月3日做出（2013）冀民一終字第139號民事判決書，駁回上訴，維持原判。

在鄭克旭申請執行（2012）廊民三初字第117號民事判決書期間，大連銀行瀋陽分行於2013年5月14日向廊坊市中級人民法院提出書面異議稱：應依法糾正（2013）廊民執字第26號執行案件中的錯誤凍結行為，解除對銀行保證金存款4,000萬元的查封。該院於2013年8月20日做出（2013）廊執異字第26-1號執行裁定書，認為：該院於2012年5月28日凍結了豔豐公司在大連銀行瀋陽分行保證金帳戶中的存款，大連銀行瀋陽分行於2012年6月6日對匯票進行了兌付，法院凍結保證金帳戶存款的時間早於大連銀行瀋陽分行對匯票進行承兌和付款時間。根據最高人民法院、中國人民銀行《關於依法規範人民法院執行和金融機構協助執行的通知》（法發〔2000〕21號）第九條規定，人民法院依法可以對銀行承兌匯票保證金採取凍結措施，但不得扣劃；如果金融機構已對匯票承兌或者已對外付款，根據金融機構的申請，人民法院應當解除對銀行承兌匯票保證金相應部分的凍結措施。銀行承兌匯票保證金已喪失保證金功能時，人民法院可以依法採取扣劃措施。本案中，在法院已經採取凍結措施的情況下，大連銀行瀋陽分行不考慮此款項交易存在的風險，無視法院的凍結措施，仍對外繼續承兌，繼續付款，且大連銀行瀋陽分行在本案中未考慮可能涉及虛假交易合同及出票存在的問題。故對大連銀行瀋陽分行提出的解除對該4,000萬元凍結措施的請求，該院不予支持。大連銀行瀋陽分行執行異議被駁回後，可以向該院提起案外人執行異議之訴，解決此實體爭議。該院依照《中華人民共和國民事訴訟法》第二百二十七條和《最高人民法院關於適用〈中華人民共和國民事訴訟法〉執行程序若干問題的解釋》第十五條之規定，裁定駁回大連銀行瀋陽分行的異議。

2013年10月9日，大連銀行瀋陽分行以豔豐公司、鄭克旭為被告向一審法院提起本案訴訟，請求撤銷一審法院（2013）廊執異字第26-1號執行裁定，確認其對10***23帳戶內的4,000萬元享有優先受償權；訴訟費用由豔豐公司、鄭克旭承擔。

一審法院認為，本案爭議的焦點為：一、2012年5月23日及2012年5月25日，收款人的委託收款行為是否屬於承兌人已經完成了承兌行為；二、保證金帳戶的性質及大連銀行瀋陽分行對於保證金帳戶內的款項是否享有優先受償權。

關於第一個爭議焦點，該院認為，依據《商業匯票辦法》（銀發

〔1993〕140號，1993年5月21日中國人民銀行發布）第三條第三款規定，銀行承兌匯票是由收款人或承兌申請人簽發，並由承兌申請人向開戶銀行申請，經銀行審查同意承兌的票據。《中華人民共和國票據法》第三十八條規定，承兌是指匯票付款人承諾在匯票到期日支付匯票金額的票據行為；第三十九條規定，定日付款或者出票後定期付款的匯票，持票人應當在匯票到期日前向付款人提示承兌。提示承兌是指持票人向付款人出示匯票，並要求付款人承諾付款的行為；第四十一條第一款規定，付款人對向其提示承兌的匯票，應當自收到提示承兌的匯票之日起三日內承兌或者拒絕承兌；第四十二條規定，付款人承兌匯票的，應當在匯票正面記載「承兌」字樣和承兌日期並簽章；匯票上未記載承兌日期的，以前條第一款規定期限的最後一日為承兌日期。《支付結算辦法》（銀發〔1997〕393號，1997年9月19日中國人民銀行發布）第七十三條規定，商業匯票分為商業承兌匯票和銀行承兌匯票……銀行承兌匯票由銀行承兌；第七十九條規定，銀行承兌匯票應由在承兌銀行開立存款帳戶的存款人簽發。第八十條規定，商業匯票可以在出票時向付款人提示承兌後使用，也可以在出票後先使用再向付款人提示承兌；第八十三條規定，銀行承兌匯票的出票人或持票人向銀行提示承兌時，銀行的信貸部門負責按照有關規定和審批程序，對出票人的資格、資信、購銷合同和匯票記載的內容進行認真審查，必要時可由出票人提供擔保。符合規定和承兌條件的，與出票人簽訂承兌協議；第八十四條規定，付款人承兌商業匯票，應當在匯票正面記載「承兌」字樣和承兌日期並簽章。從以上法律及規章的規定可以看出，大連銀行瀋陽分行在與豔豐公司簽訂《匯票承兌合同》後並在開具的以大連銀行瀋陽分行做為付款人的八張銀行承兌匯票（每張銀行承兌匯票金額為1,000萬元，合計8,000萬元）正面記載「承兌」並簽章的行為中，豔豐公司向大連銀行瀋陽分行申請開具承兌匯票的行為即是豔豐公司做為出票人向銀行承兌匯票上記載的付款人即大連銀行瀋陽分行出示票據，請求大連銀行瀋陽分行承諾付款的行為，也就是票據法規定的出票人即豔豐公司在出票時向付款人即大連銀行瀋陽分行提示承兌的行為。大連銀行瀋陽分行經審查按照有關規定和審批程序，要求出票人豔豐公司提供8,000萬元保證金存於保證金帳戶，與豔豐公司簽訂《匯票承兌合同》後在八張銀行承兌匯票正面「本匯票已經承兌，到期日由本行付款」欄處簽章的行為即

是票據法規定的付款人已經完成了銀行承兌匯票承兌的行為。這也符合《支付結算辦法》第八十條的規定，即商業匯票可以在出票時向付款人提示承兌後使用。按照《中華人民共和國票據法》第二十二條的規定，銀行承兌匯票正面記載的加蓋承兌章不屬於匯票的絕對應記載的事項。但是按照我國現在的銀行承兌匯票的使用和流通來看，一般以銀行做為付款人的銀行承兌匯票，都是在出票人與付款人簽訂了匯票承兌合同，銀行在銀行承兌匯票正面「本匯票已經承兌，到期日由本行付款」欄處簽章後才能在市場上使用和流通。做為基礎關係的債權人和票據關係的收款人的財務人員，在以銀行承兌匯票結算時，不會接受沒有付款人（即銀行）在銀行承兌匯票正面加蓋銀行承兌章的銀行承兌匯票。在收款人都不接受該銀行承兌匯票的情況下，其也不可能在銀行承兌匯票的背面第一背書人欄背書的。即使收款人背書轉讓的話，下一手被背書人在查看銀行承兌匯票正面沒有付款人承兌的簽章時，也不會接受這樣的銀行承兌匯票以清償或消滅基礎關係的債務。在現實當中，銀行承兌匯票是出票人在出票的同時向付款人提示承兌，付款人完成了承兌（即在銀行承兌匯票正面加蓋承兌章）並交付出票人後，出票人交付收款人以清償或消滅基礎關係，收款人在收到銀行承兌匯票後，在銀行承兌匯票的背面第一欄背書人欄簽章後，銀行承兌匯票才能正常的使用和流通。也就是說，銀行承兌匯票在出票的同時，付款人應當或者必須完成承兌行為。《支付結算辦法》第八十八條規定，商業匯票的提示付款期限，自匯票到期日起10日。持票人應在提示付款期限內通過開戶銀行委託收款或直接向付款人提示付款。對異地委託收款，持票人可匡算郵程，提前通過開戶銀行委託收款；第一百九十八條規定，委託收款是收款人委託銀行向付款人收取款項的結算方式；第一百九十九條規定，單位和個人憑已承兌商業匯票、債券、存單等付款人債務證明辦理款項的結算，均可以使用委託收款結算方式。從以上的規定可以看出，委託收款是一種支付結算方式，屬於票據法上的提示付款行為，並不是大連銀行瀋陽分行主張的委託收款行為是承兌人已經完成承兌的行為。

　　關於第二個爭議焦點，該院認為，《中華人民共和國物權法》第二百零八條規定，為擔保債務的履行，債務人或者第三人將其動產出質給債權人占有的，債務人不履行到期債務或者發生當事人約定的實現質權的情形，債

權人有權就該動產優先受償；第二百一十條規定，設立質權，當事人應當採取書面形式訂立質權合同。《最高人民法院關於適用〈中華人民共和國擔保法〉若干問題的解釋》第八十五條規定，債務人或者第三人將其金錢以特戶、封金、保證金等形式特定化後，移交債權人占有做為債權的擔保，債務人不履行債務時，債權人可以以該金錢優先受償。從相關法律規定來看，如果將金錢以保證金形式成立質押合同時，依據《中華人民共和國物權法》第二百一十條的規定，應當採用書面形式。從一般交易習慣來説，交存保證金的比例一般由做為付款人的銀行根據開具銀行承兌匯票出票人的信譽決定交存保證金金額的比例，一般為匯票金額的30%-50%，最高交存100%，最低的可以不交存。銀行承兌匯票的保證金的數額多少一般參考兩個方面：一是參照匯票金額來確定保證金比例；另一方面，也是主要的方面，就是參照出票人的信譽來確定保證金的比例。銀行要求出票人在為其開立的保證金帳戶上存入一定數額的保證金，其目的並不是用這筆保證金來抵償所到期支付的款項，而是出於出票人不守信用或無能力歸還墊款，為降低風險，用銀行的行為（銀行製作的凍結保證金通知書）來控制出票人一定數額的資金。從這一點來看，保證金帳戶內的資金沒有質押的性質。《商業匯票辦法》第十八條規定，銀行承兌匯票的承兌申請人應於銀行承兌匯票到期前將票款足額繳存其開戶銀行。承兌銀行俟到期日憑票將款項付給收款人、被背書人或貼現銀行。如果出票人違約，銀行可以依據匯票承兌協議扣劃保證金。但是如果在銀行未付款的情況下，法院對保證金帳戶進行凍結，銀行並不對保證金被凍結而向出票人負責，為了繼續履行匯票承兌協議，銀行可以要求出票人在到期日前補足保證金。如果出票人不補足保證金，則是出票人違約，銀行可以拒絕對持票人（收款人）付款並出具拒付證明，產生的違約責任應由出票人承擔，因為出票人是最終債務人。銀行可以以出票人違約，製作拒付證明，通過訴訟解決糾紛，以確定保證金的去向。如果銀行已對匯票承兌或對外付款，自承兌行為或對外付款行為完成之時起，承兌匯票票據關係即告消滅，保證金功能隨之喪失。大連銀行瀋陽分行與豔豐公司未就以保證金做為質押簽訂書面的質押合同，保證金的性質經過以上分析應是信譽保證，故大連銀行瀋陽分行主張的保證金屬於金錢質押，其有優先受償權的主張不能成立。

關於提供增值稅專用發票和《工業品買賣合同》的問題，該院認為，《中華人民共和國票據法》第十條規定，票據的簽發、取得和轉讓，應當遵循誠實信用的原則，具有真實的交易關係和債權債務關係。在不考慮票據效力的情況下，僅依據《匯票承兌合同》第5.3條的規定及《工業品買賣合同》存在的出賣人和買受人顛倒的問題上來看，有理由相信，本案銀行承兌匯票8,000萬元金額項下的交易關係或債權債務關係不具有真實性。大連銀行瀋陽分行在此行為中存在過錯或者重大過失。

綜上，大連銀行瀋陽分行主張的委託收款是承兌行為與票據法規定的承兌行為不符，應為票據法上的提示付款行為。在豔豐公司申請銀行承兌匯票出票的時候，大連銀行瀋陽分行在銀行承兌匯票正面加蓋承兌專用章的行為是票據法上的承兌行為，也就是豔豐公司在出票的同時，付款人大連銀行瀋陽分行已經承兌了。最高人民法院、中國人民銀行《關於依法規範人民法院執行和金融機構協助執行的通知》第九條規定，人民法院依法可以對銀行承兌匯票保證金採取凍結措施，但不得扣劃。如果金融機構已對匯票承兌或者已對外付款，根據金融機構的申請，人民法院應當解除對銀行承兌匯票保證金相應部分的凍結措施。《中華人民共和國票據法》第三十九條規定，定日付款的匯票，持票人應當在匯票到期日前向付款人提示承兌。而按照當前一般的交易習慣和實際操作，銀行承兌匯票的出票人在出票的同時完成承兌行為，在我國當前實際中是應當也是必須的，這也符合相關的票據法律規定，否則收款人是不會接受票據的。如果依據最高人民法院、中國人民銀行《關於依法規範人民法院執行和金融機構協助執行的通知》第九條規定，對於在出票的同時完成承兌的行為適用本條規定，既然按第九條規定認定了已經承兌，那麼第九條規定法院可以採取凍結措施也就沒有必要了，故本案只能考慮是否已經對外付款的情形。本案中，法院凍結在先，大連銀行瀋陽分行付款在後。最高人民法院、中國人民銀行《關於依法規範人民法院執行和金融機構協助執行的通知》第九條規定，銀行承兌匯票保證金已喪失保證金功能時，人民法院可以依法採取扣劃措施。保證金帳戶存款的性質屬於信譽保證的性質，不屬於大連銀行瀋陽分行主張的金錢質押的性質，在法院對保證金採取了凍結措施之後，大連銀行瀋陽分行可以依據《匯票承兌合同》和相關的規定要求豔豐公司另行提供擔保或者出具拒付證明等措施，故大連銀行瀋

陽分行在法院凍結之後，依然對外付款應由其承擔責任。大連銀行瀋陽分行在到期日對外付款，銀行承兌匯票的票據關係消滅，保證金功能也就喪失了。大連銀行瀋陽分行沒有法律依據享有對保證金的優先受償權，該院可以扣劃。故大連銀行瀋陽分行的訴訟請求沒有法律依據，該院不予支持。依據《中華人民共和國民事訴訟法》第六十四條的規定，該院判決如下：駁回大連銀行瀋陽分行的訴訟請求，案件受理費120,900元由大連銀行瀋陽分行負擔。

大連銀行瀋陽分行不服上述一審判決，向河北省高級人民法院提起上訴稱：《匯票承兌合同》項下的《工業品買賣合同》是否真實不是本案的爭議焦點，一審法院違法審查票據基礎關係，把本來是否承兌或付款的一項審查無限擴大，在執行異議之訴中審理票據糾紛和買賣合同糾紛，違反法定程序。法院在承兌到期日之前凍結了8,000萬元保證金，付款人到期也應當無條件兌付，並可按《中國人民銀行關於銀行承兌匯票保證金凍結、扣劃問題的覆函》（銀條法〔2000〕第9號）第二條的規定向人民法院提出以被凍結保證金優先受償的申請。一審法院認為付款行在到期日對外付款，承兌匯票的票據關係消失，保證金功能也喪失，屬於邏輯混亂，請求二審法院發回重審或者改判。

二審法院經審理，對一審法院查明的事實予以確認。

二審法院認為，根據《中華人民共和國票據法》第十條、第二十一條第二款的規定，票據的簽發、取得和轉讓，應當具有真實的交易關係，不得簽發無對價的匯票用以騙取銀行或者其他票據當事人的資金。經庭審質證，可以認定，在豔豐公司向大連銀行瀋陽分行申請銀行承兌匯票並簽訂8,000萬《匯票承兌合同》之際，合同約定的出票人豔豐公司與收款人首創公司之間並不存在真實的交易關係和債權債務關係。大連銀行瀋陽分行在《工業品買賣合同》係虛構的情況下，仍然與豔豐公司簽訂《匯票承兌合同》並出具銀行承兌匯票，顯然存在著重大過錯。本案中，審查豔豐公司提供的基礎交易關係的真實性、合法性，是大連銀行瀋陽分行在豔豐公司申請開具銀行承兌匯票時的基本義務，但大連銀行瀋陽分行卻怠於審查。為防止出現當事人利用虛假合同騙取銀行資金，人民法院對於案外人提出的執行異議是否具有相應的事實和法律依據應當依法查明。人民法院審查承兌匯票基礎關係的真實

合法性，是維護我國票據立法和金融監管「票據的簽發、取得和轉讓，應當具有真實的交易關係」之基本原則，並未違反法定程序。

　　2011年12月6日豔豐公司匯入案涉保證金帳戶下的8,000萬元，是鄭克旭當初提供給豔豐公司的8,000萬元借款。按照豔豐公司與大連銀行瀋陽分行間的《匯票承兌合同》第五條第5.7款約定，豔豐公司應在匯票到期日之前將匯票金額足額存入大連銀行瀋陽分行指定帳戶。在廊坊市中級人民法院於2012年5月28日凍結案涉8,000萬元保證金的情況下，大連銀行瀋陽分行並未要求豔豐公司補足款項，而是用豔豐公司在該行開具的貸款帳戶中的8,000萬元進行了兌付，其存在明顯過錯。

　　綜上，大連銀行瀋陽分行在與豔豐公司簽訂《匯票承兌合同》時，未盡到法定監管職責，對於不存在真實交易關係的買賣合同未盡審查義務，開具了無對價的銀行承兌匯票，對豔豐公司套取銀行8,000萬元資金存在重大過錯。在廊坊市中級人民法院凍結豔豐公司在大連銀行瀋陽分行開具的保證金帳戶中的8,000萬元後，大連銀行瀋陽分行並未要求豔豐公司按《匯票承兌合同》第五條第5.7款的約定在匯票到期日之前將匯票金額足額存入指定帳戶，而是進行了兌付，對其損失的造成具有不可推卸的責任。案涉保證金屬於合同擔保問題，與匯票的承兌及付款無關，該保證金的法律性質應當根據《匯票承兌合同》的約定來認定。從案涉《匯票承兌合同》第二條第2.2款對保證金的約定看，其只是規定「授權乙方在因本合同需要時辦理上述保證金的凍結、劃扣等手續」，並未約定「在甲方不履行本合同項下的義務時，乙方對該保證金享有優先受償權」。可見，雙方並無以案涉8,000萬元保證金為大連銀行瀋陽分行設立金錢質押的意思，故其不具有金錢質押性質，大連銀行瀋陽分行不享有優先受償權。大連銀行瀋陽分行的上訴理由不充分，對其上訴請求不予支持。原判程序合法，事實清楚，適用法律正確。依照《中華人民共和國民事訴訟法》第一百七十條第一款第（一）項之規定，該院判決如下：駁回上訴，維持原判；二審案件受理費120,900元，由大連銀行瀋陽分行負擔。

　　大連銀行瀋陽分行不服上述二審判決，向本院申請再審稱：一、原審判決認定大連銀行瀋陽分行在與豔豐公司簽訂《匯票承兌合同》時未盡到法定監管義務，開具無對價的銀行承兌匯票，對豔豐公司套取8,000萬元資金（包

括本案4,000萬元和另案4,000萬元）存在重大過錯，與事實不符。（一）大連銀行瀋陽分行已經盡到了法定的審查義務。豔豐公司與首創公司簽訂的《工業品買賣合同》雖然存在買賣雙方公章加蓋不規範問題，但僅屬合同形式問題，對合同本身的權利義務並無實質性影響。（二）雖然豔豐公司未按《匯票承兌合同》的約定提供增值稅發票複印件，但也不能據此否認豔豐公司與首創公司之間的交易關係。（三）原審法院在未做任何調查的情況下就認定豔豐公司與首創公司之間不存在真實交易關係是錯誤的，且該問題並不屬於本案的審查範圍。二、原審判決認定大連銀行瀋陽分行在保證金被凍結的情況下仍然堅持承兌付款，具有不可推卸的責任，是不符合法律規定的。根據《中華人民共和國票據法》規定，銀行在承兌匯票法律關係中處於付款人地位，在見票或者匯票到期日有向持票人無條件付款的義務，即便承兌匯票保證金被凍結，付款人到期也應當無條件付款。我國法律並未規定保證金被查封後，銀行不能對持票人付款。大連銀行瀋陽分行做為承兌匯票的付款人進行付款，並非無視法院的查封措施，而是充分尊重法律和合同約定。三、原審判決認定大連銀行瀋陽分行對本案4,000萬元保證金不享有優先受償權，適用法律錯誤。（一）根據《匯票承兌合同》第二條第2.2款、第五條第5.7款約定，大連銀行瀋陽分行與豔豐公司已經達成對本案承兌匯票業務以保證金帳戶內的4,000萬元做為質押擔保的合意。原審法院認定雙方沒有以保證金做為金錢質押的意思表示，不符合合同約定。（二）本案中，雙方當事人已經按照《匯票承兌合同》約定為出質金錢開立了保證金專用帳戶，豔豐公司已繳存了保證金，大連銀行瀋陽分行對保證金進行了凍結，符合出質金錢以保證金形式特定化的要求。該保證金帳戶設立在大連銀行瀋陽分行，該行對該帳戶進行了實際控制和管理，保證金帳戶內的資金使用均與保證金業務相對應，未用於保證金業務之外的日常結算，因此亦符合出質金錢移交債權人占有的要件要求，金錢質押已經設立。因此，大連銀行瀋陽分行有權以案涉4,000萬元保證金行使優先受償權。綜上，原審判決認定事實錯誤，適用法律不當。大連銀行瀋陽分行依據《中華人民共和國民事訴訟法》第二百條第一項、第二項、第六項之規定申請再審，請求撤銷河北省高級人民法院（2014）冀民二終字第32號民事判決，將本案發回重審或者依法改判。

鄭克旭答辯稱：一、原審判決認定大連銀行瀋陽分行簽訂《匯票承兌合

同》時存在重大過錯是正確的。（一）豔豐公司與首創公司的買賣交易是否真實、合法，直接決定著《匯票承兌合同》及其項下匯票的出票、兌付等行為的法律效力，與本案具有直接的法律關係，因此原審法院依法審查《工業品買賣合同》的真實性、合法性是正確的。（二）豔豐公司依據偽造的《工業品買賣合同》向大連銀行瀋陽分行申請銀行承兌匯票並簽訂《匯票承兌合同》，違反《中華人民共和國票據法》等法律法規，其《匯票承兌合同》以及其中的保證金條款依法均屬無效。（三）對於豔豐公司依據偽造的《工業品買賣合同》向大連銀行瀋陽分行申請銀行承兌匯票並簽訂《匯票承兌合同》的行為，大連銀行瀋陽分行並未盡到審查義務，對豔豐公司和首創公司利用虛假的買賣合同騙取銀行資金明顯存在重大過錯。二、本案4,000萬元保證金不具有金錢質押性質，大連銀行瀋陽分行不享有優先受償權。由於《匯票承兌合同》以及其中的保證金條款均屬無效，故該合同及保證金條款不能為大連銀行瀋陽分行設定金錢質權；即便拋開上述合同及其條款的合法性和有效性不談，其約定亦不符合法律關於質權合同及金錢質押的規定，不能為大連銀行瀋陽分行設立金錢質權，大連銀行瀋陽分行亦不享有優先受償權。三、在法院凍結4,000萬元資金後，無論大連銀行瀋陽分行是否兌付本案承兌匯票，都不能對抗法院的凍結扣劃措施。本案中，早在2012年5月28日廊坊市中級人民法院就依法凍結了豔豐公司保證金帳戶上的4,000萬元存款，大連銀行瀋陽分行卻仍然在2012年6月6日向持票人兌付了4,000萬元，而未要求豔豐公司按照合同約定「於銀行承兌匯票到期前將票款足額繳存其開戶銀行」，其行為顯然存在重大過錯。因此，大連銀行瀋陽分行無權要求法院解除對本案4,000萬元保證金的凍結措施。綜上，原審判決認定事實清楚，證據確實充分，適用法律無誤，大連銀行瀋陽分行的再審申請不符合法律規定的再審情形，應予駁回。

豔豐公司未提交答辯意見。

本院經再審審理，確認原審法院查明的事實。

本院認為，本案為大連銀行瀋陽分行對河北省廊坊市中級人民法院做出的（2013）廊執異字第26-1號執行異議裁定不服提起的案外人執行異議之訴，根據《最高人民法院關於適用〈中華人民共和國民事訴訟法〉的解釋》第三百一十二條規定，對該類案件，人民法院經審理，按照下列情形分別處

理：（一）案外人就執行標的享有足以排除強制執行的民事權益的，判決不得執行該執行標的；（二）案外人就執行標的不享有足以排除強制執行的民事權益的，判決駁回訴訟請求。案外人同時提出確認其權利的訴訟請求的，人民法院可以在判決中一併做出裁判。因此，本案再審審理的焦點問題是大連銀行瀋陽分行對執行標的即豔豐公司存入保證金專用帳戶的4,000萬元是否享有足以排除人民法院強制執行的民事權益。大連銀行瀋陽分行主張，豔豐公司存入保證金專用帳戶的4,000萬元係具有金錢質押效力的保證金，在其對豔豐公司申請開立的銀行承兌匯票付款之後，其對該4,000萬元享有優先受償權。據此，本案將從大連銀行瀋陽分行是否對該4,000萬元享有質權、該權利是否足以排除強制執行等方面進行分析判定。

一、大連銀行瀋陽分行對案涉4,000萬元是否享有質權

《中華人民共和國物權法》第二百一十條規定：「設立質權，當事人應當採取書面形式訂立質權合同。質權合同一般包括下列條款：（一）被擔保債權的種類和數額；（二）債務人履行債務的期限；（三）質押財產的名稱、數量、品質、狀況；（四）擔保的範圍；（五）質押財產給付的時間。」第二百一十二條規定：「質權自出質人交付質押財產時設立。」《最高人民法院關於適用〈中華人民共和國擔保法〉若干問題的解釋》第八十五條規定：「債務人或者第三人將其金錢以特戶、封金、保證金等形式特定化後，移交債權人占有做為債權的擔保，債務人不履行債務時，債權人可以以該金錢優先受償。」根據上述法律及司法解釋的規定，金錢做為一種特殊的動產，具備一定形式要件後，可以用於質押。具體到本案，大連銀行瀋陽分行對案涉4,000萬元是否享有質權，應當從大連銀行瀋陽分行與豔豐公司之間是否存在質押合同關係以及質權是否有效設立兩個方面進行審查。

（一）大連銀行瀋陽分行與豔豐公司之間是否存在質押合同關係。大連銀行瀋陽分行與豔豐公司簽訂的《匯票承兌合同》第二條第2.2款約定：豔豐公司於匯票承兌前，在大連銀行瀋陽分行開立針對合同項下匯票的保證金專用帳戶（帳號為10***23）並存入匯票金額100%的保證金，保證金金額為8,000萬元。豔豐公司同意將上述保證金及其產生的利息做為履行合同的擔保，並授權大連銀行瀋陽分行在因合同需要時辦理上述保證金的凍結、扣劃等手續；第五條第5.7款約定：豔豐公司應於合同項下匯票到期日之前將匯票

金額足額存入大連銀行瀋陽分行指定帳戶。若豔豐公司未能在匯票到期日前足額交付全部匯票金額，則大連銀行瀋陽分行有權將合同第二條第2.2款的保證金帳戶和豔豐公司其他存款帳戶中的款項直接用於支付到期匯票或償還大連銀行瀋陽分行對持票人的墊款以及相應利息和手續費，同時對豔豐公司尚未支付的匯票金額按照日萬分之五計收罰息。上述約定表明，大連銀行瀋陽分行與豔豐公司之間協商一致，達成以下合意，即豔豐公司向大連銀行瀋陽分行繳存100%比例保證金做為案涉承兌匯票業務的擔保，如豔豐公司未按期足額交付全部匯票金額，則大連銀行瀋陽分行有權以該保證金直接支付到期承兌匯票或償還大連銀行瀋陽分行對持票人的墊款，也即大連銀行瀋陽分行對案涉保證金享有優先受償權。上述合意具備質押合同的一般要件，符合《最高人民法院關於適用〈中華人民共和國擔保法〉若干問題的解釋》第八十五條關於金錢質押的規定。原審法院僅以雙方在《匯票承兌合同》中未有大連銀行瀋陽分行對該保證金享有優先受償權的表述即認定雙方並無以保證金設立質押的意思表示、保證金不具有金錢質押性質，有所不當，本院予以糾正。

　　（二）本案質權是否有效設立。根據《中華人民共和國物權法》第二百一十二條「質權自出質人交付質押財產時設立」的規定，交付行為應被視為設立動產質權的生效條件。金錢質押做為特殊的動產質押，依照《最高人民法院關於適用〈中華人民共和國擔保法〉若干問題的解釋》第八十五條規定，生效條件包括金錢特定化和移交債權人占有兩個方面。具體到本案，首先，案涉4,000萬元資金已經通過存入保證金專用帳戶的形式予以特定化。保證金特定化的實質意義在於使特定數額金錢從出質人財產中劃分出來，成為一種獨立的存在，使其不與出質人其他財產相混同，同時使轉移占有後的金錢也能獨立於質權人的財產，避免特定數額的金錢因占有即所有的特徵混同於質權人和出質人的一般財產中。具體到保證金帳戶的特定化，就是要求該帳戶區別於出質人的一般結算帳戶，使該帳戶資金獨立於出質人的其他財產。本案中，雙方當事人按照《匯票承兌合同》的約定開立了帳號為10***23的保證金專用帳戶，用途均與保證金有關，不同於豔豐公司在大連銀行瀋陽分行開立的帳號為10***25的一般結算帳戶。豔豐公司按照《匯票承兌合同》約定的額度比例向該帳戶繳存了保證金，大連銀行瀋陽分行向豔

豐公司出具了《保證金凍結通知書》，對保證金帳戶進行了凍結。因此，本案符合金錢以保證金形式特定化的要求。其次，大連銀行瀋陽分行能夠對該保證金專用帳戶進行實際控制和管理，實現了移交占有。本案中，案涉保證金專用帳戶開立於大連銀行瀋陽分行的下屬支行，豔豐公司在按照《匯票承兌合同》約定存入保證金之後，大連銀行瀋陽分行對該帳戶進行了凍結，使得豔豐公司做為保證金專戶內資金的所有權人，不能自由使用帳戶資金，實質上喪失了對保證金帳戶的控制權和管理權。而大連銀行瀋陽分行依據《匯票承兌合同》第五條第5.7款規定，在豔豐公司未能在匯票到期日前足額交付全部匯票金額的情況下，有權將保證金帳戶中的款項直接用於支付到期匯票或者償還大連銀行瀋陽分行對持票人的墊款，即大連銀行瀋陽分行有權直接扣劃保證金專用帳戶內的資金。據此應當認定，大連銀行瀋陽分行實質上取得了案涉保證金專用帳戶的控制權，此種控制權移交符合動產交付占有的本質要求。

綜合以上分析可以認定，本案金錢質押已經設立，大連銀行瀋陽分行對案涉4,000萬元保證金享有質權。大連銀行瀋陽分行該項再審主張和理由，有事實和法律依據，本院予以支持。原審法院認定本案保證金帳戶存款性質屬於信譽保證，不屬於金錢質押，適用法律錯誤，本院予以糾正。

二、大連銀行瀋陽分行對案涉4,000萬元保證金享有的質權是否足以排除鄭克旭與豔豐公司借款案的強制執行

根據《中華人民共和國物權法》第一百七十條規定，擔保物權人在債務人不履行到期債務或者發生當事人約定的實現擔保物權的情形，依法享有就擔保財產優先受償的權利；第二百零八條規定，為擔保債務的履行，債務人或者第三人將其動產出質給債權人占有的，債務人不履行到期債務或者發生當事人約定的實現質權的情形，債權人有權就該動產優先受償。因此，大連銀行瀋陽分行在履行案涉承兌匯票付款義務後，對豔豐公司享有墊款之債權，也即《匯票承兌合同》約定的擔保之債權已經發生，為實現該債權，大連銀行瀋陽分行有權就4,000萬元保證金主張優先受償。但本案的特殊之處在於，另案即鄭克旭與豔豐公司、明達意航公司借款合同糾紛案判決鄭克旭對豔豐公司享有4,000萬元本金及相應利息的債權，該案執行中，該4,000萬元做為豔豐公司的資金已被廊坊市中級人民法院予以凍結，因此出現了在同一

執行標的即案涉4,000萬元保證金之上，大連銀行瀋陽分行主張質權而鄭克旭主張債權的衝突問題。大連銀行瀋陽分行享有的質權能否排除鄭克旭案的強制執行，是本案必須解決的終極問題，而該問題取決於物權與債權的關係如何。

從權利屬性和分類上來講，大連銀行瀋陽分行對豔豐公司享有的質權屬於擔保物權，因此該權利具備物權的基本特徵和法律效力。《中華人民共和國物權法》第二條第三款明確規定：「本法所稱物權，是指權利人依法對特定的物享有直接支配和排他的權利。」據此，物權相較之債權而言具有優先性，此即意味著當同一標的物之上同時存在債權人主張債權與物權人主張物權相衝突時，物權優先於債權實現。具體到本案，大連銀行瀋陽分行對案涉4,000萬元保證金享有擔保物權，而鄭克旭做為豔豐公司的普通債權人對豔豐公司存款享有的僅是一般債權，兩種權利雖都是當事人的合法民事權利，但二者相比較，大連銀行瀋陽分行享有的物權應當優先於鄭克旭的普通債權得以實現。因此可以得出結論，大連銀行瀋陽分行對執行標的即4,000萬元保證金享有的質權足以排除鄭克旭與豔豐公司借款案的強制執行。大連銀行瀋陽分行該項再審主張有事實及法律依據，本院予以支持。原審法院認定大連銀行瀋陽分行對4,000萬元保證金不享有優先受償權，適用法律錯誤，本院予以糾正。

關於鄭克旭答辯提出的大連銀行瀋陽分行在出票過程中存在重大過錯的意見，從本案事實看，大連銀行瀋陽分行與豔豐公司簽訂《匯票承兌合同》是雙方的真實意思表示，現無證據證實該合同存在《中華人民共和國合同法》第五十二條規定的合同無效之情形，因此雙方已經形成票據法律關係；大連銀行瀋陽分行已對豔豐公司提供的《工業品買賣合同》進行了相應的形式審查，雖未按《匯票承兌合同》約定要求豔豐公司提供增值稅專用發票複印件存在業務操作欠規範的情形，但並不對《匯票承兌合同》的真實性、合法性以及票據法律關係的效力構成影響。至於豔豐公司與首創公司之間的基礎交易關係，屬於票據取得的原因關係，而票據做為要式證券，文義性、無因性是其重要特徵，票據關係一經成立，即與票據取得的原因關係相脫離，無論其原因關係是否存在及是否有效，均不影響票據本身的效力。因此，鄭克旭以非票據法律關係當事人之身分、以豔豐公司與首創公司的買賣交易關

係虛假為由主張本案《匯票承兌合同》及其中的保證金條款無效，無法律依據，本院不予採納。另外，鄭克旭還提出，大連銀行瀋陽分行在票據付款過程中亦存在過錯，在廊坊市中級人民法院對案涉保證金採取凍結措施後，大連銀行瀋陽分行不應再進行付款。但從本案事實看，大連銀行瀋陽分行在出票的同時已經在匯票正面「本匯票已經承兌，到期日由本行付款」處加蓋了匯票專用章，即進行了承兌。大連銀行瀋陽分行一經承兌，則負有匯票到期無條件交付票款的責任，且已經實際履行該付款責任。根據最高人民法院、中國人民銀行《關於依法規範人民法院執行和金融機構協助執行的通知》（法發〔2000〕21號）第九條關於「人民法院依法可以對銀行承兌匯票保證金採取凍結措施，但不得扣劃。如果金融機構已對匯票承兌或者已對外付款，根據金融機構的申請，人民法院應當解除對銀行承兌匯票保證金相應部分的凍結措施；銀行承兌匯票保證金喪失保證功能時，人民法院可以依法採取扣劃措施」的規定，廊坊市中級人民法院雖然於2013年5月28日對案涉保證金進行了凍結，但該凍結措施發生於大連銀行瀋陽分行承兌之後，而在豔豐公司未在匯票到期日前將匯票金額足額交存的情況下，大連銀行瀋陽分行已經實際履行了付款責任，與豔豐公司形成墊付款的債權債務關係，此時案涉4,000萬元保證金並未喪失保證功能。因此，大連銀行瀋陽分行有權對廊坊市中級人民法院採取的凍結措施提出異議，該院應當解除對保證金相應部分的凍結措施。原審法院關於大連銀行瀋陽分行在人民法院凍結4,000萬元保證金之後未要求豔豐公司在匯票到期日之前將匯票金額存入指定帳戶，而是進行了兌付，存在明顯過錯，大連銀行瀋陽分行應對其損失自負的認定，無法律依據，本院予以糾正。

　　另外，大連銀行瀋陽分行在本案中還有一項訴訟請求，即要求撤銷廊坊市中級人民法院（2013）廊執異字第26-1號執行裁定書，但根據《最高人民法院關於適用〈中華人民共和國民事訴訟法〉的解釋》第三百一十四條規定：「對案外人執行異議之訴，人民法院判決不得對執行標的執行的，執行異議裁定失效。」在本案判決對案涉執行標的4,000萬元保證金不得執行後，上述執行異議裁定即已失效。因此，大連銀行瀋陽分行的該項訴訟請求已無實質意義。

　　綜上，本院依照《中華人民共和國物權法》第二條第三款、第一百七十

條、第二百零八條、第二百一十條、第二百一十二條、《最高人民法院關於
適用〈中華人民共和國擔保法〉若干問題的解釋》第八十五條、《中華人民
共和國民事訴訟法》第二百零七條、《最高人民法院關於適用〈中華人民共
和國民事訴訟法〉的解釋》第三百一十二條以及第四百零七條第二款之規
定，判決如下：

　　一、撤銷河北省廊坊市中級人民法院（2013）廊民三初字第123號民事
判決；

　　二、撤銷河北省高級人民法院（2014）冀民二終字第32號民事判決；

　　三、撫順市豔豐建材有限公司保證金專用帳戶（帳號為10***23）內的
保證金4,000萬元不得執行；

　　四、大連銀行股份有限公司瀋陽分行對上述4,000萬元保證金享有質
權，並可優先受償。

　　本案一、二審案件受理費各為120,900元，均由鄭克旭負擔。

　　本判決為終審判決。

　　審判長　王　濤

　　代理審判員　梅　芳

　　代理審判員　楊　卓

　　二〇一六年三月三十一日

　　書記員　陳　明

【案例78】 善意房屋買受人的權利優於擔保權人

珠海農商行訴杜明玉申請執行人執行異議糾紛案評析

案號：廣東省高級人民法院（2016）粵民再161號

【摘要】

銀行在簽訂房屋擔保合同時，應關注擬抵押的房屋是否存在轉讓事實、買受人對購房款的支付及實際占有使用等情況，防止房屋的善意買受人提出抗辯。

【基本案情】

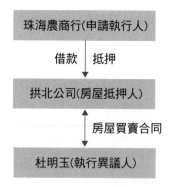

珠海農村商業銀行股份有限公司香洲支行（以下簡稱「珠海農商行」）訴珠海經濟特區拱北房產公司（以下簡稱「拱北公司」）、珠海市華飛實業發展總公司（以下簡稱「華飛公司」）借款合同糾紛一案，廣東省珠海市香洲區人民法院（以下簡稱「香洲區法院」）做出一審（1996）珠香經初字第812號民事判決：拱北公司償還珠海農商行借款本金400萬元及相應利息，華飛公司對上述債務承擔連帶清

償責任。香洲區法院根據珠海農商行的申請執行上述判決，並做出（1997）香執字第458號恢1之四執行裁定，裁定繼續對拱北公司所有的位於珠海市拱北蓮花路拱北建行北側4號樓等房產進行查封。同時，香洲區法院在（1997）香執字第1029號案中，裁定查封拱北公司所有的位於珠海市蓮花路82號（即珠海市拱北蓮花路拱北建行北側4號樓，下文不再說明）一樓車庫。杜明玉做為異議請求人，主張（1997）香執字第1029號恢1之一民事裁定查封的珠海市蓮花路82號一樓車庫歸其所有，請求解除對該房產的查封。

在執行異議審查中，香洲區法院認定杜明玉為拱北公司的員工，拱北公司將珠海市拱北蓮花路拱北建行北側4號樓601房及其附屬的單車房（以下簡稱「案涉房屋」），於1989年經市房改辦批准房改（編註：「房改」指住房制度改革，即對傳統以標準價或成本價銷售給員工的福利分房制度加以改革，員工透過福利分房取得公有住房的全部或部分產權）給杜明玉，並且收取了杜明玉大部分房款。其後，拱北公司將該房產抵押給珠海農商行，嚴重損害杜明玉的利益。杜明玉做為購房者，其權益應得到保護。根據《最高人民法院關於建設工程價款優先受償權問題的批覆》（以下簡稱《建設工程價款優先受償權批覆》）第一條和第二條的規定，已交付全部或大部分購房款的消費者，對房產的權利優先於抵押權人，香洲區法院認定杜明玉的異議成立，並裁定中止對案涉房產的執行。珠海農商行不服該裁定，提起本案執行異議之訴，請求確認拱北公司對案涉房屋擁有所有權，並許可對上述標的物的執行。

【法院判決】

廣東省珠海市香洲區人民法院經審理認為，房地產權登記表記載案涉房屋的產權人為拱北公司，其與杜明玉簽訂的《職工購房合同》以及杜明玉長期占有使用案涉房屋的事實，並不能產生物權變動

的效力。因此，案涉房屋仍屬於拱北公司所有。雖然杜明玉向拱北公司購買的案涉房屋為房改房，與《建設工程價款優先受償權批覆》規定的商品房性質不同，但是案涉房屋是杜明玉做為拱北公司員工依據國家房改政策取得的居住用房，是杜明玉的基本生活資源之一，而前述批覆正是為保障消費者基本生活居住條件而做出的，可參照適用以保障杜明玉的基本權益。杜明玉已支付全部購房款並實際占有使用案涉房屋，其對案涉房屋的權利優先於珠海農商行的抵押權。綜上，判決拱北公司對案涉房屋享有所有權，駁回珠海農商行的其他訴訟請求。

宣判後，珠海農商行不服一審判決，提起上訴。廣東省珠海市中級人民法院經審理認為，《建設工程價款優先受償權批覆》第一條和第二條規定僅解決了消費者基本權益與承包人工程價款優先受償權的問題，並未對消費者購房權益與抵押權之間的受償順序做出特別規定。因此，按照「物權法定」原則，一審法院參照適用上述批覆，認定優先保護杜明玉的基本居住權益、中止對案涉房產的執行，適用法律確有不當，應予糾正。雖然杜明玉與拱北公司簽訂《職工購房合同》、已占有使用案涉房屋，且支付了全部購房款，但是案涉房屋並未過戶至杜明玉名下，仍屬於拱北公司所有。因此，杜明玉對案涉房屋並不享有物權，僅對拱北公司享有合同債權。珠海農商行對案涉房屋依法享有抵押權，該抵押權優先於杜明玉的債權。綜上，改判許可珠海農商行對案涉房屋的執行。

宣判後，杜明玉不服二審判決，申請再審。廣東省高級人民法院經審理認為，珠海農商行與案涉房屋的所有權歸屬沒有直接利害關係，其起訴請求確認該房屋為拱北公司所有不符合法律規定，一審和二審判決支持珠海農商行關於確認案涉房屋為拱北公司所有的訴訟請求不當，應予糾正。杜明玉與拱北公司簽訂《職工購房合同》、付清購房款及居住使用案涉房屋多年，案涉房屋至今未能過戶登記手續，

主要原因是當時房改政策不斷改變，以及拱北公司自身處於轉營改革過程中。因此，杜明玉對於案涉房屋未能辦理過戶手續沒有過錯，人民法院在執行過程中不得查封案涉房屋。《建設工程價款優先受償權批覆》第一條和第二條規定，建築工程承包人的優先受償權優於抵押權和普通債權，但消費者交付購房全款或者大部分款項後，承包人就該商品房享有的工程價款優先受償權不得對抗買受人。在案涉房屋設立抵押之前，杜明玉做為拱北公司職工依據國家房改政策取得的居住用房，已經付清了購房款並占有案涉房屋。案涉房屋是杜明玉的基本生活資源之一，故其做為買受人的權利優於珠海農商行在該房屋上設立的抵押權，對案涉房屋的執行應當停止。綜上，改判中止對案涉房屋的執行。

【法律評析】

本案爭議焦點為，珠海農商行是否有權請求確認案涉房屋的所有權歸屬，案涉房屋買受人杜明玉的權利是否優先於珠海農商行的抵押權，以及該權利是否足以阻止珠海農商行申請對案涉房產的執行。

一、珠海農商行是否有權請求確認案涉房屋的所有權歸屬

《中華人民共和國民事訴訟法》第一百一十九條規定：「起訴必須符合下列條件：（一）原告是與本案有直接利害關係的公民、法人和其他組織；（二）有明確的被告；（三）有具體的訴訟請求和事實、理由；（四）屬於人民法院受理民事訴訟的範圍和受訴人民法院管轄。」分析上述法條可知，原告必須同時滿足以下四個條件：與訴訟標的有直接利害關係、有明確被告、有具體訴訟請求並且符合法院受理範圍和管轄規定，才有權向人民法院提起民事訴訟。

結合本案可知，儘管案涉房屋確為拱北公司所有，珠海農商行亦對案涉房屋享有合法的抵押權，但是珠海農商行與案涉房屋的所有

權歸屬沒有直接的利害關係，其無權請求法院確認案涉房屋的所有權歸屬於拱北公司。因此，再審法院糾正了一審和二審支持珠海農商行確認案涉房屋為拱北公司所有的訴訟請求的判決，改判駁回珠海農商行的該項訴訟請求。

二、房屋買受人與抵押權人的權利優先性問題

《建設工程價款優先受償權批覆》第一條規定：「人民法院在審理房地產糾紛案件和辦理執行案件中，應當依照《中華人民共和國合同法》第二百八十六條的規定，認定建築工程的承包人的優先受償權優於抵押權和其他債權。」第二條規定：「消費者交付購買商品房的全部或者大部分款項後，承包人就該商品房享有的工程價款優先受償權不得對抗買受人。」分析上述法條可知，當爭議房屋上同時存在四種權利時，即建築工程承包人的受償權、抵押權人的抵押權、普通債權和商品房買受人的權利（已交付全部或大部分購房款），上述權利實現的優先順序依次為買受人的權利、承包人的受償權、抵押權和普通債權。也就是說，上述批覆明確規定了商品房買受人的權利優先於抵押權人的抵押權。

結合本案可知，本案的特殊之處在於，案涉房屋並非《建設工程價款優先受償權批覆》規定的一般意義上的商品房，而是杜明玉透過國家房改政策購買的房改房。因此，二審法院認為案涉房改房不能直接適用上述批覆，且珠海農商行的抵押權優先於買受人杜明玉的合同債權，適用了與一審和再審法院不同的法律，並做出了相反的判決。綜合分析可知，案涉房屋雖然不是上述批覆中明確規定的商品房，但是杜明玉做為拱北公司員工，依據房改政策購買的居住用房，屬於杜明玉的基本生活權益，而《建設工程價款優先受償權批覆》的目的亦在於切實保障房屋買受人的基本生活居住條件，故應參照適用該批覆以保障杜明玉的基本購房權益。杜明玉已支付全部購房款並實

際占有使用案涉房屋，其對案涉房屋的權利優先於珠海農商行的抵押權。因此，再審法院糾正了二審的法律適用錯誤，改判買受人杜明玉的權利優先於珠海農商行的抵押權。

三、房屋買受人的優先權是否足以對抗抵押權人的執行申請

《最高人民法院民事執行中查封、扣押、凍結財產的規定》第十七條規定：「被執行人將其所有的需要辦理過戶登記的財產出賣給第三人，第三人已經支付部分或者全部價款並實際占有該財產的，但尚未辦理產權過戶登記手續的，人民法院可以查封、扣押、凍結；第三人已經支付全部價款並實際占有，但未辦理過戶登記手續的，如果第三人對此沒有過錯，人民法院不得查封、扣押、凍結。」分析上述法條可知，房屋買受人只要同時符合下列條件，即使其尚未辦理房屋產權過戶登記手續，也足以對抗抵押權人對房屋的執行申請，人民法院必須中止執行：1. 買受人已經支付全部價款；2. 買受人已經實際占有房屋；3. 買受人對未辦理產權過戶登記手續沒有過錯。

結合本案，買受人杜明玉支付了購買案涉房屋的全部價款，並已實際占有使用該房屋多年。同時，案涉房屋未辦理產權過戶登記手續，主要原因是當時的房改政策不斷變化，且拱北公司因其經營需求向珠海農商行提供了房產抵押，杜明玉對未辦理過戶登記手續沒有過錯。因此，房屋買受人杜明玉滿足了上述分析中法院不得執行的全部條件，足以對抗抵押權人珠海農商行對案涉房屋的執行申請，人民法院必須中止對案涉房屋的執行。故再審法院糾正了二審許可執行案涉房屋的判決，改判中止對案涉房屋的執行。

四、銀行風險啟示

綜上所述，對銀行的風險啟示為：1. 銀行應嚴格按照《民事訴訟法》關於起訴條件、受理範圍和管轄法院等具體規定，決定提起民

事訴訟並確定訴訟請求的範圍，避免因不符合程序法律規定而被法院不予受理或駁回訴訟請求；2. 已支付全部或大部分購房款的買受人權利優先於銀行的擔保權利，且已實際占有房屋並對未辦理產權過戶手續無過錯的善意買受人，有權對抗銀行等擔保權人的執行申請。因此，銀行在簽訂房屋擔保合同時，除審查房產登記信息外，還應關注抵押房產是否存在轉讓事實，即是否已轉讓給他人、購房款的支付及房屋的實際占有使用情況等，防止房屋善意買受人提出對銀行實現擔保權及房屋執行申請的抗辯，確保銀行債權利益的實現。

附：法律文書

廣東省高級人民法院

民事判決書

（2016）粵民再161號

再審申請人（一審被告、二審被上訴人）：杜明玉，女，漢族，住址：
　廣東省珠海市香洲區。

委託代理人：張曉輝，廣東中晟律師事務所律師。

委託代理人：胡巡煥。

被申請人（一審原告、二審上訴人）：珠海農村商業銀行股份有限公司
　香洲支行。住所地：廣東省珠海市。

負責人：周雄健，該行行長。

委託代理人：劉毅君，廣東尊仁律師事務所律師。

委託代理人：羅忍蘭。

一審被告、二審被上訴人：珠海經濟特區拱北房產公司。

　住所地：廣東省珠海市。

法定代表人：劉旭輝。

再審申請人杜明玉因與被申請人珠海農村商業銀行股份有限公司香洲支行（以下簡稱香洲農商支行）以及一審被告、二審被上訴人珠海經濟特區拱

北房產公司（以下簡稱拱北房產公司）申請執行人執行異議之訴糾紛一案，廣東省珠海市中級人民法院於2014年1月13日做出（2013）珠中法民三終字第457號民事判決，已經發生法律效力。本院於2015年9月7日做出（2014）粵高法民申字第2228號民事裁定，提審本案。本院依法組成合議庭，公開開庭審理了本案。杜明玉的委託代理人張曉輝，香洲農商支行的委託代理人劉毅君、羅忍蘭到庭參加訴訟。本案現已審理終結。

　　2012年7月12日，一審原告香洲農商支行起訴至廣東省珠海市香洲區人民法院（以下簡稱一審法院），請求：一、確認拱北房產公司對位於珠海市拱北蓮花路拱北建行北側4號樓601房房產擁有所有權，並判令許可對上述標的物的執行；二、本案全部訴訟費用由拱北房產公司、杜明玉負擔。主要事實與理由：香洲農商支行申請執行拱北房產公司借款糾紛一案〔案號：（1997）珠香執字第458號〕。執行過程中，香洲農商支行申請查封了拱北房產公司名下位於珠海市拱北蓮花路拱北建行北側4號樓房產（香洲農商支行抵押物）。查封以後，杜明玉（該樓601房住戶）提出執行異議，認為該房產已房改，屬房改房，要求法院解除對該房產的查封。執行法院受理後，認為拱北房產公司將已確定房改的房產抵押給香洲農商支行，執行拍賣該房產會損害杜明玉的合法權益。杜明玉做為購房者，其合法權益應受法律保護，因而裁定中止對位於珠海市拱北蓮花路拱北建行北側4號樓601房房產的執行。香洲農商支行認為該抵押財產已辦理合法抵押手續，香洲農商支行對該房屋享有抵押權，應就該房產優先受償，而杜明玉的房改手續並未完成，中止對該房產的執行損害香洲農商支行的合法權益，特向法院提起本案訴訟。

　　被告拱北房產公司未答辯，未提交證據。

　　被告杜明玉答辯稱，1989年5月份，杜明玉根據珠海市房改手續辦理了房改交款手續，杜明玉根據規定，簽訂了合同，交了款，拱北房產公司將鑰匙交給杜明玉，杜明玉在1989年已經入住，其他事情，杜明玉不清楚。

　　一審法院經審理查明，香洲農商支行訴拱北房產公司、珠海市華飛實業發展總公司（以下簡稱華飛公司）借款合同糾紛一案，一審法院於1996年10月8日做出（1996）珠香經初字第812號民事判決：一、拱北房產公司尚欠香洲農商支行借款本金400萬元及利息2,268,493.64元以及後期利息、罰息，

應在本判決發生法律效力之日起十日內清償給香洲農商支行（後期利息、罰息從1996年9月1日起計至判決付清之日，利率按每月10.8‰計算，如遇國家調整利率，則按調整後的利率計算，罰息按人民銀行有關逾期還貸的規定加收）；二、華飛公司對拱北房產公司的上述債務承擔連帶清償責任。本案受理費41,352元，由拱北房產公司、華飛公司共同負擔。（香洲農商支行已預付，不予退回，由拱北房產公司、華飛公司在支付上述款項時逕向香洲農商支行支付）。

　　一審法院根據香洲農商支行的申請執行上述判決。一審法院於2010年10月26日做出（1997）香執字第458號恢1之三執行裁定，裁定查封拱北房產公司所有的位於珠海市拱北蓮花路拱北建行北側4號樓（權證號碼：F2137266）等房產，並於2011年10月26日做出（1997）香執字第458號恢1之四執行裁定，裁定繼續對上述房產進行查封。一審法院（1997）香執字第1029號案中，一審法院裁定查封拱北房產公司所有的位於珠海市蓮花路82號（現門牌號ＸＸ）一樓車庫。杜明玉做為異議請求人對（1997）香執字第1029號恢1之一民事裁定查封的珠海市蓮花路82號（現門牌號ＸＸ）一樓車庫主張歸其所有，請求解除對該房產的查封。因（1997）香執字第1029號恢1案件爭議的車庫與（1997）香執字第458號恢1案件查封拱北房產公司位於珠海市拱北蓮花路拱北建行北側4號樓的房屋相關聯，杜明玉同意車庫與房屋兩案合併審查。

　　在執行異議審查中，一審法院查明，珠海市蓮花路82號（現門牌號ＸＸ）的房屋在珠海市房地產登記中心登記為「建行宿舍」，珠海市蓮花路82號（現門牌號ＸＸ）一樓車庫未辦理查封登記，拱北房產公司位於蓮花路的房屋也就是本案爭議的房屋應為「拱北蓮花路（拱北建行北側第4號樓）」。香洲農商支行、拱北房產公司以及杜明玉均陳述，爭議房屋大部分由拱北房產公司的原職工居住。居住在該樓房的職工已下崗，考慮社會穩定等原因，一審法院在1998年做出（1997）珠香執字第458號之一民事裁定，查封該樓房其中8套房屋後，未處分前述房屋。2006年，香洲農商支行申請恢復執行。一審法院受理後，於2006年12月12日做出（1997）珠香執字第458號恢1之一民事裁定，查封拱北房產公司位於珠海市拱北蓮花路拱北建行北側4號樓的房產。一審法院查封後，杜明玉向有關部門信訪主張其已於

1989年經市房改辦批准進行房改購房，後因房改政策改變及拱北房產公司轉營等原因未辦理房產證，且杜明玉已經下崗，請求有關部門妥善解決其住房及房屋產權問題。考慮杜明玉的實際情況，一審法院停止處分前述樓房。

又查明，杜明玉提供落款日期為1989年5月19日的《珠海經濟特區職工購買住房合同》。該合同記載，賣方為拱北房產公司，買方為杜明玉，賣方擁有住房坐落在珠海市拱北蓮花路四幢601房，三房一廳，建築面積77.95平方米，竣工於1989年3月。按房改方案核定房價（不含地價）為16,518.64元，買方以一次過付清房款，按25.2％優惠，實付房款8,304.82元。《珠海市拱北區蓮花路（街）四號（幢）601房房價計算表》記載購房房主為杜明玉，愛人姓名蔡學聯。該表中《購房計價總表》其中一項記載「單車棚10.85m²，單車棚總價1,085元」。杜明玉還提交《購房計價更正表》，該表記載實際房價為8,304.82元，另提交繳交房款登記本，該登記本記載杜明玉支付前述房屋的房改款8,304.82元。本案爭議的拱北房產公司位於珠海市拱北蓮花路拱北建行北側4號樓的房產，於1993年設定抵押，抵押權人為香洲農商支行，債權金額400萬元。

在執行異議審查中，一審法院認為杜明玉為拱北房產公司的員工，拱北房產公司於1989年5月已將位於珠海市拱北蓮花路拱北建行北側4號樓601房及其附屬的單車房改給杜明玉，並且收取杜明玉大部分房款。其後，拱北房產公司於1993年將珠海市拱北蓮花路拱北建行北側4號樓抵押給香洲農商支行，嚴重損害杜明玉的利益。杜明玉做為購房者，其權益應得到保護，由此，根據《最高人民法院關於建設工程價款優先受償權問題的批覆》第一條「人民法院在審理房地產糾紛案件和辦理執行案件中，應當依照《中華人民共和國合同法》第二百八十六條的規定，認定建築工程的承包人的優先受償權優於抵押權和其他債權」及第二條「消費者交付購買商品房的全部或者大部分款項後，承包人就該商品房享有的工程價款優先受償權不得對抗買受人」的規定，一審法院認定杜明玉的異議成立，並於2012年4月20日做出（1997）香執字第1029號恢1之四、（1997）香執字第458號恢1之七執行裁定，裁定如下：中止對位於珠海市拱北蓮花路拱北建行北側4號樓601房及單車房（什物房）的執行。香洲農商支行不服該執行裁定，提起本案執行異議之訴。

一審法院認為，《中華人民共和國物權法》第九條規定：「不動產物權的設立、變更、轉讓和消滅，經依法登記，發生效力；未經登記，不發生效力，但法律另有規定的除外。」第二十八條規定：「因人民法院、仲裁委員會的法律文書或者人民政府的徵收決定等，導致物權設立、變更、轉讓或者消滅的，自法律文書或者人民政府的徵收決定等生效時發生效力。」《房地產權登記表》記載，珠海市拱北蓮花路拱北建行北側4號樓的權屬人為拱北房產公司。拱北房產公司和杜明玉簽訂的《珠海經濟特區職工購買住房合同》以及杜明玉長期占有、使用涉案房產的事實並不能產生物權變動的效力，因此，珠海市拱北蓮花路拱北建行北側4號樓即珠海市蓮花路82號（現門牌號××）601房仍屬於拱北房產公司所有。

《最高人民法院關於建設工程價款優先受償權問題的批覆》第一條規定：「人民法院在審理房地產糾紛案件和辦理執行案件中，應當依照《中華人民共和國合同法》第二百八十六條的規定，認定建築工程的承包人的優先受償權優於抵押權和其他債權。」第二條規定：「消費者交付購買商品房的全部或者大部分款項後，承包人就該商品房享有的工程價款優先受償權不得對抗買受人。」儘管杜明玉向拱北房產公司購買的涉案房產為房改房，與前述批覆規定的商品房性質不同，但是涉案房產是杜明玉做為拱北房產公司職工依據國家房改政策取得的居住用房，是杜明玉的基本生活資源之一，而前述批覆正是為保障消費者基本生活居住條件而做出的，從前述批覆制定目的而言，一審法院認為本案可參照適用前述批覆保障杜明玉的基本權益。杜明玉已支付全部購房款並實際占有使用涉案房產，對於香洲農商支行要求繼續執行的訴訟請求，一審法院不予支持。

綜上，一審法院依照《中華人民共和國物權法》第九條、第二十八條，《中華人民共和國民事訴訟法》第一百三十條之規定，於2012年12月13日做出（2012）珠香法民二初字第1598號民事判決：一、珠海經濟特區拱北房產公司對珠海市拱北蓮花路拱北建行北側4號樓（即拱北××）601房享有所有權；二、駁回珠海市農村信用合作聯社香洲分社的其他訴訟請求。本案一審案件受理費100元，由珠海市農村信用合作聯社香洲分社負擔人民幣50元，珠海經濟特區拱北房產公司負擔人民幣50元。

香洲農商支行不服一審判決，向廣東省珠海市中級人民法院（以下簡稱

原審法院）提起上訴，請求：1. 撤銷廣東省珠海市香洲區人民法院（2012）珠香法民二初字第1598號民事判決第二項內容；2. 判令許可對拱北房產公司名下的位於珠海市拱北蓮花路拱北建行北側4號樓601房及單車房採取執行措施；3. 本案一、二審訴訟費由拱北房產公司與杜明玉承擔。主要事實和理由是：杜明玉對涉案房屋僅享有債權，而香洲農商支行對涉案房屋享有抵押權，屬於不動產物權，且已經依法登記並生效，可以對抗杜明玉的合同債權。珠海市香洲區人民法院（2012）珠香法民二初字第1598號民事判決將調整債權的《最高人民法院關於建設工程價款優先受償權問題的批覆》擴大解釋適用於物權性質的抵押權，認為抵押權不得對抗涉案房屋買受人杜明玉，屬於適用法律不當。駁回香洲農商支行要求繼續執行涉案房產的訴訟請求違背公平公正原則，依法應予撤銷。杜明玉除爭議房產外還擁有其他房產。

杜明玉二審答辯稱：一、杜明玉於1989年經市房改辦批准對涉案房產進行房改購房，並按房改政策簽訂了購房合同，付清了購房款。由於當時房改政策不斷改變及拱北房產公司在轉營中，所以未能及時辦理房產證。二、拱北房產公司在1996年經珠海市香洲區人民政府批准，財政局監證，轉讓給華飛公司。根據珠府辦（1996）101號文件及珠香府（1995）74號文件精神，對所屬員工進行經濟裁員或協議離職處理，杜明玉成了下崗失業人員。轉讓合同明確約定保障職員住房及福利待遇，並由拱北房產公司上級單位香洲區建設環保局監證執行。三、涉案房產整棟樓共12戶，其中4戶按商品房出售，餘下8戶都是職工住房，並於1989年入住，2006年12月看到香洲區人民法院在樓下張貼的公告才知道住房被抵押並查封。為此，12戶業主不斷向香洲區及市有關部門信訪主張其權益，並向香洲區人民法院提出執行異議。四、一審法院（1997）香執第458號恢1之七執行裁定中止對涉案房產的執行以及一審判決駁回香洲農商支行要求繼續執行的訴訟請求，合理、合法，請求二審法院體察實情，給予公平合理的裁決。

二審法院查明的事實與一審法院查明的事實一致。

香洲農商支行二審期間提交如下證據：1. 房地產權證登記表，證明香洲區拱北蓮花路（拱北建行北側4號樓）產權登記在拱北房產公司名下；2. 房地產抵押（按揭）登記表、房地產限制（查封）登記表，證明拱北房產公司於1993年1月將香洲區拱北蓮花路（拱北建行北側4號樓）抵押給香洲農商支

行，該房產現處於查封狀態。3. 房地產權證登記表，證明杜明玉是吉大景蓮街22-24號底層2-6軸商場（建築面積104.68平方米）權屬人，占有份額1%。杜明玉二審期間提交如下證據：1. 拱北房產公司裁減人員名單、裁員（協議離職）協議書，證明其已離職。2. 拱北房產公司1997年1月房改申請報告，證明該公司向區政府、房管所申請辦理職工房改手續。前述證據經雙方質證，二審法院認為前述證據來源合法，內容真實，且與本案相關聯和起到證明案件事實的作用，故予以認定。

二審法院另查明，2012年12月20日，經珠海市工商行政管理局核准，變更名稱為「珠海農村商業銀行股份有限公司香洲支行」。

二審法院認為，依照《最高人民法院關於建設工程價款優先受償權問題的批覆》第一條「人民法院在審理房地產糾紛案件和辦理執行案件中，應當依照《中華人民共和國合同法》第二百八十六條的規定，認定建築工程的承包人的優先受償權優於抵押權和其他債權。」和第二條「消費者交付購買商品房的全部或者大部分款項後，承包人就該商品房享有的工程價款優先受償權不得對抗買受人」的規定，該批覆僅解決了消費者基本權益與承包人工程價款優先受償權的問題，並未對消費者購房權益與抵押權間的受償順序做出特別規定。因此，按照「物權法定」原則，在目前並無法律或者司法解釋明文規定消費者購房權益可以對抗抵押權的前提下，一審法院參照適用上述批覆的規定，認定優先保護杜明玉的基本居住權益，中止對涉案房產的執行，適用法律確有不當，二審法院予以糾正。

雖然杜明玉與拱北房產公司簽訂《珠海經濟特區職工購買住房合同》，已占有使用涉案房屋，且支付了全部購房款。但是由於拱北房產公司未完全履行合同約定將涉案房屋過戶至杜明玉名下，根據《中華人民共和國物權法》第九條「不動產物權的設立、變更、轉讓和消滅，經依法登記，發生效力；未經登記，不發生效力，但法律另有規定的除外」的規定，涉案房屋仍然屬於登記權屬人拱北房產公司所有。因此，杜明玉對涉案房屋並不享有物權，其僅對拱北房產公司享有合同債權，如要求拱北房產公司協助辦理過戶之請求權或在拱北房產公司不能協助辦理過戶時承擔相應違約責任等。相比之下，由於拱北房產公司貸款已將涉案房產抵押給香洲農商支行，並辦理了抵押登記，香洲農商支行依法取得並對涉案房產享有抵押權。根據《中華人

民共和國物權法》第一百七十九條「為擔保債務的履行，債務人或者第三人不轉移財產的占有，將該財產抵押給債權人的，債務人不履行到期債務或者發生當事人約定的實現抵押權的情形，債權人有權就該財產優先受償」的規定，香洲農商支行做為抵押權人，對涉案房屋享有優先受償的法定權利。因此，香洲農商支行請求繼續對涉案房屋執行有事實和法律依據，應予支持。一審判決中止對涉案房屋的執行，缺乏法律依據，二審法院予以改判。綜上，二審法院依照《中華人民共和國物權法》第九條、第一百七十九條，《中華人民共和國民事訴訟法》第一百七十條第一款第（二）項的規定，經該院審判委員會討論決定，於2014年1月13日做出（2013）珠中法民三終字第457號民事判決：一、維持廣東省珠海市香洲區人民法院（2012）珠香法民二初字第1598號民事判決第一項；二、撤銷廣東省珠海市香洲區人民法院（2012）珠香法民二初字第1598號民事判決第二項及訴訟費用負擔部分的決定；三、撤銷廣東省珠海市香洲區人民法院（1997）珠香執字第458號恢1之七執行裁定書判項中關於「中止對珠海市拱北蓮花路拱北建行北側4號樓601房的執行」部分；四、許可廣東省珠海市香洲區人民法院（1997）香執字第458號恢1案件對珠海經濟特區拱北房產公司名下位於珠海市拱北蓮花路拱北建行北側4號樓601房的執行。本案一審案件受理費人民幣100元、二審案件受理費人民幣50元，均由珠海經濟特區拱北房產公司負擔。

　　杜明玉不服二審判決，向本院申請再審，請求：對本案進行再審，依法撤銷二審判決，並改判維持一審判決，駁回香洲農商支行上訴請求。主要事實與理由：（一）原審判決認定香洲農商支行可以有效行使抵押權缺乏證據證明。根據《中華人民共和國擔保法》第三十七條和《中華人民共和國物權法》第一百八十四條的規定「所有權、使用權不明或者有爭議的財產不得抵押」。而本案中，涉案的珠海市拱北蓮花路拱北建行北側4號樓601房於1989年5月19日已由拱北房產公司出讓給杜明玉，杜明玉也已支付了相應的購房款。根據杜明玉與拱北房產公司於1989年5月19日簽訂的《珠海經濟特區職工購買住房合同》第五條第1小條的約定：「買方付清全部房款後，擁有上述住房的所有權，享有使用權、繼承權，可以出租、出售或贈與。」即杜明玉已經獲得了該房產。而香洲農商支行於1993年辦理抵押的時候該房產已經屬於杜明玉，即使沒有辦理好轉移登記，但至少屬於有爭議的財產。故香洲

農商支行辦理抵押時由於自己審查不嚴，導致其抵押行為違反了法律的禁止性規定，從而導致其抵押行為無效。故香洲農商支行不能行使抵押優先受償權。（二）原審判決適用法律有兩個方面的錯誤：1. 原審判決適用《最高人民法院關於建設工程價款優先受償權問題的批覆》時確有錯誤。該《批覆》第一條規定「人民法院在審理房地產糾紛案件和辦理執行案件中，應當依照《中華人民共和國合同法》第二百八十六條的規定，認定建築工程的承包人的優先受償權高於抵押權和其他債權。」根據該條規定可見，承包人的受償權優先於抵押權和其他債權。該《批覆》第二條規定：「消費者交付購買商品房的全部或者大部分款項後，承包人就該商品房享有的工程價款優先受償權不得對抗買受人。」根據該條規定，買受人的優先權高於承包人的優先受償權。故根據上述兩條規定來看，當爭議房屋上存在著上述四種權利時（即承包人的受償權、抵押權、其他債權、買受人的權利）時，權利實現的優先順序應為買受人的權利、承包人的受償權、抵押權、其他債權。在此，法律已對上述四種權利的優先順序做出了明確規定。但原審法院將本來有聯繫的兩條規定割裂開來，片面的理解和適用法律，導致做出了錯誤的判決。當同一爭議房產存在著買受人的權利、承包人的受償權、抵押權這三種權利時，依照原審判決的理解和認定，買受人的權利優先承包人的受償權、承包人的受償權優先抵押權、抵押權優先於買受人的權利，這豈不是一個無法解釋的矛盾、無法解開的怪圈？而在本案中，爭議房產上確實存在著這三種權利：已經生效的（2012）珠香法民一初字第3146號《民事判決書》認定：依據《最高人民法院關於建設工程價款優先受償權問題的批覆》，承包人臺山市第三建築集團公司珠海工程公司的工程價款優先受償權無法對抗杜明玉做為買受人的權利，故駁回承包人臺山市第三建築集團公司珠海工程公司要求繼續執行爭議房產的訴訟請求。而本案中原審判決支援了香洲農商支行的抵押優先權，可以繼續執行。而如果依此繼續執行，實現了香洲農商支行的抵押優先權，則明顯違反了該《批覆》第一條規定即承包人工程款優先於抵押權的法律規定，是違法行為。我們相信，做為中國最高法律機構的最高人民法院的法律知識淵博的大法官們，不會犯這種低級的錯誤。故該《批覆》的第一條、第二條其實是一個相關聯且明確的規定，即買受人的權利優先於承包人的受償權，承包人的受償權優先於抵押權，抵押權優先於其他債權。2. 原

審判決應該適用《最高人民法院民事執行中查封、扣押、凍結財產的規定》第十七條而沒有適用，屬於適用法律不當。本案為執行程序，應當適用關於執行程序的有關法律規定。根據《最高人民法院民事執行中查封、扣押、凍結財產的規定》第十七條的規定：「被執行人將其所有的需要辦理過戶登記的財產出賣給第三人，第三人已經支付部分或者全部價款並實際占有該財產的，但尚未辦理產權過戶登記手續的，人民法院可以查封、扣押、凍結；第三人已經支付全部價款並實際占有，但未辦理過戶登記手續的，如果第三人對此沒有過錯，人民法院不得查封、扣押、凍結。」根據該《規定》，買受人只要符合以下的三個要件，即使未辦理產權過戶登記手續，人民法院仍不得執行：第一、買受人已經支付全部價款；第二、買受人已經實際占有；第三、未辦理過戶登記手續的，買受人對此沒有過錯。根據本案一審、二審查明的事實完全能證明杜明玉做為買受人完全符合上述《規定》規定的三個要求，依此，人民法院不得執行。原審判決許可對珠海市拱北蓮花路拱北建行北側4號樓601房的執行違反了該《規定》的規定，也導致原審判決成為一紙空文。因為如果執行機關依據本判決去執行，則完全違反了該《規定》的上述規定，是違法執行。如果不去執行，則執行機關執行不力，也是屬於違反規定甚至違反法律的行為。所以，原審判決在適用法律方面存在著不當，導致原審判決無法履行。任何法律制度的設計，都要考慮各種運作過程中的各種變數，否則僅僅追求形式邏輯上的完美，而放棄實際層面的運行效果，則背離了法律制度維護秩序、促進自由的目的。《最高人民法院關於建設工程價款優先受償權問題的批覆》的第一條、第二條以及《最高人民法院民事執行中查封、扣押、凍結財產的規定》第十七條相互應證，明確買受人對抗申請執行人查封執行的權利，具有重要的現實意義。因為，登記本身難免疏漏或出錯，必須對全額付款、實際占有且無過錯第三人進行適當保護，實現實質正義。

香洲農商支行答辯稱：二審判決事實清楚、證據充分、適用法律正確。（一）香洲農商支行與拱北房產公司抵押權成立，香洲農商支行對涉案房屋享有優先權。（二）不動產的所有權以登記為成立要件，杜明玉對涉案房屋只享有對拱北房產公司的合同債權，涉案房屋未過戶給杜明玉，故杜明玉對該房屋不享有所有權，不能對抗香洲農商支行的抵押權。

本院經審理查明，原審查明的基本事實屬實，本院予以確認。

另查明，拱北房產公司於2001年9月24日被吊銷營業執照。

再查明：對於杜明玉與拱北房產公司簽訂涉案《珠海經濟特區職工購買住房合同》、付清購房款及居住、使用涉案房屋多年的事實，杜明玉與香洲農商支行均無異議。

一審期間，杜明玉與香洲農商支行提供的證據中有一份相同的證據，名稱是《珠海經濟特區拱北房產公司產權轉讓協議書》。該合同甲方是香洲區投資管理公司、乙方是香洲區建設委員會、丙方是華飛公司、丁方是拱北房產公司，其主要內容是約定拱北房產公司的產權轉讓給華飛公司。該合同第四條第6項約定，拱北房產公司原職工住房（詳見本協議書附件）暫維持現狀，以後按國家及省、市住房有關政策處理。

又查，購房人杜明玉等單位職工與拱北房產公司、香洲農商支行的糾紛而引發相關案件訴訟。香洲農商支行在本院（2015）粵高法民一提字第84號案件中陳述稱，相關系列案件的購房人和拱北房產公司簽訂合同以後，支付了房款。按道理說應該辦理房產證，後面是因為房改房的政策有變更，拱北房產公司認為他們已經不符合購房的條件了，因為這個價格顯然是低於社會的市場價的，拱北房產公司也和對方進行協調，但沒有協調下來。拱北房產公司也要運營，就把房子進行了抵押，這當中是一個變更的過程。

本院認為，本案係申請執行人執行異議之訴糾紛。根據杜明玉與香洲農商支行的訴辯意見，本案爭議的焦點是香洲農商支行起訴請求確認涉案房屋為拱北房產公司所有並判令許可對該房屋執行的訴訟請求是否成立。

《中華人民共和國民事訴訟法》第一百一十九條規定：（一）原告是與本案有直接利害關係的公民、法人和其他組織；（二）有明確的被告；（三）有具體的訴訟請求和事實、理由；（四）屬於人民法院受理民事訴訟的範圍和受訴人民法院管轄。本案中，香洲農商支行與案涉房屋所有權歸屬沒有直接利害關係，其起訴請求確認該房屋為拱北房產公司所有，不符合前述法律規定。原審判決支持香洲農商支行關於確認案涉房屋為拱北房產公司所有的訴訟請求不當，本院予以糾正。

最高人民法院《關於人民法院民事執行中查封、扣押、凍結財產的規定》第十七條規定：被執行人將其所有的需要辦理過戶登記的財產出賣給第

三人，第三人已經支付部分或者全部價款並實際占有該財產，但尚未辦理產權過戶登記手續的，人民法院可以查封、扣押、凍結；第三人已經支付全部價款並實際占有，但未辦理過戶登記手續的，如果第三人對此沒有過錯，人民法院不得查封、扣押、凍結。本案中，對於杜明玉與拱北房產公司在1989年5月19日簽訂涉案《珠海經濟特區職工購買住房合同》、付清購房款及居住、使用涉案房屋多年的事實，香洲農商支行與杜明玉均無異議，本院對此予以確認。拱北房產公司與華飛公司等簽訂的《珠海經濟特區拱北房產公司產權轉讓協議書》中約定，在該產權轉讓過程中，拱北房產公司原職工住房暫維持現狀，以後按國家及省、市住房有關政策處理。香洲農商支行認為涉案房屋未辦理過戶登記手續的原因在於當時的房改政策有變化，以及拱北房產公司與相關購房人就相關事宜處理不能協商一致。可見，涉案房屋至今未能過戶登記手續，主要原因是當時房改政策不斷改變以及拱北房產公司自身處於轉營改革過程中。因此，杜明玉對於涉案房屋未能辦理過戶登記手續本身沒有過錯。根據最高人民法院《關於人民法院民事執行中查封、扣押、凍結財產的規定》第十七條的規定，人民法院在執行過程中不得查封涉案房屋。

最高人民法院《關於建設工程價款優先受償權問題的批覆》第一條規定「人民法院在審理房地產糾紛案件和辦理執行案件中，應當依照《中華人民共和國合同法》第二百八十六條的規定，認定建築工程的承包人的優先受償權優於抵押權和其他債權」；第二條規定「消費者交付購買商品房的全部或者大部分款項後，承包人就該商品房享有的工程價款優先受償權不得對抗買受人」。據此，建築工程承包人的優先受償權優於抵押權和普通債權，但消費者交付購房全款或者大部分款項後，承包人就該商品房享有的工程價款優先受償權不得對抗買受人。前述司法解釋是在《中華人民共和國物權法》頒布之前實施的，但上述規定與《中華人民共和國物權法》的規定並不存在法律衝突。《中華人民共和國物權法》頒布實施之前，我國就一直實際執行著物權登記生效原則，《中華人民共和國物權法》只是確認了該原則，且在物權法實施後最高人民法院沒有發文廢止前述司法解釋的規定。本案中，根據廣東省珠海市香洲區人民法院（1997）香執字第1029號恢1之四、（1997）香執字第458號恢1之七執行裁定查明的事實，在涉案房屋設立抵押之前，杜

明玉做為拱北房產公司職工依據國家房改政策取得的居住用房，已經付清了購房款並占有涉案房屋，涉案房產是杜明玉的基本生活資源之一，故其做為買受人的權利優於香洲農商支行在該房屋上設立的抵押權，且足以阻止執行標的的轉讓和交付，對涉案房屋的執行應當停止。原審判決根據《中華人民共和國物權法》的規定，判令許可香洲農商支行對涉案房屋的執行申請，適用法律錯誤，本院予以糾正。

綜上所述，二審判決適用法律錯誤、實體處理不當，應予糾正；杜明玉申請再審主張香洲農商支行的訴訟請求不成立，有事實和法律依據，應予支持。依照最高人民法院《關於人民法院民事執行中查封、扣押、凍結財產的規定》第十七條、最高人民法院《關於建設工程價款優先受償權問題的批覆》第一、二條以及《中華人民共和國民事訴訟法》第一百七十條第一款第（二）項、第一百九十八條、第二百零七條之規定，判決如下：

一、撤銷廣東省珠海市中級人民法院（2013）珠中法民三終字第457號民事判決；

二、撤銷廣東省珠海市香洲區人民法院（2012）珠香法民二初字第1598號民事判決；

三、駁回珠海市農村商業銀行股份有限公司香洲支行的訴訟請求。

本案一審案件受理費100元、二審案件受理費50元，均由珠海市農村商業銀行股份有限公司香洲支行負擔。

本判決為終審判決。

審判長　孫桂宏

代理審判員　強　弘

代理審判員　黃立嶸

二〇一六年七月十五日

書記員　鐘惠儀

第十三篇

其他糾紛

【案例79】 安慰函的法律性質

滙豐銀行與中冶公司合同糾紛案評析

案號：北京市第三中級人民法院（2016）京03民終2585號

【摘要】

通常，安慰函不具有保證擔保的法律效力，但如果其內容具有較為明確的擔保意思表示，則構成保證擔保。承諾人若違反安慰函中具體性承諾義務，則構成違約行為，應當承擔相應的違約責任。

【基本案情】

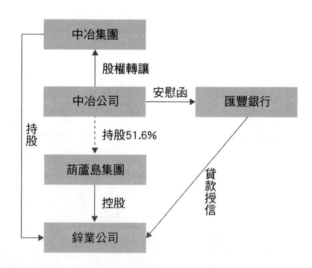

2010年9月16日、2011年11月30日，滙豐銀行（中國）有限公司瀋陽分行（以下簡稱「滙豐銀行」）向葫蘆島鋅業股份有限公司（以下簡稱「鋅業公司」）出具《授信函》，為其提供循環貸款授信。做

為授信的先決條件之一，中國冶金科工股份有限公司（以下簡稱「中冶公司」）向滙豐銀行出具《安慰函》，確認流動資金貸款授信額度，同時做出如下承諾：將繼續透過借款人的集團公司中冶葫蘆島有色金屬集團有限公司（以下簡稱「葫蘆島集團」），維持對借款人的控股權；對全部或部分持股做出處分時，立即通知銀行；將繼續維持借款人的存在和運營，不會採取任何行為致使借款人無法繼續經營或使其能夠履行該額度下所負的義務；在發生影響借款人持續經營的情況時，立即通知滙豐銀行；向銀行提供財務報表等其他財務信息。安慰函出具後，滙豐銀行依約放款，但鋅業公司未能按期償還，至今拖欠本金以及利息。同時，中冶公司與滙豐銀行確認該《安慰函》並非一種擔保，中冶公司履行催促借款人切實履行信貸責任。

　　滙豐銀行履行了放款義務後，鋅業公司在履行合同過程中未能清償全部貸款本息，拖欠部分本息未還。2012年12月31日，中冶公司發布《關聯交易公告》，並簽署《股權轉讓協議》，將持有的葫蘆島集團51.06%的股權轉讓給中冶集團。2013年1月31日，經其他債權人申請，法院以資不抵債，財務和經營狀況嚴重惡化，明顯缺乏清償能力為由，裁定鋅業公司、葫蘆島集團進行破產重整。滙豐銀行分別向中冶公司、中冶集團致函，要求履行安慰函項下所附義務未果。

【法院判決】

　　北京市朝陽區人民法院經審理認為，涉案安慰函的定性及內容為本案爭議焦點，應當依據安慰函的內容，來認定出具人應當承擔的法律責任。本案中，滙豐銀行依據中冶公司出具的安慰函，提起合同糾紛之訴，要求中冶公司承擔因違約造成的損失賠償，並未將安慰函認定為中冶公司提供的保證擔保。首先，中冶公司雖將其所持有的葫蘆島集團股權轉讓給中冶集團，但安慰函中並未明確禁止進行股權轉讓，且未證明該股權轉讓存在惡意規避債務的意圖，鋅業公司的經營

虧損也並非因該股權轉讓而導致。其次,中冶公司與中冶集團的股權轉讓藉由發布公告已完成通知行為。再次,滙豐銀行向法院提交的中冶公司2012年度報告中包含了財務信息。最後,鋅業公司與葫蘆島集團並非自行申請破產,而是被其他債權人申請了破產重整程序,完成重整計劃後,鋅業公司與葫蘆島集團仍然存在並運營,也無證據證明中冶公司採取了致使鋅業公司無法經營的行為。以上安慰函所確認事項的履行均無明顯不妥。滙豐銀行做為專業金融機構,在從事信貸業務過程中向鋅業公司放款,僅接受安慰函,未再要求提供其他形式擔保,相應貸款違約法律風險應自行承擔。綜上,滙豐銀行要求中冶公司承擔安慰函項下因違約而產生的損失賠償責任,依據不足,不予支持。

滙豐銀行不服一審判決,提起上訴,認為中冶公司違反安慰函項下義務,應承擔違約責任。北京市第三中級人民法院經審理認為,中冶公司應當承擔的責任及中冶公司是否違反安慰函承諾,為本案的爭議焦點。中冶公司的股權轉讓行為並不影響葫蘆島集團對鋅業公司的實際控制力,且並不存在惡意規避債務的意圖,並未導致鋅業公司經營虧損。中冶公司股權轉讓公告也已履行了通知義務。鋅業公司與葫蘆島集團經營困難,資不抵債,經其他債權人申請進入了破產重整程序,滙豐銀行在破產重整程序中已得到了部分清償,鋅業公司與葫蘆島集團仍然存在並運營。綜上,中冶公司已履行安慰函中做出的承諾,未影響到滙豐銀行行使債權。且安慰函已明確中冶公司對鋅業公司的債務並無擔保責任,也未明確約定違反相關承諾後應向滙豐銀行承擔的具體違約責任,故滙豐銀行要求中冶公司承擔違約損失賠償責任,依據不足,維持一審判決。

【法律評析】

本案的主要爭議焦點為,《安慰函》的定性,以及《安慰函》

中承諾義務的履行問題。

一、《安慰函》的非擔保性

　　企業出具的安慰函，一般是由集團母公司為其子公司，向債權人出具的一種書面陳述，表示其知悉並願意協助子公司的未來還款事項，以促成該子公司對外交易得以達成或獲得銀行融資。實務中，安慰函多以「承諾函」、「寬慰函」、「確認書」等形式出具，採用的措辭多為「負責解決」、「不使貴行在經濟上蒙受損失」等模糊性語句。安慰函最顯著的特徵也正是在於其自身條款彈性過大，難以建立實質性權利義務關係，故安慰函一般不具有法律約束力。

　　依據《中華人民共和國擔保法》第六條的規定：「本法所稱保證，是指保證人和債權人約定，當債務人不履行債務時，保證人按照約定履行債務或者承擔責任的行為。」法律意義上的保證，是指保證人以自身財產償還債務人所欠債務，做為保證內容。但從安慰函的內容上看，其措辭中的「負責解決」、「不使貴行在經濟上蒙受損失」等語句，並未約定當債務人不履行債務時，將由出具安慰函的一方代為履行債務或承擔還款責任。從形式上看，安慰函的名稱並非擔保函，結合其出具的背景，是為促成子公司對外交易得以達成或獲得銀行融資。安慰函的出具對象並非特定的債權人，而是向不特定的第三人出具的介紹性文件。即在出具安慰函時，對方只是存在潛在可能性的債權人，並非已確定的債權人，債權人最終是否確定，還要看對外交易或融資協議最終能否達成。

　　事實上，安慰函的出具本就是企業在不願意明確提供擔保的情況下，為了達成交易或實現融資，而向潛在的債權人出具該類函件，以使對方獲得心理上的安全感。安慰函本身並不是為了提供保證，正是為了避免承擔保證責任。因此，安慰函一般不構成法律意義上的保證，不具有保證擔保的法律效力。本案中，中冶公司向滙豐銀行出具

的安慰函，雙方確認該安慰函不具有保證擔保的法律效力。

二、安慰函中承諾義務的履行

關於安慰函中承諾義務的履行，在未明確約定承擔保證擔保責任時，要求出具人承擔保證責任即缺乏事實依據。又因為出具人承諾的敦促或協助還款之類的行為型義務，其履行標準難以量化，履行的程度難以判斷，法院通常不會判令出具人強制執行敦促還款義務。但是，若履行安慰函中的承諾義務可以被量化，且存在相對明確的判斷標準，即使不成立擔保保證法律關係，債權人依然可以請求法院判令出具人依安慰函中承諾的具體內容履行相應的承諾義務。出具人如果違反了安慰函中約定的具體性承諾義務，實為違約行為，債權人有權要求其承擔違約責任，由此造成的損失，出具人也應當承擔賠償責任。因此，安慰函出具人若違反具體性承諾義務，應當承擔相應的違約責任。

本案中，中冶公司所出具的安慰函中列明了具體性的承諾義務，其可能存在違反以下五項安慰函中所列的確認事項：其一是繼續保持通過葫蘆島集團對借款人的控股權和實際控制力；其二是做出股權處分決定時立即通知銀行；其三是維持借款人的存在和運營；其四是不會採取任何行為致使借款人無法繼續經營；其五是向銀行提供財務報表等其他財務信息。本案中，安慰函並未明確禁止進行股權轉讓，且中冶集團做為中冶公司的控股股東，二者存在關聯關係，因而中冶公司將其所持有的葫蘆島集團股權轉讓給中冶集團，葫蘆島集團對鋅業公司的控股權並未發生變化，仍是通過葫蘆島集團實現對借款人的控股權和實際控制力，不違反以上安慰函第一項的承諾。中冶公司通過發布股權轉讓公告，符合了第二項規定的通知要求。鋅業公司與葫蘆島集團被其他債權人申請破產重整，並非自行申請破產，且在完成重整計畫後，鋅業公司與葫蘆島集團仍然存在並運營，符合維持

借款人存在和運營的第四項承諾。同時，也無證據證明中冶公司採取了致使鋅業公司無法經營的行為。滙豐銀行向法院提交的中冶公司年度報告中包含財務信息，符合第五項承諾。綜上，中冶公司並未違反安慰函中所列明的承諾義務，對安慰函所確認事項的履行無明顯不妥。滙豐銀行要求中冶公司承擔安慰函項下因違約而產生的損失賠償責任，無事實依據。

三、對銀行的啟示

　　一般情況下，與借貸合同無關的第三人向債權人出具的安慰函，不具有擔保的法律效力。雖然從名稱來看，安慰函並非擔保函，但對於其是否構成保證擔保，應當主要依據其內容是否具有較為明確的保證還款的擔保意思表示，來予以認定。依據《中華人民共和國合同法》第一百二十五條第一款的規定：「當事人對合同條款的理解有爭議的，應當按照合同所使用的詞句、合同的有關條款、合同的目的、交易習慣以及誠實信用原則，確定該條款的真實意思。」實踐中，若安慰函的措辭近似於保證，出具人與保證人並無分別，此種情況下也不排除構成保證擔保。

　　值得注意的是，在對方出具安慰函後，如果債權人未向出具人主張擔保權利，法院很有可能以債權人對安慰函並無如同對待保證合同一樣的擔保預期，而認定為雙方不具有擔保意思表示。安慰函的內容以及出具後債權人是否主張擔保權利，決定著法院是否認可債權人基於安慰函產生了擔保預期的信賴，以及該函是否具有擔保法律效力。因此，銀行在收到安慰函後，在債務人未依約履行還款義務時，應當及時向出具人發出書面催款通知，要求出具人履行保證責任，積極主張擔保權利。

　　但更為關鍵的，還是擔保意思表示的明確性。銀行應當要求出具人出具具有明確擔保意思表示的安慰函，可以藉由「代債務人清償

債務」、「承擔擔保責任」等措辭,明確形成保證擔保的意思表示。針對安慰函出具人可能違反承諾義務的狀況,應當在安慰函中明確約定違反相關具體性承諾義務後,出具人應當向銀行承擔的具體違約責任,為銀行未來獲得違約賠償提供事實依據。

附:法律文書

滙豐銀行(中國)有限公司瀋陽分行與中國冶金科工股份有限公司合同糾紛二審民事判決書

北京市第三中級人民法院(2016)京03民終2585號

上訴人(原審原告):滙豐銀行(中國)有限公司瀋陽分行。
　住所地:遼寧省瀋陽市和平區南京北街208號首層及三層。
負責人:崔健,行長。
委託代理人:王正,上海虹橋正瀚律師事務所律師。
委託代理人:王凱,上海虹橋正瀚律師事務所律師。
被上訴人(原審被告):中國冶金科工股份有限公司。
　住所地:北京市朝陽區曙光西裡28號。
法定代表人:國文清,董事長。
委託代理人:黃興中,男。
委託代理人:劉宇甯,男。

上訴人滙豐銀行(中國)有限公司瀋陽分行(以下簡稱滙豐銀行)因與被上訴人中國冶金科工股份有限公司(以下簡稱中冶公司)合同糾紛一案,不服北京市朝陽區人民法院(2014)朝民初字第15031號民事判決,向本院提起上訴。本院受理後,依法由法官宮淼擔任審判長,法官張帆、法官龔勇超組成合議庭公開開庭進行了審理。上訴人滙豐銀行之委託代理人王正、王凱,被上訴人中冶公司之委託代理人黃興中、劉宇寧均到庭參加了訴訟。本案現已審理終結。

　　滙豐銀行在一審法院起訴稱：2010年9月16日、2011年11月30日，滙豐銀行向葫蘆島鋅業股份有限公司（以下簡稱鋅業公司）出具《授信函》，確認在相關擔保及先決條件令滙豐銀行滿意後，滙豐銀行將對鋅業公司給予最高不超過1億元的循環貸款授信。做為授信的先決條件之一，中冶公司向滙豐銀行出具《安慰函》，承諾股權維持、維持經營。《安慰函》出具後，滙豐銀行依約放款，但鋅業公司未能按期償還，至今拖欠本金39,851,627.51元以及利息。2012年7月之前，中冶公司一直履行《安慰函》項下義務，從而使鋅業公司在滙豐銀行處信貸業務正常，未曾發生逾期紀錄。2012年7月底，中冶公司無故單方面停止履行義務，中斷對中冶葫蘆島有色金屬集團有限公司（以下簡稱葫蘆島集團）及其子公司的資金支援，導致鋅業公司經營停滯，貸款出現大面積逾期。在鋅業公司逾期且多個違約事件發生後，滙豐銀行曾多次發函催告中冶公司履行義務，維持借款人的存在和運營，但中冶公司收函後仍拒不履行。2013年1月31日，葫蘆島市中級人民法院做出裁定，裁定鋅業公司重整。2013年12月6日，葫蘆島市中級人民法院再次做出裁定，裁定批准鋅業公司管理人制定的重整計畫，終止重整程序。2013年12月31日，按照重整計畫確定的清償方案，鋅業公司僅向滙豐銀行支付了2,247,454.08元重整款項，導致無法收回貸款本息，產生本息合計44,054,180.88元的巨額虧損。經查，中冶公司於2012年12月31日將其持有的葫蘆島集團股權以1元對價全部轉讓給中國冶金科工集團有限公司（以下簡稱中冶集團），滙豐銀行發現中冶公司與中冶集團為關聯公司，公司管理層人員重疊，係惡意協議轉讓股權，股權轉讓後僅一個月，葫蘆島集團及鋅業公司被裁定重整，鋅業公司強制推行重組方案不到一個月之後，隨即上市公司2013年度業績報告稱從一個連年巨額虧損的破產重整企業成功扭虧為盈，變身為淨利潤高達34.5-40.5億元的優質企業。很顯然，中冶公司為避免擴大損失，在重組方案實施前怠於履行《安慰函》項下義務，拒絕給予鋅業公司資金支持，導致無法償還到期債務，從而獲得高額重整收益，造成多數債權人巨大損失。綜上，中冶公司擅自轉讓葫蘆島集團股權，通過股權轉讓逃避《安慰函》項下義務，不履行維持鋅業公司存在和運營的責任，導致鋅業公司無法清償債務，被法院裁定破產重整，構成違約。現滙豐銀行訴至法院，要求判令中冶公司賠償損失本金39,851,627.51元以及自2012年8月3日起至實

際清償之日止按照年利率9.66%標準計算的逾期利息損失，要求判令中冶公司承擔律師費損失（暫計20萬元，後期損失按照清償部分的10%計算），其他差旅費、公證費損失12,462.4元，訴訟費由中冶公司承擔。

中冶公司在一審法院答辯稱：第一，中冶公司未違反《安慰函》中的承諾，不應承擔任何賠償責任。首先，中冶公司並未承諾不能對股權進行處分，只承諾在處分時通知銀行，中冶公司在轉讓股權時，已經在公司網站和交易所指定媒體發布公告，履行了通知義務。其次，中冶公司一直在維護鋅業公司存在和運營，破產重整是葫蘆島銀行向法院提起，由法院指定管理人主持進行，中冶集團做為最大債權人，在破產重整中損失最大。第二，《安慰函》不具有擔保效力，《安慰函》中明確規定「我方與貴行均確認本安慰函並非一種擔保」，滙豐銀行在重整債權申報表中也填報無擔保，該筆貸款被列為普通債權。綜上，滙豐銀行的訴訟請求沒有事實和合同依據，請求依法駁回。

一審法院審理查明：2010年9月16日，滙豐銀行向鋅業公司出具第一份《授信函》，載明：在遵守本函之各項條款和條件的前提下，在任何該等授信項下已使用並已償還的任何金額可被再次使用，滙豐銀行將對鋅業公司給予最高不超過1億元的人民幣循環貸款授信，用於滿足借款人的流動資金需求，授信的期限不超過2011年6月30日，利率為提款時中國人民銀行公布的同期人民幣貸款基準利率上浮5%，違約利率為相關人民幣授信的適用利率上浮100%，擔保為由中冶公司提供的知會函。鋅業公司接受上述授信函並蓋章予以確認。

2011年11月30日，滙豐銀行向鋅業公司出具第二份《授信函》，載明：我行同意在下述的額度範圍內，按照本授信函所述的各項具體條款和條件，在下述擔保以令我行滿意的方式完成後，對該等授信給予展期，授信金額為最高不超過1億元人民幣循環貸款，我行須持有中冶公司提供的安慰函做為擔保，利率為該筆貸款提款時中國人民銀行公布的同期人民幣貸款基準利率上浮10%，逾期利率為約定的人民幣循環貸款適用利率上浮50%。

同時，中冶公司向滙豐銀行出具《安慰函》，載明：我方確認已知曉貴行向鋅業公司授予金額為1億元整流動資金貸款授信額度，並批准此銀行授信的各項條件和條款，我方同時確認只要在此授信項下有任何未償還款項：

我方將繼續保持通過借款人的集團公司中冶葫蘆島有色金屬集團有限公司對借款人的控股權和實際控制力，並承諾在做出決定處分對全部或部分持股時將立即通知貴行，只要該額度仍在使用，我方將繼續維持借款人的存在和運營，以使其能夠履行該額度下所負的義務，我方在任何時刻都不會採取任何行為致使借款人無法繼續經營或使其能夠履行該額度下所負的義務，並承諾在出現任何可能影響到借款人持續經營的情況時立即通知貴行，我方將向貴行提供年度經審計合併財務報表，並促使借款人向貴行提供年度經審計財務報表以及貴行可能合理要求的其他財務信息，我方與貴行均確認，本安慰函並非一種擔保（中國國內及國外），但我公司將在許可權範圍內依照法定程序催促借款人切實履行其與銀行之間的信貸責任。

2010年9月30日、2011年8月25日、2011年9月13日、2012年3月12日、2012年4月11日、2012年5月10日、2012年6月8日、2012年7月6日，滙豐銀行與鋅業公司分別簽訂8份循環額度的《人民幣貸款合同》，滙豐銀行履行了放款義務，但鋅業公司在履行合同過程中未能清償全部貸款本息，尚拖部分本息未還。

2012年12月31日，中冶公司發布《關聯交易公告》，載明：本公司持股51.06%的葫蘆島集團持續虧損，目前淨資產已為負值，為保持中冶公司穩健發展，本公司將持有的葫蘆島集團51.06%的股權以人民幣1元對價轉讓給本公司控股股東中冶集團。同期，中冶公司還發布《關於轉讓葫蘆島集團股權的公告》，載明：中冶公司與中冶集團於2012年12月31日在北京簽署《股權轉讓協議》，將持有的葫蘆島集團51.06%股權以人民幣1元對價轉讓給中冶集團。

2013年1月31日，葫蘆島市中級人民法院分別做出（2013）葫民二破字第00001號、第00002號民事裁定書，以資產不足以清償全部債務，且財務和經營狀況嚴重惡化，明顯缺乏清償能力為由，裁定受理葫蘆島銀行股份有限公司龍港支行分別對鋅業公司、葫蘆島集團的重整申請。2013年2月5日，法院指定了鋅業公司破產重整案的破產管理人。

2013年3月1日，滙豐銀行針對鋅業公司破產重整案提交了債權申報表。2013年3月21日，鋅業公司破產管理人出具鋅業公司債權表，載明截至該日鋅業公司欠付滙豐銀行本金40,000,000元、利息145,734.73元、違約利息

1,953,346.86元，共計42,099,081.59元。

2013年9月29日、2012年10月19日、2013年1月31日、2013年6月20日，滙豐銀行分別向中冶公司、中冶集團致函，要求履行安慰函項下所附義務，但均未有結果。

2013年11月29日，鋅業公司破產管理人發布《鋅業公司重整計畫（草案）》。2013年12月31日，鋅業公司破產管理人發布《關於重整計畫執行完畢的公告》，載明：葫蘆島市中級人民法院於2013年12月5日做出（2013）葫民二破字第00001-3號民事裁定書，裁定批准《鋅業公司重整計畫（草案）》並終止重整程序，截止2013年12月31日，鋅業公司已完成《鋅業公司重整計畫（草案）》中確定的各種債務的清償工作。根據《鋅業公司重整計畫（草案）》，滙豐銀行獲得清償款2,247,454.08元。

訴訟中，滙豐銀行提交了中冶公司、中冶集團網站截屏、工商登記信息以及2012年度報告及審計報告，證明中冶公司註冊資金1,911,000萬元，中冶集團註冊資金853,855萬元，截至股權轉讓前，中冶公司對葫蘆島集團及其子公司的資金支援高達7,747,059,000元，中冶公司2012年度所有者權益為52,802,333,000元，營業收入為221,119,698,000元，中冶集團2012年度所有者權益為17,042,711,500元，營業收入為125,300,200元，遠低於中冶公司。

另查明，2013年8月1日，滙豐銀行與上海虹橋正瀚律師事務所簽訂《法律服務委託協議》，約定上海虹橋正瀚律師事務所接受委託就滙豐銀行與中冶公司、鋅業公司借款糾紛案一審、二審及執行進行代理；前期律師費最高不超過20萬元。合同履行過程中，律師所支出了公證費、差旅費、住宿費等，並產生了律師工作計時清單，上海虹橋正瀚律師事務所提供了相應支出憑證和收款憑證。

一審法院判決認定：安慰函通常是指政府或企業控股母公司為借款方融資而向貸款方出具的書面陳述文件，內容或者為表明對借款人清償債務承擔道義上的義務，或者為督促借款人清償債務，或者為表示願意幫助借款方還款，但原則上均應按照安慰函的內容來認定出具人應當承擔的法律責任。具體到本案中，滙豐銀行做為貸款人依據中冶公司出具的《安慰函》提起合同糾紛之訴，要求中冶公司承擔因違約造成的損失賠償，而並未將《安慰函》認定為中冶公司提供的保證擔保，故涉案《安慰函》的定性及內容即為本案

爭議焦點。

中冶公司在《安慰函》中確認事項有七項，分別為：其一繼續保持通過葫蘆島集團對借款人的控股權和實際控制力，其二承諾在做出決定處分對全部或部分持股時立即通知銀行，其三只要額度仍在使用，將繼續維持借款人的存在和運營，以使其能夠履行該額度下所負的義務，其四在任何時刻都不會採取任何行為致使借款人無法繼續經營或使其能夠履行該額度下所負的義務，其五承諾在出現任何可能影響到借款人持續經營的情況時立即通知銀行，其六將向銀行提供年度經審計合併財務報表，並促使借款人向貴行提供年度經審計財務報表以及貴行可能合理要求的其他財務信息，其七將在許可權範圍內依照法定程序催促借款人切實履行其與銀行之間的信貸責任。

根據本案查明的事實，首先，中冶公司雖將其所持有的葫蘆島集團51.06%股權轉讓給中冶集團，但葫蘆島集團對鋅業公司的控股權並未發生變化，且中冶集團為中冶公司的控股股東，通過葫蘆島集團仍可實現對鋅業公司的實際控制力，函件中並未明確禁止進行股權轉讓，無證據證明該股權轉讓存在惡意規避債務的意圖，鋅業公司的經營虧損也並非因該股權轉讓而導致，該確認事項的履行並無明顯不妥。其次，中冶公司與中冶集團的股權轉讓儘管未單獨通知滙豐銀行，但已發布了《關聯交易公告》及《關於轉讓葫蘆島集團股權的公告》，公眾通過公司網站及公共平臺均可查詢，應視為其已完成通知行為，該確認事項的履行也無明顯不妥。再次，滙豐銀行在訴訟中向法院提交了中冶公司2012年度報告，其中包含了財務信息，該項確認事項的履行也無不妥。最後，鋅業公司與葫蘆島集團並非自行申請破產，而是被其他債權人申請了破產重整程序，破產管理人及時公告通知了滙豐銀行，滙豐銀行也申報了債權，法院最終終止了重整程序，由鋅業公司的控股股東（包括控股股東的主要出資人）為籌集償債資金提供支援，由破產管理人完成了重整計畫，滙豐銀行在破產重整程序中得到了部分清償，鋅業公司與葫蘆島集團做為法人主體仍然存在並運營，也無證據證明中冶公司採取了致使鋅業公司無法經營的行為，該四項確認事項的履行也並無明顯不妥。

綜上，中冶公司在《安慰函》項下並無直接代鋅業公司償債之義務，同時中冶公司在《安慰函》項下確認的事項，在實際履行中也無明顯不妥行為，滙豐銀行做為專業金融機構，在從事信貸業務過程中，擁有更為專業的

風險防範措施和經驗，其選擇向鋅業公司放款，但僅接受《安慰函》，未再要求提供其他形式擔保，相應貸款違約法律風險應自行承擔。滙豐銀行要求中冶公司承擔《安慰函》項下因違約而產生的損失賠償責任，依據不足，法院對此不予支持。

綜上，依照《中華人民共和國合同法》第六十條第一款、第一百零七條，《中華人民共和國擔保法》第二條之規定，判決：駁回滙豐銀行（中國）有限公司瀋陽分行的全部訴訟請求。

滙豐銀行不服一審法院上述民事判決，向本院提起上訴。滙豐銀行的上訴請求為：1. 請求撤銷北京市朝陽區人民法院做出的（2014）朝民初字第15031號民事判決書；2. 請求改判中冶公司向滙豐銀行賠償損失本金人民幣39,851,627.51元，以及自2012年8月3日起至實際清償之日止，以人民幣39,851,627.51元為本金，按年利率9.66%計算的逾期利息損失；3. 請求改判中冶公司承擔滙豐銀行因本案而發生的律師費損失（暫計人民幣200,000元，後期律師費損失按上訴人獲得清償部分的10%計算），其他差旅費、公證費損失人民幣12,462.4元；4. 一審案件受理費、上訴費用及其他費用由中冶公司承擔。滙豐銀行的上訴理由為：1. 一審法院認為「中冶公司履行《安慰函》項下確認的事項不存在瑕疵，且未惡意違反《安慰函》項下義務，不應承擔違約責任」屬於事實認定錯誤。2. 一審法院以「滙豐銀行未要求提供其他形式擔保」為由認定中冶公司不承擔違約責任，滙豐銀行自行應承擔責任，屬於適用法律錯誤。3. 《安慰函》為中冶公司的真實意思表示，是具有效力的無名合同，對雙方具有約束力。安慰函係無名合同，中冶公司於安慰函中所做的承諾明確、具體且具有執行力，是中冶公司為了幫助其子企業取得貸款所做的真實意思表示。滙豐銀行基於對該意思表示的信賴向鋅業公司提供授信貸款，中冶公司應當承擔因其違反承諾而使滙豐銀行遭受的損失。

中冶公司同意一審判決，其針對滙豐銀行的上訴理由發表答辯意見稱：1. 關於《安慰函》的性質。《安慰函》只是一個出於道義上的承諾，並非實體義務上的約束。資金支援上，中冶公司在《安慰函》中沒有任何明確的承諾。2. 葫蘆島集團做為當地的企業，從未停產、破產的理由不是由於中冶公司不給資金支持，是由於整個行業的問題。破產也不是由於中冶公司惡意逃

債導致的，中冶公司也受到了巨大的損失。破產重整是由於鋅業公司本身經營狀況不佳，不是中冶公司提起的。在《安慰函》項下，中冶公司確實有通知的義務，但是中冶公司已經履行了這項義務。3. 中冶公司沒有惡意逃避債務的行為，中冶集團持有中冶公司60%以上的股權，是中冶公司的實際控制人，中冶集團並不是像滙豐銀行提到的沒有償還能力。

本院經審理查明的事實與一審法院查明的事實一致。

上述事實，有滙豐銀行提交的《授信函》、《安慰函》、《人民幣貸款合同》、《關聯交易公告》、《關於轉讓葫蘆島集團股權的公告》、（2013）葫民二破字第00001號、第00002號民事裁定書、債權申報表、鋅業公司債權表、函件、《鋅業公司重整計畫（草案）》、《關於重整計畫執行完畢的公告》、網站截屏、工商登記信息、2012年度報告及審計報告、《法律服務委託協議》、支出憑證、收款憑證、公證書和當事人陳述意見等證據在案佐證。

本院認為：當事人對自己提出的訴訟請求所依據的事實或者反駁對方訴訟請求所依據的事實有責任提供證據加以證明。沒有證據或者證據不足以證明當事人的事實主張的，由負有舉證責任的當事人承擔不利後果。本案中，滙豐銀行依據中冶公司出具的《安慰函》提起訴訟，要求中冶公司承擔因違約造成的貸款本息損失。故依據《安慰函》，中冶公司應當承擔的責任及中冶公司是否違反安慰函承諾為本案的爭議焦點。

依據中冶公司出具的《安慰函》，中冶公司應當通過葫蘆島集團保持對鋅業公司的控股權和實際控制力，維持鋅業公司的存在和運營，不實行使鋅業公司無法經營或履行債務的行為，在中冶公司處分股權或出現影響鋅業公司持續經營的情況時通知滙豐銀行，中冶公司應當促使鋅業公司提供財務信息及切實履行信貸責任。滙豐銀行主張中冶公司轉讓股權且未通知滙豐銀行、參與破產重整程序未維持鋅業公司的經營，已違反《安慰函》承諾，應當賠償滙豐銀行貸款的本息損失。

《安慰函》中並未明確禁止進行股權轉讓，中冶公司雖將其所持有的葫蘆島集團股權轉讓給中冶集團，但葫蘆島集團對鋅業公司的控股權並未發生變化，且中冶集團為中冶公司的控股股東，中冶公司與中冶集團存在關聯關係，通過葫蘆島集團仍可實現對鋅業公司的實際控制力，該股權轉讓並不存

在惡意規避債務的意圖，鋅業公司的經營虧損也並非因該股權轉讓而導致，中冶公司轉讓股權的行為並無明顯不妥。中冶公司轉讓股權已發布了《關聯交易公告》及《關於轉讓葫蘆島集團股權的公告》，公眾通過公司網站及公共平臺均可查詢，應視為其已完成通知行為，中冶公司未單獨通知滙豐銀行轉讓股權雖然存在瑕疵，但亦無明顯不妥。中冶公司轉讓股權前，中冶公司累計向葫蘆島集團及其子公司提供了77億多元的借款，中冶公司已盡力維持鋅業公司的運營。鋅業公司與葫蘆島集團經營困難，資不抵債，經其他債權人申請進入了破產重整程序，破產管理人及時公告通知了滙豐銀行，滙豐銀行也申報了債權，在破產重整程序中得到了部分清償，鋅業公司與葫蘆島集團做為法人主體仍然存在並運營，無明顯證據證明中冶公司採取了致使鋅業公司無法經營的行為，中冶公司參與破產重整程序的行為亦無明顯不妥。綜上，中冶公司並無根本違反《安慰函》承諾，做出影響滙豐銀行行使債權的不當行為。

中冶公司在《安慰函》中已明確中冶公司對鋅業公司的債務並無擔保責任，中冶公司也未在《安慰函》中明確約定或承諾違反相關承諾後應向滙豐銀行承擔的具體違約責任，故滙豐銀行依據《安慰函》要求中冶公司承擔因違約而產生的損失賠償責任，依據不足，一審法院駁回滙豐銀行的訴訟請求，並無不當，本院予以確認。滙豐銀行做為專業的金融機構，在從事信貸業務的過程中，擁有更為專業的風險防範措施和經驗，其選擇向鋅業公司放款，但僅接受《安慰函》，未再要求提供其他形式的擔保，相應貸款違約法律風險應自行承擔。

綜上，滙豐銀行的上訴請求沒有事實和法律依據，本院不予支持。一審判決認定事實清楚，適用法律正確，應予維持。依照《中華人民共和國民事訴訟法》第一百七十條第一款第（一）項之規定，判決如下：

駁回上訴，維持原判。

一審案件受理費263,134元，由滙豐銀行（中國）有限公司瀋陽分行負擔（已交納）。

二審案件受理費263,134元，由滙豐銀行（中國）有限公司瀋陽分行負擔（已交納）。

本判決為終審判決。

審判長　宮　淼

代理審判員　張　帆

代理審判員　龔勇超

二〇一六年四月二十六日

書記員　薛俣瀟

【案例80】 遠期結售匯業務強行平倉
損益風險承擔分析

匯能特公司訴建設銀行金融衍生品種交易糾紛案評析

案號：廣東省珠海市中級人民法院（2016）粵04民終1932號

【摘要】

銀行在起訴和應訴時，應正確分析案涉糾紛和爭議的法律性質，選擇適當的案由和法律適用；銀行應與客戶明確約定，關於遠期結售匯業務中強行平倉損益的分配辦法，防止客戶提出全部收益均應由其享有的抗辯。

【基本案情】

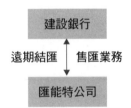

2011年4月25日，匯能特機械（珠海）有限公司（以下簡稱「匯能特公司」）與建設銀行珠海市分行（以下簡稱「建設銀行」）簽訂了《遠期結匯／售匯總協議書》，約定建設銀行（甲方）為匯能特公司（乙方）敘做遠期結匯／售匯。2011年9月2日，匯能特公司向建設銀行出具結匯／售匯申請書，建設銀行出具遠期結匯／售匯交易證實書，合約金額美元900萬元。2012年9月6日交割日到期後，匯能特公司申請因延期收匯，而將900萬美元全額展期至2012年10月10日，

並同意因展期產生的平盤價差損失由其承擔、平盤價差收益由其享有。2012年10月10日交割日到期後，匯能特公司又多次申請將900萬美元全額展期。2013年12月18日交割日到期後，匯能特公司多次部分交割總計247.5萬美元，建設銀行均向匯能特公司出具了結售匯水單，並備註遠期結匯到期交割。

　　匯能特公司就剩餘金額652.5萬美元申請展期，未獲得建設銀行准許。建設銀行以匯能特公司違約為由，於2014年10月20日進行了強制反向平倉，並出具了遠期結售匯違約交易確認書，載明：結匯全額違約，違約幣種及金額652.5萬美元，原遠期匯率6.412539，違約損益870,036.98人民幣。建設銀行將上述損益870,036.98元以轉帳方式支付給匯能特公司，轉帳憑證備註遠期結匯到期違約。匯能特公司認為，2014年10月20日的美元匯率最高為6.1369，而約定匯率為6.412539，約定匯率高於平倉當日市場匯率，平倉後產生正收益，652.5萬美元的平倉收益應為1,798,544.48元人民幣，建設銀行平倉後只支付了870,036.98元給匯能特公司。匯能特公司致函要求建設銀行支付剩餘收益款項，建設銀行回函認為匯能特公司公司違約、不存在收益等。匯能特公司遂訴至法院，請求判令建設銀行支付平倉收益剩餘款項928,507.5元。

【法院判決】

　　廣東省珠海市香洲區人民法院經審理認為，案涉糾紛的起因是雙方簽訂的《遠期結匯／售匯總協議書》，主要內容是建設銀行按照有關規定為匯能特公司做遠期結匯／售匯。根據《金融機構衍生產品交易業務管理暫行辦法》及《銀行辦理結售匯業務管理辦法》的相關規定，案涉遠期結售匯業務屬於金融衍生產品業務，根據雙方的交易情況，所有證據顯示是遠期結售匯交易。因此，本案糾紛應定性為金融衍生產品交易糾紛，而非匯能特公司所稱的委託代理合同糾紛。匯

能特公司在遠期結售匯過程中多次申請展期,推遲交割,已構成違約。在第八次申請展期未獲准許的情況下,建設銀行進行了反向強制平倉,並將平倉收益按照商業原則處理進行了分享,符合《銀行辦理結售匯業務管理辦法實施細則》第三十三條的規定。建設銀行已按照交易慣例和商業原則向匯能特公司支付了收益人民幣870,036.98元,並提供了遠期結售匯違約交易確認書,並無不當,故判決駁回匯能特公司的訴訟請求。

宣判後,匯能特公司不服一審判決,提起上訴。廣東省珠海市中級人民法院經審理認為,一審法院關於案涉糾紛屬於金融衍生品種交易糾紛,應當適用有關金融衍生品種交易的相關法律法規的認定正確。本案中,由於匯率市場的波動,案涉交割日的美元對人民幣的匯率牌價低於雙方約定的價格。如果匯能特公司依約交割美元,則將獲得因匯率差價而產生的收益。但是,由於匯能特公司未能依約交割美元,建設銀行依約採取強行平倉措施並因此獲得收益。根據《銀行辦理結售匯業務管理辦法實施細則》第三十三條第(二)項的規定,對於案涉平倉行為產生的收益應當按商業原則進行處理。但是對於何謂商業原則,上述法規並未明確規定,應當根據法律規定、雙方的約定以及行業的交易習慣等加以確定。匯能特公司是因為其自身違約行為而未能獲取匯率差價的收益,建設銀行對此並無過錯,匯能特公司應當自行承擔相應的違約後果。《遠期結匯/售匯總協議書》並未對強行平倉的收益處理進行約定,雖然建設銀行有向匯能特公司支付平倉收益的先例,但匯能特公司提供的證據不足以證明建設銀行此前支付的為當次平倉的全部收益,不足以證明雙方之間已經形成了平倉收益全部歸匯能特公司享有的交易慣例。綜上所述,故判決駁回上訴、維持原判。

【法律評析】

本案爭議焦點為，本案案由屬於金融衍生產品交易糾紛還是委託代理合同糾紛，以及遠期結售匯業務強行平倉產生的損益如何分配。

一、本案案由的確定及其法律適用

中國人民銀行制定的《銀行辦理結售匯業務管理辦法》第三條規定：「本辦法下列用語的含義：……（四）人民幣與外匯衍生產品業務是指遠期結售匯、人民幣與外匯期貨、人民幣與外匯掉期、人民幣與外匯期權等業務及其組合；……」第五條規定：「銀行辦理結售匯業務，應當遵守本辦法和其他有關結售匯業務的管理規定。」中國銀行業監督管理委員會制定的《金融機構衍生產品交易業務管理暫行辦法》第三條規定：「本辦法所稱衍生產品是一種金融合約，其價值取決於一種或多種基礎資產或指數，合約的基本種類包括遠期、期貨、掉期（互換）和期權。衍生產品還包括具有遠期、期貨、掉期（互換）和期權中一種或多種特徵的結構化金融工具。」

遠期結售匯業務，是指客戶與銀行簽訂遠期結售匯協議，約定未來結匯或售匯的外匯幣種、金額、期限及匯率，到期時按照該協議訂明的幣種、金額、匯率辦理的結售匯業務。結合上述法條分析可知，遠期結售匯業務屬於金融衍生產品業務，是一種金融合約，應適用有關結售匯業務的法律規定。

結合本案，雙方當事人簽訂《遠期結匯／售匯總協議書》，約定建設銀行為匯能特公司做遠期結售匯交易，並因遠期結售匯的強行平倉收益分配問題發生糾紛和爭議。雖然《中國建設銀行匯率交易申請書》中使用了「委託」字眼，但雙方實際進行的是遠期結售匯業務，並非委託代理合同關係。因此，本案的案由應當為《民事案件案由規定》第二十四項證券糾紛中的金融衍生品種交易糾紛，並且適用金融衍生品種交易的相關法律法規，而非委託代理合同糾紛，不能適

用《合同法》等關於委託代理合同的相關法律規定。

二、遠期結售匯業務強行平倉產生的損益分配問題

國家外匯管理局制定的《銀行辦理結售匯業務管理辦法實施細則》（以下簡稱《結售匯業務實施細則》）第三十三條規定：「遠期業務應遵守以下規定：……（二）遠期合約到期前或到期時，如果客戶因真實需求背景發生變更而無法履約，銀行在獲取由客戶提供的聲明、確認函等能夠予以證明的書面資料後，可以為客戶辦理對應金額的平倉或按照客戶實際需要進行展期，產生的損益按照商業原則處理，並以人民幣結算。」分析上述法條可知，當遠期業務的客戶發生違約情況時，銀行在取得相應書面證明資料後，可以選擇為客戶強行平倉或者進行展期，強行平倉的損益按照商業原則結算處理。

結合本案，匯能特公司多次向建設銀行申請展期、推遲交割，已構成違約。在其最後一次申請展期未獲准許的情況下，建設銀行依法進行了反向強制平倉，將強行反向平倉的收益進行分享，支付給匯能特公司收益人民幣870,036.98元，並出具了遠期結售匯違約交易確認書。雙方的爭議焦點在於，建設銀行關於強行平倉的損益分享，是否符合《結售匯業務實施細則》第三十三條規定的按照商業原則處理。上述法規並未明確規定商業原則的含義和依據，故應當根據法律規定、雙方的約定以及行業的交易習慣等加以確定。關於法律規定，匯能特公司要求建設銀行支付強行平倉的全部收益，實質上是要求建設銀行對其違約行為承擔責任，明顯違背了權利義務一致原則和誠實信用原則，亦缺乏明確的法律依據。關於雙方的約定，匯能特公司與建設銀行僅約定了關於展期平盤價差收益和虧損的處理，並未約定如何分配強行平倉產生的損益。因此，匯能特公司要求建設銀行支付強行平倉的全部收益，沒有明確的合同依據。關於行業的交易習慣，雖然建設銀行有向匯能特公司支付平倉收益的先例，但是現有證據不能

證明雙方已經形成了平倉收益全部歸匯能特公司的交易習慣。綜上所述，由於匯能特公司未能依約交割，再加上案涉交割日的美元匯率變動，建設銀行依約進行強行平倉並獲得收益，其支付給違約的匯能特公司部分收益，符合案涉平倉行為產生的收益應當按商業原則進行處理的規定。

三、銀行風險啟示

綜上所述，對銀行的風險啟示為：銀行在起訴和應訴時，應正確分析案涉糾紛和爭議的法律性質，選擇適當案由、正確適用法律，切實維護其合法正當的訴訟利益；銀行在辦理遠期結售匯業務時，應與客戶明確約定關於強行平倉損益的具體分配辦法，防止客戶提出抗辯、損害銀行的合法權益。

附：法律文書

匯能特機械（珠海）有限公司與中國建設銀行股份有限公司珠海市分行金融衍生品種交易糾紛二審民事判決書

珠海市中級人民法院
民事判決書
（2016）粵04民終1932號

上訴人（原審原告）：匯能特機械（珠海）有限公司。住所地：珠海市
　　金灣區紅旗鎮虹暉二路南珠海市匯能達機械有限公司一號廠房。
法定代表人：G. SCHONEMANN（舒勒曼），執行董事。
委託代理人：徐昌良，廣東運勝律師事務所律師。
委託代理人：謝群力，係公司員工。
被上訴人（原審被告）：中國建設銀行股份有限公司珠海市分行。
　　住所地：珠海市香洲區九洲大道中1009號七、八、十三至十六層、

1009號之103號至104號商鋪。

負責人：楊偉明，行長。

委託代理人：王美智，廣東萊特律師事務所律師。

委託代理人：周亞，係銀行員工。

上訴人匯能特機械（珠海）有限公司（以下簡稱匯能特公司）因與被上訴人中國建設銀行股份有限公司珠海市分行（以下簡稱建行珠海分行）金融衍生品種交易糾紛一案，不服廣東省珠海市香洲區人民法院（2016）粵0402民初1138號民事判決，向本院提起上訴。本院依法組成合議庭對本案進行了審理，現已審理終結。

原審法院查明，2011年4月25日，匯能特公司（即乙方）與建行珠海分行（即甲方）簽訂了一份《遠期結匯／售匯總協議書》（編號：ZHYJS110428），協議約定：一、甲方按照本協議及國家有關規定為乙方敘做遠期結匯／售匯。二、乙方須按照中國人民銀行及國家外匯管理局有關規定，逐筆填寫《遠期結匯／售匯申請書》，向甲方申請辦理遠期結匯／售匯業務。三、在《遠期結匯／售匯申請書》中，乙方須根據誠實信用原則聲明外匯收入的來源或外匯支出的用途，並按此辦理交割，不得以其他外匯收支進行充抵。四、乙方申請被受理後，應在甲方存入一定金額的保證金，乙方不能按時存入保證金的，甲方有權不接受乙方的申請，由此造成的延誤或其他損失由乙方自行承擔。五、交易發生後，如果由於市場匯率變化的影響，使交易重估損失超過交付的保證金的80%，乙方應在接到甲方通知後兩日內根據甲方的要求增加保證金，否則，甲方有權將交易強制平盤，平盤損失由乙方承擔。六、甲方根據本協議規定為乙方辦理遠期結匯／售匯所需的人民幣／外匯資金，從乙方在甲方開設的帳戶中支付，乙方應保證帳戶中有足夠資金用於支付。七、乙方保證在交割日甲方營業時間內，支付委託甲方購買／售出貨幣所需的全部人民幣／外匯資金。……九、乙方如因特殊原因不能按期交割，可向甲方申請推遲交割，由推遲交割而給甲方造成的平盤價差損失等由乙方承擔。十、因下列原因使本協議不能履行的，甲方可要求乙方承擔由此造成的匯價損失，該損失可由甲方直接從乙方的帳戶中扣劃進行抵補：1. 乙方未在交割前提交全部

有效憑證或有效商業單據；2. 乙方不能按時向甲方交割；3. 收、付款金額小於申請金額；4. 乙方其他不符合《遠期結匯／售匯申請書》中規定事項的交割行為。……十三、乙方提交的《遠期結匯／售匯申請書》及《授權委託書》為本協議不可分割的一部分。2011年9月2日，匯能特公司向建行珠海分行出具結匯／售匯申請書，建行珠海分行給匯能特公司出具遠期結匯／售匯交易證實書，編號為JFWD44064203520110004159，合約金額美元900萬元，合約匯率6.2724，固定期限交割日2012年9月6日；2012年9月6日交割日到期後，匯能特公司申請因延期收匯而將原交易金額900萬美元全額展期至2012年10月10日，展期後匯率為6.2868，展期後業務編號為JFWD44064203520120004681。同時，匯能特公司在展期申請書下方同意：因展期產生的平盤價差損失由我單位承擔，因展期產生的平盤價差收益於展期交易交割時交付我單位。2012年10月10日交割日到期後，匯能特公司又申請900萬美元全額展期至2012年11月12日，展期後交易匯率為6.3032，展期後業務編號為JFWD44064203520120005348。2012年11月12日交割日到期後，匯能特公司又申請合約全額展期至2012年12月14日，展期後交易匯率為6.316580，展期後業務編號JFWD44064203520120006035。2012年12月14日交割日到期後，匯能特公司又申請合約全額展期至2013年12月18日，展期後交易匯率為6.40683，展期後業務編號為JFWD44064203520120006769。2013年12月18日交割日到期後，匯能特公司部分交割美元53萬元，剩餘金額美元847萬元申請展期至2014年1月21日，展期後合約匯率6.41343，展期後合約編號JFWD44064203520130005876。2014年1月21日交割日到期後，匯能特公司部分交割美元68.5萬元，剩餘金額美元778.5萬元申請展期至2014年2月20日，展期後交易匯率為6.413763，展期後業務編號為JFWD4406420352014000359。2014年2月20日展期交割日到期後，匯能特公司部分交割美元82萬元，剩餘合約金額美元696.5萬元申請展期至2014年10月20日，展期後交易匯率為6.412539，展期後業務編號JFWD4406420352014000808。2014年10月20日交割日到期後，匯能特公司部分交割美元44萬元。以上部分交割的247.5萬美元，建行珠海分行均向匯能特公司出具了結售匯水單，並備註：遠期結匯到期交割。匯能特公司剩餘金額652.5萬美元申請展期未獲得建行珠海分行的准許，建行珠海分行以匯能

特公司違約為由於2014年10月20日進行了強制反向平倉，並向匯能特公司出具了遠期結售匯違約交易確認書，該確認書的內容包括：違約類別：結匯全額違約，違約幣種及金額652.5萬美元，原遠期匯率：6.412539，違約損益：貴單位收870,036.98人民幣，平盤匯率：6.2792，損益扣劃日期2014年10月20日。建行珠海分行於2014年10月20日將上述損益870,036.98元以轉帳方式支付給了匯能特公司，轉帳憑證下方備註：遠期結匯到期違約。匯能特公司認為2014年10月20日的美元匯率最高為6.1369，而約定匯率為6.412539，約定匯率高於平倉當日市場匯率，平倉後產生正收益，652.5萬美元的平倉收益應為1,798,544.48元人民幣〔即：6,525,000×（6.412539－6.1369）=1,798,544.48〕，建行珠海分行平倉後只支付了870,036.98元給匯能特公司，尚欠928,507.5元未支付到匯能特公司帳戶，匯能特公司於2015年12月31日致函給建行珠海分行要求建行珠海分行支付上述款項，建行珠海分行於2016年1月14日回函給匯能特公司，認為匯能特公司違約，不存在收益等。雙方因此形成訴訟。

原審庭審後，原審法院要求建行珠海分行提供案涉反向平倉收益，建行珠海分行認可案涉反向平倉理論上的全部收益為1,870,319.48元。

原審法院認為：一、關於本案的定性問題。雙方糾紛的起因是雙方所簽訂的《遠期結匯／售匯總協議書》，該協議書的主要內容是建行珠海分行按照有關規定為匯能特公司做遠期結匯／售匯，根據《金融機構衍生產品交易業務管理暫行辦法》及《銀行辦理結售匯業務管理辦法》的相關規定，案涉遠期結售匯業務屬於金融衍生產品業務，是由客戶發起，銀行業金融機構為滿足客戶需求提供的代客交易和銀行業金融機構為對沖前述交易風險而進行的交易。根據雙方的交易情況，所有證據顯示是遠期結售匯交易。因此，本案糾紛應定性為金融衍生產品交易糾紛，而非匯能特公司所稱的委託代理合同糾紛。

二、匯能特公司訴訟請求是否成立。雙方簽訂的《遠期結匯／售匯總協議書》是雙方真實意思的表示，內容合法，為有效協議。該協議對雙方的權利義務進行了約定，尤其是對違約產生的損失進行了約定。匯能特公司在申請遠期結售匯過程中多次申請展期，推遲交割，已構成違約。在第八次申請展期未獲建行珠海分行准許的情況下，建行珠海分行進行了反向強制平倉，

並將強行反向平倉的收益按照商業原則處理進行了分享，符合《銀行辦理結售匯業務管理辦法實施細則》第三十三條的規定。建行珠海分行已經按照交易慣例和商業原則向匯能特公司支付了收益人民幣870,036.98元，並提供了遠期結售匯違約交易確認書。匯能特公司要求建行珠海分行支付遠期結匯平倉收益927,855元，無事實和法律依據，原審法院不予支持。

綜上，依照《中華人民共和國合同法》第六十條、第一百零七條及《中華人民共和國民事訴訟法》第六十四條之規定，原審法院做出如下判決：駁回匯能特公司的訴訟請求。一審案件受理費人民幣13,718元，由匯能特公司負擔。

一審判決後，匯能特公司不服，向本院提起上訴，請求：一、撤銷一審判決；二、改判由建行珠海分行立即向匯特能公司支付拖欠的遠期結匯平倉收益1,000,282.5元人民幣；三、判令建行珠海分行支付從2014年10月20日起至付清欠款為止，以欠款金額為基數，按銀行同期貸款利率計算的欠款利息；四、判令由建行珠海分行承擔本案的訴訟費用。

事實和理由如下：一、案涉平倉收益歸匯能特公司所有具有充分的事實和法律依據。建行珠海分行是代匯能特公司進行遠期結售匯業務操作，建行珠海分行在本案中所平掉的倉位是匯能特公司6,525,000美元遠期結匯合約，平倉交易的收益都應當歸匯能特公司所有。（一）從委託代理關係來看，因該業務產生的虧損由匯能特公司承擔，產生的收益也當然歸匯能特公司所有。（二）《銀行辦理結售匯業務管理辦法實施細則》第三十三條規定，為客戶辦理平倉或展期產生的損益按照商業原則處理。根據合同法等相關法律規定，商業原則應當是指公平合理、權利與義務相一致等基本民事法律原則。匯能特公司承擔遠期結售匯業務產生的所有虧損，則遠期結售匯業務產生的所有收益也當然歸匯能特公司所有。建行珠海分行不承擔遠期結售匯業務產生的任何損失，則遠期結售匯業務產生的收益也不應當歸建行珠海分行所有。（三）從格式合同解釋原則來看，建行珠海分行提供的格式文件中沒有明確約定平倉收益歸其所有，則對平倉收益的歸就應當做出對建行珠海分行不利的解釋，即既然平倉損失由匯能特公司承擔，則平倉收益也應當歸匯能特公司所有。（四）除本案爭議的這筆平倉交易以外，匯能特公司委託建行珠海分行進行的幾十筆遠期結售匯交易的損失和收益均是由匯能特公司

承擔和享有的。由此可見，平倉損失由匯能特公司承擔、平倉收益為匯能特公司享有，這是雙方長期形成的交易慣例。

二、建行珠海分行在訴訟過程中的謊言謊行俯拾皆是。根據《遠期結匯／售匯總協議書》第十一條約定，遠期結匯／售匯交易成交後，建行珠海分行應主動向匯能特公司寄送遠期結匯／售匯交易證實書。在實際履行過程中，建行珠海分行基本在每筆交易完成時即提供交易證實書，告知該筆交易的實際損益情況。但對於案涉平倉交易，建行珠海分行卻不提供交易證實書，不告知該筆交易的實際損益情況。匯能特公司起訴後，建行珠海分行在舉證期內也未提交該筆交易的交易證實書，僅在一審答辯書中承認給匯能特公司的87萬元只是案涉交易收益的一部分，對於全部收益的金額，建行珠海分行在一審答辯和一審庭審過程中均多次反覆述稱沒有交易單據、無法知道該筆交易的具體收益情況。在第一次庭審質詢被追問之後，建行珠海分行的代理人才在慌忙之中從口袋裡拿出了一份收益金額為87萬元的交易確認書。顯然，該交易確認書的記載與其答辯陳述相矛盾。一審庭審結束後，建行珠海分行又向原審法院提交了一份損益說明，稱該筆交易理論上的全部收益為人民幣1,870,319.48元。綜上，建行珠海分行關於案涉交易收益的說法反覆無常。

關於該筆交易的匯率問題，建行珠海分行在一審答辯中稱客戶缺口的那部分美元購匯的匯率是按照操作時點的即期匯率。經查2014年10月20日銀行公布的即時交易匯率情況可知，當日購入美元的最高匯率是6.1369，但建行珠海分行在一審庭審時拿出的交易確認書中記載的平盤匯率卻是6.2792。為了解釋該平盤匯率6.2792，建行珠海分行在一審庭審中一會說是與匯能特公司約定的平盤匯率，一會又說是與建行珠海分行內部其他客戶交易的匯率，一會又說無法確定平盤匯率。一審庭審後，建行珠海分行又向法庭書面說明「在確保我行不會因該筆違約操作發生虧損的前提下，我分行經研究決定與客戶分享約一半收益。結合當日市場匯率變動情況，預估總分行平盤匯率6.146左右，並向省分行提出申請，將客戶平盤匯率定在6.26637與6.327805之間，即6.2792。並編寫了一個數學計算公式，以此說明根據公式計算的結果剛好等於交易確認書上的平盤匯率」。同時說明，客戶平盤匯率是6.2792，總分行平盤匯率是6.1259，分行收入金額人民幣1,000,282.50元，

理論上的全部收益為人民幣1,870,319.48元。建行珠海分行把一個從網上都能隨時查到的即時匯率信息，包裝得這麼複雜艱深，真是煞費苦心。

　　三、一審判決錯誤認定的事實。一審判決僅僅羅列了雙方的證據名稱，沒有對證據的真實性進行認定。一審法院做為定案依據的《中國建設銀行遠期結售匯違約交易確認書》（業務編號JFWD44064203520140004993）和《特種轉帳借方憑證》（流水號：4406420350400000028）記載的內容均是虛假的。（一）《中國建設銀行遠期結售匯違約交易確認書》（業務編號：JFWD44064203520140004993）。1. 該證據記載「根據貴單位向我行出具的《遠期結售匯交易違約申請》」內容虛假，事實上匯能特公司沒有出具過該申請。該證據最後一行記載的「平盤匯率：6.279200」也是虛假的。根據銀行網站公布的即時匯率交易信息，2014年10月20日美元的現匯買入價最高為6.1369。因此，該證據倒數第三行記載的「違約損益：貴單位收870,036.98元人民幣」是錯誤的，與建行珠海分行的答辯及庭後說明也是矛盾的。2. 建行珠海分行在平倉後一直不敢將該交易確認書送達給匯能特公司，一審舉證期內也不敢提交。該證據是在一審庭審中被不斷追問時由建行珠海分行的員工提交的。3. 既然是交易確認書，就應當客觀、全面反映實際交易情況。建行珠海分行在其他幾十次交易中向匯能特公司提供的交易確認書均是對實際交易情況的客觀完整反映，但唯獨這份確認書沒有客觀完整反映實際交易情況。（二）《特種轉帳借方憑證》（流水號：4406420350400000028）也是建行珠海分行偽造的證據。該證據為客戶回單聯。如果建行珠海分行2014年10月20日將該憑證的客戶回單聯原件提供給了匯能特公司，建行珠海分行就不應該再持有。比較合理的推測是，建行珠海分行又私自列印了一份憑證做為其做假帳所用。建行珠海分行為了達到其侵占客戶利益的目的，隨意製作虛假證據來欺騙法庭。

　　四、一審判決隱藏了大量基本事實。一審判決在審理查明部分，只表述了建行珠海分行證據的部分證明事實，基本沒有表述匯能特公司證據的證明事實，隱藏了能夠支持匯能特公司主張的大量重要事實。

　　五、一審判決對案件的定性錯誤。一審判決將案件定性為金融衍生品種交易糾紛是錯誤的。本案應為委託代理合同糾紛，金融衍生品種交易只是委託代理的具體事項。《遠期結匯／售匯總協議書》第一條約定，甲方為乙方

做遠期結匯／售匯；第七條約定，乙方委託甲方購買／售出貨幣。《中國建設銀行匯率交易申請書》第二行「本單位（人）匯能特機械（珠海）有限公司委託你行辦理以下匯率交易」，左下方的「委託單位（人）簽章」欄加蓋的匯能特機械（珠海）有限公司財務專用。《中國建設銀行匯率交易申請書附件》第八行「交易委託方應充分認識到進行外匯交易可能涉及的風險並自願承擔全部風險」，在客戶聲明的最後一欄為「委託單位簽章」。在建行珠海分行的一審答辯狀、一審庭審中的陳述，以及建行珠海分行提供的相關政策規章中，均表明本案涉及的遠期結匯業務屬於「由客戶發起，銀行為滿足客戶需求提供的代客交易」。由此可以說明匯能特公司是委託人，建行珠海分行是受託人，代理事項是遠期結匯交易。因此，匯能特公司與建行珠海分行之間的關係屬於委託代理關係，「金融衍生品種交易」只是委託代理的具體事項。這就與人們在證券公司開戶買賣股票，我們與證券公司屬於經紀合同關係，而不屬於買賣合同關係是一個道理。

六、一審判決借空洞無物的「交易慣例和商業原則」偏袒建行珠海分行，違反公平、公正和權利義務一致的法律原則。一審判決以建行珠海分行已經按照交易慣例和商業原則向匯能特公司支付了收益人民幣870,036.98元，並提供了遠期結售匯交易確認書為由駁回了匯能特公司的訴訟請求，但是未對交易慣例和商業原則的內涵進行分析。

七、一審判決適用法律錯誤。本案爭議的焦點是平倉收益歸誰所有的問題，而一審判決所適用的《合同法》第六十條、第一百零七條，與解決平倉收益歸誰所有的問題沒有任何關聯性。建行珠海分行代匯能特公司操作遠期結售匯交易業務，這是雙方合同關係的基礎事實。本案應當依據《合同法》第五條關於公平原則、權利義務一致的原則的規定，第六條關於誠實信用原則的規定，第三十九條、第四十條、第四十一條關於格式合同的解釋原則的規定，第四百零四條關於受託人處理委託事務取得的財產應當轉交給委託人的規定等法律條款做為判決的基本法律依據。

八、只要明確了交易慣例的具體內容、商業原則的具體含義、格式合同的解釋原則，本案所涉及的平倉收益歸誰所有的爭議就能迎刃而解。（一）關於案涉交易文件的約定、交易慣例的具體內容、商業原則的具體含義。1. 根據委託交易文件，損失或收益應由匯能特公司承擔或享有。建行珠海分

行提供的五份《遠期結匯／售匯展期申請書》中，均有「因展期產生的平盤價差收益（金額）於展期交易交割時交付我單位」的收益約定條款。匯能特公司提供的十份交易確認書中，均有「展期損益」、「違約損益」或「反平損益」由匯能特公司付或收的表述，即損失由匯能特公司支付，收益由匯能特公司收取。2. 實際交易慣例表明，收益由匯能特公司享有，損失由匯能特公司承擔。匯能特公司提供的證據證明：2014年5月6日的855,000美元的遠期結匯違約交易（即平倉交易），產生人民幣1471,740.58元的收益；2014年5月20日的300萬美元的遠期結售匯違約交易（即平倉交易），產生人民幣529,146元的收益；2014年5月20日的另一筆67萬美元的平倉交易，產生人民幣118,175.94元的收益；建行珠海分行均將上述平倉收益支付給了匯能特公司。2015年9月18日至2015年12月30日期間，建行珠海分行代理匯能特公司操作了11筆平倉交易，產生虧損共計1,627,290.87元人民幣，建行珠海分行均已從匯能特公司帳戶全額扣劃了虧損款項。3. 根據公平合理、權責一致的商業原則，損失由匯能特公司承擔，收益也應由匯能特公司享有。匯能特公司委託建行珠海分行進行的所有遠期結匯交易的損失均由匯能特公司全額承擔，建行珠海分行沒有承擔過一分錢的損失。因此，建行珠海分行無權截留匯能特公司的結匯收益。

（二）格式文件解釋問題的法律規定。建行珠海分行代匯能特公司所操作的所有遠期結售匯業務所涉及的全部文件，都是建行珠海分行提供的格式文件。對這些格式文件中有兩種以上的解釋的，應當做出不利於提供格式條款一方的解釋。1. 對於五份《遠期結匯／售匯展期申請書》、十份《交易確認書》中，關於「展期損益」、「違約損益」或「反平損益」由匯能特公司付或收的表述，應當解釋為損失由匯能特公司承擔，收益歸匯能特公司所有。2. 對於《中國建設銀行匯率交易申請書附件》第五條中「視為本單位自動放棄執行權利」的條款，建行珠海分行認為其含義是匯能特公司全部放棄收益權，匯能特公司認為其含義是放棄要求建行珠海分行執行「結匯、展期、平倉」等交易指令的權利，而不是放棄收益權。《中國建設銀行匯率交易申請書附件》的主要內容是提示交易風險，以及交易風險由誰承擔等事宜，並沒有約定利益歸屬和利益處置問題。建行珠海分行在格式文件中也沒有向匯能特公司進行明確的說明，更沒有進行特別提示。故對於該條款的解

釋，應當做出不利於建行珠海分行的解釋。同時，如果按建行珠海分行的解釋，則該條款也屬於在格式文件中剝奪匯能特公司權利、加重匯能特公司負擔的約定，屬於無效條款。另外，即使按建行珠海分行的解釋，匯能特公司放棄了全部收益權，但並沒有約定放棄的收益權就歸建行珠海分行所有，故建行珠海分行主張平倉收益歸其所有的辯解也沒有合同依據和法律依據。

九、關於遠期結匯交易中沒有足額外匯的違約後果的特別說明，這也是一審判決沒有弄明白的問題。遠期結匯交易中沒有足額外匯的違約，是指交割日客戶沒有足額外匯用於交割，不足部分銀行不同意展期的情形。該違約的法律後果是銀行進行違約平倉（也稱反向平倉）處理。平倉後可能產生損失、也可能產生收益，但無論損失也好，收益也罷，平倉的法律後果概由客戶承擔。因此，違約平倉可能會給客戶帶來損失，也可能會帶來收益，不存在一審判決中描述的似是而非的所謂賠償損失等違約責任的問題。

綜上所述，一審判決認定事實錯誤、遺漏了大量事實、適用法律錯誤、邏輯推理混亂，判決結果錯誤。特此，請求二審法院依法予以處理。

建行珠海分行答辯稱：一、一審法院對本案案由的定性正確。《金融機構衍生產品交易業務管理暫行辦法》第三條規定：「本辦法所稱衍生產品是一種金融合約，其價值取決於一種或多種基礎資產或指數，合約的基本種類包括遠期、期貨、掉期（互換）和期權。衍生產品還包括具有遠期、期貨、掉期（互換）和期權中一種或多種特徵的混合金融工具。」《銀行辦理結售匯業務管理辦法》第三條第（二）款規定：「結售匯業務是指銀行為客戶或因自身經營活動需求辦理的人民幣與外匯之間兌換的業務，包括即期結售匯業務和人民幣與外匯衍生產品業務。」《最高人民法院關於修改〈民事案件案由規定〉的決定》（法〔2011〕41號），有專門的「金融衍生品種交易糾紛」案由。綜上，一審法院對於本案案由的定性是正確的。在金融衍生品種交易中銀行和客戶之間是交易對手關係而非委託代理關係，匯能特公司對此理解錯誤。

二、建行珠海分行所進行的遠期結匯平倉交易完全合法、合規。建行珠海分行開辦遠期結售匯業務，在2003年5月已獲得了中國人民銀行的批准，該備案已抄送國家外匯管理局。遠期結售匯業務本身就帶有風險，有關交易風險的承擔由交易合約的當事人按交易習慣和合約約定進行。《中國建設銀

行衍生產品業務交易對手信用風險管理暫行規定》第九章「交易違約處理」
第五十三條、《中國建設銀行衍生產品業務交易對手信用風險管理實施細
則》第四十七條皆規定：「自交易存續期內的任一交割日起一個月內，客戶
仍未履行該交割日交割義務，或自建設銀行發送追加合格金融質押品通知起
一個月內，客戶仍未按通知要求追加交納質押品的，建設銀行可對交易進行
強制反向平盤，平盤損失由客戶承擔。」根據匯能特公司提交的證據《中國
建設銀行匯率交易申請書附件》，建行珠海分行已對匯能特公司進行了風險
提示：「本單位保證在約定交割時間、約定帳戶中存有足額資金用於交割，
否則視為本單位自動放棄執行權利或違約，本單位對因本單位違約給貴行造
成的一切經濟損失承擔賠償責任。若本單位出現違約事件或導致到期違約概
率顯著增加的事件時，貴行有權對未到期交易進行強制反向平倉，損失由本
單位自行承擔。」上述聲明即為對案涉遠期結匯業務產生損益如何進行處理
的商業約定。匯能特公司與建行珠海分行之間自2011年始進行遠期結售匯業
務已有4年多時間，對於遠期結售匯交易的相關規定和交易慣例是清楚知曉
的。

　　《合同法》第六十一條規定：「合同生效後，當事人就品質、價款或者
報酬、履行地點等內容沒有約定或者約定不明確的，可以協議補充；不能達
成補充協議的，按照合同有關條款或者交易習慣確定。」在遠期結匯合約的
期限（包括展期期限）內，匯能特公司亦沒有保證其帳戶內有足額美元可以
進行交割，已經多次嚴重違約。在被強制反向平倉後，看到建行珠海分行的
操作反而獲取了利益，就公然違背既有的商業承諾無理索取，匯能特公司的
行為違反了基本的商業誠信和商業原則。

　　金融衍生產品是一種金融合約，合約當事人的權利義務應嚴格遵守合
約條款的約定。在匯能特公司違約的情況下，由於建行珠海分行及時進行了
反向平倉的交易，非因建行珠海分行和匯能特公司的主觀原因，僅僅是由於
國際外匯市場匯率的波動，使建行珠海分行的反向平倉交易獲取了一定的收
益。按照「客戶聲明」第5條的約定，該收益匯能特公司已經全部放棄，完
全屬於建行珠海分行所有。但建行珠海分行出於維護重要客戶關係的善意，
於2014年10月20日將所得收益的一部分人民幣870,036.98元支付給了匯能特
公司，是建行珠海分行處分自己民事權利的表現，但不代表建行珠海分行有

將該等收益要全額支付給匯能特公司的義務。匯能特公司將建行珠海分行的善意理解為義務，在其嚴重違約，且沒有任何合同依據和法律依據的情形下，向建行珠海分行索要根本不屬於其的商業利益，不應得到法院的支持。

三、一審法院查明事實清楚。（一）匯能特公司在上訴時稱「建行珠海分行又多次說不知道該筆交易的具體收益金額，到拿出交易確認書說收益金額是87萬元，到庭審後向法院說明該筆交易的理論收益是1,870,319.48元。」建行珠海分行的上述說法並無矛盾。《中國建設銀行遠期結售匯違約交易確認書》中「違約損益：貴單位收870,036.98元人民幣」為建行珠海分行給客戶分享的、客戶早已聲明放棄的部分合約平倉收益，與客戶收到的《特種轉帳貸方憑證》（流水號：4406420350400000028）紀錄信息一致。因為建行珠海分行業務核算的原因，實際操作中不存在該筆交易具體收益的紙制憑證和帳務處理的電子紀錄。「庭審後向法院說明該筆交易的理論收益是1,870,319.48元」是建設銀行總行內部對珠海分行考核的資料，僅為內部考核用，並非該筆交易的全部收益。（二）匯能特公司在上訴時稱「該證據最後一行記載的『平盤匯率：6.279200』也是虛假的。根據銀行網站公布的即時匯率交易信息，2014年10月20日美元的現匯買入價最高為6.1369，根本不存在該證據記載的6.279200這樣的匯率。」平盤匯率可以與即時匯率交易信息不符，銀行與所有客戶的外匯交易都可以議價。以該筆交易其中展期為例，2013年12月18日的《中國建設銀行遠期結售匯展期交易確認書》（JFWD44064203520130005876）所列示的「平盤匯率：6.406830」，而當日建設銀行掛牌最高匯率為6.1127。這是因為銀行與客戶之間約定為原價格展期，該合約的原價格就是6.406830，要實現「展期損益：貴單位收／付：0.00元人民幣」，只能按照原合約匯率6.406830做為平盤匯率，而不是銀行對外掛牌的6.1127。2012年9月6日的《中國建設銀行遠期結售匯展期交易確認書》（JFWD44064203520120004681）所列示的「平盤匯率：6.2724」，而當日建設銀行掛牌最高匯率為6.3615。這是因為銀行與客戶之間約定為原價格展期，該合約的原價格就是6.2724，要實現「展期損益：貴單位收／付：0.00元人民幣」，只能按照原合約匯率6.2724做為平盤匯率，而不是銀行對外掛牌的6.3615。如果按照6.3615做為平盤匯率，展期損益應為客戶向銀行支付人民幣801,900元。正因為該合約在第一次到期後面臨巨額虧損，

建行珠海分行按照客戶要求連續七次進行原價格展期，每次展期的平盤匯率與當日銀行對外掛牌匯率均有很大差異。由此可見，平盤匯率是銀行與客戶協商的結果，與當日銀行對外掛牌匯率無關。匯能特公司罔顧該筆交易存續期的交易現實，要求違約交易的平盤匯率必須與當日銀行對外掛牌匯率一致，是毫無道理的。（三）匯能特公司在上訴時稱建行均將上述平倉收益支付給了匯能特公司的說法與實際情況不符，實際情況上建行珠海分行只與客戶分享部分平倉收益，而非全部。（四）匯能特公司在上訴將雙方當事人之間的關係比做證券經紀合同關係是錯誤的。客戶通過證券公司管道買賣股票，屬於場內交易，證券經紀說明客戶在場內尋找交易對手直接撮合交易，且交易的是標準合約。場內交易不存在匯能特公司與建行珠海分行敘做遠期合約。這樣的非標準合約在場內是找不到交易對手，無法進行撮合交易的。而且，匯能特公司也從未向建設銀行支付過交易手續費。（五）根據《銀行辦理結售匯業務管理辦法實施細則》第三十三條第（二）項規定，平倉處理只是針對客戶無法履約的情況。因此，是客戶違約在先，平倉處理在後。

至於銀行與客戶對由於客戶無法履約而平倉產生損益按照商業原則處理的問題，《中國建設銀行匯率交易申請書附件》的「客戶聲明」已經約定：「本單位保證在約定割時間、約定帳戶中存有足額資金用於交割，否則視為本單位自動放棄執行權利或違約。」「執行權利」即為該合約如果執行所產生的權利，即按照約定價格賣出約定金額的美元給建設銀行所產生的收益。由於客戶在事前已聲明違約時放棄執行權利，沒有執行即無收益。

綜上所述，一審查明事實清楚，適用法律正確，匯能特公司的上訴沒有任何的事實依據和法律依據，請求二審法院駁回匯能特公司的全部上訴請求，維持原判。

二審期間，雙方均未提交新的證據。

經審理，原審查明事實無誤，本院予以確認。

本院認為，對於雙方之間的法律關係性質，應當根據雙方之間的權利義務進行分析界定，而不能僅僅依據合同中的某個字眼進行確定。雖然《中國建設銀行匯率交易申請書》中使用了「委託」字眼，但雙方之間進行的是遠期結售匯業務。根據《金融機構衍生產品交易業務管理暫行辦法》、《銀行辦理結售匯業務管理辦法》、《銀行辦理結售匯業務管理辦法實施細則》

等法律法規的規定，遠期結售匯屬於金融衍生產品業務，是一種金融合約。因此，案涉糾紛屬《民事案件案由規定》規定的金融衍生品種交易糾紛，應當適用有關金融衍生品種交易的相關法律法規的規定。匯能特公司的上訴請求按委託合同的相關規定處理雙方之間權利義務關係理據不足，本院不予採納。

本案中，由於匯率市場的波動，案涉交割日的美元對人民幣的匯率牌價低於雙方約定的價格。如果匯能特公司依約交割美元，則匯能特公司將獲得因匯率差價而產生的收益。但是，由於匯能特公司未能依約交割美元，建行珠海分行依約採取強行平倉措施並因此獲得收益。根據《銀行辦理結售匯業務管理辦法實施細則》第三十三條第（二）項的規定，對於案涉平倉行為產生的收益應當按商業原則進行處理。但是對於何謂商業原則，上述法規並未明確。本院認為，應當根據法律規定、雙方的約定以及行業的交易習慣等加以確定。

如前文所分析，匯能特公司是因為其自身違約行為而未能獲取匯率差價的收益，建行珠海分行對此並無過錯，匯能特公司應當自行承擔相應的違約後果。匯能特公司上訴請求的實質是要求建行珠海分行對匯能特公司的違約行為承擔責任，其請求違背誠信原則，缺乏明確的法律依據。案涉平倉交易由建行珠海分行實施，匯能特公司未就此付出任何人力物力。匯能特公司在未履行任何義務的情形下，請求建行珠海分行支付收益也是對權利義務一致、公平公正等民法基本原則的違背，應予駁回。

根據查明的事實，《遠期結匯／售匯總協議書》並未對強行平倉的收益處理進行約定。匯能特公司在其填寫的《遠期結匯／售匯展期申請書》中只是載明了展期產生的平盤價差收益的處理，也未涉及強行平倉的收益處理。雙方之間的其他法律文件也未對該問題進行明確約定。匯能特公司請求建行珠海分行支付平倉收益缺乏合同依據。匯能特公司上訴請求對雙方未約定的內容按格式條款解釋的規則做出對其有利的解釋缺乏必要前提，本院不予採納。

在雙方此前的交易過程中，雖然建行珠海分行有向匯能特公司支付平倉收益的先例，但是，匯能特公司提供的證據不足以證明建行珠海分行此前支付的係當次平倉的全部收益，不足以證明雙方之間已經形成了平倉收益全

部歸匯能特公司享有的交易慣例。匯能特公司請求按交易慣例界定「商業原則」內涵的上訴主張亦不成立。

　　綜上所述，匯能特公司的上訴請求不成立，應予駁回；一審判決認定事實清楚，適用法律正確，應予維持。依照《中華人民共和國民事訴訟法》第一百七十條第一款第（一）項之規定，判決如下：

　　駁回上訴，維持原判。

　　二審案件受理費13,718元，由上訴人匯能特機械（珠海）有限公司負擔。

　　本判決為終審判決。

　　審判長　徐烽娟

　　代理審判員　馬翠平

　　代理審判員　李　苗

　　二〇一六年十月二十日

　　書記員　景園園

富蘭德林

台資銀行中國大陸債權確保實務 法院判例51-80

2017年7月初版　　　　　　　　　　　　　　　定價：新臺幣580元
有著作權・翻印必究
Printed in Taiwan.

著　　　者	台資銀行大陸從業人員交流協會
編　　　者	富蘭德林證券股份有限公司
總 編 輯	胡　金　倫
總 經 理	羅　國　俊
發 行 人	林　載　爵

出　版　者	聯經出版事業股份有限公司	叢書主編	鄒　恆　月
地　　　址	台北市基隆路一段180號4樓	協力編輯	鄭　秀　娟
編輯部地址	台北市基隆路一段180號4樓	內文排版	陳　玫　稜
叢書主編電話	(02)87876242轉223		
台北聯經書房	台北市新生南路三段94號		
電　　　話	(02)23620308		
台中分公司	台中市北區崇德路一段198號		
暨門市電話	(04)22312023		
台中電子信箱	e-mail：linking2@ms42.hinet.net		
郵政劃撥帳戶第0100559-3號			
郵撥電話	(02)23620308		
印　刷　者	世和印製企業有限公司		
總　經　銷	聯合發行股份有限公司		
發　行　所	新北市新店區寶橋路235巷6弄6號2樓		
電　　　話	(02)29178022		

行政院新聞局出版事業登記證局版臺業字第0130號

本書如有缺頁，破損，倒裝請寄回台北聯經書房更換。　　ISBN　978-957-08-4964-6 (精裝)
聯經網址：www.linkingbooks.com.tw
電子信箱：linking@udngroup.com

國家圖書館出版品預行編目資料

台資銀行中國大陸債權確保實務 法院判例

51-80/台資銀行大陸從業人員交流協會著.富蘭德林證券
股份有限公司編.初版.臺北市.聯經.2017年7月560面.
14.8×21公分（富蘭德林）
ISBN　978-957-08-4964-6（精裝）

1.銀行法規　2.放款　3.授信　4.判例解釋例

562.12　　　　　　　　　　　　　　　106009042